大人（一）

沈葦窗與《大人》雜誌

蔡登山

已故香港邵氏電影公司在台分公司總經理馬芳蹤說：「文化事業出版界，我最欽佩兩個人，一是台北《傳記文學》的社長劉紹唐兄，以單槍匹馬一個人的精力，把中國近代史的資料蒐集成庫，且絕不遜於此地的『歷史博物館』與大陸的『文史檔案館』。另一位就是香港《大成》的沈葦窗，《大成》是專門刊載藝文界的掌故與訊息，目前海峽兩岸包括海外，似乎還找不出第二本類似的刊物。」其實《大成》還有個前身就是《大人》雜誌，它創刊於一九七〇年五月十五日，至一九七三年十月十五日停刊，前後出了四十二期。一九七三年十二月一日《大成》緊接著創刊，至一九九五年九月沈葦窗病逝終刊，出了二百六十二期。兩個刊物合起來共三百零四期，前後有二十五年之久。它也是「一人公司」，香港作家古蒼梧說：「《大成》的業務，從編輯、校對到聯絡作者、郵寄訂戶，幾乎都由沈老一人包辦。每次我到龍記樓上《大成》編輯室送稿，總見到他孤單地在一堆堆雜誌與書刊中埋首工作，見我來了，便露出燦爛的笑容，跟我閒聊幾句，臉上毫無倦容。……」。當然可想見更早的《大人》的情況，亦是如此。

關於沈葦窗的生平資料不多，他是一九一八年十二月三十日出生，浙江省桐鄉烏鎮人。正如他自己說的：「我寫作至今，從未提過自己的家世。」只在〈記從兄沈泊塵〉一文中，他透露一些蛛絲馬跡：「祖父右亭公生子女九人，泊塵是三房長子，能穀、叔敖是他的胞弟。我父季璜公行九，娶我母徐太夫人，婚後居上海之台灣路，姪輩到上海求學，多住我家。我家兄弟都以『學』字排行，泊塵名學明，家兄吉誠名學謙，我名學孚。我生在台灣路，大約我出世未久，這位『明哥哥』便去世了！」沈泊塵卒於一九一九年，得年僅三十一歲。沈泊塵兄弟三人曾合辦《上海潑克》畫報，為中國漫畫報刊的始創者。作家陳定山就說：「上海報紙之有漫畫，始於沈泊塵。若黃文農、葉淺予、張光宇正宇兄弟，皆為後輩矣。」

沈葦窗畢業於上海中國醫學院，據香港的翁靈文說沈葦窗自滬來港後，雖投身出版事業，但也常應稔友們之請，望聞切問開個藥方，多能藥到病除。沈葦窗曾任香港麗的呼聲廣播有限公司金色電臺編導、電視國劇顧問。他的夫人莊元庸也一直在「麗的呼聲」工作，莊女士其實早在上海名氣就很大了，每天擁有十萬以上的聽眾，她口才好，聲音悅耳，有「電台之鶯」的雅號。後來在台灣的華視也工作過，我還看過她演出《星星知我心》的連續劇。

沈葦窗是崑曲大師徐凌雲的外甥，徐凌雲曾對寧波、永嘉、金華、北方諸崑劇，甚至京劇、灘簧、紹興大班等悉心研究，博採眾長。十八歲登臺，堅持長期練功不輟，生、旦、淨、末、丑各行兼演，「文武崑亂不擋」。後來又與俞粟盧、穆藕初等興辦蘇州崑劇傳習所，培養「傳」字輩一代崑劇藝人有功。沈葦窗說他自己：「少年時即好讀書，有集藏癖，年事漸長，更愛上了戲曲。其時崑曲日漸式微，但因我的舅父徐凌雲先生是崑曲大家，總算略窺門徑；還是和平劇接近的機會多，凡是夠得上年齡的名角，都締結了相當的友誼，搜羅有關平劇書籍更不遺餘力。」他後來將這些重要史料收藏，如《富連成三十年史》、《京戲近百年瑣記》、《清代燕都梨園史料》、《菊部叢譚》、《大戲考》等十二部珍貴或絕版史料，以「平劇史料叢刊」由劉紹唐的傳記文學社出版，嘉惠後學。

沈葦窗在上海時期，就在小報上寫文章。一九四〇年金雄白在上海創辦一份小型四開報紙，名為《海報》，當時寫稿的人可說是極一時之選，長期在《海報》撰稿的有陳定山、唐大郎、平襟亞、王小逸、包天笑、蔡夷白、吳綺緣、徐卓呆、鄭過宜、范煙橋、謝啼紅、朱鳳蔚、盧一方、沈葦窗、陳蝶衣、馮鳳三、柳絮、惲逸群等，女作家中，更有周錬霞、陳小翠諸人。沈葦窗當年曾是金雄白辦報時的作者，沒想到幾十年後金雄白變成了是沈葦窗的作者。《大人》初創時期，就有一個非常壯觀堅強的撰稿人隊伍，這些人大多是大陸鼎革後，流寓在香港和臺灣的南下文人、名流和藝術家，大都是沈葦窗的舊識，也可見他在舊文化圈中人脈的廣博。

《大人》雜誌給這些人提供了一個發表文章的重要平臺，刊載了大量有價值的文章和重要的第一手史料。其中像被稱為「中醫才子」的陳存仁的兩本回憶錄《銀元時代生活史》、《抗戰時代生活史》，都先後在《大人》及《大成》上連載，而後才集結出書的。《銀元時代生活史》後來在一九七三年三月，由香港吳興記書報社出版，張大千題耑，沈葦窗撰序云：「一九七〇年五月，《大人》雜誌創刊，我承乏輯務，初時集稿不易，因而想到陳存仁兄，他經歷既豐，閱人亦多，能寫一手動人的文章，於是請他在百忙之中為《大人》撰稿，第一期他寫了一篇記章太炎老師，果然文筆生動，情趣盎然，大受讀者歡迎。存仁兄的文章，別具風格，而且都是一手資料，許多事情經他一寫，躍然紙上，如歷其境，如見其人，無形之中成為我們《大人》雜誌的一員大將。《銀元時代生活史》刊載以後，更是遐邇遍傳，每一段都富有人情味和親切感，存仁兄向有考證癖，凡是追本究源，文筆輕鬆，尤其餘事。綜觀全篇，包含著處世哲學、創業方法、心理衛生、生財之道，對讀者有很大的啟發性和鼓勵性，實在是老少咸宜的良好讀物。今當單行本問世，讀之更有一氣呵成之妙，存仁兄囑書數言，因誌所感，豈敢云序。」

再者在《大人》甚至後來的《大成》上，占有相當份量的，莫過於「掌故大家」高伯雨（高貞白、林熙）的文章了。一般說起「掌故」，無非是「名流之燕談，稗官之記錄」。但掌故大家瞿兌之對掌故學卻這麼認為：「通掌故之學者是能透徹歷史上各時期之政治內容，與夫政治社會各種制度之原委因果，以及其實際運用情狀。」而一個對掌故深有研究者，「則必須對於各時期之活動人物熟知其世襲淵源師友親族的各族關係與其活動之事實經過，而又有最重要之先決條件，就是對於許多重複參錯之瑣屑資料具有綜核之能力，存真去偽，由偽得真……」。能符合這個條件的掌故大家，可說是寥寥無幾，而高伯雨卻可當之無愧。高氏文章或長篇大論，或雋永隨筆，筆底波瀾，令人嘆服！難怪香港老報人羅孚（柳蘇）稱讚說：「對晚清及民國史事掌故甚熟，在南天不作第二人想。」而編輯家林道群也讚曰：「高伯雨一生為文自成一家，他的『隨筆』偏偏不如英國的essay，承繼的是中國的傳統，溶文史於一，人情練達，信筆寫人記事，俱是文學，文筆之中史識俯拾皆是。」這是高伯雨的高妙處，也是他獨步前人之處。

資深報人金雄白筆名「朱子家」，曾在《春秋》雜誌上連載《汪政權的開場與收場》而聞名。沈葦窗邀他在《大人》再寫了〈「海報」的開場與收場〉、〈委員長代表蔣伯誠〉、〈「入地獄」的陳彬龢〉、〈倚病榻，悼亡友〉、〈梁鴻志獄中遺書與遺詩〉等文，因大都是作者所親歷親聞，極具史料價值。一九七四年他的《記者生涯五十年》開始在《大成》雜誌第十期連載，迄於一九七七年六月的第四十三期為止，前後達兩年又十個月之久，共六十八章，幾近三十萬字。金雄白說：「七十餘年的歲月，一彈指耳，回念生平，真是如幻如夢如塵，在世變頻仍中，連建家毀家，且已記不清有多少次了，俱往矣！留此殘篇，用以自哀而自悼，笑罵自是由人，固不必待至身後。」

還有早期的老報人，著名雜誌《萬象》的第一任主編陳蝶衣，他後來來到香港，還是著名的電影編劇、流行歌曲之王。六十多年來，陳蝶衣光是歌詞的創作就有三千多首。人們尊稱他為「三千首」。周璇、鄧麗君、蔡琴、張惠妹……，中國流行音樂史上一代又一代的歌后們，都演唱過他寫的歌。他在《大人》除寫了〈一身去國八千里〉、〈舉家四遷記〉、〈我的編劇史〉、〈花窠素描〉等自身的回憶文章外，還有《銀海滄桑錄》的專欄，寫了有關張善琨、李祖永、林黛、王元龍、陳厚、胡蝶、阮玲玉、李麗華、周璇等人，所記多是外間少人知的資料。後來以《香港影壇秘錄》為名出版了。

曾經在上海淪陷時期，創刊《古今》雜誌，網羅諸多文人名士撰稿，使《古今》成為當時最暢銷也最具有份量的文史刊物的朱樸，一九四七年到了香港，早已成為一名書畫鑑賞家了，並以「省齋」為筆名撰文。沈葦窗說：「我草創《大人》雜誌，省齋每期為我寫稿，更提供許多書畫資料。那時，省齋在王寬誠的寫字樓供職，薪水甚少，但有一間寫字間卻很大，他每天下午到那裡去轉一轉，看看西報，主要的工作是為王寬誠鑑定書畫。」

當時已渡海來台的陳定山，是名小說家兼實業家天虛我生（陳蝶仙）的長子，他早年也寫小說，二十餘歲已在上海文壇成名了，他工書，擅畫，善詩文，有「江南才子」之譽。來台後長時期在報紙副刊及雜誌上寫稿，筆耕不輟，同時也為《大人》寫稿，陳定山因長居滬上，嫻熟上海灘中外掌故逸聞，一代人事興廢，古今梨園傳奇，信手拈來，皆成文章，乃開筆記小說之新局，老少咸宜，雅俗共賞。這些文章後來成為《春申舊聞》的部分篇章。

詩人易順鼎（實甫）之子，寫有《閒話揚州》引起揚州閒話的易君左，在一九四九年冬抵香江時，曾在鑽石山住過，當時那裡住有不少是國內逃避戰禍而抵港的知識份子，因此他寫有〈鑽石山頭小士多〉、〈記香港幾次文酒之會〉等文。更值得重視的是他寫的「文壇憶舊」，包括：〈我與郁達夫〉、〈曾琦與左舜生〉、〈詞人盧冀野〉、〈田漢和郭沫若〉。這些文章所寫的人物皆作者有過深交的文友，寫來自不同於一般的泛泛之論。可惜的是一九七二年易君左病逝台北，一九七二年四月十五日出版的《大人》刊出的〈田漢和郭沫若〉已註明是「遺作」了。

國民黨政要雷嘯岑，歷任南昌行營機要秘書、安徽省政府委員兼教育廳廳長、鄂豫皖三省總司令部秘書、湖北省第七區行政督察專員、重慶市教育局局長、《和平日報》社總主筆、《中央日報》社主筆。一九四九年七月去香港，任《香港時報》社總主筆。一九六〇年在港創辦《自由報》並受聘為香港德明書院新聞學系主任。他在《大人》以筆名「馬五」，寫有「政海人物面面觀」一系列文章。

他如，老報人胡憨珠長篇連載的〈申報與史量才〉，及當年曾在上海中文《大美晚報》供職的張志韓，所寫的〈血淚當年話報壇〉長文，都有珍貴的一手資料。

而沈葦窗自己也寫有〈葦窗談藝錄〉，談得較多的是京劇，這是他的本行。甚至《大人》每期有關京劇崑曲的文章，都佔有一定的比重，這也是這個雜誌的特色，同時也成為喜好京劇崑曲的讀者的重要收藏。沈葦窗的哥哥沈吉誠，在香港電影戲劇界、文化新聞界都相當吃得開，他在《大人》以「老吉」筆名，從第二期起寫有〈馬場三十年〉至第三十八期連載完畢，講的是香港的賽馬。在上世紀五〇年代，老吉的《馬經大全》，曾經風行一時。

《大人》每期約一百二十頁，用紙為重磅新聞，樸素大方。內頁和封底為名家畫作、法書或手跡，畫家有齊白石、吳湖帆、黃賓虹、張大千、溥心畬、傅抱石、關良、陳定山、黃君璧、吳作人、李可染、周鍊霞、梅蘭芳、宋美齡等。從第三期開始，每期都有四開彩色精印的銅版名家畫作或法書的插頁，精美絕倫。這些插頁除已列的上述部分畫家外，還有：邊壽民的蘆雁，新羅山人、虛谷的花鳥，沈石田、陸廉夫、吳伯滔、金拱北的山水，鄧石如、劉石庵、王文治的法書等。但由於這些插頁開本極大，採折疊方式，裝訂在雜誌的正中間，常為舊書店老闆取下，另外販售。此次復刻本，多期就沒有這些插頁，但在目錄中編有該插頁的頁碼，有時會有八頁之多，其實它是一張大畫折疊的頁碼，如今畫雖不見，但不影響內文，因該畫和內文是完全不相關的。在此聲明，希望讀者明瞭，不要以為雜誌有所「缺頁」是好。

這次能輯全整套雜誌而復刻，首先要感謝熱心協助，並提供收藏的師長好友：資深報人鑑賞家黃天才先生、收藏家董良彥（君博）先生、史料家秦賢次先生及香港的文史家方寬烈先生、學者作家盧瑋鑾（小思）女士。《大人》在臺灣流通極少，甚至國家圖書館都沒有收藏，筆者首先見到的是秦賢次兄已捐贈給中央研究院文哲研究所的部分雜誌，驚嘆之餘，才興起要收藏這份雜誌的念頭。但談何容易，歷經數載，找遍舊書攤才得不到四分之一之數。後經黃天才先生提供他的收藏，並熱心找到收藏家董良彥先生的珍貴收藏，董先生的十幾本雜誌品相極佳。在整理蒐集到手的四十二期雜誌，發現其中兩期有脫頁，於是藉著到香港開學術研討會之便，我和賢次兄又找到方寬烈先生及小思老師，經他們協助影印，補全了全套雜誌的內容。

我曾在二〇一〇年十月十七日香港的《蘋果日報》副刊寫有〈遲來的懷念〉一文，開頭說：「今年九月底，我到香港參加張愛玲誕辰九十週年國際學術研討會。十五年前的九月八日張愛玲被發現死在洛杉磯公寓，無人知曉，據推測她的死亡時間應該是九月二日或三日。而幾天之後的九月六日沈葦窗因食道癌在香港病逝。之所以將兩人並提，是他們都是『寂寞的告別』人世。正如作家穆欣欣所說的：『張愛玲走得孤寂而熱鬧。說孤寂，到底是她自己選擇的一種方式，待世人知曉，已是六七天之後；說熱鬧，是世人不甘，憐她愛她。她像中秋的月亮，走了之後，人間還得追望。比起張愛玲，另一個人走得更寂寞。起碼，他連最後的繁華都沒有。他是《大成》雜誌的主編沈葦窗先生。』是的，早在一九九三年，我籌拍張愛玲的紀錄片，次年還收到張愛玲的傳真信函。她故去之後《作家身影》紀錄片播出，之後我又寫了兩本關於她的書，並推薦李安導演拍她的〈色，戒〉。而對沈葦窗我至今無一字提及，這篇小文就算是遲來的懷念吧！」現在把這段文字轉錄於此，依舊是對他的懷念！

目錄

第二期（一九七〇年六月十五日）：

第三期（一九七〇年七月十五日）：

第四期（一九七〇年八月十五日）：

第五期（一九七〇年九月十五日）：

第六期（一九七〇年十月十五日）：

論天下大事

談古今人物

第一期

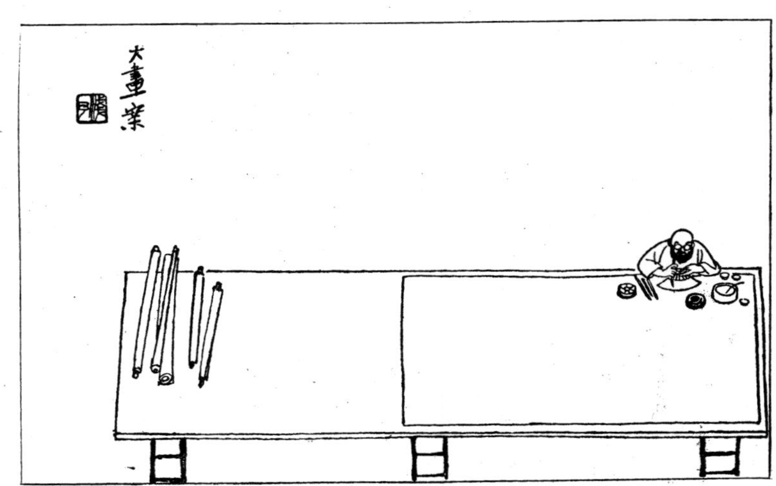

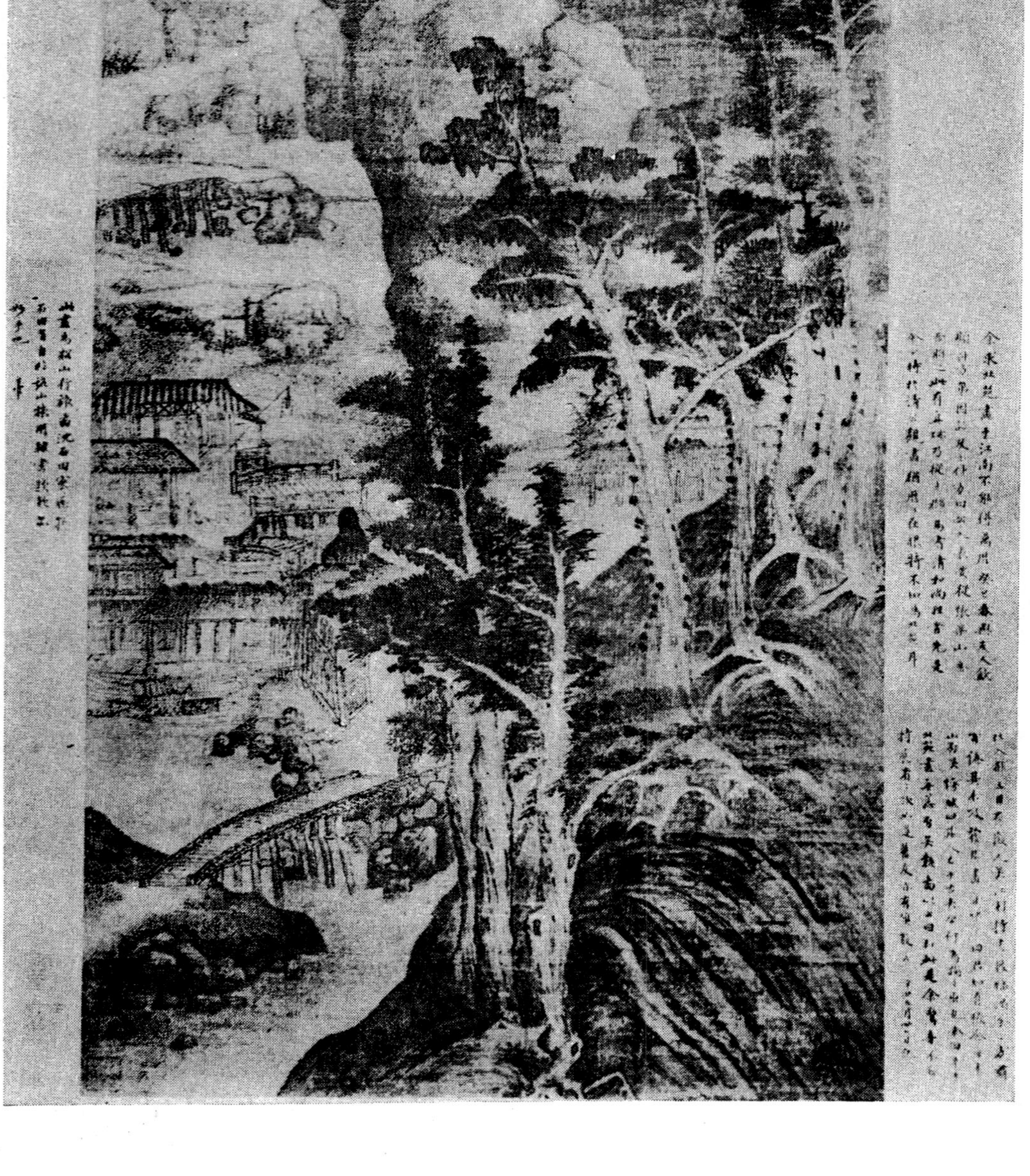

董源谿山行旅圖

詳細說明見省齋：「賞心樂事話當年」

大人

第一期目錄

一九七零年五月十五日出版

大人　每逢月之十五日出版

出版及發行者：大人出版社有限公司
督印人：王朝平
編輯者：大人雜誌編輯委員會
總編輯：沈葦窗
社址：九龍西洋菜街三號A
電話：K八五五七三〇
印刷者：立信印刷公司
九龍新蒲崗伍芳街緯倫大厦十一樓
總代理：吳興記書報社
香港租庇利街十一號二樓
電話：H二三九九七二
星馬代理：遠東文化事業有限公司
新加坡厦門街十九號
檳城杳田仔街一七一號
泰國代理：集成圖書公司
曼谷耀華力路二三三號
越南代理：聯興書報社
越南堤岸新行街二十二號
其他地區代理：
澳門：可大文具店　寮國：永珍圖書公司
亞庇：利文公司　斗湖：光明書店
千里達：中華公司　菲律賓：玲瓏書局
倫敦：東寶公司　紐約：友聯圖書公司
芝加哥：杏林春　洛杉磯：永安堂
波士頓：中西公司　檀香山：大元公司
三藩市：新生圖書公司　三藩市：文化商店
加拿大：香港商店　加拿大：新國華公司

記章太炎老師

陳存仁

我拜識章太炎先生是在民國十七年，那時我才二十歲，初在中醫專門學校畢業，常到武進姚公鶴老師家去補習國文。姚老師和章太炎先生友誼很深，三天五天總有書信往返，書信都叫我送去的，因此太炎先生對我很面善。

那時太炎先生住在南陽橋康悌路底一小巷內，因爲地處轉角，客堂成斜角形，太炎先生的臥室，就在樓梯中間的閣樓上（上海人稱亭子間），我每次去，總是直達閣樓，坐等回信。

垂詢家世程門立雪

有一次，太炎先生問我：「姓什麼？叫什麼名字？」我答復他：「我叫陳保康，字存仁。」又問我：「籍貫何處？家世如何？」我一一對答。他起初以爲我是公鶴先生的一個書僮，後來經我說明，日間在丁甘仁老師處助寫藥方，晚間從姚老師學國文，他甚爲激動，自稱對中醫很有研究，並且也能處方，所以對我大感興趣，認爲我要習國學，何不拜他爲師？我聽了這話，喜出望外，立刻對他三鞠躬，改稱老師。他的太太湯國黎女士也走了出來，章先生要我叫聲師母，她見了我非常歡喜，因爲有了我在他們左右，可以幫她做許多雜務。

章太炎先生遺影

(1868-1936)

章太炎老師，講的一口杭州話。但他並不是杭州人，而是餘杭縣倉泉鎮人。他說話口齒極不清楚，而且有濃重的鼻音，因爲他生過鼻淵，常年流濁涕，所以聽他講話很不容易領悟。我因生在上海，原籍浙江平湖，和杭州很近，所以他講的話都能聽清楚。

我執贄章門之後，他初時沒有教過我一次書，不過指點我先讀某書，後讀某書，也常時提出些問題問我，畧爲講下就算了事。但是有時他會講一個字，講上半小時以上還講不完，除非有客來訪，才終止講釋，否則會滔滔不絕的講下去。他這樣的做法，對我進步很快，所以我天天先到章老師家盤桓三四小時，再到姚老師處逗留一二小時。

在章老師處，臨走他必留膳。但菜餚之劣，出乎想像之外，每天吃的無非是腐乳、花生醬、鹹魚、鹹蛋、豆腐等物。我總是伴着他進晚餐，因爲他家中沒有婢僕，菜餚都由師母就近購買，吃時她並不和我們同坐，經久之後，湯師母常教我到「邵萬生」去買玫瑰乳腐，到「紫陽觀」買醬菜，其他一切雜物，也都由我購買。

太炎老師實際上經濟情況，非常窮困。他的嗜好，祇是吸香烟而已，自己吸的是『金鼠牌』，饗客則用『大英牌』。此外，歡喜吸水烟。一筒水烟，地下必留有一個烟蒂，因此家中地板上就有成千成萬經烟蒂燒焦的小黑點。他的衣衫，常年不過三四套，從未見他穿過一身新衫。師母說太炎先生最怕洗面，更怕沐浴，手指甲留得很長，指甲內黑痕斑斑。每天來拜訪老師的人，不過一兩位，因爲那時他和時人交惡，所以來往的朋友，遠遠不及姚老師。不過來訪他的人，都有許多食物帶來，如綠豆糕、豆酥糖及種種杭州土產，是他最鍾意的。

太炎老師唯一的收入，是靠賣字。他不登廣告，所以來求字的人極少。幸而由上海著名箋扇莊朶雲軒主人，常常帶了紙張來求他寫字，每次都有小件大件百數十宗，取件時不論件數多少，總是留下筆潤銀幣五十元。

積欠房租董康解圍

我到師門第二年，才知道老師已欠租二十個月，房東迫着要他遷出，章師母寫了一封信，叫我拿去見董康（綬經），董氏很有錢，當即寫了兩張莊票，交我帶回。她有了這兩張莊票，一張償付積欠；同時遷居同孚路同福里廿五號，將另一張莊票付租。搬遷之費，完全由朶雲軒主人負担。他們傢俬極少，但有木版書近八千冊。

同孚路的新居，較爲寬大和爽朗，並特闢一室，專供藏書。但全部書籍沒有一個書櫥或書架，祇是在廂房中間格上一條板桌，凡是實用書，都放在桌上，不常用的，都堆在地下。

在同福里居住不久，章老師竟發了一筆小財。一天，革命元老馮自由來訪，要他寫兩件東西，一件是孫中山先生的「中華民國政府成立宣言」，一件是「討袁世凱檄」這兩件原稿，本是章師手撰的，馮氏要求他親筆再各寫一件，成爲『歷史文獻』，當時馮氏不過致送筆潤墨銀二十元。不料這件事，報紙上竟大登特登，有無數人都來求章師再寫這兩件原文，我記得一共有五六十份，有的送墨銀四十元，有些送墨銀二百元。章師抱定宗旨，傚黃夷甫口不言錢，章師母又不便出面，一切都由我應付。章師大約寫到十件以上，就惱怒異常，再也不肯動筆，經師母橫勸直勸，他祇是不出聲。後來想出一個辦法，原來他平日吸的都是金鼠牌香烟，有一次人家送他一罐茄立克香烟。章師稱它爲外國金鼠牌，常時吵着要吸，師母不捨得買，這次就允許他每寫一件，買一罐給他，這樣，問題就解決了。

錢化佛送食品索書

他最喜歡吃的東西，是帶有臭氣的鹵製品，特別愛好臭乳腐，臭到全屋掩鼻，但是他的鼻子永遠聞不到臭氣，他所感覺到的祇是霉變食物的鮮味。

有一位畫家錢化佛，他是章府的常客，一次他帶來一包紫黑色的臭鹹蛋，章師見到欣然大樂，當時桌上有枝筆，他深知化佛的來意，他就問：『你要寫什麼，祇管講。』當時化佛就拿出好幾張斗方白紙，每張要寫『五族共和』四個字，而且要他用『章太炎』三字落款，不要用『章炳麟』，章師不出一聲，一揮而就。隔了兩天，錢化佛又帶來一壜極臭的莧菜梗，章師竟然樂不可支，又對錢化佛說：「有紙祇管拿出來寫」，化佛仍然要他寫『五族共和』四字，這一回章師一氣呵成寫了四十多張。後來錢化佛又帶了不少臭花生、臭冬瓜等物，又寫了好多張五族共和，前後計有一百多張，章師也不問他用處如何。我和化佛極熟，他告訴我：三馬路一枝香番菜館新到一種『五色旗』酒，這是北京歡場中人宴客常見的名酒，這酒倒出來時是一杯混濁的酒，沉澱了幾分鐘，就變成紅黃藍白黑五色的酒，（其實紅色黃色是一種果子油，藍色是薄荷油，白色是高粱，黑色是顏色液體，放在一起，所以會沉澱爲五色旗色）、當時此酒轟動得不得了。錢化佛念頭一轉，想出做一種『五族共和』的屏條，漢文請章師寫，滿文請一位滿族人寫，蒙回文請城隍廟一個寫可蘭經的人寫，藏文請一個紙扎舖的人寫，成爲一個很好的屏條，裱好之後，就掛在番菜館中，以每條十元售出，竟然賣出近百條，化佛因此多了一筆錢。

杜月笙請作祠堂記

章師並沒有什麼固定的收入，朋友來請寫字，向不要錢。箋扇莊來寫，按潤例收費，每兩三月難得有人來懇他寫壽序，或墓誌銘等，由師母出面，索價每件一百元。有時銀子收了之後，章師對某人不歡喜，就堅持不肯寫，常把事情弄得很僵。杜月笙先生家祠落成時，要遍求當代名人的墨寶，由章士釗開出名單，第一名就是章太炎，要他寫一篇「高橋杜氏祠堂記」。章士釗雖開出名單，但聲明不負聯絡之責，杜氏便想到一位游俠兒徐福生，外號『閙天宮福生』，此人曾與章師同獄甚久（章師因蘇報案被捕入獄），自以爲與章師頗有交誼，就領命而去。章師見了閙天宮福生，敬烟敬茶，十分客氣，可是要他做一篇祠堂記，竟斷然拒絕。福生頹然而歸，向杜氏說明實情，說我無法辦到。杜先生知道我是章氏的學生，問我有什麼辦法可以拿到這篇文章。並且說：「要不要開一張一千兩的莊票帶去？」我說：「這是要弄僵的。」後來我到章師家裏去，乘機進言，我說太史公在史記上做過一篇游俠列傳，老師應該對杜先生的祠堂落成做一篇文章。他聽了我這句話，就問我杜先生生平情況，我就一件一件講出來，他老人家越

高橋杜氏祠堂記

餘杭章炳麟撰

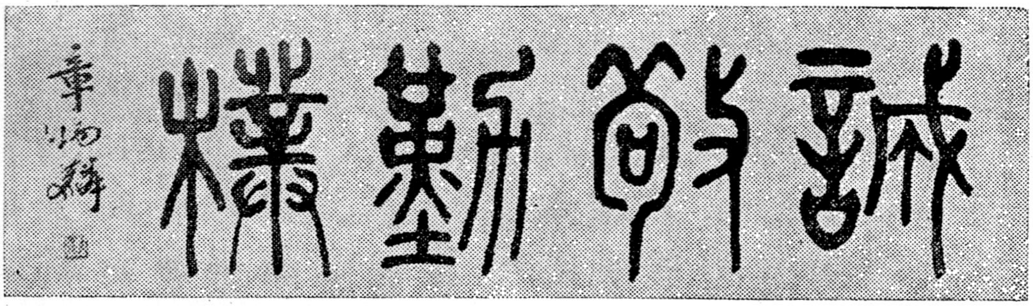

聽越高興，章師母也從旁鼓勵，我乘機立刻拿一張幅度很大的宣紙，說是：「老師的文字應該寫成一幅橫披，作爲他們家祠的鎮宅之寶。」章師不出一言，也不起稿，就一邊抽烟，一邊寫字，大約不過四十分鐘，已經寫成，我就把它送到杜宅，章士釗那時邊看邊讚說：「眞是傳世之作」，杜先生也很高興，就封了一包墨金，準備叫我送去。我說：「這是不需要的。」但想起章師母也出了大力從旁鼓勵，於是我就接受了這包墨金，交給了師母，這筆錢師母拿來維持了幾個月的生活。

章師的書件落欵，往往祗寫『某某屬』或『某某囑書』，絕不稱『仁兄』或『先生』。求書的人，爲了這點很不高興，而且他寫的是小篆，當時的富商巨公，對這種字體都不認識，不表歡迎，所以他的鬻書生涯也十分清淡。民國十七年北伐軍到了上海，先時他曾做過孫傳芳參議，而且到孫幕中講學，時人頗多非議，所以門庭冷落車馬稀，深居簡出。

章師對金錢看得很淡，對生活問題全不放在心上，經濟全由師母調度。師母常教我出去張羅錢財，我總唯命是從。但是有一次打了一個包裹，要我到當舖去典質，這次我堅持不肯從命，我說：我母親有訓：『一生不上公堂，一世不到典當。』所以我不肯去，師母爲之黯然。問我有什麽辦法，我說我可以再介紹一個學生，就是同學章次公。師母立即答允，從此次公也立雪程門，有許多事，都叫次公去做，從這時起，我就輕鬆了許多。

民國十八年中秋，房東又吵上門來收租，據說已欠租好多個月，師母潸然淚下，章師竟毫不介意。他對此等事多採不了了之的態度，有時連他自己居處的地址，他也弄不淸楚，一次他到三馬路來靑閣去買書，去的時候，他叫了一輛人力車去的，看了半天，一本也沒有買，施施然走出書店，踏上另一輛人力車，車伕問他到那裏？他祗是指向西邊，而始終說不出自己的寓所所在。車伕拉了半天，知道情況不妙，便問他：『先生你究竟想到什麽地方？』章師告訴車伕說：『我是章太炎，人稱章瘋子，上海人個個都知道我的住處，你難道不知道嗎？』車伕頻頻搖頭，在無可奈何的情況下，仍將他拉回來靑閣，然後才把事情解決。類似這般的笑話，在章師是常常有的事，不足爲奇的。

昭慶寺大師作嘉賓

某年春間，杭州昭慶寺方丈，帶了一筐杭州有名的土產『方柿』送給章師，他一口氣吃了六隻，要是師母不加阻止，可能整筐會吃完。他這樣的吃法，不僅是對方柿，對其他愛好的食物，也是如此。

昭慶寺方丈求了幾張字之後，臨行說了幾句客套話：『老師如果有興趣，可到寺中來小住幾日，吃住全由寺中供給。』章師聽了信以爲眞，一口答應，並說：『我要來住幾個月。』方丈還以爲是他隨口說說，所以也隨口說了一句『歡迎歡迎。』

昭慶寺方丈走了之後，他就欣然的吵着立刻要上杭州，一則可以順便還鄉掃墓，二則可以踏青訪舊，對旅途費用，他從沒有想到過。

後來章師尋出一隻考籃（舊時讀書人應考用的書籃），其中放了兩本書和一個水烟筒，一包皮絲烟，天天吵着要起程，而且命我與次公同行，師母迫不得已，籌了二十元，陪同前去，我與次公各帶四元，即行就道，當時火車票的三等座價，不過一元八毫半，就此四人浩浩蕩蕩，直到昭慶寺。

昭慶寺的知客僧，本是極勢利的，但是因爲章師是知名之士，所以他立即安排了兩個房間，供我等居住。次晨杭州各報，大事登載，轟動整個杭州，來訪的新知舊雨，絡繹不絕，人人帶了紙張，來求字或是求文。知客僧生財有道，竟然拿出一本緣簿，叫求字求文的人隨意樂助，收入大爲可觀，於是對章師大加敬重，每日供奉的蔬食異常豐富。

樓外樓主席贈手杖

有若干人，又寫了請帖，邀他赴宴，他難得應允一二人，但他對食物，平日因爲牙齒殘缺不全，祗吃花生醬、乳腐之類，所以對宴席上的菜餚吃不慣，往往不經嘴嚼，囫圇吞下去，因此常常不舒服，後來就謝絕酬宴，來訪者祗得帶了許多土產贈與，於是床邊床下都堆滿食物，章師怡然大樂。一天他自動的要到『樓外樓』去小酌，樓外樓主人一見了章師，殷勤招待，我們一共四人，章師祗點了三味菜，一味是宋嫂魚（即西湖醋魚），一味是東坡肉，還有一味是隨園方脯（即蜜餞火腿），這些名目，都是章師根據書上來的，主人見了菜單啞然失笑，說：『這些菜是不夠吃的。』後來上菜，除了章師的點菜之外，竟然多了不少味，吃罷之後，章師見到鄰桌已舖好紙墨筆硯，章師即一躍起座，就問主人要寫什麽，主人回答說：『隨便什麽都可以。』章師竟然寫了一首張蒼水絕命詩，長得不得了。

正在寫字時，蔣主席偕夫人由周象賢陪同登樓，翩然入座，當時座中並無他客，主席很安詳的點了三味菜，對着西湖縱覽山光水色，雙方都不打招呼，主席和夫人等吃得很快，臨行時，周象賢低聲對主席說，那寫字的就是章太炎，主席立刻過來招呼說：『太炎先生你好嗎？』章師回答說：『很好很好。』主席又問他近況如何，他答說：『靠一枝筆騙飯吃。』主席說：『我等你一下，送你回府，你有什麽事可以隨時關照象賢。』章師頻說：『用不到，用不到。』並且堅持不肯坐車，主席沒有辦法，就把自用的手杖送給他，作爲紀念，章師對這根手杖倒很鍾意，稱謝握手而別。

次日，杭州各報大登這件新聞說章師『杖國杖朝』，蔣主席對故舊極爲關懷。

章師在樓外樓所寫的張蒼水絕命詩，主人初見之下，心中認爲大大不吉，寫完之後，他拿去給識家展閱，有人指出，張蒼水絕命詩字數極多，章先生僅寫了起首一段，要他再備許多紙張，邀請章氏每天來寫，寫成一個長卷，價值甚高。次日樓外樓主人又拿了請帖來，邀請章師前往進膳，說是到了許多新鮮湖蝦，希望他每天去吃飯，章師欣然接受，約十天，他把絕命詩全部寫完，並且在卷尾加了一節長長的跋語。這件墨寶，傳說樓外樓主人以墨銀二百元售出，後來又幾經易主，十五年後，被陳群以黃金二十兩的代價購得。

訪曲園覓先師遺址

當章師到杭州的第二日，晨起忽然要穿馬掛，並命我與次公，同樣要穿馬掛，但是我們兩人，當時還在少年時代，穿的祇是竹布長衫，向來不備馬掛，章師無奈，便教我們兩人，帶了香燭一副及水果數件，慢慢兒由昭慶寺沿河濱到樓外樓旁邊的『曲樓』，原來他要去憑吊他的老師俞樾（字曲園）故居，到了曲樓門前，就讓我們叫門，應門的是一位老嫗，章師就高視闊步而入，那老嫗詢問來訪何人，章師說是來拜祭老師，雙方因言語隔閡，那老嫗方在掃地，竟舉起掃帚作逐客狀，章師與我們二人，祇得退出。章師說：老嫗不解事，姑坐在門外，等有人出入時，再說明緣由進入，於是他就在門外土墩上大談其幼年時，就在此就讀，當時門前無馬路，這條路是後來塡出來的。又指着湖邊的『蘇堤白堤』，都是一些泥土的小路，六條橋也是後來造的，他說爲了拜謁老師，應該立雪，多等幾個時辰是沒有關係的，我們無論如何要進去拜祭一下，大約等了兩個時辰之後，曲樓門開，有一個中年人走出，章師就誠誠懇懇的向他說明來意，那人自稱姓陸，並說：『曲園已數度易主，所以屋內沒有一人是姓俞的。』章師乃要求到園裏去『耍子』（杭州話遊覽之意），主人即陪我等入內，庭園中，有枇把樹兩棵，章師指說：『這仍是舊時之物。』到大廳中又見一幅橫額，寫着『春在堂』三字，他說：『這也是曲園老人的遺墨。』就命我等點起香燭行三跪九叩首禮。陸姓在旁看得呆了，章師又說出左邊廂房，即是舊時他的讀書處，要求拿出紙筆要留幾個字，但是主人祇有筆墨而無紙，章師即在牆上題了兩首詩，黯然而別。

遊杭州獲意外收入

章師在杭州每日行動，報紙都有紀載，因此來訪者絡繹不絕，那時汽車很少，凡是坐汽車的來客，知客僧便加意招待，章師對此並不重視。一天，當地有個沈姓紳士坐了一輛馬車，帶了兩個少年來訪，知客僧陪着晋謁章師，介紹說：『沈氏是杭州富紳，他的馬車在杭州是有名的。』章師大悅，說：明天要借用一天，沈氏當即應允，並說他有兩個兒子，國學已粗有根蒂，求章師收爲門生，栽培造就。章師即問沈氏二子，平時所讀何書？二子應對極得體，而且能背誦詩書，章師認是可造之材，二人即跪地拜見老師，倏忽間由馬車搬來龍井茶葉、金華火腿、及杭緞兩匹，同時恭致贄敬一包，章師見了贄敬，認爲不可受，師母暗暗着急，命我等兩人急速將贄敬收了下來交入室內，師母啓視之下，竟是銀元二百，師母展顏而笑。

自此報紙又騰載章師在杭廣收門生，因此引起許多人都來投章師門下，贄敬多少不等，以四十元者爲最多，一百元者亦不少，在杭約收二十餘人，師母深感貧困多時，料不到杭州之遊，竟有如此收獲。

章師此次去杭州，常感胃部不舒，且有氣喘，所以祇預備講學三五天，講學日期定後，即在昭慶寺講經堂舉行，方丈爲他設了一個講壇，地上排了數十蒲團，章師到堂之後，命將講壇拆去，亦坐蒲團上，說這是漢時的講學方式，應該是沒有講壇的。

第一日：講『經學源流』，對康有爲『僞經考』，大肆抨擊，聽者興高采烈。第二日，講『清代國學』，聽者更衆。第三日，講『小學大義』，聽者都不了了，但學生日多一日，竟達百餘人之多。章師講學三日之後，感染傷風，兼發胃病，講學便中止。

講學之前，沈姓兩子駕馬車而來，章師命昭慶寺香積廚備豆腐四方，百頁結十六隻，偕師母和我們幾人，登車出艮山門，意欲拜祭他的祖墳，出城後但見市廛林立，與舊時面目全非，章師不知祖墳何在，命我等到各小茶舘訪問他的老家人阿炳，問了好多處，有人說：阿炳有時來有時不來，又不知他居在何處，于是章師祇得對山祝拜而回。

講學會公開招弟子

章師住在昭慶寺時，每天都有新聞記者來訪問，常有人隨帶攝影師，要求和章老師合影留念，當時無閃光燈，都用鎂光拍攝，光線極强，而氣息極烈，引起章師咳嗽大作。恰巧有靈隱寺方丈來訪，相談之下，方丈力勸章師移居靈隱寺避囂，從這時起，章師每晨健步登韜光觀海，胸襟爲之大寬，且仍有學生執贄從學。忽有上海來人說，他家中失竊。師母說家無長物，不過一些書籍，儘偷無妨。章師却不以爲然，急于要回上海，恰有鐵路局長任筱珊，在靈隱寺養疴，就送了章師六張頭等車票，章師乃决計匆匆返滬，並對各學生說：『以後講學，改在滬寓。』

回到上海之後，見前後門的鎖，已被除去，章師爲之頓足嘆息，拍門數下，即有人來開門，一見之下，竟是他的老家人阿炳，原來阿炳在杭時聽到章師坐馬車來找他，他便搭車來滬，這時師母囊中甚豐，除償付積欠房租之外，還和我們商量應付學生方式，我與次公建議設立章氏講學會公開招生，師母筆很健，當即就草擬宣言及章程一份，向各省故舊徵求贊助人，並印了一本捐冊，募集經費，不料這件事，反應出乎意外，張學良首先捐銀三千元，當時孫傳芳雖已失意下野，也派人送來二千元，各方捐欵五百一千的很多，總數若干，我們不便過問，約畧計之，總在二萬元左右，但章師從不問訊，學生來報名約有二百多人。

李根源創議居吳門

一天，章師舊友李根源（印泉）來訪，師母對他說，歷年貧困，現在經濟稍稍寬裕，該作如何處置，印老說：『養老以蘇州爲最宜，應該往蘇州購屋，作爲永居之計。』師母大爲合意，章師亦不反對，便託印老在蘇州覓屋，不久就在蘇州錦帆路皇廢基買到一幢舊宅，宅中花木扶疏，頗富園林之勝，章師不久就移住新居，開辦講學會，學生以滬杭兩地最多，蘇嘉各地亦不少，此中人材輩出，有許多人後來都在文壇負有盛譽，至今本港有若干大學教授，都是這個講學會出身的。

論醫識藥不爲良相

章師移居蘇州，我與次公，每星期必赴蘇一次，雖然行旅極便，但是畢竟因兩地相隔較疏。

老一輩的文人，讀書之外，兼覽醫書，所謂儒門事親，一定要研究醫學，據說俞曲園也能處方治病，章師對醫學方面，亦頗勤習，他開的都是仲景古方，可是他的藥方，別人拿到了不敢進服，他知道我與次公都在丁甘仁辦的中醫專門學校就學，他常詢問某病某症，應用何種時方，我們便把時方的用藥告訴他，他有時認爲時方也有相當意義，而且他有一個留日時代的學生，是西醫余雲岫，他也常問他西醫的理論。又有一個門生，本來是做鈴醫的，所謂『鈴醫』，就是背負藥箱，手執鈴串，行走江湖爲人治病的，此人國學根底好，章師頗加重視，他認爲鈴醫的單方，都從經驗得來，多少有些價值，他也不耻下問。

章師秉性耿直，尤好譏評顯達，但對於後進，却又獎掖備至，對友朋，交誼篤厚，他和騰衝李根源（印泉）先生很知己，後來印老歸隱，久慕吳地山水秀麗，文物阜庶，因而僦居蘇州。某年印老患上了腦疽症，章師致書其孫，暢論醫法，詳問病情，推荐醫生，又饋贈了好多藥物，從二月一日至五月七日，連發手書十三通，情辭殷切，可見章師亦屬性情中人，李老腦疽好了之後，裱裝書函，蔚然成爲一卷，視若拱璧。

章師擅長作聯語，民國十四年三月十二日，孫中山先生在北平逝世，曾以一聯輓之，左舜生先生評論此聯之風調，實爲當時輓孫諸聯之冠，聯曰：

孫郎使天下三分，當魏德初萌，江表豈讓忘襲許？
南國是吾家舊物，怨靈修浩蕩，武關無故入盟秦！

聯意僅在反對當時之孫段張三角聯盟，於中山先生初無貶辭，聞治喪處諸委員得此聯後未敢懸掛，但已傳誦人口矣！

外交界名宿伍廷芳，晚年研究靈魂學，提倡養生術，自謂可望活至一百歲，陳烱明炮打觀音山之役，伍奔走折衝，舌敝唇焦，憂急而卒，遺命效歐西火葬法，不欲從世俗之棺葬，事聞於先生，即成一聯云：

一夜變鬚眉，難得東皋公定計，
片時留骨殖，不用西門慶化錢！

見者無不作會心之笑，因為章師用了伍子胥和武大郎的通俗典故。他作輓聯，時時起念即得，一揮而就援筆寫在紙上，付郵寄去，這是我親眼得見的，並不需要正式寫起來，所以一點不費什麼事。

章師與惲鐵樵很友善，鐵老早年任商務印書館小說月報編輯主任，中年治醫學甚精湛，著有『傷寒論輯義按』等書，達數十萬言，門生弟子遍天下。（友人章巨膺輯惲先生遺著，名為『藥盦醫學叢書』）。鐵老晚年到蘇州去養病，就住在章師家，鐵老逝世時，章師有聯云：

千金方不是奇書，更從
滄溟求啓秘。
五石散竟成末疾，尚憐
甲乙未編經。

章師和西醫往還也很多，某年名西醫江逢治患『夾陰傷寒』而卒，先生親撰輓聯誌哀，付郵寄去。聯云：

醫師著錄幾千人，海上求方，
惟夫子初臨獨逸；
湯劑遠西無四逆，少陰不治，
願諸公還讀傷寒。

這副輓聯，微有調笑性質，富於含蓄，但非明眼人不能辨。

章師對于中醫界貢獻亦很多，章氏講學會就印有專著『猝病新論』一鉅冊，所謂猝病，就是指急性傳染病，王慎軒君又為印專輯一冊。民國十八年章師又助秦伯未、嚴蒼山、王一仁、章次公諸君創辦中國醫學院，並任院長之名。民國廿年間又助章次公、陸淵雷、徐衡之三位，創辦國醫學院，章師亦任院長，民國廿五年又任蘇州中醫學校校長，所以追本尋源，章師在中醫界訓導的功績，是不可抹煞的。

我編纂『中國藥學大辭典』，請章師做序，章師指示搜考方法很週詳。某年赴蘇州火車擁擠，我赴蘇時臂部受了傷，祗得用布巾包裹進謁，章師正臨窗揮毫，看見我的情形說：『其三折肱之謂乎？』索紙濡墨，寫了『三折肱』三個字送我，這天他逸興大發，我就陪他到觀前街雪懷照相室拍了一張照像，因為肆主林雪懷是我的舊友，拍好了後，我同他赴酒家買醉，章師對出入街坊，素所不喜，晚年更不喜歡攝影，這天竟扶杖而行，並同到玄妙觀一遊，這是很少有的事，章師見到了『肝氣菩薩』，就大笑。到民國廿五年，章師遽赴修文之召，靈前所懸掛的遺像，就是是當年雪懷所拍的那一張，生死間事，注有定數，當時在無意中請章師攝影留念，不料這照片竟成為永遠的紀念品。

章師鼻部隆然，呼吸永感微塞，難得有短時間的通暢，談話時常作粗濁嗡嗡聲，同時鼻孔中的兩行清涕，汨汨而出，有時如玉柱長垂，色現微黃，隨拭隨流，據先生自稱是患鼻淵症，並且疑為有腦漏，嘗取中藥辛夷為末而嗅之，藉資療治，我見了告訴他用碧雲散方將芙蓉葉研末，比辛夷末更有效。過了幾天，再趨謁章師，他笑說芙蓉葉末，實在比辛夷末舒適而有效。恰巧這時杭州虎跑寺僧人某來索書，章師當場展紙濡墨，揮筆書辛夷芙蓉葉可治鼻淵的話，所撰文句，極饒風趣。有人勸章師割治，他不以為然，恐割治後，仍易復發。章師的鼻淵症，病源起在民國三年遭受袁世凱幽羈之時，因為被風寒所侵，初患重傷風，不加治療，日子一久，才遷延成這種痼疾的。

反璞歸真願葬青田

章師嫉惡如仇，凡人有不善，他總是面加訶斥，不稍留餘地，到了晚年凡他所不喜歡看見的人，絕不接見，即使見了也不多說話，嘿爾顧他，不再作灌夫罵座。曾與人書，有云：『少年氣盛，立說好異人，由今觀之，多穿鑿失本意，大抵十可得五耳。假我數年，或可以無大過。』先生晚年已趨重平實，前後志趣迥然不侔，亦是涵養功力日見深邃之徵，有人說湯夫人從旁婉勸，也與有功焉。湯夫人名國黎，是當時有名的才女，婚後琴瑟敦篤。

章師逝世後，他的家人厝殯靈櫬于居室中，不謀入土營葬，蓋章師生前托杜志遠代謀葬地，書謂『劉公伯温，為中國元勳，平生久慕，欲速營葬地，與劉公冢墓相連，以申九原之望，亦猶張蒼水從鄂王而葬也，君既生長其鄉，願為我求一地，不論風水，但願地稍高敞，近于劉氏之墓而已。』要營葬于青田，以遂其宿願。（原函見一士類稿，徐一士著）但遷延未決，後來中日風雲，日趨緊張，戰爭既起，大江南北，鐵蹄縱橫，他的家人都到內地逃避寇患。臨行之前，即掘地宅中，為先生窀穸之安，敵偽盤踞時代，我特地到蘇州，憑吊章師的墓廬，墓前雜草叢生，陳設蕭然，所懸遺影已失所在，祗留一老嫗守宅，過了數年，遇章師的長公子章導（孟匡）在宴席間，儀表英偉，言辭儁朗，也可說是『哲人有後』了。

十年來的香港製造工業

香港以日益增長的速度，由六十年代跨進七十年代，經已成為世界二十五個主要貿易區之一。按人口平均計算，出口佔世界第九位，香港是一個面積不足四百方哩，人口祇有四百萬的地區，它的主要市場距離它半個世界；本土又無自然資源可言，在此條件下，以任何標準來衡量，香港所獲得的成就，可說是使人印象深刻的。

香港製造工業的產品，約有百分之九十是供出口。在一九五九年中，製造工業的出口總值僅為二十二億八千二百萬元，一九六五年增至五十億二千七百萬元，一九六九年再增至一百零五億一千八百萬元。過去三年，出口增加了近一倍。過去十年，出口總值增加了三倍多，而增至超過一百億大關的高數字，

這裏且檢查一下自一九五九年起十年來製造工業方面的數字變化。

紡織工業：

香港紗廠業的數字，由一九五九年的二十一家增至一九六九年的三十四家，紗錠由三十九萬八千枚，增至八十萬四千枚。就業人數，由一萬四千九百名，增至二萬零三百名。產量由一億四千萬磅，增至三億一千三百萬磅。同期內，棉布織造廠由一百九十八家，增加至二百六十五家。就業人數，由二萬一千四百人，增至三萬一千七百人。織布機由一萬二千八百台，增至二萬三千三百台。棉布產量由三億六千萬碼，增至七億六千三百萬碼，這些簡單數字，不但透露生產之增加，也透露了生產力之增加，

製衣工業：

在一九五九年中，製衣業已是日益重要的一門工業，但其形式已在迅速地改變中。製衣業的生產，以前集中於針織內衣、較廉價的恤衫和童裝，但到一九六九年，已轉到大量生產較名貴而縫工較好的恤衫、女裝、睡衣褲、雨衣、飛機恤以及各種不同的西褲。

在六十年代中，製衣業的產量，由佔工業總產量的百分之三十四點八，增至百分之三十七點五。在一九五九年，製衣業的就業人數祇五萬三千四百名，但在十年後已增至十二萬一千名。在一九五九年中，製衣業的就業人數已是各門工業中的最多者，十年後仍繼續保持第一位。

在此十年中，製衣業的特點，已改變到幾乎不能辨認了。在男裝方面，也許最大的變化是製造各式各樣的人造纖維外衣，高度加工的衣服和便恤，把零星的裁縫生意，擴大到大規模生產而將現成西裝，以郵寄方式大量銷出。其中許多是空運至美國的。由於時裝的趨向變化迅速，故女裝的欵式亦千變萬化。女裝毛衫一直是製衣業中增長最大的，但現成衣裝和晚服也重要。在過去數年中，各種原料製造的高級婦女時裝已投入市場。西方一些最著名的時裝設計家已對此發展感興趣。

紡織及成衣業的產量，佔製造業總產量的百分比，在過去十年中已由約百分之五十三減至百分之四十八。

其他工業：

一九五九年間，本港搪瓷業佔出口第四位，就業人數佔第六位，但十年後，搪瓷業有兩方面均無位置可佔，一九五九年搪瓷業有二十二家工廠，工人五千三百名，一九六九年減至二十一家工廠，工人二千二百名。輾鋼業在過去十年中，與由中國大陸進口之產品競爭。免稅進口的競爭制度，加上地皮的高價，也許使這種與重工業有關的輾鋼業缺之最適宜的環境，以供大量投資。膠鞋業仍是重要的就業行業和出口工業，雖然這兩方面已不如十年前的重要。其他的許多工業也是如此，諸如傢具、電筒、印刷及出版等。

在產量和產值方面有重要增加的，為玩具、電子設備及假髮，在六十年代初期，玩具工業仍在萌芽時期，但現在已在就業人數及出口總值方面佔第三位。一九五九年，祇有一家工廠裝配原子粒收音機，但現在已有約三萬二千二百人參加電子零件之製造。其他的工業，出口數字大增的有錶殼、錶帶和相機製造。·本社資料室·

香港製造工業	1959	1969	增加百分比
出口總值	2’282’000’000元	10’518’000’000元	361
就業人數	177’000人	529’894人	196
電力消費	701’000’000 千瓦小時	2’105’000’000千瓦小時	201
工資指數	103	252	145
銀行儲蓄	315’000’000 元	3’367’000’000元	969

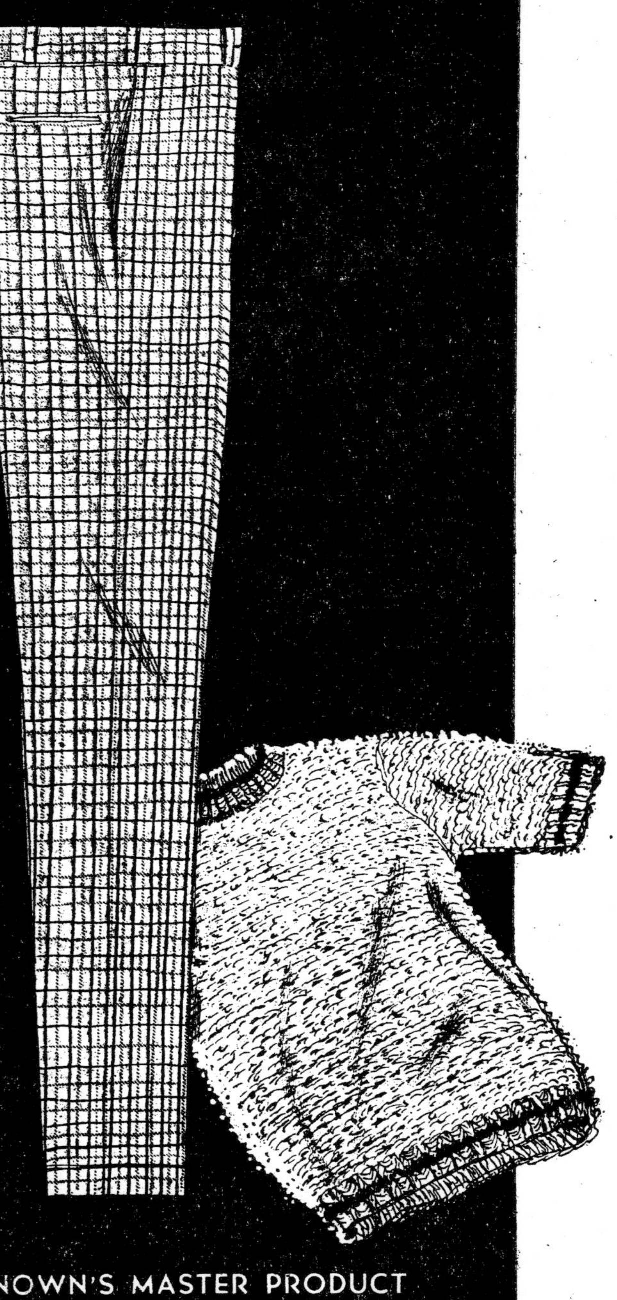

A RENOWN'S MASTER PRODUCT
利南西衭
褲頭樣子好・褲身樣子好・褲脚樣子好
定價每條自廿九元九毫起
大人公司有售

怎樣使股票納入正軌？

陳大計

股市的病態發展

香港股票市的交易旺盛態勢，延續了十五個月，即是由一九六九年初以迄一九七〇年三月底，在這十五個月內，不但交易的數字創新紀錄，大多數股票價格的上漲亦超出正軌，成爲病態的發展。到了四月開始，這種病態的發展似乎暫告歛息，但怎樣使香港的股票市納入正軌？就是本文討論的問題。

在這一問題未加以討論之前，我們先由過去三年間股票市的發展說起，一九六七年交易總數爲二億九千七百萬元，一九六八年交易總數爲九億四千三百萬元，一九六九年交易總數爲二十五億二千三百萬元。質言之，一九六八年交易總值比一九六七年增加兩倍，一九六九年交易總值比一九六八年增加一倍點六。一九七〇年首季交易總數爲十億。五千四百萬元，比一九六九年同期增加一倍。

大家都知道，一九六七年是股票交易的低潮，主要原因是受到騷動的影响。普通有交易的股票，市價平均下跌約百分之四十，到了一九六八年底，市價平均上升百分之四十，一九七〇年三月底，價位是一九六七年以來的最高水平，比較一九六九年初上漲百分之四十以上。由於一九六九年很多股票開派新股或紅股，有些開派新股或紅股之外，還增加股息或派發紅利，單獨增派股息或紅利的亦自不少。一般說，一九六九年迄一九七〇年三月，市價上升的主因是各公司開股和加派股息，一九七〇年初的開股和派息，大致和一九六九年初相似，吸引投資的力量亦大致與一九六九年初相似，但其中好些公司的派息，並未符合一般投資人的期望，特別是炒家的期望。他們忘記一九六九年很多公司開過股，也忘記很多公司一九六九年加派股息，一九七〇年很難再增加，平心而論，能夠維持一九六九年的派息水準，已經是難能可貴了。

由於股票投資人期望太高，不能得到事實的支持，復因炒家哄抬過度，以致一九七〇年首季市價上升的幅度與開股派息的升值距離極遠，甚至有些呈背道而馳的狀態。於是股市人士的心情，由極端興奮而轉爲悲觀，但這種悲觀的心情仍爲投機狂熱所冲淡，忽視現實而復墮入幻夢，由期望現在而轉爲期望將來，投機買賣的行動仍然充滿股票市塲。這種距離現實的發展，可以用事實來證明，即是證明市價上升過高和幻想太深，並進而證明香港股市交易失却健全。

週息創新低紀錄

滙豐銀行一九六九年初宣佈，一九六九年度末期息五元二角五分，連同中期息共派八元〇五分，此外加派現金紅利每股七角九分半，其後又加派免費紅股每十萬股派一紅股，合計該年投資利益至爲優厚，去年三月以前每股市價最高升至二百一十二元，比較一九六八年最低價每股上漲九十一元。今年（一九七〇）二月滙豐銀行宣佈，一九六九年度末期息每股六元五角三分九，連同中期息共派九元四角六分九，比較上一年股息增加一元四角一分九，此外每一舊股免費開一紅股。未除各項之前，市價最高漲至二百九十二元，比較一九六九年最低價上漲一百二十二元，該行預告將來每股派息最少五元。以兩股計算，派息只比較一九六九年舊股一股多派五角而已。市價漲至如此之高，分明是哄抬過度的結果。正當的投資人不是望而却步，便是受到炒家的誘惑。

再以「電車」爲例，最近三年電車沒有開股，派息亦極穩定。一九六七年度全年派息一元〇五分，一九六八年度全年派息九角，一九六九年度全年派息九角半。但一九六八年市價每股八元，一九六九年初每股漲至十三元三角，今年三月復漲至十五元四角。這種漲幅分明係受投機影响，證明左右市價的是炒家的行動，亦即由交易旺盛所引起。

因爲市價是人爲的炒高，週息率相對降低，試以今年三月六日收市價爲標準，怡和與大酒店等週息在三厘以下，黃埔船塢、太古船塢、天星小輪、城市酒店等均在四厘以下，香港燈、九龍燈、電話、九龍倉、和記、牛奶公司等均在五厘以下。這即是說，股息所得多數在五厘以下，與銀行利息極接近。其中好些股息且在銀行利息之下。這種低微的收入，係因交易狂熱所致。我們還得指出，這種週息率比較一九六一年的週息率更低。一般說，這是戰後最低的紀錄。經過今年二月至三月上旬交

易狂熱與市價猛升之後，今後市價很難再有明顯上升，亦即週息率已經普遍降低。

投機大戶的控制

本來股市交易旺盛，是配合香港經濟發展，如果香港股市交易旺盛在某一限度內符合需求，我們無意阻礙香港經濟發展，自亦無意妨礙股市的正常交易，有時交易旺盛亦正屬可喜的現象。然而香港股市的交易旺盛狀態是可喜的現象嗎？這種狀況發展下去是可喜的現象嗎？那倒是一個大疑問。前面說過，現在左右股市的力量是賭博的力量，而且這種賭博正在迅速增長之中，把香港一大部份流動資金都先後誘導至股市上，一旦進入市場之後，幾乎立即大部份變爲賭本，社會心理與投資心理都隨之而變更。

我們暫時不分析這種變化對香港社會的影响，但我們無妨立即說明對香港股市投資人的打擊，我們願意明白和堅决的指出，投資行動是把正當投資爲基礎的，他們的行動大部份是把損害正常投資人利益爲目標，有意的和無意的排斥正當商業的利益，利用社會的弱點以達到個人的圖利。照現時情形發展下去，投機必定排斥投資。正常的投資人平時很難得到正常的投資利潤，在特殊的環境下又必定担負不應當負担的損失。有一天，股市活動會變成損人害己的場合。我們對於股市的病態發展嚴厲批評，完全基於大部份社會和大部份人士利益的要求，扶植正當的工商業社會，排除傷害香港經濟正常發展的毒素，以求各階層的守本份人士，能夠獲得保障和在香港安居樂業的生活下去，並非對於任何一個正當工商人士有何嫉視和傷害。

目前有幾種現象值得注意的：

①最近股市買賣人士逐漸傾向於極短期的交易，不少上午買入下午賣出，或下午買入翌日上午賣出，這樣發展下去，將來會有一天完全趨向買空賣空。

②無論現在極短期的買賣抑或完全買空賣空，只有投機大戶能夠左右市場和得到利益，亦即只有股票經紀和他們的幕後人物得到利益。貪圖近利和小利的中下等投資人物望風來歸，成爲投機大戶的幫兇，終乃爲投機大戶所吞噬。

③目前的行動已非完全投機行動，而係賭博和傷害他人的行動，例如某一公司股票突然上漲，首先是首腦人士和內幕人士的搶購，其次是股票經紀和投機集團的操縱，眞正投資人士很少得到這種利益，那是有目共睹的新發展，正當的投資人士，不是被迫收取低微的股息，便是跟風冒險的犧牲者，香港的股市一向便非正宗的資本市場，亦即非領導和配合工商業推進的資本市場，現在更加如此。

④現時的股市仍屬於現貨交易的性質，戰後二十多年來，香港並沒有正式的期貨交易，股市的投機仍有一點限制，特別是經紀本身，他們鑒於從前有人破產自殺，在行動上不無有些顧忌。至於香港工商界投資人士，現時仍然有很多人重視商場的名譽，不敢太過冒險，特別是銀行界人士極少抱着支持投機的態度。但近數月來最引人注目的人士，就是公教人員躍躍欲試，可能隱藏着股市的危機。

新股價是否合理

今年新上市股票將是歷年以來最多的一年，本來把組織健全以及有穩定利益的私人大企業或中型企業變爲接受公衆投資的對象，是社會經濟發展良好的行動，是極有意義而受到大家歡迎的，以香港目前的環境而言，企業股票上市更多，接受公衆監督與公衆支持，是十分重要的，對個人與社會的好處也很多，股票市場設立的眞正意義，不在投機份子的活動，而在於負担企業吸收社會資金的作用。股票市場的主要任務是替那些有益社會的工商機構籌措資金，特別是替新企業發行股票，或替原有的企業接受公衆監督與大衆支持的第一步。可是，怎樣能夠令到這些股票以公正的態度與合理的價格上市發售？也是相當重要的問題。我們知道，某些企業發行的股票，其價格是類似於幻想性，事實上，他們的資產審核是否能令公衆滿意？確實很有疑問。也許有人這樣說：就以近年來多種新股票上市，似乎沒有什麼值得特別注意的東西，事實果眞這樣，我們當能感到十分安慰，但我們要反問一句：大多數的投資者是否祗熱中於研究這種股票能賺錢多少？怎樣纔能獲得更好的機會？結果却忽畧研究股票本身的實際價值以及這個企業的整個情況。例如最近上市的若干企業公司，申請的人既沒有研究它的資產是否果如其擬定的價值，也沒有研究它的業務前途是否穩好，更沒有研究它的地產和廠房的地期長短。我們知道，若干新上市的企業公司再過兩年就要補地價了。但這些新股票上市後，市價被炒得比發行價格更高，實在令人大惑不解。我們絕對不會暗示最近上市的新股票估值或定價不當，而是在現有的非公開式審定制度下面，往往是容易出現有利於賣方的情態，何況新股票上市申請認購狂熱，自然

能夠添加賣方索取高價的慾望。最瞭解公司資產及業務前途的人，自然是該公司的主持者，即使是最守道義與最有原則的公司主持人，也不會把股票以眞正合理的價格分配與申請認購的社會大衆。香港地位既然那麽安定，經濟既然那麽繁榮，他們不會不把增長率計算在內的。事實上，從資產審核以至宣佈出售的時間距離不長，通常只有二個月至四個月，其資產應該不會大漲至百分之幾十至百分之一百的，因此，希望從申請認購新股票獲利的人，並不是憑藉其眞正的經濟條件與眞實的增長，只是依靠炒家的推動而已。如果只是依靠幻想造價與控制方式而使新股票上市後迅速大漲的話，這種市價是無根的，隨時可能掉頭大跌。以香港現況而言，我們認爲新股票市價應否比較公售定價爲高，尙且發生疑問，更難說到市價應該比較公售定價上升百分之幾了。

可能發生的禍害

鑒於上述種種，香港政府沒有理由不注視股市交易的發展，沒有理由不注意可能發生的禍害。無可懷疑的，香港是國際金融中心之一，以穩健自由見稱，港府沒有理由坐視此種優良傳統破壞。現時香港的經濟，固然依循自由的軌道求發展，但現時的自由經濟已非約束的自由經濟，政府忽視本身的責任，不啻忽視本身的安全。目前的亞洲正在迅速走向現代化與工業化，香港政府不能踏錯一步，讓投機人士透過股市來摧殘香港的金融。扶植香港股市的正常投資，正是香港政府無可諉卸的責任。

今年以來，有一個特別明顯的現象，即是香港市民對通貨膨脹的觸覺特別敏銳，街頭巷尾與報章廣播等，都發生通貨膨脹的呼聲。通貨膨脹的來源很廣，與物價工資有密切關係。但由於股市投機旺盛，更加使市民感到這種威脅。通貨膨脹以及物價工資的上升，與股市投機的關係並不十分深切，但因爲投機旺盛，使市民預期通貨膨脹將更加嚴重。這種心理的形成，有一部份歸咎於股市投機。香港政府如果不及時制止，將來互相刺激的結果，可能導致整個經濟的崩潰。

香港政府多年來積極推進香港工商業，目的在增進社會財富與個人收益，照過去十多年來的情形看來，成效至爲顯著。香港政府獲得此一鼓勵之後，應更加向這一方面努力。希望短期內獲得現代化的成績。關於這個方針，今後政府的行動應注重股票交易的運用，一方面鼓勵工業領袖致力於新式大工廠的設立，並鼓勵營業健全的大工廠將股份公開發售，以期發展之後獲得更大的發展。另方面鼓勵市民積存財富，並將一部份資財投於公開發售的股份。這一來，民衆便與工業家結合一處，股票市場便是這種結合的活動場所。政府政策亦與工業發展和市民生活相配合。這一個政策，過去政府側重消極的推進，今後應當積極的推進。即不讓大工廠與大公司完全置於私人利益的基礎上，也不讓投機者破壞上述三方面的結合。換言之，政府的經濟政策，工業家的成就，市民生活的增進，都透過股票市場而獲得協調。

政府應立法管制

根據上述的趨勢，我們認爲香港股市將會愈來愈不健全，正常投資的人愈來愈不利，香港的工商界人士會愈來愈關心香港金融的安全，股市內外的穩健人士愈來愈感到股市不正常的禍害；因此，管制股市實在是刻不容緩的措施。四月十日香港外滙銀行公會召開會員特別大會，通過較早時候所建議的除開現有的兩家證券交易所（香港證券交易所和遠東交易所）之外，各會員銀行將不與新交易所建立交易關係的提案。這是鑒於目前香港股市交投情況的狂熱，與新交易所籌設風氣値得關切，爲避免將來股市不穩定情況與影響金融安定起見，而作出的決定。相信此一行動是在政府授意底下決定的，也可以視爲政府立法管制股市活動的先聲。

爲了使香港股市納入正軌，香港政府立法管制股市不正常的賭博式買賣固然重要，但嚴格審核新股票的資產與定價更爲重要；自然，我們認爲對於這兩方面都是應該同時迅速進行。香港是一個日趨現代化的商業社會，要這個社會的經濟有穩健的進展，首先要讓其一切經濟活動正常而合理，否則表面的繁榮只是畸形的繁榮，只有造成危機潛伏。如何提高證券專業的服務與道德，如何保障投資的眞正利益，都是當前香港經濟活動的重要問題。現在正是香港政府採取全面管制股市的行動時候，管制的出發點就是保障個人與整體經濟利益，爲着達到這個目的，對少數不夠責任感的金融證券經紀或那些狂熱投機份子加以管制，與制定扶持及督導香港股市的長遠計劃，都是必需的。

總之，爲香港社會計，爲政府本身計，港府必須致力於下述兩點：

①必須使股市成爲政府的經濟政策，市民的儲蓄與投資，工業家的努力與成就的結合體，換言之，透過股票市場取得合作。

②政府應當鼓勵股市正常交易，以促進正常發展，不應當縱容投機傷害社會正常的投資。

望平街憶舊

申報與史量才

胡憨珠

若要說起上海「報業」和「報人」的前塵舊事，爲舉世人士所共知的，在報業莫如申報，在報人莫如史量才。諒以申報的出版問世，尚在遜清同治十一年（一八七二年）四月三十日，計其「報齡」遐長，一向高執報業牛耳。是以近人凡談申報，輒冠一老字於其上，稱之爲老申報。

夷考申報之被世人稱爲「老申報」，實係於五十餘年以前所形成。但亦只有聞之於人們的口頭，却不見之於申報的報頭字樣。是蓋當此時期，史量才向席子佩手中盤進申報。席即將申報出盤所得，另創「新申報」，以期與史量才再作一次較量。當新申報出版之日，報販爲便利叫賣，乃將舊日的申報，加以一老字以呼之。使閱報人在購買申報時，欲老欲新，隨意抉擇。不意因報販們口頭所傳的「老申報」名稱，竟成爲異口同聲的永遠名詞。

再提到史量才則以爲申報主人於先，而又擁有新聞報百分之六十股份於後。如此一紙風行遍及全國的兩份大報，全操他一人掌握之中，儼然成爲中國報業中的巨擘。若細考其出身來歷，誠可稱爲白手起家，終能躋身於社會名流之列，一躍而成爲江蘇省地方的第一等要人，實非倖致。其間所經不少風險，多番周折，始底於成。本春秋責備賢者之旨，察其所以失敗，却有五點因素，一、是重視金錢，二、是言而寡信，三、是昧於用人，四、是名利心重，五、是驕氣太盛，有此五點因素，卒使史氏以身殉報。走也不才，只以寄食於望平街上，年日畧久。因此對史氏的一生歷程與遭遇，就耳食所得，作此縷述。請讀者當做閒聽負鼓盲翁登場荒村唱說一曲身後的蔡中郎罷。

蓮池大師夢中送佳兒

史量才出世於光緒六年（一八八〇年），他的父親，名春帆，世居南京城中。當洪楊之亂，其先人舉家往松江避難，定居於華亭縣所屬的泗涇鎭，經營一家「太和堂」的國藥舖。泗涇雖爲魚米之鄉，但究竟地屬鄉鎭，而太和堂的規模不大；是以史春帆終歲辛勤，所獲僅足免一家人的凍餒而已！

史春帆夫婦雖有所出，但孩子都養不大，所謂夭折，松江習俗有「領子招子」之舉，史春帆夫婦遂亦螟蛉一子，此子即是史量才之兄長。在當年史春帆的觀念中只覺得：「螟蛉縱有子、慰情聊勝無」而已！

一向以來，松江人每歲春初，有去杭州朝山借燒香兼作進香之舉，而以農家老年人爲多，蓋乘農隙之時作春遊，大概於農曆新正初二三開始，集合多人，僱乘巨船，向杭州進發，是爲光緒五年正月間事。史春帆亦與其列，他們見佛必拜，逢廟燒香，就中以雲棲寺最獲得進香人的崇仰。據傳雲棲爲明代淨土宗的名僧蓮池大師修眞成佛之處，民間傳說中雲棲本多猛虎，自蓮池大師法駕蒞臨之日，虎羣他遷，足見佛法無邊。此外，還有一種奇妙的傳說，據稱凡缺之兒女嗣續之人，只要虔求蓮池大師，要兒要女，定能如願。史春帆渴望一子，以繼宗嗣，故於各寺廟庵觀進香畢後，獨身一人，再到雲棲寺進香，並在蓮池大師座前許下求子宏願。

史春帆於進香禮佛完畢後，取下襟前所懸的黃布袋，要請寺僧加蓋本寺朱印。寺僧索取蓋印費制錢二百文，但史春帆囊中所有祇一百五十文，遂傾囊奉獻。寺僧猶吝弗之許，經史苦苦哀求，且謂是我少納五十文，蓋印就少印一隻角罷。寺僧一笑始允之爲之加蓋朱印，以黃布袋還之，果然少印一只角，史春帆携袋欣然離寺而去。

是夜，史春帆宿在燒香船中，於朦朧睡夢裏，見一龐眉皓首的僧人，溫顏與之說：「我即蓮池大師，因鑒爾虔誠求子，當送爾一個寧馨兒，只是此子缺少一隻角而已。」夢中的僧人語畢，倏爾不見，而史春帆隨亦驚醒，方知那是南柯一夢。史氏夫婦年事已高，到了來歲，他那位夫人老蚌生珠，果然產下一子，此子後來長大成人，就是申報的主人史量才。至於「缺一隻角」之說，直要到史量才在翁家埠遇難以後，始經其兄在病榻上說出，方知蓮池大師夢中之語是有靈驗的。

育才館任職初顯才幹

史量才所受教育，只是在泗涇舊式的私塾教育，至於沾染着維新的教育氣息，那是他於成人以後，考入浙江省立蠶桑講習所的事。其時清政府因鑒於中國出口貿易商品中最大宗的蠶絲一項市場，有全被日本攫奪之勢，因日本所出產的蠶絲，已經進入於科學管理的階段，反顧我中國對於養蠶栽桑，有數千年歷史，還是墨守舊法，爲要急起直追，於是考選有志之士，留學日本學成歸國，遂有蠶桑講習所的創設，第一期所收的學員，皆爲男姓，旨在培養師資，預備將來各地設辦蠶桑女學時，可以担承教習。

蘇浙兩省原爲出產蠶絲區域，清廷政府於浙江省首先創辦蠶桑講習所，地在杭州裏西湖的「金沙灘」地方，以此間原有公產房屋數楹，堪作黌舍之用。當年史量才就肄業其間，畢業以後，一時間難找出路，便去上海大東門王家祠堂「育才館」訪尋該校校長王培孫。見面之後，史量才要求給他在育才館，安插教員位置，王培孫對他說：「此間係普通學堂，君所讀的爲蠶桑專科，學非所用，這樣吧，就請你留在此間任當交際員的職務，代替我做些『與賓客言也』的工作，那是我對你萬分歡迎的。」這樣史量才便留在育才館幫助王培孫，所做的工作，若在現時說，就是所謂「公共關係」了。

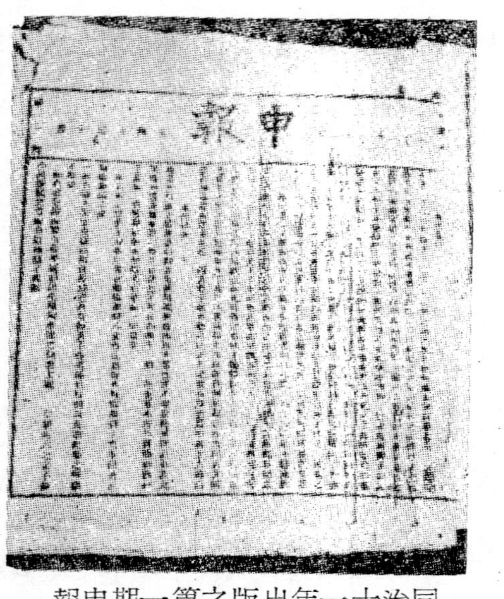
申報

同治十一年出版之第一期申報

王培孫是遜清光緒末葉上海最負時譽的教育家，他是南市大碼頭人，其先世以經營沙船業起家，後人却多爲讀書種子，他們族人在大東門內王家祠堂裏邊辦有一所新式學校，學校名稱爲「育才館」，而創辦人就是王培孫的叔父王柳生。該館創設的年代，在甲午戰爭以後的來歲，王柳生認爲此次中日之戰，中國之所以敗，敗在於我國的教育未普及，日本之所以勝，勝在於他們的教育普及，於是他向族人提議，想倡辦一所新式學校，校址即爲祠堂後邊的花園部份，但不付房租，惟以對本族的王氏子弟就學，長期免收學費，至畢業爲止。全族中人皆表示同意，「育才館」於焉成立，所以論上海革新教育的前驅者，當以王柳生爲第一人。

當庚子年八國聯軍突破津京之役，戰亂雖在北方，舉國已屬沸騰，尤以上海城內居民，相率棄家出走，還鄉避難，該校因宣告停辦。及戰燄熄滅，始由王培孫以秀才身份，仍在王家祠堂續辦「育才館」，遍延知名之士執教。旋因清政府廢止科舉，育才館遂改名爲「育才學堂」小學部。再得王氏族人一位太太慨捐其龍華道上近日暉港處的農莊，開辦中學部，即名爲南洋中學，經營數年，成績優卓，王培孫隨亦成爲教育專家。

邇時黃公續在他第二故鄉金山地方，創辦民强學堂。爲觀摩借鑑起見，曾率其長公子伯惠（按：黃伯惠後來即爲接辦時報館的館主）偕同友人三五同往「育才館」參觀。當時由該館職司交際員的史量才招待賓客，領導參觀各教室與所有設備，隨時隨地指點解釋。對館中的各事各物，無不說得頭頭是道，層次井然。實使當時隨待在旁行年十一歲的黃伯惠，對之大爲敬佩，因爲他適間隨同他父親和父執輩參觀其他幾家學校，有城東女學，民立中學等等，竟無一校的招待人員如此的口才便給，講解清楚，是以參觀完畢，與辭言出時，黃伯惠低聲稟告其父謂：「兒願結識這位王培孫先生，以便日後得以隨時請益，」乃父頷首示可。

於是，黃伯惠趨前，作自我介紹，只因他一向聽他父親讚揚王培孫辦理教育的才能和精神，但從未謀面。因此，向史量才敬呼之爲「王培孫先生」。史量才忙作辨正稱：「不敢，兄弟姓史，名家修，字量才，適因敝校王校長有事外出，由兄弟代爲招接諸位貴賓，請以後叫兄弟爲史量才好了。」此話一出，不但黃伯惠爲之訝異，黃公續亦感悃然。

原來黃公續已來過育才館兩次，今日之來屬於第三次，每次皆由史量才招待。一直以來，黃公續認定他是王培孫，史量才亦未曾作過自我介紹，今因黃伯惠清清楚楚的一呼王培孫先生，遂使這個錯誤立即顯現。不過此一錯誤的顯現，對史量才的一生事業前途而言，實在大有關係。

創辦蠶桑女學展宏圖

黃公續對於王培孫慕名心重，攬賢情切，當他第一次夏季赴育才館探訪王培孫時，司閽導入校長室，接見者即是史量才，黃公續在自我介紹以後，便即開展談話，而所談的又是當務之急的國勢强弱與教育成敗的大問題。雙方促膝深談，大有相見恨晚之慨。第二次黃公續是秋季再去往訪問所遇所談亦然，不過經此兩次談話以後，却教黃公續對眼前的王培孫欽敬信仰達到頂點，不知他所與語的却不是王培孫，而是史量才。

黃公續第三次前來育才館，於參觀全校內部組織和教課管理以外，尚有大任務，就是要想邀請王培孫去辦一所有規模的學堂。因其先人特別提出一注欵項，臨終遺命，教他興辦對國家社會有益的事業。經他思考之下，認爲只有兩項事業對國家社會有益，一爲興辦學堂的教育事業，另一爲開設報館的新聞事業。這兩種事業，權其輕重先後，當以興學爲先。因此，這些年來，黃公續以經濟援助十來名的青年學子出國去西方國家留學。對城東女學等幾家學校捐助經費，以及在金山開辦民强學堂，只因民强學堂所託非人，成績不佳，所以想在上海創辦一所像樣完美的學堂，探聽得王培孫是個教育專家，於是乃作三次趨訪，大有劉先主三顧茅廬之概。

不料於第三次參觀育才館時，經史量才詳述育才館創辦和復興的前後歷史，黃公續才知道這家育才館與王培孫有不可分離的關係，只得打消延攬王培孫之念。後來王培孫因育才館學生衆多，在龍華道上創辦南洋中學，黃公續還是捐出一筆鉅欵，幫助王培孫創辦南洋中學成功，王培孫也爲黃公續在校中設立銅像一座，作爲紀念，但在當時史量才對黃公續說出他本人的眞姓名，係王培孫代表人的身份以後，黃公續在傍聽得，非但毫無慍色，反而認爲經與史量才於三次談話以後，覺得他也是興辦教育的能手，既然延攬不得王培孫，就邀請史量才罷。於是黃公續隨帶身邊，原擬準備送給王培孫二千兩銀子的一紙莊票，忙向袋中摸出，雙手送給史量才道：「史先生，這一些些兄弟的不腆微意，請你哂納，萬弗推却。因爲日後兄弟煩勞史先生幫忙之處正多着呢。」此時的史量才對於二千元的贈欵，感到重大無比，自然道聲多謝，欣然收取，黃公續在此時還不便說出要史量才幫同開辦學校等情，認爲先行結識，將來再談。於是黃公續父子與史量才一行人就在育才館門前作別，其時正是農曆的十一月下旬，誰知他們別後，在短短四十多天的日子裏，史量才就有一件事業幹辦成功了。

原來史量才把黃公續所贈與的二千兩銀子，作爲資本，居然在高昌廟地方開辦起蠶桑女學，而且是有八個課堂的一所學堂，設備齊全，校內校外，油漆得煥然一新。在新正春初開學時期，史量才已於各報上刊登出蠶桑女學的招生廣告。當爲黃公續看見，對史量才所顯現辦學的能力高强與才幹敏捷，越發重視。至於史量才主辦蠶桑女學，何以籌備工作，有此快速呢？是蓋從一所停辦的兩等學校，全部租賃過來，只是把舊有的房屋校具，加以整理油漆的一番裝修工程而已。

這所兩等學校，原爲浙江上虞人經蓮珊斥資所創辦。爲繼王柳生創辦育才館之後的一所新法學堂，經蓮珊係著名地產商人經潤三（按：經潤三於清光緒卅年與黃楚九合辦樓外樓與新世界游藝場）、經營三之長兄，爲當年上海南市電報局局長，極端方，富有愛國心，當西太后垂簾聽政、幽禁光緒帝於瀛台之日，曾發動上千人書於西太后力諫其非，洋洋諍言，所謂「千人書」，即凡上海所有紳商兩界，稍有聲望的人士，無不列名其間，共得千人。及書上，西太后見之大爲震怒，嚴令兩江總督捕捉經蓮珊，經蓮珊當時因得訊較早，即棄職潛逃至澳門避難。終因憂國傷時，悲憤填膺，得了神經分裂症，病歿於澳門的海角中。高昌廟的兩等學堂也因經蓮珊的出走，宣告停辦。該所巨屋連同校具，遂由史量才租賃下來，開辦蠶桑女學。

此時中國的女子教育，雖在幼苗時代。但已有頗多女性了解男女平權之說，理應女子有職業自立之能，毋需依食於男子，每個女子於接受教育以外，首先宜應學習職業技能。是以女子蠶桑學堂的招生廣告一經刊登報章，頗多大家閨秀前去報名投考，史量才便憑她們現有的學歷和學識分列班次授課。於授以飼蠶栽桑的各種專科學課以外，及其他的普通基本課程，以期諸生畢業後，成爲全能人材。

女子蠶桑學堂與別的女學不同點，就是全校沒有一個十六歲以下的稚齡女學生，因爲在招考的時候，就規定要在十六歲以上，方能報名投考。這有兩個原因：第一，在養蠶時期，她們有一種很辛苦的服務工作，時常要輪流守夜看管蠶花，嚴防鼠害，而且有放滿春蠶的蠶匾，份量相當沉重，在一格格的木架上，搬上搬下，餵飼桑葉，不使過飢，亦不使過飽，這門搬動蠶匾工作，當非年紀幼小的女學生所能勝任。第二，在育種孵化的時候，須用顯微鏡仔細觀察審視，是否蠶種生有殭蠶、病蠶的毛病，要加以檢出清除和消滅，不使病菌播傳。而且對於蠶蛾的交配和產卵，還要輔以人力，這種工作也非年稚女學生所能勝任的。

因爲大家在幫忙史量才倡辦女子蠶桑學堂，所以担任教職課程的教師甚多，有的是他育才館的同事，有的是時報館息樓所交的朋友，都是一班知名之士，如楊千里、陳景韓、雷繼興、林康侯、包天笑等等。

史量才辦理這所女子蠶桑學堂是大賺其錢的。他所賺錢的因由不外兩途：（一）是學生就學的數量多，學費的收入大。（二）是所有教師，不化分文，全盡義務，連之車錢，各人自理。雖然，每週每人祗去兩三次，但大部份這班義務教師都住在租界，偏是校址遠在城南高昌廟。自北往南，往返來去，每人所負的交通費，相當可觀，那班教師出了心力，還要賠車錢，此足見史量才的算盤，實在打得精通。可是他終因此而起家發跡，有人說史量才所經手創辦的事業，無不發財，不要說蠶桑女學賺錢；就是後來他聽了黃炎培的話，創辦中華婦女補習學校，這明明是一樁賠本生意，結果也讓他大賺其錢，可以說他是命中註定有旺財運的。

任蘇路董事飛上高枝

黃公續對於史量才的才幹，敬愛備至，總想把他網羅過來作爲自己將來在上海辦學的臂助。所以先有二千兩銀子的餽贈，萬想不到史量才就將這筆贈與，作為創辦女子蠶桑學堂的資本，更想不到一炮而紅，把蠶桑女學辦得有聲有色。因此越發對史量才的才華能耐，佩服到極處。不過，也使黃公續的原定辦學計劃為之改變，認為辦好學堂，不必定要掌握在自己手中，於是就把一筆先人所留辦學基金，分別贈給王培孫的南洋中學、吳懷疚的務本女學等，從此收拾起自己辦學的心念。

雖然如此，黃公續對於史量才這個人才，還是不肯放棄，仍要引為己用，他認為史量才只是辦理一所蠶桑女學未免大材小用，應當導引他進入高級社會階層中，謀取發展。當時的黃公續與許多社會事業都有相當深切關係，而他所膺的名義，十九為董事之類。凡有會議舉行，輒須列席與議，旋因不勝煩劇，乃特延僱一蔡姓的專作黃氏出席的代表人，歷有年所。他為要汲引史量才多識高級階層中的知名人士，發生友誼關係，故黃氏擇其重要會議的場所，往往委託史量才做代表人，而史量才也眞能做到「使於四方，不辱君命」的地步。

有一次，「蘇路」鐵路舉行董事會議，所謂「蘇路」那是後來的京滬、滬杭甬兩條鐵路的前身。當年清廷政府興辦江浙兩省的鐵路時，原定的建築計劃，為官商合辦，官股基金借自英國銀團，商股基金則由江浙兩省的紳商人士，分別籌募。由政府指定江蘇省所屬地區的名「蘇路」，所委蘇路總辦為南通人張謇（季直），屬於浙江省所屬地區的名「浙路」，所委浙路總辦為蕭山人湯壽潛（蟄仙），而蘇路與浙路的分界線，則在江浙兩省啣接地的楓涇。兩省鐵路分頭進行，自籌自築，符合官商合辦的宗旨。

蘇路建築辦事處設在上海，取其接洽便利，因之，時時召集董事舉行會議，黃公續認股較多，於自己本人以外，並分別給其所生的子女各五百股，以盡蘇人興築蘇路的責任，向來蘇路董事會議的出席代表人，皆為蔡某，自黃公續為要助史量才成名，遂改委史量才出席。蔡某因此作灌夫罵座，曾有：「大家都是代表，何必有親疏厚薄之分，若論本人固無資格，但若史某人何嘗有資格啊」那些譏誚語，旋為黃公續所聞，即日親自趕去「蘇路」辦事處，將其長子伯惠名下所有蘇路五百股的股票，轉移戶名為史量才，藉以杜塞蔡某的悠悠之口，以示史量才原屬蘇路股權的持有人，確有兼代表黃氏出席董事會議的身份資格，此足以見黃公續當年如何的對史量才的扶植之力，以及屬望之切了。可是史量才確實未會辜負黃公續的提挈和期望，終因不時出席蘇路董事會議的關係，交上了蘇路總辦張謇、江蘇巡撫程德全、江蘇藩臺應季中、（按：應季中即申報記者朱應鵬、電影導演應雲衛之父）兩湖總督張之洞的不居名義駐滬代表人趙鳳昌（按：趙鳳昌字竹君，即申報記者趙叔雍之父）以及熊秉三等這班宦海人物，一經飛上枝頭，立即變成鳳凰，身價自高了。

此時史量才的社交活動，已力向多方面發展，所交朋友，則如韓信將兵，多多益善，比較上以當年時報館主人狄楚青所設的「息樓」與「影樓」兩處，去的最多。這息樓在四馬路望平街口的時報館樓上，原為時報編輯部同人於工作之餘的會客談話休息小飲之所，題名「息樓」，當然是休息之意。那時的時報編輯都同人計有陳景韓，雷繼興，林康侯，龔子英，包天笑等等。亦有非時報的外客，如沈信卿，黃炎培，袁觀瀾，王培孫，吳懷疚，楊蔭孫，朱少屏，劉三（號季平），管趾卿，黃公續、伯惠父子等，皆為常去的外客，而首次帶史量才到息樓去的却是陳景韓，因為當時他們是育才館的同事。

這「影樓」在近南京路的西藏路上，亦即是新世界游藝場的北部所在，在未闢游藝場之前，那裏全是舊式的樓房屋宇，狄楚青在西藏路方面，開設一家「民影」照相館，特關樓上一室，作為朋友相集的閒談之所，因與民影照相館的攝影室為比鄰，故名「影樓」，為小型俱樂部的性質，影樓的賓客却與息樓的外客，稍有不同處，息樓以文化界人為多，影樓的賓客則全為資本家和銀行界人物。如日本正金銀行華經理葉明齋，浙江興業銀行的葉扶霄，蔣孟蘋，蔣抑之，徐新六，盛竹書等等。史量才就是每天奔走於息樓與影樓之間，不斷的努力於培養友誼，這班朋友，對於後來他接辦申報，都獲得有極大的助力。

史量才的嫖經三字訣

史量才因為他的社交開展，酬酢衆多，而有許多人的招讌叙會，多擇在妓院裏，覺得賓主間的談話容易投機，過去的史量才原是個「此生不識綺羅香」的人物，現在經此誘掖，不得不假充內行，而他一生脾氣，就是恥落人後，於是乃向桑伯尹和劉琴史兩人學習嫖經，這桑劉兩人，原為松江地方最負盛名的嫖客。他們兩人把萬貫家財都於花間索笑，綺閣尋春中，散化在一羣鶯鶯燕燕們的身上。料不想史量才竟以後生末學自承，敬執弟子之禮，堅要師事相從，於是桑伯尹和劉琴史對史量才授以嫖的經絡，嫖的藝術。並且告以必須揣摹學練，運用之妙，在乎一心，而後才能得到嫖的樂趣，嫖的利益。

桑伯尹和劉琴史所授於史量才的「嫖經」開宗明義第一章所講說的話，實涵有非常至理。他們說：「賭有三種經絡，是為『準、等、狠』，賭與嫖，事固不同，理則一般。是以嫖的經絡，亦必需要『準、等、狠』三項原則。憑此三原則，施之於賭可以贏錢，用之於嫖可以贏情。這裏所謂『準』那是看得準確，料得準實，不僅看準了她的外形，還要料準她的內心，到得『準』字以後，那該向『等』字下功夫了，這個『等』就是等變化，等機會，等時間，及等到變化已定，時機到來，於是該要施用『狠』字，只是心頭一狠，全部接受過來，那她的身內之心，身外之物，什麼都為你所有了。」

（下期續刊）

「海報」的開場與收場

朱子家

提起「海報」，它是當年在上海地區發行的一張小型報紙，而且于一夜之間，宣告收場，其事距今，已達二十五年之久，過去種種，早成陳迹，但是這張小報，不辭自我標榜之嫌，尚有其不同凡響之處：它在東南地區的行銷，曾創過新紀錄，內容的活潑生動，也還能引人入勝。記得創刊兩週年紀念之日，在上海金門飯店廣宴同文，一堂濟濟，朱鳳蔚在簽到簿的封面上題上了「賓主盡東南之美」七個字，除了我這個主人庸碌無能，愧不敢當之外，而爲「海報」撰稿的同文，妙筆生花，的確都是一時之選。其實「海報」所引以爲榮，足以自豪的，也止此而已。

報紙是歷史的紀錄，關涉到某一時代的政治、社會與文物，尤其「海報」創刊在歷史上一個不尋常的時代，而行銷的區域，又是在胡騎縱橫下的淪陷地區，儘管「海報」極力避免談論政治，也總脫離不了受政治的影響，今天來追述過去的艱危，依然足以反映當時的情景。在香港及東南亞各地還有着不少曾爲「海報」常期撰稿的朋友；更有着無數愛看「海報」的讀者，拉雜寫來，一起追尋舊時的夢境。

「海報」的命名由來

「海報」這一名詞，本來是專指戲院在街頭張貼開演劇目的招貼而言。我與梨園行向無淵源，「海報」又非專談戲劇的刊物，抄襲了這一名詞，說來可笑，當年上海的許多朋友，說成我是一個充滿海派作風的人物，我無從否認，而且也不想否認。事實上，我想創辦的一張小型報紙，內容也希望十足表現優良一面的海派作風，那末，叫它做「海報」，不是十分切合嗎？

我之所以創刊這一張「海報」，雖然只憑一時的心血來潮，但也有其複雜的內幕。當我于一九二四年投身報壇之時，上海儘管有申報、新聞報、時報、時事新報、民國日報與商報六張大型日報，而最受讀者歡迎的却是三日一出版的小型「晶報」。「晶報」原爲「神州日報」的副刊，「神州日報」停刊了，而「副刊」却單獨發行，由余大雄主辦，而撰寫的有張丹斧、袁寒雲、畢倚虹、錢芥塵、沈吉誠（那時的吉兒，還是年少翩翩，被稱爲「海上三小」之一，離現在自稱爲「老吉」的年代，差不都將近半世紀了）。「晶報」臧否人物，指桑駡槐，內容的多姿多采，文字的尖酸刻薄，爲板起面孔專發高論的大報紙所萬萬不及，我早有效顰之意。

大約在一九三四年前後，由于友人張恂子的慫恿，就曾辦過一張「今報」，體例雖大致與「晶報」相仿，但問心却並無影射之意。但「今報」的「今」字，依上海的讀音，確與「晶」字相近，當定名的時候，只顧字義而疏忽了字音，「晶報」却指爲魚目混珠，張丹斧在「晶報」上撰文大肆譏評，當然我也不甘示弱，立予反唇相稽，因爲丹斧的筆名是丹翁，因此在我反擊的文字中說：有人駡赤佬（赤佬是上海通常駡人之語，意謂鬼）丹翁是否就以爲駡的是他？但是「今報」辦了十期就停刊了，那時我因執行律師職務，無暇兼顧，內容也確然不如理想，而我對這一次的失敗，數年之後，還是耿耿于心。

而最主要的原因，還是由于我放浪不羈的性格，更其因爲做久了新聞記者，洞悉政治的黑暗與齷齪，一直對于所謂政治，十分厭惡，却偏偏爲了友情的關係，無意中捲入了政治漩渦，一九三九年起先後在南京與上海，創辦了兩張半官性的大報——「中報」與「平報」，半官性的報紙，就不能不打些官話，每天愁眉蹙額地要看要寫那些言不由衷的官腔，內心上的反感，早已與日俱增。忽然想到有着「平報」現成的基礎，一切人力物力，都不必外求，辦一張只談風月的小型報，大可用以自娛娛人，于是「海報」就在我這樣的心理狀態下問世了。

將「海報」比作香烟

「海報」也並非順利產生的，因爲辦報，就得向當局申請登記，也儘管我與當時的主管人員有些交誼，但在戰時，白報紙早已實行配給制度，爲了核准登記，就得配給紙張，這一關就很難打破。我特地去南京訪問了宣傳部部長林柏生，等我陳述了來意之後，他說：「你手上已掌握了兩張報紙，何苦另起爐灶，再辦第三張」？我說：「性質完全不同，南京的『中報』與上海的『平報』談的是國家大事，而未來的『海報』則是專談風花雪月的。」柏生說：「在這個非常時期，是否需要那種軟性的刊物？」我幸而執行過幾年律師職務，習于詭辯，裝成理直氣壯的樣子對柏生說：「報刊稱爲精神食糧，那末，大報有如米飯或麵包，有了米飯或麵包，是否還應當有些副食，因之，連大報在言論與報導之外，也還有副刊。我理想中的那張『海報』，即使連稱爲副食也不配；那末，就算它是副食以外的香烟吧，戰時既配給米糧，供應副食，也並不禁止香烟的製造，如此是否還可援例批准呢？」說到這裏，我見他有些遲疑，索性針對着他的苦衷，單刀直入地對他說：「我知道現在紙張供應較難，『海報』如能邀准出版，將永不要求白報紙的配給」。談話至此，柏生也只好點頭應允，而「海報」也終于得以問世了。

儘管「海報」在形式上是附屬與「平報」，但除了利用設備上的房屋與鉛字，業務上的庶務與發行而外，其它還是完全另行建立。由于沒有配給的報紙，市面上那時無法買到捲筒紙，先後就添購了四架對開平版機；也爲了「平報」編訪人員各有專職無法兼顧，就得另外物色編輯人員專司其事。于是延聘了湯修梅主持輯務，吳崇文編電影版，請名書家馬公愚寫了「海報」的報眉。爲「海報」長期撰稿的，可謂人才鼎盛，幾乎網羅了上海所有的健筆，計有王小逸，平襟亞，唐大郎，陳定山，徐卓呆，鄭過宜，蔡夷白，吳綺緣，范烟橋，謝啼紅，朱鳳蔚，陳蝶衣，盧一方，馮蘅，柳絮，葦窗諸兄，連以後貴爲中共華東區宣傳部長兼「解放日報」社長的惲逸羣，也在因風閣上于烟霞笑傲之餘，爲中共作地下工作以外，兼爲「海報」撰稿。女作家有周鍊霞，陳小翠，潘柳黛等。

編輯界長才湯修梅

湯修梅這個人，到今天我還在懷念他。他顯得有些迂謹，固執，而且蓬首垢面，不修邊幅，又染有很深的烟癖，但不能否認他是編輯小型報的能手，版面編得既活潑而又美觀，一掃過去呆滯的編排方法，「海報」能有那麽多作家，他們不以一張小型報而有所鄙棄，也應該完全歸功于他的拉攏之力。但他也不是沒有弱點的，因爲有嗜好，經濟方面就常常陷于左支右絀之境，而不時來向我有所要索，雖然我已儘量設法使他滿足，但無厭之求，當然有時也會使他失望，也許烟癮發作時會變得歇斯的里，他會用不遜的語言來與我爭吵，但一吵完，又同上他的桌子，像完全忘記了剛才不愉快的爭論，伏案埋頭，一字一句又如常繼續工作。我相信他的愛護「海報」，還遠在我之上，前後五年之間，我們之間，始終精誠合作，從未有過眞正的芥蒂。

爲「海報」撰稿的同文，每一位都有他的才華，有他特出的筆調，使「海報」的內容，愈來愈精彩生動，從上海起，沿京滬、滬杭兩路的各大城市，銷路飛躍進展，因爲那時非但限用電力，銷數超過了四架印刷機所能負荷的能力，「平報」地位侷促，已無餘地安裝新機，對各地的需要，祇有以限制份數來作爲應付。在許多同文中，有幾位的作品，特別受到歡迎。如王小逸，他的外表，儼然是一位三家村的學究，而下筆之輕靈，尤其寫男女之私，活色生香，而且他的才華又是多方面的，有一次我點題請他寫四個中篇小說，每一篇要分別仿效中國著名小說「三國」、「紅樓」、「水滸」及「西廂」的筆法，竟然寫得相當神似，簡直可以亂眞，這就不能不令人折服了。

「海報」罵人三枝筆

假如一份刊物的內容，因要表示風格而過份嚴肅，即會流于枯燥，變成懨懨無生氣，尤其在小品文字中，要力求俏皮、輕鬆或尖刻，毫無顧忌地言所欲言，才會吸引讀者。在過去的國內，關于言論的法網，遠較任何地區爲寬，對某一人肆意評譏，或報導某事，即偶有失實，一經涉訟，充其量也不過罰款爲止。這給予報社以較少的約束。在海報的作者中，罵人最厲害的是平襟亞唐大郎與蔡夷白三人。

襟亞在「海報」上以秋翁爲筆名，他在上海，原本開設有一家中央書店，專門翻印舊書，以廉價出售。因他本身是律師，當然就有一支健筆，過去他以「網蛛生」的筆名，寫過不少長篇小說，如「人心大變」、「人海潮」等，把上海的「洋場人物」，盡情挖苦。他與以「百花同日生」爲筆名的張秋蟲，同負盛名。襟亞筆下，罵盡了上海所有的人，包括我也在內。他譏諷我揮霍浪費，也調侃我若干荒唐行徑，他不假情面秉筆直書，而修梅則全稿照發，朋友們常常驚訝于在我自己的報上竟會出現罵我的文章，而我則以爲這許多風流罪過，說說何妨？總也一笑置之，而「海報」也的確一直保持着不避嫌怨的這一份風格。

唐大郎罵人是另一種形式，他會直指姓名；可以寫出「我×你的祖宗」那樣的粗言穢語，但我歡喜與他做朋友，因爲他正是寫小報的第一能手，且自稱爲「江南第一枝筆」，一段很平凡的細節經他一寫，就變得趣味盎然。他無疑是個玩世不恭的「眞小人」，譬如說，他沒有唱戲的喉嚨，也沒有演戲的訓練，而居然常常上台票戲，情不自禁時會摟着合演的女伶不放，窮形怪相，引得全場大笑，他站到台口，用上海話向觀衆大聲說「×伊拉起來，有啥好笑」？尤其他的打油詩眞是一絕，捧女人更爲擅長，他會借了錢去舞塲捧舞女，第二天做出「窮極書生奢亦極，與人揮手鬥黃金！」的詩句來。前幾年他以劉郎筆名爲香港某報寫「唱江南」，爲政治所束縛，江郎才盡，早已面目全非，不再有絲毫當年唐大郎的韻味了。

他明明知道某人是我知好的朋友，而又故意在「海報」上對他大罵。我還沒有去找他，而他却先找我來了。一進門就說：「某人是你的朋友，我在你的報上罵了他，你知道爲什麽？我需要錢，他有，我窮，我又知道你一定會幫窮朋友的，所以請你告訴他，要我不再罵，就得請他高抬貴手。」我一面要向朋友打躬賠禮，一面只得自解慳囊，以滿足大郎的願望，雖然我吃了兩面耳光，仍舊以爲他的眞小人行徑，覺得可愛。

不要看大郎一副眞小人面孔，但他有他的辦法？在淪陷時期，他爲上海市復興銀行的孫曜東賞識而要他辦了一張小型的「光化日報」，勝利以後，又與一班軍統人員搞在一起，迨中共南下，又以夏衍的關係而再辦「亦報」，以後一直在「新民晚報」任職，文化革命以後，久不聞其消息，我爲故人憂！

蔡夷白也是一個奇人，他是一個富家子，有

豪華的宅第，而偏肯爲「海報」長期寫稿，他正如別的同文一樣，是爲了興趣，也爲了「海報」有較多讀者，而決不是爲了稿費。他的文字深入而有含蓄，且富于幽默感，但他的題材是諷世而不是罵人，不滿于當時的現實，但以遊戲的筆墨來表達他心中的憤怒，他罵戶口米，罵防空演習等若干作品，曾傳誦一時。

「海報」上的女作家

在淪陷時期，上海產生過不少女作家，其中以自稱「有貴族血液」的張愛玲，人稱「寧波娘姨」的蘇青，「航空母艦」的潘柳黛，與「鍊師娘」的周鍊霞爲最知名。張愛玲和蘇青與「海報」無關係，潘柳黛在嫁給他的第一任丈夫「熱帶蛇」之前，是「平報」的記者，她在香港出版的「退職夫人自傳」中的白社長，指的就是我。鍊師娘不能不說有些才氣，書畫詩詞都有相當造詣，姿容也在女作家中最爲艷麗。她在一首詞中寫出過「但使兩心相照，無燈無月何妨」的名句，與蘇青把論語中「飲食男女，人之大欲存焉」，改了一個標點，變成爲「飲食男，女人之大欲存焉」，同樣爲人激賞，蕙質蘭心，眞所謂妙手偶得之了。

「海報」與電影界

電影界中，總不免有些不足爲外人道的醜事，若干明星，在私生活中，也總會有些男女不正常關係，「海報」在這方面却與「平報」一樣，作了無情的揭發。因之當時的電影界中人，提起這兩張報都恨得牙癢癢的。曾經發生過這樣一件事：忘記了是那一年，汪政權在南京舉行一個慶祝還都幾週年紀念的盛典，所有上海著名的電影明星，包括編導人員在內，踴躍參加，空羣而往。就我的記憶中，不論現在有些已是「前進」的，有些是「忠貞」的，而在那時對汪政權的效忠，也一樣不肯後人，宣傳部借了我在南京設立的一家銀行，宴請衆星，我自然被介紹爲這家銀行的主持人。說來慚愧，那時我還不到四十的年紀，銀行的大廈，又是新蓋的宮殿式的建築，金錢是最具吸引力，那天在明星們的心理上，至少會當我是與香港看外埠片商同等的人物，因此多蒙她們與我特別笑語相親。而我却做了一件大煞風景的事，我向她們自我介紹說：「除了這裏以外，我還担任着一件最不討你們歡喜的職務，就是「平報」與「海報」的社長」，話未說完，全場竟是一片「呀！呀！」聲。有些還向我說：「你太缺德了！「平報」、「海報」上登載的消息，不知讓我們哭了多少次」。今天，我還引以當年的焚琴煮鶴爲榮，因爲我居然曾經能贏得過不少美人的眼淚！

有些人以明星們爲崇拜的偶像；也有些人以明星們爲取樂的玩具，越是大紅大紫，越能顚倒衆生，而值得報紙上記載的，更當然是大紅大紫的明星。在那時有兩位麗質天生，曼妙綽約的美人兒，雖然她們都已名花有主，但依然遊戲人間。「海報」就樂于常常登載她們的風流韻事。「海報」是我獨力創辦的，但因我私人與周佛海有較深的友誼關係，朝夕相見，一天清晨，他來電話要我立刻去看他，意甚急迫，我不知發生了什麽事，一見面他就說：「爲什麽『海報』今天又登了×××與×××的事」？實際上我早已知道他爲什麽對這兩位明星如此關心，而且我又深知他是一個心直口快的人，但我還想他親口說出箇中的秘密，因此，明知故問道：「爲什麽你這樣迴護她們？」他哈哈一笑道：「×××與公博有關係，×××與我有關係，」大早，她已經來電話向我訴苦了，你又何必使我爲難」。但是佛海却並未說出另一個秘密，與公博有關係的×××，同時還與佛海的兒子幼海有過嫁娶之約呢？

要「海報」登報道歉

另一位粵籍大明星，却用另一種方法來對付「海報」。她剛剛獲得了很好的歸宿，與一位有專門技術的名家結了婚。「海報」登了一段消息，說她婚後已懷孕了。本來，結了婚就得行周公之禮，行了周公之禮就得懷孕，更何況她的丈夫是一位專家，這樣一段消息，論理並不影響她的名譽，但因爲她曾經拜了當時的「第一夫人」陳璧君爲義母，以爲有勢可仗，于是小題大做，在上海各報刊登廣告，要「海報」登報道歉，我自然置之不理。不料，她竟然挽出了上海市警察局長蘇成德來向我施加壓力，說如我不登報道歉，將採取法律行動。我與老蘇本是朋友，很奇怪他何至爲了一個女人而對我作出傷害友情的事來？我相信在他的背後，一定還有別人支持。我當時輕描淡寫地答覆老蘇說，容我攷慮三天後再作答覆。事實上在這三天中，我請朋友另外寫了七八篇有關那位影星的稿，當然揭露的事實，比懷孕要嚴重得多。我取了全部的稿件約老蘇見面，我說：「我在新聞界混了數十年，還不曾有過向人道歉的事，局長大人的吩咐，恕難遵命。而且我也總算做過幾年律師，懂得一些法律，依照法律規定：基于一個意思的連續犯，僅從一重取斷，既然對方如此囂張強硬，我也只好一不做，二不休，另外寫了有關于她的幾篇稿件，預備再行連續發表。誹謗罪最多是罰欵，官司即使打輸了不論要罰多少，你也相信我是負担得起的。現在我等待你三天內給我答覆。」老蘇怎樣也想不到我會有這樣的態度，幸而三天後沒有得到回音，這事終于不了而了。

當年的電影界，所有幾間大公司如明星、天一、藝華之類，都先後合併消滅了，唯一存在的是「華影」，而由張善琨主其事。我與善琨時有往來，也覺得他很夠朋友，論我與他的交誼，在「海報」上萬無罵他之理，而且我還數度囑咐過編者，避免對善琨有不利的記載。不料有一次我去了南京，半夜接到內人的長途電話，說善琨與他太太童月娟女士去看她，指出「海報」發表了一篇長篇小說，小說中的男主角就是影射善現的，我仔細一讀，果然是大有影射之嫌，雖然我立接以長途電話通知修梅把稿件腰斬了，但相信在善現心中，仍多少會存有嫌怨。這類的事太多了，對朋友而言，爲了「海報」眞稱得上我是罪孽深重。

作了一次護花使者

當年我對影星做過唯一件好事，是作了一次護花使者。日軍駐上海「登部隊」的陸軍部長川本，那時正勢燄薰天，有一天，他在上海靜安寺路一幢大洋房中宴請所謂海上名流，我忝居末座，團團四桌，每一桌上還請了兩名影星作陪，說老實話，影星們的對我，見了面，因爲我手上有一張「海報」，不得不做出敬鬼神而「親」之的那份演技。偶一相遇，也總是刻意周旋。譬如白光，那時與李香蘭是竄得最紅的明星，她在國際飯店摩天樓一度獻唱，而如有我在座，她手中的一撮鮮花，總是送來我桌上的。

日本軍人的性格，在平時裝腔作勢，顯出無限威風，但三杯落肚，就獸性暴露。那天的宴會，開始時很正經，很嚴肅，我不理他們說些什麼，儘與同桌的女星們閒談。不料酒過數巡，在座的日本軍人先則得意高歌，繼之狂呼亂叫，一個陸軍報導部長站在四桌中間表演歌唱，一手持着一雙筷，一手搶着一隻面盆，一面擊，一面唱，越唱越瘋狂，就像舞孃們表演脫衣舞，把身上的衣服逐件卸除，終至鬚眉畢現，一絲不掛。羞得在座的影星們個個抬不起頭來，急得要哭。那裏知道「皇軍」自有他們無限的威嚴，八個兵士上來，一人一個把四個桌上影星們的頭扶起，硬要她們注視這一頭剝皮的野獸。到此時，我眞認爲這對中國女性，侮辱太甚，已到了忍無可忍的地步。我霍然起身，拉了座旁的兩位影星，離座退席。一走到門口，兩個日軍却上前來伸手阻止，我出手一推，昂然而去。才算把她們救離了尷尬的局面。也許我這一個當年的「海報」主人，做了唯一討人歡喜的事。

政治牽涉到「海報」

「海報」獲得東南地區廣大讀者的歡迎，給了我精神上無限的鼓勵，但因同文的筆下無情，又不知開罪了多少朋好，也給我添了無數麻煩。朋友還容易取得諒解，但一旦關涉到政治上的牽纏，就不免要焦頭爛額。「海報」在創刊之初，就決定了絕不刊載有關政治的文章，縱談風花雪月，寧願其卑之無甚高論，意在讓淪陷區的同胞們，于水深火熱之中，苦中作樂，破涕爲笑。

但是一切的統治者，在他們的治下，希望事事都成利用的工具，尤其「海報」銷路大，內容又常有譏刺的文章出現，于是引起了日軍的注意。「海報」的第一版，原來專載較有趣味性的社會新聞，內幕新聞與特寫，而日軍當局一再通知我要改登爲政治服務的宣傳文章。正因爲淪陷區的讀者與我一樣鄙棄政治，才創刊了「海報」，如一有政治性的文章，豈非完全違反了創刊的本旨？但在政治勢力下，更其在生死由人的環境中我一再的遷延，已招致了日軍的愈來愈大的壓力。更不幸的剛于此時在「海報」第四版的一篇「清宮藏寶記」中，登出了「偽滿傀儡溥儀」字樣，在那時，這自然成爲天大的罪狀。我知道日本憲兵隊將採取行動，如其沒有大力斡旋，將有不測之禍。我把這一件事告訴了周佛海，佛海雖然是政治上的人物，不過他還處處不脫書生的本色，對「海報」也向來有所偏愛。他聽到了我的話，縐縐眉，沉思了一下說：事不宜遲，今晚你到我家來吃飯，我設法替你疏解。

周佛海設計杯酒解圍

當晚來客雖不多，除我與主人外，盡是日本軍人，有憲兵隊長與報導部長等人物。席間，佛海在表面上像是一味閒談，他于有意無意間談到了他與我的關係，也談到了「海報」的特殊風格，儘管沒有一句請托的話，日本人當然明白了這一次宴客的眞意所在。礙于佛海的面子輕易地化險爲夷，安然渡過。

「海報」僅有一次出了事，連主編的湯修梅也被日憲所拘捕了，那次却出盡了我的全力，才不至影響全局。論理，問題却遠不如前一事的那麼嚴重，而日軍則居然遽施毒手。太平洋戰爭以後，日軍因搜括物資，在淪陷區內，收購紗布，有一個紗布商人從跑馬廳邊的國際飯店從高跳樓斃命，「海報」就據實登載。而日軍却認爲這是破壞收購政策，擾亂民心，日憲直接到跑馬廳路修梅家裏把他拘捕了。這樣不但危及修梅的生命，尤其重要的是他弱不禁風而又有烟癖，將抵受不住長期的羈禁。

我運用了一切辦法，通過佛海，命上海市保安副司令熊劍東向日本憲兵隊疏解，劍東是日本留學生而又與憲兵隊有着密切關係，形勢才告緩和而終于獲釋，在釋放之前，我又請托盛文頤把鴉片烟泡公然送給修梅抵癮，盛文頤爲前清郵傳部大臣盛宣懷之姪，人稱盛老三，他以宏濟善堂的名義，包辦了淪陷區的鴉片公賣，所得鉅大利潤，不但在華的日軍特務機關、憲兵隊等一律分享，而且日本的國會議員也長期獲得津貼，由他出面，當然無事不可爲了。

「海報」收場借屍還魂

「海報」前後發行了四五年，人們但看到毫無顧忌的笑罵由我，而且銷路驚人，那裏知道所遭逢外來的打擊，有時使我坐臥不安，也不是在這短短的篇幅中所能盡述。一九四五年日軍投降之後，我知道「海報」萬難保存。就把它送給了毛子佩，他借屍還魂改名爲「鐵報」，仍以「海報」原來的作家與原有的發行網繼續出版，依然又一紙風行了三年之久，直至國民黨退出大陸爲止，才算眞正的壽終正寢。

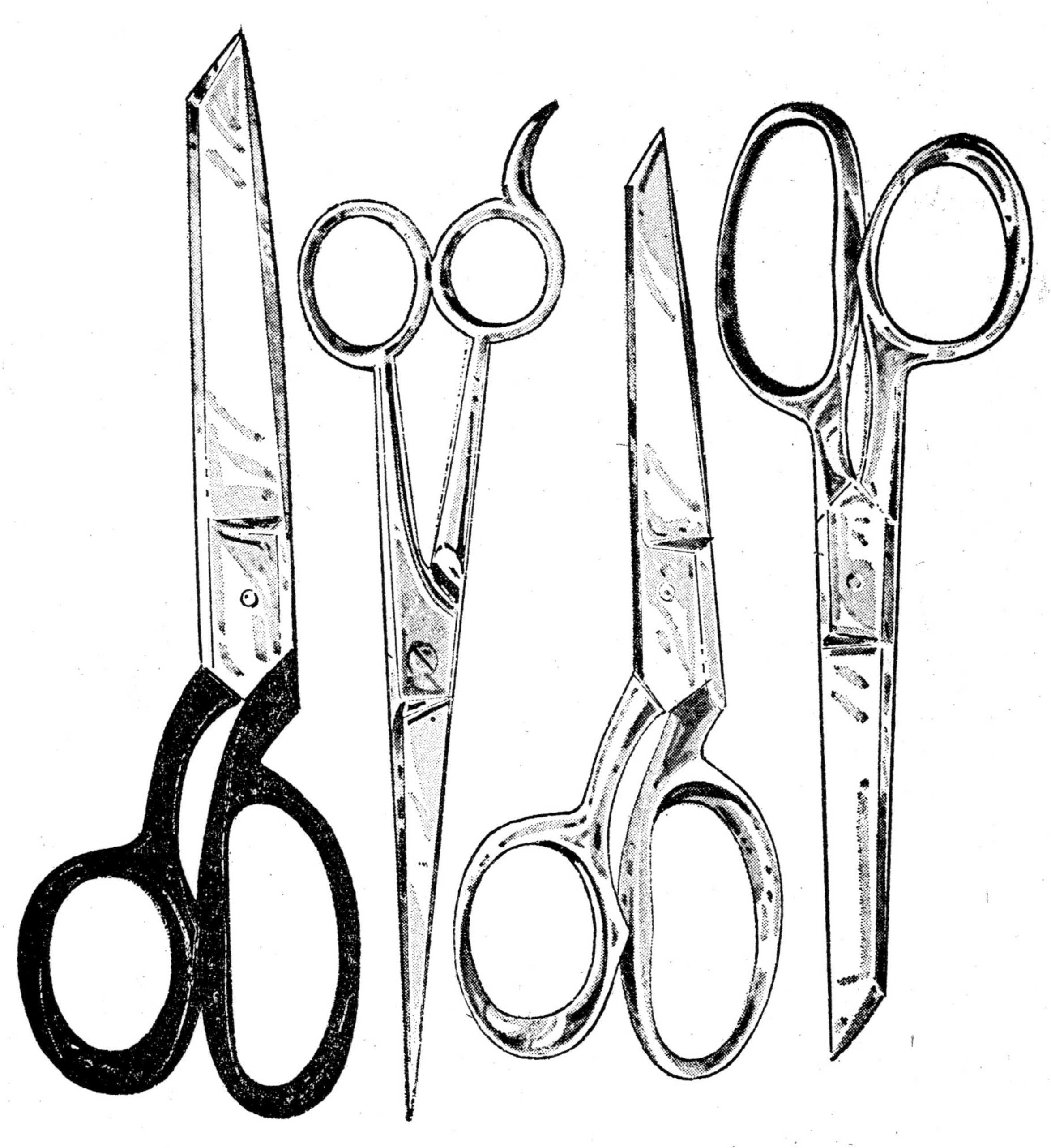

庄三郎鉸剪

鋒利・不銹・耐用・合度

大人公司有售

廣東文物掌故

袁崇煥督遼餞別圖

。林熙。

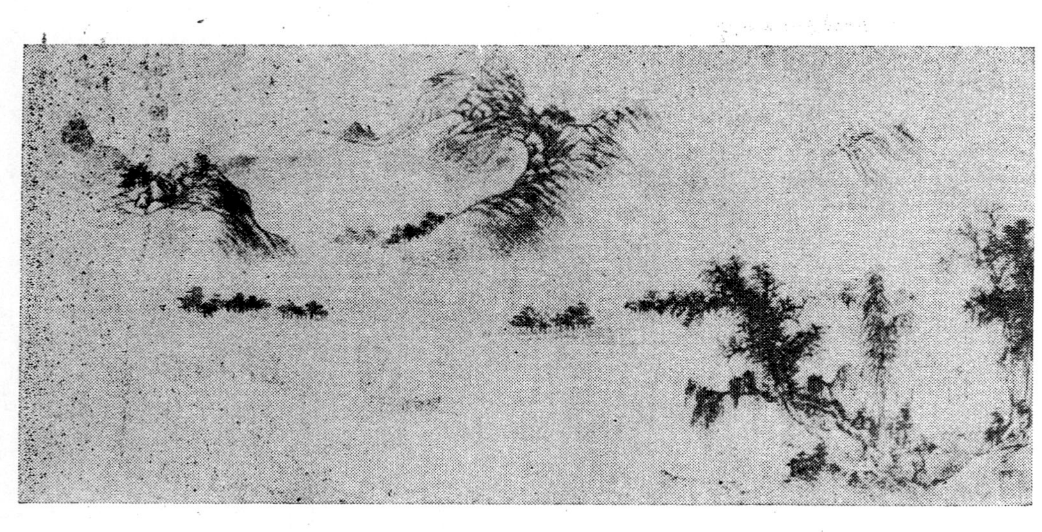

明朝末年，廣東一位愛國忠義的大官員袁崇煥，被崇禎皇帝殺了。據說他之死，是死於滿洲的皇太極學「三國演義」的蔣幹中計那一幕把戲，使明帝將袁崇煥殺了。

袁崇煥是東莞人，字元素，萬曆進士，做過知縣，因爲他喜歡研究軍事學，受到當時主持軍事的將官賞識，慢慢把他提拔，升他做到按察使。這時候，滿洲軍進攻寧遠，他以激勵士卒抵抗強敵，解寧遠之圍，擢升右僉都御史，巡撫遼東。但魏忠賢忌其才，專門和他搗蛋，袁崇煥不能行其志，又見奸佞在朝，遲早必有災禍，便辭職回鄉，暫避其鋒。

崇禎皇帝登基，魏忠賢伏法，崇禎元年（公曆一六二八年）四月，召袁崇煥爲兵部尚書兼右副都御史，督師薊遼，鎮守寧遠。崇煥聞命即行，廣東一班名士爲他餞行，繪「餞別圖」爲紀念。繪圖的人是趙裕子（惇夫）。這一卷畫二十年前尚藏香港馬武仲手上。後來賣給澳門鉅商梁昌先生。畫題「東莞袁崇煥督遼餞別圖詩卷」，引首是行書「膚公雅奏」四字，察其筆蹟，似出陳子壯之手。畫爲冷金箋本，圖中景物大致是這樣的：右下角繪大樹五株，有山石、亭子，坡上立四人，遠遠望着江上一艘船正揚帆駛出，船中坐有一人，這人大概就是袁崇煥了。江的那一面是山巒什樹，筆墨雅潔清逸，純是文人畫風。

圖後題詩的人，皆爲明末廣東名士，計爲：陳子壯、梁國棟，黎密、傅于亮、陶標、歐必元、鄧楨、吳邦佐、韓晏、戴柱、區懷年、彭昌翰、釋通岸、李膺、鄺瑞露、呂非熊、釋非逸、釋通炯、梁稷等十九人，題跋者有近人王鵬運、羅振玉、倫明，葉恭綽四人。

袁崇煥此次離開家鄉後，就一去不還，過了一年多，就中了敵人的奸計，被那個剛愎多疑的崇禎皇帝殺了，自壞長城，使敵人得以長驅直入，論者多謂如果袁崇煥不死，滿洲軍未必能很順利入關。這樣說雖然未敢說是十分正確，但也有些道理的。

這一卷畫本來是桂林王鵬運所藏，後來歸江瀚所有（江瀚字叔海，福建長汀人，江庸之父，一九三五年在北京逝世。）再歸東莞人倫明。一九四二年，倫明在廣州死後，他的後人爲了生活，便以此圖賣給著名收藏家馬武仲。二十年前我問馬君當時花多少錢買到此物。他說：當時的僞幣不值錢，以澳門的通行葡幣計值，約二千元，如合當時的港幣計之，約萬元左右。一九四八、四九年間，馬君在香港又將此卷賸以明金扇面若干頁，以二萬元港幣賣給梁君。這就是「餞別圖卷」近五十年的滄桑史。（倫明字哲如，光緒廿七年辛丑科舉人，復入京師大學堂肄業，卒業後得知縣，但他不想到官場候補，立志從事教育、文化工作，先後任北京大學、輔仁大學教授，講板本目錄之學。又在北京琉璃廠與人合資開設通學齋書店，得善本書即自藏之。）

三十年前，倫明在北京時，就常在他的老師江瀚家中拜讀此卷，因爲這是一件廣東著名的文物，常存取回廣東之心，但又不便向老師提出。後來他向江瀚借出來影印，和二位同鄉張次溪、容庚合貲只印五十本，分送國內各著名圖書館保存。這一卷畫是怎樣歸倫明所有，我不大清楚，只聽人說當時印好後，倫明並沒有立即把原件交還給老師，不久，江瀚逝世，倫明就將此卷據爲己有，所以江庸對他很不高興，而他也不便和江庸見面。後來倫明回到廣東，江庸也無如之何了。（江庸字蟄雲，一九六〇年二月在上海謝世，年八十二歲。）

影印本中沒有葉恭綽跋文，今卷中葉跋，是馬武仲得到後請葉加題的，今錄全文如左：

此卷爲明崇禎元年粵東省垣諸名士送袁元素北上督師遼左之作，經王、羅諸君考訂，已無疑義。至諸作者行誼，尚多待考。按：釋通岸、通炯、超逸，皆憨山法師大弟子。通炯爲南海陸氏子，有

「寄庵集」，三人皆駐錫光孝寺，為中興訶林柱石。錢牧齋「憨山法師塔銘」，謂弟子始終相依於粵者，福善與通岸、超逸、通炯，其行誼可想。又「光孝寺志」屢言陳集生、袁元素於訶林結淨社吟咏酬唱之事。故三僧與諸賢文字之緣，蓋非恆泛，余頗疑此卷即在寺中所作，蓋其時勝流高會，多集訶林，余所藏諸賢送黎美周北上詩卷，亦為訶林即席之作，可以互證也。又卷中陶標為番禺人，亦見「光孝寺志」。餘俟詳考。（按：馬武仲是廣東順德人，富收藏，精賞鑑，於一九六五年在香港逝世，年八十六歲。）

關於王鵬運、羅振玉對此圖的考訂，是值得我們參考的，分錄如次。王跋云：

右「膚功雅奏圖」，趙惇夫畫，上欵劃去，因以卷首題字名之。按此圖當是袁元素由粵再起時，同人誌別之作。「明史」，元素名崇煥，廣東東莞人，萬曆四十七年（公曆一六一九年）進士，授邵武縣。天啓二年（一六二二年）擢兵部主事，屢遷至右僉都御史，遼東巡撫，與魏璫不合，引歸。崇禎元年（一六二八年），起為薊遼總督。今卷中題詩，如「特簡遄從歸沐日，對揚恰值建元年」，「供帳夜懸南海月，潭鋒春落大江潮」，「請看瀚海新銘績，重掃燕愁舊勒碑」，皆與元素事蹟符合。且諸公多明季粵中名士，陳集生、鄺湛若其尤著者，洵明證也。讀「明史」元素廷對數語，百世下如聞其聲，乃五年之約，甫及三年，即以事伏法，萬里長城，明思陵實自毀耳。我朝純廟（按：清乾隆帝謚純，故稱純廟）時為其冤而旌之，並蔭其支庶以官，封墓式閭，不數成周盛典矣。此圖流傳二百餘年，欵識闕如，人皆忽然不察，茲特表而出之，殆元素在天之靈默為呵護者耶？時光緒戊寅（即公曆一八七八年，光緒四年）秋八月，桂林王鵬運識於都門。（按：鵬運字幼遐，自號半塘老人，歷官內閣侍讀，監察御史，禮科給事中。光緒三十年甲辰（一九〇四年）六月，死於蘇州，年五十六歲。鵬運工倚聲，為清季四大詞人之一，著有「半塘定稿」。）

羅振玉跋云：

右圖但有作者姓名，而上款劃去，王幼遐侍御考為袁督師任薊遼總督時同人贈行之作，其說甚確，卷後題識十八人，陳文忠首列。文忠與督師同舉萬曆四十七年己未莊際昌榜（按：萬曆四十七年己未科會試，會元為莊際昌，陳子壯與袁崇煥皆為是科進士，莊為會元，故曰「舉莊際昌榜」。）次梁國棟，香山人，字景升，天啓四年（一六二四年）甲子舉人，仕至彭澤知縣；又次為黎密，吾鄉王季重先生為作傳，乃與楊廷麟、萬元吉同守贛城，城破殉節，贈兵部尚書，謚忠愍，黎遂球之父，字縝之，番禺人，六歲而孤，哀毀盡禮，補博士弟子，未四十謝去，時稱高士；又鄺湛若卷中署名瑞露，而諸家傳記但作鄺露，蓋以生而甘露降於庭，故以瑞露名，後省瑞字，然不得此卷，則其初名不可知矣。其他諸家多不可考。此卷為叔海方伯所藏，辛酉（即民國十年，一九二一年）七月，携至津門，出以見示，爰書卷尾，以識眼福。上虞羅振玉記。（按：羅振玉字叔蘊，死於一九四〇年，七十五歲。）

倫明跋語，尤足參考。文云：

左「膚功雅奏圖」，為長汀江叔海師所藏，云得之臨桂佑遐給諫。首有陳子壯題詩，檢「陳文忠詩集」，此詩具在，題為「送袁自如少司馬還朝」。按袁崇煥一字自如，見「東莞縣志」本傳。他卷中人可考者，趙惇夫字裕子，番禺人，布衣，著有「草亭集」。黎密，字縝之，番禺人，遂球父，著有「籟鳴集」。歐必元字子建，順德人，大任從孫，有「琭玉齋」、「羅浮」、「勾漏」、「谿上」等草。歐懷年字子相，高明人，天啓貢生，著有「望羅浮詩」、「羅浮游記」。釋通岸，字覺道，一字智海，為憨（山）大師書記，後居訶林，有「棲雲庵集」。梁稷字非馨，番禺人，為袁督師客。鄺湛若詩自注云：「督師以孤忠見法，天下冤之，後十二年，余與非馨同朝，疏白其冤，服爵賜葬」云云。鄺瑞露當即鄺露原名，按「赤雅」有甲辰二月初六，甘露降詩，序云：「余生日，甘露降於槐庭」云云，所謂瑞也。南海人，桂王時官中書舍人，著有「赤雅」，「嶠雅」。叔海師謂「膚功雅奏」四字亦子壯手筆云。乙亥（民國廿四年，一九三五年）仲冬一日，邑後學倫明跋於故都寓廬。

卷中題詩的人，最可貴者莫如陳子壯和鄺露了。子壯字集生，號秋濤，南海人，仕永歷帝，率舟師攻廣州，兵敗為李成棟所擒，敵將佟養甲殺之，謚文忠。鄺湛若當滿洲軍攻入廣州時，抱其所愛的古琴綠綺臺赴火死。

這個小小的畫卷，主人公是含冤而死的一代忠臣，題字的人又有殉國的陳子壯和鄺瑞露，忠良名士，聚於尺幅之中，實為廣東最可貴的文物，宜永為廣東所有也。

張澹如及其四大將

匀廬

張澹如的父親生了三個兒子，大兒子弁臣做滿清的小京官，二兒子靜江為國民黨元老，三兒子澹如是民國十年前後，在上海經濟產業界一位翻雲覆雨的人物。

我認識張澹如先生是在民國九年上海證券物品交易所成立之初，他是浙江吳興南潯鎮人，單名一個鑑字，我和他進一步互相瞭解則在十一年信交風潮之後。那時由盛丕華介紹，邀我替他們到漢口去辦理武昌商埠地產公司。第一件得他們信任的事，是我與盛丕華同到武漢之後，即行提出先行組織測繪隊，將商埠地形加以測繪。那時的測繪隊長由我介紹浦東中學同學庾宗溎君，副隊長是庾君介紹的薛卓斌君。測繪完竣後，張盛二位擬大舉興辦武漢的電燈輪渡等。我提醒他們，在漢口還沒有人滿為患以前，連粵漢鐵路也祗通到長沙，萬無再投巨資的理由。以經辦人的立場，勸阻他們的投資，使他們對我不勝感佩。到了十五年，我已將商埠幹路和分段地圖，得到商埠局的同意，核准印刷問世。又與張氏兄弟叔姪，另組一家華中營業公司，專營漢口，上海，天津，三處的房地產買賣，設計，建築等業務，我在那一年的春末回到上海。此後又組織了一家國民商業公司，專營滬漢的棉花貿易。

在國民黨改組之初，我即蒙戴季陶先生邀約及經蔡孑民、吳稚暉兩先生介紹入黨。十五年北伐軍抵達武漢後，我就與楊杏佛先生同赴武漢，做了一些京滬一帶的地下工作。澹如因我與黨中頗有聯系，以後凡黨軍的進展，政府的設施等事，都向我詢問。我也知無不言，言無不盡的供給他消息和意見，所以我們二人的交誼，以這個時期最為協調。張家經營張恆源鹽號，上海克復後運銷浙鹽的地區，政府設有松江鹽運副使，以前任運副的人，都和他們有聯系的。黨軍到後失掉了聯系，澹如要我與財政特派員徐聖禪去說項。徐君提出要他們先墊鹽稅三百萬元，運副由他們舉荐，作為條件。他很乾脆的將墊款籌足，並提出要我去當運副。我因那時已由政府委為招商局清查委員及中央銀行籌備委員，對純官僚的運副，不感興趣，所以沒有接受他的好意。

經過京滬克復，直至一二八滬戰的一段時期，張澹如對政府有關的事情，一直唯我是問。如寧波克復後，鹽商李霞城被捕，是由我赴甬營救出獄的。杭州市政府出示禁售俄國花標布，也由我赴杭設法取消的。物品交易所復業後，因公債市價與証券交易所牌價兩歧，被財政部勒令停板，也由我向交易所監理員疏通，恢復拍板的。大中華公司因欠蘇俄花標布款六十萬兩，通易被累宣告停業，也由我代邀同學王效文律師研究中蘇新約和票據法，拒付票款的。同時將華中、國民二公司及中社所欠通易的款項，設法另向他行透支，及將中社出頂，整筆放款，得以收回，以支付通易的儲蓄存款，所以他于通易倒閉後，在一次敘餐席上，含淚對我說「慚愧」二字。

張澹如的尊人定甫先生，其先德及岳家均為世代鹽商，早在海通之後，經營絲茶出口，所以他青年時代十足是富家公子。後來又得其三個兒子的發揚光大，長子弁臣，在北京作小京官。次子靜江，隨孫寶琦出使法國，中途邂逅中山先生，加入同盟會作了革命黨。三子澹如，弱冠前，由南潯至杭州，參加浙路公司及興業銀行新事業。所以當時有人說，定甫先生生下三個兒子，等於壓了三門牌九，倘滿清不倒，則弁臣由小京官而升至侍郎尚書，不是沒有希望的。倘革命成功，則靜江為孫先生的左右手大有可能。倘滿清革命兩均無望，則澹如在商業方面的成功，也可操左券的。所以他在晚年又做了十足的「老封君」。後來定甫先生年逾古稀，福壽全歸時，適值北伐成功，張靜江這時當浙江省主席，國民革命軍蔣總司令親臨致祭，此為張家的全盛時代。接續而來的是抗戰。民國四十八年，靜江悄然赴美，澹如事業破產，就乏善足述了！

張氏事業最初為張恆源鹽號及大綸綢緞局，後為靜江的通運公司，專營古玩出口，再後為澹如之通易銀行，此外，久昌公司將招商局非航業用地產，用租賃方式出資改建市房，及大中華公司經銷蘇俄花標布等。上海天津兩家交易所，也是張氏兄弟投資的對象，但結果除鹽務和綢緞，二業外，餘均虧折頗多，尤以澹如投資的房地產地價慘落，全部資產，尚不足抵付債務，實為其致命傷。最後又盤進勸業銀行，利用可以發行鈔票，適余被任為該行總文書，葉梓伯先生任為該行經理，我們怕他發行鈔票之後更將一發不可收拾，故梓伯延不就職，我也懶于過問行務，直到一二八之後，自然無形停頓了。廿三年雖遭通易銀行倒閉的厄運，但不致因發鈔票而擴大其禍根，尚屬不幸中之大幸。通易銀行倒閉內幕，實非外人所悉，最初擠提存款的人，就是澹如的六弟久香，因受外家的慫恿，不惜推波助瀾，以促該行的倒閉。禍起蕭墻，亦大可哀矣。此時的靜江二哥，大幫其忙，還請蔣先生致電中國銀行張公權，要中行維持通易。但他們的資產已經光了，當然得不到中行的支援了。經過這樣的打擊，他的身體，自然也不能支持。八一三全面抗戰後，他帶了家眷避居香港，不久中了風，患着半身不遂之症，總算回到上海，遵醫囑靜養，到抗戰勝利，我回到上海時，他見了我面，說過這樣一句話，一生輕聽政府的話，所以倒霉。以後應該反其道而行了。到了四十八年，大陸形勢危殆之時，他又逃到香港來了。離開大陸之前，交通部將其所購武昌商埠的地產，照官價七折八扣的收回了，這也使他對政府大為反感的一事。來港後，他身體益行衰弱，經過第二次中風，大血管破裂，延至四十八年十月九日夜半二時逝世，享壽七十有九。

圍棋界的南張北段

張澹如從商餘暇，對圍棋一道，大有研究。早年，國手吳清源經許世英賞識，攜往執政府見段祺瑞，一經品題，即擬定吳赴日深造之計劃，張澹如亦曾在經濟方面加以助力。民國二十四年，段祺瑞被迎到上海，由李石曾等招待在世界社作居停。段本善奕，既到上海，不覺技癢，就想和張澹如一決雌雄，因為在圍棋界早有南張北段之稱，乃請李孤帆作曹邱，雙方約期會面。李先徵張意見，張說：『老段的脾氣你不是不知道，他和自己的大兒子宏業下棋都要耍脾氣，兒子輸了，他就罵宏業：「跟我下了這麼多年棋，還是不行；」若兒子贏了，他又罵說：「你什麼都不行！就祇會下棋！」訶責之餘，把棋盤都打翻！現在我和他下棋，輸給他既不甘服，贏得他多又不好意思，明明讓他，還不能讓他看出來，上下祇能在一子半子之間，這件事很傷腦筋！」結果就在澹如福煦路的住宅中宴請段祺瑞，下了兩局，第一局段先勝，第二局張小勝，各一言和，皆大歡喜！次日，張澹如告訴李孤帆說，這兩局棋下得辛苦極了！次年，段祺瑞在上海病逝，江東楊雲史輓以一聯曰：「佛法得心通，知並世英雄，成敗一般皆畫餅；人間誰國手，數滿盤勝負，江山無限看殘棋！」寄託時局，感慨良深！

・伏眼・

通易銀行倒閉前，有所謂「四大將」，平日大家全靠張澹如，但各行其是，如秦聯奎逐日在通易二樓從事炒金。俞寰澄自營金號，亦在通易二樓設有機構。盛丕華從物品交易所成立以來即與澹如共事。徐永祚會計師亦設事務所于通易三樓。四人品類不齊，出身亦各不同，我因和澹如自民九至廿三年常在一起，對「四大將」的舉止行動，無一不在我心目中，所以在敘述澹如之餘，連帶對「四大將」也不嫌詞費，加以記述如下：

（一）秦聯奎字待時，江蘇無錫人，幼隨其尊人宦遊浙江，在溫杭二州住了不少日子，故能說一口溫杭二州方言。早歲旅學北京法政學校，講國語亦甚流利。民元助政府修訂律師條例，改「辯護士」為「律師」，為其極力主張的，因此獲得司法部發給的第一號律師執照。他對律務，不但擅于撰狀，而且辯才無礙，出庭時侃侃而談，對方律師每為駁倒。因他把握證件，根據事實，再引用法條，要言不繁，一般律師不能望其項背。秦性喜賭博，更好投機，在賭博及投機市場，可謂最不善賭博及投機之人。但賭品極佳，輸贏不動聲色，每逢賭博或投機，非至輸掉或蝕去最後的一塊錢時決不罷休。

北伐後，我曾介紹他作招商局和中央銀行法律顧問。抗戰時他全家留港，生活至窘，我曾與劉鴻生、周佩箴二先生相商勸他舉家內遷，並保証他的全家生活和子女教育等費，但他卒無法離港，以致香港淪陷後困苦萬狀。勝利後我介紹他作航政局，招商局，船舶調整委員會和民生公司的法律顧問。他對辦理漢奸案件全無興趣，任令他的同業去賺金條美鈔，無動于衷，為一般人所欽佩。

他與澹如少年時代就在杭州訂交，可算在「四大將」中，第一個相識的朋友，後來澹如的部份企業均在上海，他的律師執行業務區域也在上海一帶，他們兩位先後來到上海後，逐日相見于通易銀行，感情至佳。在通易銀行清理時，他是義不容辭而自告奮勇的第一人。一次在銀行俱樂部敘餐時，他激于義憤，竟大聲疾呼的說張家的銀行倒閉了，資產完結了，但他們對革命的功勞，是不容抹煞的，所以政府對他們應有維持的義務。雖然于事實無補，但對澹如的交情可謂始終如一。他在民國三十八年即來香港，其他三大將已任中共職務，勸其回去，他始終留港，決不再返大陸。因他的生活太不規則，加以青年時代斲傷過度，晚年更患腸痨，痛楚殊甚。他在四十八年一月廿七日因貧病交迫卒于香港，享壽七十一歲。

（二）俞寰澄名鳳詔，浙江德清人，幼有神童之目，博學能文。中年後習英文及科學，亦有所得，故有德清才子之稱。他在清末已與靜江先生相識，曾遊歷歐洲，將法國的寶素珠，輸入國內，在上海南京路設舖銷售，當時江浙典當業尚不識此種人造珍珠，故被他魚目混珠，收押入庫，損失不貲。辛亥革命時他助李燮和、陳英士二先生，組織滬軍都督府。南北統一後，被選為國會議員，曾任中國銀行總裁。袁世凱稱帝時，他與岑西林等在西南護國，至護法之役，廣州設七總裁時他任岑氏幕僚。以後，他就在香港炒黃金，我那時適在港組織華商交易所，一次在宴會中始和他相識。

民國十七年招商局設總管理處，他被任為總稽核，我被任為赴外稽核，後他又改任總文書。抗戰時他被任為禁烟督察處副處長，兼粵桂二省分處處長。民國三十八年來香港，並與黃炎培同被推為全國政務委員。北歸後，又被任為中共財政委員會委員。綜他一生，自參加辛亥革命，護國，護法，抗戰，到最後一着和他的寶素珠，炒黃金及助政府推銷鴉片等經歷，可謂標準的投機份子。

他和靜江，澹如兄弟先後訂交，在他當招商局總文書時，為澹如與趙鐵橋總辦訂約，將該局

黃飛鴻

在廣東，在香港，提起黃飛鴻，該說是誰人不知、哪個不曉了吧？有人還以為黃飛鴻是小說家筆下虛構出來的人物，其實却真有其人，他原名達雲，當年被稱為廣東十虎之一，其武藝得自家傳，他的父親名喚黃麒英。黃飛鴻擅長拳術之外，最拿手的本領就是醫治跌打，善體「醫者父母心」之意，時常不收錢為人治病，在廣州十三巷仁安街開設寶芝林藥局，出品跌打雙飛丸，暢銷至檀香山。民國十三年（一九二四）黃飛鴻在廣州長堤方便醫院逝世，享壽七十有七。其後廣州商團事件大火，黃之藥局亦被焚，最可惜的是黃飛鴻僅存的相片圖像全被焚燬，財產損失無算。黃飛鴻妻妾衆多，現在留在香港的莫桂蘭女士是黃的第四妻，亦已八十高齡了！

莫桂蘭現在香港灣仔軒尼詩道設帳授徒，她曾做過李福林的福軍軍中教授，現在幫莫桂蘭授拳的李燦窩，是莫的外孫，幼年時很孱弱，從六歲起，即由莫桂蘭授以武術，也有相當的工夫。

圖一：黃飛鴻遺妻莫桂蘭的洪家拳招式

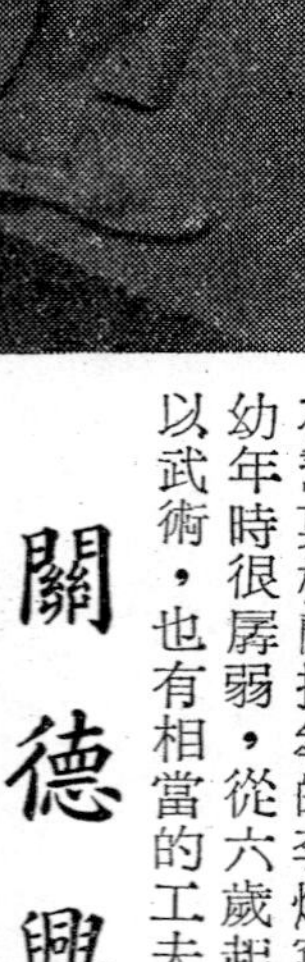

圖二：關德興的四平八穩紮馬式

關德興

黃飛鴻遐邇馳名，要多謝一個人，那就是藝名新靚就、人稱番生黃飛鴻的關德興了！關德興現在香港北角英皇道上開設藥局，他的作風，與黃飛鴻很有相似的地方。他雖然沒有見過黃飛鴻，但對黃飛鴻的行為、作風，十分景仰！他已拍過八十一部以黃飛鴻作主題的影片，第一部片名為「黃飛鴻傳」，其餘的片名不能盡憶，

非航用房地產租賃三十年，改建市房，成立久昌公司獲利無算，實與整理招商局之政策背道而馳。他在禁烟督察處任內，被控貪污，幸招商局舊同事陳芷町君適任該處總會計，得以「事出有因查無實據」相廻護。對通易銀行清理事，曾出了不少力，但他也佔了不少便宜。又如將趙鐵橋的撫卹金存入通易，後以市中心地產抵付，亦為識者所不取。澹如和其他三大將先後下世，只剩下他一人，碩果僅存，八十高齡，還在世上。

（三）盛丕華在「四大將」中，實為出身最寒微，知識最淺薄的一人，童年在銀樓為學徒，因奮勉自學，對國文居然能讀能寫。後在滬改習洋布業，升任大豐洋布號的司賬。適值清末維新運動，上海開風氣之先，商學二界均積極進行，盛丕華也和同業組織商學會，以聯絡感情、交換智識為宗旨。在發起上海証券物品交易所時，他主張多業合營，如日本三棉取引所然。各業多主分業專營，那時戴季陶先生受託起草合營分營意見書，因事所阻，無法交卷，他就自告奮勇代為起草，居然理論與文章俱優，為發起人所許可，略加潤色，即行公布，可謂一舉成名。民國九年交易所開業，他代表加入上海總商會，被選為董事，特聘留日歸國之陸友白為他專管商會的議案及文卷，可見他善於辦事的一斑。我與馬寅初、楊端六、劉南陔、金侶琴諸先生在滬組織經濟研究會，他也多所資助，並加入為會員。

他與澹如就在同任交易所理事時相識。信交風潮後，他們轉移資金，去經營武昌商埠的地產。因他的介紹，我和澹如因此訂交，直至澹如逝世之日，適為四十年。他自交易所失敗後，一直失意，其中受政府的影响頗巨，所以他時時刻刻希望有另一政權出現。在勝利後政府發出了「戡亂」的號召，他就說服了商界同志多人，同赴南京請願，要求停止內戰，因而負傷而回。民國三十八年，盛丕華父子都當了全國政協委員，不久他又被任為上海市副市長，直到五十年二月八日

第七十九部名爲「黃飛鴻醒獅巧奪鯊魚青」，寶座非常旺盛，第八十部名爲「黃飛鴻神威伏三煞」，第八十一部名爲「黃飛鴻虎鶴鬥五狼」。現在正在籌備拍攝的第八十二部是彩色濶銀幕的「黃飛鴻金獅鬥銀龍」。他眞可以算得是黃飛鴻的千古知己了！

李小龍

李小龍雖以武功揚威美國，但本港影迷對他並不陌生。他是已故粵劇名丑李海泉之子，早年曾以童星身份在粵語片出現，如今已是荷里活電視片的武俠明星，他的英文名字叫 Bruce Lee，他在「青蜂俠」片集中演助手嘉杜，鋤强扶弱，武藝不凡。

這位出生於美國三藩市，但在本港長大及受教育的青年，現在美國不單是著名的武俠明星，而且是知名的武術教師。荷里活的一流性格演員如占士高賓及史提夫麥昆等，都是他的學生。

原來李小龍在未赴美前，因對拳擊武術甚感興趣，曾拜本港詠春派名師習藝，小龍領悟力強，融滙詠春拳術後，另創新招，提倡以快打慢，以實用防身自衛爲主。李小龍在美國設武館授徒，並經常應邀到各地表演。

李小龍最近返港時說：「我在美國求學時曾參加過當地的拳擊比賽，多次僥倖獲勝，因而有不少慕名的表示願意跟我學『功夫』，於是我就在西雅圖開設武館，我的宗旨是以中國武藝教授外國人，好讓他們知道中國武功的厲害，不敢隨便欺負中國人。初時到我處習武健身者每月祇需付二十美元學費，其後改收每小時廿五美元，也有每月收一百五十美元的，來學的人很不少！」

「我個人不主張存有門系偏見，祇要你能摸索到此中關鍵，不難別創一格，我贊成利用自由搏擊方法，盡量發揮自己的專長。我個人慣用前手開拳，動作以快取勝。」

·吉人·

圖三：李小龍在麗的呼聲電視台表演

在滬逝世爲止，享壽八十歲。

（四）徐永祚字玉書，浙江海鹽人，早歲畢業浙江高等學堂及上海神州大學商科，後任銀行週報編輯，我因投稿的關係，和他相識。在籌備上海証券物品交易所時，我約他來「所員養成所」當講師，交易所開業前，復由我介紹入所爲會計部主任。那年的中秋節，還送了四色豐富的禮物給我，作爲酬謝。他是一個很現實，而缺乏誠意的人，並喜搞同鄉同學的小團體，所以和我氣味不大相投，不久我就和他疏遠了。

國民政府成立，我被派爲淸查招商局和籌備中央銀行的常務委員，我深知他的爲人，所以兩處雖均聘請秦待時爲法律顧問，而會計顧問則改請了徐廣德、潘序倫。抗戰勝利後，我被派爲京滬區交通接收委員，並被任爲抗戰後第一任航政局長，我呈准交通部將航商及船員註冊呈文，印成定式表格，不必請律師會計代辦，也是爲了避免請托包辦的麻煩。

他的會計師免試合格的証件，是僞造大學會計科証書及服務會計職務年資証書，朦報農商部，而取得會計師執照的。民國三十八年，他又僞稱在滬曾加入民主建國會，以民主人士資格，當了全國政協和民主建國會的常務委員，其實任何人都知道他從未去過重慶的。在「鎭壓反革命運動」時他當了審查委員，正在他得意忘形不可一世的時候，不料接續來的，是三反五反運動，他就一變而爲羣衆鬥爭的對象了。事緣中共始終沒有制定律師和會計師條例，他祇以過去會計師的資格，被委托審核各業應補繳舊時代營業所得兩項稅欵，他一貫地用了舊時代敷衍塞責的工作態度，幫助資本家以多報少，後來此事被揭發及公佈了，就在上海市三反五反運動羣衆鬥爭大會上，被中共幹部逼迫他走上講台，面向千餘羣衆，自行坦白交待。坦白之後，他一病不起，延至次年就逝世了，享壽六十三歲。

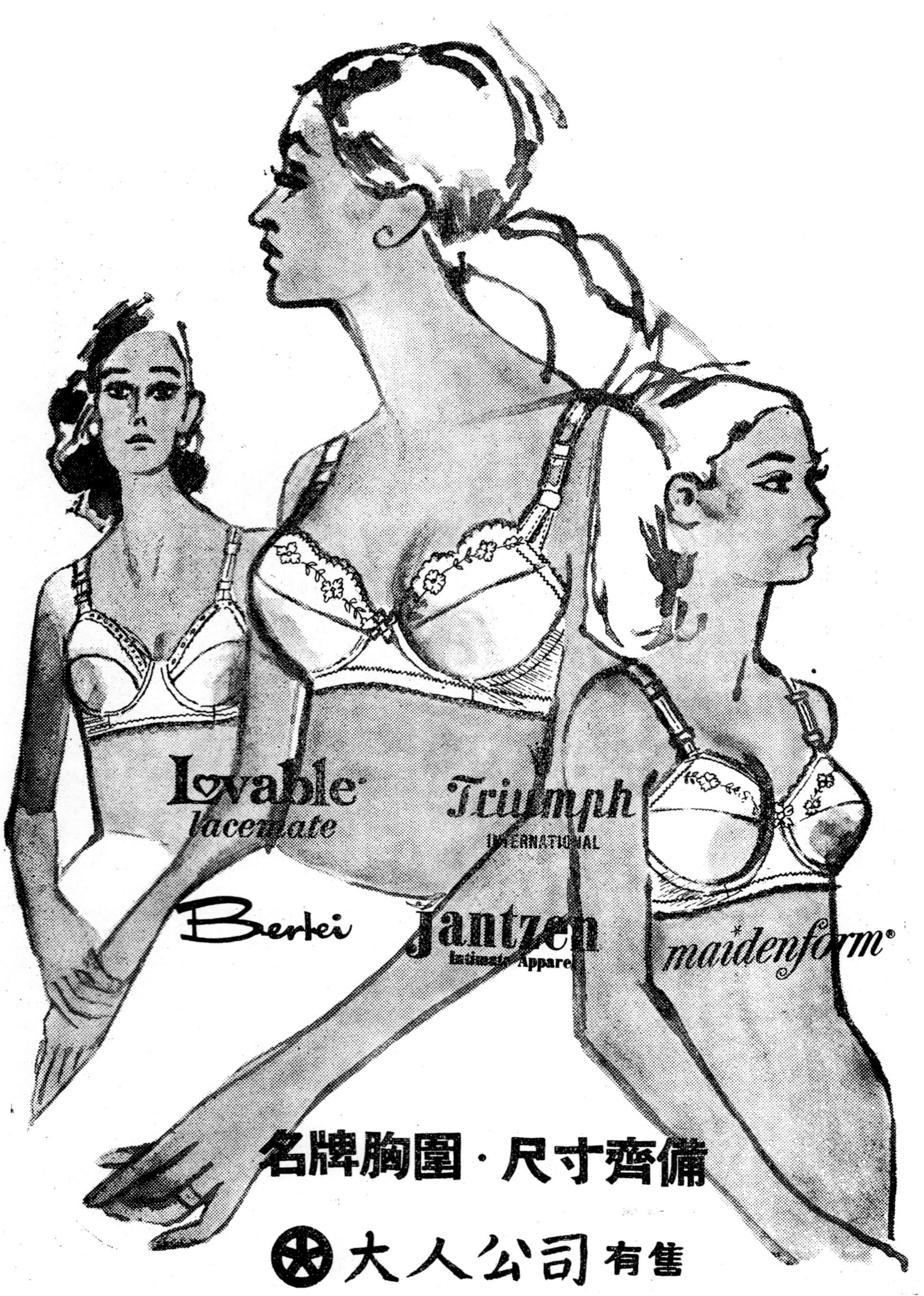
Lovable
lacemate
Triumph
INTERNATIONAL
Berlei
Jantzen
Intimate Apparel
maidenform
名牌胸圍．尺寸齊備
大人公司有售

張大千的兩位老師

李梅盦与曾農髯

曾克耑

張大千的畫名滿天下，但他的字也有他一套傳授，他的畫是從他老太太曾太夫人學來，後來到上海後，拜在李梅盦、曾農髯兩先生門下，由書入畫。又因爲在上海可看見許多古人眞蹟，憑他摹仿的天才，一下子可以亂眞，這是談到他的畫的來歷；至于他雖不以書名，但他臨摹古人的畫，一定能摹仿他們的字。我在香港曾經看見他爲學生寫對聯，寫沈子培便是沈子培，寫康長素便是康長素，不過他不願拿書法出名，所以一般人只看重他的畫了。或者他有意讓他的兩位老師以書名，所以便深藏不露了。現在我想把他兩位老師的寫字經過寫在後面：

我在大千那裏，聽了近代名人逸事趣聞不少，他是曾李兩位先生的得意弟子，所以我曾經請教他關於曾李二位訂交和學書的經過。大千告訴我說：李先生雖是江西人，但是大概因爲是隨宦的原故，在湖南住的日子很久。恰好曾先生是衡陽人，他在少年時便自命不凡，高自期許，不願見俗客的。有一天有人對曾先生說，這裏有一位李癡，學問品行都了不得，你不好失掉了這人。當他兩人會面的時候，李先生瞪了一對大眼睛，朝着曾先生一直瞪了許久，一言不發，然後一笑就定了深交。這不是很有點像莊子所說的：「相視而笑，莫逆於心」的境地麼？

李先生是不寫俗體書的人，到了要應會試那一年，李老太太牽着曾先生的手，再三叮嚀他要督責他兒子寫楷書。曾先生選來選去，又因爲翁師傅是會派做考試大總裁的，翁是喜歡錢南園字體的人，所以他逼着李先生寫錢南園，寫得李先生頭昏腦脹，幾乎吃不消。到了進場的前一天，李先生的僕人還開玩笑說，「少爺，你怕甚麼，你不是可以把你的大篆體的字來寫大卷，用漢魏晋宋體的文章來做臣對臣聞的殿試策麼？」到了做好文章，寫的時候，他的錢南園體的顏字，竟然裝不進考卷的格子裏，實在難看得很。他做的文章，又是詰屈聱牙，考官們讀不斷句讀的。考官們因爲翁師傅喜歡顏字，講公羊派的學問的，看見了這篇奇文怪字，便存心要和翁師傅開玩笑，就把這本卷子薦上去。那知翁一見之後大合胃口，斷爲佳作，並且以爲所寫的錢南園體，比他自己還好，於是決意取中。李先生便因此才點了翰林，他後來做了江寧藩臺，到辛亥革命的時候，他把藩庫的銀子幾十萬兩交代以後，便飄然而去，以黃冠終老，在上海賣字過活了。當他初到上海的時候，眞是腰無半文，而他家裏的兄弟叔姪靠他吃飯的到有幾十個人，他只好拿賣字的收入，來養活他們。但是他這收入，是由他家人掌管的，他一毫私用不得，而他的食量又大，又好飲食，所以學生們有時候看不過意，私下請他寫點字，暗地送他點錢，他才能受用了。在上海有一個時期，四馬路的福建菜館「小有天」不是很出過一時風頭麼？那裏便有鄭海藏和李先生的對聯。李先生聯句是：「道道非常道，天天小有天」，大概到過「小有天」的人，總還看過這聯語罷。我記得陳仁先（曾壽）先生還有將這兩句湊成贈李先生的詩一首，警句是：「白吃一餐飯，黑抹兩鼻烟」，上句是說李先生是白吃飯不出錢的專家，下句恐怕是說他寫字滿手是墨，又喜歡聞鼻烟，所以把烟往鼻上一抹，便成了兩撇黑色的印記了。

人們對於李先生的書法，是毀譽各半，有人說他是爲適應上海人胃口，所以寫出奇怪驚矯的字，來驚世駭俗，他不是寫字，不過是描字，甚

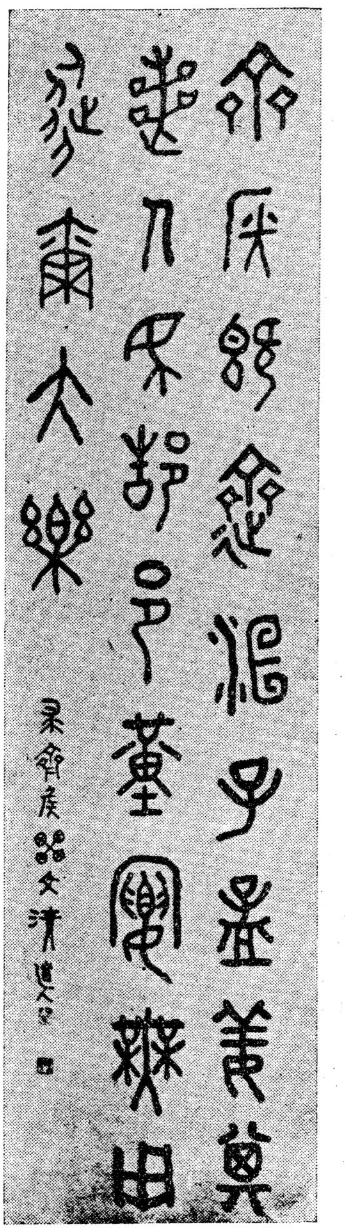

至於碑上的石花，鼎上破爛之處，都摹下來，這那裏可以呢？在我看來李先生實在有他了不起的地方，他不只會寫大篆鄭文公，他是所有晉唐以下的字，沒有一種摹不像的。他學山谷便極像山谷，摹米元章，便有過於元章。記得有一次曾先生求了翁師傅親筆託人情的八行書，是用外國剛剛輸入的布箋用濃墨寫的。不料爲李先生看了，愛不釋手，一定要留下來，塞在袋裏，硬不放手，一面馬上乘車到琉璃廠去照樣買紙，買同來之後，便照着翁師傅筆迹去摹仿，信送出去，竟然發生了效力，你便可想到他老先生的本領了。

他和曾先生寫字路道不同，他寫的時候，是用極濃的墨，蘸飽了墨，在紙上慢慢頓挫來寫的，所以寫得慢，但是人人可以在旁看他寫的。曾先生寫字，却又不同了，他是不許任何人在旁邊看的。他執筆甚高，寫的甚快。他爲甚麽不許人看呢？這並沒有甚麽秘密，不過他說：「如果有人在旁邊看他，他便心慌意亂。」寫不出來，這也許是一種心理狀態，習慣使然罷了。

大千曾對我說：「李先生對於字是無所不摹，無摹不似的，他因爲不喜歡晉唐後的字，所以要返古，要寫北碑。他最初寫的碑，誠然是有過火的地方，但是到晚年的時候，是一年一年的在變，越變越進步，越變越好。可惜他老人家五十六歲便過世了，如果能再活十年，那他的碑，是一定可以寫到登峯造極的地步。天不假年，這是藝壇何等可惜的事呢！

最後我還聽見友人說：梅盦先生食量最大，相傳能食一百個螃蟹，所以有「李百蟹」之稱。有人看見他在吃酒席之後還能吃四個肥鴨，這眞是了不起的食量，但是他的食量雖然如此之大，却是食下的一個字，他是一生體會不到的，他的原配是道州何家的小姐，斷絃之後，又把小姨作續弦的太太，到後來這位小姨對人痛哭流涕，這才把梅庵先生無法享受女人的隱事揭穿了！你說可笑不可笑呢！

老髯之髯白於雪喜子髯虬翠如墨一十二年几席親出一幅人歎絕米書嘗作內史觀子畫應爲好古得未必古人勝今人此語難與世解說不貴人相貴我相自寫面目留本色松下曖曖雲氣深恍若置身天都側蜀中兄弟稱坡髯髯也畫到今名不滅願子策力抗前哲再見岷峨生光澤

己巳二月　農髯題於戲海樓

曾農髯題張大千畫像

老髯之髯白於雪，
喜子髯虬翠如墨，
一十二年几席親，
每出一幅人歎絕！
米書嘗作內史觀，
子畫應爲好古得，
未必古人勝今人，
此語難與世解說。
不貴人相貴我相，
自寫面目留本色，
松下曖曖云氣深，
恍若置身天都側，
蜀中兄弟稱坡髯，
書畫到今名不滅，
願子策力抗前哲，
再見岷峨生光澤。

賞心樂事話當年

·省齋·

時光如駛，忽忽已屆望七之年，回憶過去的六十九年，歷盡了悲歡離合的境遇，嚐遍了甜酸苦辣的滋味，從好的方面來講，我的生平可以算得是多采多姿；但是從壞的方面來講，也可以說成是飽經憂患的了，

古人說得好，人生幾何，對酒當歌，這裏且回憶一些過去親身經歷的賞心樂事，來與讀者同享吧！

那桐花園聽戲

一九二四年到一九二六年之間，是我第一次暢遊北京的時期，那時候我唯一的嗜好的聽戲，我在北京最初捧李萬春，那時，他還是一個小孩子，在前門外大柵欄廣德樓唱戲，他文武都唱，文戲私淑余叔岩，武戲力學楊小樓，以與又一童伶藍月春合演的一齣「兩將軍」爲最出色，廣德樓我是風雨無阻、天天必到的，此外如三慶、中和、華樂、吉祥、開明、新明等戲院，如遇名伶演出，也都有我的踪跡。那時候北京的名伶如龔雲甫、陳德霖、王瑤卿、楊小樓、余叔岩、王長林、梅蘭芳、程艷秋、王鳳卿、錢金福、尙和玉、侯喜瑞、程繼仙、蕭長華、小翠花：……等，都時時出演，可謂盛極一時。以上諸名伶中，我最欣賞楊小樓和余叔岩二人的戲，當在新明戲院楊余合作以對抗梅蘭芳的時期，我每場必到，每次定的座位總是在正廳中座第五排左起的第一二隻椅子：一隻我自己坐，另一隻是給李萬春、藍月春兩個小孩坐的，

楊小樓之戲，唱做、道白、扮相等等，無一不臻神化；尤其是他的「風度」，絕非任何人所能企及，堪稱前無古人，後無來者，他的戲我差不多都看過的，比較的說，如連環套、落馬湖、長板坡、寧武關、林冲夜奔、霸王別姬（與梅蘭芳合演）等劇，允推絕唱。叔岩雖爲天賦所限，但其苦學結果，譚鑫培後，一人而已，我記得楊余合作時期，他有一天的戲碼是和荀慧生合演的坐樓殺惜，舊式戲院子的觀衆，大多不守秩序，人聲嘈雜不堪，可是那晚當余叔岩出場的時候，台下立刻肅靜無聲，全院聽客，無不全神貫注的欣賞，那個印象，實在給我太深刻了！余叔岩的戲我也大概都看過的，如打漁殺家、打鼓罵曹、打姪上墳、戰太平、珠簾寨、南陽關、搜孤救孤、審頭刺湯、空城計、魚腸劍、捉放曹、戲鳳、烏盆計、八大鎚、摘纓會、上天台、洪羊洞、李陵碑等，都是百聽不厭，可是，我所永遠不會忘記的是有一次在東城金魚胡同一號那桐花園裏的堂會，那晚他唱大軸，平時他唱堂會戲以壓軸爲多，大軸大都是梅蘭芳，因爲堂會戲女客往往佔一半，她們全是捧梅的。戲碼是全本捉放曹，當

余叔岩鎮潭州岳飛劇照

前面壓軸戲楊小樓、梅蘭芳合演的霸王別姬唱完之後，時已夜半三時，看客大半已經散走；尤其女客一個也不留，總計台上台下聽客不過百餘人而已，這些全是標準的余迷，因是我得高踞頭排，飽聆他那蒼勁而又纖巧的聲調，那晚全部聽客對於他的一句一唱，無不擊節嘆賞，皆大滿意，叔岩平常在戲院中唱戲，除了高音外，其纖巧之腔調，往往坐在五六排後之聽客多已不能領畧，要碰到完全能過癮之機會，眞是難之又難也，而李佩卿所拉胡琴之爐火純青，出神入化，更大收牡丹綠葉之妙，博得全場掌聲，

一九三零年夏，我第三次到北京，那時叔岩已因病輟唱，某晚，他邀我到他家裏去吃便飯，當時我喜出望外，深自慶幸，以爲這次當又可以暢聆雅奏了，不料他飯後抽烟，再吊嗓子，竟絲毫不能成聲，據他自己說：總得天亮快了，他的嗓子才會出來，他家住在椿樹胡同，左右鄰居都愛聽他吊嗓子，他常說牆都要被鄰居街坊扒坍了！此後，除了聽聽他的留聲機片外，再也沒有聽過他一次戲了。

叔岩於一九四三年病死北京，年僅五十有四，當時我曾請評劇權威凌霄漢閣撰「於戲叔岩」一文載於拙編「古今」半月刊，議論警闢，堪稱爲余氏蓋棺論定之作。

葛蔭山莊釣魚

一九三二至一九三三年之間，我在滬閒居無事，每逢春秋佳日，我總是帶了全家到杭州西湖先室沈夫人的別墅葛蔭山莊去渡假，葛蔭山莊在裏西湖西冷橋旁，背靠葛嶺，面對放鶴亭與西冷印社的後山，中式樓房共兩層，底層有大廳走廊亭台及小花園，園中遍植名花異草，尤以紫藤花爲一絕，紫藤花棚下沿湖有三層石級的小碼頭一個，繫一小艇，家人都好划艇爲樂，我則喜歡獨自一個人坐在石級上釣魚，平均每天可以釣得小鯽魚十餘尾之多，如此種快樂，自以爲羲皇上人，亦不是過。釣魚是我童年鄉居時一種

生活情趣，因此養成我後來處世恬淡、遇事忍耐的人生觀，先室逝世後，翌年我的長子又復夭折，我於傷感之餘，遂在家鄉梁溪五里湖畔蠡園與漁莊之間買得草蕩地數畝，擬建草屋三間，獨居終老。世變頻仍，始終未能償此願，所以，後來張大千嘗于送給我一頁宋人溪山垂綸圖的另頁上題曰：

「省齋尊兄嘗于太湖之濱，買地數畝，將以漁釣老焉。世變不果，然而此心此志，未嘗一日或忘也。頃見寒齋所藏宋人溪山垂綸圖，唏噓感慨，倍深故里之思，因乞爲贈，且謂望梅不得，聊充畫餅之飢，遂識以貽之。」

杭州葛蔭山莊一角

西京鹿谷觀畫

一九五三年秋，我小遊日本之西京，承京都博物館島田修二郎之邀，偕往小川氏尙簡齋拜觀鼎鼎大名的董源谿山行旅圖，此圖又名「江南半幅」，因僅係全圖之半，餘半幅早已失存。清代的畫家藏家所見不廣，他們以爲董源傳世的眞迹，祇有這半幅谿山行旅圖而已。小川別墅位置於京都著名風景區之鹿谷，壤接東山三十六峯，園中樹木成蔭，唯聞蟬鳴，古松萬千，一望無際。

主人小川夫人出迎，彬彬有禮，慇懃相待，茶畢，鄭重以圖見示，圖盛於盒，外裹錦緞，懸諸壁際，神彩奪目，圖爲絹本，長軸，淡墨山水，圖中有林巒，有溪屋，有橋舟，有人物；布置幽邃，烟雲滿幅，圖首有一段已斷，係接補者，有云爲沈石田所補的，絹色之新舊與絹色之濃淡，皆顯然可見，但此係小疵，固無傷大雅耳。

圖旁右上端有題籤「董北苑谿山行旅圖神品」十個字，下鈐「遜之」、「烟客眞賞」二方印，左下角復有「太原王遜之氏珍藏圖書」長方印一，原來這幅畫是曾經清初「四王」之首的王時敏氏所珍藏的。

有董其昌跋，題在綾本，裱于圖之右旁，句曰：

「余求董北苑畫於江南不能得，萬曆癸巳春，與友人飲顧仲方第，因語及之。仲方曰：公入長安，從張樂山金吾購之，此有眞迹，乃從吾郡馬耆清和尙往者。先是余少時于淸公觀畫，猶歷歷在眼，特不知其爲北苑耳。比入都三日，有徽人吳江村持畫數幅謁余，余方肅客，倦甚，未及發其畫；首叩之曰：君知有張金吾樂山否？吳愕然曰：其人已千古矣！公何爲詢之亟也？余曰：吾家北苑畫無恙否？吳執圖以上曰：即此是。余驚喜不自持，展看三次，如逢舊友，亦有冥數云。辛丑五月廿六日記。」

圖左旁思翁復有題記曰：

「此畫爲谿山行旅圖，沈石田家藏物；石田有自臨谿山行旅，用隸書題欵，亦妙手也，玄宰。」

看完了這幅名迹，主人又捧了一本「宋人集繪」冊出來，冊共十開，次序如下：

（一）閻仲空林雨牧圖
（二）吳炳滌池濯素圖
（三）林椿榴花山鳥圖
（四）劉松年雪溪舉網圖
（五）李嵩畫闌遊賞圖
（六）馬麟茉莉舒芳圖
（七）夏珪松巖靜課圖
（八）陳珩秋塘郭索圖
（九）葉肖巖苔磯獨釣圖
（十）李東寒濤捲屐圖

以上十開，每開都有安儀周的藏章，冊中並有乾隆五璽，冊後復有「恭親王」、「淸白傳家澹泊明志」等印；頁頁皆精，其中尤以劉松年的「雪溪舉網」圖爲無上神品。這一頁上並有「紀察司」半印、「信公珍賞」、「會侯珍藏」等印，可見這幅圖也曾經入過耿氏的秘笈的。

冊尾還夾有未裱入的羅振玉題記一紙，其句曰：

「此冊由安麓村家貢入天府，後咸同朝以賜恭忠親王，每葉籤題乃高宗南齋供奉所加，有未盡當者，如陳珩秋塘郭索是姜福興筆，葉肖巖苔磯獨釣乃夏禹玉筆，夏珪松巖靜課圖當是南宋初年畫院人作，其人蓋北宗而畧參用南法者也，不能確定其名矣。」

觀畢，應主人之請，在「芳名錄」上簽名並題記如下：

「一九五三年九月二十日，來此拜觀珍藏中國名迹，欣賞萬分，謹書此以誌不忘，朱省齋記，陪觀者有島田修二郎先生，並識。」

北平的飯館子

齊如山

北平這個城池，因為是作了六七百年的首都，一切的事業，都格外的發達，所以可以繫戀的事情及地方都很多，而最令人思念不置者，莫過於飯館子。有人說：飯館子無論在什麼地方，那一個城池，只要做的好吃，都可繫戀，豈只北平呢？這話自然也有道理，但北平的飯館子，與別的地方不同，若只按好吃說，那可以說各處有各處的口味，不必一定北平；若按飯館子的拿手菜和規矩來講，則全國的飯館子以北平為第一是全無疑問的。

北平的飯館，種類多的很，最主要的是菜品的火候，而且那一家也有拿手菜，例如「東興樓」的糟蒸鴨肝、糟煨茭白，「泰豐樓」的賽螃蟹、醬汁魚、芙蓉鷄片，「明湖春」的龍井蝦仁、川雙脆，「豐澤園」的草把鴨子、金銀肉，「瑞記飯店」的清炒莞豆、燴羊肚菌、炒三泥，「厚德福」的瓦塊魚、封鷄、鐵鍋蛋，「春華樓」的松鼠黃魚、炸鍋炸，「恩承居」的草菇鷄片湯、蠔油牛肉，「全聚德」的燒鴨、燴鴨腰等等，都不是其他飯館可以媲美的。此外還有許多不出名的飯館，也有許多特別的拿手菜，例如後門外橋頭的包灌腸，鮮魚口「會仙居」的炒肝，煤市街「耳朵眼」的口蘑餡餃子，「百景樓」的炸餛飩，前門大街「都一處」的炸三角，肉市豆腐腦鋪的白肉，「烤肉宛」的烤牛肉，「砂鍋居」的鹿尾，米市胡同「老便宜坊」的烤鷄等等；還有「東興樓」的前身「九和興」的炸元宵，炸出來雪白，像一團棉花，東安門外「和興館」的溜裏脊，送到嘴裏，跟豆腐一樣，這些情形，說也說不盡，想起來都是令人垂涎欲滴的，

北平的飯館規矩很大，有四點，聽着很平常，細一按，確實有道理，茲分着談一談：

（一）菜品盤碗較小：凡到飯館中去吃飯，雖然儉省，也要多吃幾樣，比方八九個朋友，總要十幾樣菜，方能盡興，但是誰也不願剩下許多，無論主人客人，看見剩菜太多，人人心中不愉快不止專為省錢，總覺得糟塌的沒有意思。所以從前北平飯館中，盤碗都小，每人點一兩樣菜，每樣每人不過一兩口，吃的花樣多而又不剩下，這兩件事情是人人心中舒服而高興的！從前飯館子的主要宗旨，不讓客人吃夠，除大菜外，每個菜每人不過一兩口，如果不夠吃，可以再要一個；因為吃不夠，則下次還想來吃，倘吃夠了，則下次便不容易再來，何況剩下許多菜，給客人留下一個不好的印象呢！

（二）不慫恿客人多要菜：從前北平請客宴會，非極莊重的局面，不會預先準備整桌的菜，因為不見的都合乎客人的口味，所以大多數由主人先預定兩個需要功夫較大的菜如魚翅、鴨子之類，其餘再由客人自點，誰愛吃什麼誰就要什麼，大致是每人要一樣，連上四個涼盤，及兩個大菜，也就足夠吃了。所以大家入座之後，主人便讓大家點菜，在這種地方，又顯出舊式茶房的規矩來了，遇到客人點菜之時，他便先要報告，主人的敬菜是什麼什麼，其餘的菜請諸位隨便點，到大家每人點一菜之後，主人只管讓，請大家再點，茶房反攔着說菜不少了，先來先吃着，不夠再找補，就憑這兩三句話，便可以算是面面俱到，請客的主人，焉得不高興呢？

（三）客人吃剩下的東西，不許櫃上人吃：這件事情，雖說是小事，但很有關係，其實剩下的菜，大家分着吃了，豈不省事，免得另外再做；但是毛病就在此，有些不守規矩的茶房，他可以作弊，特為另要一樣菜，他說是客人要的，客人出了錢，他可是不把菜端到桌上去，結果他自己吃了，各樣弊病，種類很多，在從前，飯館子地方寬，屋子多，這是很難稽查的。這不但於櫃上有損，且於客人有傷，所以從前所有飯館子中的剩菜，都是併來賣給小販，小販回家就把剩菜加上白菜、粉絲、豆腐、猪血等等，再把它一熬，挑到街上出賣，價極便宜，且很好吃。而飯館子中，同人所吃，必須另外預備。

（四）侍役人說話有訓練：北平飯館中的茶房，最有訓練，必須得拜師學徒，與客人對答是不亢不卑，自然要順着客人說，有時也要駁回，按順着客人說話是很容易的，駁客人的話，跡近抬槓，是容易招客人不高興的，但是他們說的話，雖然駁了客人，可是還能使客人不但愛聽，而且聽了感覺痛快，這眞是北平以外的飯館子不但做不到而且也想不到的。他們種種的說話法，孔門中的言語一科，總算眞能夠得上，四書中所謂灑掃應對進退，這六個字，他們可以算是眞能作到了。現在把記得的寫出幾條來，請諸君看看他們說的話不但有傳授，而且有研究。

一次，點了菜，可是來得太慢，客人問：「菜為什麼老不來？」茶房說：「火候不合式，不能給您端上來，能夠來晚點挨兩句罵，不能端上來不好吃挨罵，您稍微等一等就來。」

一次，有一濶人，嫌菜不好，說：「你們這個厨子可眞糟！」茶房說：「要比您府上的大師傳那自然比不了；在外邊飯館的厨子，我們這個也可以說是數一數二的了。」

一次，一客說：「你們這個厨子，越來越退化了！」茶房說：「不是厨子越來越退化，是您越吃越口高，所以從前吃的，現在都吃不上口了！」

一次，一客說：「菜太鹹，沒法子吃！」茶房說：「一人一個口味，這位吃着口重，那一位

囤鈔記

齊璜

民國三十七年，我八十八歲。有人勸我遷往南京上海等地，還有人從杭州來信，叫我去主持西湖美術院。我回答他們一首詩，句云：「北房南屋少安居，何處清平著老夫？」我在勝利初期，一片歡欣的希望，早已烟消雲散，還有什麼心緒，去奔走天涯呢？

那時，「法幣」已到末路，幾乎成了廢紙。一個燒餅，賣十萬元，一個最次的小麵包，賣二十萬元，吃一頓飯館，總得千萬以上，眞是駭人聽聞！

接着，改換了「金圓券」，一圓折合「法幣」三百萬元。剛出現時，好像重病的人，打了嗎啡針，緩了一口氣。但一霎眼間，物價的漲風，一日千變，波動的大，崩潰的快，比了「法幣」，更是有加無已。

這種爛紙，信用既已掃地，人們紛紛搶購實物，票子到手，立刻就去換東西。價錢貴賤，倒也並不計較，物價因之益發上跳。

囤積倒把的人，街頭巷尾，觸目皆是。他們異想天開，竟把我的畫，也當作貨物一樣囤積起來。拿着廢紙似的「金圓券」，訂我的畫件，一訂就是幾十張幾百張！

我的案頭，積鈔如山，看着不免心驚肉跳。朋友跟我開玩笑，說：「看這樣子，眞是『生意興隆，財源茂盛』了。」實則我耗了不少心血，費了不少腦力，換得的票子，有時一張畫還買不到幾個燒餅。望九之年，哪有許多精神，弄來許多廢紙，欺騙自己呢？只得歎一口氣，掛出「暫停收件」的告白了。

就許吃着口輕，這個菜鹹了，咱們再給您來一個，讓他口淡點，您看好不好？」客人問：「再來一個，算錢嗎？」茶房說：「當然不敢算錢，不過您要吃着好吃，就是算錢，您也是高興的。」

一次，一客說：「你們這買賣，越作越回去了！」茶房說：「你們諸位老爺要是常來，就不會那個樣子，要老不來，可就眞要快回去了！」

一次，一客吃一樣菜，原料不好，即說：「你們怎麼買這樣壞的原料呢？」茶房說：「今天沒有買到好的。」客人問：「為什麼呢？」茶房說：「一則好的少，二則也是被別人搶先給買走了。」客人問：「誰家買去了呢？」茶房說：「聽說是您府上的大師傅。」

一次，一客說：「你們這兒的菜，可做得眞好！」茶房說：「您這不是誇獎我們，您這是恭維請客的主人，我們這兒要是不好，主人也不會請您各位老爺到這兒來吃飯。」

請看他們所說的這些話，又幽默，又輕鬆，駁了客人的話，客人不但不能惱，且聽着好玩，旁邊客人，亦必大樂，並且對濶人是一種說法，對生客，對熟客，說話也各有不同，簡直是一部語言教科書。

以上這些情形，民國以後就不容易聽到了，特別是茶房說話不夠程度，曾記得民國幾年，吾鄉有兩個人到北平，在前門外一飯館吃飯，要了兩個菜，茶房說：「鄉下人還會要菜，眞不容易！」這分明是挖苦他們，他們兩個人，當然很生氣，其他別的座客，也都以為茶房不應該如此說話，可是他們兩人也沒說什麼，趕吃完了飯，把桌子一推，所有盤碗，都摔碎了！茶房來問：「這是為什麼？」他們說：「你剛才不是說我們是鄉下人麼，你去告訴你們掌櫃的，說鄉下人不安分，民變了！」候掌櫃的來問，各座客都說茶房說話太不對，因此也沒有賠，白吃了一頓飯，經大家勸說，便算了事，這當然都是茶房沒受過教育的緣故。回想從前，遇有陰天，同三五友人，到飯館中要幾碟精緻炒菜下酒，隨便談，隨便飲，有時招呼茶房來，共同談天，聽他們說些輕鬆的話，眞是極饒興趣，這種情形，幾十年來，是沒有的了！

徵稿啓事

一、本刊除特約稿件外，徵求讀者賜寄大作，祇需在「論天下大事、談古今人物」之範圍內，無不歡迎。

二、賜稿以白話文為限，普通稿件以不超過四千字最為理想。

三、來稿請用稿紙書寫，並附眞實姓名及準確地址。發表時需用筆名者聽便，譯稿請附寄原文。

四、本刊稿酬每千字港幣二十五元，譯稿每千字港幣十五元，在刊物正式出版前，本埠送奉，外埠郵滙。

五、惠稿及來信請寄九龍西洋菜街三號A大人出版社收。

強詞奪理（相聲）

侯寶林
郭全寶

乙　這回我說段兒相聲。

甲　噢，您是位藝術家！

乙　不敢當，

甲　咱們是一家子，

乙　一家子？

甲　您是藝術家，我是科學家，這不都是一個「家」字嗎？

乙　噢，您是一位科學家，

甲　你知道中國科學院嗎？

乙　知道，這是專門研究科學的。

甲　科學院以下分很多研究所，心理研究所、語言研究所、文學研究所、考古研究所，……

乙　噢，那你研究的又是哪一門呢？

甲　我研究的是全門兒，我一個人研究的包括所有的各門，我這叫綜合科學。

乙　沒有聽說過，什麼叫綜合科學？

甲　這麼說吧，我所研究的是包羅萬象。自從混沌初分，海馬獻圖，一元二氣，兩儀四象生八卦，八八六十四卦，陰陽金木水火土……

乙　行，你不用說了，現在這時代，您怎麼還研究這個呢？

甲　怎麼啦？

乙　現在是原子時代，人類都飛上天空去了，到宇宙間去了。人家研究原子、核子、電子、離子……

甲　這我懂，原子、電子、餃子、包子……

乙　包子？……

甲　你不懂，他們研究的所有問題，就出不去我所說的幾個字：陰陽金木水火土，我這幾個字能包括世界萬物。

乙　不見得吧？

甲　沒錯兒。

乙　什麼都行？

甲　當然啦，你知道我研究的是多麼深廣！多麼淵博！

乙　你先不用美，我問你吃的東西有陰陽金木水火土嗎？

甲　隨便你問什麼，也離不開我研究的陰陽金木水火土，你說你吃的什麼？

乙　你說蘋果，蘋果，哪兒爲陽？哪兒爲陰？

甲　蘋果呀，蘋果這東西算是……鮮貨之類的東西，多吃一些水果倒是沒有什麼壞處……

乙　誰問你這個啦？我問你蘋果哪兒來的陰？哪兒來的陽？

甲　你聽着，這蘋果一面兒紅，一面兒青。紅的那邊兒爲陽，青的那邊兒爲陰。因爲曬着的那面兒把它曬透了它就紅了，沒曬着的那面兒那就是陰哪，決不能說太陽轉着灣兒曬那蘋果呀。

乙　嗯，陰陽有了，蘋果有金嗎？

甲　你這人太糊塗。

乙　嗯？

甲　蘋果在哪兒長着？

乙　蘋果樹上啊。

甲　怎麼掉下來的？

乙　拿剪子往下剪哪！

甲　剪子是什麼的？

乙　鐵的。

甲　「鐵」字怎麼寫？

乙　「金」字邊兒……

甲　（急促地）有金啦。

乙　有……（對觀衆）一動鐵的，一沾金字邊兒，他就有的說了。

甲　五金嘛。

乙　木呢？

甲　蘋果樹不是木嗎？

乙　水呢？

甲　一咬就流水兒。

乙　流水兒也算……

甲　那不是水兒嗎？

乙　蘋果有火嗎？

甲　火啊？

乙　啊，鑽蘋果取火，對嗎？

甲　哎呀，你想的多天眞哪，（對觀衆）祗有鑽木取火，怎麼能夠鑽蘋果取火呢？

乙　是呀，我這人不懂科學，這不是跟您請教嗎？您說蘋果哪兒有火？

甲　蘋果的火呀——這個——

乙　（對觀衆）這是想通俗的講法呢，講深奧了怕我不懂，

甲　蘋果是水果的一種，特別是小孩兒應該常吃。

乙　是呀，多吃點蘋果去火，

甲　哎，有火啦。

乙　嘿，我給他送上去啦。土哪？

甲　蘋果樹在哪兒長着？

乙　唉，土地上。再問點兒別的還行嗎？

甲　行。

乙　您說咱們吃的那紅果兒（山查），哪兒爲陽？哪兒爲陰？

甲　啊，這個好講了，這面兒是紅的，這面兒（恍然）也是紅的啊？

乙　整個兒全是紅的。

甲　啊，紅的就爲陽啊。

乙　那麼哪兒爲陰哪？

甲　它是——你分開瞧裏邊兒什麽顏色？

乙　白的。

甲　那就爲陰。

乙　嘿，（對觀衆）外邊兒沒轍啦，跑裏邊兒打主意去啦！陰陽有了，我問你紅果有金嗎？

甲　這不是更簡單了嗎，紅果在樹上長着，熟了以後你拿什麽把它摘下來呢？

乙　我，拿竹竿兒把它打下來。

甲　（呆楞）

乙　一拿剪子又有詞兒啦，咱們不動五金。

乙　拿銅棍兒把它打下來？

乙　不，不是銅棍兒，竹竿兒。

甲　竹竿兒呀？

乙　啊，紅果有金嗎？

甲　這個紅果兒也叫山裏紅。

乙　嗯，廠甸兒賣的那個大掛山裏紅嘛。

甲　是用麻線兒穿起來，小孩子買了掛在脖子上。

乙　是啊。

甲　你說，那麻線兒你是怎麽穿過去的！

乙　我，我是拿竹簽兒穿過去的，

甲　竹簽兒，

乙　啊，紅果兒有金嗎？

甲　你等會兒，竹簽兒，竹簽兒你拿什麽修的哪？

乙　我，拿玻璃碴兒刮的。

甲　可是那尖兒你得用刀子修呀？

乙　不，我在石頭上蹭的。

甲　嗯，有辦法，

乙　當然有辦法。

甲　紅果兒還可以做糖葫蘆兒。

乙　是呀。

甲　還有夾餡兒的。

乙　嗯。

甲　把紅果拉開一個口兒，把核兒挖出來，唉，那口兒你是用什麽拉的啦？

乙　那口兒呀？我是拿線勒的。

甲　（窘）拿線勒的。

乙　紅果兒有金嗎？

甲　那核兒拿什麽挖的哪？

乙　拿竹批兒。

甲　嗯！糖葫蘆它得蘸糖啊！

乙　當然啦，沒糖它怎麽叫糖葫蘆兒呢？

甲　那你用什麽熬糖呢？

乙　我用——砂鍋！

甲　砂鍋熬糖？

乙　啊，銅鍋鐵鍋都不用。

甲　砂字兒怎麽寫？

乙　石字邊兒一個「少」字。

甲　鍋呢？

乙　「金」字邊兒……

甲　有金啦！

乙　嗐！

一九六二年

全有毛病

甲　您瞧見城上那幅大畫像嗎？

乙　他嗎？他天天跟我招手。

甲　招手幹嗎？

乙　他的意思是說；×先生，早！

甲　你別不害臊啦，他是在那兒搖手。

乙　搖手幹嗎呀？

甲　他的意思是說；有五種人不受歡迎，別進去。

乙　哪五種人呢？

甲　近視眼，

乙　近視眼幹嗎不能進去呀？

甲　目光太短！

乙　還有吶？

甲　麻子，麻子也不能進去，

乙　麻子跟他什麽相干呀？

甲　缺陷太多！

乙　還有些什麽不能進去？

甲　駝子，

乙　駝子是先天生的呀！

甲　包袱太重？

乙　（數）一二三，還有四吶，

甲　跛子，脚有毛病的，

乙　什麽缺點？

甲　立場不穩！

乙　反正都有得說的，還有呢？

甲　您別生氣，就像你這樣的禿子，頭上不長頭髮的，

乙　爲什麽？

甲　你……你壞到透頂啦！

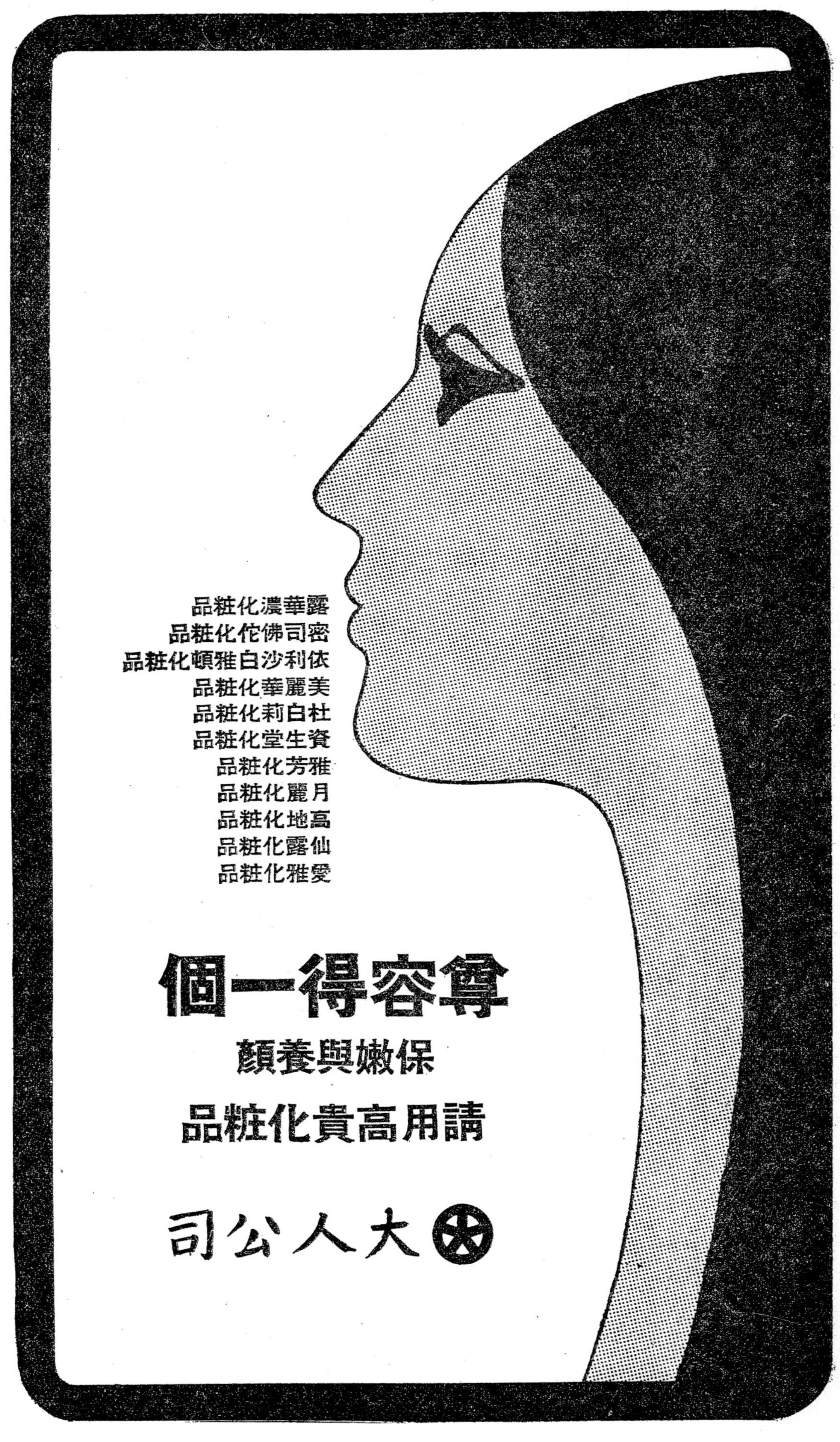
露華濃化粧品
密司佛佗化粧品
依利沙白雅頓化粧品
美麗華化粧品
杜白莉化粧品
資生堂化粧品
雅芳化粧品
月麗化粧品
高地化粧品
仙露化粧品
愛雅化粧品
尊容得一個
保嫩與養顏
請用高貴化粧品
大人公司

時代曲與電影歌

·三鳳·

黎錦暉的才能

目前，在中國大陸以外，任何中國人社會中，都流行着時代曲。在太平山下，提到「聽歌」，便是聽時代曲。而在任何一個角落，又都流行着「聽歌」這一個名詞。

所謂「時代曲」，這是一個香港名詞，意義是說此曲係「時代」的產物，相對於舊時代的各種曲藝。在三十年代的上海與中國大陸上其他地方，稱作「新歌」，亦相對於舊的各種曲藝。當時，中國音樂界的學院派與自命學院派者，把它稱作「黎派歌曲」，「黎派」指黎錦暉一派。

黎錦暉係湖南人，兄弟數人都在文化界與藝術界馳譽，其兄錦熙係名教授。其弟錦揚係「花鼓舞」的作者。「花鼓舞」這歌舞劇早已蜚聲美國。他曾自美國來港、台逗留，除了英文以外，在文學、音樂與戲劇上，他並無一點勝過乃兄。錦暉又有一弟名錦光，係與周璇同時期的歌星白虹之夫，作時代曲有名，是姚敏的前輩，今仍在大陸。十餘年前，他還有作品寄與香港百代唱片公司換錢，藉以補助生活，當然，在他是偸偸摸摸，又化了名的。

黎錦暉又是中國著名的兒童文學家，他一方面在作「毛毛雨」與「妹妹我愛你」等等所謂新歌與時代曲，另一方面，又編撰「葡萄仙子」與「麻雀與小孩」等兒童歌劇。這些兒童歌劇，可算是「唯一」的，無第二人敢予嘗試。所有黎編兒童歌劇俱爲全國小學與初中所採用。但由於上海音樂界學院派與自命學院派對他的抨擊，把「黎派歌曲」視作「靡靡鄭聲」猶不足，且斥爲「洪水猛獸」，終於連他的兒童歌劇亦被歧視了，這是不公平的。

大陸變色後，約在一九五四年，中共竟對黎錦暉舊日所編的兒童歌劇「小小畫家」頒以一等獎，當時中共對藝術的衡量，尺度上有些還算正確。另一方面，黎錦暉又對他所作的「毛毛雨」與「妹妹我愛你」等軟性歌曲作抽筋剝皮式的自我批評，而「黎錦暉」三字又出現于若干大陸電影的片頭，所負責的當然是音樂。

在黎錦暉大作目前所謂時代曲的同時，他又創辦了「明月少女歌舞團」，他所作的曲，主要是供「明月」用的。「明月」幾次遠征南洋，今日星馬之流行時代曲，也與「明月」分不開。而「明月」方面的人才，後來不少進入電影界，著名的是王人美與周璇。周璇是後期人馬，大概當時「明月」已易名爲「新月」了吧？

聶耳打擊黎派

目前作品仍爲大陸重視的聶耳，他也曾加入「明月」向黎錦暉執弟子禮，但不久自創新作風，以雄壯的旋律來打擊黎派歌曲，這是日本帝國主義製造九一八事件後，青年們確是不再需要「靡靡鄭聲」，但學院派與自命學院派者且並無結實的作品來打擊「黎派歌曲」，他們所作少數藝術曲，在所謂「前進青年」心目中，也不合時代，他們對那些藝術曲的評價並不高于「黎派歌曲」多少，把作者斥爲「躲在象牙之塔裏」。

全面抗戰開始，「黎派歌曲」僅流行于淪陷區，同時也有新的作曲家出現，著名的是姚敏。在大後方，流行的是聶耳派與西北民歌。勝利復員，「黎派歌曲」普遍了，另一原因在于有聲電影中的揷曲超過半數是「黎派歌曲」。其時，周璇早在電影中唱了不少「黎派歌曲」。敵僞時期在淪陷區吃香的女明星如李香蘭與白光，都以唱「黎派歌曲」出名。李麗華雖不算「韓娥善歌」，也曾在那一時期在銀幕上唱了許多歌，而又灌了許多唱片。

百代唱片公司在香港，舊日所出唱片分爲時代曲與電影歌兩種，後者可以顧名思義，其實，祇有在香港，電影歌中十分之九係時代曲，又稱藝術曲與其他者太少了，僅有「翠翠」中若干首有藝術曲的傾向，「金瓶梅」中李香蘭唱的亦然。

第三種歌曲

在大陸變色前，許多電影歌不是今之時代曲，但也未必是藝術曲，聶耳、冼星海等未爲自己的作品下定義，對這第三種歌曲，不妨稱之爲「大衆歌曲」吧？所謂「大衆」不同于「小市民」，大衆歌曲爲關心國家前途的大衆服務，「黎派歌曲」或稱時代曲者，係爲混混噩噩的小市民服務。這些標準是指國難時期，過了國難時期，小市民中並不混混噩噩的可以有純消遣的藝術，而對一切藝術亦不必重視其娛樂以外的價值了！

一九三五年，上海的電通影片公司成立，其處女作「桃李刧」，主題係反日本帝國主義侵略，插曲「畢業歌」風行于各學校，由于詞中有「同學們大家起來，担負起天下的興亡。……我們今天是桃李芬芳，明天要掀起民族自救的巨浪」，對青年們起鼓舞作用。「電通」的第二部出品「風雲兒女」，直接寫青年的積極抗日，故有「義勇軍進行曲」，後來一度被採爲中共的「國歌」。兩曲俱聶耳作曲，田漢撰詞，又都是合唱。在「風雲兒女」中，周璇初登銀幕，担任配角，女主角係其歌舞界前輩王人美。周璇又初次在銀幕上唱出了聶耳作曲，田漢撰詞的「鐵蹄下的歌女」，以這三曲而論，都非時代曲與藝術曲。

周璇担任主角的第一部電影是「明星」出品「馬路天使」，由袁牧之担任編導，這時周璇甫入「藝華」，「明星」是向「藝華」借將，由于編導需要周璇，以爲無第二人可以勝任，在片中她唱出最著名的「四季歌」與「天涯歌女」，曲用傳統小調，田漢爲填新詞。舊日上海的編劇家柯靈對我說：「田漢不愛黎派歌曲，以爲還不如小調，小調亦民歌之一。」

服部良一的話

在舊日的中日電影歌曲中，也有正宗藝術曲，例如「天倫」的主題曲，由正宗學院派權威黃自作曲，又有「初戀」的插曲「初戀女」，由以鋼琴曲「牧笛短笛」微有聲于國際的賀綠汀作曲，詞用戴望舒的新詩，但其受歡迎的程度，却遠不能與「畢業歌」及「天涯歌女」等比了！

在西方電影歌，却無我們中國複雜，百分之九十九係流行曲。流行曲即時代曲。舊日上海，後來也不用「黎派歌曲」這名詞而代以「流行曲」了！「流行曲」這名稱已國際化，「時代曲」三字的本身雖欠像樣，但既被大家用慣，不如從俗，反正流行曲本身，不過是通俗藝術而已！日本流行曲權威服部良一初次來香港時，在其學生姚敏爲他接風時的宴會中，筆者叨陪末座，他提到流行曲有云：「今日世界，任何一地都有流行曲，蘇聯亦不免，但都貴乎有本國的特色，東方人學西方，偶一爲之，點綴一下不妨，其主流却應認是具有民族風格的。」

旨哉斯言，那末舊日周璇與吳鶯音所唱的多數流行的名作，即具有本國的特色與民族風格。姚敏爲電影「金瓶梅」所撰的插曲如「蘭閨寂寂」、「烏鴉配鳳凰」，再如被稱爲最具藝術曲味的「恨不相逢未嫁時」與近四年來最流行的「情人的眼淚」，也一聽而知是我們中國的東西。此外，又有王福齡作的「忘不了」。

日本旋律的天下

可是，目前所流行的時代曲，却是日本旋律的天下。世上流行曲界，都不免要用外國旋律，作爲「流行曲王國」的美國尤甚，他們把拉丁美洲的西班牙歌翻得更多，例如近年常在校際音樂比賽出現的Yellow bird，便即其一。但外來的旋律比率不能佔得過高。電影的藝術價值高于流行曲是人所共知者，像台灣的若干國語片不僅以日本旋律作主題曲，而插曲也多數是日本旋律，無論如何，是喪失了民族的自尊心的。

三月前，香港有一男歌星對筆者說：「國語時代曲的作曲家，祗存在于香港與台灣，星馬絕無，台灣與香港兩地人口相加，比日本少得多，即使港台的音樂水平與日本相等，那末，我們的作曲家應該少得多，何況我們的作曲家在音樂水平上不如日本，且少得連半年中都不產生一首比較流行的，實在可算奇怪，唱片公司所收的都是日本旋律與我們自己的舊歌。有些人把古董翻新的能力也極低，祗爲他們有些地位，才有唱片公司接受，其實一般樂師可能搞得還比他們好些，但一般樂師無法賺這些錢。現在我們祗有唱日本曲子了！可是，我家的上代曾有人被日本軍人屠殺，所以我爲生活而唱這些日本曲子，心裏極不高興，所以也無論如何唱不好。台灣歌星善唱日本曲子，大家知道其原因，其實這原因不應該存在，由于台灣省同胞曾在日本的鐵蹄下做了多年奴隸。我很不明白，當地怎麽允許日本曲子如此流行？來自星馬區的歌星像秦淮等是不大唱日本曲子的，他們多唱用西方流行曲的譯曲，秦淮與舒雲都如此。星馬人士無論華人與馬來人，都還記住當年日本軍人的仇恨。」

當然我不便把這位歌星的名字宣佈出來，他所說的話，我個人都表同意。

無論是姚蘇蓉與青山的大唱片，請聽聽其上主要的歌曲，豈非都是日本旋律？可是，周璇與吳鶯音所灌的唱片，絕無半曲是外國旋律。在香港早有「時代曲歌后」之稱的姚莉，她的唱片中屬于「譯曲」者，也是少數，而這些「譯曲」的本身，無一來自日本，都屬西方曲調。比起姚蘇蓉與青山來，周璇、吳鶯音與姚莉等要幸福得多，目前大牌歌星要唱中國新歌且不可得呢！

銀海滄桑錄

「影戲大王」張善琨

蝶衣

提起中國電影界，張善琨無疑是一位傳奇人物。一九五七年一月，他在日本東京病逝，那年，他才四十九歲。談銀海滄桑，從上海到香港，他自然是名列前茅的人物，這該是電影圈內一致公認的吧？

學生時代的張善琨

張善琨原籍浙江南潯，南潯鎮屬於湖州府所轄，有所謂南潯四大家——劉、顧、張、龐，都是當地望族。張善琨少年時，就由家長把他送到南京，進金陵大學附中肄業，卒業後到了上海，考進交通大學的前身南洋大學，迅即成爲校中的活躍份子。

南洋大學三十週年校慶，在當年的上海是一個「盛會」。一連幾天的游藝節目，就是由他所主持。他本身不參加任何演出，但有關一切演出的程序，都由他負責編排。

這時候，他已與劇壇名人應雲衛訂交，特地邀請應雲衛到校，担任一齣話劇的導演工作。排戲排到深夜，便留應在他的宿舍裏同睡一宵，兩人話得投機，往往一談就談到天亮。

當時，張善琨還只是一個二十歲剛出頭的青年，實際上他却已開始成爲一個戲劇運動的愛好者，除了會領導過臨時性質的學生劇團之外，他又通過了在上海著名的一家電影院——南京大戲院供職的盧時白的友誼關係，經常向院方租借西片，帶回學校去放映，入場觀衆每位收費二角。同學們多了一項課餘娛樂，他則除去片欵之外，往往還有錢可以盈餘。

在前一時期，他還是一個標準的戲迷。那時「冬皇」孟小冬在上海演出，她照例每晚坐着馬車，從寓所出發到戲園去，這位小戲迷便頑皮地攀登車後，一路跟着到戲園。看完了孟小冬的戲，等孟小冬卸了裝乘車回寓，他又吊在車後「送駕回宮」了！

孟小冬是坤伶中的名角兒，當時正在大紅大紫的時期。後來的「影戲大王」張善琨，青年時代有過這樣一段攀轅附轍、追隨驥尾的故事，知道的人恐怕不多吧？

第一夫人「女叫天」

由於愛好看戲，這位青年獲識了梨園行中的紅粉知己——童俊卿，後來成了他第一位太太。

童俊卿藝名「女叫天」，唱鬚生，在大世界游藝場內的乾坤大劇場演出，飾演「西遊記」劇中的唐三藏。童俊卿幼年失學，進入梨園行之後開始自修，向學之心甚切，除了中文之外還請人補習英文，補習教師就是年方弱冠的張善琨。

其時童俊卿雲英未嫁，與英文補習教師經常相對，很快便互生情愫，在書本之間播下了愛的種子。但在論及嫁娶之時，却發生了家庭方面的阻力。童俊卿的父母視女兒爲搖錢樹，對於這一件婚事初時不肯答應，情形正和許多戲劇中所發生的一樣。

當時大世界游藝場的主持人黃楚九，也是上海社會上的一位傳奇人物。童俊卿在婚姻方面遭到了阻礙，鼓起勇氣訴之於這位「黃老板」之前。黃楚九安慰童俊卿說：「這事容易辦，我來替妳作主好了！隨便那一天，妳陪他到我家裏來，讓我看一看。」

黃楚九所說的他，就是指的張善琨。

張善琨在青年時期，就長得肥頭大耳，溫文有禮。又兼讀過大學，一口英文。童俊卿帶了他拜會黃楚九，第一次見面黃楚九便「與語大悅」，立刻委派他担任福昌烟公司的廣告主任，隨後又請他當經理。這一家烟公司，是黃楚九在上海所創設的多種事業之一。

歲數那麽輕就當上了經理，地位有了，婚姻問題隨之而解決。張善琨終於成了童俊卿雙親眼中的乘龍快婿。

吃游藝飯管「大世界」

從福昌烟公司經理開始，張善琨踏上了一帆風順的事業之途。爲時不久，他又當上了大世界游藝場的總經理。

他之出任大世界的總經理，是由於張氏族人的聘請。其時，大世界游藝場因黃楚九逝世，而管理權落入了一個債權團的手裏。張善琨的南潯族人集資把大世界承盤下來，急於物色掌舵的人選，很快就想到了張善琨。

由於張善琨的夫人童俊卿，對大世界的內部情形素來熟悉，一經有人提出挽請張善琨出任總經理，立即一致通過。

張善琨對於戲劇，向有愛好的狂熱，既由族人挽請，他便放棄了福昌烟公司的經理一職，從事於「大世界」的事務，主要還是他對戲劇有一份愛好的熱忱，他覺得吃游藝飯比吃香烟飯更適合他的胃口。

在總攬了大世界游藝場的全權之後，上任初顯身手，便是設計「大月餅」與「大香斗」。因爲他接事的時候，恰值中秋佳節；在他策劃之下，異乎尋常的巨型月餅與香斗，在大世界的廣場中出現了！月餅與香斗是建築的外形，內部裝着盤梯，可以拾級而登，有如巴黎的鐵塔。這一個新噱頭，招攬了大批的游客，無不以登高一望爲快。大世界因之其門如市；熱鬧的情況，大致與香港的逛「工展」差不多。

由於大世界開始有利可圖，總經理一席便引起了別人的覬覦，逐鹿者頗不乏人。恰好其時張善琨另有接辦齊天舞台的計劃，於是退讓賢路，交卸了大世界的職務。

從大世界到共舞台

說起齊天舞台，又有一段故事。

原來這個齊天舞台，其前身正是大世界的乾坤大劇場，也就是張善琨過去經常涉足其間，側帽聽歌並捧坤角——他的夫人「女叫天」童俊卿——的所在。

從觀衆之一開始，到接辦戲院爲止，相隔不過短短的幾年，眞所謂一飲一啄，莫非前定。張善琨與前身是乾坤大劇場的齊天舞台，可說是十分有緣。

接辦成爲事實之後，戲院換了招牌，改名爲「共舞台」，把「太平天國」的故事搬到了台上去，劇名叫做「紅羊豪俠傳」。這是一部連台本戲，演了一本又一本，上座十分旺盛。之後，共舞台一直成爲張氏發展電影事業的基地；張氏坐鎮在共舞台三樓的辦公室中，隨時指示一切；直到抗戰勝利以後，他才離開他此一指揮塔。

當張善琨經營共舞台的時候，也正是他的第二位夫人——童月娟開始輔佐事業的時候，這一件事又說來話長了。

童月娟是杭州人，本姓萬，她曾經是「女叫天」童俊卿的門徒，因此改用了她師傅的姓。童俊卿唱的是鬚生，童月娟學的却是青衣花旦戲；她在滿師之後，就去了外埠，在杭、嘉、湖各處搭班。

張善琨接辦「共舞台」之初，他的夫人童俊卿一則爲了要照顧孩子，無暇過問後台的事；二則個性比較內向，不願負起繁劇的工作。於是張氏夫婦便想起了童月娟，其時她正在寧波獻藝，立即函電交馳召她回來，請她担任後台經理一職；同時又託她代邀文武老生王虎辰，和她分任「紅羊豪俠傳」的男女主角。那時王虎辰也在寧波，和童月娟同台演出。

童月娟與王虎辰隸屬的那個劇團，在寧波演唱的日期尙未屆滿，當時雖無合同約束，但戲班從業人員素重信義，斷無半途而廢之理。兼之對於後台經理的重任，童月娟也不敢貿然接受，於是她便寫了一封婉言謝絕的信給張善琨，請他「另請高明」。

不料覆函纔發，張的促駕信又至；信中甚至表示：寧願把「共舞台」的開幕日期押後，直待她的劇團在寧波演畢爲止。

終於，童月娟被張的懇切詞意打動了！這纔接受了張氏夫婦的邀請。同時也約妥了王虎辰和其他若干演員，一起到了上海。

童月娟對於張善琨的邀聘，二者之中只選擇其一，便是當了「共舞台」的演員，而堅決辭掉後台經理一職，並推舉陳月樓以自代。

在「紅羊豪俠傳」一劇中，由王虎辰飾演洪秀全，童月娟飾演洪宣嬌。

被稱爲「影戲大王」

在張善琨經營共舞台的時期，他有了一個新的創造，開始把電影滲入了平劇，定了個新名詞叫「連環戲」。舞台上既有傳統的平劇唱做。又有電影穿插，由此而吸引了大量的觀衆。甚至遠在外埠的戲迷，也有坐了火車趕到上海，專誠作座上客的；當時的轟動情形，於此可見一斑。

繼此之後，便是新華影業公司的正式成立。張善琨把當時陷在困境中的「電通」片場租了下來，開始拍攝由他監製的第一部電影——「紅羊豪俠傳」，也就是把最賣座的連台本戲搬上了銀幕。

他之獲得「影戲大王」的稱號。則是始於日寇侵華時期。我國的第一商埠上海淪陷以後，日本的影業鉅子川喜多長政，奉派到了上海；川喜多在青年時期，曾僑居我國故都，肄業於北京大學。接受過華夏的文化教育。日本軍部爲了上海是各影片公司的集中地，企圖加以控制，自然需要有個精通華語的人主持其事，於是責任便落到川喜多的身上。

川喜多獲知上海的電影界中，有S·K·張其人；抵滬後通過了相識者的介紹，與張善琨作了一次會談，說明了他來華的任務。張善琨在重重考慮下，抱「我不入地獄，誰入地獄」的心理，終於冒了大不韙，接受了川喜多的敦請，負起了當時統一電影機構的任務。

這一個統一機構初名「中國聯合影業公司」，簡稱「中聯」；後來又改名爲「中華電影企業公司」，簡稱爲「華影」。當時的三大電影公司「新華」「藝華」「國華」，都併入了這一個機構，由川喜多任董事長，張善琨任總經理。

這是一個空前龐大的「電影王國」，隸屬於這一個王國的工作人員，上自導演，演員，下至電工、木工，爲數不下三千之衆。張善琨之獲得「影戲大王」的稱號，即是在這一個時期。

游香港發掘陳雲裳

陳雲裳原本是南中國的粵語演員，在張善琨小游香港的時候發現了她，立即加以延攬，把她請到上海去，讓他出任「木蘭從軍」一片的女主角，由梅熹演男主角，卜萬蒼導演，在上海新開的滬光大戲院獻映此片，陳雲裳由此一炮而紅。

陳雲裳既成爲新華影業公司的紅星，新華出品的電影更成爲戲院商你搶我奪的對象，張善琨在戲院商包圍之下，就想出了「老子一炁化三清」的辦法，就是在「新華」以外，另外擬了「華新」、「華成」兩個新招牌，與「新華」鼎足而立，都用張善琨的名義監製，於是全上海的電影院，除了專映西片的戲院以外，無不以能映張善琨監製的電影爲榮！

上海的海格路上，有一個佔地極廣的丁香花園，此一地點，後來曾經成爲「華影」的大本營；當其地未成爲片場以前，張善琨曾經請名導演方沛霖把它佈置爲「西湖博覽會」，凡是杭州名勝，西湖十景無不依樣仿造，園中本有湖沼，改造煞費心機。開幕之日，張善琨手擬了兩句廣告：「何必遠征杭州，西湖就在眼前！」因爲當時車站上的「紅帽子」氣燄萬丈，老百姓早已視出門爲畏途，於是這一計劃，相當成功，後來保留部份，成爲「華影」的佈景。

周璇、陳雲裳及張善琨、童月娟夫婦合影

「雨來」與「文天祥」

在張善琨主持「華影」時期，有兩事不可不記。

其一是在上海國際飯店近鄰的空地，豎起了一塊「雨來」的廣告路牌。

「雨來」是一部未開拍影片的片名。其時政府已遷都於重慶，重慶市簡稱曰「渝」，「雨」「渝」同音。片名「雨來」，含有「重慶即來」的涵意。這一種表現愛國心的啞謎，日本軍方自然不明瞭，但留在上海的同胞則無不目逆而笑，了然於心。

其二是張善琨利用麾下的人材，另組了一個「聯藝劇團」，推出了「文天祥」話劇，在蘭心大戲院作盛大的公演，由張伐演文天祥。

「文天祥」一劇所演的，當然是爲國効忠，抵禦外侮，堅守臣節的故事。在當時的環境之下，演出這樣的一個戲是有點捋虎鬚的，但張善琨卻不顧危險，毅然負起了提綱挈領的責任。

「文天祥」一劇在演出時期，張曾邀請川喜多前往觀劇；終場之時，劇中人在瘋狂似的掌聲中向觀衆一再謝幕，川喜多目擊當時的情景，心中深受感動，緊握着張善琨的手，慨歎着說出了「人人都有愛國心」這句話。兩位電影界的巨人，他們已是心照不宣，完全把中日兩國尚在交戰時期的敵對地位忘掉了。

「文天祥」話劇的演出，幸未遭受意外的阻止。繼之，張善琨又把著名的平劇演員李少春和袁世海接到了上海，再接再厲的在天蟾舞台演出了「文天祥」平劇。

許多人都替張善琨揑一把汗，認爲他的工作做得太明顯了！太露骨了！但，張善琨還是我行我素，不以爲意。

終於，張善琨與「地下工作」組織有所聯繫的證據，被日方抓到了！貝當路的日本憲兵隊奉到了命令，將張逮捕而去。在張的生命史上，留下了二十九天的入獄紀錄。

張被捕後，受到了嚴刑拷打，備遭凌虐。最後仍由川喜多出面營救，方始獲得保釋，恢復了自由。

抗戰尚未勝利，張善琨以游杭州爲名，偕童月娟、李大深等，潛赴內地，由浙而皖，由於他的「地下工作」過程，未爲後方主管機構了解，於是又有「黃山之圍」及「屯溪之獄」的意外事件發生。直到事態明瞭之後，方始從軟禁中解脫出來。

重來香港再振雄風

勝利之後，張善琨默察上海的環境，對他未必有利，於是間關萬里，又來到了香港。經過了一個時期的籌備，又展開了他的銀色事業。

先是用「遠東影業公司」的名義，拍了兩部戲，第一部是王引導演，袁美雲主演的「碧海紅顏」，第二部是朱石麟導演，王熙春主演的「第三代」。

一九四六年九月，張善琨與胡晉康結伴作歐美考察之游，足跡踏遍了英、法、瑞士、摩納哥諸國，最後到了美國，參觀了荷理活幾家電影機構影塲，包括「米高梅」、「二十世紀福克斯」、「派拉蒙」、「華納兄弟」四大公司在內。在訪問時，曾受到四大公司的熱烈歡待，和許多著名的製片家及大導演大明星會晤。

次年三月，結束了新大陸之行，重又回到了香港。

訪問荷理活所得的印象，使S·K·恢復了繼續打天下的信心，回港後就準備重振他的「大王雄風」。

但是終於爲了「舊業已隨征戰盡」，手頭資金短絀，只好「因人成事」。

在張善琨的擘劃之下，曾先後創立了兩個製片機構，其一是「永華」，其二是「長城」。兩面新的旗幟。都是S·K·一手所樹起。

但到最後則「退讓賢路」，做了個「功成不居」的人。

中國電影有史以來規模最大的輝煌作品「國魂」，就是「永華」的創業作；事實上，也是「文天祥」話劇與平劇的延續。

張善琨和「白蛇傳」

張善琨雖然被稱爲「影戲大王」，但是對於共舞台的連環戲，他是依然未能忘情的，那時上海的共舞台經常上演三部戲，端午節的「白蛇傳」，中秋節的「斗牛宮」和一部「火燒紅蓮寺」，「白蛇傳」不但轟動上海，並且連外埠來的觀衆，都以一覩爲快，張善琨麾下有一位廣告大員龔之方，人稱龔滿堂，有許多廣告詞句，例如「白蛇傳」中「一條大蛇，飛過尊駕頭上，當心帽子；最好勿要戴帽子！」大家歸功於龔之方，其實都有張善琨的「靈感」在內。

一九五三年之六月，張善琨和九龍新舞台合作，演出了民間神話機關佈景連台本戲——「白蛇傳」，用「上海共舞台假座九龍新舞台公演」的名義，由于素秋演白素貞，汪正華演許仙，童月娟演小青，還穿插了上海滑稽朱翔飛客串的茅山道士，于素秋大打出手，粵語片導演黃鶴聲主持機關佈景，那知頭一天晚上散戲，就是傾盆大雨，在上海紅得發紫的「白蛇傳」，搬到香港，黯然失色，不由得張善琨大呼「天亡我也」！

最後一幕身殉電影

張善琨先後退出「永華」「長城」之後，張善琨「此志不渝」，接着又以「獨立製片」姿態，恢復了他的「新華影業公司」，數年間攝成了「結婚二十四小時」、「玫瑰花開」、「雨夜歌聲」、「滿園春色」等片。其後。就是「小鳳仙」、「秋瑾」、「碧血黃花」三部革命傳記片的攝製。最近在美逝世的陳厚，也在此時由張善琨汲引加入電影圈。從「小鳳仙」一片開始，由於賣座情況的良好，使「新華」又成了一塊響亮的招牌。及至「桃花江」一片問世，更是到處轟動，造成了女主角「小野貓」鍾情的黃金時代。

張善琨於一九五七年一月七日以心臟病逝於日本東京之國際觀光酒店，其時他正統率着「新華」旗下的工作人員，在日本拍攝「美人魚」、「毒蟒情鴛」、「銀海笙歌」、「鳳凰于飛」等四部彩色片，片未完成身先死。他把畢生的精力獻給了中國電影事業，最後也可以說他是「身殉電影」的。

張善琨的兩句名言

張善琨是電影製片界中的思想家，他工於「動腦筋」，十分健談，與人晤對之時，往往在莊重中夾雜着諧趣。他生平有兩句名言，爲電影界所傳誦：「財自譬如去，富從也好來。」這兩句話怎樣解釋呢？張善琨說：「你如果賺了一筆錢，當思來處不易，千萬不要存「譬如沒有賺」的想法，那樣一譬如，再譬如，你的錢就不屬於你所有了！」張善琨又說：「許多本地的富翁，他們做生意賺錢都有「祗要賺得進來，那怕是一個斗零也好」的心理，這樣才能積少成多，終致大富的。」

曾經有人問張善琨：「足下這兩句話，很具哲理，何故你自己對這兩句話又不能切實奉行呢？」張善琨笑着說：「我這兩句話祗能跟人家說說，自己是「譬如」成了習慣，賺來的錢都給我「譬如」光了！」

張善琨的馬上工夫

張善琨臉上永遠帶着笑容，很少看見他有疾言厲色的表情，其實他的內心，天天別頭寸，正是「有苦自得知」。他每天起身得很早，在廁所裏要摸索一個很長的時間，他常說他有許多靈感，都是坐在馬桶上想出來的。他坐在馬桶上看報、看雜誌，看得鉅細不遺；他坐在馬桶上設計廣告字句，故事大綱，一想到馬上打電話，他手下的辦事人員，都稱讚他們老板「馬上工夫」是了不起的！

張善琨理髮甚勤，他說人的儀表最主要就是整齊，若是留了長頭髮不梳理，又何必留它呢？張善琨還說過：上海的游俠兒有「多剃頭，少開口」的信條，是含有很深的道理的。

張善琨最大的本事，是揣摩對方的心理，他向人借錢掉頭寸有兩種辦法，一種是單刀直入法，一見面就提事情如何緊張，非借不可；一種是柳暗花明法，先投對方所好，談對方歡喜的事情，然後再說明自己的情況，非對方幫忙不可，這兩種借錢方法，是他的不二法門！所以說張善琨是位電影事業家固然很恰當，也可以說他是位絕妙的心理學家。

張善琨死前有預兆

一九五六年，張善琨在台中，下榻於力行北路一座私人住宅中，那時中央電影公司正在向張善琨商借鍾情拍攝「錦繡前程」，張善琨担任製片顧問，和演員們都住在那座住宅裏。一天早起，看門的人忽然檢得一捲鈔票，此人目不識丁，祇認識台幣，誤認爲港幣，恰值張善琨正要出門，看門的人就把這捲鈔票，送給張善琨，問是否張先生失落的？張善琨接過來一看，原來全是冥國銀行鈔票，此地所謂陰司紙，不由大呼倒霉，在看門人是拾金不昧，一番好意，而在張善琨却認爲是一個不祥之兆了！

過了幾個月，張善琨在日本，忽然有一晚夢見自己已經死了，但是諦覷床上，却並沒有自己的屍體，因此驚醒，才知是夢。張善琨頗以夢境爲奇，事後告人：「我大約不久於人世了！」以上所記，事涉迷信，但爲時未久，張善琨即在東京病逝，遺體在日火葬，正應了他生前「屍體沒有了」的夢境，附筆及此，祇能屬於「信不信由你」了！

我為什麼叫蓋叫天？

蓋叫天

我的藝名本來叫「小金豆子」，是天津隆慶和科班的老齊先生給起的，意思說我將來一定有出息，像搖錢樹上的金豆子似的，可是這名字不大叫的响亮，所以到了杭州，大夥兒給我合計另外起個藝名。研究來研究去有的說叫「小菊仙」，我不喜歡；那會兒譚鑫培叫「小叫天」，我說我就叫「小小叫天」吧，我的意思是借着他的名兒佔點光，不料在座有一個人瞧不起我，在旁冷笑說：「哼，你也配叫這名兒！」這一下把我說火了，我年少氣盛，和他當場頂起嘴來。為什麼我不能用這名字？能把人看死了嗎？不光是繼承前輩的藝術，我還要自成一家、獨樹一幟呢。就這樣我用上了「蓋叫天」這三個字。

在杭州我頭一天的打泡戲是「天水關」，我飾孔明；第二天「翠屏山」，因為我有「昊天關」和「趙家樓」的武戲底子，所以戲裏石秀耍的一路六合刀，很受歡迎，第三天的戲是「斷后龍袍」，三天唱下來就有好評了；到第四天，我演的是「十八扯」，戲中兄妹二人在磨房中，一面磨粉，一面唱各種曲調消遣，我飾妹妹一角，踩着蹻挺討人喜歡的。十三歲的小武生這是以前從來沒有的，而且不問老生、老旦、武生、花旦都能唱，所以幾天打泡戲唱下來，立刻就紅了，戲館給我七十元一月的包銀，這在當時已不少了，我娘在家等我掙錢買米下鍋，大哥等我掙錢治病，打這時候起，我就揹起一家人的生活担子了！

在「天仙」唱了有八個多月，「陽春」戲館約我過班，加了我十塊錢包銀，在「陽春」唱了五個月，又回到「天仙」唱三個月，前後在杭州唱了有一年半，然後又去蘇州。

這時候，隨唱隨學，除了登台演出外，保持一天兩遍功，練兩齣戲，早上喊嗓子。我在蘇州演唱的時候，我的觀衆中有一位鏢局裏的師父名叫劉四，他非常愛看我的戲，我和他交上了朋友。早上我們一處練六合刀、三節棍。當時會三節棍的只有鄭法祥的父親賽活猴，張德祿的父親張順來，還有高福安、姜立成和我這幾個人，現在都老的老了，死的死了，會耍三節棍的人越來越少了！

蘇杭兩地我來回唱了兩次，第二次由蘇回杭，我就累病倒了，害的是傷寒，發高燒。杭州有一個張大仙廟，我在燒得人事不知的時候，昏昏迷迷的像是被請到廟裏去唱戲，第一齣是「伐子都」，唱完了不行，又讓唱了一齣「白水灘」，兩齣戲唱完，人累啊，渾身的汗就像水淋的一般，喘着氣我醒了過來，原來我還睡在床上。母親迷信說這是張大仙保佑的，要我寄在張大仙名下做個義子，其實那病是打唱戲累出來的，人在病中還惦念着戲，神志昏迷的時候也會演起戲來，倒是這一身汗把病減輕了許多，等病好了頭髮也全禿了。

那年我父親去世，買地安葬花了些錢，加上我又生了這場病，家裏生活全靠典當行頭度日。病後休養幾個月，沒有完全復原，腿還發軟，為了生活，不得不再去登台，有一天——不是初一，便是十五，大家都去靈隱寺燒香，我也跟着去了。那天晚上我的戲是「花蝴蝶」，戲裏要翻三張枱子，我跟大哥不等天黑就提早回來了。路過九里松，走累了，兩個人坐在一座茅亭裏歇脚，那時我身上穿着鐵巾紗的大掛，裏面是生絲掛襯，脚上着一雙雲頭厚底鞋，頭上梳着根油光大辮子，手裏拿了一把玉帶鵰毛扇，兩頭黑中間白，有尺把多長，坐在亭子裏看着來來往往燒香的人，有推車的小伙子，有挑担子的姑娘，有柱拐棍揹香袋的老太太，有騎着馬和坐着綠呢大轎的官員！他們都興高彩烈的有說有笑，可是我心裏却担着心事：想到晚上翻這三張台子，兩腿沒有勁，翻不了能摔死在台上，心裏就別別跳個不停，可是不翻又不成，看外表倒是挺精神的，可有誰知道我心裏這個苦。正愁着猛抬頭看見亭裏掛着一幅橫匾，上面寫着三個斗大的字——「學到老」。我對着這匾細細揣摩這話的意思，心裏暗暗地許着心願：「要是今晚不摔死，能太太平平下得台來，今後我一定天天練功學習，一天不斷直學到老。」——日後我時刻記着這句話，還特地請黃賓虹老先生給我寫了個橫幅，掛在家裏作為督促自己的座右銘。

那天晚上，我鼓足勇氣從三張台子上翻下來，萬幸沒有摔着，可是使足了勁，落地時上下牙用力一碰把舌頭砸破了，幸好臉衝着台裏沒人看見，忍着痛把血吞進肚去，然後才像沒事似的轉過身來繼續唱下去。

杭州唱了一個時期，我回到上海參加「玉仙」茶園的班子，這時我只有十四歲，「玉仙」茶園開在四馬路孟淵旅館附近，班主是老三麻子，他自己也登台演出，同台的還有趙如泉，謝月庭。這是我第一次用「蓋叫天」的藝名和上海的觀衆見面，演出後受到觀衆歡迎，觀衆時時叫好。從此以後，「蓋叫天」三個字就算在上海生了根啦！

一九五八年九月

回憶蓋叫天

葦窗

消息傳來，一代武生宗匠蓋叫天，已在上海病逝。綜蓋叫天之生，沒有行過什麽好運，在他們內行口中，所謂「叫好不叫座」；但在一九四九年以後，由於田漢對他另眼相看，紅極一時，使他說出了「生我者父母，知我者田漢」的話。他在杭州西湖邊上築了個生壙，結果在一九六八年下半年被紅衛兵搗個稀爛，這是使他氣憤難平的事；還幸虧他走得快，在小兒子張劍鳴保護之下，逃到上海，從此不曾回過杭州，也再沒有機會演出，閉門家居，鬱鬱以終！

這裏且摭拾他的生平，來對這位老藝人作一個永恒的回憶。

蓋叫天的家世

蓋叫天本名張英傑，生于前清光緒十四年（一八八八），原籍河北高陽，他的父親張開山，是個種田的農家，生了七個孩子，蓋叫天最小，除掉兩個姐妹，排行第五，所以內行都尊他為蓋五爺。他的戲是他大哥藝名賽陣風的張英甫教的，現在把他家裏從事演戲的人名列表如後：

張開山
- 長子英甫（賽陣風）
  - 長子國斌（老生）
  - 次子質彬（武生）
- 四子英俊（蓋月樓）
- 五子英傑（蓋叫天）
  - 長子翼鵬
  - 次子二鵬
  - 三子劍鳴（小蓋叫天）

蓋叫天的師承

蓋叫天初學戲時，進的是在天津的隆慶和，由於他的四哥在該科班坐科，他也跟了去學戲，頭一個開蒙老師姓齊。此後，在蘇州從的老師名叫吳瑞卿。他大哥到漢口唱戲，為他請了一位教靠把老生戲的老師楊文玉。由於小孩子唱老生戲在清末年間很受觀衆的歡迎，因此他十四歲正式登台唱的就是老生戲，直到後來，蓋叫天的老生戲癮還是很大；說也奇怪，許多位名武生都有很大的老生癮，例如楊小樓、李吉瑞等，不獨蓋叫天一人為然。

蓋叫天唱武生戲的基本功夫，是在他兩位哥哥監督下完成的，他大哥唱武旦，因此他會許多出手的玩藝，好比「雅觀樓」的耍令旗，「北湖州」的耍鞭等，而他的武生戲所以成功，主要在於前輩武生李春來的指點，李春來比蓋叫天大二十歲左右，蓋叫天曾尊李春來為義父。近代戲曲史的研究者把京戲的武生分作三個系統，第一派以俞菊笙為首，繼之者有楊小樓和尙和玉，楊小樓來得温文，尙和玉比較火爆。第二派屬於黃月山，別號黃胖，承繼其藝者為李吉瑞。第三派就是李春來，宗他的應為蓋叫天。蓋叫天不但繼承了李春來的藝術，而且對李的劇目加以充實和發展。李在晚年，還不斷得到蓋五的照顧，他們曾同台多年，一直到李逝世為止。

蓋叫天的個性

蓋叫天的個性耿直，跟普通人都合不來，他在後台扮戲，人家稱呼他蓋五爺，他會跟你楞半天，接着問你：「您是誰？我們好像沒有見過？」決不隨便敷衍人。戲還沒有演，有些觀衆喜歡到後台去看看，他就要開腔說：「吃飯不到厨房，看戲別下後台，請上前台看戲。」有一個時期，戲院流行演員在完戲以後向觀衆謝幕，他可不幹，他說：「唱了一輩子戲，沒有見過這個，祇有戲院老板向我道辛苦，沒有理由我唱得渾身大汗再去向觀衆道謝的道理？」決不隨和，觀衆再鼓掌也不出去，戲院當局沒有辦法，特地為蓋叫天準備一塊「敬辭謝幕」的大牌子，等蓋叫天的戲一閉幕，就把這塊牌子樹出去，你可以說他僵脾氣，也可以說他老實得可愛！

蓋叫天晚年
（1888—1970）

蓋叫天教子弟

蓋叫天年輕時候，受過他大哥賽陣風的嚴格訓教，所以他對子弟的練工，也非常認眞。他教大兒子張翼鵬的頭上工夫，用一頂舊盔頭，上邊插了兩根短短的雉尾，盔頭後面的帶子並不繫緊，就要翼鵬使用腦後的勁頭，舞弄頭上的兩根雉尾，練了三年，蓋叫天還不滿意。有次張翼鵬和麒麟童在上海卡爾登戲院白天演義務戲，戲碼是「八大鎚」，張翼鵬演陸文龍，在頭場下場的時候，曾經使過這項工夫，陸文龍轉身下場，他雙袖往後一翻，人一使勁，兩條雉尾豎立起來幾秒鐘，這兩條雉尾並不長，但能聽話，也就顯得翼鵬的功夫不凡了！翼鵬次妻韓素秋，也是一位女演員，他們夫婦倆的臥床，是彈簧床上加一半木板，翼鵬說：他睡不來軟床，他是睡硬板的命，若他睡在彈簧牀上，會整晚翻來覆去的睡不着。翼鵬不幸中年早逝，有五個孩子，後來都歸蓋叫天撫養，好幾個都學戲。

蓋叫天養動物

蓋叫天年青時愛養動物，先後養過不少禽獸，小到黃雀，大到駱駝，他都豢養過。他養過鷹，從鷹身上發現了一個鷹展翅的身段，拿來安在「惡虎村」裏是黃天霸身上，非常合式而美觀。他爲了想演「梅妻」中的林和靖，曾經養了一只鶴，那時蓋叫天住在杭州，居然將這一只鶴訓練純熟，四處飛翔，都能認路回家。有一天，牠和養在蓋叫天家裏的兩隻雉雞一同冲天飛去，「杳如黃鶴」，從此就沒有再回來。

蓋叫天的鷹展翅身段

蓋叫天又打算在「滿清三百年」中扮演攝政王多爾袞，他想像中的多爾袞是頭戴紅頂花翎，撩起袍角，反露出皮毛，騎着一頭駱駝進關，不想後來果然在一個賣膏藥的那裏，花了兩百元買到了一頭，餵養了快一年，訓練得也差不多了，讓牠跪就跪，走就走。恰巧有一家戲館請蓋叫天參加演唱「西遊記」，蓋叫天爲了使演出格外精彩，就讓這頭駱駝，先在「西遊記」中上台，駱駝扎上彩頭，披着耀眼的綉金緞鞍子，籠着澄黃的絲繮，那個打扮，漂亮得像馬戲中的外國象似的。蓋叫天扮的孫悟空，頭上戴了一頂小紗帽，牽着駱駝出場，連歌帶舞，用手一指，喝聲跪下，牠乖乖地應聲雙膝一屈伏在地上，孫悟空一個縱身跳在牠背上，牠立起身來，馱着猴子，繞台走一個圓場，這一下把觀衆看樂了，大家都爭先恐後地來看猴子騎駱駝。這頭駱駝跟蓋叫天跑過不少碼頭，蘇州、鎮江、南京、漢口都去過，每到一個地方，戲館比接角兒還熱鬧，把駱駝全身打扮好了，洋鼓洋號吹吹打打的打街上走過，贏得大街小巷的人都來爭看駱駝，這個活動廣告還眞有吸引力。這頭駱駝後來爲了沒有地方洗澡，讓牠自己身上的馬虱給咬死了。

蓋叫天的老生戲

蓋叫天不是一味火爆蠻打的武生，相反地他有「武戲文唱」的優點，他早年對老生戲下過苦工，從老生戲中吸收養料來充實和美化他的武生戲。例如，他演「快活林」的武松，便是參考了「太白醉寫」的身段，武松酒醉，脚步作輕微搖幌，不唱的時候如此，唱的時候也如此。髯口本來是老生的專門功夫，蓋叫天取了一部份放在「一箭仇」裏面，他演史文恭，掛三縷黑鬚，當中一大縷，兩邊兩小縷，一挑一理之間，使柔軟得很的髯口，給人以彈性和力量的感覺，這些動作融化在整個一齣戲裏，成爲美麗的舞蹈身段；還有一齣「洗浮山」的賀天保，亦有獨特的髯口功夫。這兩齣戲中的人物個性不同，史文恭是傲慢的，賀天保是爽直的，在耍髯口之中，蓋叫天還能把這兩個不同的性格分別出來。蓋叫天早年卜居上海霞飛路寶康里，我每和翼鵬去看他，他必定要唱「文昭關」給我聽，他說他唱的「一輪明月」是老腔老調，你們現在不學，將來會後悔的！

蓋叫天和梅蘭芳

梅蘭芳介紹晚年的蓋叫天說：好演員的表演技術是由少到多再由多到少的。初學乍練，以多爲貴，演到後來，自己能收斂控制，動作就少了！一九二〇年，梅蘭芳到上海天蟾舞台演出，當時正風行着梅的私房本戲「天女散花」，這齣戲演過三場以後，有一天蓋叫天到後台去對梅蘭芳說：「我有幾句話，您不要見怪，您前幾次來到上海，我對於您的玩意兒，不客氣地說，並不佩服，這次我一連看了三天『天女散花』，由身段同要帶子上，三天唱的都是一式一樣，又準又穩，我這才看出您眞了不起，是眞有功夫的。」

蓋叫天又說：「你在這齣戲裏，採用了『乾元山』、『蜈蚣嶺』的身段，沒有武功底子的人，是唱不好的。這齣戲現在只有你我能唱，別人找不着這種竅門，因爲綢子不比別的東西，手臂手腕沒有熟練的巧勁是耍不好的。」

蓋叫天的「史文恭」劇照

梅蘭芳到上海的第一次和第二次，都和蓋叫天在丹桂第一台同班。至於梅蘭芳的「天女散花」中，爲什麼會有「乾元山」和「蜈蚣嶺」的身段呢？因爲早年爲梅蘭芳操琴的茹萊卿，他是武生出身，梅蘭芳早年的武工，就都是這位茹先生教的。

一九六一年七月二日晚，蓋叫天在北方某戲院演出「洗浮山」，演出完畢後，周恩來、彭眞、梅蘭芳上台慰問。該年八月，梅蘭芳即逝世，此爲梅生前最後一幅照片。

蓋叫天陪梅蘭芳演過「迴荊州」的趙雲，他的扮相是與衆不同的，頭上打紮巾，不戴盔頭。在趙雲進宮以前，趙雲還要揉肚子，那天我在後台

蓋叫天（右）梅蘭芳（左）「迴荊州」劇照

，聽梅先生告訴我說：蓋五爺這種唱法是走的梆子戲「迴荊州」的老路子。蓋叫天晚年很少演靠把戲，因爲他樂於和梅蘭芳同台，所以特地選了這齣戲來和梅蘭芳合演的。

爭看江南活武松

田漢送給蓋叫天一首詩：

「爭看江南活武松，鬚眉如雪氣猶龍。鴛鴦樓上橫刀立，不許人間有大蟲。」

蓋叫天是演武松戲的權威，他自己也說過，他喜歡武松這個英雄人物。他還說：「觀衆喜歡看這個戲，稱我爲活武松，不完全是喜歡我的演技，而是喜歡武松這樣一個英雄人物的性格。」

蓋叫天又說：「武松不是酒鬼，雖然多吃了幾杯酒，有一點醉態，但英雄氣概，依然存在；武松見了老虎，雖然不怕，也有些寒；等到掄起棍子和老虎搏鬥的時候，那就一步一行，一坐一站，一轉身一抬腿都得有姿勢，有目的。」

蓋叫天的武松戲，有「打虎」、「獅子樓」、「打店」、「快活林」、「鴛鴦樓」、「蜈蚣嶺」等，但每一齣戲的表情都是不同的，「打虎」的武松醉中忽見猛虎，眼光中顯露着惶恐；「獅子樓」的武松見西門慶時，在殺兄的仇人面前，是無比的憤恨！「快活林」醉打蔣門神時，則又表演着對蔣門神的輕視。他的「武松打店」，馳譽數十年，和他合作此戲的武旦前輩祁彩芬，自從跟隨北平李麗來港，就沒有回去。此戲的特點在技術方面，摸熙姿勢的矯捷，徒手開打的緊湊，都是僅見的。當孫二娘撲向地上的時候，武松手中的刀也擲了出去，同時着地，剛巧落在孫二娘頸子傍邊，刀頭已埋下地，刀身猶在閃晃，那一道寒光使每一觀衆都覺得這一霎那間的表演過程，正是驚險萬分！現在祁彩芬還保存着當年和蓋五爺合作的那柄刀，自然是很珍貴的紀念品了！

人稱無脚飛將軍

田漢曾說蓋叫天是戲曲界的「無脚飛將軍」，由於蓋叫天的脚曾一再發生意外，有一次他在上海大舞台演「鐵公雞」，他演張嘉祥，他的姪兒張質彬替他配戲。那天，蓋叫天先招呼檢場在台上架起兩張枱子，張質彬問蓋叫天道：「五叔今天上高嗎？」蓋叫天微笑着點了點頭。戲班裏有一句話叫做「當場不讓父」，張質彬血氣方剛，心想何不多翻兩張，勝過他五叔一下子就成名了，於是叫檢場再加上兩張，一個「漫子」翻下來，十分得意，又叫檢場把加上去的兩張撤下來。這一下子激怒了蓋叫天，他命令不許撤：一定要翻四張枱，就是死在台上也不能下這個面子！結果蓋叫天爬到四張枱子的頂端，一個「鐵門檻」直竄下來，又傷了腿，連靴子都脫不下！蓋叫天四十三歲那年在上海共舞台演唱「全部武松」，照常例「挑簾裁衣」的西門慶由小生演，「獅子樓」的西門慶由二路武生演，但蓋叫天不願意由張質彬演「獅子樓」的西門慶，就由陳鶴峰演西門慶一人到底。共舞台一向以機關佈景爲號召，另外架起了一座「獅子樓」，陳鶴峰先從獅子樓上翻下來，蓋叫天要跟着翻下來時困難來了，陳鶴峰站的地位不對，先要防備壓着陳鶴峰，假定翻得遠一點，又怕栽到台下去，於是勉强的一翻，翻下來時把小腿骨折成兩個半段，這次傷得最嚴重，蓋叫天躺在床上，將近一年之久。

蓋叫天墓傍武松

蓋叫天的晚年生活非常得意，上海、杭州兩地都建有住宅，更在西湖武松墓傍建立生壙，橫額是老畫家黃賓虹寫的「學到老」三個大字，對聯是名畫家吳湖帆送給蓋叫天的一副嵌字聯：「英名蓋世三岔口，傑作擎天十字坡。」蓋叫天又請李釋堪老人爲他的生壙作了兩副對聯，其一是：「生慕武松風，死傍武松墓。是蓋叫天志，亦具叫天才。」其二是：「我武維揚掞張絕詣，如松之盛涵蓋羣倫。」榜曰：「武行者徒」。蓋叫天一生所指望的就是他能和武松一般垂名千古，可憐他辛辛苦苦經營的蓋叫天墓，被毀於一旦！享年八十二歲，長子翼鵬早卒，次子二鵬，藝爲翼鵬所授，幼子劍鳴得父授最多，故以小蓋叫天爲號，但要和他父親的玩藝相比還差得多！

葦窗談藝錄

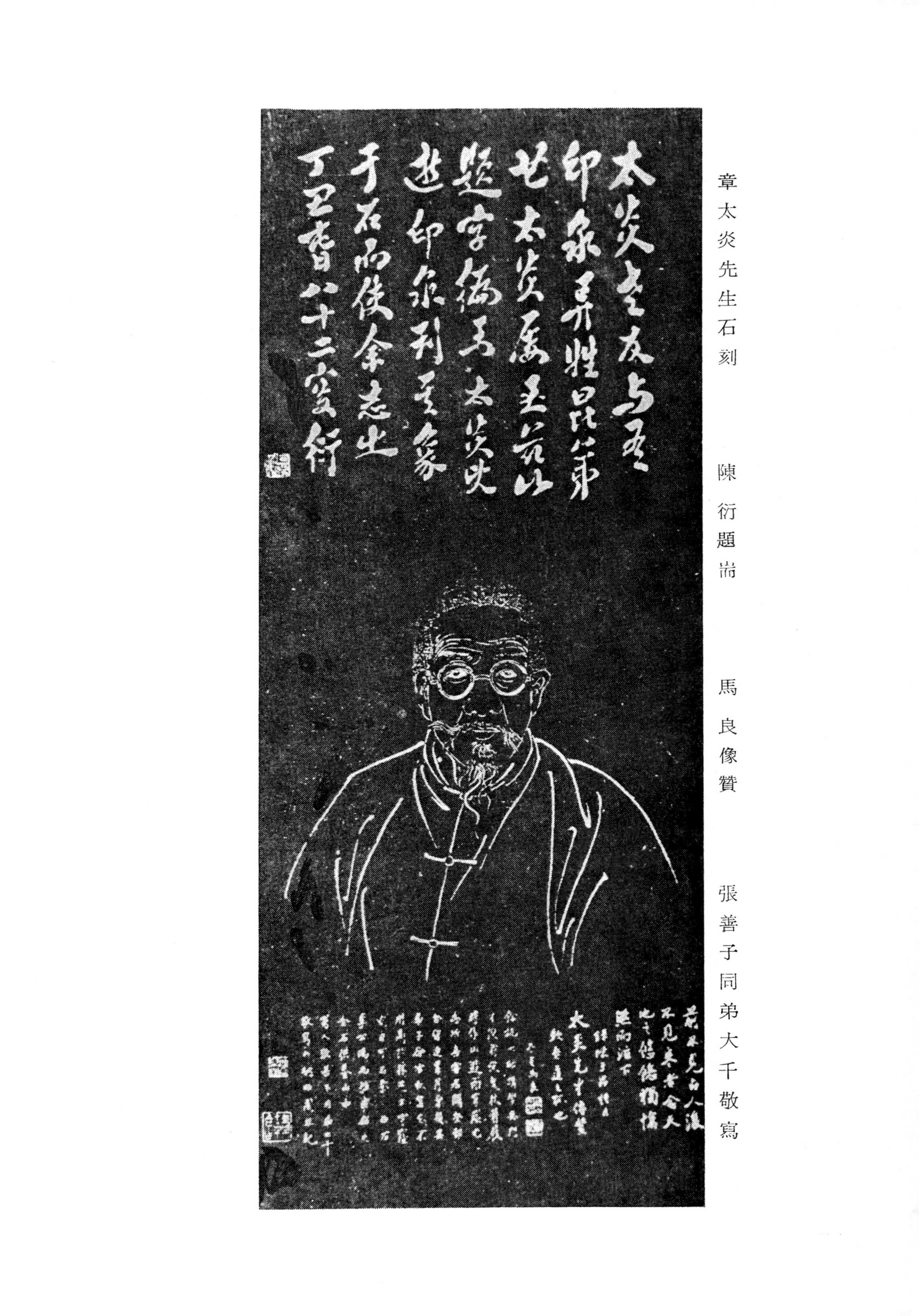

章太炎先生石刻

陳衍題耑

馬良像贊

張善子同弟大千敬寫

本刊已向香港政府登記中

定價每冊
$$$5.00
壹元

論天下大事

談古今人物

第二期

翁同龢端陽虎戲（定齋藏）

大人

第二期目錄

一九七零年六月十五日出版

大人　每逢月之十五日出版

出版及發行者：大人出版社有限公司
督印人：王朝平
編輯者：大人雜誌編輯委員會
總編輯：沈葦窗
社址：九龍西洋菜街三號A 即彌敦道六一〇號後座
電話：K八五五七三〇
印刷者：立信印刷公司 九龍新蒲崗伍芳街緯綸大廈十一樓
總代理：吳興記書報社 香港租庇利街十一號二樓 電話：H二三九九七二
星馬代理：遠東文化事業有限公司 新加坡廈門街十九號 檳城香田仔街一七一號
泰國代理：集成圖書公司 曼谷耀華力路二三三號
越南代理：聯興書報社 越南堤岸新行街二十二號
其他地區代理：
澳門：可大文具店　寮國：永珍圖書公司
亞庇：利文公司　斗湖：光明書店
千里達：中華公司　菲律賓：玲瓏書局
倫敦：東寶公司　紐約：友聯圖書公司
芝加哥：杏林春　洛杉磯：永安堂
波士頓：中西公司　檀香山：大元公司
三藩市：新生圖書公司　三藩市：文化商店
加拿大：香港商店　加拿大：新國華公司

「我的朋友」胡適之

陳存仁

林語堂到上海創辦「論語」雜誌，提倡輕鬆幽默的寫稿作風，出版後風行一時，「論語」末頁有徵稿規則十條，每條都很風趣，第一條是不歡迎一本正經的文字，如「反對吸烟」等。第二條是不要開口就講：「我的朋友胡適之」，因爲當時有許多文人，都以認識胡適之爲榮，動不動在文章中寫出「胡適之如何如何」，這兩條投稿條例，大家認爲很有趣的。我與胡適非親非故，不過是少年時代令我崇拜的典型人物，所以常常想找機會認識他。

我在十六歲時，喜歡看「紅樓夢」，那時中華書局有一部「紅樓夢索隱」，是蔡元培作註釋的。內容大致說「紅樓夢」是記明珠家的隱事。不久胡適另外發表一篇「紅樓夢考證」，重點是考證作者曹雪芹的身世和「紅樓夢」版本。把蔡元培的「索隱」，完全推翻了。從這時開始，我對胡適的考證功夫佩服到五體投地，覺得研究任何學術，從考證方面下功夫最有價值。

五四運動中胡適大露頭角，發表一篇「文學改良芻議」，開始提倡白話文，這一點對我又有一個極大的影响。因爲我師事姚公鶴和章太炎兩位先生，他們都要我讀古書，對白話文則嗤之以鼻。我初時寫作，覺得文言文容易寫，白話文難以下筆。可是多看了幾遍「紅樓夢」之後，覺得白話文寫得好的話，比文言文寫的林琴南小說更是傳眞而美妙。

由於對胡適格外崇拜，便百般設法搜集他的一切文字和刊物。五四運動後胡適的文章，大都發表在北方，上海的刊物只有一份「新青年」雜誌，南北遠隔，看來似乎沒有認識他的希望。

聚餐會上　初識胡適

上海棋盤街相近，很早有一家亞東圖書館，首先用新式標點出版很多小說書，如紅樓夢、水滸傳等，書的前面必有一篇胡適的考證文字。在當時的書坊，對小說書向來都是線裝石印的，老式圈點，分段不明，不要說前面沒有考證文字，連小說書作者的名字，都沒有刊出，所以從亞東圖書館開始，舊小說的面目爲之一新。

我最初行醫，診務清閑，上午完了，下午就沒有工作，診所初時設在南京路望平街轉角，這地方是上海發行報紙的中心。我利用空閑時間，辦了一張「康健報」，是專門介紹衛生常識的週刊。因爲是創始第一家，銷數很廣，因此我認識了許多出版界中人。其中有位鄭耀南是交際家，他聯合各方面友人發起一個「吉社聚餐會」，每一會員都屬不同的職業，有律師、會計師、中西醫師等，中醫師就是我，每週聚餐一次。因爲社員是十一個人，就將「十一」和「口」字相接，稱作「吉」社。聚餐時例必邀一位特客，這位特客，多數是文教界或專業名流。

我們十一個會員之中，有一位是亞東圖書館老闆汪孟周，他是安徽績溪人，精於飲饌之道，每次聚餐定菜，都由他去接洽。當時上海最時髦的菜館，全是徽館，因此我們的集會，十次中有七次是在四馬路望平街相近，一家有名的徽菜館「民樂園」。

有一次聚餐，汪孟周邀了一位特客，是來自北方的教授，一經介紹，才知道就是大名鼎鼎的胡適。我當時高興極了。眞是俗語所謂「踏破鐵鞋無覓處，得來全不費功夫」。胡適見到我們一般社員，都是上海的洋場人物，商業氣息很重，所以他發言不多，但對「民樂園」的菜餚，認爲是他的家鄉風味，十分欣賞，特別是對炒鱔糊、炒划水、炒禿肺、炒圈子幾隻菜，更是讚不絕口。汪孟周就講起他和胡氏是四代世交，而且是徽州績溪縣人龍井鄉的小同鄉。他開的亞東圖書館，胡氏有一百兩銀子股本在內，所以胡適在上海出版的一切著作，如「胡適文存」和「胡適文選」以及一切新式標點的舊小說，都由亞東圖書館發行。

懷念母校　訪尋舊址

胡適在席面上問起我的籍貫，我說：我三代之前是浙江平湖，但是出生在上海縣城大東門內。他聽見「大東門」三字，大大的高興起來，他說他也出生在大東門外程裕新茶葉棧內，我告訴他這家茶葉棧至今還開在原處。他又問我上海縣城內有一家梅溪學塾是否還存在？我告訴他梅溪學塾現已改名梅溪小學，仍在蓬萊路新上海縣署斜對面。他聽了之後，便說他小時是在這間學校讀書，於是他和我約定了一個日子，一同到南市去巡視一次，他要探索兒童時代出生和讀書之地，我當時就一口答應。

到了約定的日子，我們搭電車到南市，先訪程裕新茶葉棧，一路沿着大東門大街走到董家渡，在他記憶中所能認識的就是這地方的一個很大的天主教堂和大碼頭「南市常關」。玩了很久再搭電車到小東門，進城隍廟，在各式攤擋上吃了許多糖果點心，於是由城隍廟步行到梅溪小學。這時天色已經很晚，學校的校長茅先生，一個人留在校中改卷子，胡適自我介紹之後，茅校長大表歡迎，並且說他自己小時，也在梅溪學塾讀書，所以堅定要留胡適同我吃晚飯，以便暢談，情意親切，我們祇好接受他的盛意。

這位茅校長生活儉樸，向來進餐祇有簡單的一葷一素，這一晚他另外添了一碟炒素和一碟白鷄，兩壺紹興酒，大家邊吃邊談，盡醉而止。胡適說這一天給他的印象，是美國回來之後，一個最值得懷念的日子。茅校長娓娓不倦的談梅溪舊事，堅持要親自送胡適返旅館，因此吃罷之後，由梅溪小學出老西門經法租界進入英租界麥家圈，到達老惠中旅館。胡適又很高興的叫了一些酒菜，三人重新暢飲，直到深夜而散。

隔了幾天，胡適問我徐家滙土山灣天主堂圖書館認識不認識？他想要到那邊去參觀一下，我說：這個圖書館是專供神父們用的。對公衆並不開放，但是我有一個相熟的徐甫靖鐸士，他是負責管理圖書館的，我可以陪同你去，於是我們約定了時間一同坐電車前往。

徐家滙天主堂圖書館，藏書極豐富，但完全沒有一般圖書館的設備，祇是一座極大的藏書樓，連目錄冊都沒有。我們到了那邊，由徐甫靖的介紹，可以隨便向各書架去取書。有一個部門，藏的是中國歷代各省各縣的輿地志和縣志一類的書，胡適對此大感興趣，說這類書就全國而論，這圖書館可高列第三位。因此我們在那裏盤桓了三個小時，而且還和那位鐸士大打交道，以後他便獨自去了好幾次。

胡適曾問我舊書舖熟不熟？我說：「我平時有空閒，常跑舊書舖，家家都很熟，可是舊書舖集中在城隍廟桂花廳旁和三馬路兩處，總共不到四十家，還有七八家舊書舖是沒有招牌，沒有門市部，設在滿庭芳的陋巷之中，沒有人指引是找不到的。」他聽了之後，甚表高興，他說：「他在北京琉璃廠舊書舖家家都很熟，跑進去買書，有一個書桌子，可以儘管坐着翻書看書，或是抄書，即使一本書不買，那邊的掌櫃還是恭送如儀。可是他在上海到過兩家舊書舖，抽了兩本書不買，舖中人的面色就不好看了。」我說：「招呼主顧，北方人的禮貌，向來爲其他各地所不及。但是此地的舊書舖，要是相熟的話，也可以儘看儘翻，連揀中了幾本，不付錢帶回家都可以。」於是他要我介紹了幾家。

38	楊維楨	一九	四川新津	復旦公學	62[illegible]
39	陳茂康	二〇	四川巴縣	重慶府中學	[illegible]
40	朱進	二〇	江蘇金匱	東吳大學	62[illegible]
41	施贊元	二〇	浙江錢塘	約翰書院	62
42	胡宣明	一九	福建龍溪	約翰書院	61[illegible]
43	胡憲生	二〇	江蘇無錫	譯學館	61[illegible]
44	郭守純	二〇	廣東潮陽	約翰書院	61[illegible]
45	毛文鍾	一九	江蘇吳縣	直隸高等工業	[illegible]
46	霍炎昌	二〇	廣東南海	嶺南學堂	60[illegible]
47	陳福習	一八	福建閩縣	福建高等	60[illegible]
48	殷源之	一九	安徽合肥	江南高等	60[illegible]
49	符宗朝	一八	江蘇江都	兩淮中學	60[illegible]
50	王裕震	二〇	江蘇上海	[illegible]	60[illegible]
51	孫恒	一九	浙江仁和	杭州育英書院	[illegible]
52	柯成楙	一七	浙江平湖	上海南洋中學	59[illegible]
53	過憲先	一九	江蘇金匱	上海高等實業	59[illegible]
54	鄺翼堃	一九	廣東番禺	約翰書院	59[illegible]
55	胡適	一九	安徽績溪	中國新公學	59[illegible]
56	許先甲	二〇	貴州貴筑	四川高等	58[illegible]
57	胡達	一九	江蘇無錫	高等商業	58[illegible]
58	施瑩	二〇	江蘇吳縣	上海高等實業	57[illegible]
59	李平	二〇	江蘇無錫	江蘇高等	57[illegible]
60	計大雄	一九	江蘇南匯	高等實業	57[illegible]
61	周開基	一九	江蘇吳縣	上海南洋中學	56[illegible]

宣統二年　胡適考取官費留學，列第五十五名

後來我才知道，胡適到舊書舖去，目的祇是看書，輕易不買一本書。而且他買書的習慣，祇買價值銀元一元以下的書，超過了這個價值，他便不買。他在「北大」時，見到任何好書，向來祇要開出書單，交由北大圖書館去購買的。

胡適在三馬路一帶舊書舖，跑了半個月之後，他有一個感想，他認爲北方的舊書舖搜集的書，雖然多，但是所有的書，都是北方舊家買出來的，其中多數是北方刻本。上海舊書舖有江西版，四川版，安徽版以及華南的刻本都有。還有許多好書，是從浙江寧波天一閣及常熟鐵劍銅琴樓兩大藏書樓所流出來的，所以他說：上海舊書舖未可窺視。

胡適歡宴　童年老師

我陪着胡適到南市各地訪舊，那時節上海的交通祇靠一條環城電車，在城內城外的大街小巷沒有電車，祇能靠人力車代步。胡適對人力車堅決不肯坐，認爲「人拉人」是不人道的，所以來來往往，大家祇靠兩條腿走。

我們一路走一路談，胡適的談風極健，每談完一件事，都要大笑一陣。而且他的態度非常客氣，尤其因爲我那時正在青年，他更誠懇和親切。祇是講到若干場合，他會隱隱的流露出異常驕傲的樣子，一點也不肯遷就別人。

胡適娓娓不休的談論他自己童年時的情況，

最得意是考進澄衷學堂連跳幾班，這間學堂是由商人葉澄衷捐地數十畝，捐資十萬兩倡辦的。他在談話時問起我葉澄衷的後代近況如何？我就講出葉家的情況，在霞飛路有一間大住宅，（後來改爲新的虹橋療養院）在江灣有一個葉家花園，子孫很多，其中有一個孫子叫做葉仲芳（別號小抖亂），這位少爺行爲荒唐不羈，報紙上幾乎常有他鬧事的新聞，胡適聽了搖頭嘆息。

他在談話中，又問起我在澄衷學堂中有一位老教員而且担任過校長的謝觀，我說：『謝利恒先生，現在商務印書館編譯所担任編輯，出版了好多地理書和中醫書，商務出版的「辭源」，他是編輯人之一，一九一七年受上海名醫丁甘仁之聘，担任中醫專門學校校長，我本人就在那間學校畢業的。』他聽見我這番話又極高興，要我想辦法約謝老師吃一餐飯，由他作東道。

我到謝老師那邊，約定了一個日期，一同在大新街『松月樓』吃素齋，謝老師見了胡適的面，就談起澄衷學堂對歷屆畢業生的考卷，始終完整的保存着，他記得胡適寫的九宮格大楷也在其內。（按：三年後澄衷學堂舉行展覽會，曾經展出胡適習字卷）。

胡適聽了很高興，他說出：「中國自有學校以來，第一部教科書，就是「澄衷學堂啓蒙讀本」，這一部讀本在中國教育史上，有着歷史性的價值。是否現在還能覓到一部？」謝老師說：「我本來有兩部，一部在進商務編譯所時，作爲編著「共和國教科書」的參考資料，一部藏在家中，我可把這部送給你作爲紀念品。」胡適聽了逸興遄飛，連飲了好幾杯酒。飲罷之後，就一同步行到北浙江路火車站相近謝老師的寓所去取書。這部教科書是油光紙印的線裝書，他受書之後，因爲他幼年時讀過這部書，他摩挲很久，就請謝老師取出兩張宣紙，一連寫了兩幅屏條，一幅送給謝老師，一幅送給我。

大約三天之後，胡適又要我陪同到虹口塘山路澄衷去，那時澄衷已改名「澄衷中學」，那天恰巧放假，沒有見到什麼人，但是胡適還是巡遊操塲、課室等處，盤桓了三小時，大發「思古之幽情」。

這次會見胡適，他再三再四的告訴我，寫文章一定要用白話文，並且要少引用成語，應該「越白越好」。因爲各朝各代的文言文都是不同的，漢魏六朝，有漢魏六朝的文言文，唐宋有唐宋的文言文，明清有明清的文言文，清朝的策論，簡直全部是堆砌而成，一無價值。到了民初後，嚴復創立一種新的文言體，梁啓超又創了一種新文言體，已經把舊的文言文加以翻新，然而總不及白話文能影響到大衆。做文字工作的人最忌寫深奧的古文，因爲文章寫得越古，越是令人看不懂，失掉了寫作的意義，這些話對我的影響很大。他還建議我寫東西的字，要「越清楚越好」，這一點我也經久的遵守他的意見，連開藥方也從不寫一個草字。

剛忘了昨兒的夢，又分明看見夢裡的一笑。

瑛小姐　胡適

胡適書贈女高音歌唱家楊羅娜女士

同鄉前輩　大發牢騷

胡適何以辭去了北大教授到上海來？我並不知道內中情形，祇知道那時胡適在上海並沒有任何職務，住在老惠中旅館，中午一定到亞東圖書館進午餐，飯後就和汪孟周等打幾圈麻雀，但不久又絕跡不去了。

我們的吉社聚餐會，每週照常舉行，汪孟周有時吃得醉醺醺。我提起胡適爲何久無消息？汪孟周就搬出滿腹牢騷，從他許多牢騷話中，使我知道了好多關於胡適的事情。

第一件事：胡適到上海，有人介紹他給時報老闆狄平子，要做時報總主筆，但是結果沒有成功。（我寫此文時，時報後任主人黃伯惠先生恰好同我小叙，黃先生告訴我，胡適對上海各報，以對時報的評價最高。由於一位姓席的朋友推荐，前任主人狄平子數次約胡適聚談，狄平子也是一位老報人，對胡適極表好感，但是因爲時報又一要員陳冷血反對白話文，與胡適相見，冷淡非常，主筆的職務終於談不成功。）

第二件事：李小峯在上海辦了一個北新書局，專售魯迅著作大發其財。胡適要亞東圖書館改招牌，遷移發行所到四馬路，不售舊書，專門發行新著作。汪孟周認爲經濟上不容易辦，於是胡適就要亞東結出歷年版稅和退回壹百兩銀子的股份。汪孟周再三勸他：「書生不能經商。」後來胡適就同邵洵美等開了一家「新月書店」。

第三件事：汪孟周又告訴我，胡適從前到上海，認識了劉半農，結伴游樂，常到雲南路會樂里妓院中去。汪家與胡家是四代世交，他見到這種情況，很不高興，親自到會樂里妓家，對胡適說：「你是青年人的偶像，如果你到妓院的事傳開來，所有「胡適文存」及一切書籍，都沒有人來買了。」如此勸阻，所以這件事沒有張揚出去。不料後來胡適又認識了邵洵美，再度走入風月場中。這些事情，後來胡適自己在他的「四十自述」中都有提及的。

以上所講的三件事情，雖然是汪孟周酒後的牢騷話，但內中所說的都是外界所不知道的。

在一九二九年一度會到胡適之後；差不多十九年沒有見面。在這期間裏，他當過北京大學文學院長，中央研究院院長，抗戰期間又當過駐美大使，聯合國第一次成立大會主席之一，成為全世界聞名的學術界領袖，

再度會面　更加親切

胡適的聲譽，名聞全世界，在抗戰前夕，日本政論家伏室高信特地到中國來訪問他，說是「日本民間祇知道中國有三個名人，一個是蔣介石，一個是梅蘭芳，另一個就是胡適。」這位政論家把談話紀錄，刊在一本叫作「亞洲內幕」的刊物中。

在美國人的心目中，胡適是中國人中聲望最高的人，所以在抗戰期間，國民政府也因他聲譽崇高而特派他為駐美大使，我心想以後再也無緣見到他了。

待到抗戰時期，我的醫務生活大非昔比，由一個竹布長衫開始的清寒學生，居然也擠入上海時醫行列中，在這時，我積蓄了一些錢，在威海衛路二號，造了一座四開間三層高的洋房，正門對着跑馬廳的大門。

我的洋房的三樓，因為自己沒有用處，戰前租給現在香港的一位鉅商王寬誠，初時收租金四百元，到抗戰末期，幣制貶值，拿到這個租金，祇能買到若干香烟，一到勝利，王君生意發達，他就遷移別處。

我受到幣制貶值的教訓，就再也不租給人家了，把三樓四間房間，三間改成客房，一間改成客廳，專門用以招待外埠來的親戚朋友。那時節最高法院院長焦易堂卸任之後，改任中央國醫館館長，我就招待他住在我家客房中很久。

我太太的大姊王麗芬女士，嫁給科學界名流吳有訓，他早年留學美國，得到物理學博士學位，戰前發明了彈道力量的計算法，得過獎狀。回國之後，担任清華大學物理學院院長，抗戰時期，率領了許多學生到昆明開辦『聯合大學』，他是早期科學家中數一數二的人物，錢學森是他的助教，後來得到諾貝爾獎金的楊振道是他親自授課的弟子，而且好多科學家到美國去深造的手續都是吳有訓一手包辦的。

我與吳有訓誼屬襟親，一九四六年他從重慶飛來，當然他住到我家裏，吳氏具有科學家的脾氣，談吐爽朗，為人和靄。他說：「我是公教人員，住不起旅館，祇好來打擾你了。」我說：「不論你住多久，我都極端歡迎。」他住了兩間房，另外一間作為他的客廳，一間他用來招待他的朋友居住。

他的伙食，都由我的太太指揮女傭按時供應，吃的都是上海家常菜，他清苦了多年，飲食向來簡單，一到上海，吃了我們家庭菜認為是異常的享受。但是科學家的脾氣，從不說一個謝字，我也從不問他招待的是什麼人？有一位很瘦很長的客人，他介紹我說是梅先生，即是清華大學校長梅貽琦，很喜歡飲酒。但吳有訓對酒從不沾唇，所以常拉我作陪，因此我也認識了大名鼎鼎的梅貽琦。

有一天胡適光降，他是赴南京開制憲會議，到了上海專誠來拜訪吳有訓。他一見我，還能說出我的名字。那時他住在國際飯店，離我家近在咫尺，他晚上應酬很忙，中午自己上菜館太不方便，知道吳有訓吃得好，於是到我家來吃中飯。我素來講究飲饌，所以也特地為他做了幾隻好菜。這時徽菜中的名肴，早已悉數成為上海菜式，所以他對我家的家庭菜，讚不絕口。

胡適無論飲酒或講笑話時，對時局問題，常避而不談。那個時期，他的家鄉安徽，差不多一半以上，都已變色，他只談到他的家鄉績溪龍井鄉上村改為適之村，共有五百多個戶口。他家門口被寫了八個大字：『胡適之家不可亂動』，他家祠堂已改為五四運動展覽會永久會場云云，胡適談到這點，認為那位北大圖書館館員，看來還不會難為他。

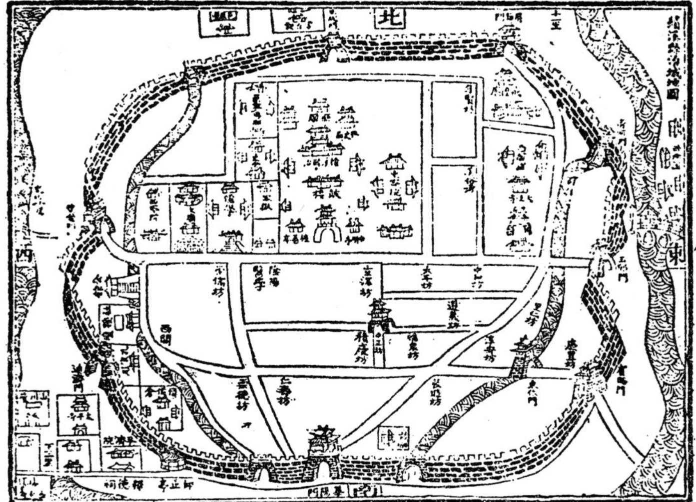

胡適的家鄉安徽績溪地圖

胡適後來差不多天天早晨到我家來吃粥，吃罷之後，就同吳有訓出去接洽各種事項，中午又回來進膳，那時節我診務很忙，除了在進膳時晷與周旋之外，其它時間，我祇管看病。祇有一次，他來參觀我的藏書室，見到我所藏的醫書有六千種之多，他說：『一個中醫，藏有醫書如此之多，是我所意料不到的。』我又帶他參觀我貯藏的許多雜誌和月刊，如「甲寅雜誌」，「新青年

雜誌」，「國聞週報」，「逸經」，「論語」等數十種，都是由第一期起全部完整而經過特別裝訂的。只有商務出版的「東方雜誌」，實在出版得太早了，大約在光緒廿年左右出第一期，所以我只搜集到後來的二百多期。他看了之後，對我表示這是很費功夫的。

我另有一間小房，搜集各種醫史文物，從刻有病名的殷代的甲骨一塊，寫有藥方的流沙墜簡二條，還有道教煉丹的銅爐，各種各式的葫蘆藥罐，以及許多名醫的字畫。至於清代醫生用的藥瓶，藥櫥，藥箱不知其數，他看了連說不容易。

胡適在我家中，常時喜歡講笑話，談小脚，談辮子，談打痲雀。他又常提起他的太太江冬秀女士，他說：『他太太雖是小脚，早年就解除束縛了，他稱她是「改組派」。』關於他自己的辮子在考取官費留學那年（宣統二年），還拖着辮子等上船的。至於打痲雀，他的太太最歡喜，他自認是怕老婆會的會長，所以非但不反對，而且常常在案牘疲勞之後，也參加打幾圈。

在這一個時期，我和胡適常常見面，他給我一個很好的啓示，他說：「不問業務如何忙，每天的寫作不可廢！」，我說：「我早晨天天要寫一段東西或是寫信，或是寫醫學文稿」，他說：「那好極了！你要永久的保持着這種習慣，」這句話我至今還記着，現在天天能寫些東西，是得力於他的啓示。

三度把晤　朝夕相見

一九四八年三月廿九日，南京舉行國民大會，這是全國各省各縣各行業全國性的代表大會，我們中醫界全國有八位代表，我獲得的票數最多，是中醫界的首席代表，當時到南京的代表，共有二千餘人，一時代表雲集，高貴旅館都告客滿，幸虧吳有訓住在南京中央研究院，他們夫婦堅決邀我到中央研究院內她們府上居住。中央研究院地方眞大，我們住的是一座小洋房，這房子原是爲蔡元培特地建造的，蔡氏逝世後，就由吳有訓居住。

那時節，各省教育界代表紛紛到了南京，找不到旅館的，都住在中央研究院，李書華由外國趕來出席，也和我們住在一起。

我初到的第一天，吳夫人在院內餐廳間擺了兩桌酒，邀請許多遠地來的代表，同時爲我洗塵，又爲我介紹認識許多教育界知名人士，當時胡適是中央研究院的首長，所以這次宴客他也在內。開席之後，胡適和我同席。他說：「現在我們是同事了，希望你常到我書齋來談談。」他的書齋就在這院內第二座大廈的二樓，爲了要集中大家的意見，因此代表們常常麕集二樓大廳，即在胡適的書齋之外。

國大代表大會未開幕之前，秘書處通知各省各業的首席代表，先舉行了三次茶話會。胡適見到我也是首席代表，每次都邀我一同去出席，因爲車輛缺乏，所以每次都同車前往。

那時節正式大會尚未開幕，就發生了一個大風潮，因爲國民黨與民社黨青年黨先時有過一個協議，就是國大代表總數無論多少人當選，民、青兩黨一定要佔代表總數十分之幾，要是民、青兩黨落選的話，便由國民黨通知當選黨員自動讓位於民、青兩黨的候補者。

這個辦法，國民黨初時認爲有權力可以做得到，但是實際上經過公開選舉，公開發表的國民黨黨籍當選人，紛紛聲明退出黨籍，依然到會，秘書處不發出席證，因而鬧到天翻地覆，這班沒有出席證的代表，舉行「抬棺請願」鬧到滿城風雨，當時胡適是首席代表會議中的主席，他感覺到非常沒趣。

開會初度，大家想競選爲主席團，當時全體

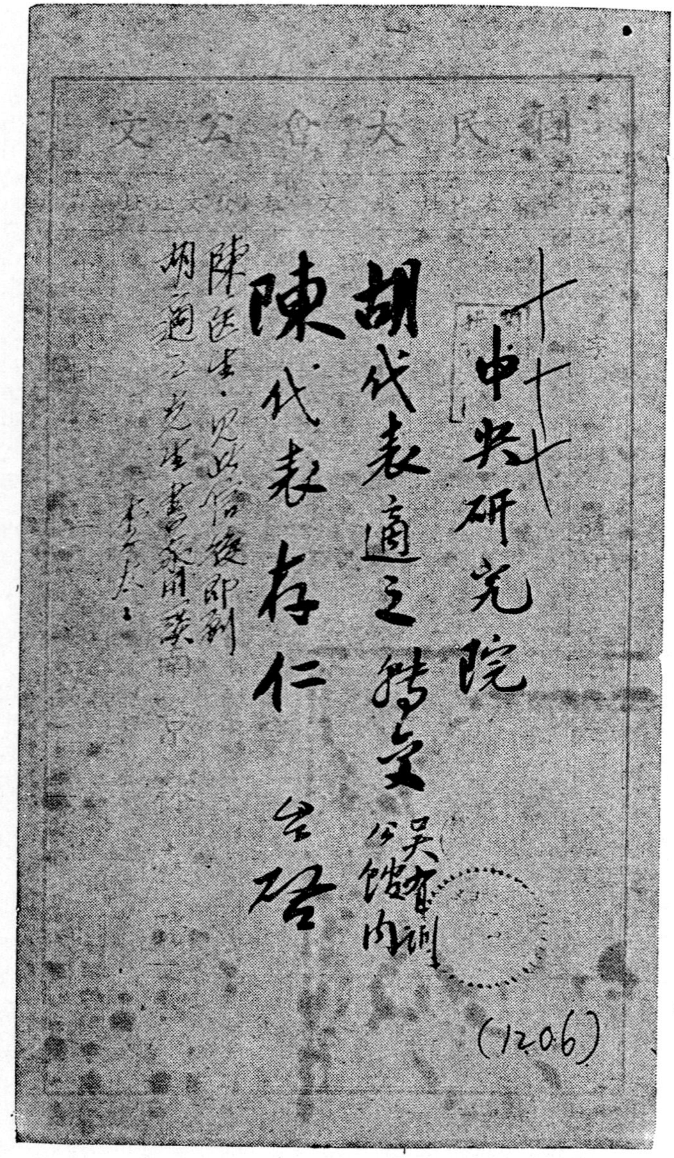

國民代表大會請胡適之轉交本文作者的一封公文

代表有二千幾百人，主席團的名額，祇有幾十名，當選的人至少要有三十票，我的一票，來拉的人多到不知其數，胡適的意思，要我選李書華，但中央國醫館的館長焦易堂要我選他。于右任，杜月笙都來拉票，我弄到毫無辦法，不答應要傷感情，答應不知投誰是好，終於我投了某人一票，這人我至今沒有發表過。

主席團人選解决之後，就是要選舉總統和副總統，這時又起了一個風波，原來蔣主席堅决表示不肯當總統，這事大出一般人的意料之外，國民黨連開了幾天會議，作了一個秘密决定，就是依從蔣主席屬意的胡適當總統，他自己退居副座。這個决定當時只有風傳，連胡適自己都不相信。有一天我祇見中央研究院的人，亂作一團，會議到了半夜三點鐘，還沒有結果。那夜我到了四點鐘方能入睡，到了次晨七時，外間又轟轟然的鬧到一場糊塗。我又被吵醒了，急急忙忙起身，原來中央研究院外面來了六十名憲兵，都是來保護胡適的。

其實，早在一個鐘點之前，胡適已秘密離開了中央研究院，避到一個任何人不知道的地方去了。他表示絕對不肯担任總統，後來由傳斯年（孟眞）親自向最高當局解釋，說胡適只願意國民大會開得成功，同時擁護蔣主席當總統。其實也因找不到胡適本人承認競選，這件事只得作罷。

國民大會　胡適逞能

我住的中央研究院，內部院屋，一座一座很多很大，住上了六十八個國大代表。在大會開幕前夕，胡適之帶一大包信來，其中關於我的，他請一位李夫人轉給我，李夫人還在信件上註上一筆說是：「陳醫生，見此信後即到胡適之先生書齋一談，李太太」，那天晚上我正有應酬，回來已是十一時半，見了這封信就急急忙忙到胡適書齋去。

到了胡適書齋看見人頭湧湧，都是在談着被逼退讓代表的事件，實在這件事情，不論講法律，講道德，都是說不過去的，所以大家簽了一張不公開的建議書，大意是說：退讓代表，要照發證書，照發一切公費，自簽退讓文件，以平公憤，他們也叫我簽了一個名。而且告訴我，這些退讓代表到了南京之後，絕食已有四天，報紙雖曾經發表，但語焉不詳，祇有一部分西報略有透露。所以在開幕第一天，一定要對這些絕食代表有所表示。胡適想到國大代表之中，有中醫，有西醫，也有護士，應該組織一個慰問團，去訪問這些代表，爲他們治病。希望我再約一位京滬中醫同去，我就推荐了丁濟萬，胡適也同意了。

到了開幕那天，到的代表二千多人，胡適担任臨時主席，態度鎮定，說得一口純正國語，處事層次井然，全塲掌聲如雷，當然他的聲望也能鎮攝全場。這天蔣主席也出席，那時他也是代表之一，坐在第一行，接着上台演講，議場的氣氛，十分莊嚴隆重。

休息十分鐘之後，便討論正式主席團如何產生？頓時數十人舉手要發言，胡適規定每人可以發言三分鐘，依次登台各抒己見。不料意見紛紜，第一人發言，第二人就駁，第二人發言，第三人又駁，一時舌劍唇槍，紛亂到極。加上全塲坐着的代表，合乎己意的拚命拍手，不合乎己意的噓聲大作，會塲秩序爲之大亂，而且要求延時討論的條子，雪片般的送到秘書處，胡適一看情況不好，時間已到了下午五時的散會時間，於是他急中生智，就請于斌主教登台作緊急建議，說是：「大光路國大代表招待所，有數十名退讓代表絕食已久，我們應該派人去慰問一下，」此言一出，紛亂氣氛就緩和下來，同時于主教宣讀一張慰問代表名單，都是國大代表，由西醫胡定安代表等三人，中醫陳存仁等二人，護士代表華淑君等，即時前往慰問，於是胡適就乘機宣佈散會，時已五時十分了。

國大代表慰問絕食代表新聞稿

我們一行代表坐了四輛汽車，飛馳大光路，那個地方荒僻得不得了，是在明故宮後面飛機塲的旁邊，那邊的代表都是來自遙遠省縣，早已吃盡當光，衣衫襤褸，洪蘭友先由汽車上搬下無數麵包水果以及板鴨香肚等，原來絕食代表號稱有一百幾十人，實際祇有八人留在南京，其餘早已四散回鄉了。他們紛紛訴說，他們都是依法選出的代表，所得選票極多，理已當選，不料黨方堅決要他們退讓，不合法不合理莫此爲甚。于斌主教也表示憤怒，發言莊重，聲若洪鐘，各代表個個都淚下如雨。洪蘭友便乘機每人致送餅乾一盒，其實盒中就是公費。這些絕食代表，身體衰弱已極，於是就由中西代表替他們檢查診視，胡適和于斌早退。三個人立刻輸血，一個人打葡萄糖針，四個人祇願服中藥。洪蘭友托我要在夜間十時之前把八個人的病况給他一個報告，據說蔣主席等着要看。這八位代表的大名是楊翹新、連退庵、李化成、顏澤滋、周游、劉彬、黃謨、張敷。我仔細診斷完畢，寫了一份診斷報告，交給洪蘭友。後來這八個人，七人自行離去，一人療養了較久。

胡適在第一天當大會主席的情況，十足表示他的才幹，眞是了不起！

孝順父母　愛護妻兒

現在要講：其他問題了。早年「新青年」雜

胡適在台灣為其父鐵花先生樹立紀念碑

誌出版後暢銷各地，胡適和陳獨秀的文章，都是驚世駭俗之論，一時全國上下為之駭然。其中有幾篇文章倡議「隻手打倒孔家店」，而且主張「非孝」，認為孝敬父母，罪大惡極。一般人對這幾篇文章，分不出那一篇是陳獨秀做的，那一篇是胡適做的，所以大家初時的印象，胡適之對父母，一定是屬於非孝一類的。

但是胡適方二歲時，隨同他的父親胡鐵花到台灣，四歲又跟了母親回到安徽，就在這一年他的父親在廈門逝世，所以他得到他父親的溫情很短，直到他六十三歲重臨台灣，他不但把他父親的遺作出版和整理，還替他父親立了一個很堂皇的紀念碑，胡適這種行徑，實在是一個孝子。

他對母親，在他寫的四十行述中，一再提到母親對他的慈愛「八年的家鄉教育」，完全是他母親一手栽培的。所以這些文章都可以見到胡適對母親也是很孝的。

他從小由母親的安排，與江冬秀女士訂了婚。在出洋之前，他母親主張先結婚後出洋，但是那時節經濟情況很差，胡適沒有答應。到了美國，雖然愛上了一個姓陳的女學士，但是他不願意違背母親的叮嚀，眼光光的看着這位陳女士嫁給他的朋友任先生。程天放有有一篇文章說：「他的立身處世，却完全符合中國的倫理之道。他對母親非常孝順，他和夫人江冬秀女士的婚姻完全是家長作主訂定的，在結婚以前，兩人沒有見過面，可是他對夫人終身敬愛，到老不變。總統輓適之先生說：『新文化中舊道德的楷模，舊倫理中新思想的師表。』眞是非常允當。」胡適還說過「中國人的舊式結婚，是先結婚後戀愛」的名言。

至於胡適的長子祖望，由他一手栽培在美國當上了教授，待到胡適逝世，祖望特由美國趕到台灣親視成殮。次子思杜，是一個不肯讀書的孩子，雖然也留美多年，一無成就。而且回到上海之後，狂嫖濫賭，很不爭氣，一直到現在還留在大陸。

胡適對待朋友的態度，一向好到極點，我祇提齊如山與梅蘭芳、齊白石三個人的事：

一、齊如山有一篇文章說：「我與適之先生相交五十多年。在民國初年，他常到舍下，且偶與梅蘭芳同吃便飯，暢談一切。一次，梅在中和園演戲，我正在後台，適之先生同梅月涵、周寄梅兩位先生，忽然降臨。我問他，你向來不十分愛看戲，何以今晚興趣這樣高？他已微有醉意，說：「我們不是來看戲，是來看你。」後來他還在醫院中給我寫了兩封很長的信，一封是討論「四進士」一戲的意義，他說：「所有舊的中國戲劇中，以「四進士」的台詞最精彩，因為有大部份的唸白接近白話文。」

二、他對梅蘭芳相當愛護，梅氏出國演劇，預先印了一本特刊，胡適親自為之校閱。梅的英文演講詞，宣傳品，都經胡適改正過的。

三、胡適對齊白石，極端欽佩，曾經與黎錦熙、鄧廣銘，合編一部『齊白石年譜』，這也可以表示他對藝術界們的熱忱。

書生報國　鞠躬盡瘁

一九五二年，胡適先到台灣去講學，觀察情況，次年仍然返美，直到一九五四年，才由美國回台，然後正式久居。他在台灣担任中央研究院院長，一直到一九六二年二月二十四日主持中央研究院院士會議，致詞極為得體，料不到在接近散會時，心臟病猝發，就倒在地下，與世長別！消息傳到香港，我有好幾天覺得不舒服。他的為人處世，不脫書生本色，他一生對學術的貢獻，已盡了他最後一分鐘的努力，可以算得是學術界的一個眞正大偉人，在台灣有三十萬人自動跟着送殯是應該的。

胡適逝世三十萬人送殯行列

母親的訂婚

胡適

一

太子會〔註〕是我們家鄉秋天最熱鬧的神會，但這一年的太子會却使許多人失望。

神傘一隊過去了。都不過是本村各家的綾傘，沒有什麽新鮮花樣。去年大家都說，恒有綢緞莊預備了一頂珍珠傘。因爲怕三先生說話，所以今年他家不敢拿出來。

崑腔今年有四隊，總算不寂寞。崑腔子弟都穿着『半截長衫』，上身是白竹布，下半是湖色杭綢。每人小手指上掛着湘妃竹柄的小紈扇，吹唱時紈扇垂在笙笛下面搖擺着。

扮戲今年有六齣，都是『正戲』，沒有一齣花旦戲。這也是三先生的主意。後村的子弟本來要扮一齣「翠屛山」，也因爲怕三先生說話，改了「長板坡」。其實七月的日光底下，甘糜二夫人臉上的粉已被汗洗光了，就有潘巧雲也不會怎樣特別出色。不過看會的人的心裏總覺得後村很漂亮的小棣沒有扮潘巧雲的機會，只扮作了糜夫人，未免太可惜了。

今年最掃興的是沒有扮戲的『抬閣』。後村的人早就練好了兩架『抬閣』，一架是「龍虎鬥」，一架是「小上坟」。不料三先生今年回家過會場，他說抬閣太高了，小孩子熱天受不了暑氣，萬一跌下來，不是小事體。他極力勸阻，抬閣就扮不成了。

粗樂和崑腔一隊一隊的過去了。扮戲一齣一齣的過去了。接着便是太子的神轎。路旁的觀衆帶着小孩的，都喊道，『拜呵！拜呵！』許多穿着白地藍花布褂的男女小孩都合掌拜揖。

神轎的後面是拜香的人！有的穿着夏布長衫，捧着柱香；有的穿着短衣，拿着香爐掛，爐裏燒着檀香。還有一些許願更重的，今天來『吊香』還願；他們上身穿着白布褂，扎着朱青布裙，遠望去不容易分別男女。他們把香爐吊在銅鈎上，把鈎子鈎在手腕裏，塗上香灰，便可不流血。今年吊香的人很多，有的只吊在左手腕上，有的雙手都吊；有的只吊一個小香爐，有的一隻手腕上吊着兩個香爐。他們都是虔誠還願的人，懸着掛香爐的手腕，跟着神轎走多少里路，雖然有自家人跟着打扇，但也有半途中了暑熱走不動了的。

× × ×

馮順弟攙着她的兄弟，跟着她的姑媽，站在路邊石磴上看會。她今年十四歲了，家在十里外的中屯，有個姑媽嫁在上莊，今年輪着上莊做會，所以她的姑丈家接她姊弟來看會。

她是個農家女子，從貧苦的經驗裏得着不少的知識，雖然是十四歲的女孩兒，却很有成人的見識。她站在路旁聽着旁人批評今年的神會，句句總帶着三先生。『三先生今年在家過會，可把會弄糟了。』『可不是呢？抬閣也沒有了。』『三先生還沒有到家，八都的鴉片烟館都關門了，賭場也不敢開了。七月會場上沒有賭場，又沒有烟燈，這是多年沒有的事。』

看會的人，你一句，他一句，順弟都聽在心裏。她心想，三先生必是一個了不得的人，能叫賭場烟館不敢開門。

會過完了，大家紛紛散了。忽然聽見有人低聲說：『三先生來了！』她抬起頭來，只見路上的人都紛紛讓開一條路；只聽見許多人都叫『三先生』。

前面走來了兩個人。一個高大的中年，面容紫黑，有點短鬚，兩眼有威光，令人不敢正眼看他；他穿着苧布大袖短衫，苧布大脚管的袴子，脚下穿着蔴布鞋子，手裏拿着一桿旱烟管。和他同行的是一個老年人，瘦瘦身材，也穿着短衣，拿着旱烟管。

順弟的姑媽低低說：『那個黑面的，是三先生；那邊是月吉先生，他的學堂就在我們家的前面。聽人說三先生在北邊做官，走過了萬里長城，還走了幾十日，都是沒有人烟的地方，冬天凍殺人，夏天熱殺人；冬天凍塌鼻子，夏天蚊蟲有蒼蠅那麽大。三先生肯吃苦，不怕日頭不怕風，在萬里長城外住了幾年，把臉曬的像包龍圖一樣。』

這時候，三先生和月吉先生已走到她們面前，他們站住說了一句話，三先生獨自下坡去了；月吉先生却走過來招呼順弟的姑媽，和她們同行回去。

月吉先生見了順弟便問道：『燦嫂，這是你家金灶舅的小孩子嗎？』

『是的。順弟，誠厚，叫聲月吉先生。』

三先生——胡適的父親

月吉先生一眼看見了順弟腦後的髮辮，不覺喊道：『燦嫂，你看這姑娘的頭髮一直拖到地！這是貴相！是貴相！許了人家沒有？』

這一問把順弟羞的滿臉緋紅，她牽着她弟弟的手往前飛跑，也不顧她姑媽了。

她姑媽一面喊：『不要跌了！』回頭對月吉先生說：『還不曾許人家。這孩子很穩重，很懂事。我家金灶哥總想許個好好人家，所以今年十四歲了，還不曾許人家。』

月吉先生說：『你開一個八字給我，我給她排排看。你不要忘了。』

他到了自家門口，還回過頭來說：『不要忘記，叫燦哥抄個八字給我。』

二

順弟在上莊過了會場，她姑丈送她姊弟回中屯去。七月裏天氣熱，日子又長，他們到日頭快落山時才起身，走了十里路，到家時天還沒全黑。順弟的母親剛牽了牛進欄，見了他們，忙着欵待姑丈過夜。

『爸爸還沒有回來嗎？』順弟問。

『姊姊，我們去接他。』姊姊和弟弟不等母親回話，都出去了。

他們到了村口，遠遠望見他們的父親挑着一擔石頭進村來。他們趕上去喊着爸爸，姊姊和弟弟每人從擔子裏拿了一塊石頭，捧着跟他走。他挑到他家的舊屋基上，把石子倒下去，自己跳下去，把石子鋪平，才上來挑起空擔回家去。

順弟問：『這是第三擔了嗎？』

她父親點點頭，只問他們看的會好不好，戲好不好，一同回家去。

× × ×

順弟的父親姓馮，小名金灶。他家歷代務農，辛辛苦苦掙起了一點點小產業，居然有幾畝自家的田，一所自家的屋。金灶十三四歲的時候，長毛賊到了徽州，中屯是績溪北鄉的大路，整個村子被長毛燒成平地。金灶的一家老幼都殺了，只剩他一人，被長毛擄去。長毛軍中的小頭目看這個小孩子有氣力，能吃苦，就把他臉上刺了『太平天國』四個藍字，叫他不能逃走。軍中有個裁縫，收他做徒弟，叫他跟着學裁縫。金灶學了一手好裁縫，在長毛營裏混了幾年，從績溪跟到寧國、廣德，居然被他逃走出來。但因爲面上刺了字，捉住他的人可以請賞，所以他不敢白日露面。他每日躲在破屋塌裏，挨到夜間，才敢趕路。他吃了種種困苦，好容易回到家鄉，只尋得一片焦土，幾座焦牆，一村的壯丁留賸的不過二三十人。

金灶是個肯努力的少年，他回家之後，尋出自家的荒田，努力耕種。就有餘力幫人家種田，做裁縫。不上十年，他居然修葺了村裏一間未燒完的磚屋，娶了一個妻子。夫妻都能苦做苦吃，漸漸有了點積蓄，漸漸掙起了一個小小的家庭。

他們頭胎生下一個女兒。在那大亂之後，女兒是不受歡迎的，所以她的名字叫做順弟，取個下胎生個弟弟的吉兆。隔了好幾年，果然生了一個兒子，他們都很歡喜。

金灶爲人最忠厚；他的裁縫手藝在附近村中常有僱主，人都說他誠實勤謹。外村的人都尊敬他，叫他金灶官。

金灶有一樁最大的心願。他總想重建他祖上傳下來，被長毛燒了的老屋。他一家人都被殺完了，剩下他這一個人，他覺得天留他一個人是爲中興他的祖業的。他立下了一個誓願；要在老屋基上建造起一所更大又更講究的新屋。

他費了不少工夫，把老屋基爬開，把燒殘磚瓦拆掃乾淨，準備重新墊起一片高地基，好在上面起造一所高爽乾燥的新屋。他每日天未明就起來了；天剛亮，就到村口溪頭去揀選石子，挑一大擔回來，鋪墊地基。來回挑了三擔之後，他才下田去做工；到了晚上歇工時，他又去挑三擔石子，才吃晚飯。農忙過後，他出村幫人家做裁縫，每天也要先挑三擔石子，才去上工；晚間吃了飯回來，又要挑三擔石子，才肯休息。

這是他的日常功課，家中的妻子女兒都知道他的心願，女流們不能幫他挑石頭，又不能勸他休息，勸也沒有用處。有時候，他實在疲乏了，挑完石子回家，倒在竹椅上吸旱烟，眼看着十幾歲的女兒和幾歲的兒子，微微嘆一口氣。

順弟是已懂事的了，她看見她父親這樣辛苦做工，她心裏好不難過。她常常自恨不是個男子，不能代她父親下溪頭去挑石頭。她只能每日早晚到村口去接着她父親，從他的擔子裏捧出一兩塊石頭來，拿到屋基上，也算是分擔了他的一點辛苦。

看看屋基漸漸墊高了，但磚瓦木料却全沒有着落，高敞的新屋還只存在她一家人的夢裏。順弟有時做夢，夢見她是個男子，做了官回家看父母，新屋早已造好了，她就在黑漆的大門外下轎。下轎來又好像做官不是她，是她兄弟。

三

這一年，順弟十七歲了。

一天的下午，金灶在三里外的張家店做裁縫，忽然走進了一中年婦人，叫聲『金灶舅』。他認得她是上莊的星五嫂，她娘家離中屯不遠，所以人都叫她『星五先生娘』。

胡適的母親——馮順弟

金灶招呼她坐下。她開口道：『巧極了，我本打算到中屯看你去，走到了張家店，才知道你在這裏做活。巧極了。金灶舅，我來尋你，是想開你家順弟的八字。』

金灶問是誰家？

星五先生娘說：『就是我家大姪兒三哥。』

『三先生？』

『是的。三哥今年四十七，前頭討的七都的玉環，死了十多年了。玉環生下了兒女一大堆，——三個兒子，三個女兒，——現在都長大了。不過他在外頭做官，沒有個家眷，實在不方便。所以他寫信來家，要我們給他定一頭親事。』

金灶說：『我們種田人家的女兒那配做官太太？這件事不用提。』

星五先生娘說：『我家三哥有點怪脾氣。他今年寫信回來，說：一定要討一個做莊家人家的女兒。』

『什麽道理呢？』

『他說，做莊家人家的身體好，不會像玉環那樣癆病鬼。他又說，莊家人家曉得艱苦。』

金灶說：『這件事不會成功的。一來呢，我們配不上做官人家。二來，我家女人一定不肯把女兒給人做塡房。三來，三先生的兒女都大了，他家大兒子大女兒都比順弟大好幾歲，這樣人家的晚娘是不容易做的。這個八字不用開了。』

星五先生娘說：『你不要客氣。順弟很穩重，是個有福氣的人。金灶舅，你莫怪我直言，順弟今年十七歲了，眼睛一霎，二十歲到頭上，你那裏去尋一個靑頭郎？塡房有什麽不好？三哥信上說了，新人過了門，他就要帶上任去。家裏的兒女，大女兒出嫁了；大兒子今年做親，留在家裏；二女兒是從小給了人家了；三女兒也留在學堂裏。將來在任上只有兩個雙胞胎的十五歲小孩子，他們又都在學堂裏。這個家也沒有什麽難照應。』

金灶是個老實人，他也明白她的話有駁不倒的道理。家鄉風俗，女兒十三四歲總得定親了。十七八歲的姑娘總是做塡房的居多。他們夫婦因爲疼愛順弟，總想許個念書人家，所以把她耽誤了。這是他們做父母的說不出的心事。所以他今天很有點躊躇。

星五先生娘見他躊躇，又說道：『金灶舅，你不用多心。你回去問問金灶舅母，開個八字。我今天回娘家去，明朝我來取。八字對不對，辰肖合不合，誰也不知道。開個八字誠然不妨事。』

金灶一想，開個八字誠然不妨事，他就答應了。

× × ×

這一天，他從張家店回家，順弟帶了弟弟放牛去了，還沒有回來。他放下針線包和熨斗，便在門裏板凳上坐下來吸旱烟。他的妻子見他有心事的樣子，忙過來問他。他把星五嫂的話對她說了。

她聽了大生氣，忙問：『你不曾答應她開八字？』

他說：『我說要回家商量商量。不過開個八字給他家，也不妨事。』

她說：『不行。我不肯把女兒許給快五十歲的老頭子。他家兒女一大堆，這個晚娘不好做。做官的人家看不起我們莊家的女兒，將來讓人家把女兒欺負煞，誰來替我們伸寃？我不開八字。』

他慢吞吞的說：『順弟今年十七歲了，許人家也不容易。三先生是個好人。——』

她更生氣了：『是的，都是我的不是。我不該心高，躭誤了女兒的終身。女兒沒有人家要了，你就想送給人家做塡房，做晚娘。做塡房也可以，三先生家可不行。他家是做官人家，將來人家一定說我們貪圖人家有勢力，把女兒賣了，想換個做官的女婿。我背不起這個惡名，別人家都行，三先生家我不肯。女兒沒人家要，我養她一世。』

他們夫妻吵了一場，後來金灶說：『不要吵了。這是順弟自家的事，吃了夜飯，我們問問她自己。好不好？』她也答應了。

晚飯後，順弟看着兄弟睡下，回到蓬油燈下做鞋。金灶開口說：『順弟，你母親有句話要問你。』

順弟抬起頭來，問媽有什麽話。他媽說：『你爸爸有話問你，不要朝我身上推。』

順弟看她媽有點氣，不知道是怎麽一回事，只好問她爸。她爸對她說：『上莊三先生要討個塡房，他家今天叫人來開你的八字。你媽媽嫌他年紀太大，四十七歲了，比你大三十歲，家中又有一大堆兒女。晚娘不容易做，我們怕將來害了你一世，所以要問問你自己。』

他把今天星五嫂的話說了一遍。

順弟早已低下頭去做針線，半晌不肯開口。他媽也不開口。

她爹也不說話了。

順弟雖不開口，心裏却在那兒想。她好像閉了眼睛，看見她的父親在天剛亮的時候挑着一大擔石頭進村來；看見那大塊屋基上堆着他一擔一擔的挑來的石頭；看見她父親晚上坐在黑影地裏沉思歎氣。一會兒，她又彷彿看見他做了官回來，在新屋的大門口下轎。一會兒，她的眼前又彷彿現出了那紫黑面孔，兩眼射出威光的三先生。……

她心裏這樣想：這是她幫她父母的機會到了。做塡房可以多接聘金。前妻兒女多，又是做官人家，聘金財禮總應該更好看點。她將來還可以幫她父母的忙。她父親一生夢想的新屋總可以成功。……三先生是個好人，人人都敬重他，只有開賭塲烟館的人怕他恨他。……

她母親說話的聲音打斷了她的思想。她媽說：『對了！我們有什麽話不好說？你說罷！』

順弟抬起眼睛來，見她爸媽都望着她自己。她低下頭去，紅着臉說道：『只要你們倆都說他是個好人，請你們倆作主。』她接着又加上一句話：『男人家四十七歲也不能算是年紀大。』

她爸歎了一口氣。她媽可氣的跳起來了，忿忿的說：『好呵！你想做官太太了！好罷！聽你情願罷！』

順弟聽了這句話，又羞又氣，手裏的鞋面落在地上，眼淚直滾下來。她拾起鞋面一聲不響，走到她房裏去哭了。

× × ×

經過了這一番家庭會議之後，順弟的媽明白她女兒是願意的了，她可不明白她情願賣身來幫助爸媽的苦心，所以她不指望這門親事成功。

她怕開了八字去，萬一辰肖相合，就難回絕了；萬一八字不合，旁人也許要笑她家高攀不上做官人家。她打定主意，要開一張假八字給媒人拿去。第二天早晨，她到祠堂蒙館去，請先生開一個庚帖，故意錯報了一天生日，又錯報了一個時辰。先生翻開萬年曆，把甲子查明寫好，她拿回去交給金灶。

那天下午，星五先生娘到張家店拿到了庚帖，高興的很。回到了上莊，她就去尋着月吉先生，請他把三先生和她的八字排排看。

月吉先生看了八字，問是誰家女兒？

『中屯金灶官家的順弟。』

月吉先生說：『這個八字開錯了。小村鄉的蒙館先生連官本（俗稱曆書爲官本）也不會查，把八個字抄錯了四個字。』

星五先生娘說：『你怎麽知道八字開錯了？』

月吉先生說：『我算過她的八字，所以記得。大前年村裏七月會，我看見這女孩子，她不是燦嫂的姪女嗎？圓圓面孔，有一點雀斑，頭髮很長，是嗎？面貌並不美，倒穩重的很，不像個莊家人家的孩子。我那時問燦嫂討了她的八字來算算看。我算過的八字，三五年不會忘記的。』

他抽開書桌的抽屜，尋出一張字條來。說，『可不是呢？在這裏了。』他提起筆來，把庚帖上的八字改正，又把三先生的八字寫出。他排了一會，對星五先生娘說：『八字是對的，不用再去對了。星五嫂，你的眼力不差，這個人配得上三哥。相貌是小事，八字也是小事，金灶官家的規矩好。你明天就去開禮單。三哥那邊，我自己寫信去。』

× × ×

過了兩天，星五先生娘到了中屯，問金灶官開『禮單』。她埋怨道：『你們村上的先生不中用，把八字開錯了，幾幾乎誤了事。』

金灶嫂心裏明白，問誰說八字開錯了的。星五先生娘一五一十的把月吉先生的話說了。金灶夫妻都很詫異，他們都說，這是前世注定的姻緣。金灶嫂現在也不反對了。他們答應開禮單，叫她隔幾天來取。

馮順弟就是我的母親，三先生就是我的父親鐵花先生。在我父親的日記上，有這樣幾段記載：

『光緒十五年（一八八九）二月十六日，行五十里，抵家。……

二十一日，遣媒人訂約於馮姓，擇定三月十二日迎娶。……

三月十一日，遣輿詣七都中屯迎娶馮氏。

十二日，馮氏至。行合巹禮。謁廟。

十三日，十四日，宴客。……

四月初六日，往中屯，叩見岳父岳母。

初七日，由中屯歸。……

五月初九日，起程赴滬，天雨，行五十五里，宿旌之新橋。』

〔註〕太子會是皖南很普遍的神會，據說太子神是唐朝安史亂時保障江淮的張巡許遠。何以稱『太子』，現在沒有滿意的解釋。

——錄自胡適選集「人物」——

胡適在中央研究院院士會議致詞這是他生前最後的一幅照片

父親節
Arrow
贈鴉路恤
以表親情
大人公司有售

我的戲劇生活，算來已有四十年以上了，但因幼而失學，抓起筆桿，十分沉重，千言萬語，不知從何說起！「大人」老編是我與薛覺先、唐雪卿伉儷去上海時相識的，那次，薛覺先先生因病沒有登台，在上海卡爾登戲院由唐雪卿與我、呂玉郎等一同演出。二十年前他來香港又在摩頓台馬家重逢，此後時有過從。屢次慫恿我執筆記述，他說：「這些第一手資料，你再不講，我怕沒有人知道了！」我每次應允，仍未動筆，這次他主編「大人」，重申前請，我無從規避，祇能想到那裏就寫到那裏，寫得不好，請讀者恕我。

我的幼年

我姓鄧，我父鄧祺，我母羅蓮。最不幸的是我自幼缺少母愛，出生以後，父母不和，因此在我幼時，父母便鬧分居。我跟父親過日子，先住在九龍西貢街，那時我剛四歲，由於營養不良，先天較差，時常生病。

鄰居們都很喜歡我，我父不在家時，都就靠他們來招呼我，因我名永祥，大家呼我爲祥仔，祥仔這「仔」字在我們廣東人的習慣中，是一個親切的名詞，好比我的藝名，是新馬師曾，大家喚我「新馬仔」，都是同樣愛護我的意思。

我母親是個戲迷，得閒常去看大戲。我七歲那年，遷居九龍廟街，有時我母也會來帶我去睇場戲。因爲當時小孩睇戲，無需買票，戲院中人，見到小孩站在台前，知道必有大人同來，不加理會，當時的舊「普慶」戲院，離我家不遠，和在香港的「高陞」、「太平」鼎足而三，是港九三家歷史最悠久的大戲院。按：大戲即粵劇的俗稱。

我幼時即知道賺錢艱難，唯有窮人才能同情窮人，養成爲善的天性。我家並不富裕，何能時常看戲，但我對於舞台生活，自幼便有好感。看了一次戲，回家便搬枱動椅，用手巾紮頭，鷄毛掃作馬鞭，髣大喉嚨，唱曲時連帶鑼鼓，手舞足蹈。當時戲院中有曲詞出賣，我每次看戲必要求我母買一張帶回家，借

二十年前戲劇界盛會攝于香港銀行公會俱樂部

第一行　楊寶森1　張君秋2　章逸云3　曹埈安4　紅線女5　李雪芳6　唐雪卿8　曹克安9　賽珍珠10　新馬師曾11　馬連良12

第二行　吳熹升2　王準臣4　馬師曾6　李世華7　吳性栽9　周翼華10　沈葦窗12

第三行　王泉奎1　沈吉誠5

此明瞭戲台上唱些什麽詞句，自己摹仿起來，也有一個根據。曲詞上有不識得的字就到處問人，從此以後，我更知道識字的重要，一個人不識字等於盲公，有時在家自修，比在學校唸書，還要得益！

我父與「普慶」戲院守閘員相熟，每逢有事出外，就把我往戲院中一送，名爲「打戲釘」。在他老人家是不得已而爲之，而在我却是「得其所哉」了！

當我七八歲的時候，正是馬師曾、陳非儂二位合組的「大羅天劇團」大行其道之時，開創粵劇界「大堆頭政策」的新紀錄。主角除馬師曾和陳非儂一生一旦之外，有武生靚榮，此人曾經到上海去學過紅生戲，小武靚少華、花旦林超羣等，桂名揚、陳錦棠都隸屬此班。另外有一班演時裝新劇的角色，包括林坤山、伊秋水、葉弗弱等，陣容堂堂，台上熱閙極了！當時一班戲行老前輩，見「大羅天」皮費高昂，近於浪費，無不竊竊私語，認爲班主外行，誰知大出理想之外，不但有賺有賠，而且一年獲利十多萬元，揭開粵劇班輝煌的一頁。

我的師父

那時馬師曾、陳非儂最著名的首本戲，便是「賊王子」，曲本像薛覺先、唐雪卿合演的「白金龍」一樣，萬口爭傳，隨街都有人唱。「賊王子」的故事，是將美國武俠電影明星菲濱氏（滬譯范朋克）的影片「八達城之盜」改編的，此戲攝時是默片，後來又拍聲片，更名「月宮寶盒」。馬師曾演的角色，名爲俠盜洪荒，陳非儂演公主，兩人有場對手戲，名爲「靈秀宮贈別」，公主將柄寶劍贈給俠盜洪荒，詞句文雅、情致纏綿。我看完「賊王子」囘家，摹仿癮又發作了，不但單唱俠盜洪荒的曲詞，連公主的曲詞也一起唱了，實行一人兼唱二角，外加做工表情。因爲當時的大佬倌都有反串旦角的戲癮，薛覺先如此，馬師曾亦如此，我步武前賢，後來也能反串旦角，篋中藏有薛、馬二位的反串戲照，和我自己在舞台上反串「白蛇傳」的打出手，作爲「我的囘憶」部份資料。

隣居們見我小小年紀，唱的似模似樣，都向我父提議，不如叫祥仔去學戲，一則免得埋沒我的「天才」，二則又可解決生活問題，我父不加考慮就拒絕了，我父說：「我又不認識戲班老倌，也沒有這一注本錢讓兒子學戲，你們說得口輕輕，談何容易？」當時子弟學戲，父母爲他「裝身」，置辦服裝，所費不貲。

我當時聽了猶如一桶涼水，直向頭上淋下來，但隣居中有位老人家鼓勵我，他說：「祥仔，有志者，事竟成，祗要你有志向上，一定可以求到名師的。」於是我母也去託朋友訪師父。一年以後才由一位世叔伯介紹我拜在戲班中鼎鼎大名的細杞門下，那年我是九歲。拜師之前，我父帶我先去見師，我父向師父說：「我自問沒有本錢供給孩子學戲，如果師父認爲這孩子尚屬可造之才，我便將他交給你代爲管教，隨你喜歡叫他寫囘幾多年師約，都不要緊，以報答師父教育之恩

薛覺先反串花旦舞劍姿式

新馬師曾反串「白蛇傳」之盜仙草

，若你覺得他沒有希望，不如叫他回家，讓我設法供給他讀書。」當下師父就吩咐我做幾下手勢給他睇吓，還要唱幾句曲給他聽聽，因爲他老人家已經聽得來頭人說我能唱擅做，我此時一心指望師父能夠收留我，於是又將「賊王子」贈別一塲照學一遍，連帶馬師曾的手法和口形都摹仿到

京劇「溪皇莊」新馬師曾（尹亮）馬連良（褚彪）言少朋（彭朋）劇照

十足，看得師父都笑起來，次日正式拜師。我清楚記得，當時的關書寫的期限是六年，但後來我在六年之後，還繼續幫師一年餘，報答師門，所有老師和師母的生養死葬，都由我担任，這是我成名以後的事，暫且不提。

我的藝名

師父原名何壽年，人稱細杞。何以稱爲細杞呢？因爲當時戲班中尚有一位唱小生的風情杞，周身是肉，有人叫他肥杞，又有人名之爲大杞，相形之下，師父便成細杞了！師父是小武出身，有極好的武功底子，我的武功，便是得師父所教。師父中年以後，身體逐漸發福，成個矮矮肥肥的身型，做小武嫌其不夠俐落，於是改應小生。當時的觀衆重視藝術，對於角色的相貌美醜，不大計較。後來我常聽馬連良三哥說：最早北方戲班中，以唱爲主，以做爲副，所以北方人名爲聽戲，也和我們舊時廣東戲班差不多。

我師父的首本戲，劇名「萍聚蓮溪」，劇情叙述書生上京求名，家中留下一妻一妾，妻子與人通姦，妾侍却是貞烈婦人，不受大婦及姦夫威逼，逃走出外，其後在蓮溪地方，與夫婿重會，說明情由，殺奸結局。我師夫演至與姦夫激戰之時，施展武功，有一塲「打軟鞭」，有些觀衆不知我師父是小武出身，見他以小生而演武工，報以熱烈采聲，哄動一時。

馬師曾反串花旦「大鬧梅知府」之瓊蟬

我師晚年設館教戲。當時所謂「過氣老倌」，很難改行轉業，即使有資金，也不懂得做生意，所謂不熟不做；祇有兩項出路，其一爲「搞班」，其二爲「設館」，這兩項出路還可以互通，因爲設館授徒，教好了便可以「搞班」，豈非一舉兩得！師父設館教戲，孩子們從學門下，由他支配一切，憑師父的眼光和經驗，發現了好幾個聰明伶俐的男女兒童，悉心教授，短短幾年，便一個個扶搖直上。在我之前，有位師兄藝名冲天鳳，已故，他的夫人即旅美名旦陳艷儂，師妹小非非等。我師眼光獨到，見多識廣，最明瞭觀衆心理，例如他在廣州搞「落鄉班」，就賞識「任姐」任劍輝的唱做，認爲不可多得！那時，我師見到馬師曾紅得發紫，每晚爆塲，我正是學的馬師曾一派，於是爲我改藝名曰「新馬師曾」。他是戲班中的老叔父，搞班不須靠人，師兄冲天鳳的小生，師妹小非非的花旦，加上我便組織成軍，定名新馬劇團，點演老馬名劇，得到觀衆認可，我這個「新馬師曾」的四個字就叫響了！(一)

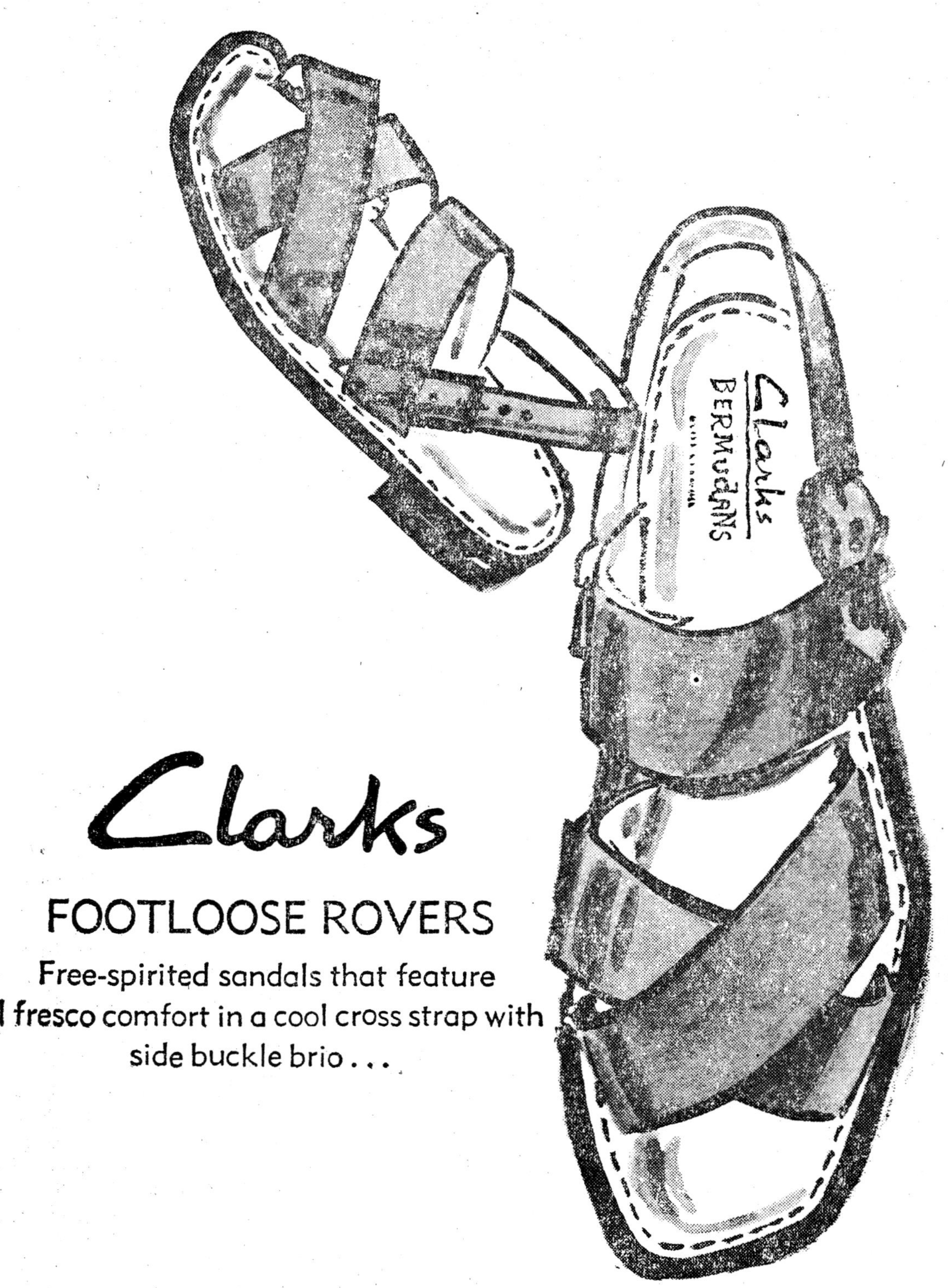
Clarks
BERMUDANS
Clarks
FOOTLOOSE ROVERS
Free-spirited sandals that feature
al fresco comfort in a cool cross strap with
side buckle brio . . .

大人公司有售

狀元宰相帝王師

翁同龢一家人

林熙

明淸兩代都重視翰林，因爲進士點中翰林後，出來做官，要佔許多便宜，而且又有資格拜相（明淸皆不設宰相，但大學士却有相之名，非翰林不得拜大學士也），死後可以得個「文」字之謚，是一件光榮的事情。

常熟翁氏一門兩狀元，兩帝師，尤其是父子皆爲兩朝師傅，在中國縉紳中甚罕見，故可貴也。

常熟翁氏之貴，始于翁心存。（一七九一——一八六二）他是道光二年壬午（公元一八二二年）進士，選庶吉士，授編修。十八年後，他的第三子同書中道光二十年庚子（一八四〇年）進士，授編修。咸豐六年丙辰（一八五六年），他的第六子同龢（一八三〇——一九〇四）中狀元。同書的長子曾源，在同治二年癸亥（一八六三）又中狀元，光緒三年丁丑（一八七七年），曾源之子斌孫又中進士，選庶吉士，授檢討。一門五翰林，其中兩人拜相，兩人是狀元，而狀元中，又有一人拜相，誠可謂家門鼎盛了。

翁心存字二銘，號邃菴，年少時就很聰明，他的父親在海州做學正，知州唐仲冕很賞識翁心存的才學，親自教他讀書，心存學問大進。中進士，入翰林，經過大考後升中允，出任江西學政，還朝後，擢大理寺少卿，又再入上書房，教皇六子奕訢（即後來的恭親王）讀書。一年後，因爲母親衰年，辭職還鄉，到母親死後再入京，由內閣學士升工部侍郎，調戶部，到咸豐元年十二月，始以戶部右侍郎升工部尚書，咸豐三年（一八三五年）因案革職，一年後，又授兵部尚書，咸豐五年調吏部，六年，以吏部尚書協辦大學士，不久又調戶部，充上書房總師傅。咸豐八年晉體仁閣大學士（因葉名琛革職），管理工部，十一年十一月以東閣大學士銜管理工部，同治元年十一月六日逝世。這是心存做官的簡歷。他雖然在咸豐六年已拜相，八年由副揆晉正揆，但從未入軍機處辦事，有相之名，無相之權，不如後來他的兒子同龢以狀元拜相，入值軍機，爲名實相符的眞宰相了。不過同龢只是副揆（他于光緒廿三年八月以戶部尚書授協辦大學士，仍在軍機處行走），較老子差一籌，然而兒子能行使相權，具有「權相」之稱，結果仍勝他老子也。

翁同龢畫像（定齋藏）

心存在淸代政治上沒有什麽大表現，相業更無足稱，他在戶部尚書內因爲與滿尚書肅順不睦，對于肅順整頓財政各種措施，甚爲不滿，遂請辭職。後來肅順被西太后殺了，人們反而崇敬他，以爲他是正人君子。其實他是一個講理學，很守舊的官僚，論政持大體，惡爲苛細。「持大體」本是很對的，但如果什麽事都抬出「持大體、惡苛細」的招牌來反對改革，那是要不得的。

戶部（其職掌畧如今日的財政部）的書吏作弊，花樣最多，久爲世詬病。咸豐九年，肅順爲戶部尚書，查出寶鈔處所列宇字五號欠欵，與官錢總局存檔不符，就奏明咸豐帝，請予究治，此案拖延日久，株連頗衆，一班書吏大起恐慌，一不做二不休，放把火毀滅證據，是年十二月廿九日，戶部大火，燒了十二個鐘頭才撲滅，將屋宇三百多所，重要的辦公處如南北檔房，司務廳，官票所，陝西、湖廣、山東、浙江四司的檔案盡付一炬，可見當時書吏畏罪已極，故下此毒手。翁心存肅順同爲戶部尚書，對于屬員作弊，都要負責的。（戶部大火時，心存已入閣，且辭職矣。）心存于咸豐八年（一八五八年）九月以戶部尚書授體仁閣大學士，管理戶部，肅順是同年十二月廿九日由禮部尚書調任戶部尚書的（一直做到咸豐十一年十一月革職被殺），心存管理戶部凡八閱月，這期間是有磨擦的。楊宗羲「雪橋詩話」記其事摘錄如下：

初肅順創議開烟禁收稅，翁文端以大學士管理戶部，爭之力，積與之忤。戶部設官錢局發鈔票，積久生弊，文端擇司員司之，肅順藉除奸商，遂興大獄。文宗命怡親王載垣治其事，逮司員下獄，欲坐以贓，而窮治無所得。時文端已予告，肅順奏請命詣刑部，時大學士柏葰東市之事未久，人皆爲之危，文端夷然曰：「是欲我爲蕭望之耶？」文宗眷文端深，不之罪，惟交部議處而已。

這段文字記肅順心存因開鴉片烟禁以裕稅收而致嫌隙事。當時淸廷正大力剿匪，國庫空虛，戶部職司籌餉，抽烟稅不失爲一種寓禁于徵之法。翁同龢日記中，有關于此案的記事若干節，分錄如左，以資參考。

咸豐十年庚申，三月朔。戶部官票所官吏舞弊，經手大臣審實，有旨詰問該司員，以短號整鈔換長號零鈔曾否回堂，着七八兩年歷任戶部各堂官明白回奏。初二日。大人具回奏摺，五兄（按：文中五兄，乃翁同爵也引注）下園遞。（園指圓明園。）

初三日。午刻，五兄歸，知回奏摺留中。

十一日。未初，見再行回奏之諭。

十二日。繕回奏摺，五兄下園遞摺。

十六日。連日訛言紛起，有謂奏入上震怒，硃批「喪心病狂」等語，將有不測。大人曰：「吾之忠悃，天實鑒之，汝等無為流言所惑。」

十九日。夜，辛伯來，以摺底見示，內有翁某等回奏，與司員等所供不符，請將翁某、杜某均摘去頂戴，歸案質訊。

二十日，午刻，黃壽臣來云：「聞諸許師，今日硃批如該王大臣等所請矣。」大人衣冠出見客，從容坐語，有頃見上諭：「翁某等于司員換鈔票，毫無覺察，交部先行議處，無庸再行回奏，亦無庸傳訊，等因，欽此！」始知前此傳者之妄也。跪讀再三，感深出涕。

畫家難者高簡，此冊清到骨矣，養閒高隱時有幽人往來，何要神偲浮遊於塵埃耶，鄙為吾鄉姪啟於先生尤有榮悻之啟 光緒十九年二月一日翁同龢題記

翁同龢題畫時在光緒十九年

閏三月十一日。失察兌換鈔票一案，吏部議以降五級留任。硃批：「候補官革職留任，仍俟定案時，再議失察處分。」

五月廿五日。以宇商濫支經費，怡王等覆訊，請飭戶部各堂官明白回奏。

廿七日。寅正下園，謁沈朗亭師，師云：「回奏摺內詳述商人月費不得不加之故，緣先後銀價物價迴殊，與大人摺大畧相同。」

廿八日。寅初三刻，始遞摺，辰正三刻，接事摺留中，寶、基兩侍郎回奏係連名四六文，有「同堂同過」云云。

廿九日。上諭：「翁某，沈兆霖、寶鋆、基溥分別交吏部，都察院嚴議！」

六月十四日。吏部議失察濫支經費處分均革職留任。奉旨依議。

以上所記，可見大概，翁心存此次革職，係失察濫支經費，實罪有應得，不能說是肅順等人羅織也。

同治帝繼位後，兩宮派翁心存在弘德殿授小皇帝讀書，心存遂正式是皇帝的老師了。（以前只在上書房授皇子讀書而已）。

道光朝，潘世恩以狀元拜相，有好士名，南方之士皆歸之，到咸豐朝，繼之者則為心存，人皆稱二銘先生，既值弘德殿，聲望愈隆，惟為時不久，以衰疾卒于同治元年十一月六日，享年七十二歲，病危時，恭親王奕訢特為之奏請西太后，准其子翁同書暫時假釋，回家侍疾。同龢十一月六日日記云：「申刻，令松姪迎三兄，戌刻，三兄始出，呼大人不應，亥刻，脈益陷，痰上壅矣。龢以手啓大人目，猶微瞬三兄，有淚涔然。……」心存死後，卹典甚優，贈太保，謚文端，入祀賢良祠，上諭中有：「伊孫舉人翁曾源，着賞給進士，准其一體殿試；候選同知翁曾純，着以同知即選；監生翁曾榮，着賞給舉人，准其一體會試；刑部學習郎中翁曾桂，着作為候補郎中；舉人翁曾翰，着賞給內閣中書，用出篤念藎臣至意！」五個孫子都有功名官職之賜，榮極一時。

由舉人「賞給進士，准其一體殿試」的翁曾源就是下科狀元，他大魁天下之後，翁同龢喜極而泣，謂可為其兄雪不白之冤了。（同書被逮問後，禁在刑部監獄，定斬監候罪名，心存死後，政府篤念舊臣，免其一死，改戍新疆，在甘肅軍營效力，以有戰功，賜四品頂戴，同治三年病逝，復原官，謚文勤。）曾源是翁家第二個狀元，照道理，以翁氏家門之盛，他又是狀元出身，何難致身通顯？然而會源大魁之後，拿到一個翰林院修撰的六品官，就回鄉歸隱了。說他是淡于仕宦嗎？却又不是，原來他有羊弔風之疾，不便出來做官。翁家有這個倒運狀元，故本文先寫他，然後再寫他的叔叔「行運狀元」翁同龢。

曾源死于光緒十三年（一八八七年）七月十三日，趙烈文聯輓之云：

翁同龢山水畫（定齋藏）

「白衣掄大魁，翰苑千餘年無此曠典；黑頭謝榮膴，林間三十載景此高風。」趙氏「能靜居日記」是年八月廿六日云：

赴翁氏作吊仲淵殿撰之喪。翁以白衣兩次恩賜舉人、進士，癸亥殿試，遂掄大魁，自有科目千餘年未創也。時其尊人藥房（同書號）中丞因皖撫失守遁逃，爲節帥曾公參劾，下刑部獄，親識滿朝，無策解免。有援先朝故事，父在繫，子得狀元蒙赦者，遂以之膺選，援例陳請，果邀曠典，旋丁父憂歸，得疾迄不起，其際遇可謂異矣。余爲輓聯，以語近迫刺，未之致也。

趙烈文的日記說得很清楚，翁曾源沒有經過鄉、會試而居然大魁天下，眞是科舉場中一創格，爲千餘年所未見。俞曲園有一聯輓曾源，雖是應酬之作，但却有特色，錄之于此，備讀者欣賞。聯云：

「三秋桂，三春杏，皆從天上頒來，只獨占鰲頭頂上；文端孫，文勤子，何意山中歸臥，竟長辭綠野堂前。」

上下比俱用死者一家的故事，只下比的綠野堂則用唐代宰相裴度歸隱後築綠野堂故實，心存是宰相，故用此典。

科舉時代的讀書人如想得到進士第一名（俗稱狀元）的銜頭，至少要先中個舉人，入京會試中式，有貢士資格才可以應殿試，等候皇帝取爲進士，但翁曾源沒有經過這個程序就點了狀元，上聯所說「三秋桂，三春杏」就是說他沒有經過鄉試（在八月，正桂子飄香時節）、會試（在三月，正紅杏枝頭時節），而從天上降下一個欽賜舉人、進士。

曾源年少時羊弔風風疾時時發作，所以沒有應試，從來不敢有問鼎鼎甲之想，而居然得進士第一名，外間有人揣測這是推恩已故師傅，使他九泉瞑目之舉，雖也有理，但曾源殿試的對策，寫作俱佳，與歷科狀元相較，毫無遜色，故士論對之亦無不滿意言論。翁同龢同治二年四月廿二日日記云：

訪心農及張午橋，皆言源姪寫作甚好，可望前列。……源姪近年爲病所困，深慮不能成名，今邀先人餘蔭，得與廷試，從容揮灑而出，意者其有天意乎？

曾源以有宿疾之身而應殿試，他的親人只希望他得個進士甚至榜眼、探花就心滿意足了，怎敢有獨占鰲頭之望。然而事出意外，竟中了第一名。故同龢日記云：

廿四日。是日傳臚，源姪于黎明入內。辰正三刻，劉升馳報，源姪得一甲一名，悲喜交集，涕淚滿衣矣。敬告先靈，合家叩賀慈親。須臾，二三報馳至，賀客雲集，時値國恤家憂，筵宴一切停止，擬于常昭會館延客小坐。……源姪得此科名，庶足仰答先人未竟之志，稍申吾兄不白之寃乎。

翁家第二個狀元，可說是中了毫無用處，但第一個狀元則飛黃騰達，三十年間由狀元拜相，可惜入相未一年，就被革職驅逐回籍，交地方官嚴加管束。晚年抱着凄凉的心境，終至謝世，在死前幾天，閱報知道西太后大赦戊戌獲罪諸臣，精神爲之一振，似乎安慰了許多，但已不久于人世了。同龢死後數年，雖然開復原官，追謚文恭，但這又有什麼用處，他是絲毫不知道的，說他含恨以終，亦無不可。他的臨終詩云：「六十年中事，凄凉到蓋棺。不將兩行淚，輕爲爾曹彈」，可見其心情了。

翁同龢是三考出身的，早歲便中了秀才，補廩後又考中舉人，殿試又中了狀元，少年便掇高科，甚爲得意。咸豐八年戊午，同龢奉派爲陝西鄉試副考官（正考官潘祖蔭，早翁氏一科的翰林），在闈中又奉派爲陝西學政，到十二月，因病請辭職，回京調理，咸豐九年四月回抵北京，是年三十歲。三月應散館試，得留館。（凡是庶吉士，都要入庶常館學習三年，經過散館試後，考其成績，分別授以編修、檢討之職，在翰林院服務，至此，始爲正式的翰林，其餘沒有授職的庶吉士就要離開翰林院，或在六部當主事，或派出各省做知縣了。狀元、榜眼、探花最佔便宜，傳臚後不必經散館試，馬上授職，但仍須入庶常館學習，應散館試。）同治元年以修撰升贊善，七月，奉派爲山西鄉試正考官（孫念祖副之）。是年十一月喪父，同治四年服闋回京，轉中允，奉派弘德殿行走，教小皇帝讀書，同時授讀的還有倭仁、徐桐、李鴻藻。同治十一年喪母，扶柩回鄉，到十三年回京供職，仍在弘德殿行走。這是翁同龢服官京朝的第一階段。

同治帝死後，光緒帝繼統，兩宮垂簾聽政，光緒元年八月同龢升戶部

翁同龢書札（定齋藏）

右侍郎，十二月，與夏同善奉派在毓慶宮授讀，四年，升左都御史，五年一月遷刑部尚書，四月調工部，五十賜壽。自光緒五年起，他已是正卿，政府的重要大員了。八年，以工部尚書入值軍機處，雖未大拜，但已行使宰相之權，其時只五十三歲，尚稱早達。此後十七年間，他做過總理各國事務衙門大臣（即後來的外務部），戶部尚書，尤以戶部做得最久，自光緒十一年至廿四年罷職止。在此十四年中，又是他最得意的時期，因為光緒帝年紀漸大，在書房中對他亦最為親近，未免言聽計從，師傅一言，可以影响皇帝，故當時有權臣之目。光緒廿三年，協辦大學士李鴻藻逝世，有一個空缺，由同龢補上，到此時遂為名實相符的宰相了。同龢一生的官歷大抵如是。

翁同龢考狀元有一段有趣的故事，故友劉成禺于一九四六年曾述之於上海「新聞報」副刊，題作「爆竹聲中爭狀元」，今錄之如次：

孫毓汶，咸豐六年一甲二名進士，授編修，大學士玉庭之孫，尚書瑞珍之子，道光二十四年狀元毓溎之弟，山東濟南人。翁同龢，咸豐六年一甲一名進士，授修撰大學士心存之子，江蘇常熟人。孫翁兩家，狀元宰相，同列清要。（按：翁家到光緒廿三年同龢始狀元宰相，孫家雖出一狀元，但孫毓溎僅官至浙江按察使，未入軍機，亦未大拜，未得謂為孫家亦有「狀元宰相」之事——引注）咸豐六年，毓汶、同龢同舉進士，毓汶書法翁覃溪，幾入室；同龢書法甚佳妙，實能領袖館閣。是科狀元，無第三人敢爭，固非兩人莫屬也。孫家銳意欲使毓汶獲狀頭，俾與毓溎成兄弟狀元，與廣西陳繼昌三元，同為科第佳話。殿試前夕，向例，赴殿試進士，住家離殿廷稍遠者，當夜寄宿朝門附近。孫府則近皇城，翁家稍遠，孫家當晚以通家之誼，延同龢來家夜飯。孫氏以父執世誼，與同龢暢談，將至深夜，始促歸宿。同龢已有倦意，毓汶早就寢矣。同龢將入睡，宿舍四周大動爆竹之聲，徹夜不斷，終夕不能成寐。未明入朝，已困頓無氣力矣。殿試，比策稿就，執筆無精神。自以為此次狀元屬孫萊山必無疑問。忽憶卷袋中有人蔘兩枝，乃含入口中，流精液貫，神志奮發，振筆直書，手不停揮，一氣到底，無一懈筆。書畢，展卷視之曰：「此可壓倒萊山，筆意妙到秋毫顛，尚在興酣落筆時也。」翁後始悟孫家延飯，深談入夜，使之疲倦，燃大爆竹終宵，使不能入睡，皆為翌日書殿試策無精采氣力地步，孫萊山可獨占鰲頭矣。不意人蔘巧能救急，故當時有呼同龢為「人蔘狀元」者。孫翁兩家，因此事件，芥蒂甚深。說者謂瑞珍不應出此，非君子所為。甚矣爭科名者，真無微不至矣。歲除前，與冒鶴亭同宿莊嚴寺，談此掌故，徹夜聞爆竹巨响，鶴亭久不成寐，早決回家，咸曰：「此翁常熟之感應也。」（按：孫毓汶字滌溪，號萊山，其後亦官刑部、兵部尚書，軍機大臣，總理各國事務衙門大臣，光緒廿五年逝世，謚文恪。毓汶黨于醇親王，對中法戰事，力主議和，而同五則主戰。醇親王于光緒十六年死後，毓汶勢始衰，光緒廿一年罷免，此又恭親王與翁同龢合謀去之也——引注。）

翁同龢在軍機大臣任上時，兩次皆遇中國對外戰爭。他于光緒八年（一八八二年）十一月入值，九年而有法國侵畧越南之事，十年發生中法戰爭，同龢與恭親王主張抵抗，但亦願用和議方法解決越局。李鴻章，醇親王一派主和，醇、恭二王暗中爭權，醇譖恭于西太后，十年三月恭親王與翁同龢等罷值，而孫毓汶入軍機。翁雖退出軍機無宰相之權，但仍然是工部尚書，戶部尚書的本職沒有變動，照常在毓慶宮教書。「清史稿」本傳說他退出軍機後：「嘗請假修墓，傳旨海上風險，命馳驛回京，恩眷甚篤。」所說是實。這件事發生在光緒十五年（一八八六年）己丑，王伯恭「蜷廬隨筆」有一段述及此事，摘錄如左：

己丑之秋，常熟師相乞假百日，回籍省墓，將返京時，道出上海，馬眉叔方爲招商局總辦，命局友王新之昕夕陪侍。常熟年已六十，白鬚飄然，周歷洋場，往往信意步行，不用輿馬。一日，忽奉廷寄封外寫「上海招商局轉投翁中堂」字樣，內書：「字寄師傅翁同龢，別已日久，計假期將滿，朕心甚盼，惟念時交冬令，恐海上多風，又天氣嚴寒，途間辛苦，自酌之，如有不便，不妨春暖再來，不必拘定假期也。某月日御書」云云。常熟得此，當夕即行。彼時聖眷之隆，在廷諸臣無與爲比，雖醇邸太上之親，往往向常熟上問官家起居，余嘗見常熟手復醇邸小楷手牘數道，可見當時魚水矣。手牘今藏連夢惺家。

同龢于己丑七月請假掃墓，十六日記云：

上到書齋，即諭臣以准二月假，並令馳驛回京，再三云：「此是懿旨。」臣即敬對明日具摺陳謝，請先退。上意黯然，臣于此時方寸激昂如波濤也。

是年九月初四，翁氏往上海候乘招商局「海晏號」輪船北上，其時確有常熟人王叔銘（字新之，招商局文案）陪他坐馬車游上海各地，曾往張園（據翁氏日記言：「主人張叔和，鴻祿，道員，未成園」。蓋當時張園尙未完全築成也）、徐園、徐家滙天文台等地游覽。他的日記並沒有記載接北京廷寄，述光緒帝上諭一事。不過九月十二日記云：「聞海晏船在津阻淺，望日始到。乘轎拜客，晤裴皓庭（按：此人是上海知縣。——引注）勸由陸行，以輪船送清江。躊躇不決。」假期將滿，焦急之至。如果光緒帝叫他不必拘于假期，他又何必焦急呢？「海晏」果于九月十五日到達上海，十七日開行，同龢即乘輪北上，並沒有遵照西太后吩咐由陸路馳驛回京也。同治、光緒兩朝南方有兩個佳公子，是名士又是大官，有好士名，一爲翁同龢，一爲潘祖蔭（江蘇吳縣人，咸豐二年壬子恩科探花，官至工部尙書，光緒十六年逝世，謚文勤），當時南方名士，不歸潘即歸翁，故稱潘翁。兩人皆出身于簪纓世家，祖蔭的祖父是道光朝的軍機大臣，武英殿大學士，亦狀元拜相也。奇怪的是這兩位公子同有一種毛病，不喜近女人，故皆無子。同龢十七八歲時，與湯修之女結婚，舊日北京老輩傳說，同龢有一怪僻，聞到婦女頭髮的氣味，便要作三日嘔，所以他和湯氏夫人僅有夫妻之名，但此說未可信。同龢在日記中記他的岳父得神仙指示娶葉氏女而生下其妻事，頗有趣，雖事涉迷信，但舊日的士大夫不但深信不疑，且傳爲佳話，今錄于左：

翁同龢山水畫（定齋藏）

咸豐十年正月廿七日。……老丈爲余言，昔文端公，（按：湯金釗，字敦甫，浙江錢唐人，嘉慶四年翰林，歷官尙書，謚文端。——引注）在江蘇學政任時，掃一樓奉乩仙，懸筆于上，老丈輒從拜于樓下。一日，乩書某次子修，賜名敏齋。又一日，書年庚八字一，綴一詞于下，有「二十四橋明月夜，明珠一顆掌中擎」之語。越日又書云：「昨所示八字，乃上海葉令之女，可與修爲佳偶，命幕友張某爲媒，急往，限某日到，沿途多加縴夫！」文端承命，遣張君急行，至則前一日葉令方與寧波林氏議婚，適因小恙中止，張君述神語，遂委禽焉。于歸三年，生一女而沒，年二十四，乩書所謂二十四橋者驗矣。所生女即余亡妻也。亡妻歸我十年，無子女，年三十而卒。鏡合無期，珠摧先兆，其命也夫！曩曾聞亡妻言之，不甚悉，今詳記之。

翁同龢的太太死後，他並沒有續娶，但時時懷念她，咸豐八年他在陝西學政任上時，除夕恰在三原縣，日記云：

廿九日：……山城岑寂，爆竹之聲絕少，客中情景。悽涼萬狀。題唐鏡銘（按：此鏡係廿六日在市上所得者——引注），作一詞，有「三十年華明日是，賸天涯漂泊孤鸞影」之句。余豈眞有兒女之念哉，死生契濶，未能忘情，念彼黃罏，當亦形影相弔，潸然出涕耳。

咸豐十年，同龢納妾陸氏，四月廿二日記云：

是日納妾陸氏。妾太倉人，寓常熟已久，丁已之秋，榮姪回南，吾妻囑其置一女子，病中懸盼萬狀，比至而吾妻死矣。此女貌殊陋，而操作尙勤，以吾妻故納之。回思舊日蘭閨情景，爲一慟焉。

同龢以戊戌變法獲罪，光緒三十年五月十一日日記云：

報載太后恩諭，凡戊戌案內革職者皆開復，監管者概省釋。逋臣如得邀此寬典，雖一息當伏謁君門也。

他寫此段日記後，次日即病，二十一日逝世。宣統元年，兩江總督端方奏請爲翁氏開復原官，追謚「文恭」，則爲溥儀剛接位不久的時情。

委員長代表蔣伯誠

朱子家

現在居留在海外的僑胞們，也許已很少人知道蔣伯誠這個名字了，但是距今二十五年以前，在對日抗戰後的中國第一大都市——上海，他曾經無愧爲一時的風雲人物，儘管他以一個病廢之身，也並不曾眞正建樹過什麼豐功偉績，但因爲他是國民政府軍事委員會委員長的駐滬代表，就憑着這一個頭銜，自然而然的就引起了人們對他的重視。

上海是特工戰最激烈的地方，抗戰時期，兩個對立的政權，都在全力活動。自一九三九年以至一九四一年期間，每隔幾天，就有一樁暗殺事件發生，大街小巷，到處有槍聲，到處有伏屍，上至政治人物，下至新聞、經濟界的人士，稍涉嫌疑，不問是爲了抗戰或者爲了和平，都不能免。汪政權因得地理之便，在特工戰中漸佔優勢，重慶政府派在上海的各種組織，軍統、中統、三青團等，投降的投降，破獲的破獲了。過去有一個時期會經潛伏在上海的，如吳開先被捕後，以半投降形式換取了遣回重慶的特殊待遇，主管三青團的吳紹澍，主管教育的蔣建白等等，都以無法立足而紛紛遠離了。唯有委員長的駐滬代表蔣伯誠，却能一直駐在上海，安然無事，這就算得是一個奇蹟了。

張善琨透露了秘密消息

本來，我與蔣伯誠絕不相識，而且在與他第一次見面之前，連他過去的經歷也所知甚少。在我的印象中，僅知他一度曾代理過浙江省政府主席，在韓復榘主魯時代，他代表委員長在濟南負起聯絡與監視的任務。抗戰以後，又奉命到上海主持地下活動。

像他這樣一個人物，而又留在淪陷區內，是不會不受日本憲兵的注意的，遲早也總將逃不過被捕的厄運。而這事也終於發生了，事發以後經過了相當的日子，我才於無意中獲得這個消息。事情的經過是這樣的：在一九四一年的初春，一次周佛海上海居爾典路（後改稱湖南路）的住宅中，舉行一個電影晚會，放映一部剛拍好而尚未正式公映的歌舞片——中日合作的「華影」公司出品，而由李麗華主演的「萬紫千紅」。那天的晚會，是爲了張善琨在不久以前，因爲私通重慶嫌疑而被日本憲兵所拘捕，得周佛海的營救而獲保釋，他爲了表示謝意，以這一部影片送至周宅獻映。善琨是太懂得一切世故人情的人，他知道佛海不一定歡喜看電影，但一定高興欣賞影星們的丰姿與演技。那天的場面，因所有「華影」的影星，幾乎空羣而往，倒眞稱得上「萬紫千紅」。周宅的大廳上設了四席酒，影片的放映地點，是在大廳前綠茵一片的草地上，善琨悠閒地立在草地一角，因爲我與他也是朋友，爲了他的脫險，不免上前去向他道喜。說來慚愧，我對善琨的「捉放」，事前也是一無所知。由於我當時在南京與上海辦有兩張報紙，就不免要向他探問在憲兵隊中的遭遇，他偷偷地告訴了我兩項秘密消息，一件是新聞報以「小記者」爲筆名的嚴諤聲與他同囚在一處，這使我非常驚愕。

小記者夫人被捕作人質

嚴諤聲與我是新聞界的老朋友，但由於個性相距得很多，他是穩重而又嚴謹的人，剛與我的放蕩衝動相反，因此儘管是同業，而且多年來又同是上海記者公會的執行理事，但以性格上的格格不入，很少有友誼上的來往。他不但主編新聞報的副刊「茶話」，而且還兼任了上海市總商會與公共租界納稅華人會的秘書。國軍從上海撤退以後，主持該兩會的負責人，如王曉籟、杜月笙等都相繼離滬，而私章却都交在諤聲之手。因此日本憲兵隊就處心積慮地要把他拘捕。

早在一九四〇年汪政權建立不久，嚴管聲的太太就被汪政權的上海特務機關「七十六號」所拘押過了。關於這事，倒有一段有趣的插曲。諤聲太太被捕之日，我正在南京。第二天的傍晚，我在夫子廟的太平洋菜館與朋友們共進晚餐，諤聲的一位表弟由上海趕來看我，說是受諤聲之托，要我對他的太太加以營救。諤聲夫人是一位篤信基督教的純粹家庭主婦，患有很深的胃病，身體十分孱弱；决不能抵受長期的羈禁。而她之所以被捕，是因爲「七十六號」捉不到諤聲，遂以他的夫人來作爲人質。

當年我的基本態度，還不僅是什麼「忠貞」、「愛國」等一類自裝門面的高調，我對特工的行徑，心理上一向深痛疾惡，我以爲不問歷史上的東廠或西廠，外國的蓋世太保或格別烏，殘忍卑劣，都是一丘之貉。尤其當對外戰爭時，儘可以不同的見解，各行其是，又何必箕豆相煎，自相殘殺，這是因政治而埋沒了人性。因此，我對諤聲的請托，就一口應承。

因爲李士羣也是周佛海左右十人組織之一，我與他也算有着金蘭之誼，於是毫不考慮地就在菜館中打了個電話給士羣，我在電話中剛說了一句「七十六號爲什麼要把嚴諤聲夫人拘押」，士羣就搶着說：「××！你眞是糊塗，這種事豈可在電話中商量的？有什麼問題，可立刻來我處面談」。我一想不錯，於是放下話筒，就立刻趕去。到得那裏，士羣京寓的起坐室中，除士羣外，正坐着蘇成德（首都警察廳長）與唐生明（唐生智之四弟）兩人，見我趕到，同聲發出了笑聲。士羣說：「我明早將搭七點鐘的京滬快車回上海，在火車上正好休息，今晚就不想睡了，想打一晚通宵麻將來消磨時光，正苦三缺一。而你却來了電話，恰好自投羅網。現在賭意正濃，無心聽你講別人家的閒事，什麽話等打完了牌再說」。他也不等我的同意，拉開牌桌，這樣就一起打到了清晨六時。我敗了，而且敗得很慘，在士羣起身搭車之前，笑着對我說：「看在你陪我打了一場通宵麻將的份上，又輸給了我們那麽多錢，不是你來要爲嚴謂聲太太說情嗎？那麽，你可以打電話到上海去，要他們來「七十六號」把她領回去吧」！想不到這事就輕輕鬆鬆的如此解決了。士羣雖然是一個特務工作人員，外表瘦削斯文，對人也很有一些人情味，決不像外面對他的傳說。既然張善琨說謂聲是與他同囚在一處，事實當然完全可信。

不識蔣伯誠却作了保人

善琨告訴我第二個消息，是蔣伯誠也被日本憲兵所拘捕了。蔣伯誠怎樣被捕與關在何處，他都不知道，但事情是千眞萬確的。而且他之被捕，就是受到蔣伯誠的牽累。原來蔣伯誠的太太，是名坤伶杜麗雲，凡是老夫少妻，家庭中總不免有些難言之隱，杜麗雲一度曾棄家出走，最後仗善琨之力，才把她追尋回來，始得重圓破鏡。因此，他與蔣伯誠之間有着相當密切的關係，而蔣伯誠被捕後，在他家裏却搜出了善琨的去信，於是也被一併株連。

事有湊巧，兩三天之後，爲「海報」長期撰稿的唐大郎也來看我，告訴我他的好友毛子佩與蔣伯誠一同被日憲拘捕了，他要我設法營救。毛子佩在戰前曾辦過一張小報，但我與他並不相識。子佩不知以何淵源，抗戰後攀附上了上海市黨部主任委員吳紹澍而竟然也榮任爲委員，留在上海從事地下工作。說來可憐，雖然我參加了汪政權，但除公開場合以外，向不與任何一個日本人來往，一無門路，試問我有什麽力量幫忙。但由於大郎的苦求不已，而且他還告訴了一個秘密，就是毛子佩等雖失去了自由，但在押所還可以看報，因此大郎就在他「海報」所寫的稿件中，與他暗通消息。大郎說：「你自己不留意，我在「海報」上已通知他將由你來設法營救，份屬同業，只有請你勉爲其難了」。

我是絕無辦法的，唯一可以進言之處，祇有轉求佛海。我去見他，一述來意之後，佛海就說：「毛子佩雖情節較輕，但因他與蔣伯誠同案，不便單獨爲他說項。關於伯誠的問題，我與他是老友，論公論私，都應爲他出一些力。我已奔走了多時，請川本（當時日軍駐滬「登部隊」的陸軍部長）與岡田酉次兩人向東京軍部疏通，已經有了些眉目；現在只候日軍部的最後決定。一旦如能實現，我還想請你出面，完成保釋手續」。這一席話，頗出乎我意料之外，不但不費吹灰之力，使我可以對朋友有個交待，而且像堂堂委員長代表如蔣伯誠這樣的一個人物，要由我來担保，這自然是出於佛海對我的好意了。

大約至一九四一年的仲春，佛海通知我蔣伯誠等將於翌日担保釋放，但日期已經記不起了。那天的下午二時左右，約會了另一保人徐采丞（徐是杜月笙在上海的代表，但他有辦法同時獲得日軍的信任，不但與川本好，而且與日軍特務機關「松機關」的阪田也有密切關係。在抗戰中，後方物資缺乏，由孔祥熙、杜月笙、戴笠、顧祝同等辦了一個通濟隆公司專向淪陷區搜購物資濟急。采丞竟然說動了阪田，撥出巨資，也成立一個民華公司作爲聯繫，曾將大批紗布、橡膠，藥物等源源由淪陷區運往抗戰區）會齊，先經上海靜安寺路原前清郵傳部大臣盛宣懷私宅的川本公館，由他派出了一名聯絡參謀，同赴貝當路憲兵隊會見杉原隊長。杉原取出了一紙保狀，要我們簽字蓋章，而担保人的責任，又是異常的吃重：（一）今後被保人不再作任何政治活動；（二）如需離開上海，應先取得日本憲兵隊的同意。對皇軍是沒有討價還價的，我們只有硬着頭皮把名字照簽在保狀之上。

寫好保狀，才一起驅車赴西蒲石路本爲萬墨林住宅的軟禁之所。那時蔣伯誠還偃臥在床上，其餘幾人，是他的太太杜麗雲，他的兒子宇鈞，上海市黨部委員王先青、毛子佩以及杜月笙的親信萬墨林夫婦。杉原要他們在室內整整地一字排列好，肅立聽他的訓話，然後再要他們向我和采丞深深一鞠躬致謝，才命令監視他們的便衣憲兵全部撤退，完成了釋放手續。

全部七個人看到保釋他們的竟然是一個絕不相識的我，那時臉上所露出感激與欣喜的表情，以及蔣伯誠的連聲稱謝，現在回想起來，此情此景，還如在目前。但是政治就是政治，所有參加汪政權的人，都天眞得可笑，往往把友情放在政治之上，就以這事而論，在營救方面，我雖未出力，担保却要負起很大的責任，而以後他們對我的酬報，將使我永難忘却。

保了毛子佩又助他逃亡

在一九四九年時，抗戰勝利所獲得的成果，短短於四年之間，又全部斷送了。他們也與我一樣，倉皇辭廟，遠走海外。一次，我與朋友去九龍五芳齋進餐，旁桌上坐着王委員見到我若不相識，朋友是知道過去這一段經過的而又與他相熟，就上前去輕輕問他：「××不是曾經保過你，怎樣你連招呼也不打一個」？他回答得很乾脆：「沒有這回事」，朋友回座告訴了我王委員的話，我感到一陣莫大的追悔。

其中的萬墨林與杜月笙爲上海浦東同鄉，兩

人的關係，介乎主僕、師生之間。杜月笙離滬以後，他仍然留在上海供奔走之役。他的兩次被捕，都是我營救脫險的。除了我受他夫婦一鞠躬之外，此後即不曾再見過面。

他前年在台灣的某刊物上寫過一篇兩次被捕的經過，筆下大義凛然，我是深知內情的人，讀後就不免為之啞然失笑了。

毛子佩的鑽營本領，我十分欽佩。他在保釋以後，當然仍照常工作，也承他不避嫌疑，常來看我，多半是為了經濟上的通融。一次日憲又要把他拘捕時，他乘夜來我寓所，要求為他掩護，我臨時給了他一張我所主持的「平報」職員證，填上假姓名，才得避過日軍耳目，登上火車，從容自杭州逃往內地，非但我沒有履行担保的責任，反而協助了他的逃亡。

日本投降以後，毛子佩就急急趕回上海，一到就來看我，提出了兩項要求，第一：今後要展開工作，身份不同，應有一所像樣的房子居住；第二，想接收「平報」，改名繼續出版。我很清楚自己已不再有利用價值，生命且難保，况乎身外之物的財產？當場就痛快地答應為他安排。

在舊法租界的福履理路，我有兩所連在一起的花園洋房，同一大門出入，中間僅隔着一個花園，買來以後，重加改造裝修後，即不曾有人居住過，我就貢獻出來作為新的毛公館，他自然欣然遷入。與他兩位夫人，一同居住。不幸妻妾之間，偶因詬誶，他的如夫人竟跳樓自戕身死於此。他住的是前面一所，後一所他代我送給了章士釗居住。記得一九五〇年時，這位章行老為了某家析產的事來港出任調停，當他住在香港利羣道時，我因受某家長兄之托，也參加為魯仲連，與他相見。雖然我與他是當年的上海律師同業，而且曾經辦過幾起對手案子，不知他是身價自高呢，還是年老健忘？通名報姓以後，他竟表示從不相識。在談話中却忽然若有所悟，問我道：「現在我上海所住的房子，是否就是你的」？不錯，房子本是我的，但既由毛子佩慷我之慨，更何况成王敗寇，敵產早成「逆產」，教我怎樣好意思還以房東自居？我只有惶恐答道「招待不週！招待不週」！

關於第二問題，我勸毛子佩，「平報」是一張大報，不易經營，不如接收我另一張小型報的「海報」，因在東南地區有着良好的基礎，倒不失為生財之道，他虛懷若谷，當場決定，就將「海報」改稱為「鐵報」而繼續發行。在中共南下以前，四年之間，仍行銷如舊。對毛子佩而言，這是他一生際遇上的迴光返照。至於「平報」，由他送給了吳紹澍，改名「正言報」，應了我那句話，始終沒有經營好。

癱瘓之身指揮地下工作

言歸正傳，蔣伯誠經我保釋以後，自由雖然恢復，而身體仍未復原，一直到他逝世為止，長年睡在床上。但因為除他本身工作以外，他與吳紹澍公私上均有聯繫，上海風聲緊，吳紹澍遠避在安徽的屯溪，所有吳紹澍所主持的上海市黨部與上海市三民主義青年團，事實上均由蔣伯誠就近直接指揮，但他以癱瘓之身，試問尚有何事可為？這一時期我不但成為他家的常客，而且是他家的上賓。也不但是他與佛海之間的聯絡人，也且是他工作上的助手。

他在保釋以後，即遷住到靜安寺路愚園路口的百樂門公寓，名義上雖然已恢復自由，而在他寓所的四週，仍有日本憲兵隊的密探在暗中監視，因此眞正的抗戰工作份子，反而明哲保身，裹足不前了。我因係保證人之故，且負有他們不得擅離上海的責任，故由佛海通知日軍，為了需要經常前往探察，反而可以公然出入。每當我去時，總先由杜麗雲殷勤招待，再陪同進入伯誠的臥室，立時屏退左右，就坐在他床前與他傾耳密談。直至抗戰勝利為止，他們對我的優禮，始終不衰。凡是他對我提出的任何要求，我也總是奉命唯謹，如上海市黨部與三青團的經費，從此都由我一人負担，被日憲拘禁在鎮江監獄的重慶工作份子，數達一二百人，由我奔走釋放。當我每完成一件任務，他總懇切的對我說：你如此為國家出力，我已代你向軍委會呈報備案，將來有關你的問題，也將由我完全負責。我也照例對他以微笑來代替道謝。

周佛海對蔣伯誠可說關顧備至，生活費用都交我送去，有事商量，總使他如願以償，而伯誠對佛海，確然也有過一些眞心，如一九四四年佛海兼任上海市長時，由他去電重慶請示。一九四五年的初春，因不放心佛海與戴笠之間的關係，要佛海寫好親筆信後由他輾轉帶渝呈給極峯，以窺探眞意。日本投降之後，他又托我轉言佛海，力阻他隨戴笠飛渝。以上各種經過，已詳拙著「汪政權的開場與收場」一書中，茲不再贅。

蔣伯誠儘管以病廢之身，做不了什麼事，但他的處境無疑是危難的，無日不可以被日憲逮捕，也無時不可以送命。一次他在閒談中向我嘆息着說：「人家是發的國難財，而我在滬為國家辛苦了幾年，却換來了一身的病，連上海一所住宅，也忍痛賣掉了。你是知道的，這裏四周都為敵人所監視，如其有一天需要逃避的時候，將連一個藏身之所也沒有。」那時我自問是對一個為國家出力的人的同情，三天之後，就在舊法租界一處隱僻的所在，用了一個化名，為他買進了一所不算太小的洋房，還立即重加裝修，並加添各種安全設備。等一切佈置就緒之後，我把產權憑證與印鑑一併送給了他，他不但欣然接受，而且還命杜麗雲親往察看，表示出十分滿意。

蔣伯誠做不成上海市長

其實汪政權中的人冒險幫忙，只是一時利用的工具而已，不要說我，連地位與關係如蔣伯誠者，最後也逃不過鳥盡弓藏的命運。日本宣佈投降後的第二三晚，我又去看他。杜麗雲告訴我，他受了一些刺激，血壓劇升，情勢危殆，我走到他床前，看到他滿面通紅，正呻吟不已，一問原因，原來是聽到廣播中重慶任命了錢大鈞爲上海市市長之故。他一直以爲在上海冒險工作，如一旦勝利，上海市長一席，自然無人可與爭衡，勢將非他莫屬了。這一消息，使他失望，也使他衝動。我與他談話時，在他低微斷續的談吐中，其情可哀，充滿了憤激牢騷之語。

以後雖然曾在大西路成立了「軍事委員會委員長駐滬代表公署」，一時臣門如市，委員長又曾親筆寫給他一封全文二十九字的慰問信。慰情聊勝，但依常理而論，這一公署應該是上海的最高指揮機關，而他無疑是最高的負責人，但等天上飛下來的，地下鑽出來的捲土重來後，他却反而處處受制於人。某一天，他的兒子宇鈞，因幫人交涉誤被查封接收的房屋時，軍統認爲干涉了他們的行使權力，到門向他指責，他在氣憤之下，一記耳光就把他的兒子宇鈞一邊的耳朵震聾了好幾天。

不知怎樣連我送給他的那一所房子，也給軍統查出了，派人去向他詢問。這一來，却急壞了杜麗雲，連夜把內人找去，將房契與印鑑强行退回。我那時已置身縲絏，本來不知有此事，而追查財產的檢查官忽然將我提審，專門審問我那所房屋的事，我當時竭力否認，檢察官却妙想天開，厲聲說：「你說不是你的，有什麼證明」？我戰戰兢兢的作供說：「大老爺明鑑，如其你以爲連跑馬廳也是我的，試問我又怎樣能提得出證明」？一次審問就在尷尬場面中不了而了。

勝利以後，我被安上了一頂帽子，抄了家，也入了獄，在法庭宣告判决以前，連生死都不知道，我自己反因旣然插翅難飛，就抱着聽天由命的態度倒是把家人急壞了。照理最應該幫我忙的是這位蔣伯老了，但今非昔比，情形旣已大變，一切交誼，早成過去，今天我仍然不能怪他的食言而肥，因爲我知道他勝利後的環境；也許比之秘密工作時更壞，於是心境影響了情緒，環境也影响到他的出力。在審判中，內子曾去求他證明，他說：「你丈夫之所以有今天，就是你丈夫當年太紅了」！內子向來有遺傳性的神經衰弱症，怎樣也料不到他會說出這樣的話來，勉强說了一句「伯老！當年是不是你都曾經唯恐我丈夫不夠紅的」？說完，就昏倒在他床前的沙發椅上。

大約由於內子的這一舉動，激發了他對我的同情心，終於由「委員長駐滬代表公署」以正式公文送交了法院，逐事列舉，證明我當年曾經做過些狗捉老鼠的閒事，並派他的兒子宇鈞爲我到庭作證，我感激他的成全，也因爲他的證明，帽子減小了，一再末減的結果，渡過了九百十二天的牢獄生涯，今天還得優游海外。

一九四八年，當我出獄以後，我去向他道謝，那時他又搬到了王家沙的一處小公寓中，早已門庭冷落，不再有一些風雲人物的迹象，只有杜麗雲還陪伴着他，他也仍然斜臥在病榻上，病況毫無起色。我表達了幾句謝意之後，彼此就默默的相對着。因爲我正在想：過去的事，像是一場大夢！相信他也是在想吧！過去的事，眞像是一場大夢！這是我與他最後的一次見面了。因爲我來港以後不久，就由大陸來人，傳來了蔣伯誠逝世的噩耗。後此數年，又有人說：連杜麗雲都也因病而追隨他丈夫於地下了！

杜麗雲小記

莊亦諧

杜麗雲最早在上海，曾經加入顧無爲主辦的大中國電影公司訓練班當學生，後來忽然在上海花間張艷幟，懸牌雪艷老六，也是洋場時髦人物。醉心京戲，尤其對當時由北方南下之馬連良最爲傾倒。數月後，杜麗雲忽然退了花捐牌子，結束一切，到北京去找馬連良，杜說：「我已決意改行唱戲，請爲奴介紹一名師」，馬就將她介紹給王瑤卿，列入「通天教主」門牆，學了幾齣戲。王背人說杜是「聰明面孔笨肚腸！」但其束修甚豐，祗能盡心教導。杜大做行頭，所費不貲。恰巧上海四馬路大新舞台到北方去邀角兒，來手人爲杜麗雲之假父杜菊初，杜麗雲亦有衣錦榮歸的願望，於是偕鬚生王少樓等同上海。有一天晚上，台上正在演「法門寺」，忽然戲院屋頂上有人看霸王戲，脫脚跌落台前斃命！杜、王驚惶失色，旋即停演，不久，就傳出杜麗雲嫁蔣伯誠的新聞。杜麗雲的假母老七，有很大的烟癖，聽說杜麗雲嫁人，要求爲她買兩個女孩子，以娛晚年，麗雲就出錢爲她買了兩個女孩子，其一題名杜近雲，其二即屬杜近芳。杜近芳學成以後，加入李少春劇團，甚紅，田漢編的「謝瑤環」，就是由杜近芳主演的。近雲則沒沒無聞。蔣伯誠死後，杜麗雲因爲沒有「工作單位」，祗能又出來唱戲，徐娘老去，不受重視，消沉而死！上圖是杜麗雲的「寶蓮燈」劇照。

申報與史量才

望平街憶舊

胡憨珠

史量才的聰明，不但舉一反三，且能聞一知十。所以他後來對於申報的所有權，由合夥變成獨資，歸他一人所有。對於秋水夫人也能使她自然地從錢友石、陶晉葆手中擺脫出來，而後才讓秋水夫人自動攜帶所有財物產業，乖乖的投入他的懷抱中。眞的是她身內之心，身外之物，全歸他所有，無不運用了「準、等、狠」的三大原則。

且說桑伯尹和劉琴史兩人傳授給了史量才嫖的理論以後，再導引他去實踐嫖的見習。於是陪同到四馬路大新街迎春坊「花翠琴」的那家長三堂子裏去打茶圍，這「打茶圍」正是嫖的初階，爲何桑伯尹和劉琴史陪史量才要到花翠琴妓家去打茶圍呢？因爲他們兩人都是花翠琴家的熟客，凡客打茶圍如果到不相熟的妓家去，那是毫無樂趣可言。他們雖不是做這家花翠琴妓院的客人，但却是極相熟的熟客。原來他們有一位嫖友名叫錢友石的，那是做這家花翠琴老三的好客人。這錢友石是泗涇地方的第一富戶，與史量才倒是眞正的小同鄉，擁有良田四千畝，要知松江府屬的土地田畝，以泗涇爲最好。試想錢友石每年歲收的田租所入，其數額大到嚇殺人，而其富豪也由此可知了。

桑伯尹和劉琴史在當年也都是富家公子，以好嫖嗜賭馳名於松江。在物以類聚的定例之下，錢友石到上海來做嫖客時，很快的交上這兩位嫖友。更其是上海長三堂子裏的組織法規，對於做主人的請朋友吃花酒，不像北京是要由做主人的全部負担，被請之客可以不名一文而大喝其花酒，因此，非要有財力的人，不敢在八大胡同的南班子裏請客做花頭。上海的長三堂子裏的請客規矩則不然，與北京適得其反，那是採取了合集義會方式的請客吃花酒。在上海的長三堂子裏請客做花頭，等於做義會的收進一次會錢，以後陸續償還。於是買票的還以買票，碰和的還以碰和，變成分期付欵方式的嫖堂子。此所以上海妓院業務的發達，與嫖客人數的衆多，是有理由的。

史量才因有這桑、劉二位嫖客先進。爲之作幕後策劃。便很快的由「打茶圍」客人一變而爲「做花頭」客人。在當時長三堂子裏所定的買票公價，每位客人只要六元。在這兩大嫖學導師的提調下，史量才嫖堂子請客吃花酒的處女作，就在這家上花捐牌子的花翠琴妓院。這家妓院舖房間的（按：舖房間即鴇母的代名詞）却有三個「討人」，（按：討人即鴇母的養女之謂）即爲有名的花翠琴家三姊妹。她們三姊妹的次序和名字，爲老大靈芝，老二采芝，老三慧芝。老二和老三已都是名花有主，老二采芝所做的客人爲蘇州人尤懷臯。那是當年蘇州商會會長尤申甫的兒子這尤潘陸張原爲蘇州有名的四大富室。而尤懷臯本人却是留美學生，學成回國以後，即在上海開設自由農場，專事經營飼養乳牛，出品鮮牛奶，不過後來尤懷臯討娶了采芝回去，同居不到兩年，采芝却要下堂求去，不料協議離婚，雙方上午在律師寫字間簽字離異，當天下午就宣佈她和這位經辦離婚案件的律師結婚。在此表過了花翠琴老二的閃電式離婚和結婚之事，再說花翠琴老三所做的客人，那就是錢友石了，這不知是桑伯尹和劉琴史有意要給史量才拉攏這兩位「同房間」聯襟的高親呢，還是他們受了「舖房間」的囑託，要替花翠琴老大物色一位客人。因爲在當時花翠琴家的老二、老三已經都有了「戶頭」了。老二是尤懷臯，老三是鎭江人陶晉葆，等到錢友石去做花翠琴老三的時候，已屬棋輸一着，不過錢友石究竟是個鄉村富翁，很輕易地給花翠琴老三母女兩人勾串，玩了手脚，瞞天過海。可是錢友石却被蒙在鼓裏，化了一筆鉅額的寃錢，還訂了嫁娶之約。

花翠琴家的三朶花

上海的妓院規矩，未到節邊的「掉頭汎」，例不能向工部局的花捐間，退捐報歇，繳銷照會。即或討人嫁杳有期，亦必要做到節邊，方可除牌退捐。因此，在這樣的狀況下，史量才到花翠琴家去「做花頭」作和酒報效，順理成章地是他當然所做的是老大靈芝了。不過靈芝其名雖靈，其實不靈。論她們三姊妹中，相貌的秀麗明艷、智慧的敏靈機巧、儀態的華貴雍容，語言的應對得體，要以老三慧芝掄元稱魁，老大靈芝只是壓居末後，所以史量才心頭所喜愛的却是老三慧芝，不是老大靈芝。不過他已得到嫖學的「忍、等、狠」的三字經，因此，便對慧芝施用了愛的三字經，對靈芝却採取了不愛的三字經。所以他每夜到花翠琴家去盤桓，既不動聲色，又舉止灑脫。對愛與不愛的三字經，分頭並進，相輔而行，倒是博得言行大方，皆大歡喜。

不知是前生的夙緣呢？還是史量才的才能。慧芝老三對於史量才覺得他正是人海中的豪傑，將來前途，未可限量。若錢友石祇是一個擁有四千畝田的田舍郎而已，怎能與史量才作比。因此，到了錢友石準備舉行實扇迎歸之日，她却提出反對，堅要解除婚約。倒使「舖房間」的鴇母軋扁了頭，幸而張竹坪挺身而出，替他們解開了這個死結，打開僵局。

這位張竹坪原是聖約翰大學的畢業生，不過他出了校門，就在錢友石身邊做智囊。而錢友石實在對他的才能，敬服萬分，不但言聽計從，且有不可須臾離之概。到任何地方去，必要張竹坪伴在身邊，就是到堂子裏去嫖，也非張竹坪在傍不可。就因爲張竹坪跟着錢友石吃酒，在花翠琴家和史量才相識成朋友。只因英雄識英雄，所以兩人說得投機，成爲親密無比的朋友。尤以他對於史量才和錢友石作比的觀點，倒是同慧芝老三一樣，認爲史量才將來必有前途，同時，張竹坪以冷眼旁觀的偵察和窺測，感覺慧芝老三的靈犀一點，全注在史量才身上。於是激發起他對她一片同情之心，再注意史量才於不經意中，也自會流露出對慧芝老三似乎有些情所獨鍾的神情意態。因此，張竹坪便想着自己何不幫助他們兩人成全這一段姻緣之份罷。所以凡錢友石與他談及此件婚娶糾紛事情，非但不代爲設一謀，反而婉言疏解，總以大丈夫何患乎無「妻」爲慰詞，最後竟以物色一好女子自承，果然他四出訪求，奔走接洽結果，給他尋訪得一位潮州籍的江蘇候補道梁某外室所生之女，願意下嫁錢友石。

秋水夫人的離合因緣

就因錢友石的完娶梁女，對於慧芝老三的婚約自動取消。於是史量才也就以「準、等、狠」的三字經，獲得勝利之果，便擯棄了靈芝老大，討娶了慧芝老三。如今若有人要計算他倆結合之年，只要一問史氏公子詠賡的行年歲數即得。蓋當史詠賡呱呱墮地，舉行滿月湯餅讌會之日。正是慧芝老三進入史門之期。是以當時有一青年人曾笑向史氏問：「量才先生，你已有了一位生有髮頂七個旋渦的異相公子，何以還要討娶姨太太呢？」大約該青年只知「不孝有三，無後爲大」的兩句成語，認爲欠娶無子，爲了後嗣問題，可以再娶一女，現今已有一子，何以再要討取花翠琴老三。所以有此責詢，却使當場史量才無語答對。只得打着哈哈說：「阿弟，你還年輕，不會知道內中情形，我所以娶慧芝，其中自有道理，日後你自會知道的」。

如所周知，史量才的秋水夫人就是慧芝老三，與史氏由合而離，再由離而合，爲史量才所題取的名字，實爲一個涵有悲歡離合的紀念性名詞。原來慧芝老三自歸史量才後，共度其如魚得水的美滿生活，此時的史氏在社會裏也已有相當聲譽，自己所經營的事業也在蓬勃發展中。此種甜蜜生活爲時無幾，又遭生離，有天鎮江的陶晉葆突然望門投止，要見他們夫婦兩人。這陶晉葆就是慧芝老三第一個客人，此來却向史氏索回慧芝。聲言他與慧芝原訂有嫁娶之約，只因本人有事北上，無法南歸，今已歸來，知她現在君處，請即見還，以便踐履我們兩人的嚙臂舊盟云云。

據說陶晉葆此次自鎮江來滬，相當濶綽和威武。他於未去史量才家以前，先乘坐雙馬車隨帶佩有武器的兩名衛士，逕到滬西愚園路訪問時報主人狄楚青。他們原係相識的同鄉，（按狄楚青爲江蘇溧陽人）於歡談離情舊誼以外，問詢及史量才寓處的詳細地址。是以他能毫無錯誤，直入史量才家。當時史氏夫婦同懾於陶晉葆的威勢，不敢反抗，因其衛士都已出槍在手，耀武揚威，因此，史量才只得默聲木視，既不拱手忍讓，亦不出言相爭。但慧芝老三見到陶晉葆，於滿面驚懼之色，垂首墮淚以外，也不作任何表示。要知妓女對於第一個客人，都有一種深刻的戀念，陶晉葆過去對於她，實在愛憐備至，丁娘十索，有索必應，今日的突然其來，是足以見他未負前盟，是以她此時突然陷入於新愛固深，舊情難忘的沉思之中。

只是陶晉葆的性格獷悍粗魯、亢爽躁急，目見眼前情景，早已不耐煩，便伸手力握慧芝老三之臂道：「慧芝，你跟我走罷，此地一切東西，都不值得憐惜，我有的是」。說罷，即携之出門登上雙馬車疾馳而去。從此一去，音息杳如，日盼夜望，盡皆徒然，直要到辛亥革命成功，陶晉葆以鎮江都督的身份，重來上海，往訪滬軍都督陳其美。時已由南京都督程雪樓以密電通知陳都督立刻槍斃陶晉葆以後，慧芝老三方始歸來，重復投入於史量才的懷抱中。不過他在她離去時日過程的所挨日子，對史量才來說，實是苦難達於極點，好在他仍然以「準、等、狠」的三字經相對付，終於獲得延津劍合，樂昌鏡圓的最後勝利。於是他就替慧芝易名爲「秋水夫人」，以紀念在她離去期間懷望想思的苦況。命名秋水，是取詩經「所謂伊人，在水一方」的秋水伊人之意。從此世人祇知有史量才家的秋水夫人，不知有花翠琴家的慧芝老三其人了！

談「申報」必及史量才，談史量才必及秋水夫人，這是燕文所以長篇累牘記述此事的原委，固非閒文贅詞可比也。

出盤申報應回溯創始

黃公續原與青浦席子眉爲世交，素有往還，若論席子佩，他以乃兄關係而獲交黃公續，論輩份，高長一輩。是以黃公續對席子佩無論相見談話與通函致詞，皆以「世叔」相稱。當光緒三十二年（一九〇七年）的某日，席子佩突來訪黃公續。願將其所有的「申報」，以二萬兩銀子，出盤相讓。黃氏的本願，原想開設報館，出版報紙，以便代民衆司喉舌，對社會做木鐸。初因他身邊無引以足爲佐助人才，是以遲遲不敢着手進行。及自遇史量才以來，認爲他才能卓越。只因兩人時時爲設計辦報之事作研商討論，交換意見。史量才這幾年來，幾於無日不去時報館的息樓作座上客。且常聽陳景韓、包天笑、雷繼興等閒談有關報館中各項業務問題的處理辦法。久聽之下，自然了了於胸，諸事明瞭。因是一經與黃公續談及辦報問題時，便能侃侃而談，說得頭頭是道。聽得黃公續滿懷高興，覺得史量才任何問題，都是見解精闢。正是一位辦理報業的第一等高手，如若辦報，這全權負責主持人，實非此君莫屬。但終因沒有適合的機會，只得在緩緩準備中。是以席子佩前來願以二萬兩銀子，出盤「申報」。黃公續便不作考慮，立即欣然答應，因他認爲「申報」出版至今已有三十多年的歷史。對於各階層的社會間亦擁有相當的聲譽基礎，不少讀者。「申報」兩字，早已做出牌子，可以算得是家老牌報館。後來之人接手辦理，祇要擴充改善。作不斷的努力工作，不但事半功倍，易見效率，而且可以成功康莊大道，煥然一新。這就是黃公續對席子佩出盤申報的接觸，立即欣然答應願意受盤的承諾之由來。他於送走席子佩以後，便即去見中國通商銀行總經理謝綸輝，商量支付受盤申報二萬兩銀子的盤價之事。

黃公續的父親純粹是個讀書人，雖然他不善經紀，亦不事生產。但因他的父親賢能有爲，明達知人，凡親手所創設的數家當舖和錢莊，被聘請延邀而來的當手夥計和經理人員，無一不是敦品勵行之士。勤勉從事，因此，每個事業單位，總是利佔什百，歲有盈餘。當祿命將絕之日，猶爲其子選得陳舜郊、謝綸輝兩位監護產業人。所以終黃公續的父親之身，雖無若何建樹，但亦未使家業有虧。傳之黃公續的一代，他遵奉先人遺命，捐資助學，無不事先徵得兩監護產業人的同意許可，而後實施，如此力行弗替。

當盛杏蓀（宣懷）創設中國通商銀行的時候，將陳舜郊自黃氏的安裕錢莊堅聘而去，任該銀行經理。此爲上海中國舊式金融機構的錢莊經理，轉任西洋化新組織的銀行經理，陳舜郊當爲第一人。在「中國銀行史」的書上，載有陳舜郊的一篇光榮歷史。及陳舜郊年老告休，回轉故鄉之日，乃向盛杏蓀舉薦謝綸輝之賢以自代。因是黃公續爲欲受盤「申報」，支付盤價銀子，故特赴中國通商銀行來徵求謝綸輝的意見和商討。此時陳舜郊逝世有年，黃氏產業監護人已經兩去其一。祇要謝綸輝點頭許可，這「申報」推收盤的一項交易，就可宣告成功。誰知謝綸輝一聞黃公續的話以後，却是力持異議，表示反對。原來在謝綸輝的心念中，認爲以席子佩的爲人，何等的圓滑。尚且辦理不好這張「申報」，虧蝕至於難乎爲繼，急於謀求擺脫。這種爲席子佩所唾棄的事業，豈是規矩忠厚如黃公續所能爲，其失敗必然無疑，所以他堅不許可。

因爲謝綸輝的堅不許可，黃公續無法堅持力爭，只得向席子佩回絕作罷了事。在史量才方面而言，對於黃公續受盤申報不成，這有關於他的利害問題却重大之至。是他當時以黃公續盤進「申報」之後，這「申報」的總經理一席，舍我其誰。這不止早獲黃公續的口頭應諾，即當前的環境亦復如此。自念從此，以無職業者變爲有職業，以擁虛名者成爲操實權，待遷在望，彈冠自慶。一經黃公續去訪晤謝綸輝歸來，知道堅不許可受盤「申報」，這如花的願望，似錦的前程，頓成一場春夢。

前邊敍述史量才的心理：「以無職業者變爲有職業，以擁虛名者成爲操實權」的那兩句話。料想看官們定必訝說：「史量才不是開設蠶桑女學自任校長正是一種清高無上，受人崇敬的神聖職業，怎說無職業啊」。其實當席子佩來向黃公續兜盤「申報」的時候，史量才早已成了退職校長。只因不才敍述史量才本人起伏興替的歷史本事，一路道來，因無空隙機會說明他退職蠶桑女學校長的經過情形只因此事有關於史量才的命運起伏一個大轉捩點，實有敍述補記之必要。

原來史量才自從由黃公續替他補正爲「蘇路」公司的股東，並代黃公續爲出席代表，從而時與張季直，應季中，趙竹君等這一班蘇省巨紳，現任達官，參加會議，平坐平起，更以他的口才便給，辦事力强，幾於無不對他具有非常好感，成爲「蘇路」股東會中，不可或缺的重要人物，就中以應季中對他情感尤爲篤厚，大凡有才幹能力之人，必懷有巨大志向，對既得的現任職位，決不認爲滿意，因此史量才將自己所手創的蠶桑女學，與應季中商量，歸由江蘇省接辦，好讓自己擺脫校長一職的羈絆，專心供奔走「蘇路」股東會事，應季中時任藩台，認爲接收蠶桑女學改爲官辦，於公於私，皆有利便，於是進言江蘇巡撫程雪樓，立即批准，因此史量才成爲退職校長，有職業便成無職業了。

同時，黃公續的社會關係相當繁複，出席會議之事，幾於無日無之，黃公續一概請託史量才代表出席，不過生活之費，每月由黃公續致送，所以他有只有虛名，毫無實權的慨喟，滿以爲黃公續接盤「申報」，獲任「申報」總經理之後，則一切缺陷皆可塡平，所以他對黃公續受盤「申報」不成，心裏自然氣忿，但到日後，終於讓史量才達到目的，也可以說是他對「申報」的志在必得，不過時間問題而已！（下期續刊）

舊王孫溥心畬

宋訓倫

溥心畬先生的家世和畫學，言者不少，知者更夥。這裏所記的，祗是我個人對溥先生的印象。他交遊滿天下，如果有很多人各就自己的觀感，將這位一代畫宗的卓論畸行記下，彙纂成集，當更增加無限高山景止之思。

我稱他一代畫宗，溥先生泉壤有知，必不滿意。他實在以經學自許，並以敦品勵行，作爲處世教人的基本大法。繪畫，在他看來，祗是雕蟲末技，他著有「四書經義集證」，和「十三經師承畧解」等書。前者皇皇鉅製，我沒有拜讀的機會，後者則曾承他檢賜，是薄薄的一冊，將十三經源流作一概括的勾勒，很像大學或專科所用的經學常識問答一類的參考書。

舊王孫凝神作畫

所以照他的爲學次序看來，先要正心誠意，然後博通經史，旁及掌故詩詞，最後才到寫字和繪畫，而字更在畫之先，必須書法有了門徑，繪事方能有成。近代有許多畫家，能繪畫而不會寫字，更不會賦詩題跋。在溥先生看來，這樣是難以進於高明之境的，因爲不讀書寫字，何能開拓心胸而趨於醇雅，則下筆豈能免於俚俗。中國的畫與中國的書法原理相通，字寫得越好，畫越容易進步，畫有書意，方能高雅。

事實上，溥先生雖諄諄其教，據我所知，即溥先生門人中，能恪遵他遺教的，恐亦不多，還有人甚至違反了書法上穩紮根基的基本要求，不先從碑帖入手，却冒冒失失地直接去臨摹溥先生那種扶疏飄逸的書體，那眞成爲畫虎類犬了！

一炷瓣香，說來容易，但金鍼巧度，却各需緣法，在溥先生本人倒是一向不問老少男女，程度高下，一律耳提面命，並無差別，所以他每次到香港來，我們都能在他那下榻之所，看到黑壓壓一屋子門牆桃李，像這樣有教無類的精神，着實令人敬佩！

世人震於他的書畫令名，反把他一生最基本的凜然大節給忽視了。他一片惓惓忠愛之忱，誠然專爲滿族而發，但明辨是非，洞識體要，與一部份人迥不相同。溥儀出任「滿洲國皇帝」時，他即會全力諍諫，並撰「臣篇」一文以見意，其中有「未有九廟不立，宗祏不續，祭非其鬼，奉非其朔，而可以爲君者……謀之不臧，噬臍何及！」關東軍首長派人送欵求畫，他亦拒絕。以愛新覺羅嫡系宗室在那種震疑迷惘的時期，能以如此準確的舵針來把握自己的方向，如果沒有非常的識見，尋常人豈易至此！

在一片紅潮，泛濫神州之時，溥先生獨搭一葉扁舟，從舟山羣島，歷涉驚濤駭浪，直奔台灣。振衣千仞，孤邁特立，若非胸有所守，對世事有眞知灼見，又何能自保其身，超然物外。

溥先生雖是博學之士，有時却偏見極深，中華民國推翻了他的祖宗三百年基業，中華民國這四個字便時常使他有一種異樣的感覺。他在日本遨遊的一段時期，就住在董浩雲先生的東京寓邸裏。有一天，他寫信給韓國漢城中國大使館裏的一位朋友，他在信封上寫了朋友姓名和「韓國漢城」四字，却留下「中華民國駐韓大使館」一行字不寫，硬教一個廚房大司務代他寫成，據他說：「這樣可以免得自己傷感」。像這樣行徑，自然十分可笑。

我與他初次見面，就在東京，記得那天我走進他的房間，他擱下畫筆，從榻榻米上站起來，雙手拱胸，必誠必敬地口稱「溥儒」二字，自道姓名，這兩字的聲音是那麼沉着莊嚴，一副「恭敬懇摯」的神態，給我異常深刻的印象；但談不到半句鐘，便聽他滿口講的是「本朝……」「本朝」，實在使我忍俊不禁，那時已是民國四十幾年，他似乎要我跟他一同憧憬於道咸同光的時代。

在東京，他長日賦詩寫字，並且製了許多燈謎，給人猜射。自己用斷縑零紙，信筆作畫，作爲贈品。有一天，我猜中了謎底是孟子「南辱於楚」的一條，獲得他的小幅硃竹一件，欵上還題着「擬東坡筆意」幾個字，另外還加贈一件簡筆山水，澹遠疏宕，可謂神品。

書法作品中最使我欽佩的，是他聚精會神寫了送給董浩雲先生六條五言排律的草書詩屏。詩是他自己的舊作，字則鸞舞蛇驚，鴻飛獸駭，圓潤遒勁，妙造自然，眞做到心手雙暢，翰不虛動的地步。平生所見溥先生的行草，當以這六條爲第一，現在張掛在深水灣「香島小築」中。我曾經當面向溥先生說，這是我所看到他寫得最工的字。他笑笑道：「我打擾了主人這麽長久的時日，豈能不表達我心中一點點謝忱」，可見他自己也深爲得意。

的確，「聚精會神」四字，我認爲不管任何大家，抑或無名小卒，都是下筆時的基本要求。以溥先生的藝術造詣，再聚精會神，出之以至誠，當然使出渾身解數，由心及手，豈有不臻於鬼斧神工之妙！

他的楷書極像成親王而秀潤過之，實際是得力於褚河南。我曾將梁啓超所集的宋詞楹聯請他用二吋見方的楷書寫在打着朱絲格的洒金箋上，眞精雅極了。那聯語是：

「呼酒上琴臺，把吳鉤看了，闌干拍遍，」

「明朝又寒食，正海棠開後，燕子來時。」

溥先生並特地以小楷加上長跋說道：

「歲在戊戌之冬南遊，道出九龍，客館寂寥，端憂羈旅，暇日臨池，聊紓離索。邂逅宋君訓倫，遠逢舊雨，如接春暉，君以宋詞命寫楹聯，拙書不工，敢託氣類，今古興懷，若合一契，浮雲變滅，何其有極，觀於物外，不亦可乎？陋巷沍寒，時將改歲，槿籬霑雨，積潦停烟，並記節序，以待春時。西山逸士溥儒識」。

像這樣的小品傑構，簡練雅飭如此，完全胎息六朝散文，而託旨深遠，意在言外，更覺得興味無窮了！他的楷書，從前早經有人評爲「五百年來第一人」，看這副楹聯，豐神秀整的程度，此評洵非虛語。

他有許多識見，都比尋常人要更深一層。某次，我請教他對於某要人的書法作何評價。他很嚴肅地說道：「古人寫字，有肉有骨。如果有肉無骨，則近於俗；有骨無肉，則近於枯。所以清明盛世的文章書法，都有一種雍容春雅的氣息，

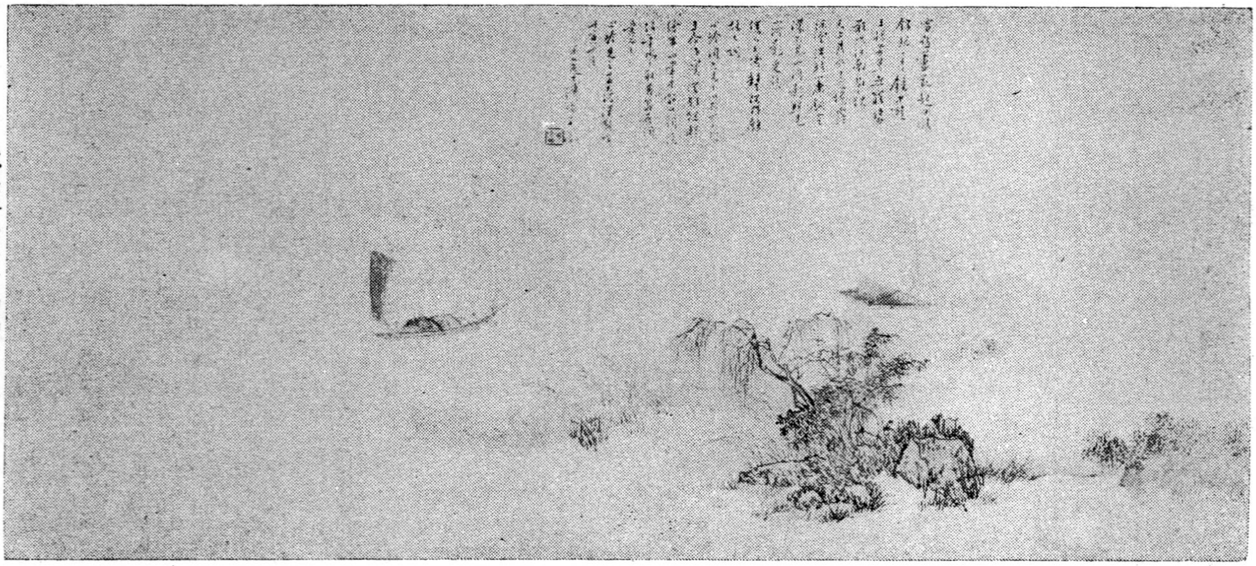

溥心畬畫中有詞詞中有畫

到了衰亂之世，飢寒凶厲，乃有一種枯瘠而又剽悍的字畫，這也是氣運使然！」

他還告訴我，曾經有人問他：「公畫較並時諸賢如何？」他祇回答了十六個字：「吾於古人，不敢不勉；吾於今人，不敢不讓。」

他兩次三番爲了吃蟹趕到香港來，一次住在九龍新樂酒店，兩次住九龍樂斯酒店。事實上，他的吃蟹眞是亂嚼一通，可謂食而不知其味。看他一次總能吃上十隻以上，其實檢視他吐出來的碎殼，至少還能理出六隻八隻的蟹肉。

倒是他每次來香港，使香港許多朋友得到更多機會去親近他，請教他。他曾先後在香港大學和新亞書院作學術講演，使香港的學壇藝苑驟添不少生氣。據我所知，香港有兩位博學宏詞的通人，使他十分心許而深相契合的，一位是香港大學教授饒宗頤先生，一位是詩書畫兼精的林千石先生。宗頤縹緗萬卷，博覽羣籍，以漢學馳名國際，至於書畫詞章，尤其餘事。千石書宗二王，畫追北苑，曾寫給我長逾十尺的小行草手卷，是他自己的古今體詩，極類蘭亭墨妙，朗朗如玉山上行；此外，還兼擅金石，誠可謂多才多藝。但饒、林二位都各有一種清峻澹泊的氣質，唯其不屑濁流，乃與溥先生的風格更易印證。

溥先生知我歡喜讀詞，時常隨手抽取桌上的廢紙，信筆將他的得意之作抄給我看。雖然隨意抄錄，不計字之工拙，却一樣簽名蓋章，並還加個上欵，可見前輩先生的拘謹不苟。

他的詞遒峭如張子野，意境極高。例如金陵懷古，調寄踏莎美人：

「依舊江山，無邊雲樹，六朝陳迹知何處？荒亭古木正棲鴉，猶似春城烟柳夕陽斜。

玳瑁梁空，鬱金香冷，白楊黃土蕭蕭影，玉人無復倚闌干，一片清谿明月水光寒。」

又如憶故山，調寄清平樂：

「畫梁依舊，雙燕重來否？蕙帳塵消人去

久，餘得夕陽殘柳。浮雲片片南行，却教隔斷歸程，朝暮湄河碧水，東流不繫離情。」

長調如八聲甘州：

「望幽燕暮色對殘秋，千峯送斜陽，正蕭蕭木葉，沉沉邊塞，滾滾長江。已是登臨恨晚，誰共賦滄浪，衰草連天碧，故壘雲黃。　尚有梁園修竹，膾青山愁外，雲路悲涼，似猿啼三峽，烟櫂下瞿塘；更何堪江山異色，怨黍離轉眼變滄桑。傷心處，遠天鳴雁，聲斷瀟湘。」

這些詞凄涼激楚，一唱三歎，筆下無限哀怨，而以沉鬱頓挫出之。「更何堪江山異色，怨黍離轉眼變滄桑」，當年這位「舊王孫」所經歷的愴痛，不料今日竟一樣輪到我們身上。但當年他究竟還能在自己耽過的土地上，一樣呼吸自由空氣，而我們今天却連回到故園的這一點點最低的權利都沒有了。

像這種「身世之悲」，他時常流露於字裏行間，例如他第一次到香港來時，曾經秋夜泛舟，賦鷓鴣天詞一闋：

「雪點蘆花起白鷗，錦帆片片鏡中遊，王孫芳草無窮碧，散作江南處處秋。　天上月，水邊樓，露凉雲淡掛簾鈎，空濛不見山河影，照見山河影更愁。」

最後兩句眞是言近旨遠，感慨無窮。而且這一闋詞，如此綿邈清麗，可謂詞中有畫。我靈機一動，立刻懇求溥先生賜畫一件，將這首詞寫入畫中，使成爲天壤間的一件藝術至寶。溥先生應允俟到台灣後慢慢交卷。因爲這類精心細膩的作品，必須像上文所說，出之於「聚精會神」，絕非旅邸客窗，賓朋喧闐中所能草率爲之。

果然，到次年秋天他再度來港，立將這畫當面見賜。我捧觀之下，這一驚喜眞非同小可！整個畫面，一種疏宕幽秀之氣，撲人眉宇。著色淺絳和淡青，固靜雅到極點，而意境佈局，更清空絕俗。像這等筆墨，雖文衡山唐六如復生，亦必斂手相讓，遑論當代諸子。他除將上述鷓鴣天詞題上外，並補跋幾句說：

「僕不工倚聲，偶作鷓鴣天詞，心冷詞兄見之，以爲可存，並命作圖。僕雖粗解繪事，而畫中頗少詞境，信筆成之，取其略有詞意而已，心冷見之，當不河漢斯言。

壬寅十月　西山逸士溥儒並識」

當晚，香港騷人墨客公宴溥先生於豐澤園，我就挾了這張畫濫竽末座，席間許多朋友看了欽羨不置，一致認爲確是溥先生近年的精心傑作。

我得意之餘，將這幅畫製成賀年卡分寄朋友，祇因有感於他那鷓鴣天詞中「空濛不見山河影，照見山河影更愁」兩句，想起有人欲超邁唐宗宋祖，結果弄得民不聊生，鬼號神哭，溥先生學有修養，祇是感喟一陣，我則劍拔弩張，唾壺擊碎，也塡了一闋長調摸魚兒詞，就印在那張賀卡背後：

溥心畬妙繪工筆仕女洛神

「盪扁舟月華淸映，輕鷗驚起烟渚，空濛不見山河影，却照羈愁如許。歌與舞，看璀璨樓台信美非吾土，江闊夢阻，憶舊館春深，玳梁燕老，望斷故園路。　千秋事，枉說唐宗宋祖，風騷空比今古，飢鴻遍地勞囚泣，眞個鬼號人怒。君莫訴，終不信神州從此長悽苦，殘陽已暮，倘一局棋新，雲龍際會，兵馬自天渡。」

賀卡印就時，恰巧溥先生還滯留香港，他看見了喜不自勝，向我索取了十幾份去。現在距溥先生謝世已歷多年，河山依舊，兵馬杳然，天心人事，徒歎奈何！

溥先生眞不愧爲中國畫的一代宗師，而且代表典型的中國士大夫，他認爲中國畫就是中國畫，不得滲入任何外國色彩或氣息，即以郎世寧的畫，在他看來，也並非上品。這種鍥而不捨，堅忍卓絕的精神，由繪畫推而至於他的日常生活，何莫非是。他的山水，花鳥，人物，氣韻之高，並世無第二人。我曾買到他畫的一幀工筆「洛神」，開相，衣褶，神態，都脫盡凡俗，他並題有一詩：

「茫茫碧水望晴川，猶憶黃初作賦年，一去驂鸞不知處，洛濱千載月空圓。」

賦詩題跋更是他的拿手好戲。一般畫家題詩，總得先要苦吟一番，然後寫在詩稿抄謄上去。可是經我兩三個月親眼所見溥先生的題畫，才使我佩服得五體投地。原來他根本就沒有任何稿牋，如果有，就祇有腹稿。看他全副精神作畫，等到畫上的最後一筆完成時，筆就順手抬到上面去題詩了。原來他手上儘管作畫，腹內早在吟詩，畫甫完成，詩也吟就。這比古人的八乂七步似還更上一層，不獨「乂」與「步」的形相已經化除，而且文思與藝術可以同時雙管齊下。更難能的，詩還要做得好，不好何貴？這是我經常所看到、而最使我心悅誠服的一件事。

那一年恰好顧宗瑞先生七十雙慶並爲顧老先生五十年金婚紀念。朋友們請求溥先生畫一幅松鶴雙清冊頁爲壽。這類酬酢題材如易俗手爲之，便無足觀。那天晚上，我到溥先生處，看他伸紙調色，極工整極精細的一幅松鶴圖，却走筆如飛，才個半小時已全部畫成。蒼潤秀逸，令人意遠。畫筆未乾，詩已題上：

「九莖芝蓋獻華堂，奉橘萊衣樂未央，松鶴丹青同預祝，海清雙奉百年觴。
不羨鴛鴦比翼飛，釆芝香滿辟蘿衣，室家琴瑟誰無此，白首齊眉古所稀。」

「海清雙奉百年觴」，可謂善頌善禱，顧老先生伉儷今猶康健如常，「百年觴」自然沒有問題，但不知何時可望海清呢？

我雖藏有溥先生影印的筆記「華林雲葉」，却不曾讀過「寒玉堂詩集」，所見到他的詩詞，都祇是一鱗半爪。不過，像上列這種酬世文字，托體如此雋雅，其他性情之作，更可想見。試想這一百年來的中國畫壇上，還有甚麼人具有這樣的學養和才華？

溥先生的畫，市塲價格並不太高，且爲畫充斥，令人扼腕；但市塲價格的高低，他自己生前都未縈心，身後更何足道。凡眞美善的藝術，自有其不朽的精神價值，又豈時代風尚所能局限。據我妄言，即以今天震撼世界的印象派畫而言，其藝術生命究竟能維持多少歲月，實在也大有疑問。

若干年後，世界承平，社會康樂，到那時大家覺得需要穿着較爲整齊的衣服，或需要講些沖夷寧靜的精神陶養，到那時說不定溥先生的畫也就跟着時代的需要而再發生它的萬丈光輝。

溥心畬二三事

·省齋·

數十年來我所認識的名畫家之中，以溥心畬先生最爲天眞而富風趣，今述關於他的軼事二三則如下：

平民化的舊王孫

一九五五年，溥心畬應南韓政府之邀，由台赴韓，前去講學，事畢途經日本，就逗留在東京。那時我也在東京，聽朋友說他到處在找我，於是我立刻就去訪他。他寄寓的地方非常華貴，可惜主人不在東京，日常侍候他的就是一名廚子。溥心畬和廚子話得投機，時常聯袂出游，大家稱道溥心畬，說他一點沒有架子，雖爲舊王孫，却平民化的很。

平時我和他見面的時候，老注意到他總是喜歡摸他自己的肚子。我覺得很奇怪，有一天我忍不住的問他，問他是不是肚子不舒服，有什麽毛病？他哈哈大笑道：不是不是，這裏面有一個秘密。我問他有什麽秘密？他說他在南韓賣掉幾幅畫，一共獲得五百美金，他恐怕被人扒去，所以特地在他的底袴腰間叫裁縫做了一條夾縫，將五張一百元的美金藏在裏面，外面再圍上袴帶，這樣就神不知鬼不覺的可以萬無一失了。

不忍話舊圖題詩

一九五三年初夏，我在香港接到大千居士自紐約發來的一個電報，說快要飛到東京，深盼我亦能去東京叙首。到了之後，有一天夏曆四月初一，正是他的生日，我請他到上野的「萬壽樓」去吃麵。雖然我們兩人都不

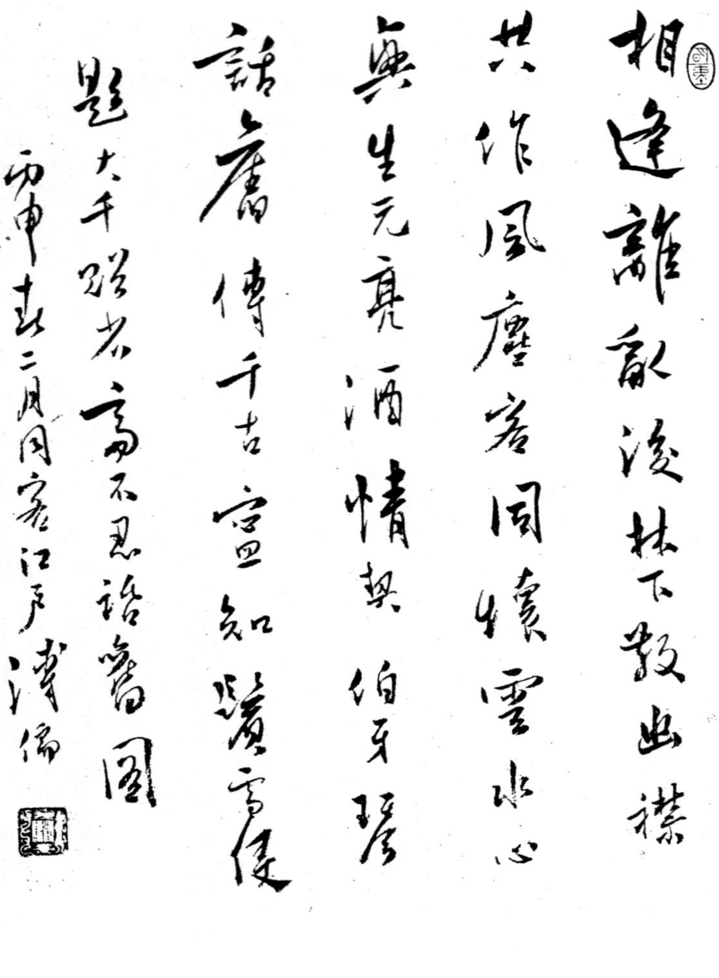

相逢離亂後，林下敘幽襟。
共作風塵客，同懷雲水心。
興生元亮酒，情契伯牙琴。
話舊傳千古，寧知鬢雪侵。
題大千賢弟畫不忍話舊圖
丙申春二月同客江戶　溥儒

善飲，但是那天興高采烈，盡了一大樽啤酒。返寓以後，他立即揮毫畫了一頁「不忍話舊圖」送給我，並加題識曰：

「省齋道兄知余將自南美來遊東京，遂從香港先來迎候，情意殷拳，傾吐肺腑，而各以人事牽率，未得久聚，治亂無常，流離未已，把臂入林，知復何日耶？爲寫數筆，留以爲念，傳之後世，或將比之顏平原明遠帖，知吾二人相契之深且厚也。癸巳四月同在東京不忍池上。蜀郡張大千爰。」

一九五六年，溥心畬在我的東京寓所看見了這一幅畫，頗有所感，隨即索紙題詩相贈曰：

「相逢離亂後，林下散幽襟；共作風塵客，同懷雲水心。興生元亮酒，情契伯牙琴；話舊傳千古，寧知鬢雪侵，題大千贈省齋不忍話舊圖，丙申春二月同客江戶。溥儒。」

此情此景，如在目前。乃曾幾何時，人事全非，心畬作古，大千病目，誠有不堪回首「不忍話舊」之感也。

名士派當衆脫衣

心畬是一位標準「名士」，他一天到晚。除了吟詩、繪畫之外。其他一切不理，一概不知，尤其對於衣食住行方面，十分隨便。後來他住在東京澀谷區大和田町金村旅館，小房一間，席地而坐。伏几作畫之餘，好吸香烟。繼續不斷，他雖對於日文一句不懂。但對日本生活，却很喜愛。

離金村旅館不遠，在明治神宮前面有一家中國飯店，名「福祿壽」。吃客大多是美軍眷屬，佈置得相當考究。有一天晚上我邀他去吃飯，他欣然相從，那時正是冬天，飯廳裏面的水汀開放，溫暖如春；廳中的電燈全滅，每張桌子上都點上了臘燭。飯廳的一角放了一只鋼琴，有一個妙齡女郎正在那裏獨奏名曲，這種「情調」，本來是十分配合西洋人的胃口的，心畬一到裏邊，先聲驚四座的大叫太黑。坐了下來之後，又大叫太熱。一面嚷着，一面隨將他身上穿的羊皮袍立刻脫下，那時我正在看菜單，並沒有注意他。不料鄰座的兩個美國太太忽然狂聲大叫，原來心畬除了外罩一件羊皮長袍之外，裏面祇穿了一套衛生衫與衛生袴！那就莫怪這兩位外國太太驚惶失色了！

恭王府舊藏名迹

心畬名儒，別號西山逸士，自稱「舊王孫」，遼寧長白山人。他是清代道光帝的曾孫，恭親王（奕訢）的文孫，和溥儀是嫡堂兄弟。自幼飽學，於經史子集，無所不窺。清室既屋，他奉母隱居於西山戒壇寺十餘年之久，專事繪畫。後遷頤和園，專攻詩書。「中國美術年鑑」中謂其「繪畫以澹雅爲本，獨得宋元之眞，故能雄澹致遠，俊逸出塵。題畫詩詞，書法秀逸，如散髻仙人朗朗行玉山高處。楹帖行楷，得剛健婀娜之致，若置之晚明中人，當不復辨」云云，眞是一點也不錯。

恭親王府夙富收藏，但後來都給溥心畬賣掉了。舉其犖犖大者如稀世之寶的西晉「陸機平復帖」，他拿來賣給余派名票張伯駒。唐韓幹「照夜白圖」，他賣給外國人，現在倫敦大英博物館。還有，宋易元吉畫的「聚猿圖」，他賣給羅振玉，現在大阪美術館云。

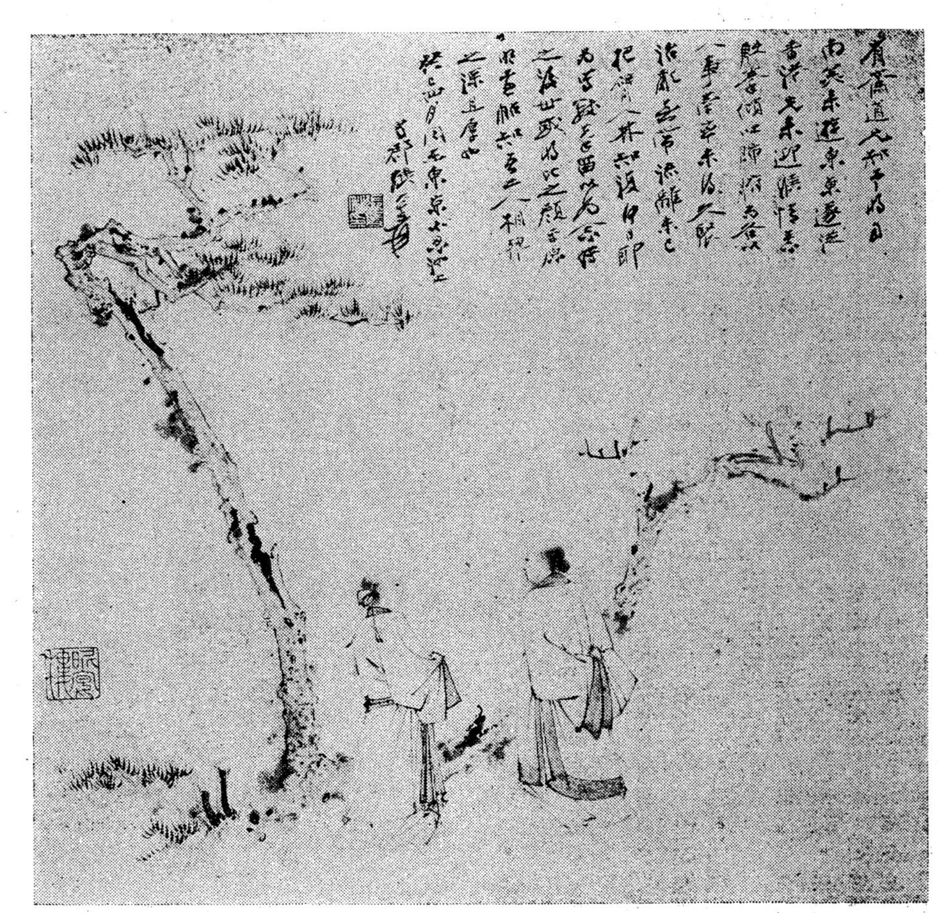

徐悲鴻 齊白石 泥人張

曉翁

徐悲鴻對於我國古代畫家最喜愛的是吳道子、趙子昂、錢舜舉、仇十洲、陳老蓮等，近人中則屬任伯年；特別是任伯年，由於時代比較接近，對於徐悲鴻的創作，影響極大。

齊白石由湖南初到北京，沒有什麼人認識他，徐悲鴻在國內外逢人苦譽，齊白石曾有答徐悲鴻並題畫寄江南春詩句曰：

「少年爲寫山水照，自娛豈欲世人稱。
我法何辭萬口罵，江南傾胆獨徐生。
謂我心手出異怪，鬼神使之非人能；
最憐一口反萬衆，使我衰顏滿汗淋。」

胡適之在一九四九年二月爲「齊白石年譜」作序說：「我們本意請徐悲鴻先生審查這部小書，並且要請他挑選白石老人各個時期的代表作品來作這本年譜的附錄，眼看這是不可能了！……」

鄧廣銘爲「齊白石年譜」作跋文說：「白石老人的朋友和門生，現在住在北平的也還不少，如陳半丁、徐悲鴻、王雪濤諸人，也應當去向他們採訪一些白石的事蹟，無奈現時的北平，出門訪人也大非易事，這事只有期待於將來了。」

一九三七年前後，徐悲鴻寫文章推崇著名的民間藝術天津的泥塑名手張明山，這就是天下聞名的「泥人張」。徐悲鴻比之爲俄國的大雕刻家脫魯勃斯可埃和十九世紀歐洲的大雕刻家達魯。徐說：「如果把泥人張的作品擴大體積，他是可以和比利時的雕塑大師茂尼雅並美的。」

張明山的父親張萬全，原籍浙江紹興，壯年時逃荒到河北深縣，後來流落到天津，因爲住在窰廠附近，看到窰工們操作，就想借此謀生，做些文具、山石、小動物出售，到張明山手裏創造豐富。被稱爲泥人張，因爲捏余叔岩的祖父余三勝的戲像得名。據張明山的孫子張景祜說：余三勝當時在天津紅得不得了，許多票友都學他的唱工做工，他額上有三道紋，別人

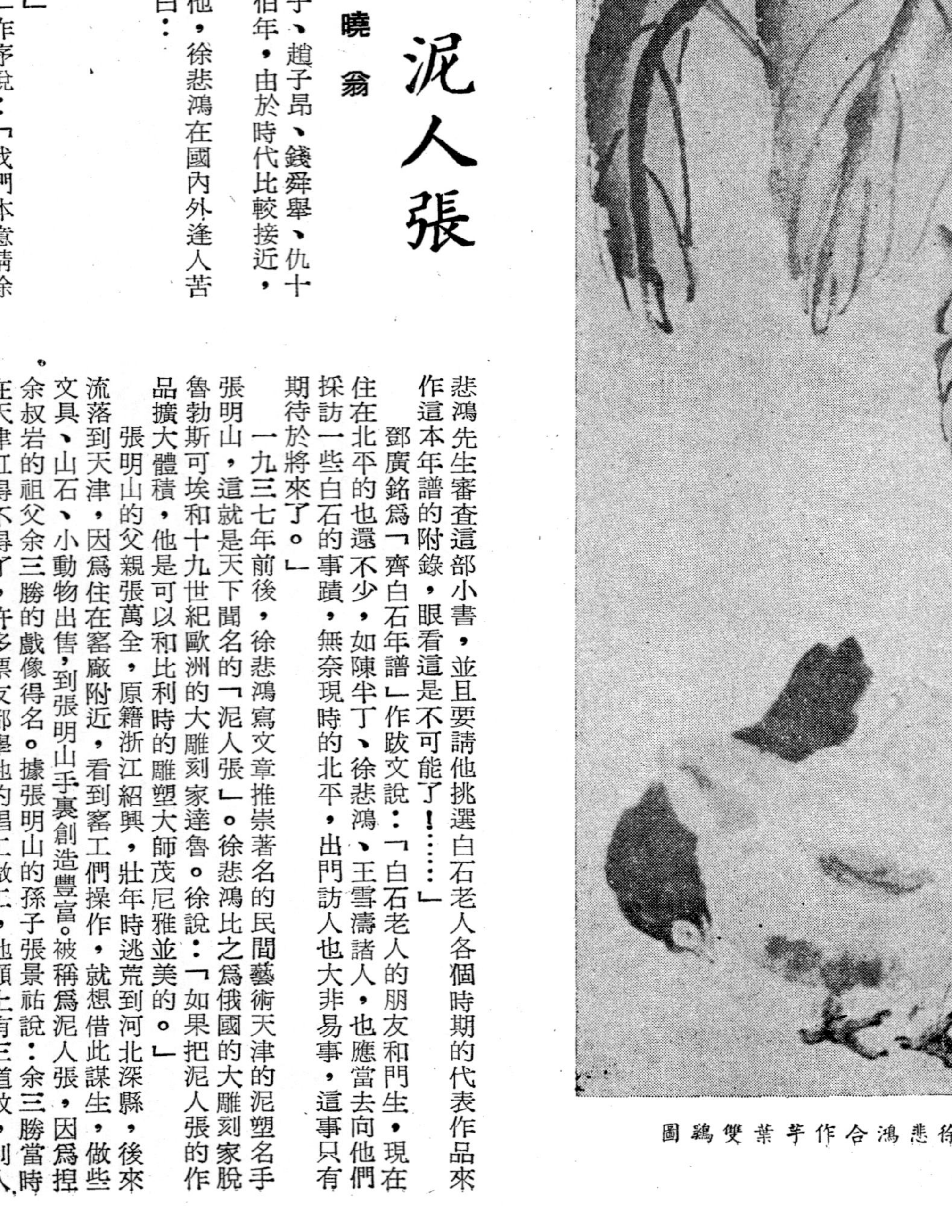

齊白石、徐悲鴻合作芋葉雙鷄圖

捏的泥像都不像。我祖父那時才十八歲，他捏的余三勝戲像，傳神逼眞，從此得名。我祖父捏像時，眼睛看着人，兩手在袖管裏捏。後來我祖父被瀛貝勒約到北京府裏，專爲他一家捏像，甚至騾馬牲口，無所不捏。他看到童僕跪托臉盆，伺候主人的樣子，覺得不好受，就請假到上海去。祖父對家裏人說：我不能讓他一家包了。」

陳少霖是余叔岩的妻舅，也跟余叔岩學過戲。他說：「余三勝老先生這一尊「黃鶴樓」的戲像，當姐丈在世時，供養在祖先堂，保藏得很完整，姐丈逝世後，家裏人不知重視，結果竟被碰碎了！」

齊白石徐悲鴻合影

泥人張所塑余三勝「黃鶴樓」戲裝

譚鑫培家初住北平大外廊營一號，客廳堂額英秀堂，其子小培後遷居在同路東二十六號，家裏有兩件藝術品。其一是老譚的一幅漁樂圖綉像，綉的並不太好，但上邊有梁任公和羅癭公的長題，很名貴。梁啓超題的詩句曰：「四海一人譚鑫培，聲名廿紀轟如雷，如今老矣偶玩世，尙有俊響吹塵埃。菰風蘆雨晚來急，五湖深處家烟笠，何限人間買絲人，枉向場中費歌泣。」還有一尊在譚鑫培年青時，「泥人張」張明山爲他塑的便裝像，籠在一個玻璃罩內，非常生動。

關於梁啓超爲譚鑫培題畫，還有一件連帶的故事：「北大」講師梁漱溟的父親梁巨川，歷官內閣中書，晋侍讀，改官制後，調民政部供職。巨川於辛亥以後，即蓄志殉清，然對民國仍存有若干希望。他傾慕梁任公已久，任公歸國後，即踵門往謁，並請爲寫扇聯，歷五次未得一見，扇聯亦迄未寫。後見任公爲譚鑫培漁翁圖題句，以爲「任公有暇爲叫天（譚鑫培藝名）題詩，無暇爲我寫字」，乃大失望，於其所作「伏卵錄」中紀此事經過甚詳。民國七年十月七日，是梁巨川的六十誕辰，他決心不過六十歲的生日，即於七日清晨投水自殺。

梁巨川的遺書中有一節云：「諸君亦知鄙人何爲硜硜拘執以行此義乎？諸君試思：今日世局因何故而敗壞至於此極？正由朝三暮四，反覆無常，既賣舊君，復賣良友，又賣主帥，背棄平時之要約，假託愛國之美名，受金錢收買，受私人嗾使，買刺客以壞長城，因個人而破大局，轉移無定，面目靦然，由此推行，勢將全國人不知信義爲何物，無一毫擁護公理之心，則人既不成爲人，國焉能成爲國？欲使國成爲穩固之國，必先使人成爲良好之人，此鄙人所以自不量力，明知大勢難救，而捐此區區，以聊爲國性一線之存也。」

巨川成仁後七年，漱溟與其兄漱鼐編印乃父之遺著問世，題曰「桂林梁先生遺書」。漱溟即以一部贈梁任公，附函述先人意志，爲書道意，任公讀之大慚，即覆書漱溟，自承「無狀」，謂巨川死後，於報中讀其遺言：「感涕至不可仰，深自懊恨，並世有此人，而我乃不獲一見」！並請漱溟「於春秋絜祀時，得間爲我昭告，爲言啓超沒齒不敢忘先生之敎，力求以先生之精神，拯天下溺。」梁任公之服善，與梁漱溟之以直道待任公，都値得稱道。

泥人張所塑譚鑫培便裝

游泳用品·色色俱全

游水船·游水床·游水圈·游水背心

大人公司 有售

馬場三十年

老吉

我一向對跑馬和跑狗是素來歡喜研究，但却並不在賭錢上與贏錢上着想，（直到現在，有許多老朋友都知道我在馬場，八場賽事可以看上四、五場）因爲我在馬場中，不過三十五十的「玩吓」，决不和馬場拼命，每次買兩至三場比較穩陣一些的熱門馬，輸贏無所謂，過吓心癮算數，因而看我寫馬經的讀者，多數是熱門馬，雖然，有時候也會測到派彩三、四百元的大冷門獨贏和八、九百元的「孖寶」或「連贏位」，但畢竟是少之又少的。

我於一九三二年來港，就在高陞戲院辦事，認識了不少香港娛樂界朋友，其中有一位胡麗天先生，他是香港中和影片公司的老闆，而且也是九如坊戲院的總經理，中和影片公司自己並不拍片，而是向上海買片權在華南一帶放映，默片「荒江女俠」和「關東大俠」的華南片權，完全由「中和」買下，香港便在九如坊戲院放映，（當時九如坊戲院是政府物業，由「中和」承批，現在這家戲院，早已拆毀。）後來有聲片愈來愈多，而胡先生另有其他事業發展，便逐步改少購片事業而向另一火水事業進軍。

胡四哥知道我在上海中意看跑馬，便時時請我與其同進馬場，因爲他也是馬主之一，養了三、四匹馬，取名都有英文「蝴蝶」，像「花蝴蝶」、「白蝴蝶」等，原因是他代理的火水名叫蝴蝶牌也。

當時看跑馬的人並不多，馬會對會員席馬牌並不限制，馬主如有外來賓客想同看跑馬，可以寫信向馬會秘書講明理由索取，而會員購會員牌要多少可以買多少，每枚十元。當時祇有獨贏及位置票發售，與現在一樣，也是五元一張，但當年的幣值，與現在的幣值，不可同日而語了。

胡四哥與他的老弟們，暇時都中意買馬票，何況他又是馬主，當時他每次進馬場，大約帶上二、三千元，每次他認爲有希望可勝之馬下注百元，已算得是一位馬場豪客，和現在的馬場豪客動輒一萬八千下注，可說是「有得比」了！

本港早年的一匹中國馬王

我因爲業務關係，當年還不能時時赴馬場觀賽，加上我根本不是「賭友」，不過，我在香港，從第一次踏進馬場到現在，大約已有卅五年歷史，題目「馬場三十年」，老實說還少了一些。

上面所寫的是我在香港何以踏進馬場的開場白，下面便要寫一些三十年前的馬場資料了。

記憶所得，一九三五年以前，香港馬會祇有中國馬，那是一種由蒙古運來的小馬，體高大約由十二掌起到十三掌多爲止，（一掌是四寸，由馬頭盡頭量到馬脚爲度算），不比現在的馬匹，起碼要十四掌三到十五掌三爲止，因爲當年是中國馬，現在則全部是澳洲馬也。

卅年前，馬名完全用英文，記不清英文名和不懂英文的，踏進馬場就感覺到乏味。當年賽馬，每隔兩個星期的星期六跑一天，時期也是由一月到五月中，再由十月到十二月，每逢陽曆新年大賽馬，則是在兩個星期中跑五天，那是星期六、一、二、三、六，其實就是七天之中跑五天，每天都跑上、下午，每天都有十一、二場賽事，因爲中國馬身材粗壯，一匹馬如果健康好，閒閒地可以跑上十年八年，跑到十六、七歲尚未退役的也有，不比現在的澳洲馬，身材高，足部幼細，而且體重也比較中國馬重得多，要四隻脚和幼細的足部來支持一千或八百多磅的馬身不容易，所以像「土王子」這樣的鐵馬，到底少了又少。

當年養馬的中、西大馬房都有，養十匹八匹馬的馬主多的是，因爲馬匹分兩種，一種是馬會運來的由會員報名執籌者，名叫「執籌馬」，（上海等地叫「搖會馬」）和現在的一樣，西名叫做（Subscription Griffin），還有一種是由馬主們自己買了運來，價錢多少不定，可是因爲有三代父母履歷可靠的證明書（出生紙），當然比「執籌馬」貴得多，名叫「打比馬」，西名叫做（Griffin），（上海等地也叫「打比馬」）。

當時馬主，一有三、四匹到十餘匹馬的，馬名多有一個「頭」或「尾」字相同的。例如記憶所得，除了上面胡四哥的「蝴蝶」之外，華籍馬主我們大家都知道最近故世的李蘭生五叔，每一匹馬的「尾」字都是「景」（View），還有江氏兄弟有「星」（Star），李寶椿氏用「時代」（Time），西人馬主"Pearce"「尾」字都用（Bridge）"Dynasty"「首」字用（King's），"Dunber"「尾」字用（Bay），"Moller"「尾字」用（Light），諸如此類等，直到現在的馬主們，雖然祇有「執籌馬」，也仍有相同的「頭」「尾」字，因有了中文馬名，所以中英文馬名都有一個字相同的，而且一連十年八年都用下去。譬如華籍馬主，周錫年爵士用（Day）（日），胡百全議員則用（All）（着），馮秉芬議員用（Fun）（趣），吳松坤兄用（Scot）（福），陳式周兄用（Wheel）（輪），徐基元兄用（Bridge）（橋），（按：馬王「堅橋」便是徐君的），李超漢兄用（Sea）（海），西籍方面，祁德尊上校的（Manx）（人之），梅眞尼的（Lucky）（幸運），梁德基醫生的（Gay）（快樂）等等。不過，現在因爲祗有「執籌馬」，馬主不能自由從澳洲購馬運港參加出賽，（這是戰後馬會當局與戰前策畧不同之處）。並且硬性規定祗有馬會運馬來港，然後由申請會員執籌分配，粥少僧多，於是乎馬匹的價格，原本祗有六七千元者，變成了好馬可值十萬八萬甚至十萬以外，養得一兩匹好馬，等於有了十多萬存欵，這眞是畸形發展了。

蒙古小馬賽跑時期大約一九三五年爲止，因馬匹來源關係，馬會當局乃兼向澳洲方面進行購馬，同時因爲香港馬塲太小，澳洲體高十六掌以上的馬匹，不能運來競賽，而且本港是業餘騎師，體重總在一百二十磅以上，不像澳洲職業騎師，體重不到一百磅，所以兩三歲的澳洲馬，因年輕而怕不能負重，香港採購的不得不用三歲以上的馬匹，而且要在澳洲未曾競賽過與高度在十五掌以內者，這情形，由戰後香港馬會在一九四七年正式恢復賽馬起，一直維持到先幾年，馬匹的年齡不生問題，而高度與未曾出賽過這兩個條件，却發生問題了。

原來，澳洲方面，對高度十五掌以下的馬匹，愈來愈少，尤其是未曾出賽過的更多，代香港向澳洲辦馬的經紀，不得不向本港馬會當局提出這兩個大問題，馬會方面自然不能不放寬條件，於是先將尺度放寬一掌，（由十四掌三放至十五掌三），再將未曾出賽者改爲不必一定，所以，到今天我們會在報紙馬經上時時見到某一匹好馬在澳洲曾經得過頭馬或位置，或者曾經出賽過而落第者，這便是馬會方面採購條件放寬的原因。

還有，戰前馬匹，雄馬也有未曾閹過的，但，戰後則硬性規定一定要閹過的，不過，馬販子有時疏忽，也會偶然在百多匹運港馬中，來了一匹未閹之馬，於是便要勞動馬會醫生，替牠來一次「太監」手術。此中，最顯著的，便是十年前已故孫麟芳兄的「沙城」，這件事，大約在本港有十年歷史的馬迷各位，多數都知道的。

還有，十年前馬販又有一次疏忽，運港馬匹中，却來了一個「大肚婆」，（這匹雌馬的名字叫做「媚雅媚美亞」，馬主是李世華兄），於是乎李兄的這匹寶駒，當然先要等「大肚婆」生仔，然後再等小馬斷乳，足足有半年不能上陣，不過，因爲一來港已被發覺，所以在這待產期中與產後在未正式移交李兄時，養馬費由馬會負担，至於小馬出生之後，當然也是馬會的寶貝，可惜這匹小馬，馬會當作紀念品，後來却未在本港上陣。

戰前，因爲購馬自由，不一定馬會的「執籌馬」，馬主自己也可以購馬養馬參加出賽，所以，除了馬會有馬房之外，最大的外商洋行「怡和洋行」，（當時大家都叫它「渣甸洋行」），也擁有一小型馬房及溜馬圈，舉凡屬於「怡和」者，上至大班，下至職員，他們豢養的馬匹，都可以養在「怡和」馬房裏，由專人管理。（當時「怡和」馬房管理姓朱，他的獨子朱三，現在還在香港，朱三有一位公子，承繼給當年馬會練馬師董阿林（已故），也就是後來担任俄籍練馬師「喼帽仔」加司諾夫（N.M.Krasnoperoff）的助手，現任馬評人的董標老弟）。這「渣甸馬房」的地點，便是現在利舞台對面，禮頓道的禮和禮賢兩間大厦一連十六間門面的大厦原址。再講淸楚

香港早期跑馬一鏡頭，騎中國馬，騎師姿態與現時大有分別。

一點，全港聞名的夜店「汕頭怡香」便開在這裏，這馬房有數十年歷史，戰後方由「怡和」租給一位姓呂的女教育家，開設了一家「郇光小學校」，在最近十年，方纔出售而成今址。

再說香港和新界，戰前有兩個馬場，澳門也有一個馬場，廣州石牌也有過一個馬場，省、港、澳一共有四個馬場。

香港的馬房，就是現在的馬場，新界的馬場在粉嶺，澳門的馬場則在黑沙灣，廣州的在石牌

廣州石牌馬場情形

，請看上文圖片，這是當年廣州的賽馬情形。

當然，馬場以香港的爲主，一季大約跑二十天左右，除了週年大賽五天之外，每隔兩星期逢星期跑一天，而粉嶺與澳門，則要在香港不跑馬的日期，大家商量每週各跑一天，也即是香港不跑時纔輪到粉嶺或澳門跑，可是因爲都要靠香港人和香港馬來幫忙，所以賽期一定是星期日，而且那一天廣九火車要開特別班，港澳輪船也要開專船來運送馬迷們來往參加。

廣州石牌，有史以來，祇舉行過一次賽馬，當時係在劉紀文任廣州市長時代，由劉市長偕夫人「絲襪小姐」許淑珍行開幕禮。看台全部草棚，馬由香港運去。其時廣州賭風已盛，提倡賽馬本謀繁榮市面，但亦有人認爲賭風太熾，反對舉行。故祇賽了一次，即作罷論。

至於馬匹方面，粉嶺與澳門雖然粉嶺馬會與澳門馬會也有馬，却因營業與財政問題，不能多數豢養，於是便要請香港馬去幫忙了。

當年的馬會分班，不同現在的由第一班到第九班，而分A、B、C、D、E五班，因爲粉嶺與澳門的賽跑場地設備差，香港的A、B、C班馬馬主不願將自己的寶駒，由車、船運往粉嶺澳門，所以祇有部份D班次等馬和E班次等馬運去參加，其實D班次等馬與E班次等馬在香港根本不容易再獲得獎金，倒不如運到那邊去跑一吓，水門水，跑得頭、二、三馬，一樣有多少獎金可得，作爲養馬費也無不可。因而每次粉嶺與澳門賽馬，也有六、七場可跑，而且粉嶺還有越野賽，先在馬場跑一圈，然後跑出馬場，由馬會指定路線跑上山再跑下山，然後又跑回馬場跑到終點者，作爲頭、二、三馬。這種賽跑，有趣得很，上陣的都是粉嶺馬會的馬，（其中當然有香港退役馬由粉嶺馬會接收然後加以訓練，）往往開跑時有十匹，回來時祇有兩三匹，其中一大半不是馬兒跑跑吓，不願再跑，便是騎師在半途墮了馬，這一場賽時，時間很長，有時幾乎要化十分二十分鐘，方纔看完。

此外，還有跳馬閘，也很好看，（和上海靜守寺路跑馬廳的一樣），各位記住，跳馬閘及越野賽跑的時期，已在一九三六年之後，因爲，中國小馬不能跳高閘也。

至於澳門方面，則有時加進一場全部女騎師上陣競賽，作爲噱頭號召。因爲香港賽馬，當時有「渣甸」讓路賽，非但讓磅，還要讓路，和馬伕賽，由各馬房派出練馬師或副手綵衣上陣，但却沒有跳馬閘、越野賽跑與女騎師上陣，所以，粉嶺與澳門馬會，便以此爲號召，希望多招攬一些港客到場也。（一）

廣州市長劉紀文夫婦主持石牌馬場開幕

假如我開菜館

阿筱

賠就賠點吧

假如我開菜館，怕不容易一開頭就賺錢。原因在當我吃館子的時候，對館子要求高，當我開館子的時候，吃客沒有不對我作較高要求之理。高一點，不是難事，要做開先得在開辦時作點賠錢打算。「千做萬做，賠本不做」，你會問我是怎麼個攪法的？賠，那是「毛利看得低，選料才能高」，料子不好，易牙再世，也做不出好菜。要做高，做好一間菜館，你得請好廚房，好樓面，這一行眞正好的人材，不會「賤賣」，得出高薪，優禮相遇。化多錢，開銷大了，開銷大而毛利看得低，收支上不能相抵，豈非要賠多少？賠就賠點吧，慢慢來，你當我做傻事，當我是傻子？眞這樣，那你文字看到這裏爲止，別浪費你寶貴的時間再看下去了。

招牌從頭做起

我不是傻子，是告訴你一個訣竅，急功近利做不好生意，實又不僅限於菜館。現在香港菜館這麼多，飲食業已經發展到飽和點，假如我開菜館，要「殺開一條血路」，就先打定了賠就賠一點的主意。表面是賠，實際則否，賠在吃客的口味上，腸胃裏，與你自己化掉有別。因爲新開館子，首先要贏得吃客的印象，印象造成口碑，口碑可使我這間菜館的招牌穩固。先做招牌後賺錢，你怕沒賺錢的機會，錯了，機會大把，做開了賺錢便易。但是開菜館最忌是一開頭便打如意算盤，括龍，上海話便是賺「盡根銅錢」。做生意要做得源遠流長，開菜館最重要的是：「怎樣叫吃過的客人再來，想來。」我的館子假如開在九龍旺角，你會從香港銅鑼灣趕過來，不是爲了應酬，而是專誠來吃菜，來享受眞正的飲食之樂，當然在菜館之外，還得包括設備，氣氛，招待各方面。所謂「賓至如歸」，是叫客人感覺到有似回到家裏受用的一樣舒服。你給人樣樣舒服，別人化多點錢也不叫冤枉。

怎麼，你說「毛利看得低」，打賠就賠點的主意，又說別人化多點錢不叫冤，豈非前後矛盾？則請分清次序，等我做開之後，我要把先前「蝕頭注」的錢賺回來，好對股東有交待。在我開業之時，也許我的做法會在股東會上受到責難，忍着點，當權成事，少不得這個忍字。他們會問我「攪點啥個名堂」，開市三個月，生意夠做却連賠三個月。不用對他們解釋，我心裏有解釋，這是我在客人面前付「廣告費」，變相購買他們的口頭廣告，請相信在開菜館而言，這種廣告費的支付是最值得的。客人感到我館子裏的菜，是有幾味特別撚手的，水準是比一般高，價錢不比一般貴；可也不需要太便宜，招待上是樓面全是蓮子客咁口面，眉精眼企，不用你叫夥計，不用你開口，夥計已「兩廂侍候」，把你所需要的遞給你，送給你……你就來吃過這麼一次，但你在親戚朋友面前講我阿筱這間菜館講了十次八次了，講我的菜好招待好，夠咧。謝謝你，你這十次八次的隨便講起，比我的「自我宣傳」價值要高十百倍！

我是把開頭先賠一點作爲廣告宣傳費的，廣告必須配合事實，主要的配合是本身的條件。

對人難過對物

有些菜館得地利，做街坊生意，那不算做菜館的本事，等於廣幫茶樓，因得地利，取其近，是適應需要而已。做飲食業先要分清自己做那一路客人，那幾幫生意，是適應「吃飽的」，還是「吃味道的」，鄙意既稱菜館，應屬後者！這在選料上有分別，廚師上有分別，樓面上更有分別。茶樓裏不用講招待，不招待你也會來。茶樓在這一點上，似乎已做出牌子，所以任何人都知道到茶樓是坐下來算數，要什麼叫什麼，儘快點，你不能儘自求招待，客人多過夥計，夥計祇有兩隻手，單是替你砌壺茶，拿雙盃筷，已經忙得喘不過氣來，可是茶樓也有茶樓的公道處，你食幾多，自己去賬枱付錢，不會托個盤子走來，不想你在正賬之外付小賬。茶博士相等於食堂裏的服務員，自不宜苛求。

菜館、酒樓可就不同了，正賬之外要小賬，雖無明文規定，但你好意思讓人家「托着個空盤子走」，多多少少得賞賜點。說來，許多不熟悉此業內幕的不清楚，這裏的菜館酒樓夥計，百分之七十要靠「吃客的小賬養活」，東家付給的薪工，才佔收入百分之三十上下。從前有幾間旺的酒樓，在往昔人浮於事的，（現今情況不同，事求人者多，）根本不給人工，却有很多樓面搶着做，小賬可以分得多之故。『吃客替菜館酒樓老板養活夥計』，咁你話夥計對吃客應給什麼樣的禮貌，侍候？做菜館有似開戲院，分「前後台」，後台是廚房，前台是樓面，必須能前後呼應方爲功。廚師能給吃客口味上的舒服，是生理部份，樓面能給吃客以精神上的愉快，是心理部份。吃客來到，是先接近「心理醫生」，後接近「生理上的國手」，所以樓面招待，在菜館佔一定的份量，招待是侍應學，概括心理上的種種適應。菜館行中有這麼句俗語：「十年可以出一個廚師，十年不能出一個樓面」，出，是指傑出的人材。廚師做菜，火候，配料，烹調是對「物」，樓面招呼客人，是對「人」，物是死的，人是活的，對人的學問難過對物，這是我對菜館「前後台」的見解。

單是端端碟子，盆子，那是樓面上的下手。上手要接近客人面對客人，適應吃客心理還得爲店裏的利潤打算，對於一間菜館的影响，極大極大。很多人上菜館，喜歡找某一個克潑登來配菜，點菜。熟，祗是表面因素，內在因素是某一個克潑登對某一路吃客，已能掌握了心理適應。侍應學概括心理學在內，我說的。

侍應生的入學試

我不擬對港九菜館酒樓的侍應方面置評。一個骨鯁在喉的感覺是這一行缺少「基本訓練」，把傳遞工作當作侍應，那是天大的笑話，樓面在訓練之外還得加上鍛鍊，將來才有經驗，經驗豐富的樓面能「看人頭」做生意，能鑑貌辨色。在心理學之外還有社會學，說來這門學問，不似我「紙上談兵」這麽簡單。

不必說得太深，最起碼的侍應條件應該有，是不是？假如我開菜館，我會請幾個老資格的樓面作領導，專在培植新血上着手。如我招聘新血，作主考，我先要問他三件事，能否遵守？

第一，你是否能將一個「謝」字，放在口語中？對於說「謝謝」是否會吝嗇。

第二，你能否保持現在見我時的笑容，給每一個來到的顧客？我需要你的演技，你能不能每天照着鏡子，學習謙和對人歡喜的笑臉。

第三，你能不能對吃客多說幾個「是」字？在我面前倒不必。你在我面前，發覺我有「不是」時，儘可以說「不是」，提供意見給我參考，我不是做了老板就「自以爲是」的人！但是吃客面前，對方即有不是，你也最好說是。天下有「不是的父母」，譬如那些養而不教的！天下無不是的顧客，因爲他是來化錢的，我們靠他生存。

而後，我會再考他幾個問題。

你是否覺得侍候人有委屈感？

你假如被客人罵了？還不還嘴？

大概這兩個問題求職者很容易答覆，他會猜得到我的心理，急於入選上工，會說：「侍候人不是委屈，被客人罵了不還嘴」，上工後是否切實做到，另一問題。但求會提出最後一個他能答覆得快却答錯了的問題：「假如我在菜館裏被酒醉的客人打了，你幫誰」？

會有百分之八十作如此回答：「爲了對你的忠心，我當然幫你，你是老板……」。

那麽這個應徵者，功虧一簣，我不會錄用。何故？他思想犯了基本的錯誤，認爲「老板最大」，不知在開菜館而言，「客人比老板大，比經理大」，老板捱打，是個人的事，夥計幫老板打客人，是「招牌的事」。那一間菜館的夥計打客人的風聲傳開，將使業務蒙受不可估計的損失。那麽，我白白地被醉漢打了不還手麽？

飲食業的「主政人馬」，不妨聽住：我不還手！爲什麽還手？不還手能起作用。

對內的作用是給樓面示範，老板能對吃客如此忍耐，我們能夠隨便開罪客人麽。對外的作用是旁邊看到的人覺得到這間菜館吃東西，担保安全，有「安全感」，不是那種「夥計打客人」的菜館。此外是那個醉漢酒醒了，會自知理虧，有兩種可能。一是不好意思來了，間接掃除了一個顧客中的惡客。二是他有人性，會來道歉賠不是，多多幫襯贖罪愆。大概不會有阿筱被打了不還手，再去打一次「白相相」的人。

唱小花臉的

我在上文這樣說，是覺得樓面高下，實在關係到酒樓菜館主政人本身水準問題，在訓練樓面教育樓面外，自己還要有做榜樣的資格。「吃油炒飯」在我的見解中是唱小花臉的，所以你即使做了老板、經理，除非不在場面上問事，問到事也要「小花臉應工」，不要唱一本正經的「老生戲」！蕭長華晚年，在梨園行是德高望重了，可是上得台去，要唱自然就得唱小花臉，這是一個譬喻。

徵稿啓事

一、本刊除特約稿件外，徵求讀者賜寄　大作，請在「論天下大事、談古今人物」之範圍內着筆。

二、來稿以白話文爲限，普通稿件以不超過四千字最爲理想。珍貴圖片，亦所歡迎。用後璧還。

三、來稿請用稿紙書寫，並附眞實姓名及準確地址。發表時需用筆名者聽便，譯稿請附寄原文。

四、本刊稿酬每千字港幣二十五元，譯稿每千字港幣十五元，在刊物正式出版前，本埠送奉，外埠郵滙。

五、惠稿及來信請寄九龍西洋菜街三號A大人出版社收。

中東——新仇舊恨何時了？

夏維

「Yihye tov!」

二十二年前，以色列人為獨立而戰，無論在什麼氣餒的情境下，他們都用這句話：「會好的！」來互相勉勵。二十二年來，「會好的！」成了口號。「六日戰爭」內最能鼓舞士氣的就是這句話。

「六日戰爭」到本週正好三周年，這句振奮人心的話卻變了，變成「Yihye beseder!」：一句信心不太強的口頭禪「沒問題！」聽起來，差不多，但是心情卻大不相同。眼前的事當然沒問題，但整個情況會不會好轉呢？

納塞和納米在卡圖新政府中携手

三年來，疆土雖然擴張，但每寸土地不但用血換得來，還要用血來守衛。這個星期和黎巴嫩為邊界問題開火，下個星期可能和叙利亞開戰，誰知道呢？三年來一直解決不了的邊界問題，加上蘇俄武裝埃及，美國反應懦怯和這句口號「Yihye tov!」的軟化不無關連。

今年春季開始，蘇俄就由埃及的保護者，搖身一變成為攜手並肩的戰友。蘇俄的軍事顧問和技師已由四千名增至一萬名，以後只會多不會少。依據以色列方面的估計，至少有一百二十五名蘇俄飛行員在埃及開動着漆有埃及徽誌的米格機出發任務；至少有二十五個SA——3飛彈基地散置在開羅、亞力山大和亞斯旺山壩上。美國並不和以色列人爭論這些數字是否正確。雖然，美國上個星期對蘇俄的態度已經強硬了一點，但是他們最担心的倒不是蘇俄而是以色列本身。

起先，蘇俄和阿拉伯的盟友還想把軍援保密；星星之火還可以用紙包成個燈籠，一旦成了燎原之火，想瞞也不成。埃及總統納塞上個星期在蘇丹首府卡圖乾脆公開聲明，蘇俄的技術人員「到處」在埃及軍中服務。他說：「親愛的弟兄們，這樣我們才能迅速的站起來面對以色列。親愛的弟兄們，這樣我們才能重建今天在前線的精兵。」

納塞總統這番話對蘇丹強人渣發納米中將來說可正是搔到癢處。納米中將奪權一年來批准了一千名蘇俄軍事顧問和經濟專家入境。有的是訓練他的飛行員駕駛米格二十一戰鬥機的。東德也派顧問協助納米中將解決日益嚴重的內部保安問題。

蘇俄如此這般的軍援埃及已造成一個奇怪的外交反應。由於美國不肯多賣噴射機給以色列，以色列已經開始向蘇俄暗送秋波：願以開放蘇彝士運河作為蘇俄保証停火的交換條件。這個條件無異去了蘇俄這個大陸國家喉中之鯁；蘇俄艦隊猶如猛虎出押，由地中海直駛印度洋。這是美國最忌諱的。以色列一面還毫不含糊的向蘇俄發出外交的照會，警告蘇俄，要是不停火的話，以色列對任何踏入運河西岸埃及佔領區外二十五哩內三不管地區的俄國人，格殺不論。因為以色列最怕蘇俄把SA—3飛彈佈在運河岸邊。最近，在離運河七哩半的陸上發現了混凝土工程，以色列就派機把它炸平。但這種SA飛彈的前奏工程實在是防不勝防的。

埃及艷后愛煞的只是那些飛彈

自從蘇俄飛行員和埃及飛行員從今年四月開始一起担當任務以來，以色列和蘇俄飛機已經至少照面兩次了。每次都由以色列空軍司令胡德把飛機召回來，但是下不為例。事實已經証明蘇俄在讓步；本來以色列炸完運河西岸以後蘇俄都派機出擊，現在成了在埃及領空上某區內互不侵犯的局面。上週，以色列國防部長戴揚的警告蘇俄，除非蘇俄避開運河區，否則「戰鬥將一觸即發」。

穆沙沙德向夏族信徒呼籲團結罷工

以色列爲求戰鬥軍力相等起見，外交部長阿巴依班到華盛頓重申前請，再提出二十五架幽靈式噴射機和一百架飛鷹機的要求。依班上週空手回國；沒有飛機，只有一些建議。美國食言的原因之一是以色列主戰派；包括總理葛達梅爾在內的黷武態度。所以老鴿子依班爲了修正梅爾總理對國會發表的外交政策講稿，忙個通宵。第二天九十分鐘的演講內，梅爾總理談了九十分鐘的和平。因爲蘇俄加入「所以全境進入新的緊張情境」，而可能導至「更多戰事和殺戮」，不過他一再强調以色列仍然追求「停火，協約和和平」。他演講中溫和的語調，引起右翼合併主義加禾黨人不滿。加禾黨人雖在二十四席國會議席上只佔六席，但已暗示反對梅爾總理。梅爾總理却不爲所動。

由於美國日益担心蘇俄軍援埃及，梅爾總理的軟化有助於以色列獲得更多噴射機。上週在羅馬開的北約會議裏美國國務卿羅吉斯曾明言蘇俄大量軍援中東造成中東新危機，美國會再考慮以色列購機要求。從前美國大使約考賓只能從克里姆林宮得到最官式化的解釋：援埃的武器全是應納塞之請的「防衛性」武器。美國國務院由此聲明由於所有的解釋都是「無法令人滿意又含糊」的。以色列可能會一批一批零碎的得到他們所需要的噴射機。蘇俄着急了，本週蘇俄大使杜白寧就從莫斯科帶來最新的解釋，向羅吉斯說明蘇俄爲什麼在中東問題上「空前的不妥協」。

以色列總理雖然在國會裏演講口氣軟化，但是國防部長戴揚上週在黎巴嫩邊境主持的追悼會上口氣還是很硬。他喚起以色列人對阿拉伯遊擊隊襲擊以色列校車的仇恨，他認爲黎巴嫩政府該負責；「要是黎巴嫩政府聲明他們不負警察的責任，阻止恐怖份子，那麼我們來做。」

以色列軍隊和坦克川流不息的進入黎巴嫩邊境做戰畧性的巡邏，使二萬黎巴嫩人民流向北方。他們認爲以色列的巡邏是另一次侵畧的先聲，而且受不住震天價响的炮聲，所以請願在戰爭未發以前先逃難。卡砫巴和卡哈門兩個農村完全成了無人之境，阿拉伯遊擊隊馬上進駐。附近貝達、胡拉和凱牙三村的百姓把婦孺送走，男丁留在村裏應變。

由於以色列人的「巡邏」，貝魯特政府幾乎倒台。擁向北方的難民幾乎全是回教夏(Shia)派的信徒，他們向來在國內做的都是低微的工作。黎巴嫩總理和閣員多是回教孫尼(Sunni)派的信徒，北方人多是基督徒，高人一等，對夏派平民流離失所的苦難自然體恤不到。夏派首領穆沙沙德登高一呼，要夏派難民罷工一天抗議政府忽視他們。結果罷工使貝魯特機場癱瘓，外國飛機得降在伊斯坦堡。政府馬上拿出八百五十萬元來救濟這些顚沛流離的夏派難民。但穆沙沙德聲言若政府不保衛他們的家園，他還要發動罷工，不達目的決不罷休。

黎巴嫩政府只能救濟，不能出兵。並不是政府兵力不夠，也不是對阿拉伯遊擊隊沒有約束力，而是萬一政府爲這些難民大動干戈，境內三千萬巴勒斯坦流民就要造反了。這一反不只是罷工，政府說不定會倒台。所以政府考慮請突尼西亞和摩洛哥的軍隊來守邊。國會想起一個七個月以前訂的協定，就是阿拉伯人不可在黎巴嫩境內攜械，更不可由黎巴嫩境內向以色列開火。這個協定雖然早成爲明日黃花，黎巴嫩政府不想去修正它，只是另外發了一條命令：「凡屬『巴勒斯坦武鬥部隊』不在此限」但是阿拉伯遊擊隊全是『巴勒斯坦武鬥部隊』，這條命令等於廢話。

以色列和黎巴嫩就這麼對峙着，沒有人能預測二十世紀以色列獨立復國運動在千變萬化的世局裏下一步行動有什麼變化？

——取材自「時代周刊」——

飛彈專家他鄉遇故知

德國孖人餐具

大人公司有售

銀海滄桑錄

李祖永造「塔」記

蝶衣

——本文資料由前「永華」劇務主任周汝傑先生提供——

在中國電影史上有兩位巨頭，都曾創下輝煌的業蹟，一位人稱S·K，一位人稱T·Y，S·K是張善琨，T·Y則是李祖永。

這兩位銀色巨頭且曾一度攜手合作，那便是「永華影業公司」的創立。

上一期本刊，曾扼要記述張善琨的生平。現在，再根據前「永華」劇務主任周汝傑先生提供的資料，倒敘一下李祖永為電影事業而「傾家」的經過。

俱樂部中認識張善琨

李祖永，祖籍浙江、寧波、小港。父李屑清，父子同以經營大業印刷公司，承印鈔票而起家，是過去商場中的鉅子。

母王克貞，為北洋政府時代的政壇風雲人物王克敏之妹，行七，人稱「七姑太」。

七姑太至今還在上海，她沒有知道李祖永的死訊，只知道兒子去了美國。他的女兒唯恐老母傷心，直到現在還瞞着她。

李祖永於二十六年前挾貲來港之初，經常出入於「德記俱樂部」，這是一些名流們在辦公時間以後大夥兒聚首的所在。

在俱樂部中，經由徐士浩、鍾可成兩位朋友的介紹，李祖永認識了張善琨。

其時，張善琨的「影戲大王」頭銜已不復存在，他正在經營小規模獨立製片，計劃拍一部國語電影，預算需欵四十萬元港幣。徐、鍾二人準備各人投資十萬元，張善琨自己出資十萬，所缺的四份之一想請李祖永助一臂之力。此一要求經徐、鍾二人代為提出，張善琨為此又邀請李祖永，到九龍北帝街的「大中華」片塲去參觀，準備就租借這個片塲的一個棚拍片。

當時，張善琨只預備「小弄弄」，拍一部戲再說，並沒有想到要大張旗鼓。

李祖永參觀過片塲之後，倒發生了極大的興趣。他認為：「小弄弄」沒有什麼意思。他問張善琨：「若要大舉，需欵幾何？」

張善琨說：「至少二百萬！」

李祖永從美國挾貲來港，手裏有的是頭寸；「游資」要找出路，原意曾想開辦紗廠。後來終於覺得張善琨是個人才，於是改變初衷而決定投資於電影事業。

寶塔九層在菜園樹起

清水灣有一座別墅，是李祖永嘯傲烟霞之所。「永華」的臨時籌備處，就附設於這一座別墅之內。T·Y與S·K兩位日夜在這裏籌商他們的銀色大計。

資金有着落，公司的名稱與商標便被列為先決問題。

李祖永在上海所經營的商業機構，都是以「永」字為首，電影事業自然不能例外。

此議一經提出，張善琨立即響應，主張在「永」字之下用一個「華」字。

影片公司以「華」為名者極多，過去在上海有「聯華」、「藝華」、「國華」，張善琨本身曾經擁有「新華」、「華新」、「華成」，而香港又有「大中華」。

李祖永對於以「永華」為招牌這一點立即贊成。同時，他又想到以「寶塔」作為商標，塔共九層，表示步步高陞、直上雲霄之意。

公司名稱、商標都决定了！次一步便須物色片廠的塲地。

一方面，「永華」急着辦理公司註冊及商業登記；另一方面，向政府申請地皮辦廠的手續，也緊跟着積極進行。

在香港，申請地皮不是一件簡單的事。租地容易，購地則手續繁多，並非一蹴可幾。

「永華」的資金，早已貯存於萬國寶通銀行，其中的一部份準備用以購地。

李祖永寫了一封公函給當時的港督葛量洪爵士，向之陳述在香港開拓電影事業的計劃，請求在購地方面能給予便利。

開拓電影事業對香港未來繁榮是有裨助的，因之很快就獲得港督的批示，將這一件事交與地政局辦理。

經過了一個時期，終於在九龍仔找到了一幅理想的地皮，而把它租了下來。

這一幅地皮為一個葡籍婦人向政府租得，作為「閉門種菜」之用。葡籍婦人范蘭扶同意將租賃權轉讓與李祖永，雙方辦妥了手續之後即正式由「永華」承受；美中不足的是地政局方面聲明在先，將來政府如進行市政建設，這一幅地皮有「收回」之權。到時候政府可以另撥地皮給「永華」建廠，而不得阻礙「拆遷」。

為了急需廠地，李祖永只得接納此一附帶條欵。

廠址解决了！接下來是招標承建片廠，開始

大興土木。

攝影棚長度一百二十呎，濶度八十呎，兩座相連，分開來是兩個棚，啣接起來是一座二百四十呎長度的大棚。

此外，另有十二間辦公室，十間化妝室，一個保管室，一座冲印室，一間放映室，一座儲片倉。

當時，這是港九規模最大，無與倫比的一個電影製片機構。

電影圈大牌一網打盡

在建築片廠的同時，有兩件大事也開始付之實踐，一件是向英美兩國定購攝影器材，另一件是延攬人材，包括導演、演員，以及行政人員在內。

張善琨是幹電影事業的內行，由他擬出了名單，決定聘請卜萬蒼爲首席導演，並委託他負責延攬人才。

廠長一席，則延請張善琨的老幹部陸元亮担任。

卜萬蒼與陸元亮爲了招兵買馬，經常在香港與上海之間飛來飛去，十分忙碌。

組班完成後，導演與演員的陣容，開列出來是相當驚人的。千句併一句：——所有電影圈裏的大牌差不多都一網打盡了！

除了導演與演員儘量網羅精英之外，又特地邀請周汝傑、屠梅卿二位，分別出任要職，周汝傑是劇務主任，屠梅卿則是服裝道具主任。

此外還有以寫「不變的心」歌詞成名的李儁青，担任秘書一職。

方沛霖片未拍身先死

有一件事不可不補述一下，那便是名導演方沛霖的乘飛機失事而不幸罹難。

方沛霖人稱「阿方哥」，浙江寧波人，在國內是歌舞片的權威導演，抗戰勝利後他在上海，爲「中電」二廠導演「鶯飛人間」一片，由當時的紅歌星歐陽飛鶯，與歸自陪都重慶的名小生陳天國聯合主演，片成後一度應「大中華」主人蔣伯英之聘來到香港，先後導演了兩部歌唱片，一部是「花外流鶯」，一部是「歌女之歌」，都是由周璇主演。

流鶯唱罷，歌女聲歇，方沛霖又離開香港，回上海而去。

「永華」成立後網羅羣英，歌舞片導演不可無人，張善琨打電報給方沛霖，請他來港助陣。

所有的導演已陸續來到了香港，只有方沛霖遲遲其行，因爲他預備連劇本都帶了來，以便到港之後就可以立即開拍新片。

劇本共有兩個，都是由唐紹華執筆，一個是根據舞台劇「荒島英雄」改編，已經完成；另一個是「仙樂風飄處處聞」，則尚在趕寫中。

等了又等，劇本完成了！方沛霖這纔坐上了飛機——「空中霸王」號，飛來香港，這一天是一九四八年十二月二十四日，正好是聖誕節的前一天。

同日飛港者有那時還是編劇家的陶秦，他乘的是另一架飛機。

陶秦所乘的飛機先起飛，平安抵達九龍機塲。方沛霖所乘的「空中霸王」號却在霧中失事，撞山墮毀，機中乘客，盡都罹難。

方沛霖素患疝氣，罹難後的乘客屍體都成了焦炭，「永華」的劇務主任周汝傑帶了人趕往出事地點認屍，憑了方沛霖的疝氣特徵（膀胱之間的控制帶），纔算找到了屍體，但頭顱則已與身體脫離，飛得不知去向。

他，成了「永華」的第一個祭旗者。

直到現在，方沛霖的靈柩還寄厝在東華山莊，未能歸骨故鄉。

方沛霖之死，事先曾有朕兆，說來可算得十分奇怪。

第一：根據「荒島英雄」改編的那個劇本，劇情一開始就是飛機失事。（也就是早年「聯華」出品，金燄、黎莉莉主演的「回到自然」的同一故事。）

第二：「仙樂風飄處處聞」片中有插曲十首，方沛霖找我寫歌詞，其中有一首祝壽歌，他在劇本未完成時就通知我先動筆。

我給他寫了！題目是「南山頌」。

此外的九首歌詞由於他急着要走，我來不及趕寫，答應稍遲再寄給他。

想不到「空中霸王」竟然撞上了南方之山，「南山頌」頓成絕響。

仙樂，也隨風而飄，杳不知處。

當然，這些都只是「巧合」，但也是不可思議的「巧合」。

「國魂」的磅礡氣勢

「永華」成立後，籌備攝製的第一部戲是「國魂」。

這是中國電影史上氣勢最磅礡的一部破天荒巨鑄，演員陣容之浩大，直到現在還沒有第二部作品可以比擬得上。

就記憶所得，此片的主要演員大致如下：

劉瓊——飾文天祥
王熙春——飾文夫人
袁美雲——飾薛素素
孫景路——飾七夫人
顧而已——飾賈似道
陶金——飾伯顏
王元龍——飾元帝
高占非——飾杜滸
羅維——飾家鉉翁
徐莘園——飾陸秀夫
徐立——飾李茂
顧也魯——飾呂武
王珏——飾鄭虎臣
喬奇——飾江萬里

文逸民——飾陳宜中
尤光照——飾翁應龍
鄭玉如——飾李宮人
殷秀岑——飾門官
韓蘭根——飾元砲兵
洪　波——飾王千戶

就以上的陣容分析，我們不難看出：如果試加分組，至少王熙春、袁美雲、孫景路這三位名旦，就可以各自領銜主演一部影片。此外如劉瓊，如陶金，如高占非，如顧也魯，如喬奇，也都是獨當一面的紅小生。甚至徐莘園也曾主演過陳查禮探案的片集，擔任過第一男主角。現在，却都集中在「國魂」一片中演出，眞可以說是空前盛舉了！

「國魂」由「永華」首席導演卜萬蒼執導，另由楊華任副導演。（楊是卜萬蒼的門生）此片的原始劇本，是吳祖光的舞台劇「文天祥」，當年主持此劇演出的張善琨，早就想把它搬上銀幕，可是始終困於經濟，力不從心。「永華」成立後，纔算實現了他的願望。

張善琨之蓄意把「文天祥」的史蹟搬上銀幕，一方面目的在發揚民族正氣，另一方面則想使國語電影打進國際市場。李祖永對於後者非常有興趣，認爲如能開拓一條海外發行的道路而賺得美金，「永華」的九級浮圖便可以屹立無恙了！是以張善琨一經向李祖永提出，兩下裏一拍即合；「永華」從着手組織開始，就把籌攝「國魂」一片，列爲第一要務。

在「永華」的龐大組織中，除了網羅了編、導、演的精英之外，還設有一個「編導委員會」，特地延請歐陽予倩爲主任委員，屬於此一編導委員會的委員還有顧仲彝、周貽白、姚克、柯靈諸位。「國魂」的電影劇本，就是合以上數人之力，經過了多次的商討、修改，方始完成。

僅就編劇人才而言，也是一時無兩，自有影片公司以來罕與倫比的。以今視昔，現在的香港電影圈，只好算得是「蜀中無大將，廖化作先鋒」了。

李祖永籌拍「飛虎將軍」與葛蘭（右）陳厚（左）

百萬鉅鑄小統計

爲了攝製「國魂」一片，「永華」投下一百萬港元的製片費，時間自一九四七年七月起——先在上海請演員，製服裝，辦道具，至一九四八年三月在片廠正式開拍，已費去了超過半年的時間。攝製過程又經歷了整整一年，再加上剪接、配音，纔算大功告成，首尾費時幾達兩載。

根據「永華」所存檔案的資料，得悉這一部「百萬鉅鑄」的若干統計，特記存於後，藉覘當時不惜工本一斑：

佈景：大小七十二堂。服裝：宋帝王冠服九套，文臣朝服、便服四十七套，武將盔甲五十套，常服三十八套，士兵服裝五百九十套，宮嬪女服六十套，舞女服飾一百三十套，平民服裝四百五十套。元帝王冠服四套，文臣冠服十一套，武將盔甲四十套，常服二十四套，士兵服裝四百十二套，此外還有馬鞍三百副。共計服裝二千一百四十六套。

另一統計是參加此片演出的主角級演員，共計二十餘位，此外飾演兵士及平民的臨時演員，多至一千五百餘衆。

一百萬港元的製片費，今日雖不足爲奇；但在二十三年以前，却是個駭人聽聞的巨數；就幣值算起來，現在是五百萬元都不止了。

韓蘭根開砲的一段古

在前面所刊的演員陣容中，韓蘭根之飾演元砲兵一角，也有一段古，可以提出來補叙一下。

當大導演卜萬蒼啣命組班，由周汝傑、屠梅卿兩位大員陪同去上海，邀請留滬的電影導演與演員加盟之時，其中一向與殷秀岑搭檔的丑角韓蘭根，也在網羅之列，但却沒有隨同南來，原因是韓蘭根是個大忙人，他一方面演戲，一方面在上海開飯店，等閒也分身不開。

當時，卜萬蒼只得與韓蘭根作了口頭約定：遇有必要時，再請他來港助陣，合約則暫時先不簽訂。

「國魂」開拍時，像韓蘭根那樣的一個丑角，在劇中本不需要。但爲了加強陣容、助長聲勢起見，又不願韓蘭根「榜上無名」；張善琨既有此意，李祖永亦有此想，於是決定通知這位「瘦皮猴」，請他來港參與，共襄盛舉。

韓蘭根在「國魂」裏，奉派飾演一個韃子兵。片中有一個砲打襄陽城的鏡頭，「開砲」之責便由韓蘭根擔任。等於專門請他來香港當一次砲手的。

開這一砲的代價，是港幣五千元正。

在「國魂」裏，韓蘭根並無其它的戲，就只是開炮一個鏡頭。除了致送他五千元港幣爲酬勞外，還要管吃管住，並供給飛機來回票的旅費。

不要小覷了這輕描淡寫的一炮，當銀幕上出現韓蘭根所飾的韃子兵，傻頭傻腦地發炮之際，戲院裏的觀衆便立即哄然大笑，大家都嚷着：「韓蘭根！韓蘭根！」

這位當年紅極一時的銀壇諧角，曾經說過如下的一句笑話：「我窮了連到强盜都不能做。」這是實情，因爲人們都認識他呀！

鬥蟋蟀歷盡千辛萬苦

「國魂」在攝製過程中，有一場關於「鬥蟋蟀」的戲，也是值得一記的。

南宋時期賈似道當國，這位賈平章愛好鬥蟋蟀，歷史上曾有記載。

在影片中，鬥蟋蟀可以襯托出賈似道私生活荒淫的一面，姬妾環繞，共撚鬥草，這是好戲，是影片中應有的穿插。

但，問題來了！香港地方，類似蟋蟀這些小蟲很難找得到。還有鬥蟋蟀的一些道具，包括蟋蟀盆與鬥草，此間亦付闕如。研究之下，這一場戲決定在上海拍攝。

爲了拍這一場戲，鬧到笑話百出。

時值隆冬，天氣寒冷，蟋蟀，那裏去找？那裏去尋？

上海的街頭，並無蟋蟀出售。唯一的辦法，是派人到鄉下去，向瓦礫堆中搜索。

費了好大的勁，總算如願以償，把幾隻名貴的蟋蟀，從鄉間帶到了上海，供養在瓦盆之中。

無奈蟋蟀供養在瓦盆裏，呈現的是一種「冬眠」狀態，毫無生氣。

蟋蟀草撥一撥，蟋蟀動一動。不撥，就蟄服不動。

鬥志，簡直絲毫都沒有！

勉强把戰士們放在一起，牠們不但不肯鬥，並且還化敵爲友，相互謙讓，蟋蟀盆成了禮義之邦，大家束手無策！

不但急煞了大導演卜萬蒼，同時也急壞了賈似道及其姬妾。

轉念頭，動腦筋，成了當時每一個工作人員的任務。

最先採取的一個辦法是：把燈光移近，讓盆中的主角取暖。

烘了幾個小時，激勵士氣的效果仍是等於零。盆中的小將軍好像蘇醒了一點，但始終懶懶地不肯「武鬥」。

於是，進一步採取第二個方法：白天，用厚棉胎把幾盆蟋蟀包好，同時在盆中貯備了大米飯及清水，還有梨片，讓它們飢則食，渴則飲，培養牠們的戰鬥力。

但，次日再試，還是不中用。因之只好再用第三策，除了厚棉胎包裹之外，又燃起了炭火，給予牠們以「夏日炎炎」的感覺。

第三天晚上再拍，一切準備就緒，把棉胎從房裏捧出來，燈光照住了戰場這纔解除棉胎，揭開盆蓋。

這一次，總算比較順利了一點，幾位戰士，在盆中都很活躍。於是擇其尤者，放在一只盆裏，卜導演悄聲喊着「開麥拉！」

不想未喊「開麥拉」之前，膺選的兩位戰士展翅裂牙，顯得頗有幹勁。等到「開麥拉」一開動，牠們忽然又「休戰」了！

試了又試，直忙到三更天，工作人員又冷又餓，眼看這一場戲完成無望，只好再宣佈改期。

幸而到了第四天晚上，戰士中有不負衆望者，好不容易的攝得了幾個「捉對兒厮殺」的鏡頭。賈似道鬥蟋蟀這一場戲，纔算大功告成。

不過蟋蟀振翅而鳴的聲音，還是在回到香港之後，再用新錄音機加配上去的，並非當時的原音。

正氣歌曲公開徵求

另一件值得一提的事，是「國魂」的配樂工作及主題歌。

「國魂」的主題歌歌詞是根據文天祥的「正氣歌」節錄而成。曲譜，則爲了表示鄭重，李祖永主張公開徵求。

廣告在國內外報紙上刊出後，陸續收到的「正氣歌」曲譜共達百餘闕之多。評選結果，採用的是范繼森的作品。

范繼森是國立音專及滬江大學的教授，國內有名的音樂家之一。他的作品獨占鰲頭，獲得了一筆豐富的報酬。

「正氣歌」曲譜選定了！配樂工作由「永華」音樂科科長章正凡教授主持，然後是三十人的大合唱，完成了錄音的工作。

「國魂」片未攝竣，已經在籌備製譜，一面拍片一面寫配樂，是一件辛苦的工作。

「永華」音樂科共有五位音樂家，共同負責寫譜、抄譜的工作，人人忙個不停。

章正凡爲了要使「國魂」的配樂表現磅礴於天地之間的浩然正氣，並且還要吻合時代背景，曾付出了極大的精力，夜以繼日地努力工作着。

全片攝竣後正式配樂時，動用了兩組中西音樂的樂隊，參加的音樂師凡三十六人，多數是從上海、廣州及香港三處挑選的；其特色是西樂方面沒有一個非籍樂師，完全是中國人。

中樂方面的絲竹名手，其中有一位是由上海請來的琵琶大家，爲了趕時間，來回都是乘飛機。錢，不在乎；只求出品能夠盡善盡美。李祖永的那股子魄力，環顧電影界，還眞找不出第二個來。「永華」的九層寶塔，確是用大把鈔票造起來的。

繼「國魂」之後拍攝的，那就是又一部震撼影壇的鉅製，直到前兩年還因之而掀起一場大風波的「淸宮秘史」了！（未完，下期續刊）

内行人看麒麟童

袁世海

我從小就是個麒迷，十四五歲時在「富連成」坐科，正趕上周信芳先生先後三次來北京演出，看了不少麒派好戲。三次演出的劇塲是在華樂戲院、第一舞台和中和園。跟他一起來的演員有周五寶、劉斌昆、王芸芳、王蘭芳、劉韻芳等，原來在北方的李洪春、芙蓉草等也搭班合作。

那時候科班裏面是不准學生多看外面的戲的，說是怕學雜了。可是我犯麒迷，偏好偸着去看他的戲，讓老師知道了就得挨揍。當時常和我一起去的有裘盛戎、李世霖，被稱爲富連成三大麒迷，每次去看戲，台下一定很多內行演員。

我們偸着看戲，按說回科班去不出聲也就沒事了，可是不行，回去准犯麒迷。盛戎一唸「倉倉倉」用高音鑼打的鑼經，我就什麼也不顧地唱起麒派戲來，這眞是不打自招，老師聽見了就說：「這是麒派呀？學得不錯呀！什麼時候學的？」沒有第二句話好說，我和盛戎就老老實實的扒下，挨揍吧！挨揍的時候有點後悔，可是挨完了還是偸着去看，回來還是照樣犯麒迷，以後才知道這就叫藝術的魅力！

我二十一歲的時候，出了科，跟着尙小云先生首次到上海演出，當時上海新光大戲院正放映他和袁美雲合拍的影片「斬經堂」，我下了火車還沒有去住的地方，頭一件事就是跑去看「斬經堂」。

我在二十二歲那年，又與楊寶森、宋德珠二位去上海黃金大戲院演出，那時他在卡爾登戲院每夜演出連台本戲「文素臣」，每逢星期六、日都演日塲，專演老戲，因爲我們晚上看戲機會少，這兩塲白天戲是非看不可的。就在這時候，上海新都飯店有塲堂會戲，我有幸第一陪次周先生演戲，劇目是「戰長沙」，他的黃忠，趙泉如先生的關公，我的魏延。我記得在這一次演出前，他在後台還教過我一個魏延抓黃忠髯口的竅門，從這個竅門足見他舞台經驗的豐富。「戰長沙」中，魏延要是眞的一把抓住了黃忠的髯口，那麽黃忠就不好演戲，因爲頭部不能動，一動就會把髯口抓下來，他告訴我，不要眞的去抓髯口，藝術眞實不在這一點上；只要等他把髯口稍爲往左邊一甩，我的左手就可以伸過去作抓髯子狀，他的雙手會從髯口後邊伸過來抓住我的左手。這樣，手抓住手，使得上勁；黃忠的髯口蓋在上面，觀衆看了，又像是眞的抓住了髯子，可又不會把髯口抓下來，這眞是一個好辦法，從他這個教導，使我懂得了表演藝術虛實結合的一些道理。

麒麟童（吳漢）張德祿（馬成）在「斬經堂」中電影中一鏡頭

第二年，周先生有一次在一天內參加兩塲義務戲演出，記得日戲是在大舞台，演全部「大名府」接「英雄義」，他的盧俊義一人到底，蓋叫天的史文恭、趙如泉的時遷、張淑嫻的賈氏、王筱芳的燕青、林樹森的梁中書、韓金奎的李固、劉坤榮的李逵、張翼鵬的武松、高雪樵的林冲、劉斌昆的醉皂隸、高百歲的索超。原來要我演索超，我實在想看戲，不願放棄這次難得的機會，所以就沒演，這眞是一塲難忘的好戲。當天晚上，在更新舞台是譚富英、黃桂秋的「汾河灣」，周先生、小三麻子、趙松樵的「戰長沙」。這天正在三伏中，天氣炎熱，在一天內要演這麽兩齣累人的戲，也只有功底深厚的他才能頂得下來。可是，終究因爲天太熱，戲太重，他演完這兩塲戲，竟累得一塲大病脫力傷寒，在家休養了兩年。

一九四三年春節，周先生才在黃金大戲院再度組班演出，因爲上次合演「戰長沙」對我印象不錯，就邀我加入了，這是我頭一次搭他的班演出，同班旦角有黃桂秋、王熙春、芙蓉草，小生有俞振飛，武生有高盛麟，小丑有劉斌昆。周先生習慣提携後進，對跟他合演的演員總要先給他們配幾齣戲，他甚至肯担任一般看來并不太重要的配角，但一經他演來，却精彩絕倫。比如那次演出頭天是黃桂秋、俞振飛的「玉堂春」，他配藍袍，還帶一齣「戰宛城」，他的張繡，王熙春的鄒氏、高盛麟的典韋，我的曹操。第二天黃桂秋、俞振飛的「奇雙會」，他配李奇。前塲還帶全部「連環套」，他和高盛麟雙演黃天霸，捧我的竇二敦。

常聽人說：某人渾身有戲；我想，周先生的確可說是渾身有戲，當之無愧的。大家常提他在

書到用時方嫌少

周信芳

我有空的時候喜歡買點書，然而沒有勇氣稱之爲業餘愛好。因爲照我的理解，對某樣事物的感情到了愛好的程度，便不簡單，含有鑽研的意味了。我愛好京戲，也鑽研京戲，這我是敢于承認的。但是買書，雖然也有不少年的歷史，却始終徘徊門外，未窺堂奧。我演戲了，朋友們願意來作座上客，對我指敎一番，我是竭誠歡迎的。假若有誰要來參觀我的「藏書」，就無異是在開我的玩笑。我這一點小小的積聚怎麽好見人？說得圓滑一些，比平常不買一本的人我算是有了幾架子的書；可是比眞正的藏書家來，我又只好自慚淺陋，如小巫之見大巫。

買書總有個目的：有人是爲了讀；有人是爲了藏；更有人是爲了豐富家中的擺設。三者我都不是。也許第一種：讀，我算是沾着點兒邊。家居無俚，我總是泡在書房裏與書爲伴的。這本翻翻，那本看看，漫無題旨，開卷有益。忽然讓我發現了一段與我的表演有關的文字，意外的驚喜，也提高了我讀書的興趣，買書的欲望。是的，我買書是很「功利主義」的，是爲了替我的演戲找參考資料我才買的。當然，在書店的櫃台面前，無法肯定得那麽明確，究竟何者有用，何者無用。不過心中有了個底，也就有了選購的範圍，基本上是屬於文史一類的，八九不離十。有些書買回來，即使不能「立即生效」，可是擱在那裏也不碍眼，說不定那天會用得着它。

比如我這幾年買的這套『古本戲曲叢刊』，卷帙浩繁，以我現在的精力，平常是難得逐本瀏覽的。但最近我演『一捧雪』，覺得老本子那一場戚繼光巡更的情節不合理，一個堂堂的八台總兵，不見得肯爲家奴如莫成者這樣熬夜吃苦，便把這場戲删去了。有人提出異議，大有責怪我不尊重傳統之意。我連忙回家從這套叢書中找出『一捧雪』來一查，古本也沒有這場戲，居然我的見解與古人不謀而合，我放心了，不尊重傳統的帽子戴不上了。

我也買過不少曲本，雖然平日我並不拍曲子，似乎這些書只好徒快蠹魚之朵頤了，也不盡然。記得早年我編演新戲『温如玉』，蕭麻子、苗禿子在曲院中唱完了『寄生草』之後，女主角金鐘兒要唱一支『桂枝香』，可是有詞沒譜，怎麽唱呢？這一下可讓我的曲本露了臉，這裏面就有，唱吧！

有些戲中有些冷僻的字，一般的字典是查不到的，於是我備了一部『康熙字典』。

我認爲，京戲多是演的歷史故事，作爲一個京劇演員，歷史知識最好能具備一些，因此歷史書我也買。

「書到用時方嫌少」，在我這個幼年失學的人來說，感受就更加深切。補天之術就是盡力而爲，有一點多餘的錢，有一點多餘的時間，我都化在書的上面了。

因此我是不考究版本的，實在也考究不起。只是歲數慢慢地大了，目力關係，字體要大一些的，紙質要光潔一些的，這是老年人的一種生理要求，附上一筆，算是建議也可，算是本文的結尾也可。（本文標題出自周信芳手筆）

「追韓信」中背上有戲，其實他在很多戲中都能在背上演戲。比如「投軍別窰」中薛平貴唱到：「守不住來將我丟！」唱到「丟」字，雙手有力地一合一攤，轉身，背上猛然一震，靠旗與盔頭颯颯作響；接着在王寶釧唱快板時，他仍背向台口，抽氣，雙肩聳動，靠旗顫抖，這就把平貴決心從軍，但又難捨寶釧的悲痛心情，在這些動作中表露無遺了。在「明末遺恨」中，崇禎奔往煤山自縊，走得急切，猛然一抬右脚，右脚上的厚底靴高越天幕，直向下場門外飛去，他穿靴從來不縛靴帶，這些精彩的表演，都給了我深刻的、永遠難忘的印象。

有人曾經說我是「麒派花臉」，的確我在唱、唸、做各方面都受到周先生的影響。這一方面固然是因爲我喜歡他的表演，另一方面也因爲架子花臉的表演風格與麒派表演風格有些接近，兩者都要求穩、準、狠。尤其我學的郝派花臉，郝壽臣老師的一派與麒派，兩者風格更爲接近。

周先生的唱功、白口的藝術成就也十分高。我覺得他的唱和白特別强調從人物性格出發，感情十分豐富。有時爲了充份表達感情，他會唱字不唱腔，一個字、一個字地唱得特別清楚、有力，好像一顆顆機關槍子彈在發射出來似的。他的白口，氣口特別好，停斷得好，咬字淸而眞，節奏鮮明。

我覺得周信芳先生的藝術不光是對我，對整個京劇藝術的影響都是深且廣的，比如在他之前，北方沒有人用「冷錘」，只有「刮兒倉」、「崩登倉」；他却使用了單擊一記的「冷錘」，使人精神一振。現在無論南北，都用上了「冷錘」。北方京劇界用高音鑼，也是受它的影響。麒派鑼經主張「文戲武唱」，打得「脆」。

打抗戰以前周先生來北方演出起，才把三麻子那一派的戲帶到北方，這中間自然也經過他的發展和創造，現在在北方大家都很注意老爺戲的做功了！

麒老牌周信芳

葦窗

上海戲劇界有三老，這三老就是趙老開趙如泉，蓋老五蓋叫天和麒老牌周信芳。三老之中，趙最年長，蓋次之，麒最小，他是甲午年生的，肖馬，以年歲計，他今年亦已七十七歲了！麒老牌原籍浙江慈谿，周家乃是大族，爲了麒麟童的父親唱戲，他們周家祠堂還鬧過「貼譜」的擧動，這「貼譜」在宗法社會中，等於學校的開除學生，其經過是很有趣的。

麒麟童的父親

麒麟童的父親周蔚堂，小時候在原籍私塾讀書，十三四歲時，由親戚荐到上海四馬路一家洋貨店做學徒。由於近水樓台，時常溜到附近的丹桂茶園後台去看戲，他最醉心薛瑤卿的青衣，湯桂鳳的花旦，日久之後，居然能學兩句薛的唱、湯的做，爲後台同人所驚奇！洋貨店的經理看周蔚堂歸店太晚，屢次警誡無效，就把他的生意停歇，一方面寫信給他的家族，叫他們到上海來把孩子領回去。過了不多天，周家寫信給這位經理，請他代買一張船票，把孩子送上船，讓孩子自己回寧波，經理便差人把周蔚堂送上了船，沒有等船開，送的人便回去覆命了。周蔚堂靈機一動，就揹着行李，一溜下船，直接到丹桂茶園後台去找後台經理夏月恒。周蔚堂對夏月恒說：他不願回家，情願投拜門下，學戲効力。夏月恒兄弟幾個當時正組織夏家科班，明知周蔚堂是塊材料，但恐怕有糾葛，不敢收留，恰巧蘇州有位唱花臉的郝二明正在組織科班，祇求人才，不怕麻煩，就把周蔚堂接收了過去，改名周琴仙。

三年之後，周琴仙到上海搭丹桂茶園，夏家兄弟笑說：「領你入門，學了本事，結果反來賺我們的錢。」周家家族起初以爲周蔚堂不回家，一定是又被店方收容下來，後來書信來往，才知道他失蹤了，尋了一個時期，影蹤全無，沒有法子，祇好當他死掉算啦！事隔幾年，這位經理有一天到丹桂茶園去看戲，中間有一齣周琴仙的「宇宙鋒」，他看着台上趙女的面貌，越看越熟，似曾相識，等到戲快演完，才想起這個台上的周琴仙，正是逃走的學徒周蔚堂，於是不動聲色，就打一個電報給周蔚堂的家族。過了幾天，周蔚堂的家長趕到上海，由經理陪同到丹桂茶園後台晤面。周家的家長赫然大怒，認爲慈谿周家是有名的大族，官宦之家，書香門第，如今竟出了一個唱戲的後輩，敗壞門風，辱沒祖宗，莫此爲甚，逼他立刻回家。周蔚堂認爲唱戲靠能耐，憑氣力賺錢吃飯，和做店員有什麼分別，拒絕回家。周的家長就拿「貼譜」來威嚇他，要開祠堂用紙把家譜上該子弟的名字貼掉，表示驅逐出族。周蔚堂正色道：「周家不認我這子孫，我就不姓周，我爲藝術，何妨改姓！」便通知夏月恒，即日起改從母姓，由周琴仙改爲金琴仙，家長賭氣回慈谿，果然實行「貼譜」，從此和周氏家族脫離關係。在麒麟童二十七歲那年，慈谿周家見族中出了麒麟童這樣一位名角，覺得很有面子，想到從前的「貼譜」，未免擧動過火，於是由旅滬族人去和周蔚堂父子接洽，要請他們父子回寧波開祠堂，實行復譜，麒麟童通過乃父同意，先滙兩筆錢，一筆到寧波開祠堂，一筆到慈谿修祖坟，當時麒麟童正在上海丹桂第一台當後台經理，特地請假五天，侍親返籍，也可以算得是衣錦榮歸了！

麒麟童的父親周蔚堂，藝名金琴仙，他母親許氏，也很懂得戲，

周信芳（鄒應龍）周五寶（嚴嵩）「打嚴嵩」劇照

他誕生地是江蘇淮陰清江浦。在他七歲的時候，跟父親到杭州去唱戲，就遵父母之命，拜陳長興爲師，好像此公的名字不見經傳，但麒麟童確實是他給打的底子，陳長興平生祗收過兩過徒弟，開山門徒弟是花臉程永龍，關山門徒弟就是文武老生麒麟童，這周信芳的信芳兩字就是陳長興題的。

麒麟童的藝名

麒麟童小時候，很多藝名，有小童串、七齡童、七靈童、萬年青、時運奎等，在他十三歲那年的秋天，膺聘到烟台去唱戲，方才以七齡童的諧音，正式改爲麒麟童，從此定名。麒愛好讀書，在他四十歲那年，報紙上發表過他的幾句詩，其中有一句是「行年四十尙稱童」，從此以後，他的戲單上必定加上「麒麟童即周信芳」字樣，和他同時的還有「小達子即李桂春」，也是一樣的例子。

周信芳（劉彥昌）梅蘭芳（王桂英）梅葆玥（沉香）高玉倩（秋兒）
合演「寶蓮燈」劇照

麒麟童博采衆長

麒麟童的父母是好父母，師父是好師父，每逢名角演出，必定不放過讓他去觀摩的機會，因此麒麟童的腦海之中，有李春來的武生、劉永春的花臉、三麻子的關戲、潘月樵的做工、汪笑儂的新戲、孫菊仙的唱工等等，而最爲他所折服的却是譚鑫培。我在三十年前，熱中於唱戲，有次在堂會戲中票演「甘露寺」，老牌也在看戲，戲畢，我和他同席，他跟我說笑話：「你在台上雖然唱的是馬派，但身上有些地方却是麒派，這沒有辦法，因爲你在上海生長，看我的戲太多！不過我和連良都是從譚派出發的，傍人一成不變的保留，而我和連良則變化多一點而已！」由此見得，麒對譚鑫培的傾倒程度。若是我現在說麒麟童是譚派老生，大家一定會覺得驚異，但這話是他自已說的，而且說得那麽誠懇、坦白，使我永遠忘不了！

麒麟童年青時，就担任了上海丹桂第一台的後台經理，他事親甚孝，許多事情都是秉承他母親的意旨做的；因爲他的母親不但明理，而且在行，他這一任後台經理，一連做了九年。他邀角兒有所謂三不談：（一）玩藝兒不好不談，（二）服務道德不好不談，（三）包銀不合理不談，我嘗說麒老牌這「三不談」不但是邀角兒而已，社會上許多請人條例，都適合這個三不談的原則，也可以說是放之四海而皆準的。麒麟童善於捧角，汪笑儂演「張松獻地圖」，他配劉備。三麻子演「過五關」，他配卞喜。余叔岩唱「斷臂說書」，他配陸文龍。高慶奎唱「珠簾寨」，他配程敬思。總而言之，他是最善於「人捧人」的。他中年以後，主持上海卡爾登戲院，曾爲他的學生高百歲，配演「盜宗卷」的陳平。又爲他學生陳鶴峯，配演「戰長沙」的魏延。有一年會戲，我還看過他演的「鴻鸞禧」，馮子和的金玉奴，趙如泉的金松，當時馮已老境頹唐，但他仍一本正經的陪馮子

周信芳「追韓信」　葉淺予速寫

和唱莫稽，這正是他講戲德的地方。

麒麟童善編戲

戲班之中有所謂四戲的，若此人四戲俱全，就可以領袖羣倫，公認他是個好角兒。這四戲是派戲、編戲、排戲、演戲。在周信芳之前，祗有三麻子有這個資格，而周信芳所編的戲之中，有幾齣早已經成為傳統劇目了，例如「蕭何月下追韓信」，他是為他的妻舅劉奎童排的，他自己演韓信，想不到劉奎童的蕭何沒有唱紅，却讓麒老牌自己把這齣戲唱紅了！麒麟童中年時代，還擅於老戲翻新，例如「明末遺恨」，是從崑劇「鐵冠圖」改編的，麒在劇中演崇禎皇帝，有許多獨特的創造。「撞鐘」一場，李國楨君臣分別，麒麟童左手掩面，右手揮袖，吩咐李國楨上馬去罷，一句台詞也沒有，這種身段，可以說看了之後，至今仍留有深刻的印象。麒麟童唱「徐策跑城」，他在台上走十字，就像徐策真的在御街上奔跑的意思。

周信芳（徐策）「徐策跑城」劇照

麒麟童的軼事

許多觀衆以為啞嗓子沙喉嚨就是麒派，許多學麒派的人唱起來先把嗓子逼啞了，這眞的笑話。但從前的麒因嗓子沙啞而從此中找出許多蒼涼沉着的腔調來配合劇情，無疑是成功之處。在他晚年，嗓子逐漸恢復，他自己也在回憶中刻苦地尋找汪桂芬、孫菊仙的唱法，在他所攝的「四進士」電影中，他的嗓子就較前洪亮多了。

麒麟童在戲劇界勇於革新和創造，早在一九二七年，他曾參加南國社和歐陽予倩合演「潘金蓮」，他飾武松。一九三七年「八一三」戰爭爆發，他組織了一個劇團「移風社」在上海卡爾登戲院演出，把「文天祥」「史可法」二塊預告牌貼在舞台的左右兩面，使觀衆看了，民族觀念油然而生，用心良苦。

麒也曾將京劇拍過電影，「斬經堂」是他拍的第一部片子，稱為麒麟樂府。麒自演吳漢，袁美雲的王蘭英，湯桂芬的吳母，張德祿的馬成。導演費穆，攝影黃紹芬，當時就採用藝術電影方式攝製。

人稱麒的做工精湛，甚至背上有戲，絕非誇張之詞。他演「追韓信」，當家院報告蕭何「韓將軍棄官逃走」，轉一個圓場後看韓信留詩大驚說：「啊哈，韓信去了！」當看詩時，他背對觀衆，但觀衆都能由他的頭部和肩背的動作上，清楚地了解到這位為國求賢的政治家是何等懊喪和焦急！「四進士」劇中，在公堂受刑後，他高舉右手的顫抖動作，有力地傳達了當時宋士杰內心的激憤。

麒從四面八方吸取藝術養料，他也嘗試過演話劇，扮「雷雨」中的周樸園，台風之好，同台失色。他自己除文武老生以外，紅生戲得自三麻子，他的「走麥城」充滿了豐富的感情，這是自有演紅生戲以來所沒有的。他中年時好演大嗓子小生，光下巴，唱老生腔，「六國封相」中的蘇秦，「鴻門宴」中的張良，「投軍別窰」中的薛平貴，「封神榜」中的伯邑考，都是他的愜意之作。他在「卡爾登」演「頭本文素臣」，有一段唱詞，膾炙人口，那一段流水的詞句是「似這等可喜娘曾罕見，你看他楊柳腰芙蓉臉宜喜宜嗔可人憐，况且是冰雪聰明無雙艷，美人情深把我的心意牽，非是我太上忘情不解憐香軟，怎奈是人獸關頭就在這一念間，我只得辜負香衾成

周信芳劉斌崑之「清風亭」　程十髮作

孤雁，不怕花枝笑獨眠！」詞章雅馴，腔調動聽，出於名導演朱石麟手筆。

麒麟童肖馬，和梅蘭芳同庚，從前上海有過一個甲午同庚會，他們二位俱屬會員，名畫家鄭午昌、吳湖帆和文學家范烟橋等都是甲午那年生的。

麒麟童在上海演出年數最多，少年時代，曾和戲劇界四位名演員，結爲金蘭之好。長張少甫、次苗勝春、三姚俊卿、四陳嘉璘、麒居最小、行五，所以內行中不少人稱他爲五爺和老五的。

麒麟童演技細膩，唱白掛味，爲內行所一致推崇，牌子做出，每演必滿，上海人稱他爲麒老牌。和稱新馬師曾爲新馬仔一樣，都是對他們的一種親切之詞。

麒麟童有幾齣戲，眞有百看不厭之妙，「四進士」其一也。從前上海票界，學麒之風最盛，有一個組織名爲「麒藝聯歡社」，出版過許多麒派戲考，得者珍若拱璧。

麒麟童弟子不少，最著名的是高百歲、陳鶴峰等。各得乃師一鱗半爪。內行學麒最得其神韻的推王椿柏，未嘗列入門牆，不幸短命死矣，可惜得很！

從前北方演員到上海，下馬飯後，第一件事情就是去看麒麟童，因麒在上海經常演出，而在北方，這樣的演員是看不到的。名淨袁世海最嗜麒劇，私底下能學幾手。

麒麟童在上海「卡爾登」演出時代，凡他在台上唱流水，台下客都拍板相和，尤其如「追韓信」之「我主爺」及「跑城」之城樓一段，此唱彼和，台上台下，打成一片。

麒麟童能書，早年學鄭蘇戡，摹張猛龍碑，頗有古意。本期有他寫的一段小品「書到用時方嫌少」，這幾個題目字就是他親筆所寫。

周信芳（宋士杰）「四進士」電影照

麒的小兒子少麟，學余派老生，嗓音醇厚，繞有韻味，家中有小型舞台，時在彩排。曾請劉天紅說戲，劉告人云：某若無眞才實藝，焉能博老牌賞識哉！得意之狀，溢於言表。

大嗓子小生戲

麒麟童的白滿戲，像「四進士」、「清風亭」、「掃松下書」、「徐策跑城」、「生死板」（即全部鐵蓮花）等，都是他的拿手好戲；但他的大嗓子小生，也是別具風格的，所謂大嗓子小生是光下巴而唱老生喉，他的大嗓子小生戲中，又分爲二類，一類是老戲則如「投軍別窰」、「鴻門宴」、「鳳凰山」等，又一類是新戲則有「温如玉」、「文素臣」等。

麒麟童演「投軍別窰」，描寫夫婦離別，情致纏綿，紮上大靠，純屬武小生身份。麒在「鴻門宴」中，飾演張良。他在此戲中的扮相，頗爲別致，身上褶子以外，外罩一件行頭，類如當時女界流行的旗袍馬甲，這也是一種新型的嘗試，現在凡唱麒派老生的，這一件行頭都在必備之列了！鴻門赴宴時，張良有一個圓場，大家跟着他走，非常美觀。「鳳凰山」自救駕嘆月起，演至病挑安殿實止，此戲應歸入文武老生一類，麒演此始終不脫一「病」字，尤之梅蘭芳演「宇宙鋒」，全着重在一個裝瘋的「裝」字一樣。

麒麟童的晚年

麒麟童在一九六一年冬天還帶領劇團浩浩蕩蕩，北上去度他的演劇生活六十年紀念。但轉過年來，就聽說他的眼睛生了白內障，左眼開了刀，右眼又開刀，直到一九六三年，一只眼病了，他還能照常上台，好在他舞台經驗夠，鑼鼓經熟，台下一點都看不出來。此後，一連串聽到的就都是關於他不好的消息了！一說：他雖未死，但已被紅衛兵折磨得不成樣子！又說：他雙目全盲，求生不能，求死不得，游街、認罪，沒有一樣他不會輪到過。聽了之後，無窮感慨！可以這麼說：麒老牌的戲劇生命，已經告終，現在留着的祇是他的一個軀殼罷了！

草窗談藝錄

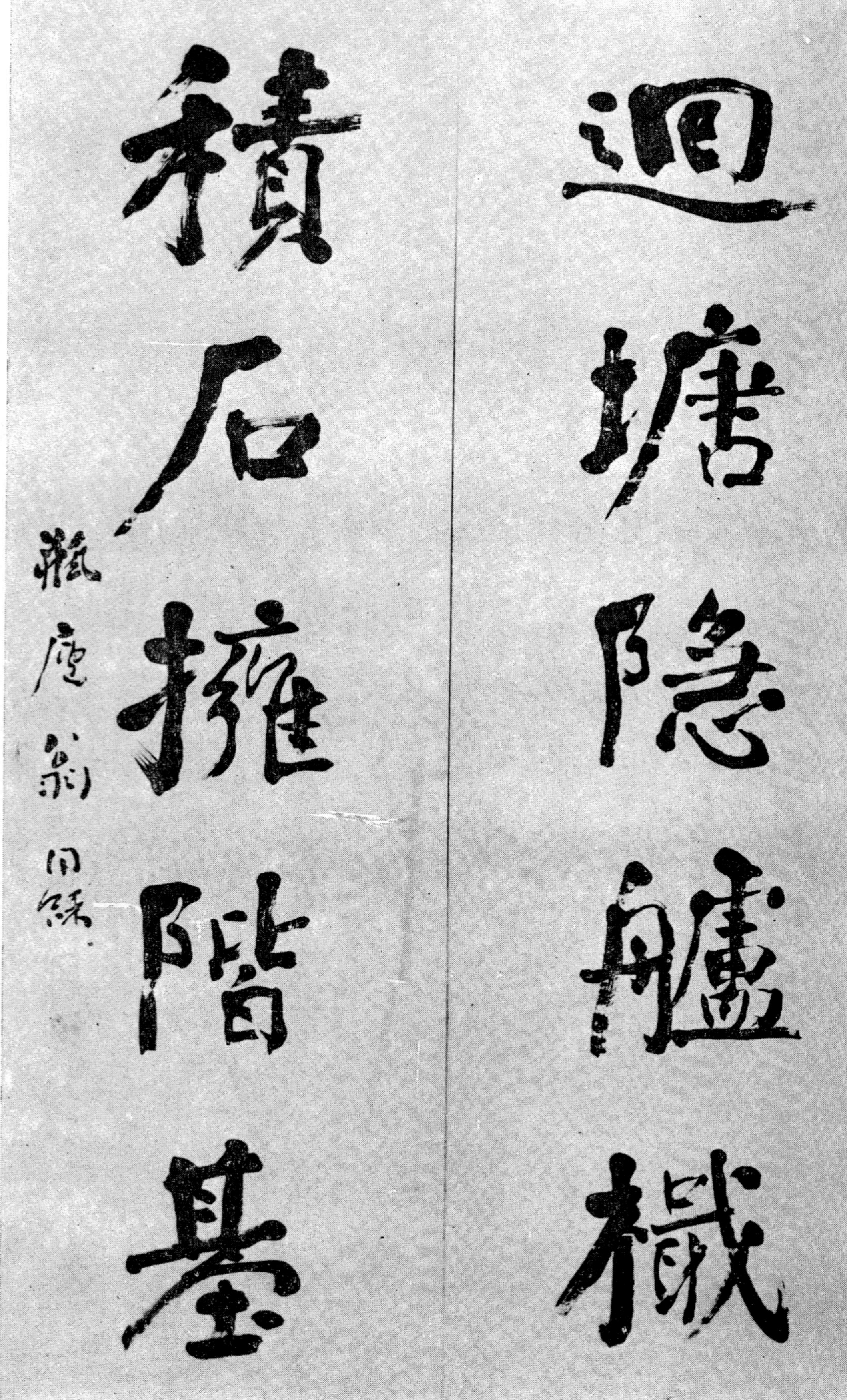

翁同龢五言聯（定齋藏）

論天下大事

談古今人物

第三期

棄疾自秋初去
國倏忽見冬
詹詠之誠朝夕不替第緣驅馳到官即專意督捕日從事於兵車羽檄
間坐是倥傯略亡少暇
起居之問缺然不講非敢懈怠當蒙
情亮也指吳會雲間未龜
合并心旌所向坐以神馳
右謹具
呈
宣教郎新除秘閣修撰權江南西路提點刑獄公事辛棄疾
劄子

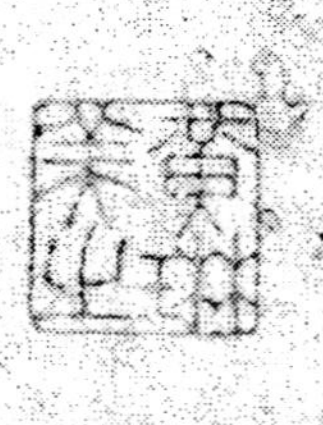

大人

第三期目錄

一九七零年七月十五日出版

大人　每逢月之十五日出版

出版及發行者：大人出版社有限公司
督印人：王朝平
編輯者：大人雜誌編輯委員會
總編輯：沈葦窗
社址：九龍西洋菜街三號A　即彌敦道六二〇號後座
電話：K八五五七三〇
印刷者：立信印刷公司　九龍新蒲崗伍芳街緯綸大厦十一樓
總代理：吳興記書報社　香港租庇利街十一號二樓　電話：H四五〇五六一　H四五〇七六六
星馬代理：遠東文化事業有限公司　新加坡厦門街十九號　檳城沓田仔街一七一號
泰國代理：集成圖書公司　曼谷耀華力路二三三號
越南代理：聯興書報社　越南堤岸新行街二十二號
其他地區代理：
澳門：司大文具店　漢城：汎亞書籍社
亞庇：利文公司　寮國：永珍圖書公司
千里達：中華公司　斗湖：光明書店
倫敦：東寶公司　菲律賓：玲瓏書局
芝加哥：杏林春　紐約：友聯圖書公司
波士頓：中西公司　洛杉磯：永安堂
三藩市：新生圖書公司　檀香山：大元公司
加拿大：香港商店　三藩市：文化商店
加拿大：新國華公司

杜月笙之所以為杜月笙

陳存仁

民國十六年夏季，上海大疫。中西醫大忙，好多醫生都病倒了！南市廣益善堂首席內科醫生也病了，主任丁仲英老師命我即日接替代診，每日約診一百人，我因初初臨症，看得較慢。有一天到了下午四時，別的醫生都已走了，我尚未將開方存底料理完畢。忽然有一彪形大漢來找醫生看病，說是：『病人垂危，即刻要去出診。』一面說一面就拉我走。那時我年少氣壯，並無畏怯，登上他的汽車直駛道前街警察廳宿舍，見到一個病人高熱昏沉、手足抽搐，眞是危在旦夕！我診視之下，斷定是那時候最流行的傷寒症，我在丁老師門下，已經學到了一套治理傷寒的方法，就不慌不忙的處方而回。

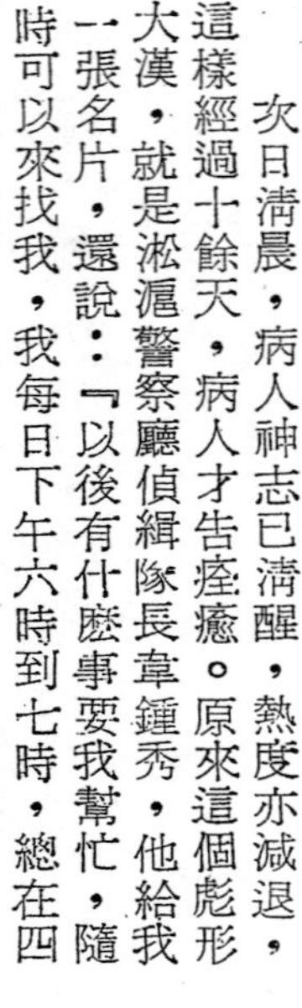

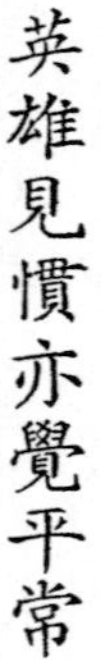
杜月笙氏（一八八八—一九五一）

次日清晨，病人神志已清醒，熱度亦減退，這樣經過十餘天，病人才告痊癒。原來這個彪形大漢，就是淞滬警察廳偵緝隊長韋鍾秀，他給我一張名片，還說：『以後有什麽事要我幫忙，隨時可以來找我，我每日下午六時到七時，總在四馬路言茂源酒店，有一張固定的桌子，風雨無阻必到的。』

此後，我從未找過韋鍾秀一次，倒是韋鍾秀常來找我。因他常有需要動筆墨的事，就到對門我住的地方，那時我住西中和里丁仲英師家，即在言茂源對面弄內，找我去代他看信扎、寫便條之類，寫得最多的，就是許多人向杜月笙先生拜師的門生帖。這類門生帖，有一定的欵式，用的都是紅紙，紙質極粗，毛筆寫上去是不吸墨的；我就自作主張改用梅紅箋，既柔軟又好寫，摺疊三層，面上再加上一個紅封套，前後共寫過四十多份。有一天韋鍾秀對我說：『你寫的門生帖，杜先生很讚美，要不要幾時陪你去見見他？』我說：『也好。』

晚間，我將此事禀告國學老師姚公鶴先生，並問杜氏是怎樣的人物？姚師告我杜氏大約是一個粗魯大漢，但對世故人情極爲通達；我們讀書人壞就壞在自以爲清高，結果却成『百無一用是書生』。這班人不要小看他沒有學問，但可以說是『人情練達皆學問，洞明世故即文章。』所以對我說：『去也不妨，常常去見識見識，或有領悟世情之處。』

姚師是前淸舉人，國學深湛，當時文人，多數有烟霞癖，以『烟』會友，孟森（心史）、陳訓慈（布雷）、潘公弼諸先生，都是姚宅常客。孟心史先生還從傍說：『應該去，看看看，杜先生倒底是怎樣的一個人物？』

英雄見慣亦覺平常

韋鍾秀陪同我去見杜氏那天，恰好是端午節，我祇拿了一本硬面貼報簿，簿上剪貼了三段有關杜氏的新聞，因爲那時杜氏祇有大家口頭相傳他的豪邁故事，報紙上却比較少提到他的大名。有之，祇是這短小的三段新聞而已。

杜氏私邸，是在法租界華格臬路，書報上形容是侯王宅第，大厦連雲，其實地方並不大。私邸中，最主要的就是一間廂房，稱爲『大餐間』，大小不過二十二尺乘三十尺那麽大，我去見他那天，是在下午一時許，杜氏剛起身，室內除我和韋鍾秀之外，別無他客。他是瘦瘦的個子，體重約一百磅，穿了一件熟羅長衫，身材好像一個文弱書生，祇有一對鞋子，顯得有些特別，是純中國布鞋欵式，但不是布質，而是用深紫色的皮革來做的，此外一無特異之處。

他見到我之後，先寒暄幾句，都用浦東話，叫我坐在他的烟榻上，自己就抽起鴉片烟來。同時也叫我橫臥下來，說：『睏下來談談』。他最初說：『你寫的門生帖我收到不少，寫得整齊乾淨，眞是不錯。』我說：『我有一件禮物送給你，這是最不値錢的東西。』他當時接了過去，打開來看，是一本貼報簿，裏面貼了三段剪報，他就問我這是什麽意思？我說：『杜先生民間的名聲很大，但報紙上尙少見到新聞，我搜集到三段新聞，特地剪下來送給你，』他聽了面露笑容，急促的說：『讀給我聽，讀給我聽。』我說第一段新聞是：『杭州西冷橋畔，新建「武松墓」，墓碑上刻着「義士武松之墓」，下欵具名的是黃某，張某和杜月笙三人。』他聽了這段新聞，哈哈一笑，顯得非常高興。

接着他很急促的問我：『第二段講啥？』我就告訴他，記的是『浦東中學部份校舍坍塌，由杜月笙捐資重建，』他聽了又是『噢！噢！噢！

』微笑不已。

等他笑過了，我又讀第三段，記的是靜安寺寺僧爭嘗產，由杜月笙調解平息。他聽後又笑了一陣，他說：『今天端午，收到的禮物很多，但我最喜歡的倒是你的這本簿子，以後有任何新聞，你都替我留心剪下來，補貼在這本簿子上。』接着就閒聊了許多上海掌故，他聽了覺得非常有趣。他說：『你以後多來來，以這個時間爲最空閑。』話未說完，來訪的人已經絡繹不絕，於是我和韋鍾秀就告辭了。歸途中，我感到有一種印象，杜氏並不是理想中的偉男子，完全是一個文弱書生的品型，眞所謂『英雄見慣亦平常』，但是韋鍾秀對我說：『普通客人去探訪杜先生，他祗是用手一揮，指着旁邊的紅木椅子，說：『請坐，請坐』四字爲限，坐到烟榻上的人便是上客，要橫臥下來陪他的便是上賓，到他那裏去的人文人極少，他特別看重你，你該常去走走。』

識字不多而明事理

照我的記憶，杜先生最初不是叫月笙，他自己祗識得自己的姓名『杜月生』三字。因爲浦東人的習慣，取名都叫金生、根生、貴生之類。後來不知道是那位風雅人士在他的『生』字上，加上一個竹字頭，成爲『笙』字。才改作『杜月笙』的。

其時他認識的字，除了自己的名字之外，大約祗識『一至十』十個數目字，這是我最初見到的情況。後來請了一位教書先生，天天爲他讀報，約三十分鐘。此外還給他認兩個方塊字。就這樣經過了若干年，竟會看信看報。

他對熟人並不諱言，一生從未受過教育，祗是幼年時由浦東高橋渡海，到對面楊樹浦一間小學校，當了五個月的一年級學生（其時無幼稚園，初讀方字），學費是小洋五毫。到了第五個月，因五毫子籌不到，就此輟學。

他飛黃騰達之後，大達輪船公司新船下水，請他去主持下水禮，車經楊樹浦，他遠指一間毀損不堪的小學校，告訴那位船東說：『他曾經在這間學校讀過五個月書，後來再也沒有讀書的機會了。』

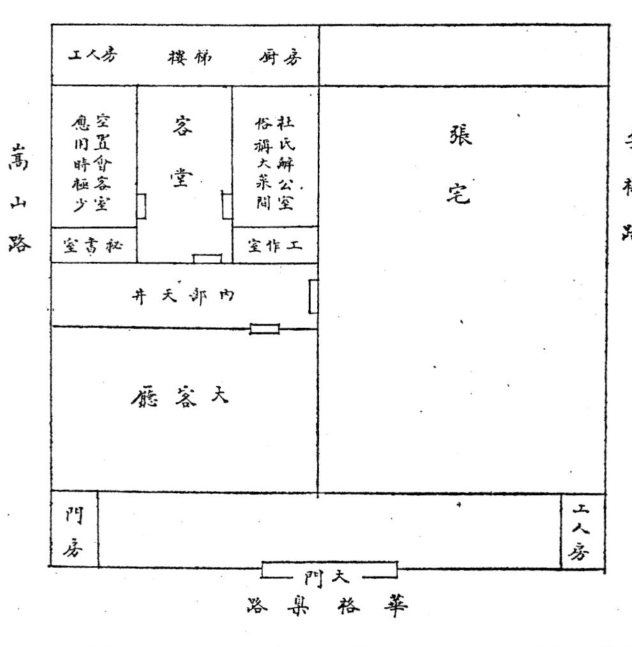

他常常提起少時在一家生菓舖當學徒。有一次，四川有位師長范紹曾在國際飯店宴客，吃到終了，侍者端上了一碟生梨，大家在談笑之間，都怪洋刀太鈍，削皮不易。惟有杜氏在片刻之間，把生梨的皮削去，晶瑩光滑，范師長見到他這般削梨技術大加稱道，杜氏却坦白的告訴范說：『我本是這一行出身』，范聽後不敢讚一詞。

杜氏出身寒微，對窮苦人的生活很瞭解，所以他後來處理一切大小事宜，都是偏袒窮人方面，勞苦階級的人對他的印象特別好。

他常說：『不識字可以做人，不懂事理不能做人。』他對任何事情的處置，另有一套。凡是辦一件事，先決定上策如何？中策如何？下策如何？三點決定後，還要考慮這件事的後果如何。所謂後果，即是有無反應或副作用。好會好到如何地步？壞會壞到如何程度？所以他發一言而能了事。但是不輕發言，言必有中。

他往往先聽別人講話，自己默不出聲，等到別人講完，他已定下了決策，無非是說：『好格，閑話一句』，或者是說：『格件事，不能這樣做』，他的判斷力極强，說過之後，從來不會變更的。

杜氏所受的教育，照我的觀察，是得力於聽書。所謂『聽書』，是江南人喜愛的一種消閒娛樂，由彈詞家或評話家連續彈唱講述的，如「岳傳」、「水滸傳」、「七俠五義」、「三國」等，所以他對戲劇演出極感興趣。他自身的出發點，也是從桃園三結義開始的，足見小說不但感人極深，實在也是一種社會教育。

尊敬文人禮賢下士

我初識杜氏時，他並無秘書或書記之類，祗有一個賬房先生。這時來往的人，絕無一個文人，所以我去之後，他表示很歡迎，總是和我談談社會新聞，問我：『報紙上是哪能講法？』我非但把報上的新聞講給他聽，還對若干事情的來龍去脈加以分析，他聽了很是高興。因爲當時他接觸的許多人，都是工商界人士，不久後有一位劉春圃常去，劉是在警察廳當司法科長的，能說，能寫，杜先生奉爲上賓，好些文書往來，就由劉春圃代爲執筆。其後，有一位任職紹興安昌鎮警局長翁佐青，卸職後賦閒在上海，由張某介紹當了杜氏的秘書。從這時起，杜宅才有文房四寶和寫字枱的設備。

翁佐青做了很多年後，又陸續延攬了好幾位精通文墨的秘書，都是寫作俱佳的。外間傳言「六君子」之一楊度，是他的秘書，其實楊不過是杜宅中一名清客，相貌枯瘦，杜氏不大喜歡他的；至於章士釗，也不是他的秘書，其地位近於謀臣策士一流。

天大糾紛閒話一句

此後出入杜家的人，越來越興旺，我因醫務稍有成就，比較少去。一天，因有一家第一流的藥材舖叫作『童涵春堂藥號』，發生勞資糾紛，杜氏來電話，要我到他家去，我到了他的烟榻上，他給我兩封信：一封是資方俞佐廷的信，一封是勞方職工的信，他只說這件事你去辦一辦，辦到雙方協議時，由我出面解決。

正在這時，突然有三個人跟跟蹌蹌的走到杜氏烟榻邊，三人年齡都很大，未曾開口先跪了下來，杜氏看見這般情形，爲之駭然。連忙說：『起來起來，』這三個人原來是鄭正秋、張石川、周劍雲，那是當時明星影片公司的三巨頭。他一見鄭正秋，竟高聲叫：『四爺叔，啥事體？介緊張？有閒話儘管講。』接着周劍雲就說：『我們明星公司，千辛萬苦化了最大的資本到北平去拍了一部「啼笑姻緣」，誰知道顧無爲不聲不響的向法院遞了一張十萬元提供担保狀，說是：他拍「啼笑因緣」在先，要禁止我們的「啼笑因緣」，今天剛在南京大戲院上映，忽由執達吏到來加以扣押。這件事，祇能請杜先生出來解決，否則我們公司要宣告破產了！』杜氏很輕鬆的說：『不要緊！不要緊！』一面拉着鄭正秋說：『先吸兩筒烟，平平氣。』接着張石川說：『如果我們拿出二十萬元，本來就可以提供担保放映的，可是要是對方也跟着再加倍，那末事情就永無了結啦！』杜氏明知顧無爲是沒錢的，就問張石川說：『背景是不是某人？』張石川頻頻點頭，杜氏當即提起電話打給這人說：『鄭洽記四小開親自來磕頭，儂阿好讓一步路撥伊走走？』對方聽到電話之後，也祇說了三五句話，事情便解決了，由顧無爲自動到法院取銷控案，影片扣押的事也就撤銷了，這件事情是我親眼目睹的。

其實，這件事情在報紙上已鬧了幾個月，雙方延請律師互相登報責難，鬧得滿城風雨，可是最後祇經杜氏一個電話就解決了。據說顧無爲後來拿到一筆錢，但是付了律師費廣告費之外，恰好一無所餘。

事情解決之後，明星公司雖然挽回了破產的危機，實際上杜氏暗中貼了一筆錢，但絕不讓鄭正秋等三人知道，這是杜氏的一貫作風。

事後，鄭正秋預備好一筆禮，親自到杜府拜謝，恰巧此日，我又在杜家。杜氏一看面色就料到他們的來意，先開口說：『你們阿是來送禮的？』三個人訥訥不敢出聲，杜先生說：『倘然你們要送禮的話，以後明星公司任何事情，我再也不管了。』正秋知道杜氏脾氣，默不出聲，在烟榻上談了半天上海時事。一方面對石川劍雲兩人，伸出一個大拇指，屈了三屈，暗示拜杜氏爲師，周劍雲早已預備了三張門生帖，就在談笑之間，三人突然向杜氏三鞠躬爲禮，高呼『老夫子』，杜氏堅決不肯答應，說：『正秋四爺叔，年齡比我高，輩份比我大，哪裏担當得起？』三個人又說：『如果杜先生不答應，我們決不離開。』杜氏在無可奈何之下，祇好連說幾個『好，好，好』，就算了却這一件轟動全上海的大新聞。

杜氏要我經手辦理的童涵春堂藥號的事件，我一經調查，資方俞佐廷是上海總商會會長，花了五十五萬元，接盤童涵春國藥號，店是老店，但是藥舖中人，上下舞弊，積習成風，俞氏派了一個老年可靠的親信宋輔臣担任總經理，到任之後，宋氏暗中調查職工舞弊的事。一天，有一位張姓夥計，送出一料『膏滋藥』，他一查賬上，並無這一筆交易，即刻通知保人，決意要開除這個職員，那知道這個職員片刻間帶了一個人來，這人自稱是郁良心堂藥號的職工，說這料藥是郁良心堂煎製的，他因沒有時間，所以託張君代送，根本與童涵春無關。此人的話剛說完，張姓職工即伸出巨靈之掌，重重的摑了宋輔臣四下耳光，宋氏當堂氣得話都說不出一句，同時全體職工騷動起來，一致支持張姓職工，幾十人立刻把宋輔臣抬出店外，放在街邊地上。聲稱：『如果你明天再來，全體要打你』，宋氏懊喪之餘，祇好哭訴於俞佐庭，於是俞佐庭就懇求杜氏，代爲荐派經理，解決此事。

我和童涵春堂的舊人都很熱，我就說明我是代表杜先生來解決這件事的，起初勞方提出許多條件，都是不近人情的，最後要宋輔臣焚香點燭叩頭道歉，我說：『這也是不公平的，要是杜先生出面派一個經理來，大刀濶斧，秉公澈查，你們大家未必個個是淸白的。至於張姓職工也一定會開除的。』全體職工聽我這話，當堂緩和下來，他們祇要求全體去見一見杜先生，當着杜先生面前和宋輔臣握手言和，因爲許

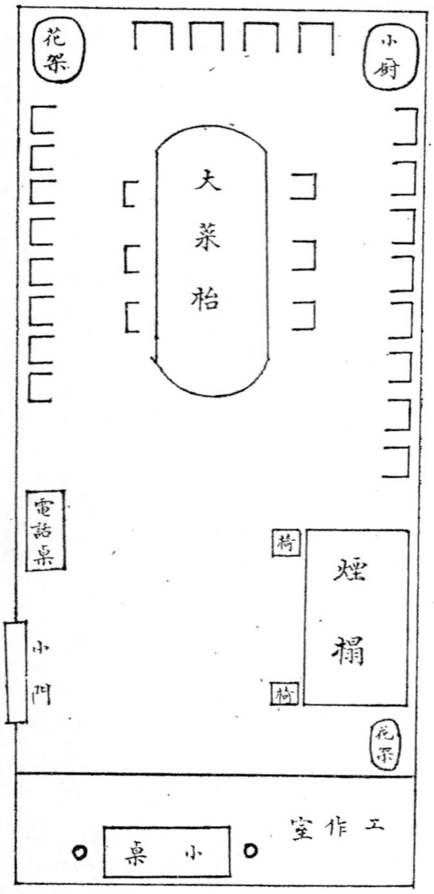

花架
小厨
大菜枱
電話桌
椅
煙榻
椅
小門
花架
工作室
小桌

杜氏唯一辦公室（俗稱大菜間）二十年如一日的佈置圖

多職工只聞杜先生之名，從未見過他一面，所以他們認為能與杜先生見一面，是無上光榮的事，我就答應他們的要求，然後把情況回覆了杜氏，杜氏當場就打電話給俞佐廷，俞佐廷回說：『這樣解決再好也沒有了，我明天送上四桌酒席，借杜府上大廳，宴請全體職工和宋輔臣，雙方面就握手言和。』杜先生連說了幾個『好，好，好』。次日晚上，童涵春全體職工，個個都理了髮，換上新衣出席，還帶了松石軒照相館的一位攝影師，同來攝影留念。杜先生只從內室走到大廳，話都沒說一句，大家已歡聲雷動，請杜先生坐在正中拍一張照片。影相之後，杜氏即因另有酬酢，匆匆外出，這一晚大家盡歡而散。宋輔臣事後對我說：『他那天受了四記耳光，當晚他就想自殺，那裏想得到有這般的圓滿解決？』從此宋氏在該店任職了十二年。

上海的大小糾紛，都是類此方式，由杜氏出面，事情都化險為夷，得到和平解決。

三言兩語平息工潮

當年上海的法租界，法國人認為是殖民地，不承認是租界，所以隸屬於法國殖民部之下，所有官員執行着上一世紀的殖民地政策，對法租界居民，處處用高壓手段，對待公務員也極苛刻。法租界的水和電，是由『法商水電公司』專利經營，職工的薪水極低，大約每月薪金祇有銀元八元至十元。

民國十八年，法租界的水電廠，職工突然罷工，一時全法租界無水無電，僵持十多日，垃圾工人也響應罷工，法租界當局毫無應付辦法，但是不肯低頭，在急得沒有辦法的時候，由法工董局派人請杜氏出來調解。杜先生說：『我資格不夠，你們還是去請比我聲望高的人來辦吧！』其實杜氏早已料到，越早插手，事情越難辦，要拖到法國人支持不住的時候，他才能輕易的解決這件糾紛。

恰巧這時，有一艘法國大郵船，抵達法租界外灘，全體搬運工人也袖手旁觀的罷工，原來這艘大郵船上載來一位外交大員，在不得已的情形下，祇能利用救生艇上岸。

這位外交大員上岸之後，見到街燈全無，汽車過處，一陣陣垃圾臭味迎風吹來，在車中法公董局首長黯然無語，這位外交大員便大肆申斥，次晨拜會吳鐵城市長，挽請出面調解，吳市長欣然接受。

吳市長認為萬一由他出面調解不成，有失身份，想來想去祇有杜氏可以了結這件事情，於是就派一位陳景儀拿了市長的名刺去見杜氏，說明這件事由中國人來料理，可以給法租界當局一個教訓。

陳景儀不但與杜氏交誼很深，杜氏也認為時機已到了成熟階段，於是打電話給法租界當局首長，約集法商水電公司經理，先行商討。杜氏提出：『所有工人薪金一律要加一倍。』水電廠經理期期以為不可，講到最後加薪百份之七十五，但是法商方面堅持罷工期間薪金不發，否則，日後他們隨時罷工，會無法遏止的。杜氏說：『好！就這樣辦吧！』

接着杜氏召集罷工領袖，有水電工人領袖、垃圾工人領袖、碼頭工人領袖，由他具柬在『三和樓』大排筵席，先叫陳景儀和工人開會，任由工人提出條件，有些祇要求加薪百分之三十，有些要加百分之四十，有些要加百分之五十，罷工期間工資照給』。陳景儀就用電話通知杜氏，事情已可迎刃而解，請他親自出馬。杜氏收了電話，立刻趕到，含笑到場向代表們打了一個招呼，全場掌聲雷動。杜氏一開口，全場又寂靜無聲。第一句話：『你們要求的工鈿太少，我已替你們講好加百分之七十五，你們滿意哦？』全場高呼『滿意』。第二句話：『罷工期間的工鈿不給，你們服從哦？』大家高聲說：『算了，算了』。祇有一個人站起來說話，振振有詞的說：『這一點不能同意』，杜氏說：『我已經答應了資方了，不能變更，那末罷工期間工資，由我來貼。』大家聽了，又是一陣掌聲。豈知那位工人立出來說：『我要公司拿出來才接受。』杜先生個人拿出來，誓不接受。』杜氏極迅速接着就說：『大家的損失由我貼，你的一份我負責叫公司會計處照付給你。』說罷之後，就倒了一杯酒，舉起杯子向大家說：『我祝賀你們勝利，也是中國人勝利，希望大家明日一清早就上工。』大家鼓掌如雷，高呼『照辦』。杜先生乾了一杯酒就走。一場連續幾個月的大工潮，就此結束。從此杜先生的威望，震驚全滬。

一片丹心協助國稅

國民政府成立不久，宋子文當財政部長，發行二五庫券，到上海宴請工商界領袖，由秘書唐腴廬開名單，宋子文看了之後，删除四個人，其中一個就是杜氏，唐腴廬力爭不可，宋子文勉強答應下來，結果全上海工商界所認的數目，杜氏居第一名，認銷總數達四分之一，宋子文見到這般成績，大為吃驚，親自到杜宅道謝。杜氏祇能說浦東國語，而宋氏祇會說英文和廣東話，兩人談話，往往答非所問，問非所答。唐腴廬從中傳話，說出財政部的稅收，不及租界，而以香烟稅一項數字最大，要杜先生設法協助。杜氏說：『我是中國人，應該出力。』宋子文還認為他是敷衍性質，隨便說說，稱謝而別。

過了三個月，有一家最大的外商烟草公司，在上海黃浦江對面浦東設廠，地屬華界，這家烟廠有工人八千名，高高的紅牆，四週圍起來，好像一座城堡一般，自辦警衛，自設水電，不納地稅，不繳差餉，廠址沿據黃浦江，所產烟枝，自己用船隻運出，所以當地的中國政府機構，對這家工廠，一些辦法都沒有。

忽然有一天，這家外商烟草公司八千工人宣佈罷工，烟廠當局態度强硬，關起廠門，一概置之不理。照烟廠當局的估計，祗要罷工兩個月，工人生活無着，全浦東有八千家戶口不能生活，到時便會復工，所以態度硬得很。

浦東是杜先生出身之地，罷工到一個月之後，工人經濟上已頂不住了，浦東紳商紛紛請杜氏出面調解，杜氏認爲時機尚未成熟，對工人除了加薪之外，還要工會打電報呈請財政部，要求『洋商香烟輸出租界一步，一定要納稅』，當然，工人各爲自己，也不明白杜氏的用意。一面杜氏面告唐腴廬，要財政部下令火車、輪船、長江線各碼頭，立刻停止裝運不完稅的香烟，宋子文得到了這個請求，才明白杜先生的用意，一一如命照辦。

外商烟廠初時祗估計到工人生活維持不了多久，但是一牽入政治，他們就急起來了，公司董事會推出一個華人董事廣告畫家胡伯翔來想辦法，胡伯翔想到非杜氏一言不能解決，又請陳景儀陪同前往會面，杜氏說：『工潮的事，容易解決，如果納稅一項，外國人不答應，那末工潮就永遠弄不好。』外商烟廠內憂於工人罷工，外患於全國禁銷，陷在窘境中，大約又僵持了一個月，不得不完全答應兩項條件，工潮就此解决，國民政府的駐廠稅收人員，也就從全體工人復工之日起，進駐該廠辦公。

杜先生的行爲，愛大衆，愛國家，處處是這般方式，氣慨豪邁，行俠仗義，風頭之勁，當然爲世人所折服，於是聲譽雀起，名震全國。

恤孤憐貧雨露遍施

某次，杜氏得政府當局授予『少將銜』，杜氏很高興的接受。特地由軍裝店定做一套軍服，到寶而業路去晉謁政府某顯要，領取證明書及證章，回來時在國際飯店附近光藝照相館拍了一張相片，這張照片幅度不大，後來就懸掛在他的大餐間中。

光藝照相館，拍了這張照片之後，送登申報，新聞報，因爲杜氏輕易不肯拍照，很少有他照片登在報上，但登出之後，他也不以爲忤。

杜月笙的少將裝束

不料幾年之後，上海有一種所謂『滑稽戲』，最著名的有裴揚華程笑亭演出的『小山東到上海』一劇，裴揚華演的是小山東，程笑亭演的是浦東『陶巡長』，出場時巡長穿着警察制服，與報上登的那張軍裝照片，大同小異。在台上一開口完全是浦東國語，講的話句句都像杜氏口吻，聽者無不大笑，這齣戲頭本、二本、三本越演越旺，轟動整個上海。

有一天杜氏的隨從人員向杜氏晉言：『小山東到上海，影射杜先生，我們實在看不順眼，想去搗亂一下。』杜氏睜大了眼睛說：『大家浦東人，有飯大家吃，哪能可以？後天晚上我家請客，就叫裴揚華程笑亭到我屋裏演「小山東到上海」，而且儂要好好叫告訴伊啦，決不難爲伊拉，要是有一點點難爲伊啦，我就不叫杜月笙』，隨從人員領命而去。

一經接洽，程笑亭面如土色說：『我陶巡長明朝起可以勿做，堂會希望作罷。』接洽的人見他怕事，反而說了許多好話，担保決不會難爲他。到了那晚，程笑亭登場了，一出台一開口，座客大家都不敢笑。程笑亭手足震顫，聲音低啞，杜先生見到程笑亭這般尷尬情形，立即吩咐從人導鼓掌，大家也就跟着一陣如雷的掌聲，程笑亭精神爲之一振，自此他便妙語如珠，依着平時杜氏的口吻，大家笑到前仰後倒，杜氏更是笑個不止，最後，重賞而散。

杜氏對劇藝界中人，常加照顧，有一天晚餐時，叫王无能堂會，王无能是上海所謂『獨脚戲』的前輩，嗜好極深，但是在台上精神充沛，演出時和他搭檔的錢无量，問他你今天的精神何以這般好呢？王无能說：『吃飽了來的，畢生別的東西他吃得不多，但是珠羅紗帳子已經吃掉十八頂了！』錢无量又問：『此話怎講？』王无能答：『吸鴉片時，烟斗之下要襯一小方『珠羅紗』，吃烟的人叫作『斗脚紗』，本來這種珠羅紗是做蚊帳的，我一小方一小方剪下來，已剪掉了十八頂蚊帳。』此語一出，聽者恍然大悟，繼以狂笑，杜氏亦爲之大悅。

王无能在堂會上又說：『近年身體大壞，恐不久於人世，將來我的後事，祗好靠杜先生了』。聽者以爲這是笑話，杜氏却用食指點了下自己的口，接着又用食指對台上一指，意思就是『閒話一句』，王无能會意，格外賣力，滑稽笑料，層出不窮。

過了六個月，王无能果然一命嗚呼，身後蕭條，一身之外，別無長物。錢无量一早九點鐘趕到杜宅，恰巧杜氏住在辣斐德路辣斐別墅，直到下午兩點鐘才回到杜宅。一見錢无量愁容滿面，就說：『阿是王无能……？』錢无量點頭稱是，杜氏即刻從衣袋裏掏出一張莊票，面額很大，錢无量道謝而去。走到門口，對門房說：『杜先生眞是閒話一句，連兩句都沒有，我等候了六小時，但解决這件事，不過六秒鐘。』

杜氏不僅是對劇藝界中人如此，對鰥寡孤獨，都有一種特別的處置，早年對浦東一些寡婦每人發一個『摺子』，每月可向他的賬房領月貼七元（相等於那時兩担米價）後來被照顧的人，更不限於寡婦，不少隱貧也有不同數字的補助，『摺子』究竟發出多少，誰也不知道。凡是領摺子的人不幸死亡，名爲『還摺』，還摺時另贈葬殮費一百元。

有一天，客堂裏擠滿了憑摺領錢的人，其中有一個人吵吵不休，要親見杜氏叩一個响頭，那時恰好杜氏身穿夏布衫褲，在客廳一角搖扇觀望，一班被救濟的人都不認識他，杜氏也不自我介紹，祗對那人說：『杜先生不喜叩頭跪拜一套的』，說罷，施施然離去。一家人暗暗發笑。

還有許多清寒的前輩和文人，他用另外一個方式調劑，每月派人送去固定的銀數，經年累月，從不脫期。

門生遍及全國各地

民國十八年間，杜氏聲譽鵲起，威名遠震，無數人轉輾設法要想立雪程門，範圍遍及軍政工商各界，杜氏特別重視文職人員，凡投帖者，一律稱作『學生』，學生對杜氏，一律稱作先生或『老夫子』。

杜氏接受門生帖時，儀式簡單，行禮時規定三鞠躬，不許下跪叩頭。門生究竟有多少，向無統計，約畧估計至少有二千人。

何以有這樣多人投拜杜氏做他的門生呢？以我的觀察有幾點：

一種人因爲受不了當時上海惡劣環境的壓迫所以要投拜杜氏爲師作護身符，這種人都是安份守己的，居最多數。一種因當時上海綁票之風極盛，每月必有一二人被綁，多的時候，每月竟達十數人，於是好多人都投拜杜氏，這種人家私百萬的富商巨賈不在少數。一經拜師之後，綁票匪便不敢下手了。一種是工商界中人，爲了想擴展業務，避免糾葛，紛紛投拜杜氏門下，而門生與門生之間，產生濃厚情誼，對事業有莫大的幫助，所以這一類人數字極高。一種是當時上海的商業團體，凡是理事或理事長，差不多都是杜氏的門生，叫作『理字頭人物』。

一類是劇藝界中的佼佼者，爲了怕人搗亂，有損令譽，於是都向杜氏投帖，特別是京劇界中人，往往不遠千里而來投杜氏之門，如杜氏接受了這人，都認爲是畢生之光。

杜氏門生之中，數字較少而地位較高的，就是軍政界人士，所謂軍不限於陸軍，海軍，空軍都有；所謂政，是遍及政府各部門。

一類是工人階級，多數是工會中的領袖，所以逢到工潮發生，勞資雙方都要請杜氏解決，除非杜氏不答允，答應到，『閒話一句』，什麽都解決了。

杜氏對收門生，考慮最多的，一種是武夫，一種是二世祖，他怕這般人攪風攪雨的行動會妨礙到他的聲譽，所以杜氏門下以這班人爲最少。這些情況，在當時上海幾乎蔚爲風氣。有一位二世祖周孝伯大律師，曾經和當時紅極一時的女明星張織雲結婚，結婚之前簽過一個極苛刻的婚約，訂明男方如果拋棄女方賠償多少損失，而數字之大是周孝伯絕對不勝負担的，不幸結婚三月，雙方便鬧翻了，女方要他履行婚約，周孝伯囊無餘資，那裏拿得出來，糾葛鬧到杜宅，張織雲振振有詞，杜氏祗說：『周孝伯是嘸沒銅鈿格，官司打到底，也是嘸沒結果的，還是我來罷』，當時即掏出兩張莊票，面額不大，張織雲祗好勉强接受把婚約撕了，杜氏同時關照書記，把周孝伯的門生帖取出，當堂撕了，周孝伯廢然而去。

另外一件事，是當時上海郵務工人會有十個人投拜杜氏，這十個人的門生帖子是我寫的，寫的地方是在大中華旅店，這十人之中，有陸京士，朱學範，張克昌等三位，這三位都是大家耳熟能詳的。後來却分道揚鑣，張克昌投汪政權，朱學範堅留大陸，陸京士追隨杜氏，矢志不移。杜氏對朱、張兩人的離去，百般勸阻無效，認爲是一件憾事，但得一陸京士認爲是他生平最得意的事。

一件是上海漁市塲的主任唐纘之告訴我的，抗戰時期，杜氏担任賑務委員會委員長，民國三十一年十月到西北去巡視，經過內江過自流井到成都，夾道歡迎的有數萬人，因爲以往西北兩次旱災，均得杜氏捐輸鉅欵予以救濟，所以西北的人對他表示熱烈歡迎。投門生帖的近二千人，杜氏堅拒，且因哮喘劇發，說話不便，由四川省主席張羣（岳軍）替他審核名單，杜氏在不得已的情況下，便收了一千五百名門生。

到了寶鷄，又備受歡迎，酬應繁多，杜氏又接受了五百多個門生的帖子，接着他轉到洛陽，靜悄悄的回到重慶。

照我的觀察和統計，杜氏的門生，上海約有二千人，各省各地約有三、四千人。

後來，門生間在上海組織了一個『恒社』，取『如月之恒』的意思，組織極嚴格，會員近五百餘人。

杜氏對浦東鄉親極爲關切，所以在愛多亞路建築一座浦東同鄉會，大厦巍峨，樓高七層，他還想造一座恒社大樓，在霞飛路近善鍾路處預備了十四畝地，可是這幅地上搭着木屋幾百間，杜氏不忍加以逼遷。另有一個門生願獻出一座新建大住宅，供恒社作爲永久會所，他也沒有接受。

自始至終支持抗戰

某年長江大水災，災區遼濶，無家可歸者百數十萬人，上海的最大慈善機關叫作『仁濟善堂』，其地位相等於此間東華三院，發出救濟呼籲，初時捐欵的人不過一千二千，杜氏見報認爲杯水車薪，無濟於事，於是就自己開出名單，設宴六席，出席的都是當時上海的富商，而且他都代他們作過種種服務。他就在席間提出要大家踴躍大量捐欵，以示倡導，各人紛紛捐欵，當堂募集到七萬五千元，杜氏自己再捐出二萬五千元，湊足十萬元送出。

這一次的事，報紙鄭重登出，大家都讚嘆不

浦東杜祠落成蓋建五層牌樓觀者人山人海

置，此後仁濟堂的捐欵數字，就大大的增加起來。當時仁濟堂主席是朱慶瀾（子橋）將軍，他見杜氏這般熱心，要他當董事，他堅決不就，祗說：『有事我都幫忙』六個字。

歷年各種各式的捐欵，我也記不淸，寫不盡，祗記得有一位最早的抗日英雄馬占山將軍，在山海關外黑龍江嫩江橋和日本人打了一次硬仗，日軍着實死了不少人。消息傳到上海，杜氏立刻滙欵十萬元給馬將軍及其部屬作爲犒賞。同時杜氏有一個學生，叫做孫桐崗（孫桐萱昆仲行），是空軍學校畢業，也參與作戰集團，頗有功跡，杜氏擬贈他十萬元，孫桐崗堅不肯受。這兩件事，時間相隔很近，報紙上登載出來之後，大家奔走相告，可惜後來馬占山變節，而孫桐崗則將十萬元，建議捐獻給國家，後來杜氏就個人奉獻飛機兩架給政府，一架叫『月華號』，一架叫『月輝號』，開國民獻機的先河。

「一二八」炮聲一起，杜氏領導全上海工商機關組織抗敵後援會，支持抗戰，當時十九路軍在閘北英勇應戰，只因十九路軍從南方調來，副食什物給養不充足，杜氏連夜召集會議指揮一切，同時關照各電台廣播呼籲市民捐獻，祗要電台上說要什麼？市民就捐獻什麼！東西堆積如山，杜氏闢出福煦路一八一號巨厦，作爲臨時堆棧。

本來一八一號大厦連雲，佔地二十餘畝。心想足夠堆置，不料各方送來的東西，排山倒海而來，竟然把二十畝地都堆得滿滿，其中還有卡車一百數十輛，同時還有許多司機自動義務日夜不斷的把貨物繞道送往前線。

有一天，杜氏與若干名流，乘車繞道到十九路軍後方，親自慰勞各軍長，這事對士氣有極大的鼓舞，他會見蔡軍長，蔡氏說：『你們送來的藥品西瓜以及香烟毛巾牙刷等，我們已分配給各士兵，現在祗缺乏通訊用的電話機電線以及電話總機，希望你幫忙。』杜氏即拍胸回答說：『由我負責明天送到。』杜氏等又碰到一位張軍長，他是有名的鐵漢，他說：『你們送來的東西，眞是多到用不完，不要再送來了。』杜氏當堂告訴他：『明天我們還要送一輛裝甲車給你，你的吉普車實在不夠防禦。』張氏初時推却，後來也欣然接受。

杜氏歸去之後，一打聽，電話器材不是隨便買得到的，當晚就把自己的事業中滙銀行電話總機拆掉，並分電十個人負責各人捐獻電話機及電線，次晨即刻送去。此事震動一時。德商洋行買辦楊志雲想到倉庫中有一座軍用電話機，他也响應杜氏義舉，獻給十九路軍，杜氏就連同裝甲車送往前線、以供急需。

八一三事件結束之後，市場恢復舊觀，中國人與日本人也漸漸稍有往來，日本方面派出日軍軍令部長永野修身遊說杜氏，要他組設『中國建設銀公司』，資本三十萬元，以百分之五十一贈與杜氏，杜氏毅然謝絕，日本人想盡辦法，勸其應允。日本人駐滬商會會長船井辰一郎保證祗談生意，不談政治，杜氏終不爲所動。

在「八一三」中日之戰正式開始之前，日本松井大將及土肥原賢二，均往杜宅拜謁，杜氏托病不見，日人恨之刺骨，所以中日之戰開始之後，杜氏就急速離開上海。

祠堂落成盛況空前

杜氏盛時，念念不忘要想發展他家鄉高橋的繁榮，那時市政府正擬辦黃浦江渡輪，以外灘爲起點，先建了一座水上飯店作爲總站，另有新型渡輪六艘，從外灘開行，經東溝等站，而以高橋爲終點。這消息傳到杜氏耳中，當即推介譚伯羽主持其事，擬定一切均自籌自給，並且在高橋設海濱浴場，經杜氏策劃贊助，卒底於成。

高橋有了渡輪之後，交通方便，市况熱鬧，杜氏就決定在他的出生地建造一座祠堂，並且附設一所高橋小學，以及高橋圖書館。

杜祠所佔之地，不過兩畝，但是落成之日，四鄉男女老幼都要來參拜，杜氏聽到這個消息，決計不問鄉人送禮與否，大宴三日，估計四鄉來賀來吃的人，在二十萬以上，於是就將杜祠四圍空地塡平，初塡二十畝，後來因爲上海有人發起，邀請全國名伶，到杜祠演劇三天，北京天津的名伶龔雲甫、李吉瑞、楊小樓、譚小培、王又宸、言菊朋、馬連良和四大名旦，都自動要求參加演出，消息傳出，全上海的人們轟動了起來，識與不識的人都紛紛送禮，希望能獲得一張座券，因此杜氏在短期之間，又塡地二十畝，搭蓋棚廠，並設戲台，演劇三天。看到這三天戲的人，都認爲是畢生幸事。

這麼一來，因此，原有渡輪六艘就不敷應用，臨時借用小型輪船十艘往來儎客，又向全上海友好借小型汽車一百廿輛接送來賓，該日除由當地軍警維持秩序外，還有閘北保衛團出動團員二千人參加保衛，所以，情況雖熱鬧到極點，而秩序井然。

杜氏親自欵待嘉賓，到賀者除南京各首長外，上海市市長及各局局長，以及各國領事暨紳商都到齊。

最有趣的就是一個佔地數畝的餐廳，自朝至暮，每隔一小時，開筵百餘席，名爲『流水席』，而最熱鬧的，是在半夜散戲之後，一直要吃到大天光，好多人爲了要看三天的名劇，都沒有好好的睡過一覺，這般盛況，可以說是上海向所未見的。

斥資興建正始中學

九十年前，浦東有一個泥水工人叫楊斯盛，晚年積資甚豐，他深恨自己不識字，因此連想到浦東有不少兒童未曾入學，於是他撥地十餘畝，捐資十萬兩，在浦東六里橋興建了一所『浦東中學』，附設小學兩所，一所在浦東，一所在南市馬家廠，成爲當時浦東第一個捐資興學的名人，杜氏對他極爲敬仰。

浦東中學校務，被黃炎培（任之）等霸持，黃氏也是浦東人，喜歡攬政治，因此浦東中學經費，每年不敷甚鉅。楊斯盛逝世之後，每年不敷的經費，均由杜氏負責彌補，因此被推爲董事長，黃炎培依然需索如故，杜氏仍如數照給，鄉人嘗向杜氏訴說：『黃炎培任用私人，揮霍無度，毫無建樹。』杜氏一笑置之。

某年，陳羣（人鶴）勸杜氏自建一大規模中學，杜氏鑒於自己年幼失學，爲之心動，就在上海西區法華鎭，闢地三十畝，興建校舍十數座，開辦正始中學，就由陳羣當校長，學生大多數是免費的，少數雖收學費，數目亦收得甚微。

正始中學共有學額六千名，但陳羣並無辦學經驗，開學之後，不但學生不多，而且程度參差不齊，杜氏大感失望，陳羣束手無策，而杜氏又不願就商於黃炎培。一天，我和杜氏閒聊，他問我：『正始多屬免費，何以學生不多？』我說：『辦學校不是一件容易事，每一間學校，缺不了一個主幹的人材，譬如南洋中學主幹是王培蓀，南洋模範主幹是沈同一，民立中學是蘇穎傑和陸澹盦，他們都是具有辦學的才幹。陳羣不是教育界，當然不懂得處理。』杜氏聽了，頻頻頷首。接着我又告訴他：『民立中學，一山不能容二虎，陸澹盦頗想離去，大可以羅致過來。』杜氏連忙說：『好極了，好極了，你去約他來見我。』

我幼時也曾在民立中學唸過書，陸澹盦教我國文，對我印象頗好，一經我邀約，他考慮了三天之後，和我一同去見杜氏。

澹盦先生本來是一位文藝家，寫得一手好字，他預先寫好兩把扇面，到了杜宅，一件送給杜氏，一件送給陳羣，陳羣對書畫鑒賞力極高，看了陸澹盦寫的字，讚不絕口。杜氏對陳羣說：『陸先生是辦學校的專家，何不請他來幫你的忙？』陳羣一口答應，並且說：『陸澹盦辦民立中學是有名的，希望陸先生能屈就正始中學總務主任。』陸氏當即應允，不過，提出了兩個條件：各科教師，要全部由他延攬；學生入學必須經過嚴格考試，不及格者一律淘汰，連杜先生介紹的清貧子弟，也要經過考試，杜氏表示同意。

陸澹盦主持正始中學第二年，六千學位竟告全滿，杜氏大悅。

正始中學校舍寬大宏偉，單是大禮堂就爲全滬各學校所不及，上海最初成立『市參議會』時，找不到一個適當的會場，終於假座正始中學大禮堂，開第一次參議會成立大會，每二位議員都有一桌二椅，不但地方十分整潔，而且禮堂中沒有一根柱，記憶中比香港大會堂餐廳還要大得多。停車場又是上海所稀見的，各國領事們都來參加，見了這麼大的中學校，覺得出乎意料。

六十華誕演劇誌慶

杜氏的生辰，是農曆七月十一日，每年逢到這天，杜氏皆不願稱慶，往往避壽他處，祇約一位老友閒話滄桑，這是他的『年常舊規』。

抗戰勝利的那一年，杜氏由重慶歸來，不久，逢到他六十生辰，友好堅決要替他做壽稱慶，預先邀定全國名伶來滬演劇，上海的戲劇界也參加演出，到時假座中國大戲院連演名劇十天，由

孟小冬女士（右）在杜壽演「搜孤救孤」劇照
裘盛戎（左）配屠岸賈，此為孟最後一次登台

於座券不敷分配，每一台戲連演二晚，等於十天中，有五場不同的劇目，票價高至五十萬元一張，三樓票也要賣五萬元。杜氏的愛侶孟小冬，就在第五、第六晚，連演兩晚「搜孤救孤」，票欵全部助賑。當時爲了座券不敷分配，有不少軍警硬要進場看戲，幾乎鬧出事來，幸而有警備司令李及蘭在場，總算把所有風波平息下來。

一身並任百餘要職

杜氏全盛時代，上海凡是規模龐大的工商業機構，無不想盡辦法，延攬他當董事或是董事長，因爲凡是大組織，環境上如發生糾葛的話，一定要有一個能緩和局勢的人物，那時在上海，祗有杜氏一人最爲相宜。

杜月笙與上海市部份參議員合影（坐者杜氏，自右至左為王先青、唐纘之、唐世昌、王維駰與本文作者）

因此，杜氏在上海工商界的大機構中，担任了七八十個董事長或董事。就我所知，報業爲申報，新聞報，大陸報（西文）；銀行爲交通銀行，中國銀行，中國通商銀行，中滙銀行；書局爲大東書局，紗廠爲恒大紗廠，交通機構爲華商電車公司，大達輪航公司，學校爲浦東中學，正始中學；此外棉織廠，鐵工廠，造紙廠，運輸公司，以及交易所，差不多都由他担任董事長。祗有若干官商合辦的機構才肯担任董事。杜氏每年對工商界方面的收入，不要說是股份上的利益，單單車馬費就有很可觀的數字。至於公職更多，國大代表，前已說過，在上海市參議會議長，經當選而不就，其他重要團體如全國船聯會等都是會長。

何以一個最初不識字的人，有這般威望呢？都是因爲他處理人事問題，有特殊的方式，往往祗用一句話，就可以解決了一個大組織的困難問題，好多公司召開董事會，都移樽就敎到他家中去舉行，大抵小事他都不管，大事才請他出來說句話。

當時社會間的各式各樣的勢力很大，任何機構祗要是由他担任董事長的話，什麼事情都可烟消雲散，所以他成爲上海百行百業衆望所歸的一個領袖人物。

一代豪俠與世永別

杜氏對處理一件事，他的意志極堅強，但是也有兩個極端相反的弱點，一件是對妻妾兒女的家事不善應付，常常爲了家務鬧得大家不開心，舉一個例來說，他原本住在華格臬路，但是地方不大，氣派不夠，所以另外在杜美路古拔路轉角造了一座很大的新式住宅，將要入伙時，家庭間鬧得不可開交，杜氏氣惱非常，又不敢向妻妾發洩，遷延又遷延，後來有一位風水先生來說，這個宅子，殺氣太重，住進去家中必多口舌，且有惡象隱伏，於是就在花園中另建一亭，用來鎭壓風水；但是亭子造成之後，家中反而越鬧越厲害，杜氏竟然束手無策，所以這座巨宅，空置了多年。直到抗戰開始，杜氏離滬，始終未進入這座新屋住過一宵。

還有一件事，就是他的疾病，最初患的是痰飲症（即慢性支氣管喘息），後來轉爲哮喘症，我在民國十九年開始爲他診視，我對他說：『這病祗能治標，沒有根治的辦法。』他說：『中西醫不知看過多少，祗有你肯說這句老實話。』但是他每次發病，總是急得不得了，好像危在旦夕一般，堅決的意志爲病魔折磨殆盡了！

一九四九年五月二日，杜氏乘渣華公司最後一隻郵船寶樹雲號來港，住在堅尼地台二十號，陸姓建築商住屋中，杜氏的生活環境爲之大變，而哮喘的發作更頻，除了喘病之外，還有嚴重的神經衰弱症象，他本來是意志極堅強的人，到這時意志也極度的薄弱，一天到晚疑神疑鬼，一時中西名醫畢集，有時一天要請幾個醫生，而且有兩位醫生，早，午，晚要連看三次；同時各種各式的迷信辦法也試過，終於在他六十四歲生辰的前一天與世永別。時爲一九五一年八月七日。

六家要旨儒俠並論

這篇文字，我所寫的僅是以我所見的實況寫出，對耳聞之事提及較少，不足以傳述杜氏的生平全部事跡。

司馬遷寫史記『遊俠列傳』，有一個很好的見解，說是『六家要旨，儒俠相並』，但是遊俠列傳中的人物，如朱家郭解、不過是排難解紛。季布季心，也不過是重諾守信，所以要是與杜氏來比較，那些遊俠就差得太遠了！

至于歷史上有名的富翁，如石崇王愷，不過是自己生活豪奢，對社會對國家並無貢獻，更不足與杜氏相提並論了！

大千居士游臺小記

·張目寒·

（台灣專訊）吾兄大千居士此次來台小住，整整二十天。他之來台，是參加故宮博物院的「古畫討論會」，藉此邀請，回到台灣看看老朋友。討論會第一天，他是出席的，後來便少去了。住在台北國賓飯店裏，醫生要他少講話，但他實在做不到，總要同朋友們談天。他雖然不常到會，可是却為這一會議生色不少，與會的人總想和他接近，向他請益。他是有問必答，某時代某畫家某一名蹟，他都源源本本的說出來，使問者驚佩不已。

他的目疾並沒有痊癒，右眼經診治後，依然不能見物，尚待相當時間療治，才能復原。當他由紐約來台時，不特該地的朋友不贊成，就是為他主治的醫師也不以為然，但他却要回來散散心，這次要不是因為醫師等他覆診，他不會匆匆離臺的。所幸他的精神極好，不像有病的人，每天都是賓朋滿座，聽他娓娓淸談，甚至午飯後也不休息。

台灣橫貫公路的山之奇秀、林之幽邃，他每次來台，必前往盤桓數日，或一再往。這次雖有目疾，仍然前往梨山，住了四天，每日不停參觀達見水壩，五陵農場。梨山風景，最為佳勝，猶如大陸氣候，山下果園處處，尤為山靈點綴，他一一輕車走遍，不以為勞。這次隨行的，除了雯波八嫂外，尚有兒子保羅，孫女綿綿。孫女才五歲，口齒伶俐，非常聰明，一言一動，足娛老人，最得他的鍾愛，所以經常帶在身邊。

因有糖尿病的關係，他不再講求美食了，每餐黑麵包兩三片，裹人造牛油，極淸淡，也不以為苦。他說：他胸中蘊蓄無盡的新境界，只因視力不濟，不能揮灑出來，以他的精神體力看來，他的視力定能很快恢復的。（目寒先生為大千宗弟，特應本刊之請，撰寫此稿。）

請看大千居士最近的眼光如何？

大人小事

張大千細聽大人　黑麪包作為美食

國畫大師張大千是位最講究飲饌的食家，但是，現在由於眼疾，遵醫囑不准沾油膩，大師每餐的食譜只是黑麵包，由於不能吃，這次到台灣，他謝絕了各方友好的邀宴，因為，「去了也不能吃，還不如推辭。」

在他回來的二十天裏，統共只出席了三次宴會，三位主人是總統府秘書長張羣，幽默大師林語堂和台北市長高玉樹。前兩位主人是他的好友，不能不到，而高玉樹是地方父母官，不好意思不到。

三次宴會，儘管是佳餚滿桌，而大師仍然是吃黑麵包。張大師這些日子常講一個笑話：林語堂太太在席散時，曾以女主人身份對大師說：「大千，眞對不起，今天沒讓你吃好。」這時張羣秘書長就對林太太說：「沒讓他吃好才是對的，如果今天讓他吃好了，可就對他不起了。」

× × ×

大千居士是在六月十五到的台北，七月四日離台轉赴東京，七月七日到三藩市，回卡米爾「可以居」寓所，七月十日再到紐約繼續治療目疾。為了目疾，他配了二三十付眼鏡，他笑說：「從前是畫多，現在是眼鏡多。」

× × ×

大千居士對于「大人」雜誌，很有興趣，因為編者、作者都是他的老友。這次，他的老友李祖萊專誠由香港到台灣去探望大千，大千告訴李說：『人家是看「大人」，我是聽「大人」。書一收到，我先叫內人，或者保羅把目錄唸一遍，然後挑我喜歡的題目，讀給我聽。今天聽了一段，明天又聽一段，十天八天，一本「大人」就聽完了！』

× × ×

六月二十四日，空軍上將賴名湯專誠請空軍大鵬劇團為大千居士演一台平劇，戲目共有三齣，「拾玉鐲」、「武家坡」和「金山寺」。大千笑着說：「從前人把看戲名為聽戲，我現在才是眞正的聽戲。」大千居士少年時，曾和「老鄉親」孫菊仙訂交，孫的唱法大氣磅礴，和大千的畫法近似。此次游台，由程派名票高華，陪了一位孫派老票李東園去訪大千，即席唱了幾段孫派戲「舉鼎觀畫」、「四進士」、並和高華合唱「三娘教子」，大千大樂，並且錄音下來，準備回美細細欣賞。大千離台之日，李東園、高華都去送行，大千拉着他們二人合拍一照，並說：『現在我們三人合起來，剛可以唱一齣「二進宮」。』聞者大笑！大千時常把自己比作唱花臉的，這次又把自己喻為定國王徐延昭。

決無籮底橙・絕非濕水柴

八日起至廿一日止一連十四天

全部新鮮貨

一律八五折

大人公司

在銅鑼灣分店舉行

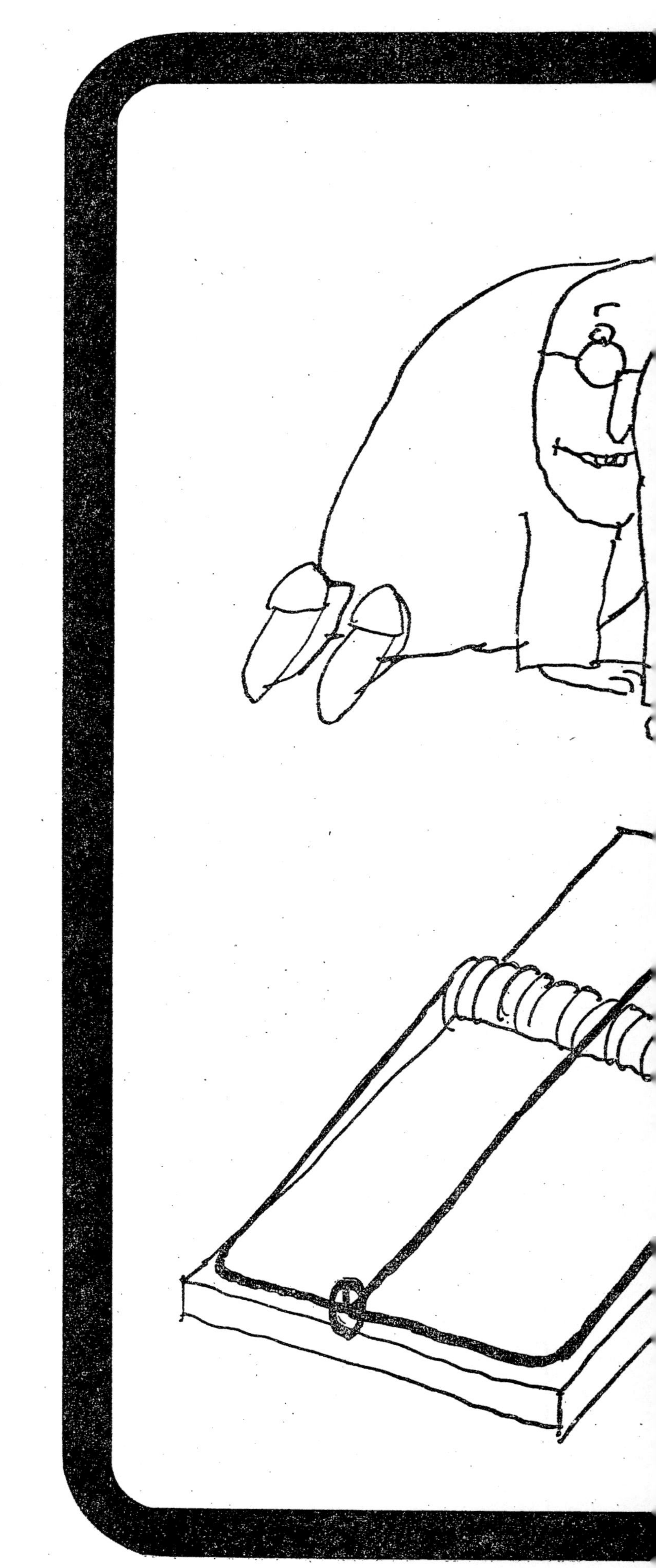

"... that I will support and defend the Constitution of the United States ..."

"我誓必擁護並保衛美國的憲法"

Against All Enemies

抵抗一切敵人

By Captain Robert J. Hanks, U. S. Navy　宋訓倫譯

Prize Essay 1970

譯者言

美國今天最大的危機還不在經濟，更不在越戰，而在國內的頑邪流毒。誠如其副總統艾格紐所說：「這班人願見美國在東南亞戰敗」；也誠如參議員杜蒙德所說：「他們把國家前途置於險境」。他們甚至將反戰運動更進一步擴大為反軍運動，摭拾瑣屑，詆譭軍人；凡屬擴强軍力的辦法輒遭反對；到最後竟至有人主張撤銷重要的軍事神經樞紐，讓仇者快意。這樣一味替敵人鋪路的努力，比當年中國大陸上的所謂「前進」的智識份子等更爲明目張膽，更爲氣燄囂張。

本文是現任美國海軍第十三驅逐艦隊司令韓克斯氏本年度在海軍學會會報內所發表的讜論，題目是「抵抗一切敵人」，對這班反軍份子指名道姓痛加斥責，並喚起軍人一致撻伐。文章警闢淋漓，筆如斧鉞，獲得一九七零年海軍論文最優獎。據六月廿六日香港工商日報載華盛頓廿五日合衆國際社電，此文已引起美國參議院强烈的抨擊，認爲這是對「以文官控制軍人」的威脅。足見這篇文章的力量，相信在美國三軍中已起了很大的作用。

從前王應麟讀文天祥「法天不息」的策論，歎爲「是卷古誼若龜鑑，忠肝如鐵石」，譯者盥誦韓克斯之文，亦深有此感。所以在譯本文時，一句一字悉遵原文本意及語氣，不敢草率；「雅達」殊愧未能，「信」則黽勉爲之。謹在此向原作者致敬，並附告讀者。

韓克斯司令現年四十七歲，一九四六年畢業於美國海軍學院。曾先後服役於 USS 'St.Paul,' USS 'Arnold J. Isbell' 各艦，並爲 USS 'Boyd' 艦長，嗣充「北大西洋公約事務局」助理官，「核子計劃事務局」副局長，現任海軍第十三驅逐艦隊司令。

"For it's Tommy this an' Tommy that,
an' 'Chuck him out, the brute!'
But it's 'Savior of 'is country' when
the guns begin to shoot;"

這樣又是大兵，那樣又是大兵
「滾他媽的，畜生！
但大炮一聲響起，
又成國家救星。」

將近八十年前，當英國作家吉卜林（Rudyard Kipling）寫出上列幾句妙句時，他是描述英國軍人在當時一般英國人心目中的看法。一九七〇年的美國，雖然與維多利亞時代的英國絕不相同，今天這幾句話却仍舊適用於美國的武裝人員。而且，現在加之於美國軍人者，比上列第二句還更尖刻得多。

對目前身穿制服的國家武裝人員，甚麽都罵到了，從「蠢材」到「叛徒」。指美國軍事人員——連同一大批「共謀的軍工業界人」——組織一種陰謀的集團，目的純欲從美國人民的勞力中漫無限制地搾取血汗。這種奸詐的概念竟指美國軍人所分到的贓物乃是金錢，醇酒，婦人，和退休後的高酬美缺。而且指軍人根本就不信不實，心眼狹窄，抱有危險的心願，祇要軍人認為共產主義具有嚴重的威脅性時，便毁滅地球一切生物亦在所不惜。最後，並指軍人憑過去二十餘年所訓練並教養的大批好戰份子，現在已將美國變成一個黷武而侵畧的國家，去掠奪世界其餘各國。

無論從那一個角度來看，這情形豈不可怕。但這裏就有一連串疑問要提出：是誰在這裏指責？所講是眞實的嗎？現在已危險到怎樣程度？最重要的是：美國軍人應該怎樣對付這種蜚語讕言的攻勢？

首先，我們須知這件事絕非紙上空談，因爲這些問題的答案都關係着美國未來的安全。所以我們對這些指控，不能置若罔聞，看同美國歷來的反軍運動一樣而等閒視之，以為在它尚未釀成大禍之前便會自行消逝的。

尤其近來這類論調更多，比往常極端份子力量更大的時候，更為重要。這班極端份子祇要有機可乘，便會毫無意識地攻擊任何目標。

將這些論調檢討之下——出自反軍派系的中堅份子，及外交委員們所發生的議論——顯示我們今天所面對的乃屬實大聲宏，勢力囂張的組織。所以我們應該極仔細地聆聽並極透闢地體察。

下面我提出幾位發言人，他們的議論構成最有效的時局宣言，而為反軍份子所鼓吹響應的。但不必推斷這幾位便是反軍運動的領袖或會員之類。他們本身也並非反軍份子。但因他們發表的意見，被一班企圖燃起反軍之火者用來作為燃料，他們的論調乃現得非常重要。最後，人們應認清，他們的見解可以詳細分析而不必附會到任何特殊的動機，影响力，信心或熱誠。

最好先來探討一下美國國內的氣氛。是由於這種氣氛，才孕育並產生目前的叫囂。這裏顯然有兩種基本因素：第一，當然是越戰。這一場東南亞戰爭是我們歷史上最難索解的一戰。主要是接連三個總統所領導的政府，都未將這場戰爭的本質及其利害關係向美國人民解釋清楚。這種疏失，和美國人民空前的焦躁情緒併發起來，交織而釀成幻滅感，並沮喪了許多人的意志。等回想過來，由反對戰爭而到反對軍人的調子乃越唱越响了。

第二種原因純屬內政的：有關種族方面及經濟方面的少數集團，為了急切間的政治權力，社會平等，及經濟支配而發動爆炸性的運動。這種運動由於牽涉美元用途的爭論，直接加强了反戰狂熱。尤其重要的，是涉及目前用之於國防的這一部份預算的爭論。

這兩種基本因素，對於侮慢當局，城市暴動，學校風潮，道德墮落，國事為輕私利為重等等，都發生了很大的作用。其尤極端者，甚至憧憬到革命和無政府主義的降臨，惟其面向這樣一種逆勢，我們對於目前襲擊軍事陣營的這些誣蔑之言，必須加以檢討。

在美國名氣最大的反對派人物，也許就是參議員傅伯萊（J. William Fulbright）。他對於國防費用批評已久，尤其關於由這種費用所產生的武器怎樣使用的問題。他對於古巴豬灣事件和多明尼加糾紛事件所持的反對態度，遐邇咸知。鑒於美國人民毫無異議地每年支持軍事開支，他曾於一九六四年作出非常驚訝的態度。當然，從一九六五年起，這位參議員便利用他居於參院外交關係委員會主席的地位作為跳板，來發動他那堅定不變的反越戰運動，對這件事他鍥而不捨，出之以執迷頑固而又患得患失的態度。

但直至最近，傅伯萊的力量才間接影响到軍事本身。他非常担心國家主義，認為國家主義才是本世紀的洪水猛獸，他差不多出盡一切心力，鼓吹國際間合作來對付這件事。他承認不能制定法律來消除國家主義，所以堅持美國必須率先走向一個更廣濶的世界社會，並同時應貢獻更多的集體力量於個人的福利。含蓄在這項計劃之內的，便是大量削減美國的國防費用，要提供更大的福利方案，其次是美國以身作則，放下武器。這位參議員坦白地說：「要世界達成這樣的根本改變，我們必須要冒些險的。」其中有一種險便是我們這種「慷慨的創舉」可能被其他國家所誤解，反而「帶來一場災禍」。他自己也承認這種危險是很大的。

傅伯萊的舉措，另外還有一件很衝動的。自從一九五六年以來，他便不停地抨擊「憲法腐蝕」，照他看來，這種「憲法腐蝕」已立刻要將他逐出外交政策委員會之外而由五角大廈纂奪了國務院一切特權來制訂外交政策。有人難免懷疑，這位參議員知不知道這纂奪的場子現在已由五角大廈轉移到白宮內季辛格先生（Henry Kissinger）辦公的地下室中。不管怎樣，傅伯萊的這一段憤懣之見，除摭拾極少數一些事實外，實乃出於內政上的爭執而與軍務無關。

最近幾個月，當傅伯萊在越南事件上受到更多的挫折時，並當他日益注意於對蘇俄的裁軍談判時，傅伯萊索性將目標擴大到要傳詢軍事首長，盤問他們的思想和見解。並且，利用參院外交委員會現成的討論會，他先瞄準眼光於美國軍力在國外的佈置，基地，和承諾。然後，於一九六九年初，向着他的最驚人的目標動手——就是那「反彈道飛彈防衛系統」。他一心一意注視着軍方的一切推斷和意見，希望對於搜查軍方的蹉失，多少有點成功，這種努力贏得全國反軍陣線中核心份子的喝采。

不過，必須說明者，這位參議員所掀起的運動，就其對軍方本身的直接影响而言，是含蓄的而不是顯明的。同時，我們必須知道，如果他對於美國所受外在威脅的看法是過度樂觀的話，他所持的反抗態度，其影响所及，必將與倡言美國應立即片面解除武器的論調同樣危險。

在議論上更爲咄咄逼人的，當然，也是在目的上更爲直接的，是另外一個發言人，亦即反軍份子在理論和教條方面所仰賴的，這人便是加布萊斯（John Kenneth Galbraith）。一個活動甚久而彰明較著的自由主義份子，並爲作品銷路最佳的作家之一，甘廼廸當權時的一個佞臣。他並且是一個恬不知恥的人，挺身欲與他所認爲是邪惡的「軍人與軍工業集團」展開戰鬥的。這位曾任「民主行動美國人」協會的前任主席，會將他的最明顯態度發表在一九六九年六月份的「夏巴雜誌」（Harper's Magazine）的一篇文章內，那題目是「怎樣控制軍人」。見題已可知義，他聲言「軍人及其軍工業夥伴已經控制了這個國家，將它們的戰車排列在前面，現正忙於揮動長鞭，準備衛枚疾馳，自蹈不測」。如有任何一位武裝人員對這種挑戰的嚴重性，或這班反軍運動者的伎倆，尚有何懷疑躊躇的，不妨冷靜地一讀加布萊斯的文章。

加布萊斯否認在這種卑鄙的想像中確有任何信念。不過，一經想到下列情形，他便身不由主起來：「實在不必妄想現今派在國防工廠裏的武職人員，在包工老板的厚酬之下，還會摒棄一切嗜慾，糲食粗衣，塊然獨寢。」他乾脆俐落地抹殺全體武職人員後，乃又表示他實在是反對這種卑鄙的看法，並非因爲查無實據，而是嚴重地危害到一般人對「軍人權力」的瞭解，「軍人權力」這一種商品，他在外行人面前是可以另作解釋的。

他指四種武職機構（他竟漏掉海軍陸戰隊），軍工業者，情報機構，駐外軍官，參謀人員，國會武裝部隊委員會等「軍人權力」所作的一切決定，是完全根據他們私人的需要，全不考慮國家的重要或國家的利益。這便是加布萊斯的看法。

不像其他沒有腦筋的無政府主義者和理想主義者，一味高舉異幟來支配別人，這位由劍橋出來的聖人有他的一套辦法。他說明了美國現今的軍事集團怎樣會當權之後，隨即提出他自己的「十誡」來指導一班想重新「控制軍人」而追隨他的信徒們。

他的計劃是很廣大的。舉凡另選新總統，整肅國會武裝人員委員會，最重要的是：組織。其目的是透過抗拒軍事方案，動員科學判斷及對蘇談判來控制軍人。

加布萊斯先聲言他自己並非對抗軍人的一名十字軍，然後他說：「第二次大戰時的軍事首長，看到他們的後起之秀在軍火廠商前如此婢膝奴顏，必將驚駭欲絕」。在這一點上，人們不難想像這一支健筆眞比一把刀還要厲害，極盡譏訕的能事。

因爲他的學院衣上琳瑯滿目還點綴着大學教授，大使，博士，自由職業等等徽章，加布萊斯着實有它很大的影响力，尤其在左傾政客和學府領域中。所以他的主張和議論，我們不能忽視，必須把它暴露出來，並予以反擊。

另外還有一個發言人，今天正在煽風點火，沆瀣一氣的。他以軍人長官而變爲鄉村傳佈公告的人。

當然，以軍人來說，近幾月來最爲人知的宏論，便是海軍陸戰隊的蕭普將軍（Marine General David M. Shoup）發表在一九六九年四月號「大西洋」雜誌上的一篇，題目是「美國的新軍國主義」。他的動機何在，最難估測。當然有若干可能的解釋，從這位將軍在甘廼廸執政時未能參預密勿猜起，推測到他懍惕於戰爭斷殺之烈，而今眞的轉變爲一個和平主義者。眞相如何，當然是藏在夾縫裏，難以捉摸。不管他的動機怎樣，"National Observer"報已有結論，說他「已做了一件對國家重大損傷的事情」。

凡讀過他那篇文章的人，都覺得這位將軍好像拿着一根大棒四面八方亂舞一通。他首先引述艾森豪總統的一篇告別辭——那篇文告暗示對許多軍人的批評，但被他斷章取義地引證起來，連篇累牘地大舉指摘，竟說「凡穿軍人制服的——尤以佩有高級勳章的——都醉心戰爭，把戰爭視爲一種競賽和步步高陞的捷徑。他們祇受到一種偏狹的軍事教育(因此，既沒有自由氣息也沒有文化修養)，他們祇效忠於本身所隸屬的部門和國防部；他們實在不懂共產主義，無論是理論抑或政府形式；他們有志於搶着向外侵畧而漠視國內安全。並且，他們已向下一代的老百姓也進行了洗腦，這班老百姓原來具有人性的，都變成一種好戰而殺氣騰騰的第二道防線，除非將這班軍官教育一番，他們所放的毒草必然會毀滅他們所誓欲保衛的國家」。

像這樣的文章，以摧毀武裝部隊領導階層的信實爲手段，或要求對武裝部隊作漫無保證的削減，來破壞國家的安全，眞正是對國家的重大損傷。而且，像這種文字，其陰險特甚，因爲從外行人看來，作者分明是一個富於理想而極有腦筋的內幕人物，由於無法從內部來改變這種萬惡的情況，不得已乃訴諸於世，作爲消災弭禍的唯一辦法。以這件事而說，看來沒有什麼疑問，這位將軍頃刻間已成爲新左翼，學生民主社團(SDS)，及其他類似組織的英雄。

更重要的，是他已經在廣大的羣衆間(紐約時報稱之爲「中層美國人」，絕大多數的人口)種下一顆懷疑的種籽，這麼多廣大羣衆盡責納稅，使國家永久生存，他們父父子子在沈默中感受這樣重大的激盪。而最後，就是要這麼多的廣大羣衆對這件事作最後的重大抉擇。

其他聲調五花八門，我們都不應忽視。內容也各不相同。最叩人心弦的來自國會大廈，因爲在那邊所採取的行動足以造成隨便裁減軍備或愚蠢地撤退軍隊。舉例來說，參議員凱士(Clifford P.Case)和參議員孟德爾(Walter F.Mondale)糾合了年輕的助手，發動一項運動反對建造航空母艦。參議員曼斯斐爾(Michael J. Mansfield)和參議員薛明頓 (Stuart Symington)暫時放棄他們削減駐歐軍備的主張，祇因蘇俄侵畧了捷克。紐約參議員戈特爾(Charles E. Goodell) 企圖以立法手續限令一九七〇年十二月一日前所有美軍全部退出越南，不問後果。此外，還有各式各種愚昧而激烈的極左傾言論。這類尖銳的吶喊不值得本文來加以批評。

概括一句，這些議論都是今天用來攻擊美國軍人的。過去這幾個月來的各種攻訐和指責，從涓涓細流滙成滔滔洪水；一股奔騰澎湃的急流終必能將美國的軍人權力整個淹沒。而在這種攻擊中的眞正危機，却隱伏在我們生存所繫的一些簡單的眞理中。

今天是一個强權政治的世界。在這個世界上，有許多國家希望美國垮台——也許可以說得痛快些：某些國家願見美國在政治上覆亡。至於這些國家的手段是出於共同合作抑或單獨進行，那已無關宏旨。祇要這些國家中有一個或幾個擁有軍事實力，足以危害美國或威脅美國能造成美國悲慘的損害時，美國的安全便在危險之中。祇要美國擁有軍事上的本領來防止這種損害時，或憑可靠的大規模報復力量而能予以阻遏時，美國的安全方能保持。

我們的外國對手深懂得支配國際關係的這項實力方程式，(Power equation)尤其第二次大戰開始起。經過第二次大戰，某些國家或集團想從我們政治上的忽畧來取利的，亟圖在這項方程式上取得優勢。他們接連地在歐洲，韓國，古巴，和現在的越南，迭經嘗試，但到今天迄未成功。總是由美國的武裝力量和忠勇的戰鬥人員把他們堵住了。結果，美國卒能保持其爲自由世界的干城，來抵禦奴役和極權主義的狂瀾。

"For it's Tommy this, an' Tommy that,
an' 'Tommy, wait outside';
But it's 'Special train for Atkins' when
the [troopship's] on the tide—"

『這樣又是大兵，那樣又是大兵，
「弟兄，站到外面去等一等」；
但軍艦升火待發時，
還有特別列車催請。』

在美國國內反對有關軍人的一切事物，這種喊聲如果任其所之，到最後終必傾覆國際實力方程式，並摧毀美國安全和自由世界的安全。所以，際此「外在」的威脅依舊存在時，我們却又面對着同等威力的「內在」挑戰。不管這些挑戰是出於何種因素，都沒有區別。無論它們是出於目光近視，未曾看清我們所面對的「外在」危險；抑或出於誤解或一相情願，以爲我們的敵人很仁慈地會讓我們暫時忘懷世界好集中精力去處理內政；抑或是出於我們眞正敵人(偶像化的毛澤東和已經死了的胡志明)的支持，要看到一個革命的共產美國。也不管是否爲「長堤快報」中所說「這是一羣自由主義份子，不能稱職的人，在象牙塔內做夢的人，被天眞的人或機心深遠的人所支助和唆使，他們的目的都是要摧毀美國自己的軍方」，無論屬於那一類，都不關重要。所關重要的，是一個繼續生存的自由民主美國，內部竟不一致。我們內部已經有了敵人，不管他的面目如何或僞裝成怎樣一種外表。

現在軍人方面的最重要問題是：應該怎樣對付？這答案極不簡單。不過有一件事是十分清楚的，即我們先要「有所不爲」。

如果要保護美國以免受到危害——無論這種危害是出於漠視，淺薄，或怨恨——我們軍人決不能袖手旁觀，置身事外，我們就職時所宣讀的誓辭不許我們採這種態度。

現在是時候了，每一位穿制服的美國武裝人員，請從舊篋中選出那張宣誓書，拂去塵埃，請再一讀上面的誓辭。

回想過去三十年的主要任務——對付「外在」的威脅——我們之中或許已有人忘記我們曾莊嚴地宣誓要支持並保衛美國的憲法對付一切敵人，國外的和國內的。這項誓約並非屬於某一種類的部隊，或某一黨派的信念，亦不許藉此一紙證書爲自己從中取利。這項宣誓是證明我們將身心貢獻於國家來防止有人顚覆我們的政府，這個政府是林肯總統所說的「地球上永久的而且是最佳希望所寄託的政府」。我們的任務非常清楚：確保我們在軍事上決不軟弱到讓外在的敵人，能使用其力量來顚覆美國政府及其憲法。

我們不能再袖手旁觀或緘默不言。我們的誓辭絕不寬恕這種態度。

但，在決定我們的行動之前，首先應該反躬自問另外一個最困難而又最重要的問題。軍人所受到的許多責難中，究竟有多少眞實的成份？

以美國武裝部隊組織之龐大，當然難免有若干宗孤立的錯誤行爲，但一俟發覺，便由我們的主管當局立刻就他們的許可範圍內徹底處置。不幸，僅憑某一件事便借題發揮，張大其詞，雖毫無根據，却弄得眞相盡失。

在美國武裝部隊這麼大的組織內，自然有極少數份子，正像蕭普將軍所說的，好大喜功，甚至不惜重大犧牲來爭取聲望！也可能有極少數人爲了自己的物質慾望，竟將原則和廉潔犧牲了；還可能有極少數人，祇顧本身服務部門搶先而把國家的需要壓後。我們必須加倍出力來防範這類孤立事件，如果有這種事情發生，仍須立刻作有效的處置。

所以，在打擊這班想使美國的雄鷹變成一隻綿羊的人，如果我們武裝人員能各盡本身責職，必須繼續檢舉出我們隊伍中的害羣之馬。就爲了這些少數人的貪婪和輕率，以致奪去了我們的正直廉明並破壞了我們的信實可靠。我們的紀律需要這樣行動，美國公民應受這樣報答。而且，對錯誤的行爲僅僅警惕是不夠的；我們必須加強警惕來防止判斷失當而免發生錯誤的行爲。

第二，如果我們欲避免別人批評我們「濫耗軍費」，我們必須更嚴格審核我們自己的需要。尤其觸及國家軍事費用時，我們更應冷靜地實事求是並絕對誠實，以期『止謗於機先』，必須面對政治現實主義並負起財政責任。切勿忘記，凡捕風捉影的流言，祇需極細微的一點話柄，不管是眞實的或表面的，立可釀致滿城風雨。

當加布萊斯的筆觸瞄準在官僚的衙門主義時，他便能蒐集足夠的資料，使他所發的連續不斷的炮聲聽來信而有徵，尤其對於外行人。當一位參議員發現一份草率釐訂的合同時，他很容易地就可把千百件合同一齊置於嫌疑之列。當武裝機構被指爲濫用公帑時，我們所想完成的任何一項事情都受到影响了。

我們必須繼續捫心自問，例如，美國軍事機構內是否確有若干氣燄凌人的人物，毫無價值的基地，不需要的武器系統，或其他不能憑合理方式來支持的費用。照目前核減預算的情況看來，削除這些浪費，可能對我們本身以及對我們國家，都屬有益。但從另方面看，如果打破傳統，竟去削減一向不敢削減的戰鬥部隊，使我們實力減弱，則必受到人民的唾罵。戰鬥部隊原爲美國實力銳利的一邊。

我們必須無限制地提高警惕，因爲我們的團結現已在分裂中。如果在魯莽滅裂之下，讓我們的「信實」，崩潰下去（今天已在危疑震盪之中），則今後我們一切的正當要求，都將被人漠視，甚至遇到國家生死相關的事情亦將如此。

我們能切實檢討自己，我們自能對國內這班信口雌黃的批評家加倍注意，他們有意無意地在賭掉國家的安全。

就軍人的立場，對「外在」的敵人作戰時，誠然應該緘默不言，以免言多必失，洩漏軍機，但對「內在」的敵人作戰時，如果緘默，那就大大的愚蠢了。我們對「內在」的敵人作戰所使用的武器，要包括語言和文字，這裏絕無緘默的餘地。而且，還必須克服我們軍人一向緘默寡言的習慣，每個軍人都要負起對敵人口誅筆伐的責任。

另外還有一件重要的事情。正是險猾的加布萊斯所說的：「必須要有組織」。這原是我們軍人的本行。我們的組織早就存在，所需要的是領導，貢獻出無限量的能力將我們自己對美國安全有關的正確看法，告訴最直接關心這件事的美國人民——廣大而沉默的羣衆。

舉一個例來說，再沒有別的方法可以對付像最近華盛頓「政策研究所」副所長拉斯金(Marcus Raskin)在軍事預算及「國家優先事項會議」席上提出的主張。他竟要求在今後十年內撤銷中央情報局，國家安全局和國防部。他說祇有這樣做，方能消除特務國家狀態而確保一個自由社會能繼續下去。不負責任到這樣一種地步，任何人都能看到必然會有兩種反應：一是莫斯科和北京都歡喜得跳起來，幾乎不肯相信；二是在美國國內所有反戰份子，反徵兵份子，和反「後備軍官訓練中心」（ROTC）份子，都將紛紛寫出通告，再不許戰鬥人員參加服役。

今天，幸虧有這種曾經宣讀的誓辭，我們可以對目前泛濫於美國的這些荒謬論調，一條一條嚴予駁斥。

當然，我們處理這個問題必須雙管齊下。駁斥和反駁是主管的否定性反應。此外，還要有許多肯定性的答覆，也一樣重要。這類答覆是根據我們對於美國身處現實世界中，在安全需要方面的正確觀點。蘊含在這種觀點內的，是我們對「外在」威脅的正確而及時的觀察，以及美國需要怎樣來對付它。這種需要，不僅要用傳統的方法來達成，並且要根據國內政治和經濟實際情況作出客觀的考慮，使能發生影响。除非將這一層包括在內，否則我們將不祇形成「信實可靠」方面的罅隙，而且招致國人對我們的大不信任；其危險之大不下於今天所提出的許多反軍主張。

千萬必須認淸，目前對美國軍人的攻擊非常尖銳，緊張的程度與日俱增，約瑟．克拉夫特（Joseph Kraft）最近曾經表示，要「困縛這隻戰爭的怪物」，所有評論家必須繼續不斷開鎗，這種看法，許多人都奉行。

反軍運動的結果，大大削弱了美國的國防，置美國於歷史以來空前危殆之境。但我們旣生活在這樣一個强權政治的世界，掌握我們國家的命運仍有賴於我們的軍事力量，它能立刻保護我們對付外來的攻襲，並構成我們外交政策的骨幹。腦筋淸醒的美國人瞭解這種形勢將繼續存在，除非幻想中的太平盛世降臨，屆時，人和國家都將遵奉耶穌基督的十誡行事；而不是加布萊斯的十誡。

"'Then it's Tommy this, an' 'Tommy that,
an' 'Tommy, 'ow's yer soul?'
But it's 'Thin red line of 'eroes' when
the drums begin to roll—"

這樣又是大兵，那樣又是大兵，
「弟兄，你已否求過神靈？」
但戰鼓鼕鼕敲起，
戰袍又沾滿征塵。

要贏得這一塲性質特殊的國內戰爭却並不容易。正像越南戰爭，與我們武裝人員以前所經歷過的任何事情都不相同。那班新左翼，或那班想利用羣衆心理作爲政治資本的社會名流們所安排的倒刺鐵絲網，美國社會對此並不感覺新奇，也不難瞭解。當國內的病態增加時，情形就更見複雜；一方面有逃避責任者，一方面又有機會主義者，這一潭水就更混濁了。最後，還有更複雜的一件事，爲現代美國戰鬥人員所非常痛心而難以忍受的：他必需對着自己同胞國人來保衞他自己的動機，判斷，和正義。這最後一件事是不易吞咽的一塊最硬的牛酪，可是他非吞不可。

我們擁有充沛的資源和能力，足與今天打擊美國軍人者週旋到底。即使蕭普將軍也承認美國武裝部隊中培養着無數聰明才智之士。他們必須使自已的聲音讓社會大衆都聽到。無論是在演講中，文章中，或尋常談話中。機會多極，祇是不要輕易放過。

還有一點，美國軍人對於目前各種攻訐已到忍無可忍，他們的反應是出之於受了創傷的感情，正義的怒吼，驚慌，或灰心，與英國作家吉卜林筆下的大兵不同，並無當代吉卜林替我們警告美國人——像英國吉卜林警告英國人那樣說：「大兵並非是傻瓜，大兵眼睛是雪亮的」（"Tommy ain't a bloomin foolyou bet that Tommy sees!"）爲了尊敬我們曾宣讀的誓辭，我們必須替自已講話。如果我們拿出與戰場上殺敵致果同樣的毅勇和犧牲精神，我們必能同樣獲得勝利，擊敗這班從內部危害國家的份子而保衞了我們的國家。

因爲將全面眞相說出來後——與近來廣播中所發的挖苦尖酸之詞不同——美國人民必將發出響亮而屬於絕大多數的正義之聲來保護美國及其民主傳統。二百年來美國人民一直是這樣做的。如果我們軍人不慌不忙並忠於我們的全部誓辭，在未來的二百年中，美國人民也必能再這樣做的。

我的回憶

新馬師曾

初踏台板

在我拜細杞爲師的時候，我師門下已有男女門徒七八衆，正所謂多一個未爲多，少一個亦無所謂；但我天性愛好戲劇，有時師父在敎師兄、師姐之時，我也從傍聽講，大段劇詞，都能背出，朗朗上口。師父心中暗喜，但表面上絕不形於詞色，因此二年以後，師父便要我登台實習，而且加插在大班中演出。

師父對我說：「千學不如一做，若是有機會，應當上台去演，進步得一定更快。」從那時開始，師父又敎我練武功，可憐我那孱弱的身體，拿上了眞刀眞槍，實在害怕！刀槍無情，萬一失手，如何是好！每逢練武，正是戰戰兢兢，心驚肉跳，祗有聚精會神，認眞應付。師父看我練武功認眞，他敎得更落力，還把他最拿手的軟鞭工夫敎給我。舞弄這條軟鞭，得使用腕力，那時我才十歲上下的孩子，何來腕力？初試軟鞭，時常被軟鞭帶着一下，痛徹心肺，等後來舞弄純熟了，得心應手，慢慢的就不怕它了！我初踏台板，就在太平戲院登台，劇團的名稱是「統一太平劇團」，班主源杏翹。我還記得當時的陣容小武是靚元亨（原名李雁秋，廣東高要人，馬師曾曾拜他爲師），老生是新珠，小生何湘子、倫有爲，花旦白邊秋、小鶯鶯，丑生是現在美國的飲食業鉅子譚秉鏞。觀衆見我是個小孩子，點演馬師曾名劇，居然神態十足，大有戲味，而且還能夠「打眞軍」；於是互相口頭宣揚，爭以一靚爲快。其實我那時的戲，尙在初學階段，不過顧客崇尙新奇，以爲一個小孩子，能有這點工夫，賞識之外，兼寓獎掖之意，於是在新馬師曾的四個字藝名之上，又加上「神童」二字，稱爲「神童新馬師曾」了！

新馬師曾青年時代演唱「仕林祭塔」劇照

我師父那時是「統一太平劇團」的策劃，班主源杏翹時常找他商量戲目，由於馬師曾的劇目，多數是大人戲，不完全適合我演，誠恐觀衆日久生厭，於是就請兩位開戲師爺，多編適合我身份的兒童故事。那時的新戲編得眞不少，記憶所及，有「十三歲童子封王」、「甘羅十二爲丞相」、「乖孫」、「頑童日記」、「孤兒救祖記」、「流花河救母」、「童子復仇記」等等。這些劇本，多以童伶作主角，有的是舊本翻新，有些則取材電影，因人設戲，天天爆棚，一鎚鑼鼓唱了六個月。那時聽我師父說：「這個班子上年已經賠了兩萬多，這六個月一唱，不但把賠掉的兩萬多弄回來，還賺了五萬多元。」我那時的日薪，已經漲到每天一百元，但師父並不以爲滿足，他認爲要是他自己成班，一定賺得還要多。我父母見我能夠出台，早已歡天喜地，雖然我的包銀，都歸師父收受，這是當初拜師時言明的，但師父每月送我父母三十元貼補家用，無非慰藉之意，我也有一份零用，則爲每月一元。

我的藝名，後來簡稱新馬，大家便將馬師曾先生稱爲老馬。彼此都遷居跑馬地，馬師曾住山村道，我住毓秀街，都成爲跑馬地街坊了。有位戲班中老叔父曾說：「無論馬師曾也好，新馬仔

薛覺先（右）何湘子（左）劇照

也好，總而言之，他們二人必須住在跑馬地。若一搬離此區，便主不祥，將會如魚失水！絕對動不得。」我深信其言，因此我到現在，由毓秀街搬到摩利臣山道，始終不出跑馬地範圍，「郁都唔敢郁」，且數十年於茲了！

好有一比

馬師曾先生的舞台藝術，別創一格，在我幼時，因學他而成名。後來我和小生何湘子同台，又接觸到薛覺先先生一派的唱法。何湘子是薛覺先入室弟子，我覺得薛派的唱法，講求露字，循字求腔，在詞句腔調之間，吞吐自如，跌宕有致。於是我又開始効學薛覺先先生的一路，文靜、悠揚的唱工，後來有人稱我為「馬形薛腔」，實在是打從那個時候開始的。

我曾有機會參加「覺先聲」劇團，那已在我滿師後多年。當時深圳又生公司，授權桂名揚組織「冠南華」劇團，以重金邀我加入，「覺先聲」也來約我，但我再三思維，終於放棄了重金邀聘我的「冠南華」，而參加「覺先聲」。就因為在「覺先聲」可以學到本事，可以學到薛覺先的唱做一切，薪金多少，尚在其次。那時薛先生方與馮志芬排演「四大美人」戲，薛覺先前場反串貂蟬，以我演呂布，同台切磋，得益非淺！

勝利那年，我去上海。那次是隨薛覺先、唐雪卿伉儷同去上海卡爾登戲院登台，那次的經理人謝芷湘，是本港保險業鉅子謝志方的令弟，班名鳳凰劇團。我那次最大的收獲，是看到了麒麟童和馬連良二位的戲，他們二位，號稱南麒北馬，我久仰盛名，一見之下，堪稱名下無虛，薛覺先先生還在我座旁解釋，更使我對他們二位的舞台藝術，有進一步的認識。我把他們二位好有一比：麒麟童像馬師曾，薛覺先就是馬連良，若能把他們二位的長處彙合起來，豈不盡善盡美，這是我的一個私見，因為怕人家笑我對於平劇是外行，所以始終沒有講過。好比麒、馬二位的「烏龍院」，我都看過，覺得「鬧院」一場，馬連良

薛覺先（右）馬師曾（左）合影

演得好過麒麟童，瀟洒飄逸，似乎老爺們辦公下來，到烏龍院走走，應當是這副神氣；但到「殺惜」之時，又覺得麒麟童的火爆比馬連良更適合劇情，使人百脈賁張。所以我學平劇，就想溶麒、馬二派於一爐，而唱粵劇，就要彙合薛、馬二家之長！我年輕之時，想像力很豐富，直到現在，還是如此。

懷念馬連良

有人以為我是馬連良先生的弟子，我確有此想，而且不止一次，向他提出拜師，那是一九四九年的事，但他總是謙遜辭謝。一九五〇年農曆正月十一日，是他的五十大壽，我又向他重申前請，他還是不肯。那時在他左右有他的弟子言少朋和小生儲金鵬，我要求馬先生拍一張他坐我立的照片，總算蒙他應允。但拍罷之後，他又要我並坐，再拍一張，由言少朋、儲金鵬和我內子賽珍珠三人侍立在後的照片。因此我們的關係，始終介乎半師半友之間。我尊他為三哥，他也叫我祥哥，但我有問，他必答，而且知無不言，言無

新馬師曾二十五年前留影

不盡，至今回憶，猶有餘甘！

馬連良先生遷居銅鑼灣摩頓台三號四樓，與我住處較近，那時儲金鵬、言少朋先後北歸，他的得意弟子名琴師李慕良又來了香港。因爲他家沒有電話，我必先打發人去通知，徵得他同意，我總在午夜十二時許到馬家，談天說地，吃宵夜，談到天光，馬先生送我下樓，看我上了車，他還要溜一個灣方才回家。

馬連良先生的記憶力很好，他對於少年舊事時常提起。一次，他的小兒子崇恩向他索一元買物，他就和我講他在富連成科班學藝的時候，每天有一個大銅子點心錢，若演雙齣，就有兩個大銅子進益，他捨不得買點心吃，把銅元積起來，聚少成多，換成銀洋，回家送給他母親。他常說：「君子愛財，取之有道。」他這兩句話雖然是隨便講的，可是對我影响很大，因爲我也是窮苦出身，我也想起我在跟師父掙包銀的時候，師父給我的零用，便是一塊錢一個月。

一九五〇年春馬連良新馬師曾合影

馬連良三哥自奉甚儉，但對朋友一點不吝嗇。我每去他家，他必定親自到灣仔一家「倫記」生菓舖購買生菓、糖食之類饗我。這家生菓舖開在修頓球場對面，現在早已歇業，但在當年，這家生菓舖開的時間最長，總要到天光四時，方才收工。有一天，我又約定到馬家去學戲，我想，每次要他買東西給我吃，實在過意不去，今天我早點去，我來買些生菓、餅食之類請請他也是應該的。因此我在晚上十一點就開車去「倫記」買生菓，走進「倫記」，只見馬連良、李慕良、馬崇仁他們都在店內，他正在挑選生菓，他見我笑了，我見他也笑，於是爭着給錢，一起坐我的車回摩頓台。那天晚上，馬先生家裏還做一種點心叫餡兒餅的請我宵夜，那個做餅的大師傅，是跟馬先生一起來的，我還記得他的名字叫春兒。

我和紅線女在「中央」戲院合演「宋江怒殺閻惜嬌」，我打算在「鬧院」一場，穿插一段四平調的京腔，一新粵劇界的耳目，向三哥問計，他教了我兩晚。及時上演，他還偕同友好前來捧場。紅線女雖也學過些平劇做工，但不能上胡琴，所以我也只唱了一段；三哥還嫌我唱得太少，其實在粵劇界已經是破天荒的創舉了！

一九六三年馬連良在九龍初演「趙氏孤兒」戲畢與新馬師曾合影

薛覺先、馬師曾二位都愛吸收其他劇種名演員的特長，例如薛覺先和平劇著名紅生林樹森成爲莫逆之交，林樹森敎薛一齣「追韓信」，曾經先後在本港孔聖堂和「東方」戲院登台。馬師曾特地請老吉昆仲，從上海把藝名「十四盞燈」的老伶工王福卿邀到香港來敎紅線女的花旦做工；他自己從傍「偸師」。又以港幣二百元向隨楊寶森南下的花臉劉硯亭學「噴火」特技。我也向馬連良三哥不斷問藝。一九六三年夏，連良三哥再度南下，重來此間，我因他的寓所門禁森嚴，未能向他再作進一步的研討，不勝遺憾！總而言之，凡是好的藝術、美的聲腔，觀衆必能接受，一定歡迎；可惜當時大家忙於衣食，學得不多，不夠深入，現在前輩作古，欲學無從，想到此處，眞是後悔莫及了！

（二）

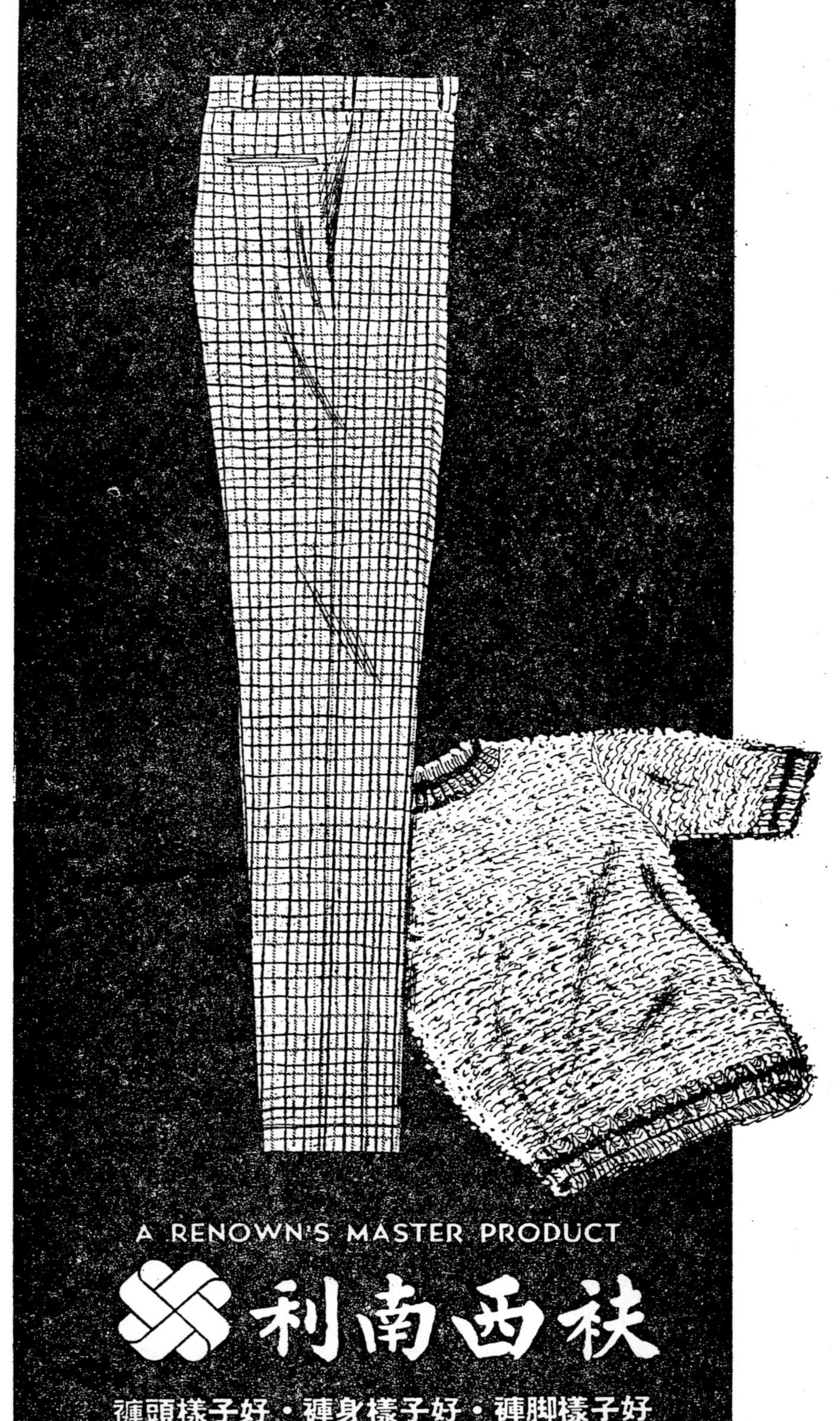
A RENOWN'S MASTER PRODUCT
利南西袪
褲頭樣子好・褲身樣子好・褲脚樣子好
定價每條自廿九元九毫起
大人公司有售

吳清卿吳湖帆祖孫

葦窗

名畫家吳湖帆的祖父吳清卿，名大澂，本名大淳，爲了避同治皇帝的名諱，所以改名大澂。字止敬，號恒軒，別號白云山樵，又號愙齋。他生平有二十九個齋名，其中最短的一個爲「鄭龕」，最長的一個名「五十八壁六十四琮七十二圭精舍」。

吳清卿是蘇州世家，道光十五年生，同治戊辰七年登進士，點翰林，與洪鈞（文卿）、許景澄、陳寶琛等都是同年。他做過吉林防邊使、廣東巡撫、湖南巡撫，最大的官銜，做到會辦北洋軍務大臣。訓詁辭章是其所長，金石篆籀更爲專門，可是他懷有雄心大志，耍上馬殺賊，下馬草露布。著有「槍礮準頭說」，歡喜紙上談兵。率湘軍出山海關，被御史們參他逗遛不進，濫用軍餉、虐待士兵三欵，落得「着即革職、永不叙用」的處分。光緒二十四年十月二十五日上諭責他：「居心狡詐、言大而夸、遇事粉飾、聲名惡劣」！他的政治生命，從此終結，四年以後，他抑鬱以終，享壽六十八歲。

吳清卿學問很好，但因他犯了書生用兵的結習，於是謗毀隨之。李慈銘「越縵堂日記」中說他「清客材也，浮躁嗜進。」王闓運湘綺樓日記」中說他「其人書痴，非吾意中人。」葉昌熾「緣督廬日記」中更說他「怖其河漢無極！」總之，都不是好話。

甲午之戰，中朝諸臣，輕敵玩寇，李鴻章主和，大爲朝臣詬病。閩中林長民（宗孟）有諸將詩五首，詩用杜甫諸將韻，其第五首詠吳清卿云：「甘泉盼斷捷書來，榆塞淒涼雁叫哀，落日如烽威海衛，朔風吹雪誓師台。誰麾鐵騎歌三箭，竟負黃龍酒一杯，成敗只須論大節，偏裨未必盡無材！」這首詩中最爲人詬病的是「誰麾鐵騎歌三箭」這一句，因吳清卿把軍隊駐在山海關，天天打靶操演，親筆出示曉諭，也是當時翕動士林的一篇妙文：

「爲出示曉諭事，本大臣恭奉簡命，統率湘軍，訓練三月，現由山海關拔隊東征，不久當與日本決一勝負。本大臣講求槍礮準頭十五六年，所練兵勇，均以精槍快砲爲前隊，堂堂之陣，正正之旗，能進不能退，能勝不能敗。日本以久頓之兵，豈能當此生力軍乎？惟本大臣率仁義之師，素以不嗜殺人爲貴，念爾日本人民，迫於將令，暴師在外，拚千萬人之性命，以博大鳥圭介之喜快。本大臣欲救兩國人民之命，自當剴切曉諭，兩軍交戰之後，凡爾日本兵官，逃生無路，但見本大臣所設投誠免死牌，即繳

吳清卿（一八三五—一九〇二）

吳清卿致胡適之父胡守三手札

出刀槍，跪伏牌下，本大臣專派妥員，收爾入營，一日兩餐，與中國人民一律看待，事平之後，送爾歸國。本大臣出此告示，天神共鑒，決不食言，若竟執迷死拒，與本大臣接戰三次，勝負不難立見。迨至三戰三北之時，本大臣自有七縱七擒之計，請鑒前車，毋貽後悔，切切特示。」

文章雖好，祇是不合實際，尤其文中有「七縱七擒」之語，更為人所訕笑。後來新民叢報「文苑」欄中，有黃遵憲寫的「渡遼將軍歌」，挖苦得更露骨。詩曰：

「將軍慷慨來度遼，飛鞭揚馬誇人豪，平時蒐集得漢印，今作將印懸在腰。」

「兩軍相接戰甫交，紛紛鳥獸空營逃。棄官脫劍無人惜，只幸腰間印未失。」

「幕下部卒皆雲散，將軍歸來猶善飯，平章古玉圖鼎鐘，搜篋價猶值千萬。」

胡適之的父親胡傳，號守三，是張佩倫介紹給吳清卿的。胡傳向吳清卿執弟子禮，那是光緒八年的事情，吳清卿曾以手函向胡傳解釋邊境情形，附刊如上。

吳湖帆畫像　孔小瑜繪

吳湖帆畫竹周鍊霞補蝶

吳清卿死時，吳湖帆祇有九歲。湖帆的父親名訥士，因為清卿乏嗣無後，所以湖帆一生下來，就嗣給清卿為孫的。

湖帆，原名萬，別署醜簃。冒鶴亭（廣生）序他的「佞宋詞痕」說：「湖帆為愙齋之孫，又娶於潘。吳潘兩家，收藏甲海內。自其兒時，寢饋於金石書畫，其作畫幷世無兩。」陳定山寫「吳湖帆潘靜淑傳畧」云：「愙齋所遺，多古金石。湖帆尤好蓄書畫，嘗與夫人共校定家藏金石書畫凡千四百種，如杜詩之數，而各為之序錄，藏之梅景書屋，見者以比趙明誠李易安。湖帆之畫游於古人，忘筌董郭間，而夫人復以花鳥攬熙荃之軌，人又輒比松雪道昇。」

湖帆的繪畫，不拘一派，而得力於董其昌較多。梅景書屋，所藏的元明清劇蹟，有數百件，最突出的是黃子久臚山畫，吳仲圭漁父圖。而他本人所作獨近於李成，郭熙，而不為元人所束縛。山水設色濃麗，烟雲泉石，浩蕩生動，看到的多有一種新鮮和諧的感覺。

「中國當代畫家評」有關湖帆的評語曰：

吳湖帆是蘇州人，而他的作風，也幾乎可以說完全來自一貫的「蘇派」。但中國畫上的「蘇派」與「吳派」，是有所不同的。「吳派」的來源，是由於對抗「浙派」，其代表者為沈石田等，「浙派」的代表者為戴文進等。「吳派」的作風，是承襲中國畫的的所謂南宗，而「浙派」的作風，則承襲的却是由北宗而院體的作風。所以中國畫上的「吳派」，是與「浙派」的對峙而來。至於「蘇派」，則其存在的要因，是為了同所謂「松江派」之對峙。「松江派」的代表是董其昌等，「蘇州派」的代表則為唐寅等。「松江派」作風注重的是神韻，「蘇州派」作風所注重的是技法。「松江派」絕對代表南宗的，「蘇州派」則是南北宗折衷的作風。吳湖帆的作品，是「蘇州派」系統，他的作風是完全承襲唐寅的。在用筆上，往往有南北宗混合而偏於南宗之處，他畫面上的特點，就是能在秀逸風趣之中，更具有緊密、精致等表現，唯有他足以盡「蘇派能事」四字。

湖帆的題畫，有些也與一般的畫家不同，他題所作「乙酉干支四合圖」云：「漢室山河在，秦陵草木同；不隨雲霧幻，相對夕陽紅。乙酉秋日，用六如、衡山遺法，作時適歲月日時，皆乙酉也。吳湖帆。民國十八年，歲次己巳，四月十六日，皆逢己巳，越今十六年矣。今年八月初八日，適逢四合乙酉，余作是圖，恰值奇遇。子靖學弟，見而欲得，因補題贈之。倩菴重識。」題「錦繡奇峯」云：「丁丑八月十二日，作此圖未竟，翌辰擬設色而門外人聲鼎沸，因滬北戰端已啓，槍砲密集，途中避難者，皆奔走無措之聲也。爰乃擱筆，無心潤色矣，今戰禍益烈，不知何日方休。因記此以供停戰續成之。醜簃。」「戰事迄今三年許，依舊未息，爰董文敏山村清霽圖之例，先題欵於紙端，以贈邦瑞我兄，潤色畢工，請俟異日。識此爲券。倩菴吳湖帆。辛巳二月朔日。」「剩水殘山八載中，迷天霜霧掩奇峯；滄桑未及銅駝刧，錦繡重開煥若虹。此畫自丁丑八月十二日，擱筆至今，已八載矣。歷經離亂，未涉刧灰。乙酉八月十日，欣聞戰禍弭平，盛世重見。邦瑞親家携示續成，以符宿願。時九月二日也。湖帆快懷重識。」觀此，可槪其餘。

定山又記：「潘靜淑歸湖帆時，其外舅華亭沈樹鏞，以董其昌寶董室玉印，及董臨淳化閣十卷以爲奩贈。湖帆得之，遂自名爲寶董室，畫亦學董。至滬時，即寓嵩山路，號嵩山居士，畫名鵲起。初，清卿未第時，亦嘗在滬鬻畫，九華堂寶記尙藏其潤例。及開府征倭，建大將軍纛，與畫家陸廉夫、書家王同愈朝夕演射於轅門之下，是年甲午而湖帆生，故立爲公孫。」

吳夫人潘靜淑三十初度，其尊人祖年公以宋槧梅花喜神譜壽之，因以梅影書屋名其廬。歸湖帆二十四年。嘗作千秋歲詞，就正於吳霜厓（梅）先生，先生劇賞其「綠遍池塘草」句曰：「清籟也。」陳定山續記曰：「潘夫人得末疾，一夕腸痛，適畫玉白蓮花，擲筆而歿。湖帆形銷骨立，杖而後起，又自署曰倩庵。營雙塚於虹橋公墓，屬予爲之碑記，沈尹默書，誓終身不復娶。湖帆奉倩神傷，纏綿致疾，房侍阿寶實扶持之，熨貼入微，遂破戒體。湖帆感激扶爲正室，長子孟歐，獨持反對。湖帆乃設宴金門飯店，來賓極一時之盛。湖帆出婚箋，丐來賓皆簽字，以付阿寶，爲後日玉符之信。然湖帆白穗玄冠，服奉倩之心喪，終身不去云。」

文中所說的阿寶姐，姓顧，後來易名抱眞，湖帆敎之寫字，居然亦能塡詞，調寄一點春，詞曰：「避難離鄉日，已經十八年，當時未曉寄身處，花滿河陽爛漫天。綠遍池塘草，艷稱如眼前，瑤琴一曲聽天上，料理夫人斷續絃。」阿寶姐蕢得一手好菜，友人輩每與湖帆相嘲，比之爲王湘綺周媽故事，湖帆大樂，次日阿寶姐便以紅燒豚蹄饗客。

湖帆嗜觀劇，最賞識蓋叫天，指定傍側花樓，免得在官廳中吃灰塵，因蓋叫天所演都屬武戲也。嘗屬劉定之特製大對聯，親自書成，以贈蓋五，聯成懸掛天蟾舞台兩側，祇及其半，因爲上海的天蟾舞台實在太高，所以掛了三天，便收了下來。

湖帆六十歲那年，手寫「佞宋詞痕」，影印出版，屬於非賣品，章士釗題簽，沈尹默引首，冒廣生、葉譽虎、汪東、楊千里等作序，共分五卷，附潘夫人綠草詞，外篇和小山詞各一卷，其中外篇一卷，由金閨國士周鍊霞女士所書，鍊霞並擅詩詞書畫，隨意揮寫，都成妙筆，本期封面的讀書樂，就是她所畫的永嘉書家馬公愚。

吳湖帆的弟子衆多，都有成就。王季遷留美，爲鑒定書畫專家，其夫人鄭元素，亦吳門弟子，十餘年前來港，從麥泉學裱畫，多才多藝。徐邦達是國內甄別書畫巨眼。其餘陸抑非、朱梅邨、張子靖、葉藜青等，俱成名家。有位黃秋甸，本是彈詞家，原名黃兆熊，擅唱俞調開篇，爲湖帆所賞識，錄收門下。

湖帆晚年，忽對圍棋有偏好，每日埋首其間數小時，因爲身軀太胖，缺少運動，有一天正與門弟子對奕，忽然倒地不起，臥床數年，終於不起。他是在一九六八年六月逝世的，享壽七十有五。子二，曰詢、曰權，女二曰珊、曰瑚。

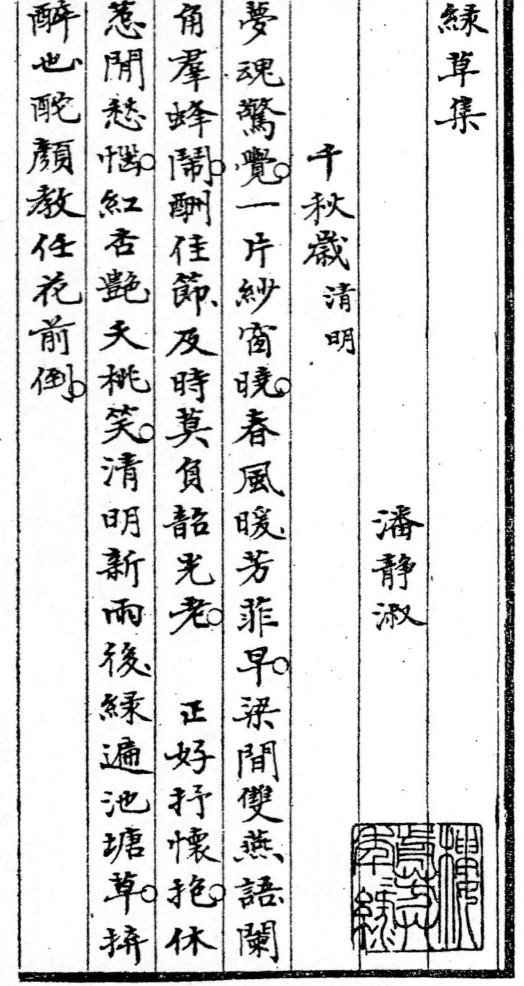
綠草集

千秋歲　清明　　潘靜淑

夢魂驚覺，一片紗窗曉。春風暖，芳菲早。梁間雙燕語，闌角羣蜂鬧。酬佳節，及時莫負韶光老。正好抒懷抱，休惹閒愁惱。紅杏艷，夭桃笑。清明新雨後，綠遍池塘草。拚醉也，酡顏敎任花前倒。

吳湖帆手書佞宋詞痕綠草集

憶吳湖帆

省齋

一九四二年的夏天，吳頴皋自日內瓦國際聯盟辭職返滬。某日，周佛海在家中設筵爲他洗塵，事先徵得他的同意，那晚的陪客祗有兩人，一爲頴皋的從兄吳湖帆，一即鄙人而已。

席間，除了暢談國際大勢及頴皋返國的驚險旅程外，湖帆並告訴我們說最近他在「中國畫苑」舉行了一個畫展，全部作品，被人搶購一空，祗餘一幅「巉巖雲瀑圖」以定價五萬元過於高昂，（按：當時之五萬元，約合黃金一百六七十兩）以致無人問津。當時佛海聽了後就立即關照我代爲買下，以便在客廳裏懸掛。翌日，湖帆畫了一葉扇面及寫了一副對聯送給我，以後，嵩山路梅景書屋裏就常有我的足跡了。

第二年——一九四三年癸未七月二日，是湖帆的五十生日。那時上海各界有同庚的名流二十人（包括梅蘭芳和周信芳在內），他們發起了一個「同庚會」，假座滬西魏廷榮花園大擺其「千歲宴」，規定每一主人可以邀請親友二人爲貴賓，因此我也得敬陪末座，躬逢其盛。

除了千歲宴之外，梅景書屋的門弟子王季遷、徐邦達等三十六人復徵集他們的老師歷年名作五十幅印行「梅景畫笈」一集，請葉遐庵題簽，陳定山及潘承弼作序，極洋洋大觀之致。遐庵集首題「烟雲供養」四大字，筆墨酣暢，堪稱傑作。定山序中有曰：

「湖帆以公孫華胄，興廣武之嗟，睿極精思，洞遠藻鑒，二十年間，質文數變，獨樹一幟，卓然大家，可以冠冕時流矣。二三子以湖帆爲木鐸，何患乎無師？」

潘承弼序中有曰：

「丈世蔭清胄，淹雅才思，丹青熏習，腹笥經綸，而其閎覽好古，多聞强識，舉凡鐘鼎之欵識，書畫之譜錄，上下數千年，勾稽抉摘，若數甲乙，若倒囊皮，海上藏鑒家莫不奉手而請益；篋衍既富，手摹心追，垂三十年，而畫名震東南；屏跡滬濱，優閒歲月，從游門牆者，戶屨日滿，畫苑壇坫，宜道廣而不孤矣。」

吳湖帆畫樸園圖扇頁

先是，湖帆的元配夫人潘靜淑女士於一九三九年己卯病逝。夫人風雅世家，擅長聲律，嘗作千秋歲詞，有「綠遍池塘草」句，湖帆傷悼之餘，因即以此句爲名，廣徵國內文藝界名士圖詠，出一集冊，執筆者共有一百二十家之多。如陳陶遺、陳庸庵、王同愈、龐虛齋、夏劍丞、張菊生、冒鶴亭、李拔可、顧巨六、楊雲史、汪精衛、張大千、溥心畬、葉遐庵、馮超然、趙叔孺、龍楡生、沈淇泉、湯定之、易大厂、陳叔通、陳栩園、蕭謙中、譚瓶齋、鄭午昌、祁井西、褚松窗、吳待秋等，均與其列。

其後，我自己也遭先室之喪，與湖帆有同病相憐之感。隨後我創辦了「古今」雜誌，集合了南北文壇上與藝苑中知名之士數十人執筆，傾吐了憂國傷時的抑鬱，風行一時。湖帆也來參加，除了寫了一篇洋洋萬言的「黃公望富春山居圖卷燼餘本始末記」，廣徵博引，考據綦詳，爲藝林史上的不朽傳世之作外，復有「梅景書屋雜記」諸文，詳述藝林掌故，道前人之所未道，藝林人士一時傳誦。他並爲「古今」設計封面的圖畫，有時且親自執筆，是以別具風格，有口皆碑，爲識者所共賞。

講到黃公望富春山居圖卷的燼餘本，其故事眞是可歌可泣。原來此卷乃是大癡老人七十九歲自雲間歸富春時爲無用禪師所作，凡三年而成，焜耀古今，膾炙天下，爲藝林無上劇迹。明代名畫家鄒臣虎（之麟）嘗比之爲書中之右軍蘭亭，其重視可見。眞迹自元迄明，爲沈石田、樊節推、談思重、董思翁、吳之矩、吳問卿所寶藏。初董思翁將此卷歸諸吳之矩，再傳之其子問卿，爲雲起樓中的秘笈。問卿名洪裕，號楓隱，萬曆舉人，陳其年感舊絕句，有吳孝廉問卿一首，自註云：孝廉甫成童，即登乙卯賢書，家蓄法書名畫，下及酒鎗茗椀，陸離斑駁，無非唐宋時物。城中別墅曰雲起樓，極亭台池沼之勝，面水架一小軒，藏元人黃子久富春圖於內，鄒臣虎顏曰「富春軒」，郭外園林名南嶽山房，園內悉種名花，約有千餘樹。每逢花時，孝廉輒携榼至，巡繞一樹，浮一大白，醉即陶然臥花下。孝廉無子，死之日，捨南嶽山房為楓隱寺，讀此可想見問卿之為人。問卿死於順治庚寅，臨終時竟以智永千字文與癡翁富春圖卷投火為殉，較諸焚琴煮鶴，尤為慘酷！幸其從子靜庵，乘其瞶亂，投以他冊易出，而前卷數尺，已罹刦灰。惲南田甌香館畫跋，紀此甚詳，謂吳問卿所愛玩者有二卷：一為智永千字文眞迹，一為富春圖，將以為殉，彌留為文祭二卷，先一日焚千字文眞迹，自臨以視其燼；詰朝，焚富春圖，祭酒面付火，火熾，輒還臥內，其從子吳靜庵疾趨焚所，起紅爐而出之，焚其起首一段。據此則問卿實為癡翁之罪人，而靜庵則為此圖之功臣也。靜庵名眞度，字子文，崇禎進士，著有「臨風閣偶存」。至所謂焚其起手一段，究有若干？所寫何景？則甌香館畫跋紀述云：余因問卿從子問其起手處，寫城樓睥睨一角，却作平沙，禿鋒為之，極蒼莽之致；平沙，蓋寫富春江口出錢唐景也。自平沙五尺餘之後，方起峯巒破石。由是言之，所焚者既為平沙景五尺餘，則所存者開首為峯巒破石也。此刦餘珍迹先後歸季因是，王儼齋、安儀周而入清宮，現藏台灣故宮博物院。

此卷刦餘珍迹既如上述，那麼其燼餘本究竟怎樣呢？最後怎麼會歸梅景書屋所寶藏呢？此中經過，我們請讀湖帆的自記吧：

『丁丑以還，江浙遍遭兵亂，故家文物，散落至夥。戊寅冬，海上汲古閣主曹君友卿，携宋元明大冊來，發之為錢舜舉蹴踘圖，趙松雪秋林遠岫及江岸喬柯二圖，趙仲穆江深草閣圖，方方壺坐看雲起圖，杜東原山水，又一墨筆山水審係痴翁眞迹，與在故宮所見之富春山居圖眞本，紙幅色澤高度，毫無二致，而樹石皴染，筆墨輕重，亦相吻合。紙之左上角，赫然有吳字半印，與故宮截本第一節上角之矩二字半印適相符。圖中開首峯巒破石，證以南田翁畫跋所云，燬去平沙五尺後方起峯巒破石之語，又復相合，則此卽富春山居圖之首段也。顧眞本已入故宮，何以又留此鱗爪在外，大奇之，因即以商彝周敦二事，易得全部諸畫，並囑曹君問原主查詢有無題跋。越晚，曹君以電話通知，謂題跋已得，此無欵山水確為大癡富春山居圖眞迹，待明日送閱云。時余適外出未歸，靜淑即囑曹君，謂既有題跋，可即携來，否則湖帆歸而聞之，今夕將喜極而不成寐矣。比余歸，曹君亦至，謂題跋一紙，原主已付紙簏，幸而搜得之，出以相示，則廣寧王廷賓師臣手筆也。其文曰：「剩山圖者，蓋大癡先生所作富春山居圖前一段也。自先生富春圖出，膾炙古今天下人口，久推為名家第一，向為宜興吳子問卿珍藏。順治庚寅間，問卿且死，愛不能割，焚以為殉；其從子子文不忍以名物遽燼之刦灰，遂乘其瞶，旋投以他冊易出之，而已燬去其十之三四矣。是此圖已不復為全璧，題之剩山，悲夫！然猶幸其結構完全，儼然富春山在望，其後段所存者亦尚有延袤數紙，然僅屬餘燼，未若此段之偏有鬼神呵護也。子文眞此圖功臣哉！嗣並為好事者多金購去，其後段久歸之泰興季因是，而此前一段為新安吳寄谷先生篋中秘寶，寄谷因為余購得三朝寶繢圖，選汰再四，已畧盡古今名人勝事，而尚未得成編。戊申冬，慨然復以此圖見惠，余覽之覺天趣生動，風度超然，曰，是可與三朝寶繢圖共傳不朽矣，因並出近所得元章先生溪山雨餘圖裝成全冊，計共十四幅，後之君子，其亦覽此圖而悲其所遇之不偶如此！康熙己酉春王二月望日，廣寧王廷賓師臣識。」觀此知此圖不僅即故宮燼餘富春山居圖眞本之前段，而余同時所得之趙氏父子及舜舉、方壺、東原諸畫，亦師臣三朝寶繢冊中之珍秘也，欣幸何如！遂更以故宮眞迹影印本與此剩圖對照比之，吳字半印與故宮所存之矩二字半印適相符合，此本存火燒痕二處半而故宮眞本第十節中間亦存火燒痕二處半，此本燒痕之第三處適當兩紙接處，吳字半印之下與故宮本第一處燒痕亦適得其半，而燒痕在前者又較大於後，蓋手卷密捲投火，火自外及內，起而出之，故着火處在外者愈大在內者愈小，及展之則燒痕大者在前而小者在後也。余為徵信計，乃將此本攝製珂羅版與故宮眞本影印本第一節相接，並裝卷後，庶使後之覽賞者恍然知此富春眞迹之謎，豈獨數百年來未有之大快，亦我華藝林國寶之信史也。』

省齋案：湖帆名萬，號倩庵，別號梅景書屋主人。江蘇吳縣人，他平生對于文沈唐仇諸鄉先賢的筆墨最感興趣而也最有研究。他是晚清名金石書畫家吳愙齋（大澂）的文孫，家學淵源，工詞善畫，尤擅長書瘦金體。早歲學畫，先從四王吳惲入手，旋淑董其昌，得其神髓。再進窺元四大家，山水入黃公望之堂奧。最後祖述宋代的李成與郭熙，深得三昧。所以，他的山水畫，工力深邃，無懈可擊。

他富收藏，精鑒別，梅景書屋中至少儲有宋元明淸書畫精品數百件之多，而以黃公望的富春山居圖燼餘本為鎭山之寶。所以，他嘗刻有「富春一角」收藏章一，以為紀念。

我是於一九四七年十月十日離開北京飛到上海的，到後就下榻他家，數天後再來香港。在那數天之內，我幾乎看遍了梅景書屋所有的收藏，嘆為大觀。復經他一件一件的備述其所得之經過，並縷詳其淵源，批評其優劣，見聞大廣，獲益不少。

我於一九五七年五月、一九六〇年六月兩次回上海，都和湖帆相晤。十年不見，宛若兩人，原來他發胖了。其時或同飯，或觀劇，暢叙友情，從那次別後時到現在，忽忽又已十年了。過去的一切一切，都如在目前。在此期內，我聽了關於他種種病危不幸的消息，不勝傷感！但是，不論怎樣，我總以為他的大名在將來中國的丹青史上是足以留芳千古而永垂不朽的，僅此一點，我想湖帆亦差堪自慰了吧！

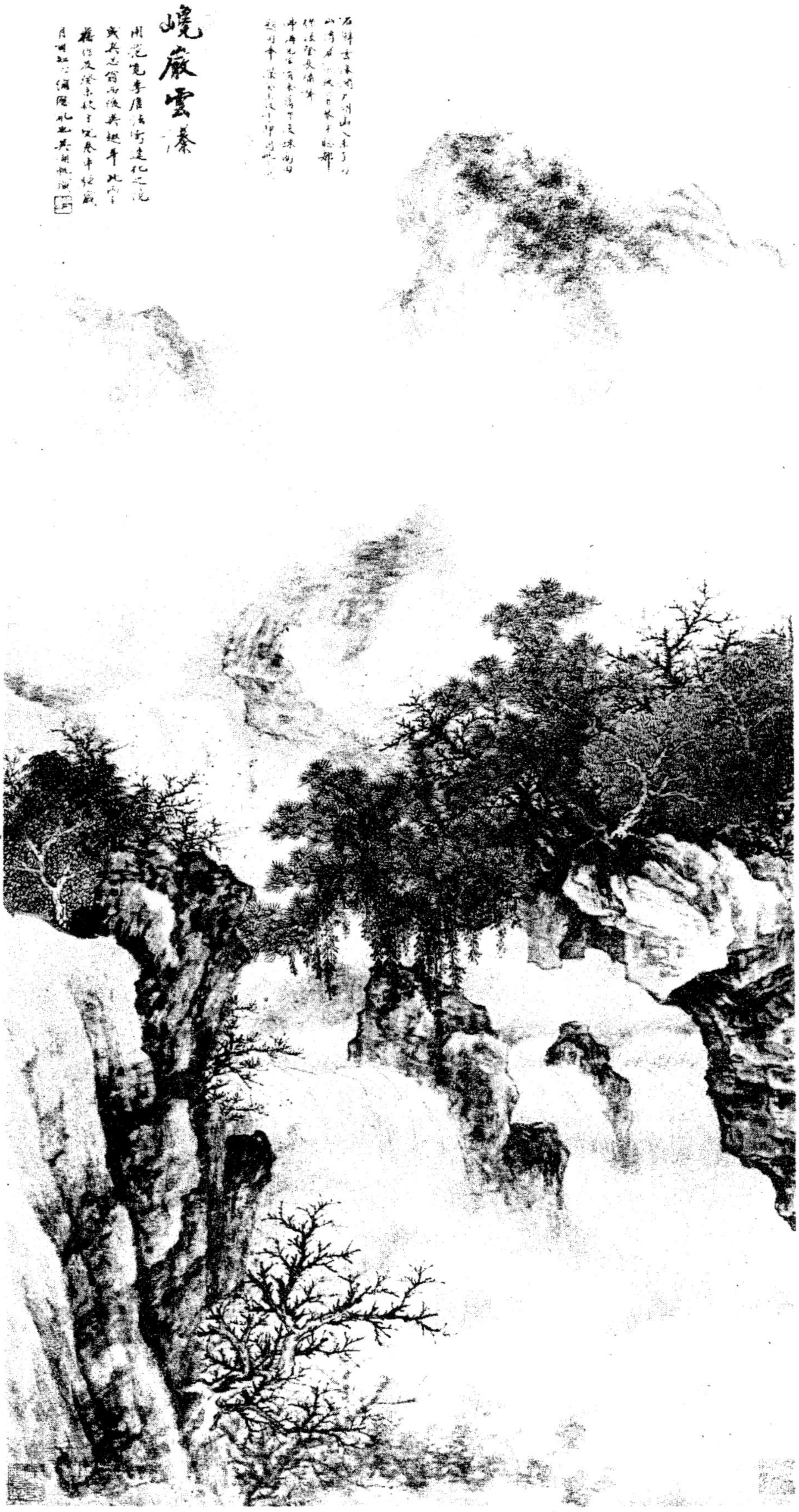

巉巖雲瀑圖　吳湖帆畫

（此圖如何以重價售與周佛海請參閱本刊「憶吳湖帆」一文。）

寒鴉萬點圖　吳湖帆畫　定齋藏

嫩草抽碧圖　吳湖帆畫　定齋藏

夏山欲雨圖　吳湖帆畫　定齋藏

梁鴻志死前兩恨事

朱子家

梁鴻志遺影（一八八二—一九四六）

日本中央經濟研究所理事長向山寬夫，最近寄給我該所出版今年四月號的「中央經濟」數冊，載有他所寫「梁鴻志大人之生涯」一文，對梁氏一生事跡，搜羅極爲詳備，其間並摘錄了拙著「汪政權的開場與收場」一書中的部份資料。掩卷以後，無限感喟，又勾起了我與他在牢獄中患難相依的一段回憶。

梁鴻志出身官宦世家

梁鴻志字衆異，以爰居閣名其詩集，福建省長樂人，生於光緒八年（一八八二年）爲梁居實之子。梁氏名門之後，曾祖梁章鉅，爲嘉慶進士，道光間，累擢廣西巡撫，調江蘇，有政聲。衆異家學淵源，且又天資穎悟，弱冠成秀才，光緒二十九年，又中舉人，時方二十一歲。入京會試，座師龔心釗激賞其文，薦而未中，感恩知己，衆異畢生師事之。翌年科舉廢止，入京師大學堂（即北京大學前身），畢業後歷任山東登萊高膠道尹公署科長，奉天優級師範學堂敎員等職。旋受知於段祺瑞，羅致幕下，任法制局參事兼京畿衛戍司令部秘書處長，肅政使等職。民國七年，任參議院議員兼該院秘書長，成爲安福系要人之一。民國九年八月，安福系失敗，指爲禍首之一而被下令通緝，逃匿北京東交民巷日本公使館得免。民國十三年段祺瑞任臨時執政，又爲執政府秘書長。民國十五年，隨段下台，此後十年之間，隱跡天津、上海大連等處，以吟詠自遣。

從維新政府到汪政府

民國二十六年盧溝橋事變之後，日人在南北製造政權，華北爲王克敏領導的臨時政府，華中則爲梁鴻志領導的維新政府。維新政府於民國二十七年三月二十八日成立，衆異任行政院長兼交通部長。直至民國二十九年三月三十日汪政府成立，維新解體而改任新政權的監察院長。汪氏在日逝世後，原任立法院長的陳公博爲代理主席，又由衆異繼任立法院長，直至日軍投降爲止。

梁氏的詩，與其同鄉鄭孝胥，陳散原並稱，爲淸末以來當代三詩伯，自光緒三十四年至民國二十六年的三十年間，先後刊有「爰居閣詩集」十卷，錄存詩九六五首。民國三十四年十月二日被捕入獄，至翌年十一月十九日畢命止，又成詩二百餘首，分爲「入獄」、「待死」兩集。

在汪政權的六年之間，我與許多人都沒有往來，有些本屬友好在那時，形迹却反而疏遠了。沒有人會相信這會是事實的，除了公開場合中無可避免地相遇而外，甚至沒有一個日本人曾經與我有過私交上的接觸。在政治圈中，不僅有門戶之見，又有派系之分。汪政權中人對「維新政府」更具有很深的成見，在一九三九年上海籌備建立汪政權之前，因形格勢禁而不得不決定容納「維新政府」的人員時，內部就有過很大的暗潮。在當時，汪派與維新派固然貌合神離，連汪派之內，大的既有公館派與CC的暗中對立，最有權力的周佛海系，盡人皆知丁默邨與李士羣之間有矛盾，佛海與梅思平、丁默邨也時生誤會。羅君強且對李士羣加以鴆殺。在如此紛亂的局面中，我竭力避免捲入漩渦，平素往來的，也僅限於密切關係的寥寥數人。對梁衆異的晉接，更僅有一次。那是他的女公子與朱樸之兄結婚時，我往上海原法租界畢勛路他的私邸趨賀，也僅一握手與寒暄數語而已。

捕漢奸分開兩地拘押

上海拘禁汪政權中人的羈囚之所有兩處：一是南市近火車站的軍統拘留所，另一處原在愚園路舊吳四寶住宅，後又遷往福履理路盧英住宅的楚園，稱爲軍統優待所。這兩處的性質如何劃分，也令人莫測高深。照理，能到優待所中的，應該非地位重要或將以政治解決的；就是曾經被認爲有過微功足錄的，但也並不盡然。楚園中的囚徒，有些且是開賭場的、白相人之流，可見劃分的標準，還是出於人情與關係。

我是於一九四五年的十月一日，天眞地，幼稚地充滿了對政府的幻想而去自首的，我榮幸地被送往了愚園路的「優待所」，一星期之後，主持「肅奸」工作的戴笠，降尊紆貴地親臨優待所，宣佈了「寬大仁厚」的辦法，他逐間地慰問，對於若干本來熟識的人如溫宗堯、唐壽民、唐海安、沈長賡等還請下去個別密談。他向大家宣佈說：「我奉委員長的命令主持這一工作。我知道各位中有許多曾爲國家出過力，將來，會以政治手段來解決而不想採取法律途徑。此地太狹小了，我已覓定了一處比較寬大的地方，請各位搬過去。你們辛苦了多年，那裏，就算是一個療養院，供各位作短期休養之用。也許，政府還將繼續借重爲國家之用」。這一席話，聽來受用，也聽來興奮。畢竟戴局長言而有信，一星期之後，大約在那年雙十節的三四天，幾輛十輪大卡車，在戒備森嚴下，把我們一律押解到了福履理路的「楚園」去「休養」去了。

楚園作楚囚特殊生活

楚園是前上海市警察局副局長盧英的私宅之一，楚僧是他的號，因以名其居曰「楚園」，這不祥的名辭，結果終於供作一羣楚囚的居處。那裏是一所大宅，樓上一排五間大房，有一道寬濶的穿堂，樓梯頭上另有一間小室。樓上是我們的住處，樓下是軍統軍法處的辦公室。樓外一片草地，與若干小屋。當我們抵達之後，就魚貫上樓，有一位身穿藍綢大褂，方面大耳，魁梧身裁的人，在梯頭靜靜地注視着我們，面上露出了驚訝的神態，我一看，竟然是爲維新政府首長的梁衆異已先我們而至了。

我們是五個人一間房，有床有桌，而且當我們到達時，每一張床上已放好了當天的一份報紙，這位所長大人更謙恭有禮，連聲向我們說：「招待不週，招待不週」！在受寵若驚之餘，我們聽來，却感到是別有一番滋味。梁衆異氏却受到了更特別的欵待。他獨居在梯頭的那間小室中，每天還准許他的新太太進入爲他照料一些起居上的瑣事，連藥丸也並不加以檢查，他的小桌上就經常置有兩瓶維他命丸。

在楚園裏的楚囚們，雖然被剝奪了行動的自由，通信的自由，以及家屬探訪的自由，而生活却還是多采多姿的。在室與室之間的來往，並沒有受到禁阻，需要的東西還可以寫了字條派專人到家中去取來，飲食方面的伙食，是自己出資的，上一晚寫好了菜單，交廚房照辦。主理廚政的却是梁衆異的舊厨子，他竟得一手上好的福建菜，主人遭到了囚禁，連傭僕也失去了自由，爲我們洗滌打掃的，也就是盧英家的舊僕。我們有唐壽民、吳蘊齋、朱博泉、沈長賡、孫曜東、唐海安等集資同食，但梁衆異却獨自在小室中進食。唯有那年的農曆除夕，我們備了豐盛的一席，爲卒歲之計，那天衆異也來參加了。大家居然還飲了幾杯，酒落愁腸，自然更遏止不住情感的衝動，許多人都不禁放聲大哭。梁氏却取來了一張白紙，奮筆寫了「息壤在彼」四個大字，並加了一段短跋，各人都在上面簽了字，彼此慰勉說，如能重見天日，將永不忘今宵，一息得存，共求湔雪。這一幕，離今天已整整二十五年了，衆異、蘊齋、海安等早化異物，自將永永虛有此志了。

梁鴻志博學作一字師

我半生混跡在文化界，對當代的碩學鴻儒，相識不可謂不多，但能如梁氏那樣的博聞强記，却從未一見。楚園中尚留有百衲本廿四史及全唐詩各一部，閑來翻閱，有不解處向他請教，他無不詳爲指點，而窮其本末，我生性好弄，故意提出歷史上的某一事以試探，而他能將某事發生於某代某朝某年而絲毫無誤。更難得的是一部全唐詩，達九百卷所採二千二百餘家，得詩四萬八千餘首，我偏找出極冷僻而不爲人知的幾首詩，誦上句，而衆異不待思索，隨口接誦下句，這種讀萬卷書而又有驚人的記憶力，足見其天賦與功力的深厚，不能不爲不學如我者所嘆服。

有一件事說來慚愧，也將令我終身難忘。在楚園中，每一個人，面臨着從未有過也且從未想到過的遭遇，最難渡的就是漫漫的長夜。因此，有人發起，在每天晚飯以後，團坐在穿堂裏輪流由一個人講述一個問題，以稍忘當前的痛苦。記得有鄭洪年講孟子，林康侯講論語，朱博泉講金融，孫曜東講京戲，他們也推我來講法律。我是一個道地的陶淵明的信徒，儘管幼時被迫讀過不少舊書，而我則一向以不求甚解爲得，在文化界中的所以還勉强能東塗西抹，全靠讀些閒書，偷襲一些成句，雜湊爲文，特別幼時沒有從小學入手，對每一個字的音義，常會積非成是。那一晚要我講法律，本來這一門就夠枯燥乏味的，尤其當時的處境，正正經經的談論法律，也未免太覺不合時宜。爲了使大家的情緒輕鬆一下，我選擇了不涉政治的風化問題。我舉出許多實例，其中之一爲曾經轟動一時的上海某律師，結婚之後，對這位新夫人竟捨正道而勿由，喜作變態性行爲而情甘逐臭，其妻因不堪其擾，以虐待爲理由向法院控訴，要求離婚，而判決結果，訴不獲直，理由是淸官難斷家務事，更何況是床上事。法官認爲夫婦間床第之間，外人無從究詰。好一個我！小說上常看到「床第之間」這字樣，我竟然將「第」作「第」，老實不客氣的在大庭廣衆之間，讀爲床第之間。

第二天，梁衆異向我招招手，要我到他的小室中去，輕聲地告訴我說：「你昨天講的床第之間的第字，應讀作「滓」，而不讀作「弟」，我愕然，却還自作聰明，反問他說：「第」字在此處是否要讀作「滓」？他微笑說，這根本是兩個字呀，「第」字竹下爲「弟」，而「第」字竹下爲「𠂔」。我聞言大慚，幾乎無地自容。因爲如其我是從事別項職業的，讀別字猶有可說，而我偏偏濫竽在文化界中數十年，如此普通的一個字竟然鬧此笑話。尤其先父先伯是有淸一代大儒俞曲園先生的弟子，竟有了我這樣不肖的子孫！我感激他在暗中指點我，保全了我的面子，也成了我的一字之師。從此在鐵窗之下我發奮把字典再一字一字從頭研讀。但我也爲此失掉了學詩的最好機會，他以後曾不斷鼓勵我作詩，並願意爲我指正，終於因此一事，有了很大的自卑感，不敢向他有所問難了。

停止優待起解提籃橋

整整經過了半年的時間，在一九四六年的四月二日，在楚園和南市的首批七十一人，因戴笠在南京撞機身死，無人再敢爲政治解決之謀，於是一律解往上海市內的江蘇高等法院第二分院審判。從此，我們由優待所正式送到提籃橋監獄而成爲待決之囚。

在他的生命走向盡頭之前，我與他似乎特別有緣，他也對我越來越親近，在楚園的時候，常常和我閒談，談話時有時還把門推上了，深恐有人來干擾。他絕口不談政治，也從未談到過今後不可知的命運。除了治學以外，談的類多朋友間的瑣事。從楚園起解到提籃橋的一天，他與我並坐在十輪大卡車上，握住了我的手，有時突然用力地一握，使我察覺到他心裏的不安。進入監房以後，他要求與我住在他貼鄰的一室，每當夜深人靜以後，我還能聽到他繞室徬徨的一些聲音，有時，在厚厚的牆壁上他輕輕地敲了幾下，這是囚犯要與鄰室交談的訊號。於是我們同時把鼻子與嘴唇從鐵柵的隙縫中透出，低聲說話。在第一次檢察官偵查我們時，又是同一日與同一時間。法庭就在監獄以內，照例要上銬，爲了家裏事先爲我們送了一些「孝敬」，就「恩」准豁免了。以後他又與我要手攙手地一路同行，讓別人看了，以爲我們是連銬在一起的。在牢獄以內我成爲他最接近的一人。

大約因爲我們是政治犯，也許還爲了多少有些內疚和歉意，不需要穿囚衣，也不必吃囚糧，家屬每星期兩次可以接濟飯菜，還可由百貨公司直接購送罐頭食物，我們就精打細算地來維持一週間的飲食。好幾次梁氏家裏用大口熱小瓶裝來了滿滿一瓶的魚翅，在每天兩次開啓了牢門可以在走廊上散步的時候，他看到左右無人時，常常向我招招手，要我進入他的囚室，倒了一大碗魚翅，逼着我一飲而盡。

他對我的好，一半是出於獎掖後學的那一份前輩風儀，另一個原因，或者爲了我有一副傻勁。許多人到失去了自由的時候，會變成逆來順受，完全消失了反抗的勇氣。我剛好取了相反的態度，身在牢籠，思前想後，我感覺到責怒的，是受騙遠多於受辱，在家破身敗之餘，還有什麽可以顧忌的，於是存了橫決的心理，認爲除死無大事，因此總與禁卒們爭吵，出頭鬧事。在他獄中送我的詩裏，有一句是用龔定菴的成句的「亦狂亦俠亦溫文」，「俠」與「溫」是絕對愧不敢當，也許他所欣賞的正是我這一副狂奴故態。

瀕死前透露兩大遺恨

有一年多的時間，我與他在獄中朝夕相見，他向我吐露出不少深藏內心的話。他說：我在這次事件中有兩大遺恨：（一）不應拘捕我的人，竟千方百計地拘捕了我，來作爲獻媚邀功之計；（二）我生平珍藏了不少古代字畫，尤其獲得了宋代的字畫達三十三幅，因以名我齋曰「三十三宋」，而在這次接收中，散佚糟蹋光了，這不是我的損失，而將是國家的損失。

他所說不應拘捕他的人而拘捕他的，指的是任援道（一九六七年香港騷動時，任因他的大兒子祖宣的暴死，倉皇遷避到了加拿大去）。當然我與他也很熟，尤其在香港的幾年中，我正在寫「汪政權的開場與收場」一書，他過去所做的事，他自己當然比我更爲明白，深恐我筆下會加以無情揭發，因此曾經有意無意的屢屢請我吃飯。

事實經過是這樣的：日本投降以後，梁衆異攜了他的新太太與方在襁褓中的幼女，在蘇州賃一大屋，以爲暫時蟄居之地。在他生前，雖沒有告訴我所以選擇這一個地點的原因，但我可以想到，勝利後上海與南京兩地最亂，也最易受人注意，蘇州則遠較幽靜，他與當時的行政院長孔祥熙既有默契，也許要等待與孔氏取得聯絡後，再行決定他的進止。其次，任援道曾經是他「維新政府」的部屬，現在雖已受任爲重慶委派的先遣軍司令，正控制着蘇州地區，彼此既有過去一段淵源，即使任援道不曲予庇護，總也不至故加陷害，最少心理上有些安全感。其實梁衆異大錯而特錯了！政治本來是無情無義的，能夠在政治上活躍的人物，更必須泯滅其人性，別人且然，更何况於任援道。

任援道是江蘇宜興人，他自稱畢業於保定軍校第一期，其實他只是在江蘇陸軍小學受過業，而居然以此向人炫耀。他是一個道地的革命販子，曾經出賣過陳獨秀，也出賣過鄧演達，出賣朋友已成爲他的第二天性，以爲獵官之計，但他不擇手段的爲所欲爲，却一直鬱鬱並不得志，除短期曾在唐生智那裏當過閒差以外，不曾有過其他顯赫的官銜。抗戰事起，國軍西撤，「維新政府」於一九三八年三月二十八日成立，他就夤緣得一「綏靖部次長」的職位，那年的冬天，「綏靖部長」周鳳歧在上海亞爾培路遇刺殞命，他就坐升「部長」，一直到汪政權成立以後，竟有過數不清的高位，什麽軍事參議院院長，海軍部長，第一方面軍總司令以至江蘇省長等等，因有日人爲奧援，一時際會風雲，確是得心應手。

抗戰勝利以後，又得湯恩伯的顧拂而榮膺新命。他一方面小心翼翼地應付重慶方面的人物；一方面却意氣洋洋地壓迫汪政府的舊侶。他處心積慮，要由他一手來搜捕所有參加汪政府的重要人物，曾經勸過不少人避往他的部隊以內，這樣，他以爲可以達到他一網成擒的目的。陳公博在蘇州高等法院內所寫的自白書——「八年來的回憶」中曾經說過，他之所以要避往日本，因那時重慶政府的人員猶未到達，情形一片混亂，蕭叔萱已不幸爲自稱軍統人物的周鎬所擊斃，因此任援道兩次去函，好像是善意地勸公博遷地暫避，以待政府的處置。但任援道對此，却竭力否認曾有此事。最近我在東京遇到前任援道部的師長劉邁，他告訴我說，公博在自白書中所說的，一些不假，其中的一封信，還是他奉了援道之命由他親自交給公博的，任援道的爲人，從這一斑就可知其全豹了。

梁衆異匿居蘇州，本來是無人知道的，像他這樣一個重要人物，當局自不會放過的，但「軍統」、「中統」且無法獲得任何線索，如有人能夠偵悉其踪跡，自然將是大功一件。任援道也許事先有些風聞，他派遣了無數親信，四處查訪。一天，在蘇州車站上發現了梁的新太太正搭車赴滬，於是就在暗中跟踪，最後自然很容易查到了梁氏的秘密居處。由他動手逮捕之後，輾轉送交軍統。

梁氏認爲第二件遺恨的事，是他所收藏古物的散佚與糟塌。上海浦東地區的忠義救國軍陳默部，勝利後一進到他上海的住宅，就遭到了刧運，有些明版的古籍，整部取走不算，有些就被士兵撕來作拭穢之用。他所最激賞的是兩幅宋代的字畫，因爲他太喜歡之故，就放置在案頭，不時加以展閱。他告訴我其中一幅是蘇東坡的眞跡，另一幅出於何人手筆，我已記不起了。這兩幅稀世珍品，很早就被順手牽走了。陳默還因涉了「刧搜」罪嫌被控，搜到他持有的一把扇面，就是梁宅的舊物，因此還把梁氏一度提堂作証。梁氏對我說：假如這些字畫整個由國家來接收保藏，自將欣喜之不暇，而現在，把這些國粹一任這些人的掠奪毀棄，眞成爲人間何世！

囚禁之中仍不廢吟詠

梁氏在幽禁中，仍不廢吟詠，每成一首，都以工楷依次謄寫。從入楚園起，移解至提籃橋監獄的初期爲止，成詩百餘首，名爲「入獄集」，自被判處死刑後，又成詩百餘首，名爲「待死集」，不少贈同難諸友之作，對我即曾有五七律各一首，并寫成條幅見貽。他所最眷念的就是他年方兩歲的幼女。一次，他出庭受鞫，他的新太太抱了她到庭旁聽，梁氏被押解離庭時，她伸出了雙手要老父提抱，梁氏忍淚迅步離庭，回至獄室，尙悲難自已，當時寫了一首七律，句中再四叮嚀，舐犢之情，令人不忍卒讀。

記得他宣判的那天，我們都爬在窗口，遙望他的歸來，他聆判後正緩緩地由隙地走向獄室，我們向他揮手示意，他抬頭望見了我們，舉手伸出一個大拇指表示判了極刑，但他臉上仍露出微微的笑容，步履也仍如平時一樣安詳。以後他雖不服聲請覆判上訴，却久久一無消息。剛好那時候陳公博在蘇州被執行了槍決，他自知不免，哀公博詩中就有「逝者如斯行自念，路人猶惜兕相親」之句。淸楚地說明了自己未來將與公博會有同一的結局。在聲請覆判的後期，忽然在他獄室之前，二十四小時加派了一名禁卒監視，他自己沒有毫不覺察之理。他曾經去函要求家屬送一些毒劑來了結自己的生命，而得不到家屬的同意，他自知死期日近，寫好了一張對他幼女的遺囑，以及全部獄中詩稿及一篇「直皖戰爭始末記」，交付給我，並要把他的幼女寄名作爲我的義女，他說：「我自知不免，此女童稚失怙，其母又方在盛年，能否爲我終守，殊不可必。如她一旦遠離而去，請念同難之誼，請賢伉儷對我這一弱息加以撫領，臨命托孤，請勿固却」。我只好含淚答允，並在外由雙方先舉行了一個簡單儀式，以安其心。

同獄的人都知道梁氏的生命已爲日無多了，紛紛向他求詩求字，連獄卒也紛紛來索。他來者不拒，日以繼夜的地爲人吟哦揮寫，他軀體魁岸，又兼獄室燠熱，獄室中什麽也沒有，席地而坐，席地而臥，他作書都是爬在地上懸腕行之。

他仍然很自負，也對當時的情勢寄以極大之憤慨，故有「十方昏暗燈何用」，「粗解文章盜亦知」之句，赤裸裸地暴露出了他當時的心境。

不畏一死却畏離別苦

有一天，他又對我說：「死，並不可怕！但假如眞有一天知道要赴死了，當我向你握手訣別之時，我眞不知將怎樣忍受得了這一刹那間的苦痛」？我聞言聳然，亟亟地又用了金條，向獄中的醫生疏通，說我患有重症，必需遷入監獄醫院長期療養。從此我忍心遷離了忠監，遠離了他，就是爲了不願承受與他訣別時的那一份刺激。但在他執行前的幾天，他終于又特來看我，醫院中是有床可睡的，他斜倚了一下，凄然說：「倒底有床要舒適得多！此生我已無望了。你爲什麽不來看我一下？有幾次能再相見」？在獄吏的催促下，他又被押解回「忠監」，我望着他的背影，哽咽得連一句話也沒有向他道別。

這一天終于到了！這是一九四六年十一月九日。那天的淸晨，獄囚們正在長廊中散步的時候，忽然下令提早「收封」，要全體重回獄室，大家知道將有不尋常的事發生了，但不知這厄運將降臨到誰的身上，因爲那時被判處死刑的還有錢大櫆、傅式說、陳春圃、蘇成德等諸人，而結果却証明爲梁衆異。獄卒用鑰匙開啓他的獄門時，也許出于同情之心吧！手抖得久久不能開啓，換了個人總算把室門打開，梁氏向鄰室諸人，連聲「珍重」，一一道別，才提往法庭，由法官宣讀了執行的命令。他十分安詳地要求寫兩封遺書，一致家屬，一給蔣介石氏，他仍以懸腕工楷寫成。從容寫完遺書之後，就起身步向刑場。刑場就在牢獄內的一片草地上，中間放了一張木椅，他安坐在上面，法警從背後發槍，子彈貫腦部從口腔中直穿而出，毀一齒，仆身地下，血漿四溢，一代詩宗，于喘息中從此畢命。時爲下午一時三一分，年六十有四。

衆異軀幹魁偉，南人而北相，發音宏亮，操純正北平語，論相殊不應死于非命。論其學識的淹博，更可稱並世無雙，其短處在于出語鋒利而失之尖刻，又恃才不能忘于榮祿，最後卒召殺身之禍。我與他在牢獄中有近年餘的時間在一起，聲容笑貌，如在目前，及今回思，猶覺不盡低徊。我論汪精衛氏、宜爲詩人而不宜投身于政治漩渦中，于衆異亦然。汪氏詩、淸新而充滿情感，梁氏詩、則渾厚而特具風骨，固當代之李杜也。而一則屍骨無存，一則伏屍草莽，一切都是政治的作祟，哀哉！

父母子女如何相處

要使現代社會裏的家庭兩代之間，建立起穩定而健康的關係，我們不能再像傳統社會那樣，只求全於下一代，只教訓下一代應如何如何，而應該兩代做同等的努力。現代的父母必須了解：如果自己不能從事不斷的自我教育，如果自己不能吸收新的觀念新的知識，那末和成長在現代社會裏的子女之間的距離，必愈拉愈遠。兩代之間的距離是不可免的，但眞正有愛心有責任感的父母，必主動地去努力縮短這種距離。努力的方法，只靠單純的愛是不夠的，必須在觀念上做較大幅度的調整。

第一，**要求子女有限度的順從**。在傳統社會的教育，最重大的一個項目的是教孝，而教孝的特色，在順從父母，這種順從是沒有限度的，因爲孝的程度往往就是順從的程度來衡量，研究中國傳統性格的專家們，似有把這種教孝的倫理，對人類產生的影響，做廣泛而深刻分析的必要。在這些工作沒有完成以前，從現代中國人身上所殘留的一些痕跡，做粗淺的觀察，似乎也可以斷定，中國人一般缺乏意志，而表現成優柔寡斷，游移不定，好依賴等性格，與父母們過分要求子女們順從的教養方式，有密切的關係。專家們如果能把這種關係做有系統的解釋，必可有助於現代社會裏第一代與第二代之間關係的重建。在這裏，他們只向父母提供一點建議，即只能要求子女們有限度的順從。所謂「有限度」是指：除非子女們有非理性和反理性的動機或行爲時，才嚴格要求他們順從我們勸告以外，其他本於習俗的，本於主觀利害的要求，都應該放棄。以往過分要求子女順從的教養方式，不但侵害到下一代的人格，間接對社會也產生許多不良影響。反過來，如果父母們肯在這方面做些調整，則不僅可以使子女們的性格有較多自由發揮的餘地，同時也就實踐了把人當作一個具有獨立人格的實體去尊重的新的價值，乃是現代社會所以成爲現代社會的支柱之一。

第二，**不要干涉子女的興趣**。一般來說，中國家庭的父母，對子女方面所過問的事項，實在嫌太多。子女們的學業、交友固要過問，子女們未來的職業和婚姻大事更是要過問。過問如果只是一種關切，是對的；如果過問而流於干涉，是不對的。關切和干涉之間的分際是在：關切只盡規勸之責，至多也只能採取說服的方式，絕不要代替子女做決斷，尤其不可强迫他們遵從自己的決斷，因爲這樣做就是踰越了關切的分際，而變爲干涉了。兩代之間所以常常發生許多不愉快的事情，原因之一，就是往往以干涉代替關切。在父母干涉的事項中，干涉最多的，可能就是子女的興趣。我們在童年和少年時代，差不多都有過相同的經驗，就是父母總是不准我們這樣，不准我們那樣，他們總是比較喜歡那些乖乖守在家裏，凡事又能「循規蹈矩」的孩子，否則就變成他們心目中的野孩子，野孩子是沒有多大出息的。孩子們在家，除了溫習學校的功課，和幫助處理家務以外，自發的興趣很少不被干涉的。干涉子女們的興趣，極可能扼殺了他們的潛能，使他們將來無能力去選擇他們的志趣，造成學習過程中的許多挫折。我們要了解，一個人只有在興趣中工作，才會眞正感到愉快，愉快對人生是很重要的，因爲愉快乃心理健康精神旺盛之徵。反之，不愉快的人，對社會是有潛在的危險性的。在這方面我們提出的忠告是：明智的父母，除非子女們甘願接受，盡可能不要替他們做任何決斷，而要耐心認眞地培養他們決斷事情的能力。

第三，**調整舊有的價值觀念，以適應現代化社會**。在傳統教孝的社會裏，特別强調的，是父母對子女的恩惠。由於這種觀念被過分强調緣故，遂造成父母們對子女過多的要求和干涉。這種觀念被强調，在傳統的農業經濟社會裏，有他事實上的需要。現在社會情況，已有很多的轉變，我們的觀念也必須有所調整，以求適應。在現代社會，我們應該强調父母對子女的責任，父母們教養的目的，不再是要求他們做一個承歡膝下光宗耀祖的孝子，而是要他們成爲一個對社會有用的人才。一個人的工作只要眞正有益社會，他就算是對得起父母，就是父母的好兒女。其次支配職業選擇的價值觀念，也應有所改變。至今許多受傳統價值觀念影響的父母，仍鼓勵他們的子女做「人上人」，進入上流社會，却並不考慮他們的意向和能力。結果只有一部份適合扮演上流社會的角色，在這種鼓勵下，得到了滿足。在現代社會裏我們應該有一種新的觀念：凡是被法律所允許的職業，它本身無貴賤可言。子女們選擇職業或志願時，眞正該提供給他們參考的，是要注意他們的意向和能力。適合他們意向和能力的工作，就能獲得較多的成功機會。在現代社會裏，不管你幹那一行，只要有了成就，你就可以進入上流社會，社會上下階層之間的流動性是很大的。

父母如果肯接受上述的這些觀念，就會產生出凡事和子女多多商量的態度。會產生出主動培養子女們獨立自主的態度。父母子女如何相處，這是一個問題。——選自「水牛」雜誌，楊達作

玉女型首飾・每種十元起

大人公司

旺角之旺角・銅鑼灣

望平街憶舊

申報與史量才

胡憨珠

宣統二年，席子佩再踵黃公續之門，將申報向黃作第二次兜售，索假仍為二萬兩銀子。當時黃猶存有受盤承購的想望，但最後結果，仍遭謝輪輝的反對作罷。黃公續且與史量才均因無緣受盤申報而相對嘆息，詎知數月以後，黃公續作古，史量才竟然親自出馬要與席子佩洽商接盤申報，正所謂此一時也！彼一時也！

英人美查集資創申報

早期的新聞事業在上海的拓荒者，倒不是我國人而是英美人。但究其實情，在當年的形勢與環境，亦非由外人來出面辦報不可。因為清廷政府的一班當權人物，都屬貪汚無能之輩。而他們的所作所為，若經人揭發張揚，非但不改過遷善，反而懷恨成仇，所以終有清一代，極少人敢斥資辦民營報章，即使有開明人士經辦報業，亦得要托跡租界，懸幟洋商方能倖存。否則怨府所集，輕之則傾家蕩產，重之則喪失生命。但看在光緒末葉時代所發生的蘇報案件，章太炎的囚禁西牢，鄒容的瘐死獄中，蔡元培等亡命海外，可為最現實的殷鑒。

夷考上海開始有現代的新聞事業，當為清道光三十年（一八五〇年）由英國僑民所創辦的「北華捷報」。那係一種純英文週刊性的單張報紙，出版於上海闢設商埠，成立租界後之第七年間。至於中文報紙，則是在清咸豐十一年（一八六一年），乃由「北華捷報」之印刷兼發行者的「字林」洋行所出，名為「上海新報」。該報實為上海自有華文報紙的原始第一份。出版以來，銷路甚佳。遂引起英商美查（Ernest Major）和其他的幾個朋友這班人辦華文報紙的興趣，於是由英人美查發起，集合英僑多人的資金，創辦「申報」。

「申報」開創，首先聘請趙逸如任該報館的「買辦」，同時，並聘請名士蔣芷湘為主筆，授以編輯部全權。雖然，「上海新報」先已出版，但該報亦係初創，就其形式而言，僅像一紙商業行情的報告單，實無編輯新聞的工作技術，可供借鑒效學。於是遣派申報館中同業錢昕伯，到香港調查報業情形。並在王韜所主持的「循環日報」館實習多日，就所實習得的編輯工作方式和經驗，以供開辦「申報」作參考。

上海的申報，於遜清同治十一年農曆三月三十二日宣告出版，（即為公曆一八七二年四月三十日），申報創刊號中刊着「本館告白」的一則啓事文字，登載於「發刊辭」的前邊。其文畧云：「新聞紙之製，創自西人，傳之中土，向見香港之唐字新聞，體例甚善，今仿其意，設申報於上洋」。這寥寥數語，雖未說明有錢昕伯奉派去香港作業務調查和工作實習。但只要讀着「向見香港唐字新聞，體例甚善，今仿其意」語，已可怳悟當時申報固仿自香港唐字新聞報紙的編輯法則；自然也可瞭解它學自香港的循環日報的。

最初上海的申報出版為雙日刊，自第五號起改為日刊，每週刊行六日，每日出版一張。所印行的紙張係採用國產的毛邊紙，單邊印刷，共分八版，每版高約十吋，寬約九吋半，近似方形。內文和題目，都用四號的活體字粒排印，通常排成為長行，很少長短行與分欄的編排技巧。尤因字體祇有一種，是以新聞標題和報導文字，一眼看去，往往混成一片。為使讀者易於明瞭起見，乃在標題上邊，加一全黑色的大圓點。至於所刊載內容文字的次序，那是本館告白、條例、論說、本埠新聞、選錄北京政治要聞、與香港新聞剪報、譯載西報國際消息。最後是廣告、各貨行情、外輪船隻往來的日期表等。總之可稱內容取材廣博，新聞網羅中外，論說提倡建設，詩文提倡風雅，以及對投稿表示歡迎。時申報雖無副刊版的設置，但經常刊出的詩文，長篇短什，為數甚多。至於發行和廣告，概定有詳細條例，足見當時的申報出版，已具有完備計劃。每份申報所定售價本埠為制錢八文，外埠十文，寄費在內。時因尚無報販的專業之人，為此申報本外埠發行，概由二馬路協盛民信局負責遞送。所以後來申報的發行部裏有一名報販領袖徐阿七（徐名志欽，寧波人，識與不識都以七老板呼之。）每日祗在晨間發報時照料片刻，却受有高薪給的職員待遇，其職位名稱叫做「留報」。這徐阿七就是協盛民信局老板的侄兒，他們叔侄兩代，對於創始申報發行的遞送推銷，出力殊大，年月甚久。所以當年申報當局論功行賞，特設有此項職位，以示獎勵。這是望平街上的一個史實，爲談報業歷史的不可不知。

王韜在光緒十年（一八八四年）由香港回上海，由於他的文名卓絕，和在香港的辦報經驗，一經回滬，申報即聘請他担任「總編纂」一職。此即世傳王韜主治申報筆政的一語之由來。其實申報主筆自創辦出版起始，向由蔣芷湘担任，直至是年蔣氏北上應試。考中進士後辭去申報職務，主筆一職，即由錢昕伯繼任。所以歷年間王韜在申報名義所擁只是「總編纂」的虛銜，未曾掌執「總主筆」的實權，這是王韜與申報的一種眞實關係情形。

申報傍枝機構與民報

申報在創刊後的四年間，銷數由日銷六百份增至二千份。而所用紙張，於同治十三年（一八七四年）九月十一日起，改用賽連紙印刷。紙色雖然白淨細潔，不像毛邊紙的黃糙，但該兩種紙張，都不滲吸墨油。是以字粒四周的油痕狼藉，滲透紙背，殊欠美觀，版面雖較前畧爲放大，但對編排版樣方式，仍未曾變更。而內容文字因太於高深，爲普通民衆所不能閱讀，於是再由美查於同治十五年三月三十日起，另行創刊一種「民報」的兩日刊，逢星期二、四、六刊行，文字較申報爲淺顯易讀，而報價亦較申報低廉。是以民報的發刊告白，說明：「此報專爲民間所設，故字句俱如尋常說話。每句及人名地名，盡行標明，庶幾稍識字者便於解釋」。由此可見美查的推廣報業，有其獨到的經營計劃。

申報於創刊後的同年十一月間，創刊「瀛寰瑣記」。三年後的一月間，再創刊「四溟瑣記」。明年二月間，又再創刊「寰宇瑣記」。以上三記，都是月刊書本，而每種月刊所定的售價爲制錢八十文。並且接續刊行，自發刊以來，未曾間斷。及至來歲九月，又創刊「瀛寰畫報」，該畫報內容文字，悉刊載世界時事及各地風景圖畫。聘由一英籍畫家，担任專事繪畫，並由蔡爾康撰寫說明。爲一種圖文並茂的新出版物，每本十餘頁，刊期不定，定價小銀毫一枚。當時申報以一家報館而兼數種刊物，髣髴一樹聳立，繁枝紛披，此非有相當魄力的人，主持其事，曷克臻此。

由於清光緒五年（一八七九年）四月十七日（星期日）起，申報自此逢星期日不再休刊，照常出版。以免積壓一日的新聞與廣告失去時間性的損失，及減少營業方面的利益。在光緒八年（一八八二年）一月十六日，天津與上海間的有線電報接通的三星期以後，申報便首先刊載天津電訊，傳報淸廷的朝政諭旨以及職官的調遷升降等新聞消息。時閱兩年，北京與天津間的有線電報也告續建完成，從此，申報亦有電報直接獲得京中各項政事的重要消息刊載。是年五月八日，申報館又有「點石齋畫報」的旬刊發行，該畫報實係仿照「瀛寰畫報」的仿製品刊物。前者所刊載的世界時事及各地風光，全係異國的人和事、景與物。後者所刊載的乃選擇較有興趣的本外埠的時事新聞，繪製圖畫，附加文字說明，發行以後，頗獲讀者們的歡迎。

「點石齋畫報」固爲申報館所隸屬的一項業務，但經紀其業的却另有一個「點石齋石印書局」。這家印書局乃是機器石印，創辦人即爲席子眉，青浦人，醉心於文化方面的新興事業，於是斥資開辦「點石齋石印書局」。聘請一位中國擅畫時裝人物的畫家吳友如担任繪製圖畫，以石印印行書籍，實爲中國第一家石印書館。吳友如的畫藝固精，而點石齋的印刷術亦勝，因是點石齋印製品的聲譽大著，申報遂有「點石齋畫報」的創刊。將本外埠所發生有趣味的新聞稿件，收集編發，即交由點石齋石印書館代爲繪寫，圖文印行，風行一時。

席氏弟兄先後任買辦

席子眉、子佩，弟兄兩人，先後都做過申報館的買辦。及至後來，席子佩還做了申報館的老板，但僅任做了六年，旋即脫手讓渡於史量才了。在此年日過程期間，對於申報館事與人事的變遷，申報版樣與內容的興革廢替，頗有値得記述之處。因爲美查遠來中國，久處上海，至此，已有歸國計劃的決定。對於申報無法再能親自主持，於是遂將申報館改隸屬於美查有限公司的管理之下。美查則收回自己名下的股本，航海歸國，樂享餘年。申報全部事務，乃由美查有限公司董事會，交與一葡萄牙人名叫「埃波諾脫」（E.O. Arbuthnet）爲全權主持人。此人能說華語，頗喜歡和華人講話。申報館中上下職工人員，都叫喚他爲「阿白先生」。

埃波諾脫一經受權視事，即以席子眉爲買辦，黃協塤爲主筆，且僱一葡國人名「芬林」的任申報洋經理。不過他的辦報政策，係趨向於保守主義，所以對申報的內容與版樣，可說是歷十年如一日。席子眉於光緒二十三年（一八九七年）十二月病故，兄終弟襲，遂由其弟席子佩繼任買辦。但編輯政策仍依舊貫，只是由是年的十二月二十日起，改用油光紙單面印報，以代替賽連紙。直到光緒三十一年（一九〇五年）二月七日，申報方始宣佈實行改革，以事與上海其他報紙競爭。其改革的大旨要點凡二：（一）爲改變評論政策，表示贊同維新，並選登外間有識之士對有關時事所撰著的來稿。（二）爲改變編輯政策，聘請青浦金劍花担任總主筆。在金氏主持調度之下，所實施的改革方針如下：（甲）多用全國重要各地專電。（乙）廣譯東西洋各國外報。（丙）添聘本外埠各處訪員。（丁）充實本埠的政治、社會、公園、以及工商界層之各項新聞消息。經過此一番的改革刷新以後，申報銷數增至日銷五千份以上。

及至來歲，美查有限公司各董事欲擴充所營其他工商業務。對於這種有關社會事業的申報，無大利可圖。決予舍棄。有意轉讓給他人承辦，一經董事會議決以後。便由申報現任買辦席子佩設法籌集資本，以一萬七千元承購申報館的全部產業。這席子佩倒是眞實的做到了「買而辦之」的「申報買辦」。當時席子佩未曾將承購價銀全部付清，以先繳付半數以上的盤價，餘數則分期付清。是以席子佩於光緒三十一年（一九〇六年）已將申報全部產業接收過來，自己主持辦理。直延遲到宣統元年（一九〇九年）五月三十日，方始由美查有限公司代表出面人「阿白先生」，與席子佩簽訂轉讓的契約文件。仍以阿白先生任爲申報出面經理，此爲當時環境和形勢關係，非此不可，而實際主權已歸華人席子佩所有了。（按：埃波諾脫在史量才盤進申報時，猶仍照常治事，及史因託西門子洋行買辦管趾卿介紹該洋行大班出面，向德領事公館註册，變更爲德商後方始離去。）他於接收以後即將申報的印報機器改換單面印機爲雙面印機。並改換採用白報紙，以代替油光紙，其版式亦爲之變更。這對申報的革新而言，確屬大大的跨進了一步。

到了宣統三年（一九一一年）八月廿四日，申報有一「副刊版」的闢設，名爲「自由談」。此版專載文藝作品，包括詩詞小品，以及小說筆記、戲劇評論之類的遣興文字。本來申報對於此類文字，於發刊之日起，早已刊登。但不過每天排放在新聞報導的最後地位，作爲補白之需。便亦因此，世人閱讀申報者對於此類文字，戲呼之爲「報屁股文章」，且亦爲讀者最所喜愛閱讀。現經申報特闢一版，廣事集合報屁股文章於一處。全版所有文章，無不亦莊亦諧，多采多姿，更成爲人人所愛讀的刊物。於是申報的「自由談」大受讀者歡迎，而主編「自由談」的即爲席子佩的青浦同鄉王鈍根。

史量才代表蘇路借欵

宣統二年席子佩再踵黃公續之門，將申報作第二次向黃氏兜售，索價仍爲二萬兩銀子，當時黃氏猶存有受盤承購的想望，但最後結果，仍遭謝綸輝的反對作罷。黃公續且與史量才均因無緣受盤申報而相對嘆息！詎知數月後，黃公續作古，史量才竟然親自出面要與席子佩洽商接盤申報。正所謂此一時也，彼一時也！凡知悉前情之人士，聞得史量才要接盤申報的消息後，無不認爲世事變化難測，人生發跡的快速，莫有甚於史量才的了。原來史量才於黃公續死後，無所事事，日惟去「蘇路股東會」的會所，以遣無聊的時日。該會會所的所在地，即在南京路虹廟對面那家「春申樓」南京酒菜館傍西的一幢房屋。本來居留在上海的人士對於政治的嗅覺和視覺，較之別地方人，更爲敏銳靈活。這蘇路股東會的幾個中心人物，正是懷有極度濃厚革命思想的高級知識份子。不過他們有的是現任官員如程德全、（江蘇巡撫）、應季中（江蘇藩臺）有的是蘇省巨紳，如張謇、趙竹君等。但是要革命，必須要有一副揭竿而起的資本，而這一副資本實非十萬八萬的欵項，可能應付得去，總需要籌得數百萬兩現銀，方克有濟。

於是他們密集蘇路股東會的幾個中心人物，作秘密研商決定以既成的蘇路鐵路爲抵押品，舉行外債借欵。只因英商對蘇浙兩路所投資借欵，以條件優厚獲利太豐，早已引起各國的注視和艷羨，就中以日本對之爲尤甚。是以蘇路股東會的幾個中心當權人對於英日兩國間的內幕情形，知道得萬分淸楚。爲此，他們所舉行的秘密會議，要以蘇路爲抵押品，向外舉債借欵，其議決事項，約計如下：（一）外債借欵的對象國家爲日本。（二）借欵數爲三百萬兩銀子。（三）談判借欵成功與否，雙方必須極端保守秘密。（四）借期以五年爲限，到期本利一次償淸。（五）抵押品爲屬於民資全部股權的蘇路。（六）推舉史量才爲借欵全權負責代表人。

原來史量才在會議席上，自稱有一日本人的朋友。此人極有能力做事，在他們本國高層社會間認識人多，我想此事邀他幫忙，大概可能有成功的希望。即使不成也不致於把我們的秘密洩漏出去。

實因這幾年來，自從史量才代表黃公續參加蘇路股東會，任做董事以來。他的辦事能力高强，所有由他經辦會中大小諸事，都有美滿的成就，可以說，不論是張季直、應季中、趙竹君等無不對他寵信備至，視爲會中最重要、最得力的幹部。所以這次向日本方面進行三百萬兩銀子秘密借欵之事，見到史量才自告奮勇，大家一致歡迎，把這件大借欵的秘密之事，交他經手承辦。原來史量才的日本朋友，名叫「中野貢」，那是個在上海掛牌的日籍內科醫生。他們交成朋友，純然是醫生和病家的關係，因爲史量才向來患有咯血疾症。時發時愈，歷有年所，總無根絕之望。後經中野貢給他醫治，居然奏功見效，一經治愈，久不復發，因此交成極親密的朋友。

更想不到這筆三百萬兩銀子的秘密大借欵，竟然由「中野貢」的奔走介紹，宣告成功。最最使人感到萬分驚奇的，是這筆對日的秘密借欵，在北京瞞過了曹汝霖，在上海瞞過了葉養吾。使這兩個南北官商以親日最著名人物，全被矇在鼓裏，毫不知曉。所以當時無人不讚，說史量才對日外交的秘密借欵，其本領的高强，遠勝曹汝霖和葉養吾。因借欵的成功，史量才獨得五厘佣金的介紹費，計十五萬兩銀子。從此發跡，由無產階級，一躍而爲有產階級，那他的受盤「申報」，也就變成順理成章，毫無疑問了。（下期續刊）

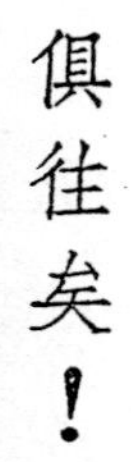

蘇加諾夫婦與艾森豪威爾夫婦（一九五六）

蘇加諾與納塞和尼赫魯乾杯（一九六〇）

風流人物蘇加諾

夏維

「印尼人民的喉舌，加諾手足長眠在此」。

在爪哇延綿的青山中，這方簡單的石碑取代了印尼的建國者；殖民世紀以後傲視世界的巨人蘇加諾的形象。

蘇加諾死了。世人只知他是個虛榮心很強的獨裁者，把印尼引領到破產和共黨叛亂的邊緣。對印尼人來說，蘇加諾是國父，也是國賊。印尼今日的獨立，民主和國際地位，無一不拜蘇加諾之賜；印尼的經濟危機，大屠殺，也全是蘇加諾的罪過。現在印尼政府當前的難題就是如何恰如其份的追悼蘇加諾。

他名列近代最值得懷念的建國者之中，向來和胡志明，尼赫魯相提並論。事實上，他領導了一個二十世紀最有價值的革命，建立世界六大富國之一——印尼。一九五五年，他召開班頓會議，邀請了許多不在同一條陣線上的國家參加。那時候，他很自豪的說：「從前三分天下；華盛頓、莫斯科、倫敦。現在是華盛頓、莫斯科、北京和雅加達了。」儼然四分天下有其一。那是他最神氣的時候，非左非右，自成一派，把林肯和列寧一視同仁。

革命意識很早就在蘇加諾的心中發芽。但這個念頭並非來自他的雙親。他父親是個嚴謹的小學教師；母親是個芭蕾舞孃。從小，他就自發的力求出人頭地；從爬樹到集郵，無一不稱雄道霸，同學都叫他「雄雞」。十四歲起，他每晚和一個印尼早期革命家條若明諾多在一起，接受政治指導：並參加革命同志的聚會，聽他們揭發荷蘭殖民統治的種種不合理。後來，他進大學攻讀建築和機械，還得了機械學博士學位，但他學非所用，致力革命。

蘇加諾是個出色的演說家，無論對羣衆，對少數人，他都能使聽者動容。但他演說的內容多是空話，只是他善於運用有吸引力的字眼，使聽者有充滿理想和諾言的幻覺。荷蘭人要制止他再用動人的演說去煽動爪哇人造反，只有把他關起來。他入獄兩年，在一九三三年出獄。荷蘭人又借題把他放逐到福勞斯島，刑期八年。在這八年裏，蘇加諾讀了許多書。第二次世界大戰爆發後不久，蘇加諾潛回日軍佔領下的爪哇，以日本解放軍中高級印尼軍官姿態出現。

第二次世界大戰在一九四五年結束，日本敗了，那時蘇加諾只有一條路好走。要是他讓荷蘭人再當權，他必被視爲通敵而遭處決；另一方面，一羣過激份子認爲他妥協，而無時不把槍口對着他。於是，一九四五年八月十七日他在電台演說，宣佈印尼獨立，自己任命爲總統。荷蘭人豈肯輕易放棄這塊肥田，還要蘇加諾花四年時間，在森林間苦戰，方才徹底消滅荷蘭人的勢力。

從此以後，蘇加諾成爲印尼人民心目中的英雄。有人甚至喝他用過的洗澡水，希望能得到一絲他那種超人的力量。人民稱他爲「加諾手足」，表達他們對他親切愛戴之情。他自稱愛國家、愛百姓、愛女人、愛藝術，但最重要的：「我最愛我自己。」他喜歡遊行，喜歡歡呼，喜歡崇拜他的人潮，喜歡小孩繞著他的膝頭，敬他如天神。二十年來，由於他奇異的嗜好和任性，富裕的印尼幾乎破產。他下台的時候，印尼負外債三十四億。他是東方第一花花公子，女人蜂湧而來，正式嫁給他的有六個之多。他對女人的愛好，使

蘇加諾與赫魯曉夫（一九六〇）

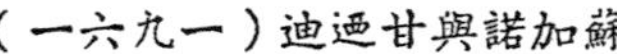

蘇加諾與甘迺迪（一九六一）

歐美女權至上的國家在招待他的時候，禮賓司非常尷尬。無價的藝術品堆滿了他的宮殿。雅加達市內聳起許多摩天大樓和紀念碑，有的祇造了一半，因為經費不足，到現在還沒有造好。他自己說：「我對經濟最頭痛。」的確，他毫無經濟概念。他派俄援的軍隊無謂的進逼馬來西亞，聲言「摧毀馬來亞」。結果國內民不聊生，陷入戰後最嚴重的通貨膨脹。行政也不是他的專長。他在雅加達建立民主政體，設國會，中央集權準備統一那個擁有三千個島嶼的國家。他還安撫軍閥，制定國語，給予人民宗教信仰的自由。結果，雖然軍隊穿着漂亮的制服，恭稱他為「偉大的革命領袖」！百姓認他為國父，可是混混沌沌、無經驗一般的印尼人很難了解什麼是民主。蘇加諾只好解散國會，把總統定為終身職。但是仍然於事無補。內閣再三改組，仍然有近似社會主義的信徒在製造紛爭。在民主觀念不發達的時候，個人崇拜的力量是很大的。可惜蘇加諾在眼看就要做終身總統的時候，與中共締交，種下日後去職的一個大原因。

蘇加諾兒戲式的與中共交往，縱容印尼共黨多年，終於在一九六五年自食惡果。那時，謠傳蘇加諾已死，印尼共黨就下手謀殺六位反共將領，陰謀兵變。由於蘇加諾向來縱容共黨，所以雖軍變不成，制裁兇手，反共將領懷疑蘇加諾主謀。反共將領以現總統蘇哈托為首，恐怕蘇加諾去世時，會指定親共的人繼承他的總統職位。於是他們採取斬草除根的方法，屠殺四十萬人以澈底消滅印尼共黨。兩年以後，才罷黜蘇加諾。他在印尼人民心中的特殊地位，使他做多兩年總統。

被黜後一直到他去世，蘇加諾在他為日本的夫人達薇造的別墅裏住了四年。在這種名為退休實為軟禁的情況下，他有一個太太曾嘲說他「寂寞，胖懶又煩燥」。但是仍不時有他在大廳裏追逐女侍的艷聞傳出。蘇加諾十四歲就結婚了，但風流成性，他追女人的事蹟和他的革命事蹟同樣有名。現在最傳奇的是他和現年二十九歲的日本女侍達薇的戀情。自從蘇加諾下台以後，她也被趕出印尼。她到巴黎去的時候，已經有了身孕。因為蘇加諾在雅加達陸軍中心醫院受着血壓和腎結石的折磨，彌留時頻頻呼達薇的名字，印尼當局特准達薇和她的女兒入境探望蘇加諾。現在蘇加諾已經死了，達薇宣稱要永居在印尼，自稱為「偉大的情人」的蘇加諾，是不是可以含笑九泉呢？

達薇在羅馬時說：「我喜歡典雅簡單又女性化的服裝，我丈夫認為我穿印尼服裝最美！」

蘇加諾的確是印尼人民的喉舌：他說出印尼人的理想，但並不致力於實踐。

——取材自「新聞週刊」「時代週刊」「英國廣播電台時事新聞」——

面巾·浴巾·床單·床冚·毛氈

美國大炮嘜最受歡迎

大人公司

世界盃、巴西比利、及其它

・賈波士・

本屆世界盃決賽：巴西對意大利之戰，據統計全世界有八億人在螢光幕前欣賞。所以有人說，足球已取宗敎而代之。蓋無論佛敎、天主敎、基督敎或其它宗敎，令人入迷的程度，不可能如足球的深而且廣。

它不僅超宗敎的，也是超政治的。

到墨西哥入圍的十六個國家、蘇聯、捷克、保加利亞、羅馬尼亞是共產國家。以色列却是反共國家；西德與東德當然對立。但這些都不妨礙球賽。譬如六月三日第一組的比利時對薩爾瓦多之賽，球證是羅馬尼亞的，傍證却是東德與西德各一人，如此三人和諧地處理了一場賽事。東德西德的傍證隔塲「對立」，幷未「怒目相向」；也沒有人喊出「反對製造兩個德國」的口號。

總之一到塲上，打球就是打球，政體的左右、國家的大小、財富的多寡，全不放在人們眼裏。所以墨西哥足球塲上，巴西是「一等强國」。英國以一比〇勝羅馬尼亞，還被看作坐亞望冠的「大國」，迨至擠出八强，鍛羽歸去，地位連降三級。若是美國僥倖入圍（美國在外圍賽第十三隊的E組中，與海地作兩塲比賽，第一塲負〇比二，第二塲負〇比一，早已被擯於局外了），至多也像薩爾瓦多或以色列一樣，陪太子讀書的「足球小國」而已。

球塲上雖然不涉政治，但球賽的勝負却可以影响國家大事。

六月七日，英格蘭對巴西作分組賽，以〇比一敗。這對於冠軍的衛冕，雖然已投下暗影，但分組賽是循環賽，只要爭得出線，此後仍有機會打入半準決賽而準決賽，而決賽，而奪盃。且世界盃歷史上也有過這種實例：

一九五四年在瑞士舉行的第五屆世界盃，西德與匈牙利同屬第二組。當時的匈牙利聲勢鼎盛；西德於分組賽中，以三比八負於匈。但仍以第二名出線，此後連過半準決賽、準決賽兩關，再遇匈牙利於決賽塲上，以三比二勝，奪得世界盃。（按：是屆巴西於半準決賽中以二比四負於匈牙利出局，可見匈隊當年盛極一時。）

六月初旬，樂觀者以爲：英格蘭只要半準決賽淘汰西德，則準決賽的對手（即第一、二組的優勝者），都不難打，如此就可以打入決賽，再逢巴西，則一九五四年西德先敗北、後奪盃的歷史不難重演。但十四日的半準決賽，英格蘭先盛後衰，以兩球領先局面，竟被西德以三比二反敗爲勝；而十八日的英國大選，工黨於穩操勝算的局面下，以短馬頭敗於保守黨。據分析此與英格蘭敗於西德一戰有關。若是提早兩週——以一比〇勝羅馬尼亞之後競選揭曉，則工黨可能按預測（民意測驗或電腦）而勝出。但英格蘭對西德的敗仗是如此不體面，擁護者一氣之下，轉投保守黨的票，並不出奇。此一突如其來的變故，民意或電腦的測驗，都找不到這類資料。

這是球賽影响國家大事的一面——悲哀的一面。

我們再看看歡愉的一面——巴西。

先是巴西駐墨西哥的大使班拿希爾，五月下旬曾於大使館內舉行招待會，客人在一間小房外看到一張字條寫道：

「六月廿一日的藍密金盃置於此處。」

若是屆期拿不到藍密金盃（即世界盃），則這個房間不知將如何處置？

巴西國內是：總統密迦西於英格蘭初戰巴西時，已在電視上睇完全塲。總統夫人對外國記者報告了這個「內幕新聞」。其滿心歡愉之狀，溢於言表。

奪得世界盃之日，密迦西當即與球員通長途電話。這情形彷彿是：尼克遜聽得登陸月球的太空英雄返抵地球時一樣。在巴西總統看來，可能奪得世界盃，難於登陸月球，也未可知。

當晚巴西總統祇穿一件恤衫，與羣衆在總統府走廊上狂歡共舞。

六月二十二、二十三日兩天，巴西全國放假，廿三日，總統設宴與凱旋歸來的球員共進午餐。不但是本屆的健兒，連一九五八、一九六二年兩屆奪得世界盃的過氣英雄，都在被邀之列。「黑珍珠」比利不但今年風頭仍健，連五八及六二兩屆，他也是功臣。五八年的一屆，比利僅十七歲，而已有份入選世界盃的國家隊伍，眞不愧足球神童。

巴西全國如嘉年華會一樣，滿街都是狂歡男女。而樂極生悲，星期日（六月廿一日）一天，就有一千八百人狂歡受傷而入醫院，死亡者達七十三人。

像這樣一個對足球狂熱，更對奪世界盃倍有信心的國家，若是今次爆出冷門敗於烏拉圭（準決賽）或意大利（決賽）脚下，則整個國家勢必瘋狂，從而引起一場暴動也不出奇。

巴西這次對烏拉圭特別提高警惕，深恐悲慘的歷史重演。

按烏拉圭爲第一屆（一九三〇）的主辦國，

且得該屆世界盃。二十年後——一九五〇年的第四屆（註：一九三八年的第三屆後，因世界大戰停辦，直至五〇年始繼續，雖已相隔十二年，仍接連上屆稱爲第四屆）舉行於巴西京城里約熱內盧。當時巴西的足球聲勢已盛，且佔天時、地利、人和之勝，都以爲捧盃者非該隊莫屬，不料決賽時以二比三負於烏拉圭。今年，一九七〇年，又是一九五〇年的二十年後。烏拉圭於準決賽與巴西相逢。事前烏拉圭大事宣傳「二十年又奪世界盃」的宿命論。雖然明知今日的烏拉圭與巴西的球藝，有一段距離，但「二十年……」的心理戰，着實令巴西隊不安多日。

但巴西到底憑高人一等的球技，如願以償捧去了世界盃。

球賽雖然不在巴西舉行，但墨西哥的球迷幾乎全爲巴西捧場。理由是：主辦國的墨西哥總不會大爆冷門奪杯；退而求其次，就寄厚望於巴西。墨西哥人至少希望：世界盃既已送到南美，就不能再被歐洲球隊從南美帶走，而巴西，就是最理想的南美隊伍。

英格蘭，這一次的被喝倒彩，與巴西之得到擁戴成爲反比例，爲什麼英格蘭如此不得人緣呢？是否觀衆對他們的球員沒有好感呢？

英格蘭球員人緣并不壞，卜比·查爾頓於大賽期內，還得過瓜達拉渣拉市長（按：英格蘭的分組賽即在該市演出）所贈的最佳運動員獎，爲外籍運動員得此殊榮的第一人。餘如守門員賓克士、隊長卜比·摩亞，前鋒法蘭西士·李等，都以高超的球藝博得好評，唯一的大茅躉奴比·史梯爾，已被領隊林西爵士藏入雪柜，沒有露面。

但英隊的不得人緣是事實，當然亦非無因。

一、英格蘭是上屆的盟主，這次被各方看成可以衛冕成功。是則將從南美携回世界盃到歐洲（倫敦）去了。所以被敵視。

二、英格蘭上屆以「守勢足球」（踢密集防禦的四四二式，即前鋒線上經常只有二人），這對球迷的欣賞來說，冇癮之至；而巴西正是唯攻主義的隊伍，即使單純爲欣賞計，亦將捨英格蘭而取巴西。

在瓜達拉渣拉分組賽初遇巴西的前夕，英隊下榻的旅店門前，擁巴球迷通宵叫囂不止，用意是令英格蘭隊員夜不安枕，而影響翌日的作戰精神。

迨英隊到里昂去與西德作半準決賽時，里昂市民也是一面倒的對英隊喝倒彩而大捧西德，就怕英隊得勝而威脅巴西。

事實上，全世界螢光幕前的八億球迷，大部份也是巴西的擁護者。理由很單純，球迷想看攻勢足球。同時對球星「黑珍珠」比利慕名已久，都想看看他在螢光幕上表演過關斬將、百步穿楊的絕技。

爲了愛護比利，墨西哥的巴西僑民，賽前曾發出警告：「誰要傷害比利，以致他無法出場，就小心會有暴動」。因爲上屆倫敦的世界杯賽，巴西以一比三的同樣比數先後負於匈牙利及葡萄牙，一早就出八強之外。巴西球迷認爲完全是比利受傷關係。他們雖非比利的同胞，但也不願一個優秀的球員受傷離場，而影響精彩賽事。

本屆的世界盃確然「乾淨」得多，三十二場賽事，竟無一人被罰出場；比利也平安無事的打完六場。

大部份球迷擁護的巴西球星「黑珍珠」比利在球場上一鏡頭

世界盃歷屆冠亞軍總紀錄

舉辦年份	舉辦國家	冠軍	亞軍	比數
1930	烏拉圭	烏拉圭	阿根廷	4——2
1934	意大利	意大利	捷克	4——1
1938	法國	意大利	匈牙利	4——2
1950	巴西	烏拉圭	巴西	2——1
1954	瑞士	西德	匈牙利	3——2
1958	瑞典	巴西	瑞典	5——2
1962	智利	巴西	捷克	3——1
1966	英國	英國	西德	4——2
1970	墨西哥	巴西	意大利	4——1

此事得歸功於賽前羅斯爵士（國際足協會長）對打茅波者的嚴厲警告；也有人以爲：比利不成爲對賽隊伍的衆「脚」之的，與巴西僑民的「暴動警告」有關。

但客觀而合理的看法是：各隊實在怕自己的球員被罰離塲從而減少實力。西德球證於第一塲墨西哥對蘇聯的賽事特別吹得嚴厲，對其它十四隊球員起了很好的「教育作用」。其實以後各賽，球證就鬆得多（我的意思是：球證吹哨的尺度與一般無異）。譬如決賽意大利對巴西，意大利的杜文正尼有多次危險動作，足有被罰離塲的「資格」；也至少有一次應被罰十二碼，但東德籍的球證警告了事。大概他也不想最後一塲，再爲大會留下一個汚點。

至於比利之不被傷害，除了羅斯的警告生效外，各隊也有自己的打算：

廿九歲的比利，雖然仍屬危險人物，但與四年前的顚峯狀態相比，倒底已有不如；巴西的前鋒線上，中鋒多斯蓋，右翼耶仙奴，左翼李維連奴，論經驗固不及比利，而衝鋒陷陣之猛，射門之精，實亦不遑多讓；何況後備的保羅海沙、依都或東連里奧，也都虎虎可畏。若是比利被踢傷離塲，則傷人者亦一定會被罰出，己隊將減少一人，而巴西換上一員新將，實力未減，即成十一人對十人之局，到頭來蓄意傷人者得不償失，豈不枉作小人！

如今巴西捧得世界盃去，都以爲衆望所歸。意大利之獲得亞軍，或謂冷門。大家心目中的亞軍，以爲英格蘭與西德較爲合理。但從半準決賽起的淘汰賽中，這些「脚上脚下」的隊伍遇到幸運之神幫忙，贏一個馬鼻不算冷門。

但巴西不愧是超級球隊。無論英格蘭或西德，縱然有幸打到決賽，結果也不可能從巴西脚下奪得此盃。

巴西獲得冠軍對全世界的足球也有良好的影响：是攻勢足球抬頭。英格蘭的四四二將被冷落。對球迷來說，這是好消息。沒有一個球迷不希望互相對攻，而多有斬獲；誰要看「和爲貴」的防禦戰法呢？

我的預料：四年後的慕尼黑重逢，巴西依然是此盃的得主。理由很簡單；這一個國家的足球熱，將因本屆重奪錦標而格外瘋狂；同時國家或人民給予球員的鼓勵也屬史無前例。這次獲得冠軍，球員所得獎金爲美金七十五萬元（合港幣四百五十餘萬元）。大把銀紙之外，又有每人一幢房子，一輛車子。我想若是未婚的，想要得到一名女子更是易如拾芥。在這樣的環境之下，新血不斷湧現，球技日臻佳境，實屬勢所必然。

共產國家的球隊，個別的優秀球員（足球的天才兒）不是沒有，如捷克的柏李斯、杜比亞斯，羅馬尼亞的都明赤治，保加利亞的阿司巴魯霍夫，西門諾夫等，若易以環境，都不難鋒芒更露，但共產國家不能以金錢作獎勵，不能以洋樓汽車作餽贈，始終有名無實的對待，就遠不如資本國家的錢能通「人」，立竿見影了。

最後我要說：足球是比任何球類更多變化，更富藝術性，且又更令人賞心悅目的。美國、日本、澳洲、以往所熱中的是橄欖球、壘球或板球，現在已逐漸對足球發生興趣；而原來愛好足球的國家，自然再進一步入迷更深。足球成爲全世界最普遍，最狂熱的運動，已無疑義。

徵稿啓事

一、本刊除特約稿件外，徵求讀者賜寄　大作，請在「論天下大事、談古今人物」之範圍內着筆。

二、來稿以白話文爲限，普通稿件以不超過四千字最爲理想。珍貴圖片，亦所歡迎。用後璧還。

三、來稿請用稿紙書寫，並附眞實姓名及準確地址。發表時需用筆名者聽便，譯稿請附寄原文。

四、本刊稿酬每千字港幣二十五元，譯稿每千字港幣十五元，在刊物正式出版前，本埠送奉，外埠郵滙。

五、惠稿及來信請寄九龍西洋菜街三號A大人出版社收。

馬場三十年

老吉

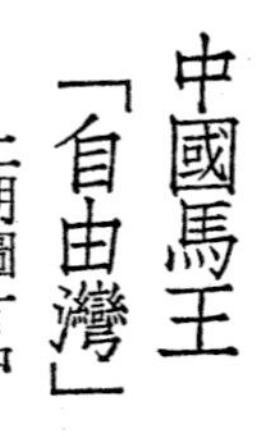

中國馬王「自由灣」

上期圖片中，有一張「中國馬王」，未將該馬王的名字寫出。現在，我將我所知牠的一切，簡單地寫下，因爲，這是香港賽馬史上的一件空前絕後的「架勢」史也。

當時，馬匹並沒有中文名字，（有中文名字是從一九四七年戰後香港賽馬會初次採用的。）牠的西文名字叫做Liberty Bay，如果譯成中文名，當然是「自由灣」了。

這匹「自由灣」，是中國「打比」馬，馬主是登巴氏Dunber。他是當年大馬主之一，養了不少馬匹，「自由灣」是其中之一。

我記得我在一九三二、三年在香港看賽馬時，已有了這匹「自由灣」，因爲牠當時已是中國馬之王。牠的騎師是「吼」君Heare，牠無論跑半哩一七〇碼、五化郎、六化郎、七化郎、一圈、（七化郎四十五碼）一哩、一哩一七一碼、一哩二五、一哩半等各種路程，（當年的路程，比現在多得多，計共有十三種。）可以說得一放閘網，（當年是用閘網，並非像現在用閘廂的），牠便衝了出來，就此一路領到終點，而且愈跑愈快，往往可以易勝五七個馬位，因爲牠由新馬到港之時，跑了一年便逢出必勝，馬迷們見牠上陣，雖然獨贏與位置都祇派五元一角，却一樣照買可也，這一來馬會方面便變成抽了佣金蝕出去，於是乎，當局便想出了一個妙法來，妙法如何？聽我道來。

原來，凡有「自由灣」可以報名上陣的場合，此馬不售贏位票，其餘各駒則照常發售，任由「自由灣」一路放到獲取馬會獎金；而同場跑第二的馬作爲第一，第三的馬作爲第二，第四的馬作爲第三，（但並無第三名獎金），照這樣派彩，這個可以稱爲絕招的妙法，但「自由灣」從採用這個妙法之後，依舊從未跑過第二也。

一年之後，澳洲「打比」馬中，也有一匹叫做Amazen（直譯是「能幹女丈夫」）的，一樣因逢出必勝而也學「自由灣」不售贏位票。於是乎，有一天九場賽馬之中，竟會有兩場贏出的頭馬却不是派彩的頭馬，可惜，澳洲馬「能幹女丈夫」祇有三次不售贏位票，因爲，第三次上陣，牠却吃了敗仗，於是乎牠第四次上陣時，又可以恢復賣贏位票了。

請各位注意一下，當時的負磅，中國馬最重是一六八磅，澳洲馬最重是一六五磅，所以「自由灣」一直是負一六八磅上陣，而「能幹女戰神」也至少負了一六五磅多次上陣，不像現在，雖然是全部澳洲馬，因爲是「搖會馬」，馬質不及「打比」馬，所以，負到一五九磅，大家都要「哇哇」聲了。

「自由灣」做了兩年多馬王，如何會失敗呢？講起上來，騎師「吼」君，太大意了。

原來當時的大馬主不少，其中摩拿輪船公司在港已有數十年的歷史，少東是摩拿兩兄弟，細佬C. B. Moller，非但與大佬一同養馬，而且又是一位騎師中的好手，不過他祇騎自己的馬而很少騎人家的馬罷了。

他們的馬，尾字都是Light「光」。有一年，他們的「打比」馬上，出了一匹好貨，馬名叫做Silky Light，（譯名便是「絲光」，諧音叫做輪光，可是事實這是一匹好馬，也並不會「輪光」），小摩拿十分中意此馬，可是在賽事中，撞正與「自由灣」同場時，「絲光」總是跑第二，而頭馬則屬於「自由灣」，小摩拿便有些不服氣了。

原因是當時每場出馬，總有十匹八匹，「絲光」出閘網不夠「自由灣」快，中途有時會受到別駒阻住，因而當然會不及出閘快的「自由灣」來得有利。「絲光」之敗於「自由灣」，馬主兼騎師的小摩拿，如何會甘心，因爲他認爲他的「絲光」，是有資格打倒「自由灣」的。

中國馬任重致遠，馬身低而脚短，當然負得起重磅，還有當年馬匹負磅，標準磅是一五二，不是現在的一四七磅。「自由灣」負一六八磅上陣是家常便飯，「絲光」負一六八磅，屢次敗於「自由灣」，而且相隔不到五乘，無怪乎小摩拿認爲不值了。

於是乎小摩拿想出一個「絲光」向「自由灣」挑戰的辦法，經數次與「自由灣」馬主登巴君及馬會當局商議之後，便決定了下面的辦法。

辦法是，馬會當局特別安排一場「絲光」挑戰「自由灣」賽，這一場賽事，並不售贏位票，兩駒皆負一五二磅，路程是一哩一七一碼，得勝者由馬會主席頒獎銀杯一具，而兩位馬主方面私人以二千元作賭注。

何以要採取一哩一七一碼路程比賽呢？原因是香港馬場的首圈是接近中國各馬場中的最小的一個。譬如上海的三個馬場「上海」、「江灣」與「引翔港」，以及「青島」、「天津」、「漢口」、「澳門」，都比香港大。跑一哩一七一碼，由養和醫院轉彎後的頂點作爲起點，比較上因起步後的直路較長，而且也公道一些，所以便拿此路程作爲兩騎競賽的路程。

這一場賽事，「自由灣」騎師仍是「吼」君，而「絲光」的騎師，當然是小摩拿了。

競賽過程是：「自由灣」當然領先而「絲光」後隨，「吼」有輕敵之意，並不想贏得太過，所以他並不將「自由灣」快放，預備以半力而在終點贏「絲光」一頸或半乘，以示「自由灣」正是馬王本色，却不料這一輕敵，却將「自由灣」這匹長勝馬王榮譽，一旦斷送了。

原來「吼」君以爲「自由灣」實贏「絲光」，所以一路不大放而預定在最後二三十碼等「絲光」後上時，然後一放「自由灣」，便可易勝。

料不到「你有張良計，我有過牆梯」，小摩拿最希望亞「吼」不將「自由灣」大放，以便一路可以把「絲光」跟住，一直跟到差不到將到終點前三四十碼，故意稍爲鬆一鬆韁，這樣，「絲光」便落後一個馬位，這樣一來，跑在前面「自由灣」鞍上的「吼」，以爲「自由灣」已贏實，於是便不加催策，希望就此按韁到終點贏馬。

就在這千鈞一髮之際，小摩拿突然緊一緊韁而力騎「絲光」，同時再連連鞭催，「絲光」根本是有備而戰的，此時當然受鞭而竄，一輪衝刺，終點到贏了「自由灣」一馬頭。

亞「吼」大意失荊州，「自由灣」長勝之名，就因他太過輕敵而送掉，馬主登巴一怒，便將「自由灣」申請退休，從此香港馬場中，再也看不見「自由灣」這匹中國馬王了。

馬王的生相，自有其型格，確乎與衆不同。「自由灣」不賣贏位票的時間，幾乎有一季之多，相信這一個紀錄，不特空前，而且也是絕後的。

有人問：「自由灣」既是如此好馬，何以馬會馬匹出賽時間紀錄表上，却未見有此馬的大名。我可以奉答一句，唯其此馬一出便勝，從無鬥爭，所以永遠未見牠的眞功夫，如果在與「絲光」爭榮之時，亞吼不大意輕敵而將此馬跑出九成勁力的話，我相信至少可勝「絲光」五個馬位以上，而一哩一七一碼的中國馬時間紀錄，便將爲此馬永遠所保持了。

我今天在本刊中，刋出了幾幅圖片，一幅是西人馬主夏利文在廣州拉頭馬留影，一幅是本港戰前澳洲馬跑到終點時留影，還有一張則是上海跑馬廳的圖片。

夏利文便是本港夏利文地產公司的創辦人，現在早已返英，如果仍在人世，高齡起碼八十以上。戰前，他既養馬而又騎馬，騎中國馬時，他的一百四十多磅體重無所謂，但一騎澳洲馬，他的體重便發生問題，所以戰後他便專心營商而高掛馬靴，因爲他對本港賽馬推動十分努力，而對廣州石牌賽馬也是一位熱心份子，所以這裏刋出他的圖片，留爲紀念。

夏利文在廣州石牌馬場拉頭馬

本港戰前澳洲馬跑抵終點時圖片

至於本港有澳洲馬參加的時間，當在一九三五至三六年左右，不過當時却與中國馬平分春色，完全用澳洲馬上陣競賽，當在一九四七年戰後初次賽馬時期了。

第三張圖片，是上海跑馬廳，現在我轉筆來約畧講一講上海的馬場。

上海人叫馬場不叫馬場而叫跑馬廳，上海起初祇有英租界靜安寺路一個跑馬廳，是由英人所組織而不準華人加入的。跑馬廳的所在地十分大，佔地四百三十畝，至少有香港馬場的三、五倍左右，而且地點是在上海英租界的中心鬧市，比香港馬場所在的跑馬地還要熱鬧。

因為英租界跑馬廳不準華人加入為會員，中國人當然大起反感，大約距今六十年左右，中國人便組織了一個「萬國體育會」，在郊區江灣闢地，建成了一個中國人的跑馬廳，會員全部中國人，董事們當然是上海華人富商，要不然，那裏有這許多資本呢。

我的二舅父徐凌雲先生，便是董事之一，我外祖父徐棣山老先生，是上海怡和洋行第一任華經理，（並不是買辦）。上海在四十年前著名的康腦脫路徐園，便是徐府上的私家花園，凌雲先生是中意體育事業和賽馬的，（他老人家更歡喜崑曲，而且生旦淨丑，無所不能，但他是位大馬主兼江灣跑馬廳的董事，恐怕知道的人不多）。當年他養馬不少，大大話話，至少四、五十匹，而且，贏過「打比」和「冠軍」的不少，最著名的是「山特惠」（Sandway）和「得令」（Triumph），他的主任騎師是劉順德（J. Liu），相信現在本港馬會中兩位在上海卅年前有名的騎師童振遠與畢浩清老師傅，也要尊稱劉先生為老前輩，因為劉順德的騎術，確乎出神入化。

後來，大約在不到五十年前，又有一班愛馬同志，由馬祥生發起，在上海郊區引翔鄉也組織一個跑馬廳，童振遠兄在那裏曾經大出風頭，當年他與我表兄徐椿林（大舅父貫雲先生次公子）合股養的一匹「特美馬」（Tell Me More），（註本港馬場一九五四年度也有一匹「特美馬」，

佔地四百三十畝之上海跑馬廳一角

馬主便是董君，他在香港豢養第一匹馬，就用「特美馬」來紀念他當年這匹名駒），由董君主騎，曾經得過引翔港的「金鼎」錦標，可謂威盡一時。

戰前，日治時期以及戰後由一九四七年至一九五二年，獨贏與位置票的發售，是沒有電算機的，所有售票的情形，與現在大不相同。

當時的售票處是用櫃枱的，獨贏與位置各有櫃枱，獨贏票發售處，櫃枱上面懸着「溫拿」（Winner）牌，位置票發售處，櫃枱上面懸掛着「皮里士」（Place）牌，全部英文譯名。一九四一年前，馬名祇有英文，售票處櫃枱上面凌空裝有鉛絲，馬名牌由「1」起，一路到上陣馬有多少號碼。（週年大賽時，中國馬「黃泥涌賽」半哩，我曾見過每組有廿多匹馬出賽，分兩排上閘，當時排在第二排，也即是抽籤抽到排位第十之後者，便吃了出閘的虧了）。號碼下面，便是馬名，每一馬牌的距離，可以自由伸縮，某一號碼是大熱門或熱門，因為買票的人多，櫃枱上面懸掛的馬號和馬名牌和隔鄰左右者，可以分開得長一些，以便馬迷們買票時多一些地方。售票分為兩種，小票每張五元，與現在一樣；大票每張一百元，每一號碼的馬票顏色不同，作為分別，小票約有四寸高，五寸濶，每五百張一張，上面右角有號碼，買完一本五百個號碼，第二個便由五百〇一號起，依此類推。

當時獨贏票的售出，全部有一萬張以上，已經是「不得了」，與現在的總數十幾萬而一匹馬可以售出三、五萬票，眞有天壤之別。

售票處售票，等到一開跑電鐘大鳴時，有一個總管拿了一枝紅或藍的顏色筆，於第一號馬票起，一路劃到最後一匹馬票止，同時抄起售出票數號碼，交到結算處，會員及公衆兩棚售出號碼相加，便是此馬的售票總數。結算處有三位計算員，計算獨贏票。到某一號碼跑出時，他們便立即將此馬的銀數除了政府博彩稅與馬會佣金之外，餘數分票，便是獨贏派彩。位置票則有九人共同計算，每三人分計頭、二、三馬，以便算出三匹位置的派彩。

因為沒有電算機，會員及公衆棚皆有頭、二、三馬的號碼在賽畢定奪名次時升起號碼，每一塊號碼牌，大約有十一寸長九寸濶。

香港馬會舉行正式賽馬，開始時是一八八四年，距今已有八十六年。當時的香港馬會，財政十分拮据，因為會員們根本不是志在賭博而是以體育精神辦賽馬，一切開支，全仗會費及馬匹報名報名費，所以，當時馬會在渣打銀行的存欵，(有紀錄)祇有八百七十六元九角一仙，和今天馬會的存欵數目之鉅，相差不可以道里計了。(二)

愛雅化粧品
露華濃化粧品
密司佛陀化粧品
依利沙白雅頓化粧品
美麗華化粧品
杜白莉化粧品
資生堂化粧品
雅芳化粧品
月麗化粧品
高地化粧品
仙露化粧品
尊容得一個
保嫩與養顏
請用高貴化粧品
大人公司

譚鑫培一席談

李北濤

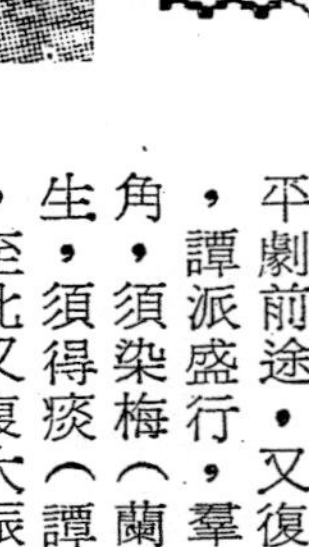

譚鑫培由京到滬

譚鑫培爲平劇一代宗師，執鬚生之牛耳，垂數十年。綜其一生，在清末聲勢最盛。爲內廷供奉，極得慈禧太后之賞識，王公大臣，折節與交，每一演出，九城哄動。故友呂著青，（單名咸，山西籍，）在京當學生時，爲欲聽老譚之「寧武關」，不惜脫下套褲，送往典當。拳匪亂興，京師震動，而人們捨不得不聽小叫天，（即譚之藝名，）故狄平子有詩句「國自興亡誰管得，滿城爭說叫天兒，」以紀其實。但一到民國，其勢頓衰。清社既屋，人心皇皇，梨園子弟，紛向外埠謀求立足，譚氏亦赴滬出演，不意因演「盜魂鈴」，在四層枱子上面，未曾翻下，而竟吃一倒彩。此當爲譚氏最失意之時期。

迨後時局底定，秩序漸復，平劇前途，又復光明，戲迷日多，譚派盛行，羣相戲言，要學旦角，須染梅（蘭芳）毒，要學老生，須得痰（譚）迷，譚氏聲威，至此又復大振。

譚鑫培與新舞台

民國四五年之交，譚氏年近七旬，來朝南海，燒香禮佛，路過申江，下榻於其婿夏月潤家中。夏氏梨園世家，昆仲多人，月珊演老生，後改演丑，以演「濟公活佛」馳名於世。月潤演武生，與李春來、沈韻秋齊名，演「伐子都」，着厚底靴，跳四張枱，面不改色。月恒武丑，月華武淨。清末，陳其美因革命而被捕，夏月潤夜入製造局，負陳逃出。民軍攻打製造局時，夏家全體武行，加入助陣，得以早日成功。光復之後，陳氏任滬軍都督，對於夏家，甚爲優禮，不時過從。余亦在此時，與夏月潤熟識，月潤曾令其子蔭培問字於余，蔭培習鬚生，甚聰明，亦有微名。

夏家所開戲院，名新舞台，設於華界九畝地，意在振興華界市面。所邀多是名角，如孫菊仙，即曾經年駐演。但因華界常常戒嚴，顧客裹足，歷年營業，虧耗甚鉅。今值譚氏南來，月潤夫婦，乃跪求老爺子賞飯吃，譚不得已，允演一星期，一切從簡，場面配角，均用新舞台原班人馬，祗電召琴師某署帶應用行頭南來。海報一出，遠近哄動，火車輪船，乘客絡繹而來。余亦由南京趕到，下車伊始，即以電話尋新舞台熟「案目」定座。戲票價目，正廳銀洋三元，外加茶水「案目」小賬等，合計，須合銀大洋六元，在當時可謂破天荒之高價矣。共看三天，戲爲「失空斬」、「汾河灣」及「珠簾寨」。事隔多年，寄憶難週，勉强想得起者，塗寫一二。

譚鑫培的失街亭

譚鑫培每次來滬，「空城計」在必演之列，且有時「紳商煩演」，在同期中，一演再演，大概上海人對此戲，特別愛好。余前在京中，曾聽過老譚此戲，後在滬又曾聽過，彼時尚有京角如王長林等同來，今則係第三次，大好機會，何可放過。好書不厭百回讀，多讀方能得到深一層之領會，否則不能深入，蓋凡高深藝術之探求，亦莫不如是也。當晚之角色支配如次：

飾司馬懿者爲老伶工曹甫臣。馬謖爲武淨許奎官，（影星葛蘭小姐之外祖父）。王平爲小連生，即潘月樵，文武老生，長於做工，相傳麒麟童即私淑此君，曾見其與孫菊仙合演「羣英會」，孫飾孔明，潘飾魯肅，一副忠厚老實相，絕無油腔滑調。趙雲爲張順來，乃名武生張德祿之父。二老軍爲夏月珊邱治雲，邱原名小保成，演淨角，後因身體矮小，改演丑，以飾武大郎享名，自命不凡，故後有「珠簾寨」之失。

譚氏出場，面部清癯，已現老皺，兩顴凹陷，而雙目有神，氣勢威肅，嗓音覺已低細，仍甚清越。靜心細聽，覺其唱做，仍能處處顧到，不稍放鬆。坐帳之時，馬謖請令鎮守街亭，言大而誇，譚與問答，兩目注視，眼皮睒動不停，及後三報時，對於探子，雙目亦係如此。記得彼時，有等譚派票友，隨時隨地，都學這一套，後來看見過余叔岩於三報時，對探子亦係眼皮睒動不止，豈師承有自耶？三個「再探」，譚氏一步緊一步，至今演者奉爲圭臬。惟觀孫菊仙演此劇不同，孫於第二報，「司馬懿領兵奪取西城」，頗露驚慌，大聲急命「再探」，而於第三報，「司馬大兵離城不遠」，反低聲輕命「再探」，想係故示鎮靜，安定軍心，此亦可見老輩伶工之各有會心也。

此戲孔明有三次出場，余特留心其每次出場之神態，首次出場，肅穆威嚴，第二次，緩步出場，微帶戚容，第三次則眼神光足，怒形於色。把握住此次神態，接下去每場細看，便體會到其唱做之如何美妙，何處出神入化而皆出於自然，絕無做作。孟小冬女士曾語我云：「彼演至「斬謖」時，在場內，一聽到杭子和之鼓點，即不由無名火上升，痛恨馬謖不聽囑咐，誤了大事，此時好像自己即是孔明，故帶怒出場，情態生動，不是故意裝出來的」。我聞之，即參合回想老譚新舞台之情形，正是如此。此種意境，神妙欲到秋毫巔矣。

譚鑫培的珠簾寨

新舞台「珠簾寨」之海報出後，一般上海人多不知為何戲，後經向內行打聽，乃知為花臉戲「沙陀國」又名「解寶收威」之改編。「沙陀國」曾見名淨角劉永春唱過，眞是黃鐘大呂，劉為內廷供奉，與金秀山齊名，嗓音不似金之渾厚，但較為寬宏，在百代公司灌唱片時，震壞機件多次。此人唱法特別，胡琴過門未完，即開口唱，人以為怪。而「珠簾寨」據云，係宮內的本子，經譚老板唱紅，老佛爺甚愛聽，極少在外演唱，至民國後，譚始演過一次，由汪笑儂飾程敬思，在上海尚未有人演過。是晚之角色支配，飾程敬思為老伶工潘桂芳，大皇娘為周鳳文（前係崑曲名旦，藝名夜來香，）二皇娘為趙君玉，老軍為邱治雲，周德威為夏月華。

譚氏之李克用，臉部未敷粉，祇稍揉紅。兩眼神足，念白跌宕有力，一副倔强老大王之神氣，與儒雅之諸葛丞相大不相同。擺隊迎接程敬思時，出帳步至台口轉身，一手掏起翎子，朝上場門一望，然後安步走下。此一身段，他戲中亦多有，本屬常見，人所慣演，但觀譚氏演來，氣派之大，姿態之美，歷觀諸伶，無有能及。與程敬思相見，面帶喜色，互相慰問，神情極為殷摯。念到「你我挽手而行」，右手挽程，左手撩袍起步，同時轉面，向程一點頭，帶笑下場。常伶迄未見過有此一美妙姿勢。

其尤美者，為收威之種種身段，起壩時，紮靠出場，白髯飄拂，手足從容不迫，上馬揚鞭，進場出場，多有與定軍山相似處，特行動較為遲緩，大約故示老態，而其實腿工仍健。夏蔭培告我，老譚每天起床後，盥漱洗面，均蹲在地上，良久良久，方起立喝茶，有時練練八段錦，幾十年習慣如此，故腿力不衰。當周德威發箭時，譚兩次出場接箭，迅捷美妙，形態逼真，得未曾有。

此日，在如此一場好戲中，忽然出了一個岔子，大煞風景。乃演老軍之邱治雲，在台上講蘇白，老譚聽不懂，屢問不改，譚似不耐，說湖北話：「你說的麼事，我聽不懂啊」？而邱仍用蘇白說：「我是蘇州人，流落該搭，難怪耐老娘家聽弗懂啊！」至是，台下起鬨，大罵混蛋，花生水果，亂擲上台，老譚乘勢下場。以後再出場時，邱改用京白，始告無事，一場活劇，如在目前。

譚鑫培之一席談

譚鑫培此次在滬，享譽至隆，新舞台固然天天滿座，大小報紙，一致讚揚，但有某報責難配角不佳，又指鼓師張潤泉，（內行稱為牛相）有幾處打得不對。張會持報向後台經理夏月恒理論，謂屢次請譚老板對對場子，總是不理，錯不在我云。乃竟被譚所聞，由譚溫語加慰了事。

演後數日，我由夏月潤之介，前往訪候，見譚頗現老態，完全北方土老頭神氣，不似在台上矍爍，殊出我意料之外。見面寒暄，甚為客氣，倒也健談，並無向來傳聞驕蹇之態。譚氏先說：「這次幸未唱砸，很感謝各方多捧，不過連唱一星期，稍覺疲累，在北方不過每演二三天。」我說：「大概是場面配角不順手，唱得吃力？」譚連說：「不是，這次多辛苦新舞台各位幫忙，他們玩藝兒都不錯，打鼓的點子亦很行，報紙有點誤會。」我說：「有許多外國人來聽，說您的藝術，可以代表中國文化。」譚說：「不配不配，人家的藝術，聽說是公家及許多大文學家編排，有一定的準譜子，才是文化。咱們中國戲，那談得上。各幹各的，誰也不管誰。老實說，當初學戲。大多連字都不認識的，祇跟着師父哼哼，念，如自己想往上爬，常去請教通文墨的先生們，一點半點，方才懂得點東西。現在大學堂的老爺們不是常批評中國戲野蠻，不配說是中國文化嗎？話又說回來，咱們的戲詞也多有不對，拿「空城計」來說吧，好多人勸我把「武鄉侯」三字改一改，可是我那裏改得了啊，有人改過，可又唱起來不順口，這是沒有法子啊！」我說：「不必管外行人胡扯，你這樣高的藝術，多數人都認為是中國的寶貝，應該多灌點留聲片子，多教幾個徒弟，可以流傳下去啊。」譚說：「灌片子的事，有幾家公司來談過，因為這次，一點沒有準備，只好下次再來。若說教徒弟啊，這就不簡單啦，李先生！您是大文學家，已經久仰，可沒知道咱們這一行的內容啊，現在的人，不肯吃苦用功，教戲的師父們，亦不肯像早先那們認眞，如照老法，又要被罵為野蠻了。若是有底子的人，還可以容易領上路，但多不肯耐心學點眞玩藝，要求想偷點摸點，這樣能成嗎？還有自己以為有了點本領，便了不起，不是誠心來學，不過想弄點門面，好去矇人，我見得多了。再說現在唱戲，要考究佈景，諸葛亮有城樓，可以上去「觀山景」，司馬懿嚷着「坐在馬上傳將令」，可是馬在那兒？況且現在旦角當令(指梅蘭芳)，行唱新戲，紅綠電光，好像文明戲，不知將來要變成怎樣呢？」是夕談話頗暢，臨別之時，因有夏月潤父子在座，故很隨便，無拘無束，譚尚說，明年一定再來，代新舞台好好的幫幫場，並對我約期後會，拱手送別。距知次年，譚氏即在京逝世，一代藝宗，音容頓杳，此一席談話，亦隨風而逝矣！

金少山怪人怪事

江南燕

已故花臉大王金少山的怪僻作風，在梨園行中，可以稱得是前無古人後無來者。他可以欠上無數的債，但他周濟窮朋友的手面，却很濶綽。他可以當了行頭去買心愛的小玩意，也可以在半路上遇見朋友，就此送掉。在交際應酬場合，他有錢時決不讓別人付帳。沒錢時別人惠鈔，也不說聲謝。他的這種怪脾氣，如果發生在一位名士身上，就會稱爲「玩世不恭」，可是他僅是一個唱戲的，眞是怪人怪事。

金少山是京劇世家，他的父親金秀山是京劇名淨何桂山（人稱何九）的弟子，工正淨，所謂「銅錘花臉」或「黑頭」是也，他有時亦唱唱副淨戲（架子花臉）。少山幼承家學，亦曾列入黃潤甫（人稱黃三）門下，因此他的架子花臉就比黑頭唱得更好。秀山「黑頭」唱得比「架子」好，却常想唱「架子」，少山恰恰相反，「架子」唱的好，又常想唱「黑頭」。例如近代享譽最盛的裘盛戎、袁世海等，都是黑頭、架子兼工的。則金秀山父子的喜跨二行，正有先見之明。

誤場缺席太尋常

金少山初到上海，是由白玉崑從烟台帶去，就此一直在上海搭班，久隸黃金榮名下各戲院，開始時充任班底，並不得志，他的戲本來很有根底，但他的壞脾氣，就是從來不肯爽爽快快地走進後台，戲碼常在前幾齣（那時候每場戲總有八齣或十齣之多）。爲了誤場，經常要由他人代演。如果戲確在後面，到了後台，亦不肯早些勾臉扮戲，必待管事的催急了，方始動手。偶或碰上他高興可能一催就到。不高興時，任憑你千請萬請，磕頭求拜，他就給你個不理不睬，關起房門來睡覺，給老板來個「請假一天」。

照戲班的規矩，請假要扣當天包銀，誤場要罰三天包銀，但金少山從不理會這些。他的用途，向來沒有預算，老板儘管扣也好，罰也好，他沒有錢就向老板拿，算預支包銀也好，作爲借欵也好，反正他祇要有錢到手，其他一概不問。好得黃老板和他有緣，從來不和他認眞，始終是一筆糊塗帳。後來金少山成名以後，他和戲院或劇團發生什麼糾紛，或者要他唱義務戲，祇消黃老板一句話；金少山無不服從，縱有天大委屈，總是承受下來。

金少山（李逵）「丁甲山」劇照

連環套一鳴驚人

金少山的走紅，是和程艷秋劇團的周瑞安合演「盜御馬連環套」開始的，地點在上海鄭家木橋的老共舞台。那時候金少山已交上了上海法租界三大亨之一的張嘯林，張喜歡唱花臉玩玩，金少山就給張說戲。張的身材和金少山一般魁梧，那天竇爾敦所穿的全新行頭，都是張借給他的。飾黃天霸的周瑞安，是當時楊小樓以下的第一武生，未上場時心裏懊悔怎麼不從北京帶個花臉來，現在却由個班底來和他配戲，先存了瞧不起金少山的心理，上了台就有些粗心大意。不想金少山福至心靈，看準這是他脫穎而出的好機會，上了台賣足氣力，使盡絕招，把周一腿（瑞安外號）啃得混身大汗，祇有招架之功，並無還手之力。這位向來不被重視的班底，從此青雲直上一飛冲天。

後來，郝壽臣和侯喜瑞這兩位北方名淨先後到上海去，和金少山同台演出，都被金少山佔了上風，而且都在「洪羊洞」的孟良、焦贊身上。金少山是孟良焦贊兼工，主從客便，由外來客先挑，在台上却都被金少山比下去了。郝侯二位都是淨角中的一代宗匠，不過金少山在身材和嗓音上佔盡便宜。後來郝侯二人不再南下，這也是原因之一。

郝壽臣留鬚退休

金少山回北京，那是一九三七年間的事，在南方已經紅得發紫，頗有衣錦還鄉的氣概。那年二月十五日在華樂戲院作首次演出。金少山自己當老板，掛頭牌，班名松竹社。大軸是金少山與周瑞安王福山的「全本連環套」，壓軸爲楊寶森李慧琴的「慶頂珠」，倒第三爲李多奎的「釣金龜」，陣容堅强，戲碼紮硬。座兒不用說，早就滿了。在北京的淨行大小角兒，可說無一不到。郝壽臣和侯喜瑞也在池子內。金少山上台，存心來了幾下絕活，台下叫好聲震屋宇，偏偏坐在郝侯附近的觀衆，全不認識他們，在大加讚賞之下，說了那句話：「……你瞧……這金少山才眞是個唱花臉的，個頭兒，嗓門兒，唱工，做工，郝壽臣、侯喜瑞沒法兒跟他比……」。聲聲傳入郝、侯耳鼓。侯喜瑞和金少山有同門之誼，而且私交很篤，人前背後，向來捧金少山，故爾一笑置之。但郝壽臣是早以淨行首席自居，聽了自感刺激，回家鬱鬱不歡。郝的長子是外行，在教育界很有地位，就勸他老人家從此退休，當時盛傳郝壽臣留鬚罷演，其原因實基於此。

楚霸王成金霸王

金少山的走紅，是由「連環套」啓其端，和他合演的南北有名的武生，不知多少，總是蓋不過他的光芒；祗有楊小樓是例外，等到他和梅蘭芳合演「霸王別姬」時起，這才抵達巔峯。

梅蘭芳的「霸王別姬」，楚霸王在最初由楊小樓以武生勾臉演出，他是鎔合「鐵籠山」、「拿高登」、「金錢豹」等勾臉戲的經驗而創造出來的霸王，演出時的肅穆沉着，的確不同凡响。後因楊小樓年老，不能爲了這齣戲而南來北往，長途跋涉。梅劇團在某一次去上海時，就由金少山担任。霸王的個性本來是以花臉扮演爲佳，少山的身材，人高馬大，嗓音宏亮，咤叱風雲，氣勢雄壯。除在氣質上無法和楊小樓相提並論之外，其他並不相差多少，要講個頭兒，他和梅蘭芳站在一起，還正合適，於是一唱而紅，「金霸王」之名，就此奠定。

上面說的都是這位怪傑的成功史，在他逐步走向成功的過程中，他的奇行怪癖，同時亦在發展，越紅越怪，這些事件，有些是自行其是，尤如野馬亂闖，有些是故弄玄虛，令人啼笑皆非。從一個正常的角度來看，當然不足爲訓。不過若是從另一角度去觀察一下，却亦有其天眞可愛，滑稽幽默的一面也。

金少山經濟哲學

金少山的欠債，那是京劇界裏首屈一指，這不並是說他欠了不還，却是佩服他居然應付裕如。除對於戲院老板的帳永遠無法整理外，其他如柴、米、油、鹽、行頭、房租、酒樓、飯店、夥計工資等無一不欠。拿到了包銀，誰的消息靈通，誰就捷足先得。陸續欠，陸續還，自有那班人肯放賬給他。好在他馬虎得很，從來不問細賬，這亦許人家願意放賬給他的原因。

那班人和他交往久了，摸熟了他的脾氣，討賬需用一種方法。他家裏有客人時，去討賬很難到手。看到他家裏沒有客人時，那就是好機會。討賬的可不能說來算賬，而祗能說向他借錢，那時他當着朋友，一定給你，甚至立刻叫夥計當行頭亦可以。假如那位要賬的不懂他脾氣，當着他的客人面前向他收賬，那末你這筆賬，有得等，不知要等到何年何月才能收到。

當他手頭有錢的消息被人知道，那班債主就到他家裏去，他就很爽快的分給他們，付完爲止。這時如果有個窮朋友去找他幫忙，他就先周濟朋友，債務慢慢再說。他的經濟哲學是：「窮朋友因爲沒有辦法而來找我，我應該幫他的忙。你們能放帳給我，亦不在乎遲些日子，不用急，總有你們的。」

牽狗弄猴帶乳虎

金少山喜愛小動物，貓狗鳥猴都是他的寵物，成羣的養在家裏。一頭最靈通的猴子，居然會倒茶送烟，招待客人。二頭大狼犬，還有特別用處，逢到他眞正拮据無法應付時，讓牠們把守前後門，那些催戲的、賬戶、債主，如何還敢進去？他自己在房內抽烟睡覺，靜等戲院老板送錢來，還過賬再去唱戲。

一九三五年，梅蘭芳劇團應邀南下，在香港利舞台與廣州海珠戲院輪迴演出，因爲要演「霸王別姬」，金少山當然非請他加入不可，他是最後啓程的一個。上海方面派人送他上船，他却帶了猴、鳥、狗三寶。船上帶動物，必須另裝木籠，作爲貨物運輸，還需預先報關等手續。少山不肯，堅欲隨身携帶，船上不肯通融，他一賭氣，回頭就走。香港方面等他來唱「別姬」，霸王何以不見駕到？於是電報查詢，原來金少山，安安穩穩在六馬路中央飯店抽其大烟，後來把他說服了，放棄了三寶，單身南下。

他到了香港，在囉囉街化二百港元，買了一只小老虎，牽虎行街，被差館拉去罰欵。後來把這只乳虎帶回上海，打了一條鐵練牽了逛馬路，被法租界當局捉去充公，交給法國公園動物園豢養。

給外賞大過正帳

在三四十年前的上海，上小館子吃點心或宵夜，三四個人吃不了一兩塊錢。金少山每晚戲畢，便要拉幾個朋友同去飲酒宵夜，上天津館，吃個兩三塊錢，習以爲常。照常例而論，給幾毛錢小賬也就夠了。可是他出手濶極，一給就是五元，本來連大小賬一併在內，已是第一流濶客了。但是他這五元，單是外賞，而要把正數記在帳上。因此館子店老板無不在背地皺眉，而伙計們則大表歡迎，惟恐這位濶佬不常來也。

楚霸王替他還債

梅蘭芳某一次到上海，就邀請金少山參加，主要就是接替楊小樓演「別姬」的霸王，平時有戲則唱，無戲休息，除了固定包銀之外，每演一次「別姬」，另致酬金三百元，後來加到五百元。那時的票價，最高祗賣二元，所以他就等於拿一百五十張或二百五十張票價。若以米來計算，就是三十石或五十石，眞是優待之至。

於是金少山的債務，全憑這齣「別姬」來對付。那些債主常是這樣說着：『不要太逼他，快唱「霸王別姬」了，急什麼？』或者是：『等梅蘭芳來，决計跑不了我們的賬』。換句話說，逢

金少山（項羽）梅蘭芳（虞姬）「霸王別姬」合影

到他唱「別姬」的時候，就是他付賬還債的日子。到了那天，債主盈門，他就安詳地躭在小房間裏抽其大烟，靜等戲院送酬勞來，而戲院方面，早已心中有數，除了酬勞之外，還得多預備些錢去替他了清債務。否則他一定賴在烟舖上不去後台，梅蘭芳沒有了霸王，虞姬也無能爲力的。

找女伴分期付欵

當金少山在上海紅得發紫而相反地窮得一籌莫展的時期，天津有家戲院，派人到上海去邀他，這是一件再好也沒有的事情。人家爲他代墊了很多錢，還欠債，贖行頭，所費不貲，他把住屋退租，住在大中華飯店，候船動身。不想他今天不走，明天不走，推三阻四，躭擱了三四個月，還是沒有走成。而在這三四個月內，他又拉上了很多債務，更走不成了。天津的那家戲院，却爲他左等右等，營業方針亂了步驟，蝕光了關門大吉。金少山最後就是想去，也去不成了！

在偶然的機會裏，金少山找到了一個伴侶，她是一個班子裏的姑娘，身價四百元，先付二百元就同居起來，剩下的二百元，任憑老鴇千催萬催，總是付不出來。湊巧那時天津正有人來邀他，同時，也許那伴侶並不怎樣合他的胃口，他就把老鴇找去，對她說：『我把她退給你，已經付的二百元，亦不要你還了』。這一來，他等於化了二百元包了二個月，找女伴分期付欵，到期退貨，也祇有金少山。

警察保護抽鴉片

金少山在南京的聲勢，比在上海還大。那時候是八一三事變前幾年，褚民誼任行政院秘書長，褚愛玩票唱花臉，和金少山非常接近。南京在表面上烟禁很嚴，但金少山非烟不行，也由褚包庇，派了兩個警察在寓所保護他。有一天，金少山的戲碼大，需把烟具帶到後台去。他就對警察說：『老鄉，勞你駕，替我拿了一同上館子』，那兩個警察知道他的來頭大，居然照辦。

金少山在南京街上溜躂，從古玩舖裏看中幾件小古董，問明了價錢，報出金少山大名，暫時記賬，叫他們隨後去收錢。拿到寓所，細細欣賞，非常得意，恰巧有個朋友去訪他，也是連聲稱讚，少山就當時送給他。這個作風，也許他常演曹操，在「贈袍賜馬」裏，當關羽試乘赤兎馬後，關念：「好馬呀好馬」，曹念：「將軍莫非有愛馬之意」？關念：「好馬人人皆愛」，曹念：「就贈予將軍」。金少山可能是受此戲的影响，也未可知。

到晚上古玩舖來收錢，對不起得很，不知跑了多少次，才由戲院當局付賬了事。據說金少山喜歡攝影，照相機買過幾十只，祇要你說好，他就送給你。可是說也奇怪，我們却從未見過他的攝影作品。

竇寨主半途失踪

「花臉大王」的外號是在南京得到的，因爲凡是到南京演出的演員，誰也比不過金少山的叫座力。花臉而掛頭牌，自己當老板，也是他在南京首倡其端。自己既是老板，邀了角兒來，總要讓客幾天。有一期，他邀武生劉漢臣去，第一天，讓劉漢臣唱大軸「金錢豹」，賣座十足，戲的成績亦不惡。劉的父親在後台洋洋得意誇獎兒子眞行，金少山心中不服，却也一聲不出，由他去說。第二天是金劉合演的「全本盜御馬連環套」，賣大滿堂，不在話下。金少山把「坐寨、盜馬」幾場戲，唱得神完氣足，采聲雷動。等演完「盜馬」，天霸上場，他却不聲不响，抹去花臉一溜烟跑回寓所，抽烟休息。直至天霸亮鏢，管事們方始發覺竇寨主失踪，趕去寓所找他，他却推說不舒服，不肯再去。那時候戲院裏黃天霸沒有竇爾墩，無法演下去，祇得暫停。觀衆們不肯散去，前台經理上台講話說金老板有病，明天補演，戲票明天有效，或則可以退票。觀衆們不要退票，一定要當天看，雙方鬧成僵局。此時後台經理樊春樓料想這位金三爺又在發脾氣，但摸不準爲的是什麽？祇得親去勸駕。好在他們是把兄弟，况且究竟自己是老板，於是連請帶哄，回到戲院，先上台向觀衆說話。觀衆們一見了金少山一聲轟堂叫好之後，靜聽他說些什麽，他說：『因爲昨晚着涼拉稀，方纔回寓出恭，身體頗乏，本想休息，今蒙諸位台愛，萬分感謝，請稍待十分鐘，容我重新勾臉再來獻醜』，語畢，台下又給他一個滿堂好。於是繼續演完，觀衆滿意散去。後台大家正在卸裝洗臉的時候，少山把劉漢臣的父親找去，對他說道：『老吳漢，（戲班裏指不明事理者為「吳漢」，因為「斬經堂」裏的老旦在罵兒子時，有句戲詞，「好不明白的吳漢啊」，劉漢臣向有「小吳漢」的外號，於是累及老父，成了「老吳漢」了）你看看，究竟是金錢豹行呢？還是竇爾墩行？』，這時候大家方始明白，金少山大發脾氣，就為了這麼一句話，鬧得人仰馬翻，幾乎出亂子。但他是老板，況且真有顏色，還有什麼好說呢！

全國運動會開幕時，金少山又在南京明星戲院當老板，他是體育迷，天天去看，跟褚民誼坐在一起，憑他那副氣概和很講究的披風，不說明倒很像一位顯官。有一天，戲院白天有戲，管事勸他不要去看運動會，免得誤場。他說，祇要到了時候，打電話找褚秘書長通知他，立刻可以趕回來。豈知到了時候，任你打電話去，他還是不回戲院，他還在電話裏吩咐說：『運動會非看不可，戲院裏情願退票』。

楚霸王不辭而別

一九三五年梅蘭芳劇團南來香港演出時，金少山亦會來過一記怪招，當時傍金少山的私房胡琴，是現在此間的名教師馮鶴亭。原來，金少山搭班，向來先收錢，臨行時早已兩手空空，他又喜歡買東西，自己玩或送人，沒有錢買，怎麼辦呢？他看見「霸王別姬」很叫座，每星期總得演上二三次，他於是就在演出「別姬」的白天，他一定去逛百貨公司，選購心愛的打火機、烟斗、烟盒等等，就關照店裏送去梅劇團辦事處收錢。梅劇團的管事李春林等都是久經世故的老行家，知道金少山這一套手法，看在滿座份上，總是代他收貨付錢，晚上把東西交給他，金少山哈哈一笑，心照不宣。後來每演「別姬」的那天，總有東西送來，替他付款。幾次以後，幾位後台辦事人討論下來，一定要拒收一次，原貨退回，以後就可以免掉這一套了。果然又碰上演「別姬」，百貨公司送來一條羊毛氈，一件羊毛背心，外帶糖菓、香烟，比平常的貨款，還多一二倍。於是辦事人就乾脆退了回去。金少山到了後台，夥計告訴他，他聲色不動，問都不問，照樣勾臉上裝，到了台上，還特別冒上，辦事人反而覺得奇怪起來。不料此戲演到緊要關頭，就是霸王戰罷進帳，和虞姬飲酒解悶，飲了幾杯，有些疲倦，霸王就進大帳休息，虞姬開唱大段南梆子，想不到金少山在進帳休息到了後台，就命夥計去通知李春林，金老板頭痛發冷，頂不住了，不能上了。李春林一聽，那還了得！霸王不上，此戲如何收場，而且觀眾亦不會答應呀。李春林究竟是老資格，立刻明白退貨的事發作了。就親去向金少山打招呼說：『金三爺，您今兒晚上，怎麼也得唱完，剛才他們不知情，把您要的東西給退了回去，明天我叫公司把氈子等再送來就是，萬事都衝我，以後一切由我負責，沒錯兒』。少山却還幽了他一默說：『八爺，您不知道就是因為天涼，需要氈子，你看，我不是因為沒有氈子，才頭痛發冷嗎？』，結果是連請帶哄，把他送上台去，才把戲唱完。

霸王遲到看起霸

金少山誤場遲到的怪脾氣，與日俱增。有一年，他在漢口，和梅蘭芳合作，那天正唱「別姬」，有位捧梅健將桑䅉軒（人稱桑獃子）和金派淨票李少齋約金少山去舊日本租界吃「斯蓋阿蓋」，桑李二人都是熟於世故而且深知金少山脾氣的。到了目的地，先用電話通知管事，可以隨時通消息，免得誤場。果然到了時候，左催右催，終不見他回來，桑李二人也是連聲催促，好容易趕回戲院，前面戲碼，早已唱完，「別姬」已上，漢將已開始慢吞吞地在起霸了。金少山却口啣雪茄，慢條斯理的走進後台，還不肯就扮，先拉開門帘向台下作一亮相，在他的意思，彷彿是告訴觀眾『我已經到後台了』。正在勾臉的時候，他的貼身夥計對他說：『老板！』，台上漢將起霸完啦，韓信一發點，就該您啦！』，少山還是漫不經心的說：『不用急，等韓信下來，讓楚將也上去起霸，馬後些！』，匆忙之間更無他法可以拖長時間，祇有照此安排。只是了苦觀眾們，既看漢八將起霸，再看楚八將起霸，程式相同，慢吞吞地氣悶不堪。不過，等到金少山的霸王出場、一副好扮相，一曲粉蝶兒，四句定場詩，非但悶氣全消，還得叫他幾聲好。

嗜煙酒貧困而死

為了金少山的脾氣和他叫座力一般地出奇，他最後一次在上海皇后大戲院演出，就請他住在戲院裏，然而，你能不許他出去應酬嗎？所以後台經理和管事們，還是感到頭痛，有時他並未出去，却睡着還未起床。他喜歡熬夜，抽烟之外，還喜喝酒。戲完之後，約了許多朋友，烟酒並進，談天說地，至次日中午方始睡覺，晚上八九點鐘起不了身，千催萬催催醒了，還得抽足大烟，方上後台。有時竟連臉還未勾齊就上場了，等有空閑時候再在台上或後台補勾。

他的家庭狀況，知者不多，沒有聽說他有子女，從未收過徒弟，祇收過兩個票友學生，在北京收的叫吳松延，是個郵務員，在上海收的叫張松年（哲生），是海關關員。

總的來說：金少山的為人，以藝術論是好角兒，以交誼論真夠朋友，有錢時儘花，沒錢時他亦過。祇不過脾氣越來越古怪，烟酒越吃越增加。後來定居北京，他的那些怪癖，始終不肯改過。除了自己成班，沒有人敢邀他。而且烟酒之量，永無止境。吃白乾用大玻璃杯大口的喝，如此折磨了幾十年，嗓子那得不壞，底氣那得不竭，因而日漸潦倒，任他過去有多大的霸王威風、寨主豪邁，至此亦沒有人來恭維他了。終至貧病交迫，困死都中。那些奇行怪癖，也跟着他埋進土中去了。

銀海滄桑錄

李祖永造「塔」記

蝶衣

——本文資料由前「永華」總務主任周汝傑先生提供——

「永華」建廠後的創業作「國魂」，以空前壯盛的大堆頭陣容打响了第一炮，片未公映已遐邇皆知。就在「國魂」攝製過半的時候，第二部宮闈歷史鉅片「清宮秘史」籌備工作也展開了。

「清宮秘史」的劇本以姚克的舞台劇「清宮怨」爲藍本，經過了原作者的一番改編，加强了光緒朝的「后黨」與「帝黨」政治鬥爭之內容，並突出了珍妃在政爭中的慘遇，以期片成後能與「國魂」後先媲美。

爲了鄭重起見，「清宮秘史」的導演一席，特地邀請那時雖已病廢但仍能指揮一切的朱石麟担任，以岑範、白沉爲副；岑、白都是朱石麟的門弟子。

由於「國魂」尚在拍攝之中，原有的兩個攝影棚不敷應用，臨時又蓋搭了一個八十尺長，四十尺寬的影棚，三個棚輪流拍攝兩組戲，「永華」的規模又因此而擴大了一些。

就記憶所及，「清宮秘史」的演員陣容大致如下：

周　璇……飾珍妃
舒　適……飾光緒帝
唐若青……飾西太后
徐　立……飾康有爲
羅　維……飾袁世凱
徐莘園……飾榮祿
陳　琦……飾瑾妃
洪　波……飾李蓮英

此外分別飾演嬪妃、太監及文武大臣的演員，總數也不下千餘之衆；聲勢方面，可以說並不下與「國魂」。

獨一無二的背影放映機

「清宮秘史」的大小佈景，共計五十餘堂，都是由著名佈景師包天鳴設計。其中有都份清宮實景，則是派了攝影師到北平去就地拍攝，然後插入片中。例如藕香榭外的昆明湖，畫面上可以看到漣漪盪漾的一片美麗景色，這便是利用「永華」獨一無二的「背景放映機」轉播的。

這一架「背景放映機」，是美國「米丘爾」廠的出品，代價是港幣十七萬元。這種「背景放映機」，當時在遠東方面僅有三架，兩架爲日本之映畫會社所擁有，一架即屬於「永華」。

當時，這一架「背景放映機」在電影圈裏，是十分「巴閉」的；不少參觀「永華」片廠的人，首先要見識的不一定是「拍戲」，很可能倒是以「但願一識放映機」作爲更主要的項目。

爲了使用這一架名貴的機器，廠長陸元亮與另一位電氣專家，特地訓練兩個專員，負責管理其事。此外並砌了一座庫房，專門爲安放該機之用，安放的位置對準了攝影棚之一端。當每次使用此機的時候，參觀者總是摩肩接踵，擠作一堆，就中有同業，有記者，也有預約的學校學生或社團人士。拍攝時凡是用到「背景放映機」的時候，事先總要分別通知申請參觀的各方面，讓他們有「見識一下」的機會。

好奇，本是人之常情。「永華」利用了這一架罕有的「背景放映機」也收到了宣傳的效果。

在「國魂」一片中，有着「攻打襄陽城」的大場面，出動的兵馬數以千計，當時是在廣州的郊區借用軍隊兵馬先拍好了實景，然後又在廠裏補拍內景，而用「背景放映機」把內外景兩下裏配合起來的。

「清宮秘史」片中的昆明湖景色，是「背景放映機」的又一次應用。

除了佈景由包天鳴設計之外，服裝方面也請了一位專家主持其事，他就是鼎鼎大名的人物畫家盧世侯。

遜清貝勒來港擔任顧問

由於「國魂」用過的宮廷門窗甚夥，現成材料稍加改變，依舊可以搭成佈景，因之「清宮秘史」一片的攝製工作，較之「國魂」便快速了許多。但前前後後也費了半年時期，始底於成。所動用的資金，約在港幣八十萬元左右。

在「清宮秘史」攝製過程中，有一段趣事可以一記。

「清」片的故事發生於滿清末葉，雖然距離現代不遠，服裝、佈景都不難有所依據，但關於宮廷禮節以及人與人之間的稱謂，却不是盡人皆知，很容易犯上錯誤的。

在上海，有一位李家的親戚與遜清的皇族素有來往，李祖永便滙了一筆錢給他，請他負責北上，把一位高齡的遜清貝勒，請到了香港，担任「顧問」一職。

這一位貝勒不願宣佈姓名，他來到香港以後

，便寄居在清水灣的別墅裏，作了李家的上賓，凡是遇到了有關官銜、朝儀等等的疑難問題，這位老人家便成了最好的解答者。有時興起，他也會渡海到九龍，進入片廠實地指導。盡他的「顧問」責任。

直到「清」片攝製完竣，李祖永纔把這位貝勒送上飛機，讓他經由上海轉回北平。

從這一件事，可以證明初期的「永華」，對於拍片是如何的認眞。

擴展海外市場成就有限

「國魂」與「清宮秘史」兩部巨片先後完成，除了在國內公映之外，同時又設法向國際方面打出路。

擴展海外市場，是李祖永「獨資造寶塔」的最大目的。

先是「國魂」，在美、法兩國都曾獻映過一個時期，但並未賺得美金和法郎，由於事先的交際費太大了，但李祖永不在乎，他的願望，總算獲得了局部的實現。

繼之是「清宮秘史」，除了賣出歐美版權之外，李祖永還希望能在日本發行。

於是，他派了一位特使到日本去活動。

這位特使對影片發行並無經驗，到了日本之後就了兩個月，結果一事無成，白白的花了一筆旅費。

最後，還是由李祖永找到了有關人士，談妥了映權問題，纔把拷貝運往日本，在東京的二輪戲院裏排期公映。

日本的二輪戲院，有連續放映兩部影片的習慣，也就是買一張票可以看兩部不同的影片。

因之，「清宮秘史」便被那邊的院商認爲片子太長，用不着什麼「電檢處」的命令，便捏着剪刀亂剪一通，「清宮秘史」給剪得七零八落，潰不成軍，變成了一部僅僅放映一個小時的戲。勉強在二輪戲院放映了一個短暫的時期，「拆賬」收入微乎其微，還不夠抵消先前所派的特使之來回機票及其他費用。

不過，那時候的李祖永旨在「爲國產影片打出路」，「清宮秘史」總算讓旅日華僑也見到了，目的已達，他也覺得心滿意足了。

電影「清宮秘史」中之光緒（舒適）與珍妃（周璇）

「落難公子」慘遭火葬

以九級浮圖爲商標的「永華」機構，自一九四八年開始拍片，到一九五四年宣告解散，五五拆廠爲止，歷時只得七年，命雖不長，出品倒也不在少數。

「國魂」與「清宮秘史」，是兩部轟轟烈烈的鉅鑄。此外的約畧計之，還有「春雷」、「巫山盟」、「大涼山恩仇記」、「山河淚」、「火葬」、「野火」、「生與死」、「蝦球傳」、「春城花落」、「愛的俘虜」、「春天不是讀書天」、「吃耳光的人」、「翠翠」、「狗兒手」、「拜金的人」、「夫婦之間」、「飛虎將軍」、「嫦娥」等多部。

另有一部「瑞典足球賽」紀錄片，則是「號外」出品。

老板一怒，下令燒掉片子，這豪舉在電影界也是由李祖永開其先例。

李祖永下令燒掉的一部片子，片名是「落難公子」。

「落難公子」之燒掉，起因是導演有「要挾」的預謀，不幸走漏了消息，「要挾」尚未發動，已爲李祖永所悉，於是那位導演便被召進了李公館。

「你想刁難我，是不是？」李祖永開門見山，當塲揭穿了「要挾」的秘密。

導演傻了！李祖永笑着說：「用不着你費心，我把片子燒掉就是！」

「落難公子」已攝成的拷貝，早已吩咐廠中幹部搬到了李公館。

「燒！」李祖永一聲令下，窗外火頭點起。「落難公子」當眞落了難，最後命運是「火葬」。

火焚公子，李祖永對於銀色事業的雄心從此大減，不像初時那樣的起勁了！

四大員定下了出租計劃

「落難公子」停拍以後，由於經濟發生問題，收入不敷支出，以致整個製片計劃也受到了影響，公司逐漸陷入了半停頓狀態，上下人等終日無所事事，苦悶非常。日子一久，演員多數都去而之他，改投到了其他公司的旗幟之下。辦事人員另有門路的，也走的走，跑的跑。留在公司裏戀棧不去，等候發放欠薪的職工們，閒來聊天時無不皺眉蹙額，一個個自我嘲謔，以「落難公子」自居。

「落難公子」這部戲拍壞了！老闆落難，我們也跟着落難，眞是倒霉！

類如以上的歎息，在「永華」的每一個角落，差不多時常可以聽到。

協助李祖永擘劃一切，「永華」片廠建立起來的S．K．張善琨，在籌拍「清宮秘史」一片之際，就已經離開了「永華」，後來，李祖永口頭時常說起：張善琨有宰相之才，但他常懷有謀皇篡位之心，他要走，我也留不住他了！

當時，在總經理李祖永之下，另有四位理字級的大員，掌握着整個片廠的實際工作，一位是王耀堂，一位是祖永的從弟李祖萊，一位是祖永的妹夫邵忻湖，另一位是廠長兼經理的陸元亮。

李老總意志消沉，不一定按日上公司，往往要隔上三五天，纔駕臨辦公室一次。

四位大員眼見情況不妙，深恐坐吃山空，私底下作了幾次商量，結果想出了一個「片廠出租」的計劃，企圖藉此挽救頹勢。

其時，另有「大中華」「鑽石」兩個片場，本身生產停頓，也在租給外人拍片，一來片場不致空置，老闆可以收租，同時也養活了一批職工。四位大員以此爲借鑑，擬成了一份詳盡的計劃書，交人繕寫之後，便帶了計劃書進見總經理。

豈知李祖永看到了計劃書的內容，竟然一聲冷笑，大聲說：「你們這個計劃，存心要我坍台是不是？我有這樣一個十全十美的廠，器材都是最新式的，自己不拍戲，反倒讓給人家派用場？好！我不做總經理了！請你們四位來擔任這個職位吧！」

四位大員一片好心，滿懷熱誠，給李祖永當場澆了一盆冷水，不由聞語變色，大爲喪氣。

結果，只得收回那份辛辛苦苦擬就的計劃書，沒趣地退出了總經理室。

四位大員開了個善後會議，議決案是：引咎辭職，各奔前程。

李祖永對於四位大員之去，由於斥責在先，無法再加挽留，也就只得悉聽尊便，決定自己「獨當一面」。

鍾啓文接任廠長的開始

李祖永在一番斟酌之後，將原任劇務主任的周汝傑，擢陞爲總務主任。

周汝傑走馬上任，首先着手的是重新登記員工。當時員工不少，欠薪相當可觀。

「永華」原來的人事工作，是由李祖萊主管的；他既辭職，周汝傑便兼理了這一份工作。

此後的「永華」，又是另一重要人物的登場，他就是鍾啓文。陸元亮遺下的廠長一職，李祖永委派鍾啓文接任。

鍾啓文是留美學生，對於電影、電視的技術行政，素有研究，是位專家。

李祖永量才錄用，邀請鍾啓文繼任廠長一職，鍾啓文到職後，除了對行政部門，另有一番改革部署之外，又訂定了新的製片方針。

方針，是需要「錢」來推動的。而這時候的「永華」經濟情況，却並無好轉的迹象。

一切齊備，所缺少的只是「東風」；因之，鍾啓文訂下的拍片計劃，未能立即付之實行。

趁着無片可拍，鍾啓文便着手整頓內部，所有攝影、錄音、放映、黑房等各個部門，都經過了一番改革。

「開麥拉」之聲又重聞

日復一日，終於撥雲霧而見青天，廠裏又有了拍片的消息。李祖永表示，他要捧訂了合約已久的新人鷺紅、楊明。

提起楊明，又有一段故事：李祖永曾經有位妾侍，長得很美，因病夭亡。「永華」駐滬大員李大深，發現了楊明，貌似李祖永的亡妾，於是以照片作媒介，簽了合同，接楊明兩姐妹來港，隨從者有平劇花旦教師新麗琴。外邊傳說：李祖永與楊明如何如何，李付之一笑說：「我與楊明？手都沒有握過！」正是一位與衆不同的影業鉅子。恢復拍片的第一部戲，片名「愛的俘虜」，由姚克編劇，程步高導演。

女主角兩位：鷺紅、楊明；男主角是今日的「百萬導演」羅維。這一部「愛的俘虜」，就是鍾啓文接任廠長以後的首本戲。

「愛的俘虜」是時裝片，第一堂佈景搭的是客廳連臥室，上午十時通告，第一天陳設道具，鍾啓文親自領導佈置，忙到深夜纔完成工作。

爲了慰勞工作人員，「收工」後，鍾啓文請吃消夜，吃的並非電影界通常的「雲吞麵」，而是一頓西餐。餐畢，又親自駕車，送佈景師包天鳴等幾個人回家。

「翠翠」面世林黛崛起

此後，又陸續拍攝了「翠翠」、「春天不是讀書天」、「玫瑰玫瑰我愛你」、「拜金的人」等幾部影片。

其中，「翠翠」一片捧出了一個林黛，由此片而一鳴驚人，成了電影演員中不同尋常的一顆新星。

她的宜嗔宜喜的面型，以及一對大大的眼睛，經常在報章雜誌上出現，從此成了千千萬萬的影迷的崇拜偶象。

林黛因「翠翠」一片成名，「永華」也因「翠翠」一片創下了良好的賣座紀錄，而回復了生氣。另一部「拜金的人」由李麗華主演，也是獲得好評的一部出品。

李祖永變賣了部份產業，把所得錢投入「永華」，本錢化了不少，但「發行」方面的「分賬」，却一時收不回來。此時，徐士浩、鍾可成來勸祖永歇手，李祖永說：「現在局面弄大，歇手談何容易，我有辦法搞下去。」究竟李祖永如何搞法，又要請聽下回分解了！（下期續完）

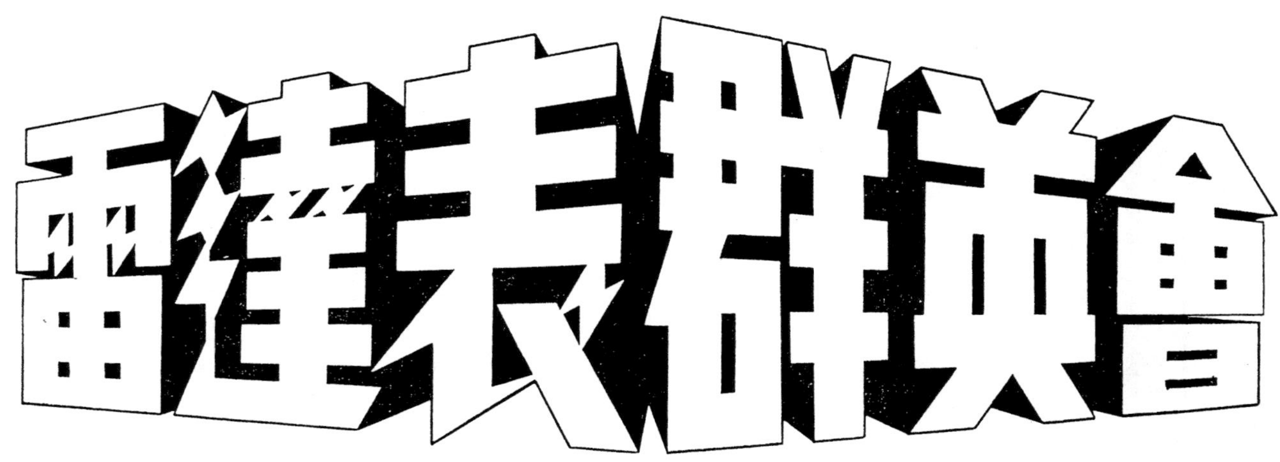

超北極型
星期・日曆・自動・游水
全鋼＄285

新金馬型
星期・日曆・自動・游水
全鋼＄320

990型
星期・日曆・自動・游水
全鋼＄290
包金＄320

鉄漢型
自動・日曆・游水
全鋼＄255

瑞士雷達表廠,肯鑽研,敢創造,繼承及發揚瑞士製錶的卓越技巧,結合及溶滙藝術美與時代感,歷年多項唯我獨尊新設計,早已成爲其他手表模仿的對象.

雷達表暢銷全球,更貢獻最佳銷售後服務.

服務站：香港遮打道太子大廈樓下・九龍太子道94號大華大廈六樓

世界第一隻永不磨損型的發明者

本刊已向香港政府登記

定價每冊港幣壹元

天下第一联

張大千年譜

論天下大事

談古今人物

第四期

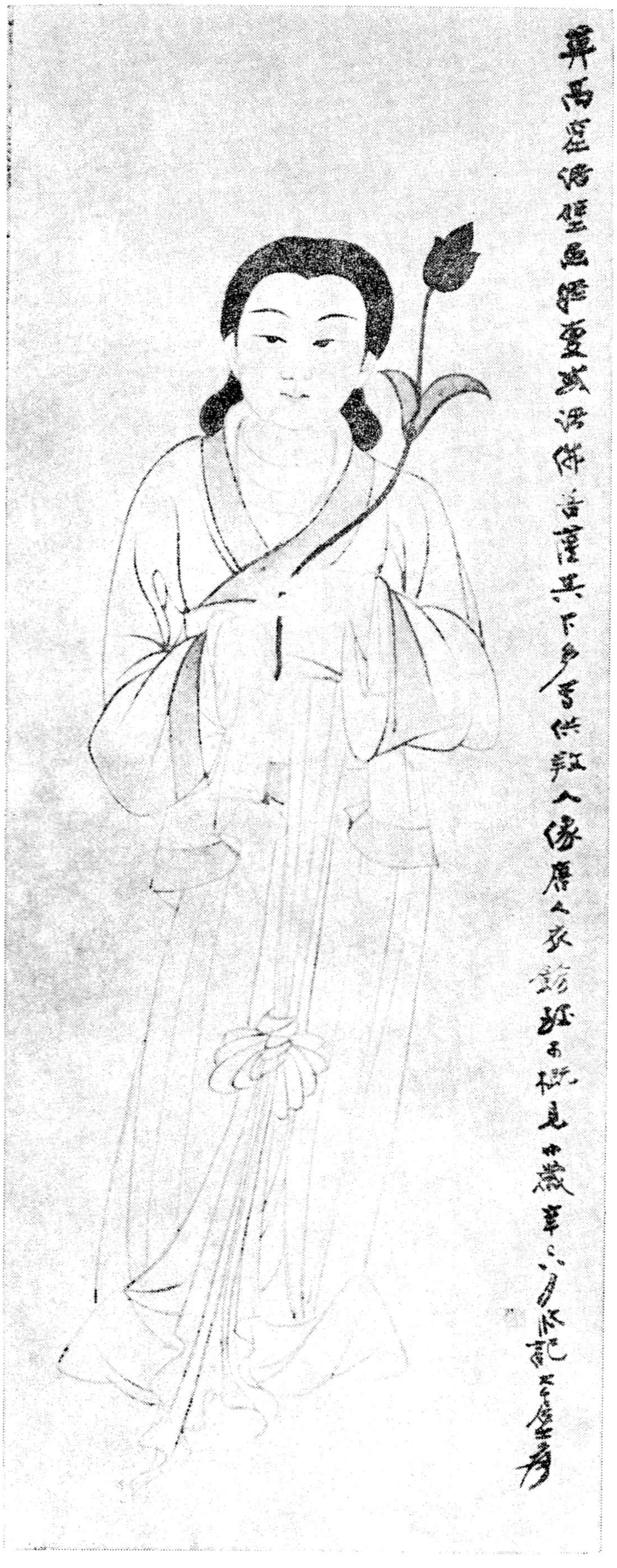

敦煌莫高窟供養人像

張大千畫

定齋藏

大人

第四期目錄

一九七零年八月十五日出版

大人

每逢月之十五日出版

出版及發行者：大人出版社有限公司
督印人：王朝平
編輯者：大人雜誌編輯委員會
總編輯：沈葦窗
社址：九龍西洋菜街三號A 即彌敦道六一〇號後座
電話：K八五五七三〇
印刷者：立信印刷公司
九龍新蒲崗伍芳街緯綸大厦十一樓
總代理：吳興記書報社
香港租庇利街十一號二樓
電話：H四五〇五六一 H四五〇七六六
星馬代理：遠東文化事業有限公司
新加坡厦門街十九號
檳城杳田仔街一七一號
泰國代理：集成圖書公司
曼谷耀華力路二三三號
越南代理：聯興書報社
越南堤岸新行街二十二號
其他地區代理：
澳　門：可大文具店　漢　城：汎亞書籍社
亞　庇：利文公司　寮　國：永珍圖書公司
千里達：中華公司　斗　湖：光明書店
倫　敦：東寶公司　菲律賓：玲瓏書局
芝加哥：杏林春　紐　約：友聯圖書公司
波士頓：中西公司　洛杉磯：永安堂
三藩市：新生圖書公司　檀香山：大元公司
加拿大：香港商店　三藩市：文化商店
加拿大：新國華公司

吳稚暉妙人妙事

陳存仁

1865—1953

民國三十六年，我識得一位年近花甲的病家，這位太太年事雖高，却斯文大方，可惜形容憔悴，滿身是病，有時我也到她家裏去出診，一看她家中陳設的東西，和懸掛四壁的書畫，才知道她就是小萬柳堂主人廉南湖的夫人吳芝瑛女士。她寫得一手很秀麗瘦金體的字，和畫得很細致的工筆畫。

吳女士給我認出之後，她對我說：『連年顛沛流離，不如意事常八九，所以把整個身體都攪壞了』。我說：『你年事雖高，還能寫字作畫，體力尚屬不差。』她笑而不言。後來才知道她實際上很少寫字，所有求書的，都由孫寒厓先生代筆的。

一天，爲她診病既畢，她說：『住在我樓上有一位老公公，他病得很厲害，我想請你去看一看』。說到這裏她愼重的說：『不過這位老公公有一個怪脾氣，就是一生一世不請醫生，也不肯吃藥，所以你祇能作爲探訪，見機行事。』說罷就叫樓下一個伙計阿林，陪我上樓。

原來這幢房子，二樓與三樓之間，有一層很厚的樓板隔絕着，並且用鐵鍊鎖着，登樓時要先開鎖，再推開那塊很重的樓板，才能登樓。

更上一樓　居有老翁

我隨阿林登了三樓，他回轉頭又把樓板鎖上，見到有兩間相連的房間，外面一間祇擺着幾隻東倒西歪的木櫈，沿窗放着一張很大的用板做的書桌，上面擺着許多筆墨紙硯，一望而知是這間房的主人也是文人。

裏面還有一房，陳設更舊更簡，一邊放着三十多個木箱，一邊擺着一個老式白木櫥，中間放置一張木板床，床上睡着一位老公公，蓋着一條藍底白花的老布棉被。

阿林一進門衝口而出的說：『老公公，有個醫生來探望你』。老人閉着眼睛不睬不理，繼而呢呢喃喃的說：『一些小毛病，何必大驚小怪，隔兩天就會好的，誰叫你帶醫生來？醫生都是牛頭馬面，閻羅王的幫兇嘛』，阿林說：『這是廉太太常年看病的醫生，他今天祇是想認識你老人家，並不是來替你看病的』。他聽了這話，就睜開眼睛，瞅了我一眼，突然間一躍而起說：『我正寂寞無聊，大家談談也無妨。』

這時我仔細一看那位老人家，好像很面熟，再一想就是大名鼎鼎的吳稚暉，因爲他的照片常在書報雜誌上見到的。

吳稚老一起身，就走到外間書桌前，和我面對而坐，對我凝神而視。隔了好一會，才開口對我說：『原來你是看廉太太的醫生，廉太太喜歡吃藥，我是一生一世不吃藥的，祇靠自己身體上大自然的力量來恢復健康，吃多了藥或是吃錯了藥，反而會送命，所以我認爲醫生都是閻王的幫兇，你見怪不見怪？』我說：『老公公的話眞是不錯，有許多病有副作用，有壞反應，所以不吃藥，有時也有好處』。接着他大談其自身之病，說是他在十二三歲時節，咳嗽吐血，面無人色，無錫的醫生都說他是童子癆，壽命不會長，他一氣之下，橫豎等死，絕不吃藥。他每天一清早就爬登惠泉山，是無錫有名的山峯，脫得一絲不掛晒太陽，吸新鮮空氣，看天上雲聚雲散，看日出日落，祇吃一些水、一些粥，如是者經過兩年，所謂童子癆的毛病也就好了。

我聽了他的話就說：『肺癆病唯一的療養方法，就是不憂，不懼。日光、空氣、和水，是人類養生三寶，所以你的病不吃藥也好了。』

說到這裏，稚老說：『昨天起大瀉特瀉，現在又有些肚子痛，恕我又要去如厠了』。話未說畢，匆匆跑進毛厠，等他從厠所出來，坐定之時，好像有些喘促的樣子，閉上眼睛，力持鎭定，我看到這情形，想得出他是已經頭昏眩暈，不能支持。等了一會之後，他才睜開眼睛說：『我儘管瀉，決不吃藥的，雖然你是醫生，休想勸我吃藥』！

我說：『你不吃藥我也贊成，決不勉强，但是你平時吃不吃水菓，像山查石榴之類？』他說：『祇要不是藥，我都吃』。我就叫阿林去買山查炭五錢，石榴皮八錢，即時去買，即時煲飲，他面子上不好意思不接受，勉勉强强的飲了一碗，於是繼續談話一小時。他說：『現在肚裏咕嚕作响，肚痛倒好了。』我告訴他：『山查可以消積，石榴皮止瀉第一。』他就笑嘻嘻的說：『這東西不妨再吃一次』，我唯唯點頭，就向他告辭了。

第二天我又去他家，稚老說泄瀉已經給你攪好了，我給你看看前天的日記，你一定會發笑的，日記中他寫着下列一段話，和一首詩：

『三十六年九月九日夜半四時許，瀉藥之性發，急急開燈，披棉袍已來不及，知不能走到茅厠矣。即扯住棉袍角，在床前放手一撒，自然一地腥臭，穢氣薰騰，糞花四濺，走到茅厠撒個痛快，洗淨臀部，進房收拾，然並未喊老媽子送爐灰一糞箕，並未喊小當差拿巨大拖糞帚做工。祇化了面盆一隻，刮墨刀兩把，揩布一塊，五點鐘即大功告成，吟詩一首。

『半個鐘頭半截腰，居然遮蓋絕絕好。不是親眼看見過，不信有此不得了。無錫常言稱老小，人到老來就要小，出屎出尿平常事，還要裝出大好老。』

吳稚暉（坐者）與作者合影於上海呂班路吳氏寓所

這時稚老已八十三高齡，自己承認是由『老』而『小』，那晚他在大瀉特瀉之後，賈其餘勇，自己料理自己，還大發詩興，詩末附註云：『化五盆水，走五趟，化五十分鐘』。

稚老的日記，是寫在一本老式的紅格子線裝賬簿上，厚厚的一本，布面上臘的。據稚老說，同樣的日記簿有幾百本，裏面寫的都是小楷，字寫得並不整齊，顯然他已寫了幾十年的日記，我對他說：『你這段日記，將來我要來抄的』。他說：『可以，祇是不能偷看我全部日記』，當時我就略略翻上一翻，祇見裏面貼了好多報紙剪稿，這些剪報，都是他的作品。所以每一本日記看來是字數極多的。

我對他說：『你的日記，比清代李蒓客的越縵堂日記，還要豐富』，稚老說：『自然囉，李蒓客怎能和我相比，但是我一無財產，有的祇是這些日記和清末民初的各種書籍及我生平的許多照片，裝上了三十多個木箱，此外便一身以外無長物了。』

門禁森嚴　機關重重

吳芝瑛女士的病漸漸的好了，我每次登樓，要驚動她開門解開鎖鍊，已經覺得很奇怪，後來吳芝瑛叫阿林來說：『陳醫生以後來訪問老公公，讓他走後門，如何走法？你詳細告訴他』。所以從這時起，我就改走後門了。

這裏我要提一提他們居處的神秘情形。

他們居住的洋樓，一排有四幢，每幢是三層樓，在法租界呂班路陶爾菲斯路口，前門是呂班路，門牌是十四、十六、十八、二十號，後門是一條小巷。

吳芝瑛女士的一幢是二十號，樓下店面是『寄舲舫裱畫店』，二樓是吳芝瑛的居停，三樓是吳稚老的居處，二三樓之間的樓梯，有一塊厚木板門相隔着，還加上一條粗鐵鍊鎖住，原來裱畫店中，有兩個彪形大漢看守着，是專門保護稚老安全的。

另外有一條通路，是在十四號的後門走到三層樓，有一條走廊，要經過十六號十八號，但是到十八號有一重極厚的木門，要先按電鈴，十八號中人，就有人打開木門上的窗洞，同來人講話，先問：『你找何人？』要是說：『來找吳稚老』，那人一定回答說：『吳稚老到南京去了』，接着就要講一句隱語：『我知道稚老昨天已回來了』，裏邊的人又會說：『稚老生病，不見客』，然後把卡片遞上去說：『請你遞給稚老試試看』，於是他才肯接受名片帶到二十號稚老居處，如果稚老說見，這人就會來開門讓客人進去；如果說不見，就不得其門而入。這種方式，等於軍事區要『對口令』才能進入禁區一樣，而且這種暗語對話，隨時會變更，據說十八號住的也是護衛人員，我由阿林領過，依照這般方式去了五次之後，後來祇要按電鈴，裏面的人，見到了我，就會開門，要是我帶一個人去，就又麻煩了。據說在十八號與二十號之間，還有一重機關，可是我知道關防嚴密，不敢亂闖。

這種防衛措置，據說是由當局設計，散漫成習的稚老極爲反對，可是這時他已八十餘高齡，也祇好由人擺佈，但是兩天三天稚老必定要到街頭走走，一走之後，少則三里五里，多則十多里，東到楊樹浦，南到城隍廟，西到曹家渡，北到橫浜橋，一路走來，健步如飛，原來後面遠遠的還有兩個護衛跟着，這兩人雖然身強力壯，腿力卻不及八十餘歲的稚老，幸虧稚老有一種習慣，喜歡在街頭買零食吃，如豆腐花、綠豆湯、以及大餅油條之類，邊行邊吃，最後必定找到一家小茶舘，坐上一兩個鐘頭，護衛人員到這時才能透一口氣。

鬻書生涯　自給自足

吳稚暉一生不做官，在他中年時，担任過愛國女學教員，報舘編輯，向來主張自己賺錢自己用，除了國大代表，監察委員外，凡是屬於官階的俸給，他都不接受。

稚老自奉極儉，平常衣飾，絕不講究，一套布衫褲，一套舊長衫，總要穿十年八年，他生平最反對的是坐汽車，向來住的房子，多數是大餅店的樓上，或在平民區中的舊屋。當局配給他高等房屋，他都拒不接受，我去的呂班路那幢樓宇，他說是生平最好的居處，因爲他和廉南湖是同鄉而兼親戚，照樣月月納租，因爲這不是官家所供給，所以他才肯住下來。但是他家中陳設簡陋，四壁蕭條，任何人都想不到這是大名鼎鼎吳稚老的居所。

他的日常生活的支出，全靠他自己鬻書的收入，他訂定的潤例，墨金並不太貴，所以求他寫字人的絡繹不絕，都由樓下『寄舲舫裱畫店』代爲收件。他沒有工役婢僕，收件時加磨墨費一成，這一成完全送給阿林。據我的觀察，求稚老墨寶的人，平均每天有一百多件，件數如此之多，是任何書家所沒有的。

阿林把每天所收到的白紙，一件件照着欵式摺成暗線，貼上一張黃紙條，寫好求字人的上欵，下午開始磨墨，整整要磨上幾個鐘頭，清晨就請稚老寫字，稚老的脾氣很爽快，一早就寫字，一件一件把它寫成，實足要寫上三四個鐘頭，才把一天之中來件寫完，所以他從來沒有積件，求字的人今天送紙，次日下午即可取件，倒是樓下的裱畫店趕不上他的速度，一副對聯至少要裱上一星期，所以裱畫店的生涯，祇能隨量接受，或是轉輾介紹其他裱畫店，而各裱畫店也都歡迎吳稚老的迅速交件。

蔣金紫園廟碑
城南競渡湖之支流
為小湖其西為竹湖
有廟焉蓋宋金紫光
祿大夫蔣公浚明之
園神而後遂以為里
社之祀故其巷曰蔣
金紫巷其水曰蔣家

吳稚暉之楷書蔣金紫園廟碑

因爲普通書畫家，接收來紙及欵項後，往往交件無期，稚老這樣一揮而就按期交件的習慣，在書畫家中，不作第二人想，所以他的鬻字生涯越來越好，再加上了附庸風雅的人，在勝利之後，家中都希望掛上一副吳稚老寫的對聯。阿林爲人儉樸而勤力，他對自己的收入極感滿意，一望而知是一個標準的忠僕。

風趣幽默　不同凡响

我漸漸成爲吳家的常客，我才知道稚老有一個脾氣，歡喜高談濶論，同時也喜歡別人傾聽他的講話，可是門禁森嚴而訪者極少，他覺得非常寂寞，上午以寫字作消遣，飯後午睡一小時，醒了之後，特地去找三四個失學的小童，免費爲他們授課，並且訂出規例，每天由二點鐘講到五點鐘，這些小童那裏來的呢？一個是裱畫工人的兒子，一個是賣烘山芋的兒子，一個是對面縫裙婆的女兒，他替他們買好了筆墨、書籍，教他們國文、英文、算術、寫字四科，據說多的時候，小孩子有七八個人，少的時候，也不會少過三人，以此作爲消遣，他說：『一個人困守家中，要氣悶煞哉』。五時之後，他就眼光光的等着朋友來訪問他，但是他有一個嚴格的規定，絕對不肯接見新聞記者，因爲新聞記者常常把他的話記錯，攪出許多事來，而他的老朋友也不多，年紀相仿的人，都已先後物化，五六十歲的人，往來也少，二三十歲的更不肯去見他，所以我在診餘之後，常時去陪他談談，他表示極端歡迎，往往六點鐘去，要到八點鐘才放我走，而且臨走還要擺上一個噱頭，說還有一件妙事告訴你，因此我常被他拖到九點鐘他臨睡時，才放我走。

稚老習慣，晚間的一餐不吃飯，是吃厚厚的粥兩碗，這粥是米和紅豆白扁豆煑的，他一面吃粥，一面講笑，他說：『無錫人和常州人，晚上都喜歡脫光衣褲入睡的，他生在無錫與常州之間的雪堰橋，所以他也有這個習慣，但是他的習慣比了一般人更進一步，一般人祇限夜間，他在暑期中連白天都全身是脫光的，精赤條條的寫字讀書，最是舒服。』

他又說在年輕時，就在錫山的山頂，脫光了衣褲晒太陽，後來他到了法國，才知道這正合乎日光浴和天體運動。還有一件事情，就是稚老年輕時向不喜歡坐馬桶，他喜歡一清早跑到田野間，去解决大便問題，叫『痾野屎』，他說：『不但自己能在排便時領略大自然間的景色，而且能使土壤肥沃，有益於農稼。』

他習慣過平民生活，對衣、食、住、行都不願裝模作樣，所以住的地方簡陋非常，曾經在廣東路的滿庭芳一個平民窟中住了兩個月，每天寄宿費是銅元三枚，同居的都是販夫走卒，或是搬運工人等。由於這個關係，體驗到很多平民的生活實況，所以後來革命成功，南京市長劉紀文夫人花了二十五元買了一對絲襪，他就大表反對，由胡漢民在立法院會議席上提出彈劾，因此全國報紙也紛紛刊出這件新聞。

抗戰時期，他住在重慶上淸寺街，一家小舖子的閣仔上，房間中一無佈置，祇有自己寫的一塊『斗室』匾額，還做了一篇斗室銘：

『山不在高，有草即青；水不在潔，有礬即淸。斯是斗室，無庸法磬。談笑或鴻儒，往來亦白丁。可以彈對牛之琴，可以背鬎鬚之經。聳臀草際白，糞味夜來騰。電臺發「癩團」之叫，茶客擺龍門之陣。西堆交通煤，東傾掃蕩盆（東壁掃蕩報館時傾盆水）。國父云：阿斗之一，實中華民國之大國民。』

勝利後，他住在上海呂班路，他的書齋叫作『寄舲』，也有一篇妙文叫作『寄舲序』，原文很風趣，記得有兩句話：『雖有佳麗，未由繾綣』，意思說進入老年，精力衰退，所以雖有佳麗，也無能爲力了。

他最怕參加盛大宴會，要是叫他穿得一本正經的長袍大掛，他就覺得週身不自在，因此年年逢到生日，他總是一個人走到素麵店吃一碗素麵，紀念『母難』。

他八十歲那年，友人打算爲他祝壽，出紀念特刊，他連忙致書辭謝說：「吾母方孕我，外祖母夢見吾曾祖父告之曰：『吾將在陰間買小孩，已定價矣，惟過秤時，賣者曾將秤鈎納入肚臍而秤。』且夢兩次，並言兩臂已作記號。既而生我，左臂有一紅斑如蠶豆大，右臂畫一葫蘆有寸半長，外祖母深信不疑，信係吾曾祖母與祖父瞞過了閻王買來者。所以戒勿做生日，一做生日，必有閻神去報告閻王，難免拘回陰間。……外祖母並戒我，切勿駁削肚臍中之塵穢，此乃封住秤鈎洞之要物。吾十歲，漸不信神話。夏天洗澡，試將宿穢如綠豆大者剔去一半，忽腹痛如絞，連痛三日，塗以臍膏，焚去冥錠多起，嗣後吾雖欲不信，事實不可能，故至今吾臍中有兩顆綠豆大的堅黑之宿穢，存於其中，尚屬七十年前之宿穢，不敢去動，彼亦堅着如生根者，亦可驗也。」稚老這些話，不可以說全是滑稽語，不過借以謝壽而已。

吳稚暉七十歲在黃山避壽

他說他愛自然甚於愛生命，可活必當活，不做生日，不做壽慶，落得安閑無事。但如果親戚故舊到他生日那天，果眞送他一些水果或鷄蛋之類，表示祝賀之意，他會毫不客氣的罵上一句『甚麼生日，放屁！』不過，親戚故舊聽慣了先生的『放屁』，也不以爲意，就算他已領了情了。

他每天寫一段日記，所謂龍門陣，即是坐定在一個地方，和大家閑話家常，他最反對打牌和抽鴉片，在他的日記中有一節說是：

『我學不會的事很多，就是現在小孩子都會打的馬將，我竟不會學得成，因爲我未滿二十歲，就覺得中國有兩件事，將爲大患，一是鴉片，壯丁變成了廢丁。一是馬將，有用的時間，變了沒用。馬將更毒於鴉片，鴉片是體面人遮遮掩掩，馬將是大家公開的，上等人以爲雅事，又有東西洋人贊賞。就拿賭博的本身來說，番攤、牌九、輪盤，都要叫警察老爺注意，體面人賭了也算不名譽的。惟有馬將，無貴無賤，無富無窮，無男無女，無老無少，無南無北，無中無外，一致的擁護它。我却憤憤不平，以爲如此猖獗，我無力打倒它，至少與它不合作。』

玩世不恭　異乎常人

他的龍門陣；喜歡擺在茶館中，和一些茶客傾談，談到興高采烈之時，笑到大家捧腹絕倒。有一次在上海城隍廟春風得意樓，和幾個本地人談話，他一些也沒有架子，所以人家也不知道他就是吳稚暉，忽然被一個人認出了他，說：『你莫非是黨國要人吳稚老』，他說：『無錫老頭子，面孔都是一樣的，你不要看錯人』，那人便不再問他。

他到無錫去，在街上行走，人人認識他是吳稚暉。人家要請他赴宴，是絕對辦不到的，要是有人燒上幾隻家常菜，隨隨便便的邀他吃飯，他很樂意坐下來，吃罷之後，不說一個謝字，便揚長而去。

　無錫錫山和崇安寺等處，到處都有出售『泥人』的店舖，俗稱爛泥菩薩，其中最受小孩子歡迎的一個，就是一個手執扇子會搖頭的老公公，這個老公公的面相，完全繪出稚老的一副滑稽相，無錫人就叫它爲『吳稚老』，銷數很大，凡是到無錫去玩的人，都要買一個，有小有大，種類很多，吳稚老每次上無錫去，總要買幾個，他自己看了也哈哈大笑。

　吳稚老還有一個習慣，歡喜走路，據他自己說，一天能步行三五十里。有一次他從南京出城，走到湯山，再從湯山走到老虎橋那邊，探望他的親家李濟琛。他和李濟琛相對無言，李寫了一張十個字的紙條，叫作『有子萬事足，無官一身輕』，稚老看了感喟不已，匆匆而別，又步行回家。不料一出老虎橋不遠，受到太陽的酷射，竟暈倒在地上，當地鄉人慌慌張張的把他救治。正在這時，丁惟汾坐了汽車經過，看見地上倒的是吳稚老，就很愼重的把他直送中央醫院。下午五時入院，醫生忙着爲他接鹽水，灌養氣，一忽兒他醒過來。一看身在醫院之中，他就想起了老虎橋暈倒的一幕。但不動聲色，等護士們走開，自己把所有鹽水針，養氣筒一齊拔掉，坐起身來，乘人不備，溜之大吉，走到一個老朋友家裏去睡了一宵。醫院中走失了一個黨國要人，鬧得天翻地覆，到處去找，那裏能找到他的踪跡？到了第二天清早，他回到自己家中照常寫字，警探來訪，見到稚老，眞是啼笑皆非。

談男女事　逸趣橫生

　稚老對相熟的成年人，常喜歡談男女間的事，逗人笑樂，我記得有許多老年人，雖然也喜歡談這些事，但都不肯出之於口。

　早年我在姚公鶴師家中，聽到孟森（心史）的談話，一開口往往就談男女間的事，當時我認爲心史先生是一代鴻儒，作着無數考證工作（他考證出董小宛與順治皇帝並無肌膚之親，因爲那時順治皇帝僅九歲），這些老人談話總是以男女問題爲主，後來我認識許多老年長壽的人，幾乎多數都喜歡說的，但這些事情，不過有些談得幽默，有些談得不雅而已。

　自從遇見了吳稚老，才知道稚老雖然也歡喜談這種事，可是他一出口便覺妙趣橫生，與衆不同。

　稚老有一句傳誦全國的名言，叫作：『□寬債緊』，這句話表面上是說女性與經濟的關係，但是這句話到處可以引用得到，在經濟學上也可以算是一句名言，在政治學上，在人事間也常常用得着。他有一次，曾談到過男女房事的日期問題，他就用無錫口吻唸出一首俚歌，每句歌詞的韻脚，都很調勻，唸起來很順口，歌云：

『血氣方剛，切忌連連；
　二十四五，不宜天天。
三十以上，要像數錢；
　四十出頭，教堂會面。
五十之後，如進佛殿；
　六十在望，像付房鈿。
六十以上，好比拜年；
　七十左右，解甲歸田。』

　原歌的第一節，說是：『血氣方剛，切忌連連』，這是告誡年輕人，不可以每天一而再，再而三連續不止，這對年輕人最明白的警句，很多人到了中年之後，成爲早衰情況，都是這個原因。原歌第二節，說是：『二十四五，不可天天』，這兩句字面已經很顯明，可以不必再加註釋。原歌第三節，說是：『三十以上，要像數錢』，這數錢兩字，是指舊時數點銀元、毫子、銅板、銅錢的方式，舊式是五個一數，一五、一十、這樣的數法，吳氏以此爲喩，就是說五日一次。原歌第四節，說是：『四十出頭，教堂會面』，這是指四十出頭的人，該像做禮拜，每七天一次。原歌第五節，說是：『五十之後，如進佛殿』，這是說信佛的人，逢初一和月半要進廟堂燒香，指半月一次而已。原文第六節，說是：『六十在望，如付房鈿』，這付房鈿三字，是如衆所週知的每月繳租一次。原文第七節，說是：『六十以上，好比拜年』，拜年僅一年一次而已。原文第八節，說是：『七十左右，解甲歸田』，意思說到了這個年紀，可以退休了。此外稚老講的妙語，尚有許多是不能形諸於筆墨的。也祗得一槪從畧了。

討論篆文　纏纏而已

　稚老賴以自給的寫字生活，總是寫篆文中的小篆，有一次我對他說：『篆文寫得慢，何不寫另外一種體』，他說：『什麼叫篆文，祗是纏纏而已，騙騙人的』，我說：『篆文是根據小學，每一個字都有考證，稚老不必太謙』，稚老又說：『篆文都是象形字，有許多關於男女間的字，都含着很有趣的象形，男是男，女是女，一點，一劃，一撇，一捺都有姿勢在內，這是一種『纏纏體』，所謂纏纏兩字，是我們無錫人的口頭禪，男纏女，女纏男，東纏西纏，瞎纏念三千，都有一個纏字，在文言中纏綿繾綣，也是一個纏字』，他接着就寫出了三個『人』字，我現在製版如後：

　他說這三個人字，第一個字是象形，立着的一個人；第二個人字，是象工作中的人，第三個人字是象形度着性生活的人，我仔細一看，爲之哈哈大笑。

稚老又說：『女爲悅己者容』的『容』字，篆文體我寫給你看，這是一個女性的字眼，先是一點代表一個頭，次是代表肩和擁抱的兩隻手，中間兩點是胸前突出的兩個東西，再下的人字是代表兩條腿，中央的一個口字，是代表那個東西。說到這個口字，不但我笑，連稚老他自己也笑起來了。

後來他又寫出許多怪字，都是關於兩性間的篆文，問我識不識，我祇能搖頭回說一個不識。

當時他寫的怪字，隨寫隨即撕掉，沒有辦法保留下來，但是後來我看見一部日本人丹波康賴纂編的『醫心方』，這是日本人搜集戰國以後漢唐古醫書的綜合書，內中有一類叫作『房中』，裏面眞的有一種是專門描寫男女姿態的象形字，我爲了寫這篇文章，特地將這許多字眼，選擇六個字附錄本文之內。

戰國時代的篆體怪異象形字

原註"鴛鴦合"

原註"燕同心"

原註"龍宛轉"

在寫這篇文字時，我又請教了『說文學』專家衛聚賢大師，我問他是不是篆文之中有這種字？他說：『篆文象形居多，在戰國時代有許多字，現在早已失傳，這種字祇是戰國時的書法。』我說：『對了』，這種字在今日的篆書帖中已見不到，大約碑帖之類都是冠冕堂皇的字。至於民間的俗體，等於華南的有、乜、咁，唔等字眼，是不見於經傳的。

稚老談笑風生，妙語如珠，雖說是出於天才，但也由於平日修養功深，素抱樂觀，認識到心理衛生的眞諦。以歡樂暢笑爲他的養生之術，他祇要見到人，一開口就是笑話，特別是在他擺龍門陣時，可以教人連笑二三個鐘點，所以後來他活到八十九歲，我深深的相信，與他的詼諧成性，是有很大關係的。

他對於一切的藥物，所有補身劑、强壯劑，他從不沾唇，至於生果，拿到就吃，也不像近人要用消毒劑如灰錳養水洗滌，所以他的長壽完全得益於情緒健康與心理衛生。

戰國時代的篆體怪異象形字

原註"白虎騰"

原註"海鷗翔"

原註"鳧飛背"

心理衛生 獲致長壽

稚老專講心理衛生，對生理衛生簡直漫不介意，十個手指甲常年藏垢納汚，從不清潔，拿到東西便吃，而且好多東西已貯存多時，他也不理會。他的頭髮，要二三個月才剪一次，而且絕不進高等清潔的理髮舖，常常就在陋巷中理髮攤檔胡亂剪一通便算了。他身上穿的衣衫，常年祇是幾套，除了短衫隨時洗滌之外，棉襖僅在太陽下晒一晒，連穿十多年是不稀罕的。

曾經有一次他出席言語統一會議，主席王某，在台上對稚老大肆抨擊，連罵了半個鐘點，最後結論，說：『吳稚暉是一個王八蛋』，稚老聽了毫無慍色，嘻嘻哈哈的站起來說：『王先生今天的話，都是神昏譫語，他該知道我是姓吳，王八蛋應該是姓王的祖宗』，大家一陣轟笑，他對所有的事情，往往以一笑了之。

稚老的人生觀，就是『達觀』與『樂觀』，從來沒有憂鬱煩惱，他年事雖高，然而自己從來不認老，一天到晚講笑話，逗人發笑，自已也縱聲大笑，他的笑聲都從丹田裏發出來的，是十足的眞笑和暢笑，這對身體大大的有益，他的長壽原因完全在此。

衛生家說：『每天大笑三次，比吃藥還好』，這話講者自講，但有些人要笑都笑不出，該笑都笑不來，這是習慣使然，把氣分鬱着，一天到晚無病呻吟，憂憂鬱鬱，怪不得這種人病多而壽短。講到稚老不要說一日大笑三次，我看來每天一百次都不止，有客人來訪，他就乘機娓娓不休的大談笑話，沒有客人來時，他就寫日記寫論文，寫的話和談的話作風一模一樣，叫人看看也好笑，他也認爲是得意之筆。

任何大事臨到他的頭上，他都用談笑的方式來處理，譬如汪精衛翻翻覆覆的鬧政治糾紛，他就寫了一篇文章說：『汪精衛的性格，完全像狐狸精』，這篇文章各報登載出來，傳誦全國，汪精衛千言萬語的政治論文，就給他這一篇滑稽短文，全部破壞了。

他的起居生活，簡單而樸實，吃東西除了水果從不濫吃，而且吃得很少，這對老年人最是有益，我見到無數老人對愛吃東西吃之不已，尤其糯米食物，無限止的吃下去，比小孩子不知飢飽還要厲害，這是一般老年人的通病，但稚老却沒有這個習慣。

食色性也，關於男女之事，稚老僅是『嘴上談兵，據他說：『六十後決不輕舉妄動』。有一次李石曾斷絃之後，再和一個年輕女子結婚，稚老立刻寫信去勸他『老夫少妻，動都動不得』，但李石曾接到他的信時，早已結婚如儀了。

數天後，李石曾來見稚老，稚老開口就笑，笑得李石曾不好意思，那天我也在座，他對稚老附耳輕輕說了幾句話，稚老一面點頭，一邊笑，說：「既然木已成舟，也不必解說了，可是你要記得，色字是怎樣寫的，不要常常想引刀成一快，辜負老年頭呀」，接着又大笑了一陣，連李石曾也笑了。

稚老對婚姻問題，認為一夫一妻最好。他說：『他們這一代人的婚姻，大多數是由父母作主，在幼年就訂下的，一到了十八九歲就糊裏糊塗的結了婚，成年之後，便走出家庭去鬧革命，稍有成就之後，往往對鄉間的老婆看不入眼，因而十有其九另找對象，這個情形，從大人物起，到小囉囉止，都是這個方式，那末笑話就來了，好多人的老婆，株守家園，又不允許離婚改嫁，所以好多人的老婆都給父親接收了，俗語叫作扒灰。好像某人某人都是如此』。名字我也記不得了！

他又說：『革命的人喜歡嫖妓，宿娼的人多到不勝枚舉，那時節下等妓院的妓女，都有梅毒，梅毒的結果，他們都做了水果店老板，接着又提出某人如此，某人如何，』所說的人物都是報紙上時常見到的。

稚老對心理衛生確實有研究，常常說：『笑一笑少一少，惱一惱老一老』，所以他從不發惱，得享高齡，眞是一個心理衛生的實踐者。

擊取都梁三百里

飛渡巫山十二峯

吳稚暉隸書對聯

語言天才　出人意外

我每次和稚老談話，他講的是一口無錫土話帶一些常州的尾音，我曾經問過他『你在民國元年提倡統一中國言語，在民國二年二月担任全國讀音統一會主席，而且選定以北京話為國語，注音字母也是你發明的，何以從未聽見過你說過一句國語或北京話呢？』他說：『中國人的讀音，不僅各省不同，連各縣也不同，中國人的民族精神，全賴文字統一，要是再把讀音統一起來，那末中國人的團結能力還要強大，所以，他選定北京話為國語，接着就自稱他的國語相當好。』我聽了不禁哈哈大笑，還流露着懷疑的態度。

稚老鑒貌辨色，知道我對他能說國語表示不信任，所以就對我說：『你明天早些來，我準備完全用國語和你談話』。我以為他又是開玩笑，必然又有一塲滑稽的把戲，到了次日下午六時，我準時而去，稚老却換了一套中山裝，見了我一開口說的就是爽朗而清脆的國語，講得非常流利，這是大大出乎我意料之外的，他接着就用演講的姿勢說：「中國一定要語言統一，注音字母是我和黎錦熙等創行的，希望能像英文的『字母』，日本的『片假名』，韓國的『諺語字』，用拚音來統一全國的言語和廣泛的推行識字。」他這些話全是用國語說出來的，一些不帶無錫土音，我佩服得不得了。接着他又以滑稽的姿態，模仿汪精衛講的廣東國語，張靜江講的湖州國語，學得維妙維肖，令我笑到前仆後仰。

他這一天晚上說的全是國語，後來他又說『明天如果你來，可以聽聽我的英語如何？因為我對英語着實下過些功夫。』次日我本有宴會，特地婉謝而去聽稚老說英文，等一見到了他，他就滿口流利的英語，而且裝着紳士的架子用英文說：『我今天沒有換衣服迎接嘉賓，十分抱歉』，接着他又讀了許多莎士比亞的詩句，眞叫我五體投地，他說出他的英語從前發音不準確，後來認識了康德黎（中山先生在倫敦蒙難時期的老師），由他介紹一位英國教員，專門教他英文的發音。接着又說：『他流浪在歐洲時住在法國里昂，辦理勤工儉學的工作，所以拚命學法文，法國話也講得不錯。』嗣後雖也聽他講過，但苦於聽不懂。眞是可惜！

一代哲人　音容宛在

民國三十八年，國事日非，他會見我時，心情很是苦悶，他預先綑着一疊舊書，準備送給我，這些書又舊又穢，面上放着他所著作的『上下古今談』，是民國二年上海文明書局出版的線裝初刊本，他說：『這些書送給你作為紀念』，接着他又開顏大笑，講了許多笑話，談到他入睡我才離去。

過了三天，我又上稚老家去，但是門禁全撤，人去樓空，我為之黯然神傷，原來早一天他已搭飛機到了台灣，從此我再也沒有見過他，直到他逝世。

我於暇時，常常翻閱他作的上下古今談，和宇宙人生觀等書，我覺得他寫的文字，生動活潑，看他的書如見其人，我常常想，他眞是一個哲學家、文學家、語言家、和心理衛生家，都是值得我佩服的。

毽子考

吳稚暉

毽子見帝京景物畧。唐釋道宣高僧傳二集卷十九佛陀禪師傳：『入洛將度有緣，沙門慧光年方十二，在天街井欄上反踢蹀錥，一連五百，衆人諠競，異而觀之』。佛陀北魏孝文時人，當時洛中名毽子曰蹀錥。錥後出字，廣韻曰車轄，玉篇曰犂錧，當即說文鐫字之省譌。說文鐫鈐鐫、鈐鐫大犂也，方言軑錧，關之東西曰錧，趙魏之間曰鍊鐫，故鐫集均亦訓爲車轄，鍵說文鉉也，一曰車鎋，是鍵與鐫同義。毽子當爲鍵子。毽亦後出字，至字彙補才據帝京景物畧收入字書，釋爲拋足之戲具。因毽子之製，底用金屬片，（近世皆用制錢）建毛於片上爲之，故俗人謂應從毛。今設想此物之所以名鍵，月令修鍵閉，注鍵牡閉牝。疏云，凡鏁器，入者謂之牡，受者謂之牝，據此，鍵即今之鏁簧，閉即今之鏁洞。古鏁稱爲管鑰，皆爲今日城門等所用管形之鏁，其鏁簧名鍵之物，則一鐵圓板，連着彈簧於上，到置之，遠視適成一毽子之形，毽子名鍵，取其形似。車鎋之在車，套于軸上，所以固輪，圓形如板，亦以金屬爲之。若取車輪旁之轄，連軸割下，直立視之，亦如一大毽子，故毽子改取鏁鍵之形，並取車轄之形，即鍵之爲車鎋，亦以形況。鍵子之本名爲蹀鐫，亦謂形如車轄置於蹀上也。於此又可推見毽子所以成爲拋足之戲具，其物必本爲蹀上之飾品，偶因敝舊浮脫，踢足成戲，絕有意趣。遂依式仿爲之，獨立爲拋足一戲之流行物。蹀亦後出字，不見說文，楚辭接蹀日進，注者僅以爲行貌，據淮南足蹀陽河之舞，南都賦羅褉躡蹀而容與，注躡蹀小步，因知蹀者，乃今日跳舞緩步之鞋也。楚辭之接蹀，亦言衆人相繼而進，如共着小步之鞋緩緩推進也。履之有飾如絇，束絲象刀形飾於履頭，跳舞之鞋，必有華飾，不待言矣。古之爲飾，皆以珠玉金璧，珠履已所習聞，蹀鐫之前身，必係飾跳舞鞋頭之小金圓板，綴絲絨于上，畧如瓔絡之一物。既獨立而爲毽子，必先則圜板綴絨，繼則綴羊毛，取其矯捷，最後插鷄毛，演進如今製。其戲遠肇于漢世，盛於六朝隋唐，實一戶外戶內皆可資以運動之戲具也。其爲益不小。民誼先生已詳言之，不贅述。因先生命篆書首，說文無毽字，因而畧爲考定，此物初名蹀鐫，便於通俗，則稱鍵子；妄人因其用毛，改鍵爲毽，故帝京景物畧亦引諺所云也。其實鍵乃指其底用金屬板，取義已足，故並紀其說於卷末，以質博雅君子。若詳考此物之歷史，雅故必甚多，非俗物也。

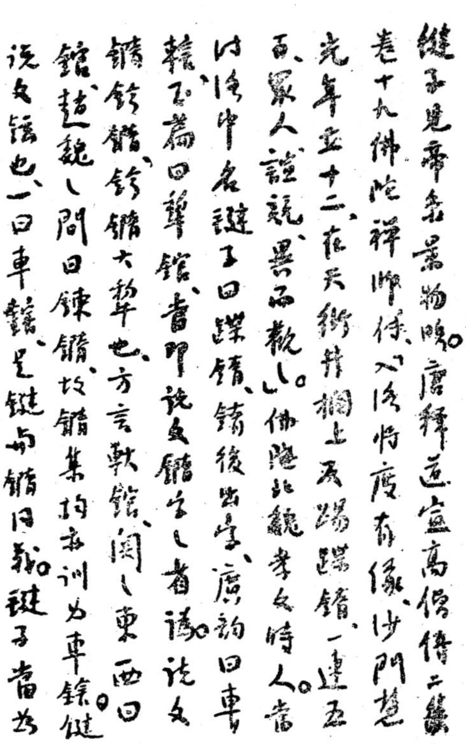
毽子見帝京景物畧。唐釋道宣高僧傳二集卷十九佛陀禪師傳，入洛將度有緣，沙門慧光年方十二，在天街井欄上反踢蹀錥，一連五百，衆人諠競，異而觀之。佛陀北魏孝文時人。當時洛中名毽子曰蹀錥，錥後出字，廣韻曰車轄，玉篇曰犂錧，當即說文鐫之省譌，說文鐫，鈐鐫，大犂也，方言軑錧，關之東西曰錧，趙魏之間曰鍊鐫，故鐫集均亦訓為車錥。鍵說文鉉也，一曰車轄，是鍵與鐫同義，毽子當為

憶吳稚老

蔣經國

中華民國十四年，稚暉先生在北平的時候，曾經教過我的書。那時，我住宿、讀書都隨着他在一起；現在雖已事隔將近三十年，但是老人家那種樂天、簡樸、幽默、謙虛以及愛好自由的精神和情態，仍然在我的腦海裏，留着淸晰難忘的印象和啓示。

有一天，不知道是誰送了一輛人力車給先生。他接受之後，等到客人走完，立刻要我拿一把鋸子來，把這輛車子前面的兩根拉槓鋸掉。當時，我以爲先生在開玩笑，不敢動手。後來，他說：「我要你鋸，你就鋸！」我心裏雖感到奇怪，但終照他的話做了。先生看着槓子鋸斷，哈哈大笑，就同我把這輛沒有拉槓的車身，拉到書房裏。他一面坐上去，一面對我說：「你看舒服不舒服？我現在有了一張沙發椅」！接着，先生又說：「一個人有兩條腿，自己可以走路，何必要別人拉？你坐在車上被人拉着走，豈不成爲四條腿？」

這是一件小事，我當時也不感到什麼；但是今天想起來，確自有其深長的含意。

又有一次晚飯後，一班同學圍着先生閑談，他說了兩個故事給我們聽。第一個故事是一條輪船從美國開到上海，不幸中途在日本附近沉沒，船上的旅客大多都被救起，祇有十一個人沉到海底死掉了。先生講到這裏就問我們：「你們知不知道這十一個人爲什麼會死呢」？有些同學說是「不會游泳」；也有些說：「運氣不好」。先生搖搖頭說：「你們都說錯了！這十一個人是從舊金山回來的。他們帶了很多黃金，都綁在身上，所以到了水裏，就沉下去了。」

第二個故事是：有一個小孩子在街上玩的時候，無意中檢到一張鈔票。起先，他以爲是一張普通的紙，後來有人教他用這張鈔票去買東西，他果然買了很多糖菓。從此以後，他覺得低着頭走路是有好處的，所以每次上街都低着頭找鈔票。結果就在他走過馬路的時候，被一輛馬車撞死了。

這是兩則勸人不可貪財的寓言。尤其當我的年紀漸漸地大起來的時候，更體會到先生當年教誨後輩的用心。

民國十四年，我那時還祇有十五歲，在我決定去俄國之前，曾經把這件事向先生報告。他問我說：「你到俄國去幹什麼」？我說：「革命去」。先生笑道：「革命就是造反，難道你不怕嗎？」我答道：「不怕」。他又說：「革命不是這麼簡單的吧！你再去考慮一下。」兩星期後，我已經決定到俄國去，就再去看先生。他見我赴俄的意志堅決，就說：「你去試試也好，青年人多嘗試一次，都是好的。」於是，我離開了先生，動身南下，臨走的時候，他還親自送我到火車站，祝福我一路平安。

過了十四個年頭，我從蘇俄回到國內。在重慶，第一次拜望他。先生見了我，第一句話就笑着問：「你嘗試的經過怎麼樣」？當時，我也不知道從何說起。一個月後，我把這十四年來的經過，寫成了一篇報告，送給先生看。第二天下午，先生就派人來找了我去。他說：「你的報告，我已看完了。你所嘗試過的，是人間最苦的味道！不過，你沒有把命試掉，總算還好。」這天，先生顯得特別和藹可親，慈祥的笑容伴着銳利的目光，這一位老人的影子，是我永遠不能淡忘的。此後，我每次從江西到重慶，都要去看他，有時還帶一些江西的土產送給他。

當日寇進攻貴陽的時候，重慶已經很吃緊，我就去勸先生搬到成都去。那天，先生的心裏大概也不高興，他很兇地對我說：「笑話！你把我看成什麼？我是不走的！我是不逃的！」這幾句話多麼簡潔！多麼有力！

抗戰勝利以後，先生回到上海，又住在他抗戰以前住過的那幢老房子內。有一次，我從東北到上海，帶了兩條松花江的白魚送給他。先生說：「我吃一條魚已經太多了，另外一條你去送給別人吧！松花江的白魚在上海是不容易吃到的；送給別人別人一定很高興。讓人家高興總是好事！」

民國三十七年，我在上海管制經濟。一天，一個人拿了一封先生的信來，爲他自己說情，我當時把信收下了。隔了不到半小時先生又派人送了一封信來；信上的意思是說：「剛才那封信不能算數，我是被逼得沒有辦法才寫的。他說：如果我不肯寫信，他就要死在我這裏。這樣，倘使弄出人命來，豈不害了我？所以我才答應他。但是，你不要理他；你認為應該怎樣處理，就怎樣處理。我一定非常喜歡。」

我在上海的時候，有空暇就去向先生請教，後來，經濟管制工作一天比一天困難了。一天，先生很幽默地對我說：「這恐怕是你命中註定吧」！最後，我辭去了經濟管制的職務，準備去杭州。臨走那天下午，我又去看先生。他見得我心情很不愉快，就說：「你還記得在北平時的一段故事嗎？有一天，你到學堂來不肯吃飯！原因是你同別人吵了架，而你又吵不過別人。當時，我就告訴你：『不吃飯，祇有你自己吃虧！同你吵架的人，巴不得你餓死。』後來，你才吃飯。你現在才三十多歲，急什麽？好好的去想一想，再重新來過。」我謝過先生的指教，又向他說了「再會」，就動身到杭州去了。

後來，局勢一天比一天惡化。三十八年年初，我隨侍總統回到溪口家鄉後，還到上海去過幾次！每一次去的時候，總統都命我勸先生早點到臺灣去。起初幾次，先生的答覆都是：「慢慢來好了」。直到三十八年四月初，他託人打電話給我說：「現在是我走的時候了，你可以把我送到臺灣去」。先生到了臺北，就住在中山北路五條通。

三十八年底和三十九年初，是臺灣局勢最緊張的時候。我每一次去拜望先生，他都是笑嘻嘻地，顯得很高興。他很明白我內心的煩惱和痛苦，總想用他的笑容來安慰我，鼓勵我。每一次告別的時候，先生都是笑着說：「不要緊的，不要緊的！」在我接任總政治部主任之前，曾去看過先生，他對我的新職也表示贊同。

有一次，我因為心裏很憂煩，在一個星期日的下午，又跑到五條通去請教先生。我先把目前的政治環境和個人處境詳細說了一遍，先生說：「我知道有許多人想用各種手段反對你，也有人造謠中傷你！但是這些事，想明白了算不得什麽！為了你的父親，為了你的同事，你都必須好好的做。一個沒有被人打擊過的人，是不會成人的。我覺得你所受到的打擊還是太少了。你現在不但是為了自己的工作，要好好幹下去；即使為了你的各種各樣敵人，更應該好好的幹。因為任何敵人所希望的，是你放手、讓步、不幹！」停了一下，先生又繼續的說：「榮華富貴都是空的，一個人能憑良心做事，那就好了，至於其他一切，還是能夠想得開看得遠來得好，以免自尋煩惱。」

這一段話，是先生在他那間很小、很暗的客廳裏指示我的。老人嚴肅而有力的語句，帶給我很大的勇氣和力量。後來先生的健康情形，日漸惡化，我不敢多去看他；因為他每一次見到我，都要談上一兩小時，這對於他的身體，是非常不適宜的。去年先生病重的時候，我送他到臺大醫院。其後，我每一次聽到他的病勢好轉，就感到高興；每一次聽到他的病勢惡化，就感到憂傷。今年，我赴美以前，去向先生辭行，恰巧他睡着了，沒有敢驚動他，到了我回國以後再去看他，他緊緊地的握着我手，對我笑。這是我所見到的先生最後一次的笑容；那時，他已經沒有氣力多講話了。先生去世的時候，我站在他的身旁，看着他安詳地閉上了眼睛。一代完人，就在一個萬籟無聲的午夜，與人世永別了！

先生有一篇遺囑，內容雖然都是講的家事，但很富有教育意義。他把幾年來的帳目，算得很清楚。到臺灣以後，先生的全部收入是：薪水一萬四千元，總統府撥給的醫藥費四萬九千元，寫字收入的潤資共計一萬七千元。這些錢除了開支以外，本有些剩餘；但是因為存在合作社裏，結果被倒掉了。所以他在結帳的時候，寫上「恰當」二字。後來，先生身邊又餘了一點錢，這是在他寫遺囑以後的少數收入。他希望把這點錢送給親戚；並且在遺囑上寫了一句：「生未帶來，死乃支配，可恥。」

十二月一日，遵照先生的遺囑，將他的靈骨送到金門，僱了一條漁船，舉行海葬。那天正午，海面風高浪勁，我同其他同志，把先生的靈骨慢慢地安放到面對厦門的南海裏去了。當繩子脫離我的手掌的時候，心裏真是有無限感慨；翹首遠眺，海濶天空，一望無際，這正是先生寬濶的胸襟，波濤洶湧，潮汐來回，正是先生一生的堅強與信守。先生的肉體來自自然，又歸還了自然，但是他留下的精神，將永遠與自然同在。

（民國四十二年十二月九日）

吳稚暉先生早年著有一本奇書——「上下古今談」，是一部通俗的科學小說。民元前一年（一九〇九年）出版於上海，至三十年五月重印於戰時重慶。此書原稿，先生旅居倫敦時寫成，其自序云：「當時居處附近，有藏書較富的圖書館，故日往借書，如進化學說、天文學、地理學、人種學、博物學、以及物理化學之類之最新圖說雜誌，每借閱而歸，閱讀訖，又為子女講解，一面即作稿，寄文明書局出版，稍得津貼。……凡成天演學解圖，荒古原人史，及此上下古今談。而十月十號，武昌起義，從此輟筆，遂在大觀園中充劉姥姥以生活。無形之損失，悔亦無及，否則，果成六千年史談一百卷，貢獻之多，將不可計算。」

叔孫武叔毀仲尼，一日彼又曾語大夫于朝曰：子貢賢於仲尼。子服景伯以告子貢，子貢曰：譬諸宮牆，賜之牆也，及肩，窺見室家之好。夫子之牆數仞，不得其門而入，不見宗廟之美，百官之富，得其門者或寡矣。夫子之云，不亦宜乎。

節魯論子張篇語並補益之。

——前頁吳稚暉之篆書說明——

大人公司

綢繆
未雨

日本遮
美國遮
意國遮
德國遮

- 日本NYLON女裝長柄遮 9.90
- 日本TETORON 女裝長柄遮 16.90
- 日本男裝尼龍自開遮 15.90
- 美國淨身尼龍遮 15.90
- 日本女裝長柄自開遮 18.90
- 日本男裝尼龍縮骨遮 15.90
- 日本女裝彈弓縮骨遮 15.90
- 意大利女裝長柄遮 24.90
- 日本女裝縮骨自開遮 25.90
- 日本8吋手袋縮骨遮 23.90
- 意大利女裝淨身縮骨遮 39.90
- 日本尼龍沙灘遮 15.90
- 日本女裝三疊式縮骨遮 19.90
- 日本男裝尼龍遮 19.90
- 意大利男裝尼龍遮 31.90
- 日本TETORON三摺縮骨遮 27.90
- 德國NYLON女裝長柄遮 24.90
- 德國NYLON男裝自開遮 41.90
- 德國NYLON男裝士的遮 57.90

梅蘭芳在香港

許源來

梅蘭芳先生在一九六一年八月八日逝世，至本月適爲其逝世九周年紀念。本文作者是梅的秘書許姬傳之弟，曾和梅同在香港四年餘，梅蘭芳的蓄鬚，就發生在香港。

一九三七年八月十三日，淞滬抗日戰爭揭開了序幕，當時梅蘭芳先生住家在上海。三個月後，淞滬失守，黑暗瀰漫了大地，上海租界上，也是一片烏烟瘴氣！有一天，有人來向梅提出要求，說是希望他能在電台上播一次音。梅以不久要到香港和內地演出，不能在上海電台播音爲理由拒絕了！這次發生了要求播音事件，他認爲上海租界決不是什麽安全的桃源，看情况不走是不行的了，要走也只能到香港去演出，借此機會先跳出了樊籠，再作道理。首先由他的老友馮耿光先生到香港預爲布置，那時我正任職交通銀行，也在香港，接受了他的委託，替他向利舞台聯系，并爲演出作準備。一切安排就緒，他就在一九三八年春末率領劇團到了香港。事先在干德道租下一所房子，演出完畢，劇團北返，他本人就寄居在那裏，一住四年之久。

梅蘭芳（中）與許氏昆仲（右立者許姬傳左立者許源來）

在梅演出期間，有過這樣一件意外的事。馮耿光當時住在淺水灣酒店，利舞台在跑馬地，馮每晚必來看戲，散了戲照例要到後台和梅閑談一會，才回酒店。有一晚散戲後，馮走了不久，梅一邊卸裝一邊和我說話。這時，忽然聽到「砰」的一聲，化妝室的房門被人一脚踢開。梅是背着房門坐的，從鏡子裏看見闖進來一個人，滿臉是血，連香港衫上也沾染了兩大塊，轉過身來仔細辨認，才看清楚這個血人就是馮耿光。我們都大吃一驚，梅趕緊站起來扶着馮問：「您怎麽啦？」馮挺着腰大聲回答說：「讓人打了。」我們一面打電話請醫生，一面問馮出事經過。馮說：「剛才我離開戲院走不多遠，後面突然有人用棍子向我頭部狠狠地猛擊一下，我受傷躺在地上，路人上來營救，凶手看見人多，就扔下兇器跑了。」說完話醫生來了，檢查之下，確實頭部受了重傷，馬上給他敷藥包紮。這時兇器也由路人送來，是根圓的鐵棍，外面裹着舊報紙。當晚由我們護送馮到一位至熟的朋友潘述庵家中暫住，在潘氏夫婦的悉心調護之下，將養半月才恢復了健康。事後經過調查，知道是又一上海流氓幹的事。此人在上海曾屢次來找梅，想包辦這次香港演出，沒有能達到目的，懷恨在心，又疑心是馮耿光從中作梗，所以下此毒手。據醫生說：「幸虧這棍子是圓的，要是換個有棱角的鐵器，這一下就可致命。」

梅蘭芳生平沒有什麽不良嗜好，但他個人的業餘生活却絕不枯燥，而是豐富多彩的。從幼年起他就喜歡種花、養鳥、養鴿子，特別是學畫；他學畫以後，對于美術的興趣更濃，遇到一幅名畫，或一件優美的雕塑或各式各樣的藝術品，都要仔細觀摩，一再欣賞，絕不肯輕易放過。他學畫是從花鳥、人物入手的，在北京時期，名畫家如齊白石、陳半丁、姚茫父、陳師曾、王夢白等，都是綴玉軒中的常客。梅見到他們總是虛心請益，他們也都樂于指點。這裏面，王夢白是他的開蒙老師，每天必來教畫，前後有好幾年。遷居上海以後，湯定之是他的後期專任畫師，教的時間也不算短。他雖然不是科學家，而對于科學方面的知識也懂的不少，常把報道世界知識一類刊物上的新鮮事物介紹給我們聽，說的頭頭是道。他自己是個旦角演員，因此對于婦女的性格、形態，觀察得十分細致深刻。

他在北京、上海的平常生活就是如此，到了香港，環境不同了，就深居簡出，請了一位英國老太太在家補習英文，還學過世界語，課餘常以繪畫消遣。有一次，一位朋友的夫人偶然拿了一張照片請他着色，這本來是一時興到游戲之作，可是他着筆細膩，敷色澹雅，決不是一般喜用大紅大綠、專事色彩堆砌的俗手所能企及的。看見的人都說：「這哪兒是照片，簡直成了一幅絕妙的仕女圖啦！」此後就有好多朋友拿照片請他着色，畫了差不多二三十張。

在一個偶然的聚會裏，遇到一位打羽毛球的好手，自動地常來找梅蘭芳打球，梅當然打不過他，這位朋友却不怕麻煩，樂意給梅進行指導。半年以後，梅的球藝居然大進，對此道的興趣亦隨之增高，每星期至少要打兩三回，變成一種常課了。

過去綴玉軒座上不斷有詩人文士，梅自己一直喜歡參加他們的談藝論文活動，他的歷史、文學方面的知識，大半是得力于這些朋友的濡染啓發的。到了香港，仍舊保持着這種習慣，愛聽人家談掌故，但這時却更着重于世界形勢的研究討論。臥室裏的一架收音機，成了他室中最親密的伴侶，隨你把指針撥到哪裏，他都能很快地告訴你這是什麼地方電台的播音，眞稱得上得心應手，熟極而流。每天除了緊密地注意戰事消息以外，戲曲、音樂也是他經常收聽的。

自從劇團離開以後，他就沒有用胡琴吊過嗓子，對人談起，總說自己的嗓子已經退化，不可能再演出了，而實際上他念念不忘的是在等待着有一天勝利的到來，重登舞台。他又深怕時間一久，嗓子眞的會起變化，因此，每隔一兩個月，就叫我帶了笛子去給他偷偷地吊幾段崑曲。㈠他住在公寓房子的二樓，上下左右都有人家，爲了不使歌聲傳出，引起旁人的注意，他事前總是要把門窗緊閉，窗簾拉下，一切都準備好了，這才開始吊嗓子。碰到唱的痛快的一天，他就十分安慰。記得有兩次給他吊「刺虎」，唱到「有個女佳人」的「佳」字，工尺相當高，而且腔要拖得很長，他唱不上去，或者上去了不夠飽滿，他就很感慨地對我說：「老話說曲不離口，一點不錯，老不唱怕嗓子就要回去了。」言下大有髀肉復生之感。

他本來是個電影愛好者，常從銀幕上吸取有益的滋養，來丰富他的舞台藝術。在香港期間，當地的「娛樂」、「皇后」等幾家大電影院，他是經常去的。外國片固然要看，中國片也不放過。我記得那時中國的古裝片還在萌芽時期，只要有這類新片到港，他總打電話約我陪他去看，看了回來，還總要談談藝術方面處理的問題，指出這裏面的服裝、動作和背景的配合，哪些地方是調和的，哪些地方就顯得生硬。他這種關心和研究，也是爲他自己後來拍紀錄片時的參考。

我們在港同看電影的次數很多，其中有一部卓別林主演的名片「大獨裁者」，他是特別欣賞的。這位編、導、演「一把抓」的電影藝術大師在這張影片裏，扮演了兩個角色，除了影射希特勒的大獨裁者以外，還安排了一個貌似希特勒的理髮師。用雙關的手法，無情地揭露了法西斯主義者的反動本質，深刻地諷刺了他的狂妄自大，愚昧無知，說明他終于要走上滅亡的道路。這裏面有大獨裁者玩弄一只大汽球的鏡頭，球上畫着世界地圖，放在木架上面，卓別林一出場，先走向這架汽球做的地球儀，用貪婪的目光在球上四

梅蘭芳與卓別林合影（一九三〇）

面尋找他的目的物，然後從架上拿過汽球捧在手裏，用柔媚的姿態，輕盈的步伐，隨着音樂節奏，忽慢忽快地曼舞起來。舞到得意忘形的時候，一脚踏上桌子，正在高興，「啪」的一聲汽球破了。這場戲裏，卓別林用了四種表情——冷酷、快樂、瘋狂、頹喪，層次分明地把大獨裁者的心理變化，描繪得淋漓盡致。他看了非常痛快，他感到窮兵黷武、好勇鬥狠者必然是這個下場，所以他看過一次還想再看，一連看了七次之多。

一九四一年秋天，梅曾有意到內地去，他和馮耿光商量說：「香港不是久居之地，我早就想離開，您看到哪裏去好？」馮說：「我們何不搬到桂林去住，那裏是個風景區，氣候也還不錯。你如果同意，我可以寫信託中國銀行給我們找房子。」梅說：「好吧，先去了再說。」不久，馮耿光就接到桂林中國銀行經理陳雋人的回信，知道已經給他們租定了所房子，租金每月二百元，一切應用傢具也在着手準備。梅、馮兩位計劃過了年就走，那時我在香港交通銀行經管運輸事務，和當地兩家航空公司都很熟悉，梅一再向我說：「我們內遷時行李不會少，飛機票要你早給我們想好辦法。」我說：「你放心吧！包在我的身上。」誰知道當年十二月八日就發生了珍珠港事件，香港當天就受到日軍的轟炸，形勢突變，上面的計劃，也變成泡影了！

一九四一年十二月八日清晨，我們忽然聽到了猛烈的高射炮聲，大家都摸不清是怎麽回事，起初還以爲是演習。他從電話裏對我說：「看樣子不像演習，我從窗口已經看到對岸飛機塲有火光，好像受到了轟炸。」後來確知日軍已經向香港展開全面進攻，我就去見他，他皺着眉頭說：「糟啦！早走一步就好了。香港是個孤島，我瞧是守不住，早晚要被日本人佔領。我一向離着他們遠遠的，這回可難免要碰上了。」

日軍圍攻香港十八天，每天炮聲隆隆，敵機也常來「光顧」，我和他都住在半山，山上沒有

防空設備，只能躲在樓房的地下室裏，算是臨時的防空洞，那幾天他總是默默地不大說話。

他素來愛好整潔，在這種緊張的氣氛裏，照樣還要刮臉，可是我們發現與過去不同的是，鬍子就不剃了。我和馮耿光問他：「莫非你有留鬚之意？」他嚴肅地指着上唇回答我們：「別瞧這一撮鬍子，不久的將來，可能會有用處。日本人假定蠻不講理，硬要我出來唱戲，那末，坐牢、殺頭，也只好由他。如果他們還懂得一點禮貌，這塊擋箭牌，就多少能起點作用。」

他是個旦角演員，年輕時爲了怕鬍子太濃，常用鑷子拔鬚，現在要用着它了，可又總是稀稀朗朗的幾根，老長不密。直等回到上海，時隔半年，他的鬍子才留得有個樣子。

日軍進入香港以後，時有暴行，所有港地的居民，全都惴惴不安。就在日軍進香港後第三天的上午十時左右，梅家突然來了一個陌生人，要見梅蘭芳先生。他剛跨進客廳，那人搶過來握住他的手說：「您眞把我找苦了，我們進入香港，上級就指派我要找到您，找了一天沒有頭緒，有人說您已經不在香港，可是據我們的情報，您沒有去重慶，八號夜裏重慶派來接人的兩架飛機裏面沒有您，肯定仍在香港，但不知道您的住址，叫我乾着急，直到昨天晚上才有了線索，現在我眞高興能夠見到您。」來者是個日本人，名叫黑木，說着一口流利的帶着東北口音的中國話。黑木又說：「酒井司令想見見您，您哪一天有空，我來陪您去。」梅說：「現在就可以去。」說完就進屋子拿帽子。馮問他：「你拿帽子上哪兒去？」他說：「來的那個日本人要我去見他的司令。」馮很着急地說：「你一個人去行嗎？」他却很鎭靜地回答：「到了這個地步，生死早就置之度外，怕有什麼用處！」說完後出去對黑木說：「我們走吧！」他們剛走出客廳，這時，梅家住着的一位姓周的朋友，就自告奮勇地對梅說：「我陪您去。」馮從陽台上目送他們跨進黑木的汽車，灣灣曲曲地下山去了。

梅蘭芳蓄鬚圖（一九四二）

當天下午四點鐘我到梅家，他還沒有回來，馮耿光坐立不安，焦急萬分地對我說：「這一下浣華眞完了！我深悔不該讓他去的。」我心裏也在着急，但表面上還要安慰馮。我們左等不來，右等不來，天已經黑下來了。大家站在陽台上瞪着眼冲外看，全部路燈都沒有了，住家的也不露出燈光，在朦朧的月色下，連個人影也找不到，整座山陰森森地充滿着凄涼恐怖的氣象。好不容易遠處傳來汽車喇叭的聲音，這輛汽車一直開到家門口停住，果然是他和姓周的朋友回來了。他剛一進門，我們就趕快圍上去問他：「怎麼到這會兒才回來？」他微笑着說：「別忙，等我放下帽子，擦把臉，再細細講給你們聽。」

他說：「酒井的司令部設在九龍的半島酒店，我走進酒井的辦公室，酒井正在隔壁房間開會。黑木出去繞了一下進來說：『司令馬上就來，請您稍候。』不一會，酒井進來跟我握手說：『二十年沒有見面了，您還認得我嗎？我在北京日本使館當過武官，又在天津做過駐防軍司令，看過您的戲，跟您見過面。』他一面說話一面盯着我嘴上的鬍子看，用驚訝的口氣說：『您怎麼留鬚了？像您這樣一位大藝術家，怎麼好退出舞台？』我說：『我是個唱旦角的，年紀老了，扮相不好看了，嗓子也壞了，已經失去登台的條件，唱了快四十年的戲，本來也應該退休了。』酒井聽了沉吟一下，就讓黑木給我一張特別通行證，又對我說：『有什麼需要，可以告訴黑木，給您解決。』說完話出來，正想回家，黑木一把拉住不放，堅邀我到他家吃飯。吃完飯時間已經不早，我料想家裏一定很着急，但黑木還纏着我大談其戲，又留我吃了點心，才陪我過海，上了岸，仍派汽車送我回家。今天總算讓我闖過去了，你們別以爲酒井、黑木他們會對我有什麼好意，准是想利用我，瞧吧！」

自從日軍佔領香港到梅先生離開香港之前，這中間曾經遭到三次不同程度的脅迫，都被他擋了回去。經過是這樣的：

日軍某部隊爲了開一個佔領香港的「慶祝會」，函請梅參加，表演一齣京戲。這時正好他患牙疼，就請牙醫生寫了一張證明，附在回信裏說明不能參加的理由，這件事就這樣對付了過去。

沒有多久，日本軍部又派人來說，爲了繁榮戰後的香港市面，想請梅出來演幾天戲。他回說：「我的劇團不在此地，一個人無法演出。」又這麼搪塞了過去，以後也沒有再提過這事。

第三次情況就比較嚴重了。南京汪政權要慶祝「還都」，日本的特務機構「梅機關」派專人來港，邀請梅去參加，準備用飛機送去。梅當然是不會去的，而來人却一定要請他走一趟，不肯空着手回去覆命。經過多次的談話，費了無數的唇舌，最後他堅持着有心臟病不能坐飛機的理由，這才把來人打發走了。

梅蘭芳那時的處境，眞好比籠中之鳥，但是這只鳥一直在盼望展翅高飛。他唯一的寄託是偷聽短波，每天晚上在臥室裏把門窗緊閉，放下窗簾，熄滅電燈，用兩條棉被包住無線電機，只露出一小塊，聲音開得很低，把耳朵緊緊地貼在上面。等我到他家，他常把偷聽到的一些重要消息告訴我。他住的這所公寓，樓上樓下都住有日本軍官，偷聽短波是件非常危險的事，但他一直冒着險收聽，堅持到他離開香港為止。

當時，有好些人都輕裝簡從悄悄地從廣州灣偷渡到內地。梅也決定先把他兩個在香港上學的兒子葆琛、葆珍設法送走，就託付兩位熟朋友，分別把孩子帶進內地去唸書，葆琛去重慶，葆珍到貴陽。走的前兩天，在家裏舉行了一個送別宴，我也被邀參加。飯後他躊躇着說：「萬一路上被人家發現是梅蘭芳的兒子，可能就給攔回來，這兩個孩子的名字從學校裏是都查得出來的，非改不可，可是改了又得讓他們容易記得住，盤問的時候才不會露出馬腳，你們看我這個主意對不對？」馮耿光在傍沉思了一回說：「這樣吧，他們的小名不是叫小四、小五嗎？何妨諧着音改做紹斯、紹武，有人盤問，我想容易答得上來。」梅先生同意了這個辦法。兩個孩子先後出發的日子，他每次都送到門口，凄然握別，看着孩子下山，走遠了還向他們一再的招手。

幾個月以後，梅的熟朋友都已紛紛離港，我們對他何去何從，也研究過幾次。有人主張化粧偷渡進內地，多數人却不同意這個辦法，認為別人化妝還可以混過關去，唯有梅蘭芳的面孔認得的人太多，如果讓日本人抓了回來，以後的事情就不好辦了。大家認為目下香港、上海都是日本人的勢力範圍，沒有什麽兩樣，熟朋友慢慢走光了，一個人留在香港不太妥當，不如回到上海去。梅接受了大多數的意見，就在一九四二年的夏天，取道廣州飛回了上海。

他回到上海，走進了馬斯南路舊居，大家看見他又瘦又黑，比去的時候憔悴得多，嘴上又留了鬍子，樣子變了。梅夫人一把抓住他，含着眼淚說：「上海傳遍了你的兇訊，說你從香港坐船回來，半路上船被打沉了，今天我們還能見面，真不容易！你怎麽這樣瘦？」他回答說：「你放心吧，別瞧我瘦，我的氣兒足，什麽都不怕，養幾天就能恢復的。」

一九四五年八月十五日，日本投降的消息從播音裏獲得的證實，他高興得流下淚來。這一天，梅家坐滿了親友，大家興高采烈地相互道喜，同時發現梅先生臉上刮的干干淨淨，鬍子已經不見了。

從那時起，梅先生每天一早起來，就在院子裏練工，下午吊嗓子，晚上看劇本，又親自到地下室裏去檢查戲箱。當時他的心情，就好比退隱多年的老將，一旦又要重上戰場，當然壓不住內心的興奮，同時又想到解甲八年之久，功夫生疏，是否能夠勝任愉快，也是值得考慮的事。所以他早晚忙碌，積極地為他未來的演出做着一切必要的準備。

㊀許源來的從兄許伯遒，與俞振飛並稱為大江南北兩支笛，久為梅伴奏崑曲。源來得伯遒指授，亦能吹笛。

抗戰勝利後，梅蘭芳將剃鬚去。此照攝於後一年楊撫生氏滬寓。右起：楊撫生、徐乘黃、邵永生、（一九四八邵與彭學沛、馮有真等在飛港途中，失事殞命。）張中原、周信芳、梅蘭芳、田淑君、楊嘯天。

我的回憶

新馬師曾

近月來，忽然覺得喉部不舒，至今尚未全愈，因之上月的保良局籌欵義唱大會，雖然到場，未能引吭高歌，爲該局留養婦孺請命，不無耿耿！由於在家休息時多，有時也瀏覽一下戲劇書籍，發見評劇家齊如山先生有「有聲必歌，無動不舞」之論，實在精闢極了！曾記得馬連良三哥最後一次來香港演「趙氏孤兒」，盤門一場，程嬰揹了葯箱出場，載歌載舞，簡直是一場美妙的舞蹈，氣貫滿台，也可以說是他的藝術達到最高峰的時期！那次馬先生還告訴我一件事：有次他們北京京劇團正演出「全部秦香蓮」，角色分配是他的王延齡、譚富英演陳世美、張君秋演秦香蓮、裘盛戎的包公、李多奎的太后。麒麟童去看戲，戲畢，麒到後台致意，並贊美馬連良演這齣戲的王延齡爲小戲大唱，對他表示心折。麒說自己演此戲，分飾兩角，前王延齡，後反串花臉包公，演王延齡時要留力氣，不能盡情發揮，對馬飾演的王延齡自嘆勿如。所謂南麒北馬，原本互不相讓，麒忽表示對他欽佩，使他受寵若驚，逢知己欣然相告，可見得他當時的得意情形。

我談紅生戲

當我剛加入覺先聲劇團演戲的時候，薛覺先先生初演四大美人戲，他一人兼飾二角，先演貂蟬，後演關公，我演呂布。他在後面帶關公贊貂蟬，又名月下贊貂，戲很繁重，我常從下場門偷窺。按我們粵劇界的規矩，十行角色應分爲一末、二淨、三生、四旦、五丑、六外、七小、八貼、九夫、十雜。紅面關公不屬於生，而隸於淨行，二淨之部，分爲大淨與紅生；當年薛覺先一人兼跨二淨、三生、五丑、七小、八貼許多行當，所以人稱他爲「萬能老倌」是有由來的。我幼時初搭太平戲院「統一太平劇團」，班中的老生新珠，對我最好，人情味極濃，例如「乖孫」一戲，就由他演祖父，我演其孫，他常在台上教我們，彼此間有了感情，他是我們粵劇班第二位吸收平劇紅生藝術熔入粵劇的前輩，他曾專程去上海向林樹森學關戲的工架，有時他在後台比劃些關公架型，令人肅然起敬。在新珠之前，有一位前輩福成，應行小武，相傳其關戲曾得三廂子傳授。當時我師細杞要另送束修給新珠，請他老人家教我紅生戲，新珠說：「祥仔和我有緣，我願意教他，你若和我講銀紙，就失感情了！」新珠前輩見識甚廣，我常請他講古仔，他一開口就是劉關張，

新馬師曾扮演關公「華容道」工架

新馬師曾扮演關公戲特寫

薛覺先（右）余麗珍（左）合演粵劇「關公月下贊貂蟬」劇照

特別是關公的過五關、斬六將、保皇嫂、兄弟會，聽得小孩子如我，津津有味，羡慕關公之為人，從此我立下志願，要唱好關公戲。等到去了上海，又識得了麒麟童、林樹森等，發現京戲紅生的扮相，和我們粵劇班大不相同。也是新珠前輩講的，從前京班演關公揉臉，就是用手搽深胭脂，帶點紅色象徵的意思，等到後來藝名三麻子的王鴻壽開始，方才改揉臉為勾臉，紅色加重硃砂，符合書上「面如重棗」那句話。就是早年的關刀，也不過和普通的長柄大刀差不多，後來為了要想把關夫子的刀，顯得與衆不同，起先是在刀頭上畫條龍形，後來又用紙畫得很精細的貼上去，等到三麻子的關戲唱紅了，這才打出樣子來，刀頭作半月形，刀面雕花勾金，定製一柄為關公專用的青龍偃月刀。我去上海時，自然趕不上見到三麻子，但知道林樹森、麒麟童都是三麻子的弟子後輩，還有一位藝名小三麻子的李吉來，也是三麻子的學生，演得比較瘟，名氣也不如他們大。我還記得那次去上海，曾經定了一頂綠色的夫子盔帶回香港，就是準備專門演關公戲用的。

老友胡章釗

許多人以為我從神童新馬師曾，一直到我離開師門，自己組班，直到現在，總是一帆風順，無往不利的，那就錯了！這中間曾經有許多挫折，特別是去上海演戲，說起來猶有餘悸！那次我們去上海演出，是由五嫂唐雪卿担綱，他本是廣東世家女，上海又多親友，開鑼頭三天，全院滿座，這自然是同鄉賞面，戲迷捧場，那知到了第四天，祇得三成座，於是院主、前後台同人大家慌起來，五嫂更是着急，因為五哥薛覺先有病在身，他患的是神經衰弱，受不得刺激，此次同去上海，無非讓五哥散散心，若是因之而引起他舊恙復發，豈不雪上加霜？於是當晚就在後台討論，營業不振，原因何在？當時就有人指出，說我們這次去上海演出，地點不選擇虹口而選在中區，是一大錯誤，因為廣東同鄉，大都住在虹口，「卡爾登」的地點雖好，但低價座觀衆往返不便；其次缺乏宣傳，光靠報章宣傳，已經不夠，必需在電台廣播，方能收効。那是將近三十年前的事，正是上海電台勃興時期，但那時電台雖多，而播廣東話的祇得一家，這家電台開在西摩路，以海員工會出名組織，名為海員電台，台長姓葛，是當律師的，也是我們廣東同鄉，主持粵語節目者，正是現在無線電視台的最佳得獎藝員胡章釗兄。胡君那時翩翩年少，天天挾了一個大皮包上電台，他做節目，與衆不同，播報廣告沒有底稿，所播的粵劇唱片都是他私人自備的，控制機器，播放唱片，都由他自己動手，對着「麥克風」口若懸河、滔滔不絕，一連數小時的節目，一氣呵成！次日經友人介紹我們晤面，胡章釗兄即開始在該電台為我們劇團義務宣傳，我們也為該台做一個特別節目，大家唱兩支曲，記得那次薛覺先先生因各界點唱電話不絕，雖在休養期間，也破例唱了一支曲。事後，胡兄送我們每人一個金色連打火機的香烟盒，作為紀念，他還每晚抽空暇時間來為我們報幕，在每場落幕時間，登台演身說法，介紹劇情，薛覺先曾說：章釗兄和我們是「鄉誼友情，兼而有之。」此後我們就成為無話不談的好朋友了！

新馬師曾（左）胡章釗（右）談笑言歡

我們離滬回港之時，對胡兄甚表感激，所謂大德不謝，胡兄却說：「今日我在上海，為各位稍盡棉力，微不足道。俗語所說：山水有相逢，焉知我將來如何，到時若來香港搵食，還要各位幫忙小弟才好呢！」當下一笑而別。

一九五二年，胡兄也來香港，其時我正在「普慶」戲院上演「萬惡淫為首」，一齣戲連演四十天，他來戲院探我，歡然道故，我即請他在我劇團幫忙；後來又專誠介紹他給當時的麗的呼聲電台中文節目總監鄧樂夫先生，就請胡君在銀色電台担任故事節目，連續講了十餘年之久。昔日一句戲言，後來都成事實，眞是意想不到！此後我每逢義唱義演，必請胡兄担任司儀，他也無役不與，成爲最好的「拍檔」！

胡不歸風波

我那次去上海，還發生一件意外，結果鬧得不歡而散，事情經過是這樣的：五嫂唐雪卿起初對粵劇完全外行，開始學京戲，中途習粵劇，有個時期，薛覺先先生在戲班中稱她爲「羊牯婆」，因爲怕她對戲班的規矩習慣，不知避忌，開罪同行，聲明在先，明指她爲外行，若有差錯，大家不會見怪。這次上海之行，五嫂對我說：「我是著名的羊牯婆，我祇能照着梗曲梗白去做，京班中稱我這種爲死口，你有捷才，喜歡爆肚，誰都知你是活口，最好你依正曲本唱，否則我就沒有收科了！」其實，我何嘗喜歡爆肚，因爲自己幼而失學，記憶力差，可以說是不得已而爲之，當下我就回復五嫂說：「我儘量不爆肚就是，你放心好了！」因此在上海初登台的幾天，我是戰戰兢兢，對劇詞不敢稍有差錯，可以說自我登台以來，從未如此緊張過，薛覺先先生發覺了，反來安慰我說：「我看你這幾天的演出，太注意劇詞，一點也沒有把你的長處發揮出來，你在台上爆肚慣了，祇要不弄錯『介口』，偶而爆肚三兩句是無傷大雅的。」我聽了這幾句話，情緒上鬆弛不少。恰巧有天演薛派名劇「胡不歸」，我臨場忽然忘記了曲詞，萬不得已，祇得爆肚，但對劇情絲毫沒有違反，休息時間，我正打算向五嫂致歉，不料她已大興問罪之師，聲勢洶洶，不但開口便罵，而且動手就打，此時，難爲了薛覺先，他明知五嫂動手不對，但他素來懼內，竟然噤若寒蟬，我在後台受辱，認爲是可忍孰不可忍，當然不肯再化裝登台，結果祇有退票了事，原定演出一個月的，祇演了三星期左右便停演了！

此事發展到後來，還有一位老先生出塲擺和頭酒，此事亦値得在此一提。有位司徒美堂先生，「薛」與司徒，同出一源，他和覺先伉儷有宗親之誼，他是美洲洪門大哥，爲我們設宴言和。席間司徒的演講，很是風趣，他說：「照普通人的習慣，凡是理虧的一方，要擺和頭酒，表示認錯的意思。今日的宴會，確是擺和頭酒，但不要你們任何一方出錢，即是你們雙方都沒有錯，錯在何人？錯在於我，所以今日這一餐和頭酒要罰我出錢，你們雙方必須賞面，開懷暢飲，飲過這杯酒之後，便要握手言和，看我幾分薄面，任何一方，不可再多生枝節了！」當下，他老人家又叫我和五嫂同飲一杯，雙方言和，一塲風波，始告平息。

同人等回香港後，我已將此事淡然忘之，五嫂唐雪卿忽然吩咐覺先聲劇團櫃台某君，替他起草一張呈文，將此事投訴八和會館，要求秉公辦理。此時八和理事長正是薛覺先先生，使他十分爲難，每次開會，他祇能退席。結果仍是薛先生不想多生枝節，暗中示意各理事敷衍了事，所以此事後來也就不了了之。

我從上海回來，經此挫折，閉門思過，覺得我個人尚嫌缺乏修養，還要在「忍」字上下工夫，從此皈依呂祖，堅信不移！但我決無意導人於迷信，祇覺得任何宗教都以助人、爲善作依歸，有了信仰，便可減少煩惱，這是人生一件最快樂的事情。

（三）

新馬師曾皈依呂祖虔誠上香

薛覺先（左）唐雪卿（右）「胡不歸」劇照

鵝仔嘜男皮鞋

大人公司有售

望平街憶舊

申報與史量才

胡憨珠

史量才以蘇路借款起家，不旋踵間，便盤進申報，此後一帆風順，扶搖直上。其間有兩大插曲，橫互其間。其一為陶晉蓀被滬軍都督陳英士槍斃，秋水夫人挾貲歸來，和史量才重圓破鏡；其一為與席子佩涉訟，爭奪申報主權誰屬的糾紛事件，所有申報股東唯恐訟事牽涉，全部放棄權利，於是申報股權，盡歸史量才一人所有了！

以空無所有的一個「蘇路董事會」名義，向日方借到三百萬兩銀子，說者都謂史量才才幹過人，日人中野貢熱心出力，實則是日本人垂涎蘇路，方才肯借出鉅欵，後來終於由袁世凱償還了事。至於蘇路董事會因贊助革命而借欵，其實並無若何革命行動的事實表現。有之，唯一的只有史量才的家中，製造大量炸彈一事。史家時住在法租界俗呼「打鐵濱」地方殺牛公司對面的某里中，係一所兩開一廂房的樓房。史量才就在家中關門閉戶，製造炸彈。彈中所用的炸藥由他自己主持化驗，合配以某數種爆炸性猛烈的化學品製成。承担裝配工作的，全是過去在他蠶桑女學的教職員章錫之等數人。經一個多月的製造，樓下房屋，成品堆置幾滿。不過此項炸彈，始終未曾動用過，因為在宣統三年農曆九月十三日（一九一一年十一月三日），上海便已宣告光復了。

陶晉蓀鎗斃罪有應得

在光復上海後的第三日，是為農曆的九月十六日（即陽曆十一月六日），參加此次起義革命的各同志，在小東門內的海防廳內開會（按：海防廳為清代專門管理上海縣屬各海塘修理海潮工程機關，設有官衙）組織上海軍政府，推舉陳英士為滬軍都督，即以海防廳作為滬軍都督府。同時，駐在吳淞的粵軍濟字也已開始反正，松江亦早於光復之日由鈕永建領導革命同志光復松江與上海的犄角之勢已成。翌日陳英士便委伍廷芳為外交總長，李平書為民政總長兼製造局長，沈縵雲為財政總長。又翌日，李平書委任吳懷疚為上海縣民政長，黃涵之為上海縣司法長，莫恕齋為市長，兼警察局長，顧馨一為副市長，改「城自治公所」為「市政廳」。同時，滬軍都督府又委李英石為滬防水陸全軍統領。於是滬軍都督府便成為上海革命成功後的軍政最高機構。

陳英士既在上海舉義成功，於是江蘇省沿滬寧鐵路線的兩大城治地區，相繼响應，發動起義。蘇州起義於舊曆九月十二日，鎮江起義於二十一日，而停泊於江中的水師兵艦隨之响應，二十二日江陰的君山砲台也表示同一行動。所未下的祇是南京一地，因該城尚在冥頑不靈的張勳所率領的辮子兵的手中。於是由李徵五以光復軍總司令的名義，參加滬軍、浙軍、蘇軍向江寧挺進圍攻，血戰七日，於十月十二日（即十一月廿三日）始將南京攻下。此次戰役以浙軍作戰，最為驍勇，因戰士多來自諸暨，嵊縣，台山，黃巖諸地，這攻打南京天寶城確為辛亥革命史上留下光輝的一頁。旋以張勳率領殘部渡江北逃，公推前江蘇巡撫程德全（雪樓）出任江蘇都督，駐守南京。到了十一月十三日，孫中山先生自歐洲歸國，從上海至南京，由各省代表會議，選舉為中華民國的臨時大總統。

松江鈕永建與上海陳英士係同日舉義，同告光復，當地的一班地方人士即公推鈕氏出任松江都督。只因松江都督府的組織成立，開支增多，而賦稅所收，不敷挹注。是以月有一筆協餉，由上海都督府資助撥付，此為陳鈕兩氏於相約同時舉義前，所訂口頭的君子協定。在那時期蘇路董事會中的董事之一金山人錢選青，已出任松江都督府的財政處長。對於此項協餉由錢處長携帶公文，備具領條到滬軍都督府，親自領取。當於第二次來領取時，公文已投，乃坐於傳達室裏，靜候傳見。在他坐未移時，遽見一輛雙馬車，施施馳來，停輪於滬軍都督府門前的廣場間。（筆者按：上海城牆於光緒三十年起已經拆除，所有城廂內的濱渠，濠溝亦已填沒，築成馬路。故北來車輛，多從小東門大街直達海防廳的滬軍都督府）早有兩名軍裝威武的彪形大漢，一前一後的跳下車來，挽開車門。侍候車廂中跨出一位長袍短褂狐裘蒙茸的中年壯漢來。遙見他那張圓形似月皮色如橘的面部上邊，滿籠着一股傲慢粗獷兇橫驕矜的神色，一望而知決非良善之輩。

此時早由他隨從的保衛人員之一，於其手中的皮製護書裏，取出一張大型卡片，搶步到傳達室投遞。錢還青一眼望去，只見卡片上所印的字樣，那是「鎮江都督陶晉葆」。不由得他心頭陡然一愣，爲之暗暗心內自語：「啊，陶晉葆就是這個長得兇相似煞神的傢伙。怪不得他橫刀奪取史量才的愛寵，以致史量才不敢相爭，只得忍恥含辱，任他刦持而去」。原來當時史量才的秋水夫人，在他們雙棲之所，被陶晉葆强奪刦走。縱然他守口如瓶，諱莫如深，但日子稍久，自會透露，傳揚開去。所以松江府屬地區的上層社會間，對於史量才的姨太太被人奪走之事，成爲談話資料。而以閒素和史氏有感情友誼之人，對此一事最爲關心留意。不過當面大家相約不可聲張而已。錢還青和史量才同爲蘇路的董事，他們之間的交誼，相當深厚。

在辛亥革命這一個中國改朝換代的時代大變動中，全國各地紛紛響應，拔幟易幟，還我河山。沿滬寧鐵路線的鎮江由陶晉葆領導當地駐軍林述慶部高舉義旗，於成功以後，陶則出任鎮江都督。傳說中林述慶原屬第九協鎮的統制而兼江蘇省督練公所督辦徐紹禎的部下，任職統領，奉命率部駐守鎮江。因陶晉葆係蘇省督練公所担任高級要職，以辦事幹練有爲，且頗獲得督辦徐紹禎的寵信。是以陶晉葆自有他的聲威權力，足以指揮和導致林述慶率部投入於革命的行列中。遂使地當水陸要衝的鎮江，得以兵不血刃，獲告光復。如果論功行賞，就績酬庸，那他的出任鎮江都督，藉可以收輕車就熟之效，事屬順理成章，無所訾議。但一究查他過去歷史的所作所爲，則劣跡昭彰，造孽多端。最難可恕的那是他一度任做兩江總督端方的政治密探。因此直接間接的革命事業爲他所毀，革命志士爲他喪生，正不知有多少案件。如今他的出任鎮江都督，是亦可謂「天奪其魄，而益其疾」了。

陶晉葆眼看淸廷政府的趨勢，已到了日暮途窮的情景，民間反淸復漢的風氣大有山雨欲來之概。他感覺本長官徐協鎮是位和平易與的好上司，不管時局變動與否，凡有實力在手的決不吃虧。後來事實果然，武昌首先發難，高擧革命起義的旗幟。一時全國各地紛紛響應，彷彿登高一呼，萬谷應聲的樣子。陶晉葆原是個胆大潑天，心勇萬夫之人，認爲當此時世正是大丈夫酬志展眉的機會。於是他投袂而起，便悄然離開南京，趕回鎮江故鄉。那裏也是第九協鎮的防地，由統領林述慶率部駐守，他便矯命林述慶起義。一經革命局面展開，就宣佈自封爲鎮江都督，委林述慶爲鎮江水陸全軍防守司令。胡天胡帝的亂幹了十多天，大概他的末日將臨，死期已至。不知如何心血來潮，覺得他自己該與滬軍都督陳英士應有當面聯絡論交，增厚親密感情的必要。於是就把他出任都督以後，十幾天來向故鄉父老中一班著名的富有人家叠施威嚇所搜刦而來的現銀飾物，隨身携帶，並偕着他心愛的沈慧芝同來上海。

當天因下午到車，陶晉葆和沈慧芝在一品香旅社共渡一宵，第二天的上午，陶晉葆率同兩名衛士，乘坐雙馬車趕到小東門內海防廳的滬軍都督府。即去專誠拜訪陳英士都督。當時在陶晉葆的念中認爲只要他的名刺投入，陳英士都督定必會親自出來相迎。誰知傳達員手持他的名刺進去多時，却不見出來。他心上就感到老大的不舒服。原因是他性格燥急，脾氣乖戾，並且自視甚高。是他恣於驕，也善於諂，所以只要他的頂頭上司在面前，頓時會變成馴服得像一頭綿羊，温順得像一隻小鳥。至於他對待同品級，同階層的同事同僚，就一些都不願遜讓了，這是陶晉葆一生所患最惡劣的行爲脾氣。當他在滬軍都督府的大門內站立一回，此時他那內心蘊積等人心焦的一股忿怒之火，實在按捺不住。已經咆哮如雷，破口大罵，那些罵詞又辱及陳英士都督，還指說他慢客無禮。就在這時，傳達員却是急步趕走出來，告訴他此刻陳都督正在開會，就請他到傳達室裏暫坐片刻。等陳都督開完了會議，自會來請你陶都督進去談話。但他並不接受他好意的通知，既不入室就坐，也不停止怒罵。

其實，這個傳達員所說的陳都督正在開會此話一點都不虛假，而且他們所開的緊急會議正是爲了陶晉葆而開。原來現駐南京的江蘇都督程德全（雪樓）對於陶晉葆自封爲鎮江都督以後的所作所爲，形同强盜，跡近匪徒。因爲他把幾個當地富有著名的紳商人士，盡行捕捉或誘騙了去他鎮江都督府裏軟禁起來。都是以籌募革命軍餉爲詞，威刑恫嚇，詭言作勸。勒逼他們捐獻資助，非遂其欲不予釋放。據說有一位老紳士李盛鐸，早年時代以三鼎甲的榜眼及第，後入翰林院任當編修等淸高官職。及散館外放，歷經宦海，任做縣府州道的親民之官，覺得宦囊稍充，足夠溫飽終身，便引疾休致回歸故鄉，度其杖履優遊林泉嘯傲的逍遙生活。一向以來，上海的經濟權力掌執在鎮江和紹興兩幫的錢業商人之手。後馬路上各里弄的大小錢莊經營其業者，不是鎮江幫即爲紹興幫，別幫人雖有不多。李盛鐸知道錢莊業務祇要經理聘請得人，經營有方，運籌有術，只會賺錢，不會虧蝕。所以他向親友集合得部份資本，就把自己宦囊所蓄投入其中，便在上海經營一家錢莊。因爲經理聘請得是個經營錢莊的高手，沒有一年，不賺大錢，於是李盛鐸的富有名聲，爲之盛傳。這次恰巧遇上了陶晉葆，把他請了來，竟以活財神相視，大事敲詐勒索。傳說中李盛鐸曾化了一筆數字相當巨大的現金，但是還未饜足陶晉葆的貪欲，猶是誅求詐索不休，最後竟把李盛鐸紮綁起來，使用吸水烟時，作點燃烟絲顆粒的紙捲（按：上海人的口語叫做紙吹）上邊的火種，向他身上任意燒炙。這種殘酷兇暴行爲，那裏還有什麽人心人道可說，不過終因他酷刑所施。最後李盛鐸便命家人拿出座落在上海靜安寺路佔地七畝的一張道契，奉獻給陶晉蓀，作爲贖身的代價品，方始獲得釋放，這是陶晉蓀所做惡事的一個例證。

只因程德全原任是江蘇巡撫，於辛亥革命光復上海成功以後，他在蘇州便率同藩台應季中等宣佈起義，响應革命，以此出任江蘇都督留守南京。過去他在江蘇巡撫的任職期中，治政寬厚，官聲甚好，且與所屬各地的名紳鉅商都有親切感情。所以他對於鄰近的鎮江都督陶晉蓀所作所爲在風聞之下，大爲不滿。尤其是鎮江的幾個被禍受害人，凡與他說得上閒話，攀得上交情的，紛紛把被禍受害的經過情形，寫信告稟。因此，程德全對於陶晉蓀這個人，更加認爲有「不去慶父，魯難未已」的痛惡觀感，非要除去他不可。但爲了投鼠忌器，不敢公然派人到鎮江去予以執法行動。只得派遣幹員前去鎮江暗中監視陶晉蓀行動，隨時密電報告。所以這次陶晉蓀携同沈慧芝到上海去出遊，早已有人密電報告程德全。程即以密電通知上海陳英士都督，要他遇到陶晉蓀時，便宜行事，翦除此獠，千萬不能失去良機。

那封密電文裏，詳叙陶晉蓀所幹做的種種不法事情以外。最使陳英士引起殺機的話，那是說：「鎮江地處要衝，無間水陸交通，扼介於滬寧之間。對弟處所受威脅固大，對兄處亦屬難保安寧，惟有撲殺此獠，翦除荆棘，方足以爲革命前途，舖平道路，爲滬寧交往掃去障礙云云」。是以滬軍都督府接獲此電即由陳英士都督召集幾位高級僚屬特開會議，對於處署陶晉蓀問題，會商辦法。萬想不到陶晉蓀竟會像鬼使神差般的前來自投羅網親到滬軍都督府來拜客。及會議散後，陳都督走出會議室時，警衛人員早已遞上一些求見的來賓名刺。當他發現陶晉蓀的名刺，心頭爲之一怔，因爲覺得正要找他而他自來的巧合，所以感到驚奇。在自然的意識上，免不得側過頭去向大門前望去，只見一個服裝鮮華的彪形漢子，在指手畫脚的大聲喧嚷。便詢問左右是何人？何事？左右就回報他說是鎮江都督陶晉蓀，因爲不能即刻見到都督，所以在大發脾氣。

當下陳英士都督認爲陶晉蓀以外來作客的難得身份，因接見稍遲，已經狂妄無理地發作如此的大脾氣。那他平日之間，在他勢力範圍中的擅作威福，欺壓民衆，可想而知。便陡的想着江蘇都督程德全的來電有「翦除此獠，便宜行事」之話。所以他心內說：現在我就把陶晉蓀槍斃在滬軍都督府門前的廣場上，可說最便宜行事也沒有了。於是，他就高聲吩咐警衛隊隊長道：「你去把這個陶晉蓀立即綁出門外槍斃算了」。警衛隊長自然奉命，帶領一班弟兄以快速跑步到陶晉蓀身邊。毋須開口說話，一擁上前，就把他手到擒住，用蔴繩五花大綁的綁紮起來。此時陶晉蓀早已把剛纔的那種昂頭天外，傲慢絕世的威武氣概，一掃而光。立刻現出他極哭胡辣的樣子，大聲大嚷的說道：「陳都督饒命，求求你陳都督饒饒我這條狗命罷。今天我來拜望陳都督，實是來敬獻好意的，什麽你見都不許見一面，還把我綑綁起來，委實辜負我這番好意了。」

幸好這班警衛隊士，知道奉令行事，那管好意不好意，敬獻不敬獻。大家推的推、拉的拉，當把陶晉蓀拉推出滬軍都督府大門外去，就在廣場上東邊靠近奕和南貨店的高牆脚下，手槍向他頭部連開三響，頓告畢命。這爲滬軍都督府自成立以來，在明正典刑的紀錄本上，那陶晉蓀實爲開卷第一人。對於這件事實的經過情形，當時眼見最詳細的人，那是松江都督府財務處長錢選青。他眼看陶晉蓀很豪濶的乘坐雙馬車而來，也眼看陶晉蓀狼狽的被拉推出去槍斃而死。不過他不知道內幕眞相，所以起初他還錯認陶晉蓀辱罵了陳英士都督而被處死的，頗爲死者呼寃。後來才知道陶晉蓀在鎮江的所作所爲，才覺得他死於罪有應得了。終因錢選青的目覩其事，當天住在上海的松江府屬幾個高層社會階級中人，又把陶晉蓀奪走史量才的姨太太沈慧芝的舊事重提。這自然他們都是接到錢選青的電話報告以後，所發生之事，因爲此時的史量才已成爲說得响，話得起的大人物了。

沈慧芝宛如舊燕歸來

沈慧芝於陶晉蓀出門以後，獨個兒耽在旅舍裏正感孤寂。好不容易熬挨過了三數小時，只見跟隨陶晉蓀出去兩個衛士倉皇奔至，前來報告她陶都督已在滬軍都督府門前遇難消息。他們兩人將經過情形，詳細講說，此時她聽了也不免熱淚紛披，低聲啜泣。在她認爲陶晉蓀縱然一生作爲，做到天怒人怨，萬衆唾罵。但她總覺得他對她却有一番的美好柔情，和無限的體貼心意，她的悲慟哀泣，這正是人之常情。但是她却猛然想着自身的當前形勢險惡，今後處境艱難。想念及此，忙即停止哭泣，拭去眼淚，便到衣櫥裏取過她的「袖籠」。就在袖籠的夾袋裏，掏摸出五叠外商銀行的紙幣，遞給兩名衛士道：「這裏五百元，你們兩人可分放在身邊，此刻趕快到滬軍都督府去。一邊看守陶都督的屍體，一邊向他們探聽請求收屍的需要怎麽手續，萬一要上下打點，你們就把這五百元先行使用就是。待我也出去尋找陶都督的幾位要好朋友，商量怎樣備棺盛殮。可是你們只要在滬軍都督府那裏等候，我自會和他們同來料理陶都督的善後之事的，你們先走一步罷。」

兩個衛士伸手接過紙幣，分藏身邊。便遵照他們的都督夫人所吩咐之話，乘坐街車，趕到小東門內滬軍都督府。舉目一看，府門外的廣場上，不但看不見他們陶都督的屍體，連之行刑後的鮮血痕跡也未看見。只見靠在邊牆脚地上，留着一大片的潮濕地面而已，不免發生詫異，便到傳達室問訊。那個傳達員却認識他們兩人，便埋怨道

：「你們到那裏去的，方才上邊要傳你們問話，却找尋不到。現在你們來做什麼？」兩個衛士便據實直說：「因眼看我們陶都督被綁推出府門，知道行刑在即，只得乘坐來車，趕去報告我家都督夫人。現在我家夫人準備前來請求收尸，備棺盛殮，她教我們等在這裏幫同辦理」。那傳達員道：「你們來遲一步！你家陶都督的屍首，方才已由天地和會館收殮去了。如要備棺重殮，只有到浦東天地和會館的義塚地上去舉行。不過須要在這裏領得一張通知認尸字條，再到天地和會館作個接洽，就好辦理。方才你們要是不走開，便可省却不少麻煩手續，現在便不可能了。」

原來上海地方，在淸代年間，有一個「天地和會館」的慈善機構設立。這同後來的同仁輔元堂、普善山莊這兩個慈善組織機構一樣性質。那是專門收殮葬埋倒斃的路尸，和被刑的罪犯，所有支出經費，全仗富有的慈善家，慷慨解囊，量力捐助。不過棺材只用長短六塊松板釘成而已，這種箱裝式的靈柩，每天以船裝載到浦東，由天地和會館所購買的義塚地，掘土埋葬完事。陶晋葆的一生享盡了豪華生活，也行盡了兇橫惡勢，到頭來只睏着四尺松棺了結。這不能不說是天理的昭彰，報應不爽，可見世間做人總是少做壞事的好。至於後來是否有其家人備棺重殮，遷葬故土，已不聽到再有人說起。祇得來話說他的兩名衛士，當日逗留在滬軍都督府門外的廣場上，等候他們的都督夫人的到來。但是左等不到，右候不來，直等候到夕陽西下，暮色四起。料定她今天不會來的了，兩人只得沒精打采地仍然回到一品香旅舍裏去。一見他們都督夫人所居的那間大菜間，門却緊關，叩之不應。

可是此時旅舍的一個侍者已經走了過來，對他們兩人道：「你們的都督夫人已把房間退掉，房飯賬目，也已揭算淸楚。她怕你們回來時間遲晚，所以對你們住的房間仍然續開一天，但房錢也已付淸了。不過她關照我要通知你們明天就趕快趁早車回鎭江去就是。」旅舍侍者便在前引路，隨走，引到他們兩人所居的房間，隨手開啓房門。並且還手指着放置在樓板地上的一隻手提大型衣箱道：「都督夫人說過，這隻衣箱裏邊，全是陶都督的衣服，也叫你們帶了回去。」兩人聽說，都頓時感到迷惘起來，覺得這件事非常蹊蹺，中有一人便即隨口向旅舍侍者問說：「我家都督夫人在什麼時候，離開這裏的？」侍者回說：「就在午刻，你們兩位走後，夫人就按電鈴，叫我進去，吩咐開單結賬。她在付淸賬目後，也就走了，和你們兩位先後離開這裏的時間距離，大約個把鐘頭罷了。不過她的一隻手提衣箱却由我替她提下樓去的，而且還送到大門前。恰巧有一輛空馬車經過，她即揮手叫住停輪，等我把衣箱放進車上，她就進入車廂坐着馬車走了。」那人再問道：「是你可曾聽見她關照馬車夫送她到那裏呀？」侍者回說：「這倒沒有聽到她說什麼話。」

那兩名衛士覺得向旅舍侍者探聽他們都督夫人的行踪，一時探聽不出什麼，也只得作罷。其實就在沈慧芝剛才正在悲悼陶晋葆死去的時候，突然警覺到自己當前環境的險惡，處身的艱難。這就是她看見了面前站着這兩名彪形大漢的衛士，所觸發起來的驚慌和恐怕。因此她停止哭泣，拭乾眼淚。取出五百元遞給他們，叫兩人分藏身邊。這是她所施的「投石問路」和「聲東擊西」兩條計策，連環活學活用之道。以便遣走他們兩人，讓自己得以擺脫羈絆，悠然遠離。對於陶晋葆的善後問題，在她心念上早已抱定了上海人的口語，所謂「死人弗管」的那個宗旨了。這是世間男女之間最微妙的問題，可見陶晋葆當時在史量才懷中橫眉奪愛，所奪得而佔有的只是沈慧芝的軀殼，不是沈慧芝的芳心。

所以她對兩名衛士所說要去尋找陶都督的朋友，協助料理身後之事，其實所要尋找的朋友，那是她自己雙心一襪，靈犀互通的心上人史量才。試想她天賦的智慧如此之大，所提的警惕如此之高。怎爲於乘馬車時，會輕口吐出去的地方名詞來，給人追尋的路線，至多吩咐馬車夫一聲「向前走罷」。這「向前走」一點也不錯，叫馬車一直向着西藏路前邊馳去，進入法租界打鐵濱史量才所居的家裏而去。當她抵達家門之後，便舉手叩門上的銅環，出來應門的恰正是史量才自己。因爲這時他坐在樓下廂房間的書房裏，正在修改一份合夥開設米行的契約，驀然間聽見輕叩門上銅聲響。這種聲響在別人聽來，不會在意，至多覺得輕微而緩慢，認爲是個腕力不强的女人在叩銅環而已，但是史量才聽得非常熟練，一經入耳，便認出是沈慧芝在叩門，不過自從陶晋葆在鎭江起義，已經是鎭江都督、慧芝也成爲當然的都督夫人，怎麼會來叩我這裏的門，但這叩門的究竟是誰呢，因此，便不叫他包車夫去開門，就自己出來親手去門，挽開大門，不料這一扇的大門開處，頓使檻內人和檻外人雙雙都驚呆住了，半晌之間，只是目逆而視，竟不能啓口而言，大有「乍見還疑夢」之概，結果，還是沈慧芝先開口道：「量才，你這麼啦，難道你不喜歡我回來麼」，經沈慧芝這麼一說，此時，史量才如夢已覺，便以驚疑而喜悅的問說：「慧芝，是你回來麼，今天是你眞的回來麼」，於是史量才忙伸手把望穿秋水的秋水夫人，扶進大門，隨即再把她放在身邊地上的一隻手提衣箱，也提携進門，方才關門落門，沈慧芝進門以後，便不再拘謹，相偕登樓，久別勝新婚，自有一番綺麗風光，纏綿情愫，只因史量才此時正對商業發生重大的興趣，沈慧芝盡出她携帶的大批現金，幫助他實現成功，傳說她携來共有八十多萬的數額，飾物也値到二十餘萬之數，使史量才於短期之內，開了兩家錢莊，一家金舖和一家米行，不過他非常隱藏，並不出面招搖，進出還是坐他的一輛包車，僅此可知史量才是深諳隱藏之道的。

（四）（下期續刊）

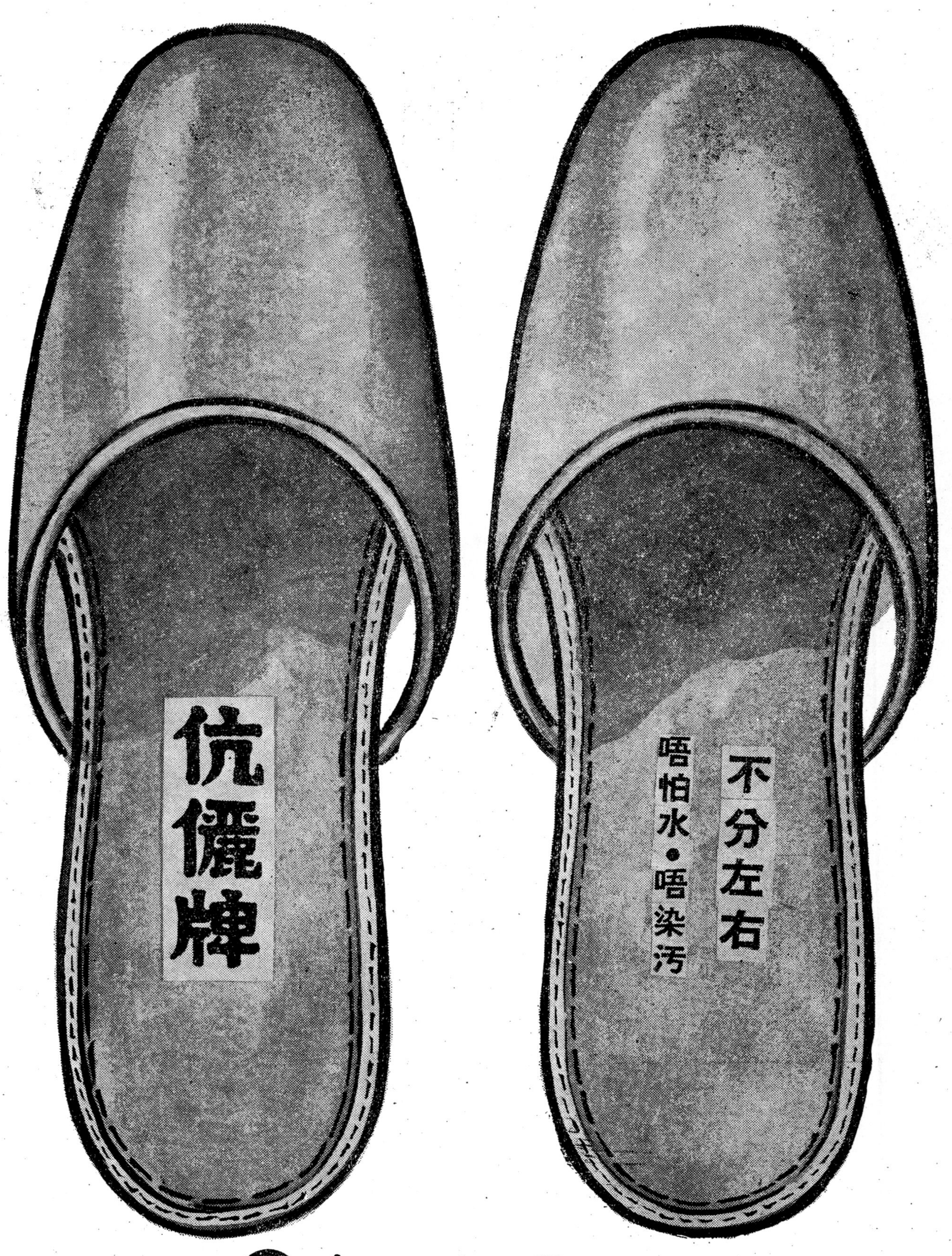

大人公司有售

天下第一聯

震齋

大千居士最近在台灣，又提起他老師清道人李梅盦先生當年收藏那副陳希夷寫的天下第一聯；恰巧該聯收藏者趙夷午老人今春把該聯影印出來，公諸同好。由於康南海、曾農髯、清道人、張大千諸先生的書法，直接間接，都受到這副對聯的影响，所以被稱爲天下第一聯，其爲海內外書家所重視，於此可見。

這副對聯是宋朝陳希夷（摶）所寫的，說起這位陳摶老祖，算得是一位傳奇人物，在歷史小說中，常看到他的名字和事跡。據宋史隱逸傳謂摶於後唐長興間，舉進士不第。張舜民書畫漫錄則說他長興中進士，年七十餘，至華山雲台觀居之。證以宋史本傳，摶居華山四十餘年，年近百歲。這樣說來，陳摶當生於唐代末年。顧亭林雲台觀尋希夷先生遺跡詩所謂：「舊是唐朝士，身更五代餘。」宋史本傳有云：太平興國中，摶來朝，太宗待之甚厚。九年復來朝，上益加禮重，下詔賜號希夷先生，留闕下，令有司增葺雲台觀，上屢與之和詩，數月放還山。太宗賜詩云：「曾向前朝出白雲，後來消息杳無聞，如今若肯隨徵詔，總把三峯乞與君。」華山雲台觀有希夷祠堂，堂前石刻太宗手寫詩云：「蒼生往世敝凋殘，令我如同赤子看，太闓無爲三敎盛，承平方說四方寬。」邵伯溫易學辨惑云：「摶後再被召，辭曰：九重仙詔，休敎丹鳳啣來，一片野心，已被白雲留住。」華山上留傳陳摶的故跡尚多，最著名的便是他和宋太祖二人下棋的亭子。那亭位置奇險，許多人游到那裏，往往無法下來，其險峻可知。此亭當初如何建成，値得玩味。

在傳說中，陳摶是以愛睡聞名的，他經常閉門獨臥，累月不起，他還作過一首愛睡歌，歌詞是：「臣愛睡，臣愛睡，不臥氈，不蓋被，片石枕頭，簑衣舖地，地震雷掣鬼神驚，臣當其時正鼾睡。閑思張良，悶想范蠡，說甚麽孟德，休言劉備，三四君子，祇是爭些閒氣！怎如臣向青山頂上白雲堆，展開眉頭解放肚皮。且一覺，管甚玉兎東升，紅輪西墜。」從這首歌，便可知道他胸襟是如何浩蕩廣濶了！相傳他後來羽化登仙而去，確實的年歲也無人知道清楚，民間都稱他爲陳摶老祖，也可以說是一位「神龍見首不見尾」的人物。

「開張天岸馬，奇逸人中龍。」這十個字原本不是一副對聯，而是後人把它集起來的，字大徑尺，但寫得奇崛蒼渾，不可一世，有虎躍龍騰之概。這副對聯更名貴的是有歐陽修的好友石曼卿（延年）題的詩云：「希夷先生人中龍，天岸夢逐東王公，酣睡忽醒骨靈通，腕指拂拂來天風。鸞舞廣漠鳳翔空，俯視羲獻皆庸工，投筆再拜稱技窮，太華少華白云封。」題詩格高絕，足與此聯相得益彰。題詩時爲康定庚辰，距今九百三十年矣。

宋陳希夷書「開張天岸馬奇逸人中龍」字聯

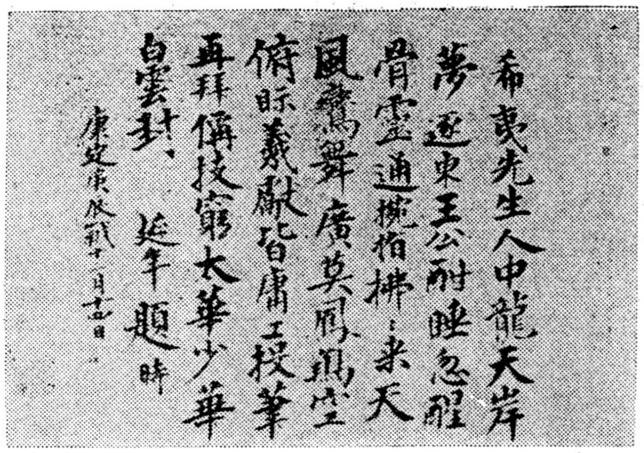

宋石曼卿為此聯題詩

大千居士曾談起這副對聯說：當他的老師清道人以銀幣四百元的代價，買到這副對聯之後，歡天喜地。用所藏乾隆舊錦精裱，懸掛壁間，朝夕觀賞。還嫌自己的字寫得不好，打算請曾農髯先生加題。一天，康南海過訪，見到此聯，讚不絕口，堅要借去臨摹。康有為的脾氣，見了心愛的書畫是不肯放手的，這一借去便杳如黃鶴，說什麼也要不回來了。民國九年清道人逝世，開吊之日，康氏親往弔唁，極盡痛哭愴悼之情，那時清道人的家屬自然不便向他索還。後來清道人之姪李仲乾為此事親謁康氏，想問他要回此聯，康早知他的來意，一見面就涕淚交流，歷述和清道人生前的交誼如何深厚，凄戚之至。在這種情形之下，仲乾無法啓齒，只得廢然歸去。後來曾農髯寫信給沈寐叟（子培）說：「梅庵身後如此之窮，更生（康字）眞太對不起亡友了，他如果不把陳希夷對子還給清道人家屬，我便要代李氏家屬請律師和他打官司」。曾再去和康氏交涉，費了九牛二虎之力，方才把對子要回來。曾農髯和清道人當年都以書名，且是極要好的朋友，此時方為補題曰：「此十字冊嚮藏嵩山，好事者改為十字聯，海內轉相勾刻，但具皮相，今觀墨跡，直使古今書家，一齊俯首，蓋別有仙骨，非臨池所能。」後來因要為清道人在南京兩江師範學校內建造玉梅花庵，這也是清道人生前心願，他曾當過江蘇提學使，且為兩江師範之創辦人，需欵甚亟，乃以五千銀元，賣給曾的湖南同鄉趙夷午。曾農髯再跋云：「此物李文潔得之，歡天喜地，因以所藏乾隆舊錦付裝池，乞熙詳題。未一月，康君長素假去，苦索未歸，及文潔歿，始歸還之。置熙篋，又兩歲。卒以建造玉梅花舘乏欵，遂讓與彝午世友。此物既為文潔、長素、與熙所寶愛，願世友秘之。」清道人死後，宣統賜謚曰文潔，故有此稱。

夷午老人今年九十有一，他在影印此聯後，也作了一篇跋，畧云：「開張天岸馬，奇逸人中龍墨跡，為宋陳希夷先生所書。按：是聯畧有三奇，相傳宋太祖微時，在華山與希夷對奕，希夷詢以何為注？太祖戲曰：即以華山為注何如！太祖棋敗。後即帝位，為希夷令免華山徵捐，世所謂『贏得華山一局棋』是也！是人奇。宋詩家石曼卿謂是聯書法『俯視羲獻皆庸工』，淸書家曾農髯更謂是聯『直使古今書家一齊俯首』！是書奇。是聯造語浩邁，破石驚天！是語奇。凡盛朝開國，恒有高人奇士，點綴其間，為江山生色，如嚴子陵之于漢光武、虬髯客之于唐太宗皆是。是聯存吾篋數十年，無人言及。近張岳軍先生屢促影印，小兒佛重遵即印就，英光逸氣，儼如嚴子陵、虬髯客之重履人間。此聯上首復有明成祖國師沙門道衍題為希夷仙跡云。」

此聯聞名已久，但見者不多，四十年前，上海有正書局曾經影印過，印的不好，不及現在所印的神采奐然。此聯的裝裱頗為別緻，上聯「開張天岸馬」之上方，另外裱上一幅斗方，即將石曼卿的詩句裱在其上。上聯下方則為另一幅斗方，有隸書題跋曰：「金華宋氏被黨難，此書遂入內府，後賜盼貽李曹園家。乙酉冬日，太末劉松客持來，以秦漢印二百方、漢雙魚飛鴻洗、初搨醴泉銘、大觀龍鳳熏子強易得之。宇宙靈英，飛入吾手，豈非奇福乎哉。順治八年秋九月陽夏謝存仁識於英灣精舍。」下聯「奇逸人中龍」之上方，亦有一幅斗方，是清道人留給曾農髯先生題字的，下聯一個斗方，則是清道人準備等曾農髯先生加題的，結果因此聯被康南海借去，留下兩方空白。等對聯索回來時，清道人已逝世，於是曾農髯先生為踐宿諾，先在民國十二年八月題了上幅，同年十月，因此聯易主改歸趙夷午，又題了下面一個斗方。所以這幅對聯，上下左右，一共四幅題跋，可以算是特別的裝裱。此聯昔年相傳，還有姚廣孝的題簽，今已不及見；尚有趙夷午的老人的題跋，是另書一紙工整隸書，附在聯內的。

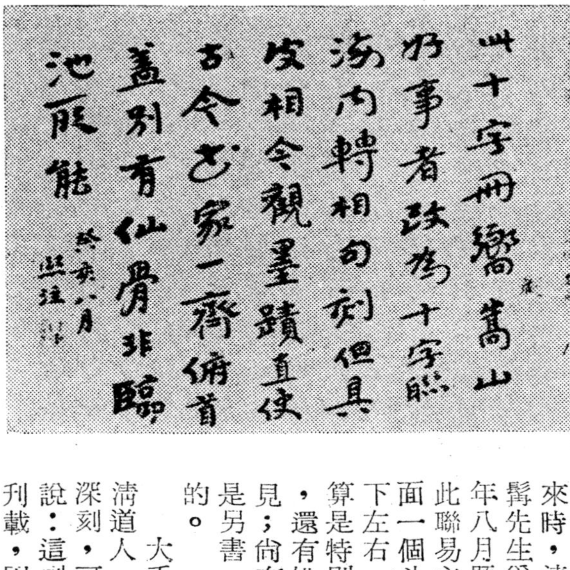

曾農髯為此聯題跋

大千居士同時師事曾農髯、清道人，他對于這副對聯，印象深刻，可以說得是念念在茲，他說：這副對聯應在「大人」雜誌刊載，因為這正是大人物寫的大字呀！

訂正大千居士年譜

·本社資料室·

年代	歲	事蹟
光緒二十五年己亥（公曆一八九九年）	一	敦煌發現藏經壁畫。大千居士於農曆四月初一日，生於四川內江。
光緒三十一年乙巳（一九〇五）	七	家塾攻讀，長姊瓊枝教導。課餘由母夫人及姊氏授畫。
宣統三年辛亥（一九一一）	十三	長姊瓊枝病卒。入天主教福音堂學校。
民國三年甲寅（一九一四）	十六	赴重慶，就讀求精中學。
民國四年乙卯（一九一五）	十七	暑假，由重慶返內江，爲羣盜所刼，留爲盜黨司文書，百日後逃回。鄭曼青有詩曰：「大千年十七，羣盜途刼之，不爲賊所害，反爲賊所師。……」
民國五年丙辰（一九一六）	十八	遵父兄命，赴日本京都學習染織，先後四年。
民國八年己未（一九一九）	二十一	由日本回上海，拜名書家曾熙爲師。赴松江禪定寺，擬出家。方丈逸琳爲取名大千。又赴寧波觀宗寺，與諦閑法師談禪理。曾師介紹又拜在清道人李梅盦門下。
民國九年庚申（一九二〇）	二十二	寄居杭州靈隱寺二月。回四川結婚。清道人李梅盦師卒。
民國十年辛酉（一九二一）	二十三	潛心鑽研書畫，藝事日見進境。

民國十二年癸亥（公曆一九二三年）	二十五	隨二哥善子卜居松江。赴上海參加秋英畫集。
民國十三年甲子（一九二四）	二十六	家鄉四川事業倒閉。在上海寧波同鄉會開第一次個人畫展。
民國十四年乙丑（一九二五）	二十七	父懷忠公逝世。
民國十五年丙寅（一九二六）	二十八	初上黃山，開發行徑。
民國十八年己巳（一九二九）	三十一	二上黃山。自寫小像，遍徵名家題詠。任第一屆全國美術展覽會幹事。
民國十九年庚午（一九三〇）	三十二	曾熙師卒。
民國二十年辛未（一九三一）	三十三	與二兄善子赴日本，爲唐、宋、元、明畫展審定出品。
民國二十一年壬申（一九三二）	三十四	居蘇州網師園。
民國二十二年癸酉（一九三三）	三十五	受聘南京國立中央大學爲教授，校長羅家倫，徐悲鴻主藝術系。參加法國巴黎波蒙博物館舉辦之中國近代畫展，其作品荷花，爲該館所購藏。徐悲鴻推許爲五百年來第一人。
民國二十三年甲戌（一九三四）	三十六	在北平開畫展。三上黃山。
民國二十四年乙亥（一九三五）	三十七	在北平第二次畫展，筆下黃山奇景，震驚藝壇。
民國二十五年丙子（一九三六）	三十八	五月，母曾太夫人友貞卒。

民國二十六年丁丑（公曆一九三七年）	三十九	在上海舉行大規模之個展。同北平接眷屬，七月戰爭爆發，日人軟禁之，一度誤傳爲日人所害。
民國二十七年戊寅（一九三八）	四十	五月始離北平，由天津赴上海，匿居卡德路李宅。經香港轉桂林，十月始抵重慶、成都，居灌縣青城山。
民國二十八年己卯（一九三九）	四十一	游劍門。重慶展覽。
民國二十九年庚辰（一九四〇）	四十二	赴甘肅敦煌觀察壁畫。二兄善子病逝重慶。倉皇返渝治喪。重返青城山。
民國三十年辛巳（一九四一）	四十三	三月，再作敦煌行。爲洞窟編號，七月暫離敦煌。十月，再入敦煌。
民國三十一年壬午（一九四二）	四十四	繼續在敦煌臨摹。八月，謝稚柳往千佛洞相助。于右任赴敦煌觀畫壁。
民國三十二年癸未（一九四三）	四十五	四月，臨摹工作結束，共得二百七十六件。八月到成都，假寓昭覺寺，繼續製作。
民國三十三年甲申（一九四四）	四十六	一月，四川美術協會在成都主辦張大千臨摹敦煌壁畫展覽。三月，又在重慶展出。陳寅恪贊爲雖是臨摹之本，兼有創造之功，爲吾民族藝術別闢一新境界。
民國三十四年乙酉（一九四五）	四十七	成都展覽。
民國三十五年丙戌（一九四六）	四十八	至北平。上海展覽。
民國三十六年丁亥（一九四七）	四十九	返四川。彩印敦煌作品十二幅。上海再展覽，其中有精心之作仿宋人遊春圖、溼橋醉碧圖等數幅。

民國三十七年戊子（公曆一九四八年）	五十	四月在成都。八月在上海，親友門人假萬壽山酒家補祝華誕。歲尾作南還之計。香港展覽。
民國三十八年己丑（一九四九）	五十一	觀光台灣，舉行展覽。接眷屬到香港暫居。
民國三十九年庚寅（一九五〇）	五十二	印度新德里展覽。僑居印度大吉嶺。
民國四十年辛卯（一九五一）	五十三	再返香港。香港展覽。
民國四十一年壬辰（一九五二）	五十四	舉家自香港遠遷南美阿根廷。阿根廷畫展。
民國四十二年癸巳（一九五三）	五十五	轉遷巴西，在聖保羅建八德園。旅遊美國。台北畫展。以十二幅作品贈巴黎市政廳。
民國四十四年乙未（一九五五）	五十七	大風堂藏畫四巨冊在日本東京出版。東京展覽。
民國四十五年丙申（一九五六）	五十八	四月在東京展出臨摹敦煌壁畫。首次赴歐洲，在羅馬及巴黎遍訪美術勝蹟。應邀將臨摹敦煌壁畫運往巴黎在賽魯斯博物院展出。訪畢加索，東西二藝術大師晤面論畫。
民國四十七年戊戌（一九五八）	六十	以秋海棠畫爲紐約國際藝術學會選作全世界偉大畫家，並獲贈金牌獎。
民國四十八年己亥（一九五九）	六十一	週遊歐洲。巴黎博物館成立永久性中國畫展覽會，以作品十二幅參加開幕禮。

民國四十九年庚子（公曆一九六〇年）	六十二	巴黎展覽。布魯斯基及雅典展覽。
民國五十年辛丑（一九六一）	六十三	日內瓦展覽。巴黎巨幅荷花展覽。
民國五十一年壬寅（一九六二）	六十四	香港大會堂落成，博物館主辦張大千畫展，作開幕禮。「張大千畫」出版。
民國五十二年癸卯（一九六三）	六十五	美國展出巨幅通景荷花六幅，經紀人以美金十四萬元高價售出，創國畫售價最高紀錄。小游香港。
民國五十三年甲辰（一九六四）	六十六	小游台灣。
民國五十四年乙巳（一九六五）	六十七	英國倫敦展覽。胆石病赴美就醫。
民國五十五年丙午（一九六六）	六十八	巴西展覽。香港展覽。
民國五十六丁未（一九六七）	六十九	台北國立歷史博物館主辦張大千近作展。
民國五十七年戊申（一九六八）	七十	中國文化學院頒贈名譽哲士學位。己巳自寫小像題詠冊出版。應邀赴美在史丹福大學作學術講演。紐約畫展。五月畫長江萬里圖。
民國五十八年己酉（一九六九）	七十一	巴西政府將收回八德園，在美洲康邁爾城營新屋，命名可以居。
民國五十九年庚戌（一九七〇）	七十二	患目障。西德科隆畫展。赴台灣參加中國古畫討論會。

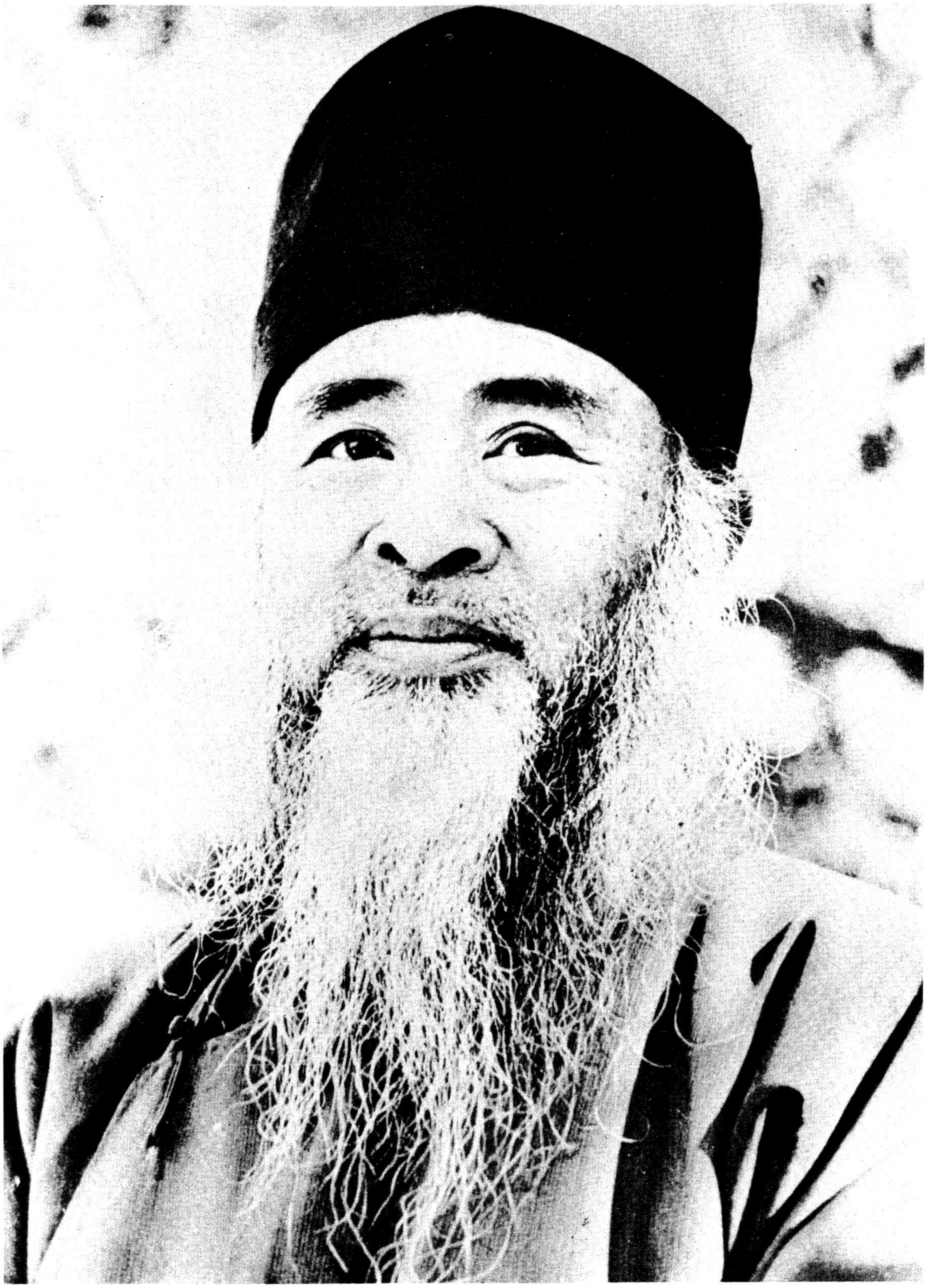

張大千氏像　一九六〇年攝於香港

湖山清夏圖　張大千畫

此畫與後頁兩幅，俱作於丁亥秋日。時張氏居成都青城山，環境既佳，又值盛年，意興遄飛，自是力作。大千在此時期，共作工筆山水四幅，（後一年在上海寧波同鄉會展覽時，全部係標爲非賣品。）本頁所畫，現爲台灣王雪艇氏所藏。後頁兩幅外，另一幅則不知所踪，或仍在張氏篋中。

涇橋醉碧圖　張大千畫　定齋藏

倣宋人游春圖　張大千畫　定齋藏

青城山上一大千

易君左

我一家因四川省政府疏散而上青城山上住了半年之久，多半是一位老友住在那裏的吸引，此人就是名畫家張大千先生。

大千一家住在上清宮，許多幅名畫都是這時期的作品，他歡迎我也携一家上山，我們就住在隔壁，常相來往。

古來畫家與青城山發生友誼的有兩人；一是簡州人張素卿，落拓爲道士，居青城山常道觀。蜀先主修丈人觀，請畫五嶽四瀆十二溪女，詭怪生于筆端，觀者恐懼；一是陝西人杜齯龜，避安史亂居蜀，工雜畫，尤妙于佛像羅漢，嘗爲蜀後主畫王子晉及唐諸帝像于上青宮，授翰林學士，見益州名畫錄，得張大千可以說鼎足而三了。

我一家同大千先生一家住青城山頂，大千一家住三年多，我們只住半年多就下山了。當時大千有三位太太，都美慧而賢淑，相處融洽。他的三太太生得白白高高肥肥的，秀髮披肩，便是他畫美人的模特兒。原來張大千筆下的美人全是楊貴妃典型，也就是他的三太太造像。他畫美女的作風淵源于唐，唐人因受楊貴妃所謂「環肥」的影响，所以美人總是畫得肥肥的。

張大千畫美人芭蕉　癸卯（一九六三）年作　（莊元庸藏）

我初次上青城山尋覓住屋，即訪候大千，那晚就睡在他家裏。他親自燒菜，入晚和我擺龍門陣，談起他少年時被匪綁架的驚險故事。在這半年間，得以從容而消閒的和他一家來往，有時看着他作畫，或擺龍門陣，一擺就是幾小時。有時同下山到灌縣附近游玩，並曾同去看有名的都江堰放水，遍歷伏龍觀、二王廟諸勝蹟。一次我們兩家下山同過大索橋，這有名的大索橋是灌縣一座偉大的建築物，完全用竹片、木柱、粗繩所繫成，橫跨岷江接連兩岸，長達三里，在橋上走，飄飄蕩蕩，如騰雲駕霧，橋下就是奔騰澎湃的岷江，視之目眩。我們兩家度橋，拉拉扯扯，驚懼的神情，難以形容。大千先生雖是四川人，但對於走過這樣長而高懸的大索橋，也有戒心。想不到大千先生在經過三十年後的今天，他來台北，見了我的太太，還笑嘻嘻的說：「你還記得我們兩家同度索橋的情形嗎？呵呵呵！」即此一點，也可見他記憶力之强。

關于大千先生在青城山上的逸事，有一件可寫，不妨用章回式的題目爲証：「一氣隱無踪，雲山日落；千峯尋不見，燈火宵明。」一天下午，大千先生尚未回家，等到日暮，消息杳然。因爲他在山上游覽，照例是清晨或下午，斷沒有從下午到黃昏還不回家。張家三位太太非常焦急，來同我商量，我勸他們不要担心，可能應山僧之約、樵夫之請，前往閒話桑麻，也未可知。不料等到二更時分，全山已成死寂世界，還未回來，連我們也急起來了。

于是合兩家男女老小，連同上清宮的道士們，等到三更時分，實在不能再等了，每人舉起了一條火把，大家同去探索這位大畫家的下落，要把他搶救回來。可是青城山千峯萬頂，懸岩削壁，幽壑深洞，叢林雜草，誠如陸放翁所詠「山如翠浪盡東傾」，整個山勢是斜陡的，叫我們何處去尋？何處去找？經過幾乎通夜的搜索，幾十條火把照得滿山通紅，青色的樹木都變成了紫色，依然不見踪影。且幸時節是初夏，清寒不重，人人抖擻精神，翻山越嶺，涉澗跨溪，披雲拂露，穿岩入洞，直到天已大亮，天呀！好不容易，才在山腰一座小峯的洞內，也就是在天師洞附近幽岩中，發現了這位大師閉目瞑坐，好似達摩面壁，眼觀鼻，鼻觀心，在那裏修養呢。我們一大羣人眞是歡喜苦狂，不由分說，立時，由他的三位太太把他拖出洞來，然後他張目一看，却鎮定而悠閑的說：「做啥子這樣大驚小怪呀？」然後像抬菩薩一般，用一頂山轎抬回上清宮了。事後，我也不好怎樣向他挖樹盤根的追問，直到今天我還不明白當時為什麽會演出這樣驚險而富有傳奇性的一幕？也有人說是由于和那一位太太口角了幾句，于是一氣出走，這就「清官難斷家務事」了。不過平心一想：張大千是一代奇人，大家認為非常稀奇的事，可能他認為平凡已極，家裏住得太膩了，跑到洞裏靜坐一兩天，不是很平凡嗎？那麽，大家眞是大驚小怪了。

四川的名山，除了峨嵋山外，要推青城山。「峨嵋天下秀，青城天下幽」，合着「瞿塘天下險，劍閣天下雄」，成為四川四大奇景。這座西蜀名山在離成都一百四十里外的灌縣，離灌縣城西北約三十里，是一處道教的靈山，擁有蒼翠而美麗的三十六峯，絕頂高出海面三千尺，週圍二百五十餘里。它像一座純用青色築成的城堡，整個山容被高林密樹的青光所籠罩，人行其間，鬚眉盡碧，一片綠海。山以青城而名，即本於此。

在青城山許多流傳的神仙記載中，還有一部份關於民族精神的事跡，如仙傳拾遺所載的馮大亮，在青城山學道而擁資百萬，唐玄宗幸蜀，捐錢三十萬，以資國用。青城舊志所載的羅公遠，對玄宗能直諫。玄宗想學隱形之術，羅公遠諫道：「陛下玉書金簡，色格九清，豈可以四海之尊，輕信小術？」老學菴筆記所載：陸放翁見上官道人於青城山丈人觀，聽他說：「為國家治太平與長生不死，皆非常人所能，然當守國使不亂，以待奇才之出；衛生使不夭，以俟異人之至。不亂不夭，皆無異術，惟動而已。」

青城山脈最高的山，一名大面山，因隋代趙昱隱此而得名。趙昱是一位志士，同時是民間所崇拜的一位水神。山頂終年積雪，又為雲霧糾纏不清。山容變幻離奇，美妙莊嚴，無論從何角度望去，那是再美麗沒有了。張大千在第一峯頭築一小亭，亭旁植梅二百株，常邀我到這座小亭上閒坐清談，這亭子正與大面山相對，仰望端莊凝碧，如展開一幅絕大的玉屏風，下上清宮，從紅山茶白梨花叢裏回望趙公山積雪，眞像銀一般的燦爛。

大千居士造像　高仲奇攝

想起我在青城山時，常常看張大千作畫。我也懂得一點書畫。我覺得大千作畫，其成功的條件有三，而為其他畫家所難能，第一、天才高，第二、見識廣，第三、鍛鍊勤，而籠罩這三項更有一個卓越的特性，即是他的愛國熱。他在抗戰時流離山林，抗戰勝利後僑寓香港，甚至於遠走高飛，都表現畫家高潔的人格。唐朝有一個傑出的歌舞家公孫大孃，張旭受了她的影響而成為大書家，杜甫受了她的影響而成為大詩人，張大千則是由于具備了以上三個條件而成為一代國畫大師。有些畫家拼命苦學而限于天才，有些畫家關着門畫天下山水而未能暢遊，有些畫家不以繪畫為終身職業而等于玩票，所以成功的機會就比較少了。

張大千住青城山三年，青城山就是他的天然的畫稿。張大千住敦煌一年半，敦煌千佛洞就是他的天然的畫稿。他本人也就等于一幅天然的畫稿。

大千居士四川劍閣虬木手杖銘

蜀山靈木信奇修兮秉德貞固春潛虬兮披雲尋幽與汝偕兮老子婆娑游十洲兮

臺靜農作王壯爲刻甲辰仲夏

Country Club

積恤·夏恤

大人公司有售

慈禧太后回鑾記趣

·林熙·

淸朝的慈禧太后不僅是滿洲皇族的罪人，更是中國的罪人，過去中國五十年來的積弱、貧窮，都是她一手搞出來的。如果她不迷信義和團的「法術」，就不會引致八國聯軍打入北京，簽下了喪權辱國的「辛丑和約」了。

和約簽訂後，他知道洋人不會要她的腦袋，而且還要和她合作，鞏固她的統治權，她就大搖大擺，從西安擺駕回京，同一年前那種忙忙如喪家犬的失魂落魄情形大不相同了。

慈禧太后是光緒廿六年庚子（公曆一九〇〇年）七月帶着皇帝、皇后和大阿哥等一行逃到西安的。她到達西安之日是九月初四日，住到下一年辛丑，和約已成，遂安心回到北京重坐龍廷。她在七月初一日下一道諭旨，定期八月廿四日回鑾。到了這一天，上午七點半鐘，慈禧太后和光緒皇帝從行宮動身，全城文武百官都在行宮門外齊集，伺候兩宮上轎子。不久後，靜鞭三响，就有黃轎三頂從行宮出來，士民皆伏地屛息，不敢仰視，接着就是皇后出宮，其後就是那班扈從到西安的王公大臣，最後才是那個「大阿哥」。（大阿哥即皇太子之意。他是端郡王之子，慈禧于光緒廿五年欲行廢立之事，遂先立大阿哥，後來因有人反對，不果行）在各轎之後，有大車數百輛，皆各衙門檔案。

大隊浩浩蕩蕩，穿出大街，到八點鐘才出南門，沿途民居商店都擺設香花燈綵，西安父老皆在南門外恭候跪送，獻黃緞「萬民傘」九柄。兩宮出南門後，又繞道到東門的八仙庵拈香禮佛。爲什麽不直出東門呢？原來這是與體制有關，天子的行動，處處以南爲貴，且取南方旺氣種種吉兆意頭也。

拜佛後，兩宮才進膳。膳畢，仍循南門御道，行二十里到達灞橋。灞橋是古人送別之地，在歷史上是很有名的，現在陝西省那班文武官員都在此跪送，千年以來送別之盛，恐怕以此爲最了。胡延的「長安宮詞」第二首云：「傍水千廬似客寮，六飛停處雨飄蕭。王公個個如楊柳，淚眼愁眉過灞橋」。自注：「聖駕于九月初四日幸西安，午前到灞橋，百官跪送道周，傳膳後入城。是日微雨。」（胡延字研蓀，四川華陽人，光緒十一年己酉優貢生，工詞翰，有「苾芻館詞」四卷行世。兩宮在西安時，設內廷支應局，委胡延爲督辦，即皇室庶務長也。不久擢升西安知府，仍供應內廷，再擢江安糧儲道。兩宮回鑾後，胡延即往赴任，卸任後回家，船沉沒死難。）一年前，皇帝和大臣都「淚眼愁眉過灞橋」，而今則「喜氣洋洋」了。

這天晚上，慈禧太后駐蹕臨潼縣的驪山行宮。下一天從驪山行宮啓程，到達臨口鎭。這個地方仍是臨潼縣所轄，但臨潼知縣夏良材一切都沒有預備，甚且避匿不來接駕，吳永在「庚子西狩叢譚」裏，對夏良材頗有責言。他說兩宮到後，王公大臣和一批太監都沒有東西可吃。慈禧太后只好掏腰包，拿出私己錢二百兩銀子，令太監們自行覓食。到了夜裏，行宮中沒有燈火，黑漆一團。本來夏良材辦皇差，事前已向省庫領下二萬七千兩銀子，預備一切了，但何以到時一點都沒有供應，還胆敢避而不見。很多官員都罵夏良材，說他領了公欵竟然吞沒，所以才避居鄉間，不敢見人。

其實吳永只知其一，不知其二，只會怪夏知縣，這是冤枉了夏良材的。夏良材身爲知縣，且係正途出身（他是湖北江夏人，字楚卿，光緒十七年辛卯科舉人），尙識大體，他早已聽聞吳永在懷來任上因接駕而爲慈禧太后所寵信，今日碰到太后駕到，就是所領的公欵不夠開銷，也樂于大破慳囊來巴結太后皇帝的，他有多少個腦袋敢吞沒辦差的銀子，難道不想升官麽？但事實上夏良材確不在縣城接駕，也沒有預備所需的供應品，難怪官員太監對他不滿。據我所知，那是慈禧太后那班太監逼走他的。原來那班太監耀武揚威回京了，前兩年在北京所受到的損失，要在這次沿途所經的地方撈回。先一日，有兩個太監往見夏良材，索銀三千兩爲「宮門費」（在北京時，大官見皇帝時，太監向他索取門包，謂之「宮門費」，慈禧久知此事，但她幷不禁止，故開此門路使她的太監撈些油水），良材事前曾請示他的上司陝西巡撫升允，應否送宮門費，升允說不必。所以太監來「講數」時，夏良材就一口拒絕。太監懷恨在心，悻悻而去，還大罵夏知縣看他能做多久。

鑾駕將到臨口鎭行宮時，前站太監先到了三個鐘頭，他們一到就如狼似虎，將供應物品全部搗毀，甚至水缸也打個稀爛，食水溜光，一時無淸水可供飲用。太監行兇後，還要找縣官揍一頓。夏良材聞訊大驚，只得避到鄉間一個紳士家中。兩宮駕到，太監還惡人先告狀，說縣官吞沒公欵，一些供應品都沒有預備，請老佛爺降旨責罰。慈禧明知其中內幕，但太監之胆敢勒索，實是她所陰縱，所以也不發作，只說：「應用的東西，就在我這裏拿銀子去買罷。」

陝西巡撫升允是隨扈到臨口鎭的，他聽到這件事，連忙派人去找到夏良材，帶他到宮門請罪。慈禧太后召見升允，對他說不必深究了，光緒皇帝也說：「現在回鑾伊始，不可因爲辦差小事而降罪地方官。」夏良材雖然沒有受到嚴重的懲罰，但也得到個革職的處分。本來這件事是太監搞出來的，不懲罰太監而懲罰地方官，可見慈禧太后是怎樣一個胡塗昏瞶的統治者了。（升允字吉甫，蒙古鑲黃旗人，官至陝甘總督，辛亥後始逝世，溥心畬是他的女婿。）

九月初八日，兩宮由陝西入河南省境內，十五日到達河南府。這時候天氣已冷，有一日，洛陽縣衙門忽然來了一個太監，傳令立刻還購木炭進呈御用。縣令不敢怠慢，連忙派員買下上好木炭一千斤，親自押送到行宮交納。太監見了罵他道：「這種劣等木炭也可以進上御用嗎？還不給我拿回去！」縣令忙賠笑道：「敝縣地方小，花了很多功夫才買到上等木炭，如果是不好，就沒有更好的了。」

太監哼了一聲道：「宮中所用的木炭，例有一定形式尺寸，要完全一體，還要每支炭不得有節，否則燒起來發出劈拍爆炸聲，驚了聖駕，你小小的洛陽縣令能担得起罪名嗎？」洛陽縣令只得忍氣吞聲，求太監照應一下，一面又派人同太監「講數」，結果進貢二千兩銀子，木炭就搬進行宮裏了。

慈禧的總管太監是李蓮英，人所共知，但二總管崔玉貴所知的人似乎較少。這次輪到崔玉貴「出風頭」了。原來這人陰狠刻毒，遠勝李蓮英。九月廿四，兩宮行抵河南偃師縣，即以縣署爲行宮，暫住一宵。縣令某，第二天早晨就在宮門外伺候。崔玉貴養有一頭嬌小玲瓏的哈叭狗，逃難出京時，他什麽東西都不帶，只帶着這隻心愛的寶貝一起同行，他跨在馬背上隨駕，狗兒就躲在他的袖裏打瞌睡。這天早上，崔玉貴見縣令站在宮門外，便上前問他是什麽人？縣令對以偃師縣知縣某某。崔玉貴大喜道：「好個縣令！天沒亮就來伺候老佛爺！」說後就招手示意跟他走。縣令不知有什麽事，便跟隨而行。但走了二三十步，崔玉貴就停了下來，指着地上一堆狗屎說：「等一會老佛爺就要出來散步，你在這兒伺候，地方不乾不淨，不怕觸惱了老佛爺嗎？前頭有掃帚，也有畚箕，還是勞駕您縣太爺把狗屎掃去，免的讓老佛爺見了生氣！」縣令職位雖小，但也

慈禧太后擺駕回宮
右前站第一人為李蓮英
左前站第一人為崔玉貴

是一個七品的父母官，怎肯低頭下氣爲太監掃狗屎？但他也知崔玉貴僅次于李蓮英，是不便得罪的，他還要巴結上進呀，只好忍着一肚子氣，拿起掃帚，把狗屎掃淨。崔玉貴見了呵呵大笑，翹起大拇指讚道：「好縣令！憑你這樣懂得伺候，包你不日高陞呢！」

慈禧太后在路上走了兩個月，到十一月廿一日到達直隸的正定縣，駐蹕三天，由此改乘火車進京。廿四日到保定，一直住到廿八日才動身往北京。

據英國人所記，慈禧太后在保定時曾下過一道諭旨，命令地方官不必阻止外國人沿途瞻仰「聖駕」，但外交團仍循往例，尊重中國傳統，各通知其僑民，當鑾駕經過時，切不可圍而觀之，免引起不愉快事件。

這次兩宮乘火車入京，是中國封建帝皇一件破天荒之舉，鐵路局特備火車一列，共二十二輛，計上等花車四輛，太后、皇帝各用二輛，又上等客車一輛，皇后御用，其餘各車則爲宮嬪、親王、大臣、福晉、太監等分乘之。兩宮所用的花車，皆以黃貂絨黃緞鋪飾，所有御用瓷器碗盞，均由盛宣懷預備呈貢。廿八日正午，火車到了北京馬家堡車站，軍士舉槍奏西樂致敬，兩宮先後下車，分乘黃緞大轎，一點五十分行抵正陽門。這時候，城上還駐有一些外國軍隊，他們同在城樓觀看御駕，有幾個軍人還揭帽揮舞，作歡迎狀，太后仰視，報之笑容以媚洋人。此時的慈禧太后因爲吃過洋人的虧，巴結洋人惟恐不及，也不拘他們是官員或是兵卒，衹有一律報以笑臉了！

女鐵人紀政

·夏維·

「我在國內唸書的時候，就喜歡跑；而當我開始壓倒男孩子時，我對賽跑的興趣更濃。」

聽女鐵人紀政稚氣未脫的說她在小學的時候和同班男同學繞操場賽跑，贏了又是怎麽的高興。我們在微笑之餘，不難發現她獻身運動的興趣，遠在她參加任何的正式比賽之上，換句話說，她對徑賽的熱誠出自最純樸的童心。

因爲她跑得像一陣風似的，人又黑，那時仙的同學都喜歡叫她「長脚鬼」；她說話又快又急，還有人叫她「機關槍」。當時這麽笑她的同學，大概作夢也不會想到這個五呎七吋半高的女同學，在十幾年以後能成爲一位世界傑出的女運動員吧。不過在十幾年前，種種跡象只表現出紀政能成爲一個低欄選手和一個短跑選手；台灣缺乏嚴格訓練的場地和計劃，而且最重要的是紀政沒有對手；沒有對手很難進步，那時候雖然大家指望中國人在世界運動會裏替東方人爭口氣，但是還沒有人敢預言紀政就是這個替東方人爭口氣的女選手。

一九六〇年世界運動會在羅馬舉行，紀政揹個男選手用的行李袋，出遠門去了。大家鼓勵她「爲國爭光」，但心裏明白，羅馬之行只不過是讓這個跑得最快，最年輕的女選手出去見識一下跑得比她更快的人。

「我初次離開國門，覺得外面的世界又新奇、又驚人。我從來沒有看見過外國人，黑人，電視，還有可口可樂；甚至那些眼珠的顏色和我不同的人。」紀政就這麽充滿驚奇的到了羅馬，參加了八十公尺低欄比賽。她和一羣來自高加索的女選手一起跑，跑了個最末一名。這個失敗的滋味叫她刻骨銘心。回國以後，她就刻苦勤練，但是她的問題還是在沒有好的設備，沒有好的對手，所以她的進步只能夠刷新台灣省省運動會的紀錄。那年她創造的「女子五項全能」紀錄是四千一百四十二分，比同年美國「女子五項全能」第一名選手的成績還多出二百零一分。而那一年世界紀錄是五千一百分。

當時由美國國務院推薦的一位田徑教練瑞爾正在訓練參加亞洲運動會的選手。他看到這個才十八歲還在竹南中學讀高二的女孩子有成績，若不訓練她成材，實在是世界體壇上一大損失。瑞爾幫她申請加州「拉佛思女子學院」入學許可，就是在全台灣熱烈的捐欵下，紀政在一九六三年二月二十八日飛美，專攻體育。

雖然紀政早就在田徑場上揚名，也參加過世界運動會，但是一九六三年二月二十八日才是她體育生涯的一個正正式式的起點。

紀政今年在洛杉磯獲得四百四十公尺冠軍

紀政初抵美國，住在教練瑞爾家裏，和瑞爾太太和兩個小孩子處得很好，瑞爾太太還送她一個大玩具熊作伴。她每天運動，上課，聽音樂，看電視，睜着好奇的眼睛看美國。瑞爾寫信給在台的友人說：「她在各方面的表現，都有如中華民國一位出色的大使。」

一個十九歲的女孩子住在一個和她老家新竹完全不同的地方；週圍的人都說着異國的言語；再也吃不到老家最出名的米粉肉圓的心情是不難想像的，何況她還負着爲國爭光的使命。加州「前鋒報」名體育記者羅伯遜在寫紀政的特稿上有一段話說得好：「一個田徑選手學跨低欄是很容易的事。來自台灣的女選手紀政現在正面臨着另外一種欄：學英語，適應生活，這些欄必須一一跨過。」還好，瑞爾教練一家人幫着她開始，七年來，她已很能適應美國生活了。她習慣了超級市場，愛聽熱門音樂；在田徑場上跑起來，外國選手都跑不過她。

這七年訓練生活剛開始不久，台北某報根據一張紀政由美寄回稍爲發福的照片，「獨家」報導紀政在美與瑞爾教練生孩子的消息。平地一聲雷，體壇報壇都騷動了，那一陣子報上每天都有「有關人士」發表談話。結果由駐美使館人員查明此消息純屬子虛烏有，才漸漸沒人說起。這個笑話的原因不外乎紀政一到美國以後漸漸就沒什麽消息了，不了解赴美訓練的重要的人就免不了神經過敏，疑心生暗鬼。其實紀政每天在美國練習，少有空閒，更沒時間製造新聞供應報界。她那時一心只想在亞運和世運裏和中國人爭面子，秋冬兩季，每天上午練增加體能的舉重，下午短跑；春夏是美國田徑季節，她更是忙得不可開交。她不知受過多少次體能測驗，爲了維持體能，她還得吃帶血的牛排。這種訓練，這種生活，使她不但體重增加而且還長高了。看起來，自然和她在台北的時候大不相同。在這個笑話中，最可貴的是身爲「主角」的紀政和教練瑞爾始終以容忍和緘默來面對外界的指摘，事實勝於雄辯，謠言不攻自破。

她赴美兩年以後，轉學教育。大學選手看到一個黃皮膚黑頭髮的女孩子和他們一起練習，多少覺得有點意外。他們再看到這個東方女孩子居

紀政在墨西哥世運會餐廳

然有時候跑得比男選手還快，更是驚訝。就在這年，她的世界性地位由「美國業餘運動協會」根據她的一項正式紀錄而證實，從此，她被公認爲世界上最傑出的女運動員之一。

次年，她參加了一九六六年全美室內田徑賽，雖然膝蓋受了傷，但還獲得全勝；榮獲一百公尺低欄和百公尺短跑冠軍。這次勝利使她在一九六六年曼谷亞運中，呼聲最高。

但是，她在曼谷亞運中並沒有得到金牌。她除了參加五項運動以外，還代表國家參加百公尺等分項運動，合起來有十幾項。只看她一會兒在田賽場上，一會兒在徑賽場上，疲於奔命。她明白全國人都在指望着她，希望她能爲中國人爭光。但是天不從人願，她的膝蓋又受傷了。雖然當時寸步難行，她還不肯放棄。幾天以後，她已能行走，大家都在猜測她是不是能再跑。教練瑞爾更堅持她該放棄出賽，勸她應以健康爲重，甚至應以世運爲重。後來紀政了解了教練瑞爾的遠見，毅然放棄了其她亞運的項目。事非得已，關係她整個體育生命，但却難以得到對她求好心切的國人諒解。

否極泰來，在一九六八年墨西哥世運裏，她得了八十公尺低欄銅牌，成爲亞洲第一個在徑賽場得到這項名譽的女選手。那一天，正下着大雨，中國旗在世運會場上升起，在每一個愛國人的心裏，那是永恆的一刻。她回國後所受的歡迎更是空前盛大。慶祝遊行一個月來就沒停過。本來怕炮仗的紀政，也激動得不怕炮仗了！

墨西哥世運以後，紀政的潛能更大大的發揮出來。次年，她在倫敦水晶宮體育場又以百公尺和百公尺低欄奪魁。英國觀衆呆了，四十一年來，「業餘聯合會」主辦的女子錦標賽兩項冠軍第一次被同一個選手獲得；而且她是個東方人。那一年裏，她出賽七十次，只敗了一次，創下女子二百公尺低欄二十六秒二的新世界紀錄和平了女子一百公尺十秒三的世界紀錄。她敗的那一次，是和墨西哥世運第二名的選手同以十秒四跑完一百公尺。

今年她的紀錄更是驚人。她爲了增加一百公尺短跑的速度，於是練二百二十公尺短跑。但是她二百二十公尺短跑也是贏了。她爲了增加二百二十公尺的速度，於是她練四百四十公尺短跑。才練了五次，她就得了洛杉磯邀請賽的女子四百四十公尺冠軍。她的二百二十公尺短跑已經是世界紀錄了，今年在洛杉磯她又刷新了自已的紀錄，只用了二十二秒六，比從前的紀錄快十分之一秒。教練瑞爾開始猶豫了，他說：「本來她擅長低欄但是最近她有好幾項的紀錄都接近世界紀錄，甚至破世界紀錄，我就不曉得了，這一定要小心。現在她有四個項目很有希望，我希望我們在抉擇的時候不要弄錯，她實在是一個潛質深厚的運動員。現在只有看今後兩年內她有甚麼新的發展了。」

至於紀政本人，她都謙虛的說：「我跑的時候根本不去想時間問題，紀錄問題，只想着終點。我也不管別人跑多快；或是我贏了，輸了，我只要這次能比上次進步，我就很快樂。」信不信由你，她居然有這點迷信。她說：「每次出賽，我都祈禱，希望上帝能原諒我，因爲我一定要贏。有時候可能他會不要我贏，那我就輸了，但是我必定全力以赴。」從她長勝紀錄看來，上天似乎一直在保佑着她的。

現在她已經二十六歲了，和她談起終身大事，她也會大大方方的說那是可遇不可求的，只要時候一到，她自然會毫不猶豫的結婚。至於她理想的對象，主要是對運動有興趣，談得來，並且不反對運動，因爲她說：「我已獻身運動，準備在一九七二年世運以後退休回國當教練，負起訓練後起的責任。」她的美國朋友有的勸她入美國籍，被她毫不考慮的拒絕了：「我生爲中國人，一世是中國人。」

從一九六〇年她敗於高加索選手，至今已有十年了。她苦練了十年，才有今天的地位，但是她還要再熬兩年，因爲紀政她說：「我要看見國旗飄揚！」

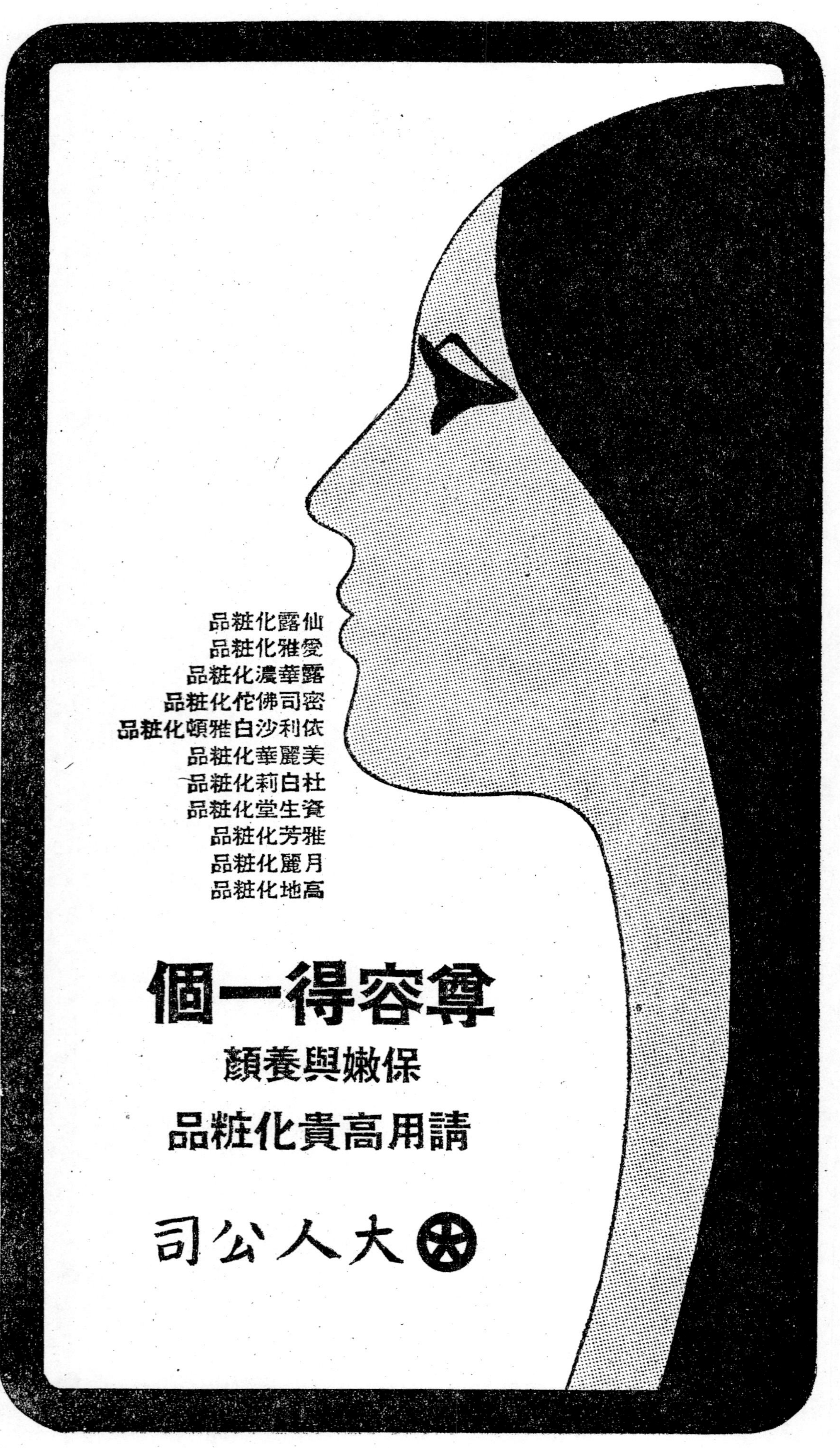

仙露化粧品
愛雅化粧品
露華濃化粧品
密司佛陀化粧品
依利沙白雅頓化粧品
美麗華化粧品
杜白莉化粧品
資生堂化粧品
雅芳化粧品
月麗化粧品
高地化粧品
尊容得一個
保嫩與養顏
請用高貴化粧品
大人公司

啼笑因緣電影的雙包案

·龐貫青·

一九三一年，上海電影界曾經發生過一件轟動全國的大事，那就是「啼笑因緣」的電影著作權之事。雙方的當事人是明星影片公司的張石川周劍雲和大華影片公司的顧無為。「啼笑因緣」是介於新舊之間的章回小說，也是張恨水成名之作，當年風行一時，萬人爭誦。明星公司認為把它拍成電影，一定會受歡迎，於是就向原著人張恨水和發行人三友出版社洽購版權，簽妥合約，開鏡拍攝。

電影京戲·競演此戲

既是一部風行的小說，電影界拿來拍片，戲劇界亦就看中了它，把它編成京戲，在北四川路榮記香港大舞台上演。主辦人是梨園行有名的班主常雲恒，主要演員是南方著名旦角劉筱衡。不料廣告一經露佈，明星公司的周劍雲就委託律師出而干涉，指其侵佔版權。經人從中調停後，由常劉賠償明星公司六千元，還要把劇名改為「成笑姻緣」，不倫不類，莫此為甚。

香港大舞台既稱榮記，當然與海上聞人黃金榮有關，常雲恒、劉筱衡都是他的門生。如此受人欺侮，本來他是要出頭的，可是他聽說是攸關版權的法律問題，就忍下了一口氣。

那時，顧無為所經營的大中國影片公司早已解散，專心在南京辦他的大世界遊藝場，事業尚稱順手，他雄心再起，又把上海大世界隔壁的齊天舞台接手過來，由他的第二夫人盧翠蘭領銜演出。同時又打算恢復拍電影，取名大華影片公司，集中在齊天舞台辦公。三個機構，都有人分別主持，顧無為自己則經常往來於京滬之間。

請帖告票·同時到達

有一天，顧無為又去南京，在辦公桌上發現兩個文件，一個是周劍雲嫁妹的請帖，一個却是南京地方法院的傳票，原告亦是周劍雲，控訴的案由是南京大世界遊藝場內的文明戲場上演出「歌女紅牡丹」，侵害了明星公司最近出品「歌女紅牡丹」影片的版權。當時顧無為覺得老朋友既來請帖又來傳票，眞有啼笑皆非之感，幸得距開庭之日尚遠，顧無為當日夜車回滬，却發現周劍雲和他坐在同一車廂，他們二位本來是文明戲演員出身，一度同台演出，亦一起合辦過戲院，有什麽話儘可以當面談談。於是顧無為走過去照呼周劍雲，那知周劍雲却顧而之他，給他一個不理不睬，顧無為討了個沒趣，祇有訕訕地退回原座。

事有湊巧，趕上虞洽卿先生在上海舉行「蒞滬五十周年紀念」，在寧波同鄉會慶祝會上，顧無為遇着了明星總經理張石川，他認為寃家宜解不宜結，而且明星公司當初拍攝「火燒紅蓮寺」時，大中國公司曾徇張石川之請，放棄攝製「江湖奇俠傳」。憑這點交情，對此區區小事，當可握手言和。不料，顧無為剛把事由提出，張石川即推說不知其事，說這是由周劍雲負責的，應向周劍雲去疏通。

心有不甘·研究法例

顧無為連碰兩個釘子，看來已無轉圜餘地，祇有準備屆時去南京對簿公庭了。顧無為本來富於辯才，而對於一般法律，也有相當認識。於是在庭上要周劍雲拿出著作權的證據來，按照當年的情形，對於著作權，沒有人加以重視，況且「歌女紅牡丹」是洪深編的故事，既未註冊，何來証據，更無權去干涉別人搬演。於是法庭判決原案撤銷，不予受理。事實上，這是明星公司採用的宣傳方法，想利用這件訴訟，替「歌女紅牡丹」增加宣傳攻勢而已。顧無為看透了這一點，輕輕回手一招，此案也就結束，明星公司原想借此宣傳，並未能達到目的。

因為上海的「啼笑因緣」和南京的「歌女紅牡丹」兩件交涉，使顧無為覺得明星公司在電影界的氣燄太盛，尤其對於切身的南京一件「歌女紅牡丹」案件，僅僅在一個遊藝場的小舞台上演出，實際上對影片絕對不會有什麽損失，何必小題大做，引起訴訟？如今累他上了二次法庭，雖未敗訴，心有不甘，在反激之下，引起他對於「著作權法」的研究興趣。

從民國十七年五月頒佈的「著作權法」上，被顧無為找到了一條條文，它的大意是說，凡是從他人的著作中闡發新理，製成另一種著作者，其新製作之著作權，歸改編人所有，與原著人無涉。這條文的解釋，就是說把別人的小說改編成劇本或樂譜等等不同形式的文藝作品，那末這些劇本或樂譜等等的著作權，即歸改編人所有，而且凡有劇本或樂譜的著作權者，即享有上演權。顧無為把這個新發現，和懂法律的朋友研究之後，他就託熟人去內政部主管著作權註冊的警政司查閱案卷，查看明星公司有無「啼笑因緣」的電影劇本的註冊紀錄。一查之下，原來張恨水和三友出版社所註冊的，僅僅是「啼笑因緣小說」的著作權，祇此一種，並無其他。

顧無為得此線索，立即趕回上海，不聲不響，發動人馬，分工合作，在一日一夜之間，把電影劇本和舞台劇本編好印好，依照正規手續，趕去南京，向內政部辦理「啼笑因緣電影劇本」及「啼笑因緣舞台劇本」兩種劇本的著作權註冊手續。這時的內政部長是趙戴文，向來辦事講究效率，顧無為的呈文送進去，第二天就把執照發下來了。顧無為拿了這兩張執照，趕回上海，直奔黃金榮之門，偷偷地向黃報告詳情，黃正為香港大舞台的事，吃了一記悶棍，無從發洩，今見顧無爲把這事辦得如此迅速妥當，大爲高興，立即把常雲恒、劉筱衡和伶界聯合會的負責人等召來，大家商量如何對付明星公司的辦法，並切囑所有人等，嚴守秘密。

互刊啓事·律師鬥法

顧無爲此時，雖已勝券在握，但他却不願意立即暴露內幕，要讓明星公司儘量投資在影片上面，直到明星公司已拍到相當長度欲罷不能時，方才動手，顧無爲的第一招，是在上海各大報上登出啓事，篇幅不大而在顯著的第一版上，說明『大華公司已取得「啼笑因緣」的電影攝製權，以後任何人未經大華公司的許可，不得攝製該片，否則依法起訴』，這一下，使明星公司感覺到像當頭的霹靂，但顧無爲既未說明他如何取得電影攝製權，而原著人張恨水和三友出版社的嚴獨鶴，亦從未與顧無爲有過接觸，這個攝製權從何而來？明星公司認爲這是顧無爲在玩弄手法，同時亦估計到顧無爲這一招必有後文，所謂來者不善，在緊急會議之下，決定全力應戰，用張恨水、三友出版社及明星公司三個單位的名義，聘請上海最有聲望的江一平、陳霆銳、李祖虞、葉少英等七個大律師，再加明星公司常年法律顧問顧肯夫、鳳昔醉，共九人，每單位由三位律師出面，聯合起來，在各大報封面上用全版地位駁覆大華的啓事。內中所說的無非是「啼笑因緣」已由張恨水及三友出版社同意將電影攝製權讓予明星公司，大華公司無權主張云云。顧無爲看到明星果然應戰，明星方面既把所有上海名律師一網打盡，他就索性不用律師出名，他所請的一位粵籍的伍澄宇律師僅作幕後法律顧問，一切報紙啓事聲明，都由自己人擬辦，伍澄宇僅就法律點上指點指點而已。

顧無爲的第二招，乃是駁覆明星等三個單位等的啓事，他仍未說出大華已取得「啼笑因緣」電影劇本的執照，而是逼明星公司提出証據，於是明星答覆了，說來說去還是那幾句老話，把那張「啼笑因緣小說」著作權執照製版刊出，事實上，明星方面的那幾位大律師爲有不知道著作權法的細節的道理，此時已看出顧無爲決不會無的放矢，徒以摸不透顧無爲手中究竟是什麼王牌，於是如此這般的每天輪流在各大報全版封面互相駁覆。經過了三四個會合，顧無爲的王牌攤出了，把那張「啼笑因緣電影劇本」著作權的執照製版刊出，篇幅極大，是晚大華在大西洋西菜館設盛宴，舉行記者招待會，當場將該原執照傳觀，於是明星公司在形勢上已經先敗下陣來。

明星公司拍攝之「啼笑因緣」劇照自右至左
鄭小秋演樊家樹夏佩珍演關秀姑蕭英演關壽峰

限期驗片·趕拍出貨

但是，明星公司豈肯認輸，祇有採取攻勢，以冀解圍。由於多位律師的指導，向內政部提出行政訴訟，說顧無爲存心搗亂，矇領執照，聲請調驗大華所拍影片，內政部准如所請，下令大華公司於十四天內將影片送部檢驗，這一招，大華方面，的確有些緊張了。不過在另一方面，自從大華把執照刊出以後，很得到伶界、電影界和新劇界的支持。原因是明星公司多年以來稱雄影壇，對於其他小公司經常壓迫，周劍雲把持了幾家戲院，在發行方面尤其霸道，因此電影界對明星公司多無好感，今既看到明星受窘，都不無有些幸災樂禍的心情，便一致地擁護大華。伶界爲了香港大舞台事件，新劇界爲了南京大世界「歌女紅牡丹」事件，都是耿耿於懷。三方面團結支持，人力物力，應付裕如，對顧無爲大大有利。

大華接到內政部限期驗片的通知，在各方面支持之下，在十天之內就把這部黑白版無聲片「啼笑因緣」趕了出來。當然，欲求其精工細琢，無此可能，北方雖未去過，內景外景很多用特技的接頂方法來完成的。

內政部看過大華的影片後，次長張我華却幫明星說話，提出異議，認爲大華的片子，粗製濫造，分明是趕拍出來存心和明星搗蛋的。這個意見，在一般人看來，自然很有道理。但，問題是內政部所管的是攝製權的誰屬，並不是審查影片問題，況且即使審查影片，亦祇是注意內容的主題及形象，其攝製之精細與粗濫，是管不着的。內政部既以執照發給大華，而大華已有片交驗，其他不應過問。影片製作的精粗，是出品人將來在營業上的問題，政府不必爲他們顧慮。在五人審核委員會中，就有人拿這些理由來向張我華提出反駁，其他委員亦同意此說，張我華即使想「左袒」明星，亦無爲力了。

可是，一方面明星和大華在南京內政部打其

行政官司，尚在糾纏未明的時期，明星却使了一記絕招，背城借一地用突擊戰術，把「啼笑因緣」排在專映西片的南京大戲院上映，廣告刊出，顧無爲爲之駭然，經過律師指示，他馬上準備了五萬元，送進法院作爲提供担保，向法院提出把明星的「啼笑因緣」作假扣押處分的申請，其理由是此片的著作權屬於大華，明星不能放映此片，法院批准了大華的申請，於是南京大戲院門口就同時出現了上映「啼笑因緣」的大廣告，和法院禁映「啼笑因緣」的大告示。

雙方使法・各顯神通

這時明星公司亦準備了十萬元送進法院，作爲反提供担保，以著作權尚未明確爲理由，申請法院開禁，將來任何一方敗訴後應賠償對方的損失，都可在提供的保証金內計算，法院依法亦加以批准，於是明星的「啼笑因緣」又開禁上映了。

顧無爲見此情況，同時消息傳來，南京方面已獲勝訴，於是有人主動借錢給顧，準備再以二十萬元作爲反反提供担保向法院申請再禁止上映。此時明星方面亦得到南京消息，官司一敗塗地，無法挽回。於是張石川周劍雲和鄭正秋三人連夜趕到杜月笙家裏，呈遞門生帖子，長跪不起，請求老夫子出來斡旋（詳見本刊第三期『杜月笙之所以爲杜月笙』），杜月笙爲人豪邁，對於此事，早有所聞，他想到如此拉鋸戰式的糾纏下去，明星公司的損失，將越來越大，雖然他心中在責怪明星樹敵太多，但現在既已求上門來，還是以息事寧人爲上策，於是先用電話向黃金榮轉達顧無爲說情。顧無爲向杜月笙當面表示，此事的起因，祇是爲了一口氣，現在他們認輸了，我可以把執照無條件送給明星，杜月笙眞漂亮，把顧無爲爲此而化去和拍片的錢，共十萬元，全部償還。同時還叫周劍雲把所收香港大舞台的六千元，還給了常雲恒。雙方同時向上海法院撤回假扣押和提供担保的手續。

上海戲劇界支持大華影片公司在大西洋菜館合影（坐者自右至左）趙如泉周信芳林樹森陳大悲歐陽予倩朱雙云常云恒劉筱衡（立者自右至左）夏赤鳳應云衛汪優游張善琨顧無為陳秋風科天影李元龍時在一九三一年

次日，南京大戲院的明星出品「啼笑因緣」，安然上映。大華則把已領到的另一張「啼笑因緣舞台劇本」執照製版刊出。啓事的大意是說：「本公司前由內政部頒發「啼笑因緣電影劇本」著作權執照，現已無條件讓與明星公司。至於另一「啼笑因緣舞台劇本」著作權執照，仍爲本公司所有，但吾人認爲藝術須爲大衆服務，以後如有任何同業，意欲上演該劇，祇須事先向本公司作一書面或口頭通知，即可上演，本公司決不干涉」云云。

龍爭虎鬥・兩敗俱傷

事後，明星公司核計爲此事件所耗的精神，實在難以計算，在經濟上幾乎把明星公司拖倒。杜月笙既然做了鄭正秋張石川周劍雲的老師，當然要扶持一下，後來就由杜出任明星的董事長。

至於顧無爲呢，他本是一個兩手空空的人，此事自始至終都是由一班朋友支持和幫同策劃的，自從暗地領到執照時開始，經濟上支持他的人更多。和解以後由法院領回的五萬元和杜月笙交給他的十萬元，剛剛夠他還清朋友的墊欵，自己仍舊兩手空空。

明星的「啼笑因緣」，是黑白局部有聲片，分爲六集，他們認爲經過這樣一場大吹大擂，在營業上一定有把握，可以大有收獲。不料觀衆並無連看六集的雅興，結果收入平平。

事情過去已經將近四十年，雙方當事人和幕後人亦都先後凋謝，偶檢舊照，細一展閱，也算得是一頁銀海外史呢！

三北虞洽卿

·李孤帆·

虞洽卿先生三北人，三北舊隸寧波府治，故人皆知其爲寧波人。幼時，進上海瑞康顏料號習業，謁師之日，適逢傾盆大雨，他一本儉樸，赤脚提鞋進店。一年之後，該號盈餘三十倍，同業間稱他爲赤脚財神。……

上海租界以華人作路名者，祇得兩人，先有朱葆三，後有虞洽卿。但朱葆三路在法租界，路極短，不若虞洽卿路之長而爲交通要道，亦即西藏路改名。……

1867—1945

虞洽卿先生的一生事跡是和上海分不開的，上海於前清道光二十三年（一八四三年）開埠，虞洽卿則於光緒七年（一八八一）由故鄉三北龍山赴滬習業。上海開埠至民國三十二年（一九四三適爲一百年，而虞洽卿旅滬至民國三十年（一九四一）離滬，適爲六十年。他出身清寒，幼年在故鄉，僅讀過數年私塾，抵滬後，一面習業，一面補習，也不過小學程度而已。全仗他自學成功，能擬中文函電及英文會話閱讀，在常識方面，比一般商界人物都豐富。世稱由閱歷得到的知識，爲社會大學畢業生，像他那樣從社會經驗所成就的高級智識，算得是自學成功的代表人物。

虞洽卿旅滬六十年間，上海不知經過了多少事情，他一生以排難解紛爲己任，每遇上海發生任何事故，祇要力之所及，無不悉力以赴，今將其經歷各事，舉其犖犖大者列後：

（一）調解四明公所與法租界公董局土地爭執案：光緒二十四年（一八九八）法租界第二次佔用四明公所義塚，劃作廣慈醫院、華童公學及屠宰塲的用途，寧波商人罷市，工人罷工，且成羣結隊與法警衝突，最後受法人雇用的廚司傭僕，亦相繼罷工，法租界當局祇能請甬商領袖嚴筱舫、葉澄衷、沈仲禮諸公出而調解，他們轉請虞洽卿爲之奔走折衝，那時他初出茅廬，年僅三十三歲，不料經他的調停，卒使雙方得以和解。

（二）調解公共租界會審公堂大鬧公堂案；光緒三十一年（一九〇五），粵婦黎黃氏，隨夫宦遊四川，夫死回籍，因携帶婢女十五人，被公共租界探捕，誣指爲販賣人口，經會審公堂會審，華官判以拘留偵查，英官妄判監禁西牢，當塲即將執行，一時激動旁聽華人公憤，演成大鬧公堂事件，釀成華商罷市、華工罷工、華警罷崗的巨變，因推華商代表朱葆三、周金箴，施子英，及虞洽卿出面調解，朱周施三位知難而退，虞洽卿始終竭力調處，卒達和解的目的。

（三）參加光緒三十一年（一九〇五）反美迫害華工的愛國運動：美國因開發西部，雇用華工赴美造路開礦，使美國發展爲工業國，後來因美國工會反對資本家雇用華工，政府擅訂法律，限制已赴美的華工，儘量迫害，等於黑奴，我國交涉無效，因此由上海總商會發起抵制美國的愛國運動，當時會長曾少卿先生知虞洽卿號召力强，遂邀爲主持，堅持美國取消限制華工法律，方可取消抵制，卒使美國屈服。

（四）發起萬國商團中華隊：上海自太平天國戰爭後，雇用外國軍人，組織洋槍隊起，就有租界商團組織，以保衛租界爲職責。虞洽卿深知公共租界居民以華人爲絕對多數，向無商團的組織，致未能與少數外國僑民享受同等權利，因於光緒三十三年（一九〇七），組織華商體育會，召集青年商人訓練兵式體操，擇學校出身曾受青年訓練者爲兵操教官，至訓練成績與西人商團相等程度時，即改編爲公共租界萬國商團的中華隊，操練時虞洽卿與共同發起的胡寄梅、袁恆之兩先生，也軍裝揹槍參加隊伍。

（五）參加辛亥革命：虞洽卿在革命前一年，正在南京協助端方辦理南洋勸業會，深知滿清皇朝，已臨日落西山的末路，辛亥（宣統三年西曆一九一一年）適值四川人民反對鐵路國有借外債築路，致有保路運動的爆發，他已與革命同盟會中部總會主持人陳英士先生相結納，在武昌起義，漢口漢陽得而復失，民軍退守武昌之際，陳先生急謀上海及南京的響應，方不致動搖武昌起義的局勢，虞洽卿除捐助上海光復軍餉八千元外，復赴蘇勸巡撫程德全光復南京，又將南洋勸業會歸墊的三十六萬元掃數供給軍餉之用。卒使滬寧相繼光復，武昌大勢安定，各省繼續響應，中華民國的共和政府大功告成，他也功成身退。但二次革命，以致護國、護法及北伐諸役，無不盡力協助。

（六）支持六三運動：民國八年（一九一九），北京各大學學生爲收回山東權利，拒簽巴黎和約罷免曹章陸，爆發了五四運動，上海學生會促成工商界同時響應，致有六三罷課罷工罷市運動，適筆者方由北大卒業回滬，因代表北京上海兩地學生會，晉謁洽老請出而支持，遂得與法租界與公共租界及工商界互相聯系，在未經達到罷免三賣國賊的目的前繼續支持三罷運動，並使租界治安不致發生問題，卒獲如願以償，且於罷免令到達上海後，復爲學生代表共同完成復課復工復業的善後工作，均有賴他的支持。

（七）調解五卅運動：民國十四年（一九二五）五月卅日，上海學生因響應日本紗廠槍殺工人顧正紅的罷工運動，紛赴公共租界遊行宣傳，突遭英捕開槍擊斃學生十一人，遂激發了五卅運動，虞洽卿被邀出任調解，幾經困難，卒將五卅運動得以圓滿結束。並進一步圖謀公共租界工部局董事會增加華董及收回兩租界法權的活動，不出一年，兩事亦均如願以償，此爲虞洽卿以商人地位，爲國家爭得外交勝利的一例。

（八）主持公共租界納稅華人會及選派工部局董事會華董：虞洽卿在調解五卅慘案時，已提出公共租界工部局董事會應加入華董名額，及兩租界會審公堂應由政府收回，改組中國法院二項要求，遂于民國十五年（一九二六年）得以順利達到目的。他早於清季組織公共租界萬國商團中華隊預作此次參加工部局董事會華董的伏筆，至通過加入工部局董事會華董後，復組織納稅華人會。前此租界地產多以道契由外商掛號，致華人雖納地稅，而由外商代享納稅人權利，經此次組織納稅華人會，多數明白事理之華商已將道契收回自理，以便競選華董，華董名額由三名增至五名，且增加工部局會辦一員，由他保舉何德奎君担任，復因研究工部局現行制度，需聘中國法律顧問一員，亦由他介紹吳經熊君應聘，這都是他早有華洋居民應負保衛租界及納稅義務以爭取市民權利的預見，所以得之殊覺順利，他的功績是不容抹煞的。

（九）協助救濟一二八滬戰難民及籌劃十九路軍抗敵後援物資：民國二十一年（一九三二）一二八之役，上海市敵軍壓境，公共租界的虹口和華界的南市及閘北，均陷敵境，難民紛集公共租界蘇州河以北及法租界，加以傷兵搶運租界醫院，救傷濟急，雙管齊下，殊有無法張羅之苦。虞洽卿首先將寧波旅滬工人數十萬人運回故鄉安置，再自南洋運入米糧，以資軍需及民食，再行分頭募集醫藥物資，分配抗敵各軍，始獲渡過難關。

（十）組織八一三抗敵後援會及難民救濟會：民國二十六年（一九三七），七七事變後，繼之以八一三滬戰，抗日戰爭從此開始，虞洽卿深知此次抗戰決非短時期所能結束，一面組織抗敵後援會，一面組織難民救濟會，並囑所有輪船一部份撥給政府供應軍運，一部份駛南洋，接運米糧，以濟民食。同時將旅滬寧波居民無業可就者，悉數運回故鄉安頓。以後他的航運事業與國軍同時西撤，公司船隻在武漢大戰後，多駛入川江。虞洽卿於民國三十年（一九四一）太平洋事變之前，亦已離滬赴渝，實行共赴國難，當局大爲興奮，各界均表歡迎。

虞洽卿抵渝後，雖身在重慶，而心在上海，當局亦以上海各事相垂詢，如袁履登身任上海商會副會長，公共租界工部局華董，秉寧紹商輪公司經理，一時無法離滬，洽老承當局之命，囑筆者間道返滬，勸令謹守崗位，弗爲敵僞利用，並由洽老每月接濟其家用，即令公司停頓，亦無後顧之憂；但結果袁仍不免於落水。又如虞洽卿囑其留滬長公子順恩，按月致送諸親友生活費，以免出任僞職，他以個人的力量，當然未能使相識者遍獲雨露，洽老當時祗求心之所安而已。

虞洽卿初到上海之年，距上海開埠已三十八年，離滬之年，距上海開埠百年紀念祗差二年，在民國二十五年（一九三六）虞先生古稀稱觴同年，滬人士爲虞先生舉行一個別開生面的五十週年紀念會，筆者在會中提議創辦四明大學，以爲虞先生的永久紀念，劉鴻生先生同時建議四明大學暫時無法成立，不如先行設置四明大學獎學金，以爲同鄉子弟已入大學之成績優良者，助其完成學業，雖在國難嚴重期間，仍能維持四年之久，成就有志青年，畢業大學者不下百餘人。旋於民國三十年（一九四一年），虞先生蒞渝時，繼續在渝辦理四明大學獎學金，專助同鄉子弟之考入中央大學者，至三十四年（一九四五）復員時止，亦爲四年，受惠者不下五十餘人。虞洽卿自奉之儉，有非普通人所能及者，但對公益慈善教育等社會事業的捐輸無不量力而行，不敢後人，殊非富而吝嗇者，所能望及項背。

民國三十年太平洋事變前，上海兩租界的我國機關均被日敵接收，英美駐軍亦逐漸撤離，顯示了日敵即將突入租界，那時不識大體的人們尚因米價高漲，責難虞洽卿未能將派輪採辦的糧食抑平售價，不料他離滬後，不但米價無法壓低，且居民由日敵配給糧食，致有戶口米的擠賣風潮。洽老早有先見之明，不問米價之貴賤，祗問糧食之有無，終使他和旅居六十年的第二故鄉——上海作別。豈料民國三十四年（一九四五）勝利來臨之際，乃以七九高齡客死重慶。

虞先生曾擬具開發西北及發展東南亞航業爲勝利後的復興計劃，其目光之遠大，堪稱並世無匹。抵渝後蒙當局召宴垂詢，虞洽卿婉轉陳詞：『多與故舊接談，俾知民間疾苦』，垂詢留滬人士對國府之態度時，有：『路遙知馬力，日久見人心』之答語。洽老讀書無多，僅本數十年的社會經驗，對人對事，遂有道人所不敢道，爲人所不敢爲的勇氣，他之一死，豈僅當局少一能進諍言的畏友而已？

馬場三十年

老吉

「自由灣」Liberty Bay（中國馬）與「能幹女丈夫」Able Amazon（澳洲馬）能夠在戰前令到馬會不發售獨贏與位置票，在香港賽馬史上，至少已是空前；雖然，「自由灣」後來因騎師吼君Hearne大意而敗於「絲光」蹄下，然後退休。「能幹女丈夫」則因負了一六五重磅，後來不夠同班輕磅馬跑敗績，恢復發售贏位票，但這兩匹始終可以稱得一聲當時的馬王。不過，有一點可以看出來，那便是澳洲馬不能任重致遠，讓磅太多了總不免失敗，雖然現在負磅已減爲最重一五九與最輕一三三，但一讓要讓上廿六磅，總覺得太多了。

上期本文，我談到了戰前賽馬會發售獨贏與位置票的情形，現在要談一下當時售票的總數和其他一切。

生意平常

當時馬場觀衆，會員席中當然以西人居多，他們根本當賽馬是體育，博彩與否其次，華人會員，參馬者多數是富商巨賈，贏馬以拉馬頭爲榮，也是博彩爲次，而公衆席上，雖然多數是華人，可是不識英文者，絕對不會進入馬場，原因是全部馬名、騎師等完全英文，後來騎師名雖加了中文而馬名則始終並無中文，試問，如此辦法，那裏吸引得到不懂英文者的興趣呢？

爲了這個原因，獨贏與位置票，絕對不會賣得多，幾乎每一季獨贏票總數能超過一萬五千票的場合，寥寥可數，而位置票之能超過萬票者，更如鳳毛麟角了。

當年售票，與現在一樣，獨贏、位置，每票五元，以當時的物價而論，五元可以買中等米六七十斤，價值何等巨大，所以除了有產階級之外，升斗小民，如何有資格進馬場呢？

還有，當時的大熱門，絕少失手，跑到連位置都打出者，除非特別意外，（像馬失前蹄，騎師墜馬等），否則必入三甲。所以如果一匹出賽馬，獨贏票佔了總數十分之七以上者，騎師一定拚盡，而且也一定拚得到，所以像此種場合，獨贏派彩，當然不會超過六元左右了。

這時當年逢大熱門跑出的售票情形。

早有孖寶

大約在戰前兩年，（一九三九年），香港馬會，已增加「孖寶」一項博彩，當時的英文名是（Daily Double）中文則是「雙獨贏」，並不叫「孖寶」。

因爲沒有電算機，「雙獨贏」便不能一買便有兩場的頭馬號碼，當然另有辦法，這辦法，上海在四十年前的跑狗場法租界逸園，（當年我曾在逸園担任宣傳兼編輯「逸園專刊」和編排節目三職）早已舉行，而且還有連贏位票發售，不過逸園是用「科加士」（Forecast），頭二狗不能倒轉來，與現在本港舉行可以頭二馬倒轉來算的「連贏位」（Quinella）不同。（按：現在本港要在每場出馬不足六匹的時候，方有「科加士」出現），逸園當時的「科加士」是跟上海賽馬會一樣，而且上海跑馬廳地方大，票櫃可以多設，它的看台底下，至少有現在香港四個這樣大，所以「連贏位」除了頭、二馬之外，還有頭三馬等設立，香港限於地形不夠大，可是與當年上海的一比，可以說一句「未有耐跟得住」呢。

戰前本港的「雙獨贏」是初起祗揀兩場賽事，那是第三與第五兩場，馬會的節目簿上，在第三與第五兩場都印有「紅色」斜形再加兩條斜紅線上英文Daily Double字樣，令博彩的馬迷一看見第三場賽馬節目，便記得三、五兩場是「雙獨贏」的場合。

售票辦法是另外設立一個櫃檯，鉛線上面吊上來第三場出馬的英文馬名，售票也是五元一張，售出的票子，比單獨贏的票子尺度大，約有五寸高，六寸濶，票子顏色當然與第三及第五兩場的不同。

當買票者買了一張或多張第三場所中意的馬匹號碼後，（譬如第三場出馬十匹，其中以三號大熱，四號二熱，或者十號最冷，你可以三個號碼各買一張，或單買大熱的三號多張亦有），如果你買的三號贏出，那末你就須將票子保持，然後在第四場及第五場賽跑前，將這張號碼票往第五場發售「雙獨贏」的票枱換一張第五場出賽馬中你所中意的號碼，（譬如就當牠爲三號），等這匹三號馬再跑第一，那末就中正了「雙獨贏」，憑這張三號票就可以收所應得的派彩。當然，「雙獨贏」的派彩多過單獨贏的派彩何止幾倍，所以馬會後來便增加一場，全日賽馬，變了共有兩次「雙獨贏」，那是第三與第五場以及第五場與第七場，這一措施，一直維持到一九四一年十二月八日日軍襲港時爲止。

歷史悠久

香港之有賽馬是在開埠後第三年，也即是一八四四年，至今應有一百廿五年的歷史，當時參加賽跑的馬匹，有中國種、菲律賓種、亞拉伯種、英國種、日本種、好望角種和雪梨種等，不同的馬匹，混合在一起出賽，而且連拉馬車的雪梨種馬，在一八五一年也能加入競賽，可謂洋洋大觀了。

不過，當年祇是每年舉行賽馬一次，一八六九年，愛丁堡公爵也到過香港參觀賽馬。一八七〇年，馬會用木板及蘆席建成了三座看台，分爲嘉賓席、閨秀席與公衆席，而且對閨秀特別優待，不收入場費，每逢賽馬日，馬會當局還在華字和循環兩家日報上，刊登廣告，內文是「馬會董事等，敦請蓮輿光臨，參觀賽馬。」於此可見當年馬會的如何優待女賓，這辦法，直到一九二二年方有變更。改爲馬會會員，每位可得婦女入場證兩枚，直到現在，已是每一會員祇有一枚婦女入場證了。（戰後初期，會員家屬女賓是一枚銅章與一枚紙章，到現在祇有一枚銅章了）。

香港賽馬會之成立，其時在一八八四年，當時馬會會員，西人居多，而且都是當年的名流，如遮打、欖勿、昊臣、麥基利哥、沙宣等。他們當年在香港市場中，皆是大商行的主持人，尤其是沙宣與遮打兩位，直到現在還有「沙宣挑戰杯」和「香港冠軍遮打杯」兩場賽事，這就是紀念這兩位馬會功臣當年對馬會的貢獻，至於「皮亞士杯」，這是因爲一九四〇年前馬會主席皮亞士也是一位對馬會有不少改善之功，所以馬會董事們，也設立了一場紀念他的杯賽，而且還是今後夏季大彩票開獎賽的頭馬獎杯呢。

老遮打爵士對馬會的功績相當大，他在一八六五年入馬場觀賽，是馬會發起人之一，馬會正式成立的第二年，也即是一八九二年，他老人家被選爲主席，處理一切馬會興革事宜，任勞任怨，直到一九二六年逝世時爲止，足足担任了馬會主席三十四年，所以，他可算得是香港馬會的第一大功臣。

香港馬會，由一八八四年到一九二一年這卅七年中，每年祇舉行一次賽馬，當時還成立一個競技會，有馬匹表演跳欄和跳閘賽，每年由馬會主理辦理若干次，地點大約是在粉嶺，直到一九二一年，競技會纔歸併於賽馬會，當年的騎師，多數還是軍人呢。

一九二一年華人大馬主鄭殿臣牽頭馬入場

馬場主任

馬會在一八九一年時，增加一位馬場主任，他的大名叫做荷夫（Wolf），他身材高大，軀幹雄偉，儀表與風度，俱能令人贊美，而且也有時穿着全套獸裝，頭戴禮帽，脚踏馬靴，十足一位能幹的騎士一般，其實他本身眞是一位優良的騎師。一八九四年前賽馬，他還屢獲「香檳」（冠軍）賽的冠軍榮譽，可惜他在一八九四年參加「香檳」賽時，墜馬跌斷了左腿，迫不得已，纔結束了騎師生涯而專任馬場主任。他任職卅多年，辦事勤奮，馬場興革，出力不少，所以他也是香港馬會的功臣之一。

我在前文所講的各種出賽馬匹，起先除了中國馬外，其餘的絡續減少，直到一九〇〇年，幾乎完全是由中國馬上陣，直到一九〇〇年後，因中國馬不能大量運港，（因爲當時上海馬場、青島馬場、天津馬場、漢口馬場跑的都是中國馬，所以關外的中國馬，不愁沒有出路。）於是香港馬會當局不得不向澳洲方面購進五十頭小種馬，高度以不超過十五掌爲限，但因澳洲馬費用高，食料又要特別選擇，與中國馬的隨隨便便不同，加上了速度與中國馬不同，又不能耐勞，三年之後，賽馬期中變了每天僅有一匹澳洲馬上陣與中國馬同跑，三年後便變成絕跡，直到一九三一年後，纔再見澳洲馬在本港馬場馳騁。

一九二一年前，本港馬會祇准西籍騎師上陣，直到是年，馬會當局應中國馬主之請，批准中國騎師也能出場。一九二四年，馬會又創設了遴選會員制度，這一年，遴選會員對於澳洲馬或混合種馬與中國馬一同上陣的競賽，發生了非常劇烈的爭辯，因爲有的會員認爲澳洲或混合種馬大而中國馬小，如果准許在一同競賽，將使擁有中國馬的馬主不敢將他們的馬匹報名參加。經過了一番劇烈爭辯之後，這一個澳洲馬與混合種馬同賽的建議，到底，爲大多數遴選會員所投票否決，擁有中國馬的馬主，至此纔舒了一口氣，可是，時至今日，想在本港馬場中尋一匹中國馬出來，真可以說早已絕跡，因爲一九四七年後，本港賽馬已是全部澳洲馬的世界了。

買辦制度

馬會對彩池的僱用職員情形是這樣的：

各位須知，現在已有新電算機和電腦計算派彩機，可說是一切都日新月異，可是沒有人力，任你有種種新式的機件，也等於枉然。

所以，要就沒有彩池，否則便要僱用大批職員，生意愈好，職員愈多，這是正比例。

馬會舉辦博彩彩池，是在一八九〇年香港賽馬會正式成立後的第六個年頭，方纔設立。原因是如果單單競賽而沒有博彩，當然不夠刺激，可惜當時看賽馬的馬迷少，馬會收入不多，自己舉辦彩池，人力與物力兩皆不足，於是祗有在「招商承辦」這四個字上動腦筋了。

可是雖然招商承辦，却因博彩者不多，承辦商起初大虧其本，祗有退辦。馬會於是便收回自辦，那知也是不得其法，於是再度招商承辦，但仍是虧本。直到一九三一年，馬會再度收回自辦，更設立了辦房制度，當時管理馬會的是「連士得與爹核士會計師樓」（也即是改組後現在的「畢馬域蔑曹會計師樓」（Peat, Marwick Mitchell& Co.）主持的秘書是布朗（Brown），副秘書則是司烈（Sleap）兩位，而管理辦房的買辦是鍾錦洪三叔，（也即是現在馬會華經理鍾汝江兄的尊翁，）關於馬會各種彩池的臨時僱用職員，皆由鍾三叔和他的老友張五叔，以及肥公周文鏡兄各位招請各方面可靠的人士担任。因爲逢賽馬日必是假期，所有洋行及各寫字樓職員，完全休息，他們乘此機會，可以賺一些外快，記得當時的售票員日薪是五大元，而且下午四至五時，還有兩件蛋糕與一杯奶茶供應，到現在，已由馬會取銷辦房制度而自理，售票員的日薪，也已漲至廿五元了。

當時的辦房，在賽前必須向滙豐銀行預先調動大批十元、五元、一元面額的零票，並且還要大批的毫子以便應付，所以如果沒有相當可靠的人事專辦此事，的確是「並非容易」的。

馬會對辦房方面，除了酬勞之外，對每一場售出獨贏、位置票、彩票、以至於後來的雙獨贏票等，售出多少票，派多少欵項，都交給辦房管理，派錯彩，辦房要吃賠賬，可是如果有人不來領奬，這筆欵項便歸辦房進賬。

當年在未有電算機前，售出的各種博彩票，撕爛了祗要你可以拚得齊，可以用漿糊或膠水在白紙上拚齊，在賽後一星期中，仍可向馬房辦房認明取欵，這個辦法，直到一有電算機售票後，方纔取銷，改爲「如非憑票，不得領取彩金或退欵，撕破兩張或多張，或經塗改之彩票，不得領取欵，在「全妥」燈號未亮出前，請勿將彩票撕毀或抛掉」這一項條例，可在每次馬會發售的「正式馬簿」中見到。

各位記緊，有了電算機後，「全妥」用白燈，「抗議」用紅燈，「抗議有效」用藍燈，「抗議無效」用黃燈。可是在未有電算機前，完全用旗號，掛在頭、二、三馬馬號牌的上面，旗號升起作數，後來在第一座已被折毀的老電算機初用時，因恐白天燈號不夠光亮，另外再在電算機塔上，升起直徑兩英尺的顏色球，可是這個辦法，不過用了兩季就取銷，因爲老電算機的燈號夠光，而且馬迷們也個個知道不必再多掛其「球」了。

俄練馬師

回頭我再要講一下練馬師與騎師的問題了。

一九二一年馬會批準了中國騎師可以上陣競賽的條件之後，華人大馬主，便首先在上海聘請練馬師南下，（馬會原祗有俄籍練馬師，後來纔有中國練馬師，我所知道的，在一九三四年時，俄籍（白俄）練馬師，有刁家堅（後來由馬會主席皮亞士担保，入了英藉，改名譚雅士，他的兒子小譚雅士也被破例變成了騎師，照例凡是在馬會受薪的練馬師，他的後代是不可能參加爲業餘騎師，這也是因爲老譚雅士爲人忠實而由皮亞士一力促成的。）蘭斯考夫，（現已退休而仍居本港），現在每逢賽馬日，在會員席的地下以至二、三、四樓，時時可能看見一位瘦小的矮老頭子，頭戴氈帽，穿着十分隨便的，便是蘭斯考夫了。他爲人和藹可親，現在雖因患心臟病而被迫退休，但他因愛馬成性，所以每早晨操與賽馬日他仍照常風雨無阻地到場參觀，他手下的兩位助手，李殿林與張學文，現在都已是練馬師了）。雷電奧諾夫，（後來由馬會主席賓臣担保，入了英籍，改名羅達尼，前三年退休，和譚雅士一樣在澳洲經營牧場事業，可是他的兒子荷圭羅達尼現在香港英文星報担任馬經版主筆，而他的女婿羅倫則在港經商，而且也是騎師）。托麥考夫，（剛於前年退休赴澳洲，他是譚雅士最知己朋友，他的助手區錦洪現在也是練馬師。）包科托夫，（一九四八年的馬后「娜茜后」就出在他的旗下，可惜此人好酒貪杯，時時飲到天光回到馬房宿舍，當時的馬房主任羅拔臣屢次相勸，而他仍舊知過不改，結果因屢戒不悛而爲馬會所開除）。米圖惠利，（綽號矮子），皮洛夫，（綽號紳士），現在均仍任練馬師。至於蘇芬諾夫，則是老譚雅士去澳洲後介紹來的，而還有一位綽號「隐帽仔」的喀拉司諾比諾夫則是辭職赴澳洲後再回本港任練馬師的，却因心臟病發而在港逝世的。貝爾波夫，（綽號啞子），是蘭斯考夫早年的得力助手，現在仍任練馬師，爲人沉默寡言，其實並非啞子而是不喜歡多講說話也）。

現在仍在本港任職的俄籍練馬師，以米圖惠利資格最老，以下便是皮洛夫、貝爾波夫與蘇芬諾夫了。至於中國練馬師，由上海請來香港的，最老的是現已退休的王阿四，今年八十歲了，依舊精神抖擻。朱寶明便是他的得意門生。（三）

各國貨品積極競爭香港市場，由於香港經濟繁榮，各種各類新出品都集中向香港推銷，在歐美日本不容易買得到的物品，香港都有供應，足見香港市場的重要性。

香港進口的貨品，其中百分之八十是本銷，百分之二十是轉口，例如一九六八年進口貨品總值一百二十四億七千二百萬元，轉口輸出則爲二十一億四千二百萬元。佔香港進口總值百分之十七點二。又如一九六九年，香港進口貨品總值一百四十八億九千三百萬元，轉口輸出則爲二十六億七千九百萬元，佔香港進口總值百分之十八。今年（一九七〇）上半年香港進口貨品總值八十二億五千二百萬元，轉口輸出爲十三億二千九百萬元，佔香港進口總值百分之十六點一。足見香港消費數量巨大，顯示生產與生活程度都告提高。

各國鑑於香港消費力巨大，紛紛致力於爭取香港市場，進口總值不斷的上升，就是明顯的反映。假定今年全年進口總值達到一百七十億元，按照轉口輸出佔百分之十六點一計算，則今年轉口輸出約二十七億餘元，本銷約一百四十二億餘元，按照香港人口四百萬人計算，平均每人全年消費外來貨品三千五百元，這三千五百元自然包括生活與生產的支出在內。

由於香港經濟繁榮，再由各國極力競爭香港市場，因而各國對香港出口貿易增加迅速。今年首四個月，日本來貨十二億四千一百萬元，比去年增加二億七千七百萬元。大陸來貨八億三千四百萬元，比去年同期增加三千八百萬元。美國來貨七億三千一百萬元，比去年同期增加二億七千五百萬元。英國來貨四億六千四百萬元，比去年同期增加一億零一百萬元。

再就一九六九年而言，香港進口貿易總值增加百分之十九，其中日本來貨增加百分之二十八，美國來貨增加百分之十六，英國來貨增加百分之十一，西德來貨增加百分之三十五，台灣來貨增加百分之二十二，大陸來貨增加百分之十一。

本港消費數量巨大！

中共去年外貿總值數字

本社資料室

香港進口貿易增加極爲迅速，一九六〇年祇得五十八億元，一九六五年增至八十九億元，但一九六八年便增至一百二十四億元，一九六九年再增至一百四十八億元。以來貨最多的六個地區而言（一）日本來貨一九六六年爲十八億三千八百萬元，一九六七年爲十九億九千四百萬元，一九六八年爲廿七億一千六百萬元，一九六九年爲三十四億八千四百萬元。（二）大陸來貨一九六六年爲二十七億六千九百萬元，一九六七年爲二十二億八千一百萬元，一九六八年爲二十四億二千九百萬元，一九六九年爲二十六億九千九百萬元。（三）美國來貨一九六六年爲十億零九千萬元，一九六七年爲十四億一千萬元，一九六八年爲十七億二千七百萬元，一九六九年爲二十億零二百萬元。（四）英國來貨一九六六年爲十億零一千萬元，一九六七年爲九億八千三百萬元，一九六八年爲十億零八千三百萬元，一九六九年爲十二億元。（五）西德來貨一九六六年爲二億六千八百萬元，一九六七年爲三億一千六百萬元，一九六八年爲四億零二百萬元，一九六九年爲五億四千四百萬元。（六）台灣來貨，一九六六年爲一億六千八百萬元，一九六七年爲四億一千二百萬元，一九六九年爲五億一百萬元。

× × × ×

中共透露一九六九年的對外出入口貿易合計，總值達到三十八億七千三百萬美元，比較先前的一年增加百份之七。中共在這一年的出口總值爲一十九億八千萬美元，入口總值爲一十八億九千三百萬美元，日本是中共的最大貿易對象，在一九六九年的總值爲六億二千五百三十萬美元，依次是香港的四億五千一百六十萬美元，及西德的二億四千六百一十萬美元。

中共輸出往東南亞（香港、星洲、馬來西亞、錫蘭及巴基斯坦），增加百份之三點五，總值達七億〇六百二十萬美元（七〇六，二〇〇，〇〇〇元），而它由這地區的進口增加百份之五十八，總值達一億八千四百一十萬美元（一八四，一〇〇，〇〇〇元）。

中共輸出往西歐各國全部總值六億五千二百萬美元，輸入總值爲八億四千七百六十萬美元，在一九六八年的輸出爲五億八千八百二十萬美元，輸入爲八億二千四百九十萬美元。

× × × ×

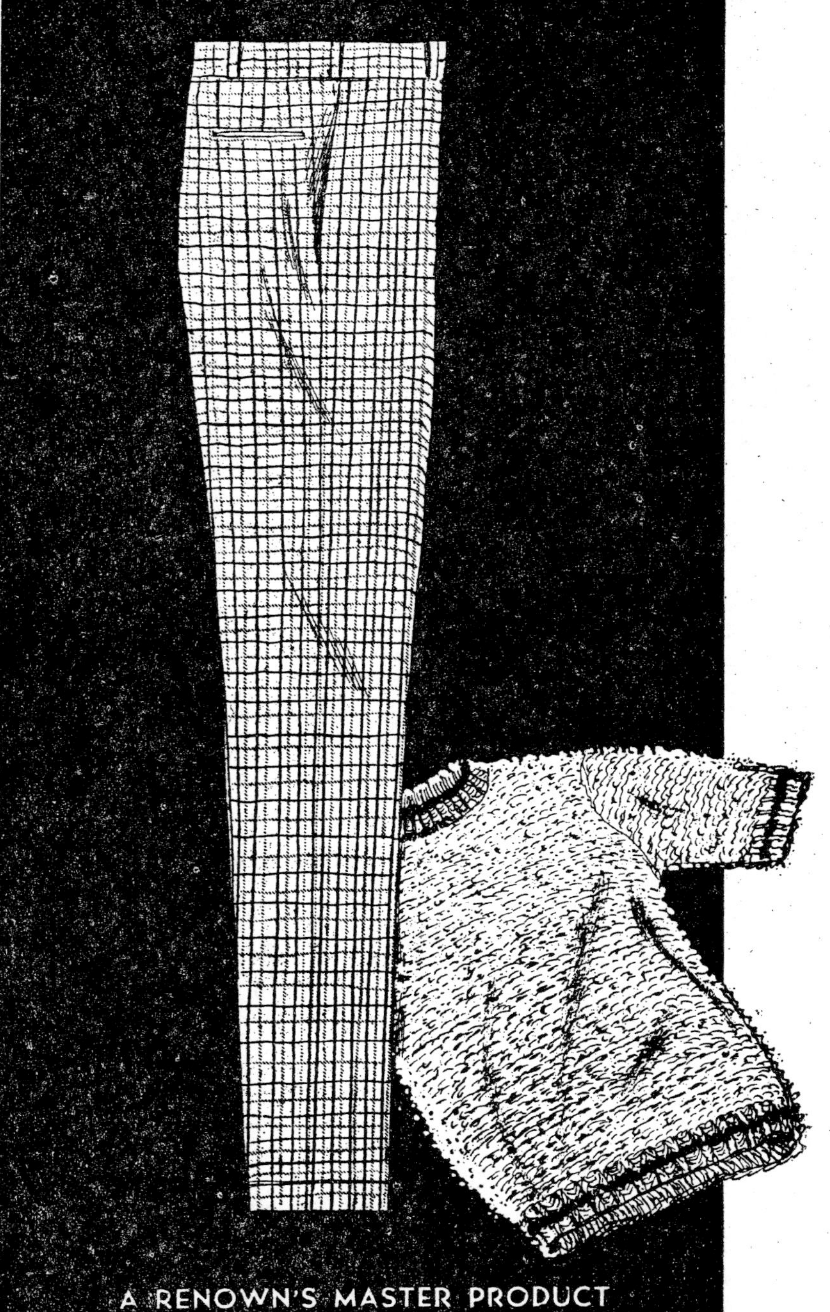

A RENOWN'S MASTER PRODUCT

利南西服
褲頭樣子好・褲身樣子好・褲脚樣子好
定價每條自廿九元九毫起
大人公司有售

李士羣的相和「李士羣之死」

大風

李士羣之死，快卅年了！今日香港知有李士羣者，已無幾人，但在抗戰時期的淪陷區裏，李士羣可算得是風雲人物！特別是上海，提起李士羣三字，眞有誰人不知，那個不曉之概！不過當年上海人心目中，李士羣是強橫霸道的特務頭子，黃巢再世的殺人魔王！

其實，李士羣既無驚人之貌，更無兼人之力，在我記憶中，李高不過五呎四五，圓型臉，尚算健碩的身體而已，穿上短打，頗像個米店夥計，李的外貌，就是如此平淡無奇，若定要問有何特徵？那就是他雙手粗得驚人，猶如砂紙那樣，第一次跟他握手的人，一定以爲他是個粗人，但如留心他的舉止，却又那麽斯文淡定，吐屬不凡，和易近人，顯然是頗有教養的智識分子，只是說起話來，溫州話鄉音不改，聽來聽去總不脫有些土氣！

我認識李士羣，大約在民國廿七年（一九三八）的秋天。那時他剛回上海，仍打着中統旗號。彼此由於系統不同，並無經常聯繫，可是偶而遇上了，便會天南地北，上下古今瞎聊，還算談得來的朋友而已。

嚮導社老板—李士羣

有一晚，在上海東方飯店門前遇上了。「走！我請你吃湯糰」。他不及寒喧，就拉我走進了西藏路轉角那家寧波沁社——這是一家專門賣寧波菜的飯館。

「見面就嚷請客，一定是發達了！」坐定後，我跟他說笑。

「這能算請客？那我可以天天請你！」

「請客是說笑，發達可是眞的？聽說你做了老板」！

「什麽老板？不要挖苦好嗎？誰跟你說的？」

他不自在地整了整杯碟，接着又自說自話地：「準是林之江這傢伙！」林之江，軍校八期生，八一三後，曾接我的暫編第五大隊，與李士羣同鄉，身材瘦削，看似斯文，實甚兇悍，當時負責七十六號的行動工作，襲擊兩家銀行人員等大案，均爲此君傑作。十餘年前，客死香江。

「什麽生意？」

「嚮導社……」（當年上海新興玩意，是變相的妓院，頗似現在香港的酒帘之類的鹹濕生意。）

「眞正道地名符其實的『好』生意呢！」士羣却不介意，而且把好字唸得特別重，意思「好」字拆開，便是女子兩字，嚮導社，正是靠女子賺錢的生意呀！「論賺銅鈿，好比開銀行，天天有進賬，從來無賒欠，你說，還有什麽生意比這更好的？」

「原來你開了『人』行！」（人與銀，滬語同音）

「說實話，爲了錢，就不能選擇行業了……跟我的人多……」

「我才不信呢！別人或者是，你則不見得，照你的性格，可能爲竊國大盜，决不作竊鈎小偷！你開嚮導社，一定別有理由……」

「好！衝你這句話，就得好好請你一請！走！」他邊說邊數錢惠鈔。

「還要去那裏？」

「去爵祿，（飯店名，李士羣那時開有「長房間」）這時很淸靜了，我們可以好好聊聊。」

李士羣是有名的「夜新鮮」，這一聊，不知聊到什麽時候？所以我邊走邊在盤算脫身之計。

「那邊的生意，我已經辭掉了。因爲，近來身體不好，醫生要我好好休養！」我暗示須要早些回家。

「誰跟你談生意？……有人說你相法如神，今天我要考你一考！」

「天下竟有這樣子請人看相的？」我不禁哈哈大笑「誰說我會看相？……又是這傢伙！看不出他還會搞情報呢？」

我李士羣怎能做漢奸

那年，李士羣三十四歲。我約畧分析了他過去運程之後，告訴他：「明年卅五，交進眼運，是你一生最好的運程！我可以八個字奉贈：『平步青雲，權傾一時！』謹記、謹記好自爲之！」

「不靈！不靈！」這回輪到他哈哈大笑了：「過去算是說得差不多，若說我明年便可平步青雲，權傾一時，那是絕無可能！在那邊我們官卑職小，爬到頭髮白，也難爬上權傾一時的地位，此地嘛？除非當漢奸，怎會權傾一時？……而我李士羣怎能做漢奸？」

「我只論相，不論事！此外無可奉告。」

「君子問災不問福，且說說壞的地方。」

「美中不足，就是雙手過於粗糙，人紋破損，眼神好而顴鼻均稱，權重殺重，惜眼梢露神，得意之秋，須防驚險，人紋破損，不免大病，卅九、四十之間，應特別小心！」

「這就不是看相了！你知道，幹這一行的，天天冒險犯難，担驚受怕，乃是意料中事，說有驚險，乃是你的猜想，不是看相。」

「信不信是你的事，準不準到時方知，在我說，寧可說我是猜想，却不願不幸而言中，小心駛得萬年船，謹愼些總是好的。」

此後，一年多未見面，從傳說中，知道他先後在滬西憶定盤路、極司斐爾路建立了兩個特務機構。汪精衛到上海，這兩個機構，便成了汪的「特工總部」，李士羣眞的是平步青雲，當上了「特工總部」的副主任，而我和他的關係，也由「無話不談」而成爲「君子之交」了！

七十六號一夕談

有天黃昏，我剛囘家，電話響了，拉起來一聽，竟是李士羣的溫州官話。

「『李主任』，有何見教？」

「想請你吃飯，好久沒叙了！」

「對不起！今晚已有約了！」

「那末晏點好了，沒有別的，想跟你談談嘛！如果你有顧忌……」最後一句，顯然是你怕就不要來！

「笑話！我有什麼顧忌？」

「好！那麼十點半放車來接你！」說完，不等我囘說，就掛了電話。

七十六號，是「特工總部」的所在地。在滬西越界築路的極司斐爾路上，大概因爲保密關係，就以門牌，作了代名詞。本是安徽省主席陳調元的滬寓，建築不甚講究，已顯得陳舊，面積却頗大，近百畝地，汽車須經兩道鐵門，才到正屋。李的辦公室在二樓，上樓的梯口，加裝鐵閘，頗似香港的梯口閘。

李的辦公室相當寬敞，却沒有什麼陳設，除了兩張特大寫字台外，主要就是一堂大沙發了。

大概是表示舊好吧？他就在辦公室裏跟我見面。

「我以爲你不來了！」坐定後，他笑吟吟的和我說。

「你要我來，怎敢不來呀！」

「本來，我是想請你在外面叙叙的，可是現在沒有以前那麼自在！……所以只好勞你的駕啦！……你那邊的工作情形怎樣？」

「報告主任！早就不幹了！」我一本正經，學着下屬對上級的腔調，惹得他也笑了。「你知道，我的性格，不宜於幹這一行！」

「是眞的？」他有點懷疑，但頓了頓：「也好！……快一年多不見？看看我有什麼改變？」

滬西七十六號魔窟虎口

「自然跟以前不同啦！」我以說笑口氣，故意刺他一下：「在這種環境下，非大英雄，大豪傑，哪能脫穎而出，一步登天？」

我這麼說，是希望撩起當年：「我李士羣怎能做漢奸？」的囘憶！

「我是說我的面相有無改變呀！記得你在「爵祿」裏所說的話，現在說來，也還有些道理，正如小和尚撞鐘，歪撞正着！……」

「歪撞？……」

「別急呀！有下文呢！替我看過相的，少說，也有幾十人了，能夠說得中、撞得着！唯君一人而已！」

「偶然撞中而已！」

「其實也很難說，命運的好、壞、得、失，很難劃出一定界線，譬如我奉命唱這齣戲，別人看來，也算得一帆風順了！實際上，眞是頂石臼唱戲，吃力不討好！苦樂自已知！……」他轉灣抹角地暗示是奉命落水的，並非甘心附敵！當然我希望他講的是實情，至於奉誰的命令，似非問題的重心了。

「最近，有幾樁事要進行，且看看我的氣色如何？有沒有阻礙？會不會成功？」說完抬起了頭等我答復。

「這兩年的你！一定的，風雲際會！何求不得？目前來說，還是發展階段，方興未艾！小不如意，或所難免，但是大方向，有進無退！其實你也是多此一問，……」

「爲什麼？」

「你想做的，誰也影响不了，假如，現在我說諸事不宜，我敢斷言，你還是照常進行，决不會罷手！」他不作聲，毫無表情，「就我所知，你的進取心特別强，也是說野心特別大！所以我曾說你是竊國大盜，却非小偷之才，現在呢，我倒希望你能做復國的英雄！」

「別老上甜菜！」他笑着點點頭：「該說一說壞的方面，好讓我知所趨避！」

「問題並非目前，要小心三九、四十，如我判斷不錯，難免有次驚險！不過人定勝天，相隨心轉……」

「我並非唯心論者，但如我告訴你，我不想殺人，你一定不會相信！……自古以來打天下的難免不殺人！但確有好些不由自主，不由你不幹！還有許多是手下幹的，我却不得不認，憑心說，已盡我所能，避免不必要的了！」他說完輕輕噓了口氣，神情有點黯淡，彼此相對默然，氣氛漸趨沉寂。

「你坐坐，我去去就來。」他突然站起來說。

他走後，我心裏不免有些嘀咕！李士羣弄什麽玄虛呀？這突如其來的舉動，必然有其原故，看情勢，頗像特工扣人手法，但我確信李士羣斷不出此，要扣我，又何必見我？何况也沒有扣我的必要呀？正在胡思亂想中，李士羣已站在我前面。

「今天不留你了！」他歉然說：「有點急事要辦，改天再叙吧！」

程儀五千、情報一疊

車送到家的時候，司機遞過來一個小包，說是李先生送的！

裏面什麽？心照不宣，——鈔票！

「代我謝謝李先生，說我心領好了！」說着將小包遞還司機。

「李先生吩咐，一定要收，不好退還！」說着撇下小包，開車就走。

回家一看，果然不出所料，一叠叠全是十元鈔票，（當時仍用老法幣，最高面額十元）總共五千大元，另外有紮文件，細看之下，竟全是有關我的情報，雖未必件件實在，却亦不太離譜，若士羣據此扣我，又豈患無詞？我想他出去的那時，未始不會想過這着棋子？

最後是張紅紙，上書「程儀」兩字，原來李士羣要我走路！

但很抱歉，我沒有照辦。

第二天，李士羣收到了我寄去的：「領謝！相金五千元」的收條。

不久，李士羣又兼任了清鄉委員會的秘書長，接着又接任江蘇省省長，汪政府的軍、政、警、特的大權，至此，都給李士羣一把抓了！

卅年未明眞相的疑案

李士羣之死，絕非私人仇殺事件。當時盛傳羅君强，一說熊劍東唆使日本憲兵隊長岡村鴆殺李士羣，只是表面的看法，羅、熊憑什麽能唆使岡村下毒？固然是疑問，而岡村又爲何甘受羅、熊驅策，代報私仇？而無所顧忌？要知當時的李士羣已是汪政府實力的重鎮，舉足輕重的大員，而背後又有日方高級特務與高級將領的靠山，毒殺這樣人物，如非奉命辦理，岡村怎麽對上級交待？况汪政府究不同於維新、臨時等傀儡組織，如此方面大員被日方毒死！亦豈有不加交涉追究之理？而一任其不了了之？再說，萬一鴆殺不遂，陰謀敗露，勢必引起李士羣拚命反擊！小小憲兵隊長，可担得起動搖大局的責任？

李士羣被害的前後，兩路（京滬、滬杭）沿線日軍，全線戒備如臨大敵，這晚，我恰巧乘夜快車由京去滬，可見日方殺李是有周密佈置、詳細策劃的，此則絕非岡村中佐所能爲力了。

試看李士群的相貌如何？

李士羣、潘漢年、胡均鶴

原來李士羣在温州唸書的時候，就已參加了CY（中國共產主義青年團），再進而爲CP（中國共產黨），李士羣的活動能力很强，工作態度也積極，累次被捕，累次反正，而藕斷絲連，仍爲中共效力。廿七年之由渝逃滬，就因爲他和中共聯繫被發覺，祗有被迫逃亡，在上海自然替中共工作，嚮導社就是爲中共搞的「經濟工作」之一。後來李士羣搭上了日特關係，並非外傳的土肥原，就是後來殺他的岡村，只是中級特務，於是在憶定盤路建立起「山寨」式的特務機構，利用越界築路的畸形地理，從事綁票、勒索、收取保護費之類的「經濟工作」，至於搞政治性的暗殺，乃是七十六號以後的事了！

李士羣一搞到錢，便收羅各路好漢，擴展自己的實力，手面的濶綽，可說揮金如土，大有使天下英雄盡入吾彀中的野心！當時如：陳恭澍、萬里浪、王天木、胡均鶴、馬嘯天、林之江、蘇成德、夏仲明、潘達、石林森之流，俱爲高級特務人材，其中且有不少資歷遠高於士羣者，至此悉皆俯首稱臣！且終李之一生，無復有叛貳者。

李士羣高級幹部中，與共特有關者，祗胡均鶴、蘇成德兩人。胡均鶴與李士羣之死，頗有牽連。胡是老共黨，且是中共上海地工負責人，在共黨的地位，高於士羣，大陸變色後，胡即出任華東區情報委員會的主任委員，可見其在共特中的地位如何了！胡均鶴怎樣進入七十六號，我不清楚，只知他是第四處的處長，可能是中共派來監視李士羣的。

李士羣既控制了清鄉隊部，又做了江蘇省長，實力的擴展，大有一日千里之概！可能中共認爲時機成熟，需要較有份量的人與李聯絡，於是中共東南地區特工負責人潘漢年啣命來蘇，會晤李士羣。負責接待潘漢年工作的，便是胡均鶴與黃敬齋。此後即有消息，李以大批物資，秘密運交新四軍，其中包括中共所急需的：紗、布、紙張、醫藥及日用品，均係日方統制品，需取得許可證，方可轉運的物資等等。顯示李共關係又跨進了一步，由聯繫而進入携手合作的階段。如李士羣不死，勝利來臨，東南半壁，還不知是誰家天下呢？

諜海奇談、借刀殺人

卅二年夏，我因事由京抵滬，彭壽（字述先當時京滬區的副區長）約飯於牯嶺路的淨土庵。該庵住持慧海爲彭的同鄉，且有靜室，方便談話，所以彭常借此作聯絡之所。

「李士羣死了！」他進門便嚷着說。

「怎麼會死？」我有點不相信。

「中毒！昨晚中毒！在火車上就發覺，剛剛接到消息，證實已經死了。」

「誤中？還是有人下毒？」

「日方下的毒！而且是沒有救藥的劇毒！」

「士羣是老特務，怎麼會上當？」

「這就是我們老闆的高着了！」

「你說什麼呀？」我不能不懷疑我的耳朵。

「老闆呀！」回答得很肯定。

「對不起，我實在給你攪胡塗了，一會兒說日方，一會兒又說是老闆，究竟怎麼會事？」

「妙就妙在這裏！老闆擬定了計劃，交給日方執行！」

「竟有這等的事？那簡直成爲「諜海奇談」了！」

「你可聽說過李士羣勾結中共？」

「有此一說，可沒有具體證據！」

「這裏收到不少資料，很具體，連潘漢年在拙政園拍的照片都有……」

「是不是中共特務頭子那個潘漢年？」

「不錯！他是中共東南地工的頭子，又是四軍的『前委』——前敵委員會，乃中共軍方的特務組織，負責統戰工作，李士羣做了江蘇省長以後，潘即秘密來蘇，長期匿居拙政園……」潘後任上海市副市長。

「眞有此事？」

「還會假嗎？有潘、黃、胡在拙政園合影照片爲證。……」

「大概此事爲日方偵知，故而下此毒手？……但情形不至那麼嚴重呀！」

「日方本來矇在鼓裏，還是我們奉命將這些資料、圖片，透過周佛海交與日方，……最後還有份、李潘擬訂的「接引新四軍渡江計劃」」

「接引新四軍渡江？哪有這可能？新四軍現在被逼在蘇北、魯南，渡長江？中間還隔着李明揚、李長江（此時已投汪）部隊，李士羣要接引，也無法接引呀！」

「你總是書生之見，政治玩意，既複雜又奇妙，你可知李明揚通共，與陳毅早有默契，中央都沒奈何他，還理你汪政府呢？陳毅「借道」，李明揚「讓路」，新四軍便可直薄江干！」

「不過新四軍實力有限，區區數千之衆，即使加上李士羣，亦未必可以佔領江南！」

「他們的目標，不一定是佔領。從計劃上看，只是移師江南打游擊的樣子，在富庶之江南打游擊，便於就地取「財」，壯大自己。……新四軍的渡江，有李士羣的接應，技術上担保沒有問題，一過了長江就滙合李部，破壞兩路，切斷日軍的供應和退路，使日方前線陷於混亂，第二步就是分兵突襲京、滬、杭，而由李系人馬作內應，可佔則佔，不可佔則掠取了物資，撤走打游擊！這個計劃對於中共說，有利而無弊，即使失敗了，亦可獲致國際上宣傳利益！」

「這裏日軍的兵力還不弱，任援道部亦復不少，而且任已輸誠中央，未必會跟李士羣走，此外稅警團的熊劍東，配備好，戰鬥強，又是周佛海的嫡系，李士羣的對頭，總不可能合流！這些情勢，李士羣一定會估計在內，怎敢輕舉妄動？」我總覺得有點玄虛。直到現在仍然懷疑這個計劃的眞實成分。

酒杯底下的秘密

「現在不研究這些。總之，日方一見這個計劃着了慌！立即移樽就教，問計於周佛海，表示要除此心腹之患！請周佛海提意見，於是我方擬訂了幾個解決李士羣的方案，其中包括：刼持、暗殺、下毒、下毒不遂，再加刼持等。結果，日方選擇了最後一個方案。」

「原來如此，李士羣聰明一世，竟如此輕易上當！也是刼數難逃！」

「要他上當，可不容易哩！李士羣近年來對於應酬塲所的飲食，非常小心！菜，別人動筷，他才動筷，酒，非原裝的不飲，而且讓別人先上口，才上口，要他上當，可不太容易！」

「李士羣最謹慎，百密總有一疏，他注意酒，注意菜，可沒有注意到酒杯底！」

「你是說，毒藥塗在酒杯底下？……但不能確定他一定用這杯子呀！」

「這就容易了，只要主人在每個坐位上預放張入席者姓名的條子，入席時便按次就坐了。「李省長」席上的酒杯，底下就塗有數百種熱帶細菌的混合劑！只要上口，就沒有藥可醫！……昨晚就是上海日本憲兵隊長岡村中佐以調停李、熊間發生衝突爲名，設宴於虹口「六三亭」，李士羣就在握手言和，殷勤勸酒的情形下，如此這般地着了道兒！」彭壽把前因後果一口氣說了，神情亦有些兒黯然！我不禁爲之唏噓良久，食不下嚥！

李士羣之死！在當年是震驚一時的大事，亦是一件問題疑案！事隔二十餘年，至今仍是眞相不明。李士羣死時，年僅卅九歲。

周作人遺作風波

· 文承襄 ·

香港的出版界最近發生了一件怪事：有一家左派圖書公司，出版了北方名作家周作人晚年所寫的「知堂回想錄」，但發行不到半個月，報章上什麼宣傳也沒有，連出版廣告也沒有登過，便受到左派有力人士的阻止，不但要把已發行的書全部收回，主持這本書出版的一位老作家，還受到了上峰的「譴責」，其經過是很有趣的：

周作人晚年住在北平，曾經得到周揚、夏衍等的照顧，從事翻譯外國文學工作；若是周作人現在還在，恐怕都免不了被認為有問題，因為照顧他的人正是「四條漢子」之二；另二人為田漢、陽翰笙，豈非罪孽深重呢？

周作人晚年下筆極為小心，他的朋友老作家勸他寫自傳，他還多方考慮，後來經某晚報主編羅某的同意，刊載他的回憶錄，他方才開始執筆。一共寫了四卷三十八萬字，分成九十次寄來香港，其間編號整理，往來滙款，都由這位老作家一手包辦，算得是慘淡經營。但某晚報連載這部回憶錄，祇登了不到三萬字，便認為不妥，而中途將此稿腰斬。老作家恐怕周作人掃興，一直沒有把此事告訴周作人，因此周作人寫作興致仍極濃厚，還繼續寫下去，寄得來。其間和老作家通訊頻頻，來信有三百通之多。

一九六六年冬天，周作人病逝。老作家又想盡辦法把此稿安排在星加坡出版的南洋商報連載，刊畢以後，再在香港出單行本，卷首加上五張插頁，附刊照片及周作人親筆信兩封。毛病就出在一封信上，上峯赫然震怒，老作家被責為「三百封信中，哪一封不挑，偏偏挑這一封來鑄版刊載，豈非有意搗蛋？」於是這部最新出版的「知堂回想錄」，一夜之間，就成為禁書了！

這部禁書，不會永遠禁下去，因為還要照顧這家圖書公司的血本，最近即將重新發行，最初曾擬改由星加坡南洋商報出版，但該報在多方考慮之下，也不願意揹這個名義，以後要用另一名義出版，改換封面，更改插頁，但這兩封信的原文，是決不會再和讀者見面的了！這兩封信中，問題出在上面這一封，至於另一封信，關係不大，故不錄。

周作人筆下的上海虹口公園魯迅銅像

他是讀書看穿，所以能夠如此。死後隨人擺佈，說是紀念其實有些實是戲弄，我從照片看見上海的墳頭所設塑像，那實在可以算是醜惡的歪曲，高坐在椅上的人豈非即是頭戴紙冠之形像乎。假使陳西瀅輩畫這樣的一張相，作為諷刺，也不足為奇了。這本是法朗士一篇小說，正是十分悲痛。覺得藝術家所畫的偉人像，皆只代表他多疑善怒一方面，沒有寫出他平時好的一面，良由作者皆未見過魯迅，全是憑空捏造，但亦由世上本有戲劇性的一面，故所見到只是這一邊也。魯迅平

周作人在「知堂回憶錄」原版前頁刊出的一封信

Hepco

歌廳

從上海、台灣、到香港

·大方·

在上海創辦高樂歌場

歌壇、歌場、歌廳這名詞很古老，文人筆下，常見側帽歌壇及側帽聽歌之句，但歌壇究竟發源於何時？及其性質和形式等等，一向無人加以考證。

記得筆者十餘歲時，隨同父執，去上海四馬路的「小廣寒」聽歌，主唱的都是北里名花，美其名曰「羣芳會唱」，所唱以皮黃爲主體，偶有自彈琵琶，唱上一支小調的，顯得更爲別致。從這一些形式，使我們瞭解戲院與歌壇的分野，那即是說：有動作的是戲院，沒有動作而光靠清唱的，則稱歌壇，這情形在此間粵曲方面，也是如此分別的。

在上海小廣寒羣芳會唱時代，已有點唱規例，座中聽客，也即是唱者的稔客，點戲捧場，倌人唱罷，例須過座陪稔客寒暄，那時香烟還未普遍，大部份人都吸水烟，倌人例有自備的銀質水菸筒，輒令跟隨者裝烟奉客，客人則「呼盧呼盧」大吸一輪，使別的聽客側目而視，眞是十分「威水」！

羣芳會唱日久後減少聽衆，時代曲漸漸抬頭，奪了小調之席。到了抗戰時期，娛樂業變得畸形興旺，那時上海部份報人，一時無事可爲，便動了向娛樂業進軍的意念，筆者便是其間的一員。某一晚，有一位朋友拉我到二馬路的「時代」歌場去聽歌，那是一所茶館所改造，創辦者是程八妹和丁賡葆兩人。程八妹出身北里，羅致了一些花間姊妹參加，情形頗似往昔的羣芳會唱，也有點戲，所不同者，是在平劇以外，偶然穿插上一二支時代曲，但說也可憐，伴奏時沒有樂隊，祇用一架手風琴，其因陋就簡之狀，顯得過份寒酸，缺乏號召力量。

筆者見了上述情形，忽然靈機一動，認爲如果將場地加以擴充，歌唱部份，聘用整齊的樂隊，平劇部份，延請精彩的場面，更將裝修設備，從事豪華，一定能收旺場之效。筆者此舉，倒不是去搶「時代」的生意，由於那時非籍樂隊的代價太高，我們這樣做，祇需國人樂隊伴奏，可以省去不少費用。

數日以後，筆者約了三位老友，馮夢雲、胡佩之、徐善宏，開了一個小組會議，提出我的意見，他們聽了很有興趣，一致贊同。不久，便在新世界的三樓租下場址，經過同人們數月的努力，「高樂」歌場於以產生。

關於「高樂」的問世，馮夢雲的功勞，是不可抹煞的，他不僅能文，並且能畫，親自設計裝修圖案。表演台的兩傍，分設歌唱樂隊和平劇場面的地位，上面搭一小樓，裝有話筒，聘請一位報告小姐，報告歌唱小姐的姓氏和曲名，以及客人點唱的數字。台的兩邊高處，裝有許多狹長的小玻璃牌，客人點戲，寫上芳名，以資光彩。台的左右牆上，更裝上兩塊大玻璃牌，作爲張貼新節目和新演員進場的地位。開幕之夕，居然聲勢驚人，使得「時代」歌場，黯然失色，「高樂」二字，遂也一炮而紅。

在開幕的前兩天，曾作一次慶功式的小敘，我們是文人，免不了文縐縐的一套，大家即席作了幾副高樂二字的嵌字聯，夢雲聯云：『高不可攀，樂而忘返』。陸君聯云：『高可接天，樂不思蜀』。呂君聯云：『對酒高歌，此會祇應天上有；賞心樂事，萬人齊向曲中求」。筆者自己的一聯云：『高處不勝寒，且小駐瓊樓玉宇；樂而可娛俗，請來聽妙曲清歌』。祇有陳蝶衣兄作了個調笑聯，是『一時高興，未可樂觀』。以上這些聯語，雖做得並不出色，但當時大家的性情都很愉快，象徵了開幕後的生意興隆。

「高樂」因設備優全，吸收了大批優秀藝員，平劇方面的傑出的，有妙音、周華、鳳淸、林美雲等人。歌唱方面傑出的，有陳小燕、董佩佩等人。第一屆香港小姐司馬音、低音歌后葛玲芝，都曾在「高樂」作過短期客串演出。歌唱樂隊領班，是目前移居台灣的何海。上述這些名字，今日由滬遷港的外省人士，也許還耳熟能詳。

「高樂」那時候，在清唱以外，也推出過彩排節目，演出的祇有兩人，最多三人。歌唱彩排節目，如「十八相送」、「孟姜女」、「千里送京娘」等，平劇節目如「紡棉花」、「小放牛」等，雖然演出很簡單，卻也可說是今日港台歌廳，羣起排演歌劇的先導。這一個古老歌場，直到大陸沉淪，纔宜告結束，屈指一算，距今已有二十七八個年頭了。

香港大華捧起了崔萍

海上同文，在事變後南棲香港，各曾經過一

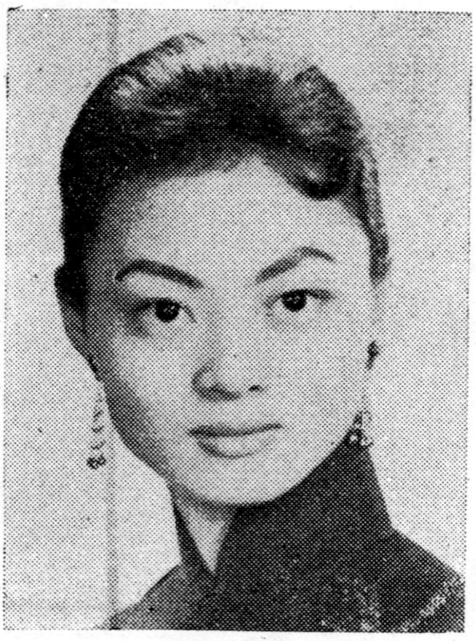

抒情歌后崔萍

個艱苦時期，由於賣文不夠生活，大家都想攪一些副業，但既乏資本，又乏支援，祇能因人成事，筆者曾在萬國舞廳內，開過書場，不久關門大吉。黃轉陶兄則選擇了香港華人行上面的大華酒樓是乘其營業時間的孔隙，附設了一所「大華」歌場，居然攪得有聲有色，也賺了一些錢，但寄人籬下之局，不能持久，合約屆滿，祇能結束。大華歌場，雖爲期甚短，却造就了一個今日號稱抒情歌后的崔萍，足爲香港的歌唱界放一異彩。

台灣第一家南洋歌場

香港的「大華」歌場，雖告結束，但歌唱之風，漸漸移向台灣，台北方面即有少數歌場發現，其間以「南洋」歌場最稱完整。一九五六年，歌后韓菁清，組隊返國勞軍，聘黃轉陶爲秘書，黃又邀了兩位擅唱歌的小姐——麥虹、沈靜加入助陣。那時台灣人都有崇港的心理，以爲凡香港去者，都有號召力量。因之，在勞軍以後，麥虹、沈靜，均加入「南洋」客串過一個時期，賺了一些台幣返港，開香港歌星遠征台灣的風氣；祇有轉陶兄，從此留在台灣工作，不復返港。

宏星歌廳是歌手溫床

初期的台北歌廳業務，好景不常，由於那時候新人還無法產生，舊人已久聽生厭，業務清淡，迫得關門大吉，許多歌手，都分散在酒樓餐廳主唱，在這一情況下，「宏聲」歌廳便應運而生。它是一個很小的場地，位子不足三百個，但房子是老板自己的，開銷很省，座券連茶每位收台幣二十元，相當經濟，賣一半座即夠維持，它吸收了散處各地的歌星獻唱，生意居然不惡。十餘年來，台北歌廳事業，此起彼落，互有興衰，但「宏聲」則能屹然不動，不受任何影响。在它那裏，多年來造就好多著名歌星，也有好多大牌歌星，在那裏駐唱，它可算得是台灣方面歌手的溫床。

台灣歌廳的特殊鏡頭

由於朋友們的推荐，談及「宏聲」歌廳的駐唱歌星，頗多優秀人物，便也常到那裏聽歌。第一天便聽到吳靜嫻，使人驚異，起先不知爲誰，散場後在門口，看到壁上懸掛的小照，纔知是大牌身份，可謂名下無虛。她工作很認眞，有一次，她患了感冒唱不出來，台底下都高喊不要唱了，但她不聽，終於唱了三曲纔罷，這情形很使我感動，但也在這時候認識了吳靜嫻，從此「宏聲」歌廳，便常有我的踪迹。同時發現那裏的一幅絕妙鏡頭，我覺得「宏聲」聽衆，都是一些老歌迷，一切歌詞，都背得爛熟，台上唱，台下也跟着唱，一方面用整齊的掌聲，凑合樂隊的節拍，搖頭晃腦，口中唸唸有詞，其情形很可笑，也很有趣。這些聽衆，可能和歌星們很熟，因之，偶然指定要她們唱某一支歌，她們也樂於從命，有時台上台下互相呼應，則有些同於京戲角兒的開攪，情形相當熱鬧。筆者原以爲歌迷不及戲迷多，但以「宏聲」情形論，台灣歌迷也不少。「宏聲」業務，便在這些老歌迷的擁護中，保持固定的紀錄，得以維持久遠，它並不需要添排歌劇，設備也並不豪華，業務始終過得去，這種情形是有別於其他歌廳的，優點是純粹讓聽衆聽歌，經濟實惠。香港某些聽歌場合，最高消費每客幾達港幣十元，合台幣將近七十元，可供「宏聲」聽三場而有餘。故如果就眞正聽歌的聽衆而論，當感到香港聽歌，未免太貴一些，如能發現一家類似「宏聲」的歌廳，採取經濟實惠制，可能生意滔滔的。

台灣抒情歌后吳靜嫻

台北歌廳創中興局面

「台北」歌廳的崛起，係鑒於「宏聲」歌廳的生意好而範圍太小，便想以大資本來經營，創一新的局面，恰巧這時台籍新星已不斷產生，加以香港歌星的助陣，開業以後，生意極好，造成了中興局面，初期着實賺了一些錢；但台北情形，有些同於香港，一家生意好，第二家便接踵而來，你的資本大，我的資本比你更大，於是新而盛大的歌廳，如「七重天」、「日新」、「麗聲」等，一家家應運而生，其他附設於酒樓餐館中的歌廳，更不計其數，這麽一來，聽衆分散，業務漸走下坡，在互相競爭下，成本加重，中興不久，便造成了兩敗俱傷的局面，以前「台北」歌廳賺得最多的，也蝕得最慘。

台灣歌廳何以會衰落

前年筆者遊寶島，發現台北的歌廳事業已開到茶薇，到去歲益形顯著，「台北」歌廳首先歇業，由老牌歌星敏華和她的丈夫糾資復業，但聞情形並不良好。「七重天」已有數次開而復關，筆者蒞台時，恰值「七重天」主持人延聘港地諧星蔣光超任總經理，企圖憑蔣光超的力量，挽回頹勢，開幕日，蔣光超特地獻演他最拿手的歌劇——「濟公捉妖」，當夜筆者也忝爲座客，在這一齣歌劇中，蔣光超的濟公出盡了八寶，有一個飾小辣椒的莊嘉玲，也十分風趣，尤其那個飾演妖女的李秀玲，是蔣光超的老搭擋，特地從南部請來，這位小姐，她七歲開始便練習巴蕾舞，腰腿工夫，相當紮實，不但能唱，並且能做，在妖女現形的一場，她像平劇舞台上的開口跳那樣，連翻十幾個跟斗，更像武旦那樣，來上好多個「烏龍絞柱」，可稱使出了渾身解數，這種演技，憑良心講，不能不贊賞以精彩二字，遺憾的是，儘管精彩，不能一貫地演下去，日久又告冷落，勢非重排新戲不可，因之在蔣光超接任下，雖連賣了幾個滿堂，總覺得茲事體大，難乎為繼，蔣光超便辭職不幹，「七重天」也不久歇業，目前聽說又由新局增資復業，易名「華王」歌廳，很

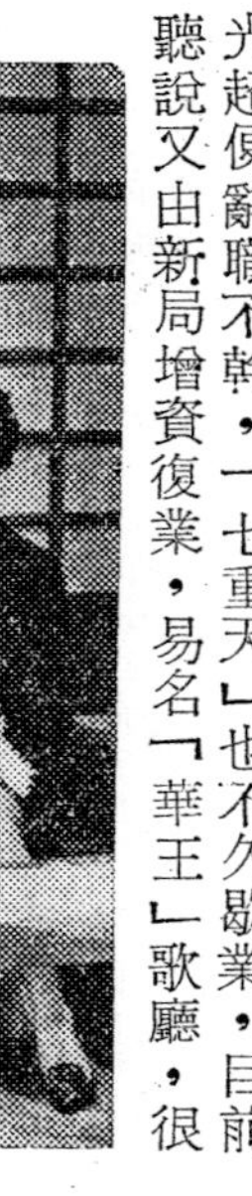

台灣寶島精藝歌舞團在香港麗的電視台表演
前排坐者自右至左蔡苑心秀瓊林翠黃小冬張琪
後排立者陳彼得謝雷孫伯堅文就波張清合影

佩服他們眞有蝕不怕的勇氣。

我們如要研究台地歌廳業由盛而衰的關鍵，不外下列幾點理由：一、歌廳開設太多，聽衆分散。二、時代曲不比平劇，歌迷不能天天買票聽歌。三、歌星人材外流，代價提高。四、各家競排歌劇，加重了成本上的負担。憑這些理由，使歌廳業陷於艱苦之境，目前狀況，除「日新」、「麗聲」可以維持外，餘皆汲汲可危，而「麗聲」、「日新」，能維持多久，也無從逆料。

紅歌星不可為不易做

筆者去年冬季，在台北勾留了一個時期，常和朋友聽歌消遣，觀察下，覺得不特歌廳難辦，即使要做一個紅歌星也頗不容易。某次筆者和徐晚蘋兄到「今日世界」附設的孔雀廳去小坐，順便聽聽他們新排的歌劇「秦香蓮」，發現那位扮演包公的小姐，名叫憶如，她長得肥而且矮，戴着蟒袍玉帶、紗帽朝靴、黑臉膛開得像平劇裏的包公一樣。她聲音宏亮，做工火爆，很有些像當年小達子、趙松樵等的作風，同時這一齣戲也花樣頻繁，雖然由樂隊伴奏，但包公出場時，唱的是平劇中的二簧倒板轉廻龍原板，等到和陳世美相見時則改唱流水板。其他如秦香蓮、陳世美、太后、公主等，則用黃梅調唱出。中間更有韓琪殺廟一場，秦香蓮、韓琪唱的居然的徽班的高撥子。你想這一歌劇，夠多麼費勁，她們不再卸裝，在後台等待九點一場的演出，逢星期六星期日，還得加演日場，回到家裏，筋疲力盡，這樣的辛苦，如何不索高價？同時，一個成名的大牌歌星，雖然一個月二三萬台幣的薪金收入，但做禮服要錢，製歌譜要錢，趕場子的計程車更要錢，別看她們收入好，開支也很大，憑這幾點，相信要做一個著名歌手，實在不簡單。

滿門桃孝的紫薇老師

台灣近十年來，建設突飛猛進，市況繁榮，觀光事業隨着發達，於是歌廳、夜總會等娛樂場所勃興，大都需要歌星駐唱。在這一狀況下，訓練歌唱新人的機構也隨着產生。有一位老牌歌星紫薇，退休以後，便創設了一個聲樂訓練班，教授歌唱，門牆桃李很多。六、七年內，着實造就了不少新的人材，情形有些像這裏的許佩和秦燕。不過學費方面，則比香港便宜得多，加以台灣山淸水秀，女孩子大都美麗而聰明，在學齡開始，一律要講國語，因之台灣少女習時代曲，要比香港女孩子方便。她們的發音咬字，雖不像道地北京話那樣正確，但唱時代曲，則已經很適合，同時學費廉宜，學習的人遂愈來愈衆。不久，紫薇門下，人材輩出，大家都喚她紫老師而不名。筆者老友集郵家陳志川義女舒情，目前已是台灣大牌歌手，她也是紫薇的弟子。一天下午，筆者由志川兄之介，曾去訪問這位紫老師，傾談半小時。

這位紫老師，姓王，南京人，年齡四十左右，言談氣度都很不俗。她的訓練班，設在西門町武昌街，教授方式分普通班、個別班兩組。普通班一日兩次，每班約四十餘人，聘有教師教授。個別班的時間不固定，由紫薇親自教授，工作顯得很忙。在談話中，我提到她的學生紫茜，說她唱得很好，這個「茜」字，本來該讀作淺字音，但一般人都唸成西字，我便也從俗唸紫西。她聽了說我學生中沒有這個人，繼而想了一想，隨即笑着說：「原來是紫千！」這一不糾正筆者唸了別字，倒弄得我很窘，但頗佩服這位紫老師，不肯追隨流俗，唸千成西，不失為一通品。

我賞識楊燕和吳靜嫻

筆者曾在台北逗留了一個時期，偶以聽歌消遣，和歌星們也屢有接觸。雖然姚蘇蓉在台北紅極一時，風頭最健，但我最賞識的却是吳靜嫻和楊燕兩人。那時楊燕還不曾來港，我在「麗聲」看到她的「楊貴妃」歌劇，贊為才調無倫，偶然

曾經一度來港的歌星楊燕

拿楊燕二字做了幾副嵌字聯，刋在報上。一云：『楊花糝徑迷歸夢，燕子銜泥入畫樑』。二云：「垂楊搖曳春光好，小燕呢喃樂事多』。三云：『燕子有心尋舊壘，楊妃無力出淸泉』。大書家姚芥厂兄見了，自告奮勇，願爲執筆，徐晚蘋兄也畫了一幅「垂楊歸燕」的小中堂，三人合作，裱好了，作爲一份秀才人情，送向妝閣聊充補壁。不久楊燕自台中歸來，一定要請筆者們叙叙，約期轉邀「華報」同文，團團坐了一桌，楊燕和她母親殷勤招待，結果我們不好意思叫楊燕破費，便以公宴楊燕爲題，反客爲主，宣告結束。

隨後認識了吳靜嫻，她是安徽籍，天賦一種靜婉的閨秀氣質，可謂人如其名。靜嫻的歌，功力深厚，工作態度認眞，尤其感情豐富，任何一支普通的歌，出諸她之口，便覺得特別好聽，不同凡俗，早有抒情歌后之號。認識以後，我和她母女很談得來，因我離台在即，靜嫻一定要爲我餞行，堅辭不獲，恰巧樂壇老友關華石也要做一次東道，便倂在一起舉行，結果靜嫻定要獨自作東，祗得叨擾了她一頓。

台灣歌星進軍到香港

台灣新歌星，眞可稱得起人材輩出，吳靜嫻、楊燕之外，姚蘇蓉、金燕、冉肖玲、趙曉君、孔蘭薰、陳芬蘭、舒情等，都是夠水準的人物，條件更勝香港歌星，恰值近年香港歌廳，風起雲湧，於是形勢倒流，香港歌廳，都向台灣羅致人材，打開了台灣歌星遠征香港的局面，而台灣歌星的聲價，也就更加提高了。

香港歌唱事業，自「大華」歌場結束後，沈寂已久，直到一九六八年的十月，才有號稱「噱頭大王」的陳鶴，開始在美麗華酒店的咖啡廳，試辦歌唱茶座，延有歌星郭韻紅、南屛客串歌唱，生意不甚理想，旋因陳鶴患病結束。代之而興的有楊銘新、（夏夢之弟）梁秉權合辦的香港歌廳，時間是一九六九年的二月，地點則在彌敦道的拉丁屋，因爲是嘗試性質，一切因陋就簡，不想開幕之後，生涯大好，香港人做生意，本是一窩蜂的，一家好了，第二第三家便接踵而來，隨着便有九龍歌廳、海天歌廳、金花歌廳、香港歌劇院等，紛紛繼起，後開的設備自較勝於前者，資本既雄厚，羅致的人材也較優秀，這麽一來，早開的便受到打擊，改絃易轍，從事更張。

香港環球戲院開幕特請電影明星丁紅剪綵圖中自右至左劉鳳屛潘秀瓊丁紅方小琴張圓圓江鷺這是由九龍海天歌廳全體歌星從歌廳搬上正式舞台演出的第一家

目前香港方面的歌廳，有翠谷歌廳夜總會、東興樓附設的歌唱茶座，每天三場。由香港歌廳改組，遷在京華飯店樓上的京都歌劇院。以及集合由九龍海天歌廳全體基本歌星，轉移陣地，遷往環球戲院演出，將歌廳搬上正式舞台演出，當以「環球」爲破天荒第一家。九龍的香港歌劇院，首創聘用台灣人馬，每夜並有歌劇娛客，完全走的台灣歌廳路線。從外表上看來，似乎香港歌廳事業，方興未艾。

香港歌廳業前途如何

台灣歌廳業，已呈花事闌珊，香港眼前雖極熱鬧，但這盛況能保持多久，前途的榮辱如何！事前頗難加以預料。就筆者個人見解，認爲香港一切情形，都較台灣爲活躍和方便，歌廳事業，也應較台灣爲樂觀，但相信在一二年後，必將由盛而衰，歌廳業務，會陷於艱苦的掙扎中，在優勝劣敗的原則下，這時勢必淘汰一批弱者，經過這一階段，在淘汰下僅存者，始能達於正常，及於久遠，是否如此，我們祗能拭目以觀其後。

拉雜寫來，不覺已佔了許多篇幅，記得我在台北時候，和朋友們去聽歌，朋友替我和歌廳負責人介紹時，常說我是歌廳鼻祖。論年代可能是當年在上海我創辦「高樂」歌塲佔了先着，但我自愧對歌廳方面，實在很少貢獻，難當鼻祖之名。不過我覺得歌曲是一種美妙的藝術，美的歌聲既可滌除煩惱，也可陶醉心靈，是人生很重要的一種享受，我這種老古董已爲時代廢物，難有建樹，幸得後起之秀，勇往直前，努力改進，使歌廳事業，能有今日的盛大成就，本人忝爲舊同業一員，不但與有榮焉，也着實感到高興。

銀海滄桑錄

李祖永造「塔」記

蝶衣

——本文資料由前「永華」總務主任周汝傑先生提供——

派鍾啓文赴美研究彩色

李祖永所說的「我有辦法搞下去！」倒也並不是空談。

後來，他終於把「辦法」宣佈了！那就是：「我們要拍彩色電影。」

過去，「永華」所拍的全是黑白片。其時西片早就進入「彩色世紀」了！來自荷理活的影片全是「卡拉」攝製，鮮豔奪目。號稱爲香港規模最大的「寶塔」片場，還是拍黑白片，灰黯無色的畫面，豈非太過落伍，不夠威水？

拍彩色片，確是一個大計劃。李祖永把坐而言，起而行的責任即刻交到接任廠長未久的鍾啓文肩上。

他對鍾啓文宣佈了這個大計劃，要他到美國去一行，從事於彩色的研究。等待他學成歸來之後，「永華」便要大量攝製彩色電影，打進國際市場，換取美金外滙。

賺美金，一直是李祖永的目標。爲了保持這座九級浮圖之屹立，不至變成搖搖欲倒的比薩斜塔，設法賺美金之意圖便因之而更切。鍾啓文之去美國，自然也是事在必行了。

林秉憲卜萬蒼續管廠務

事先，李祖永與美國的柯達公司當局取得了聯絡，鍾啓文前往「實習」，緊接着便辦理「留美」的手續；有旅費與經費支持，鍾啓文的美國之行很快實現了。他的首途之期，是在一九五二年的四月某日，那天上午，鍾啓文的老太爺也曾到啓德機場去送行。飛機起飛以後，毛毛雨落個不停，在機場叫不到「的士」，鍾老太爺由「永華」總務主任周汝傑陪同，一路從機場走出來，淋到衣履盡濕，可見得一片老父愛子之心！

鍾啓文去了美國，廠長一職就此虛懸，成了無人負責之局。李祖永始終找不到適當人選，最後不得已而求其次，決定請陸元亮的學生林秉憲暫時代理廠長。

林秉憲是一位錄音師，過去曾在上海的「中電」二廠供職，資歷倒也不淺。無奈巧媳婦難爲無米之炊，勉强幹了幾個月，終於因「餉源不繼」，廠裏無片可拍，反倒天天要應付債戶，最後也只好敬謝不敏，宣告引退。

偌大的一座片廠，沒有廠長管理，到底不像個樣子。李祖永又把總務主任周汝傑召進公館，要請他兼職。周汝傑力辭不就，於是便想到改請大導演卜萬蒼出山。

卜萬蒼對於「永華」的困難情況並非毫無所知，那裏肯貿然答應。其後經不起再三挽請，聲明只要他負責行政工作，不必顧問經濟。卜萬蒼不好意思再推辭，勉强答應了下來。

卜萬蒼到廠辦公的當兒，廠裏有一部戲正在開拍，是李應源導演的「夫婦之間」。

「夫婦之間」由鷺紅、鮑方主演，每天拍戲的開支，最少也要二、三百元港幣，照例是前一天先開單子，當天到李祖永公館去拿現鈔。（其時李公館在九龍塘歌和老街，每月租金港幣一千元。）有時候拿不到全數，就只有欠，或是由卜萬蒼、周汝傑代爲墊發。

有一天，爲了積欠電費未付，廠中突被剪線，斷絕了電流的供給，拍片工作只好停止一下。後來由周汝傑向素有往來的某攝影公司告貸，借到了二千多塊錢，淸付了電費的積欠，這才恢復了電源，得以繼續喊響「開麥拉」。

卜萬蒼當了兩個月廠長，頭痛極了！終於也掛冠求去，走出了「永華」的九級浮圖。

討房租出動鳴鑼擊鼓

拍片，已成了斷斷續續的局面。有錢則拍，無錢則停。接着而來的頭痛事件，還有建立起九級浮圖的基地之租金，也爲了積欠太多，鬧出了極大的笑話。

「永華」廠址是租自一位葡籍婦人，這位地主本性善良，不擅追租，每次收租金，總是由她的兩個華籍義子出面的。那位葡籍婦人一向靠收租過日子，租金收不到，生活便要發生問題。因此每一次爲了收租無所得，總要吵到天翻地覆。久而久之，葡籍婦人的義子忽然想出了一個惡作劇的方法，施出了一記「絕招」。

他們的「絕招」，便是預備好了一面鑼，一面鼓，帶到「永華」片場。但等拍戲之時，看到紅燈一亮，便在場外一個打鑼，一個大鼓。大鑼大鼓之聲響徹雲霄，震耳欲聾。在如此的情況之下，導演只能喊「CUT」，片子自然也拍不成了。

這一記「絕招」，弄到廠中工作人員無法招架，只好如此這般，報與李總經理知曉。李祖永無可奈何，惟有趕快答應：「過幾天就付租。」奉命辦事的周汝傑，把老板的話照樣轉達。收租代表有時給面子，偃旗息鼓而走，戲便得以照常拍下去。等到過得幾天，李祖永的口頭諾言未能兌現，收租代表不耐煩，大鑼大鼓之聲又響了起來，表示「抗議」。

此時，鍾啟文在美國費用一切，李祖永也不能「支援」了，好在他父親是銀行家，一力維持，才能完成學業。

「零拆碗菜」自編劇本

「永華」之塔基礎欠穩，已經處於風雨飄搖之中。偏偏身為塔主的李總經理，對於電影還有一種類似「玩票」的特殊興趣。追溯過去，「拜金的人」一片攝製時期的那種怪癖，可以作為例證。

「拜金的人」由李麗華、鮑方、唐若青主演，李應源、莫康時聯合導演，劇本則由李祖永親自編寫。

影片公司老板有一舖編劇癮，倒也不算出奇。奇在李祖永的劇本，採取的却是「零拆碗菜」方式。他先通知導演搭好一堂佈景，所要拍的戲，一面寫一面拍。劇務人員便像「跑片子」那樣，奔走於片場及李公館之間。幾個鏡頭的戲拍完了，又得趕到李公館去拿一部份劇本，交與導演照拍。如此周而復始，一天總要跑上好多次。劇務人員除了拿「零拆碗菜」的劇本之外，還有一項附帶任務，便是乘便領取劇務費。要用多少，只好拿多少，有時欠缺些，還要總務、劇務大家想想辦法。

李祖永不大愛拍照，這是他在啟德機場拍的一張照片

度日如年雕塑「嫦娥」

這時候，李祖永的經濟情況，困難達到了極點，但公司同人還很同情他。職工的薪金，演員的酬勞，早已不能如數發給，大家仍是咬緊牙關，苦幹下去。

「永華」最後的一部戲「嫦娥」，是在山窮水盡的情況之下，七拼八湊拍出來的。

那時候，「永華」的實際情況可以用「度日如年」四個字來形容，一點不誇張，不但天天債主盈門，律師信與告票也幾於無日無之。但李祖永仍未氣餒，因此「嫦娥」一片還是開鏡如儀。

除了楊明担任女主角之外，男主角后羿是由歌唱家田鳴恩飾演。

最初，此片是請電影界元老但杜宇執導，無奈但杜宇深諳「三軍未動，糧草先行」之道，上手不久便卸去了掌舵的重任，於是改由李翰祥、姜南、古森林三人聯合導演，識拔李翰祥於未遇之時，應推李祖永為第一人。

李、姜、古三位一體，三個臭皮匠可以抵一個諸葛亮，何況這三大賢有的是才華，一旦執掌了導演筒，工作倒也十分冒上。惜乎流年不利，有一天出發拍外景，飾演后羿的田鳴恩，騎術不甚高明，在控轡馳騁之時，一個不小心，從馬背上摔了下來，跌得他身受重傷，只好送進九龍醫院去求治。為了接駁斷骨，在醫院裏就了一個多月，方始宣告痊愈，「嫦娥」纔得繼續拍下去。

「嫦娥應悔偷靈藥，碧海青天夜夜心。」李祖永日日夜夜，一心一意，全都放在這部戲上面。荷包已經乾涸，戲中的場面還是非講究不可。

后羿登上王位之後縱情聲色的宮廷，黑水國王被俘受審的殿宇，嫦娥乘輦入宮及漫遊月宮的幾堂大佈景，都是由包天鳴設計，畫棟雕樑，金碧輝煌，氣派顯得十分浩大。惜乎當時拍的是黑白片，考究是考究極了，銀幕上看起來却打了極大的折扣。

李祖永時常恨恨地說：「如果拍彩色片就好了！」他念念不忘拍彩色片，所以要派鍾啟文到美國柯達公司去實習。豈知等到鍾啟文學成歸來之時，「永華」已氣息奄奄，朝不保暮。鍾啟文也就不再回「永華」復職。楚弓楚得，他祇能為柯達公司的在港機構効勞去了。

兩大打擊摧毀九級浮圖

屋漏偏逢連夜雨，不幸的「永華」片廠，在一九五四那一年，又接連遭受了兩大打擊。

第一個打擊是：多年來辛辛苦苦拍成的幾十部影片，拷貝貯存在片倉裏，有一夜突然爆炸起火，所有的聲底片、拷貝都蒙上了回祿之災。

這一次的意外事件發生於夏季，原因是片倉裏的冷氣設備損壞了未及修理。冷氣調節一旦失效，倉內熱度高漲，大部份舊拷貝便在火燄中溶化了。

次日，李祖永抱着「弔古戰場」的心情進入「永華」片場，眼看幾十部出品燒得焦頭爛額，殘缺不全，只是一聲一聲的嘆着氣。事後雖經召集所有工作人員，將一些未盡溶化的水漬片加以整理，企圖重新剪輯成片，結果也還是枉費心機。只有「國魂」與「清宮秘史」兩部戲，因為曾將拷貝寄往法國放映，總算成了漏網之魚，收回後再翻印新拷貝，倒是聲光均佳，隨後在戲院放映，外行也還看不出，其餘的名片，就全部付之一炬了！

第二個打擊是：欠了星加坡「國泰」機構的

一筆鉅額債務，想盡辦法無法清償，結果「永華」片廠終被接管，自此主權便易手，成了陸運濤所有的產業。

「永華」既被接管，原有的職工都獲得了三個月薪金的補償。除了工作上有關係的會計及保管人員，仍留廠辦公之外，其餘一律停職。三個月薪金的補發，無異是遺散費。這一筆錢，是由陸運濤墊付的。

李祖永軼事指不勝屈

最後，有一些關於這位銀色巨人——李祖永的零星軼事，可以一記。

李祖永除了染有烟霞癖之外，另一嗜好是打牌。當他在某俱樂部消遣之時，有人告訴他：「人家在抬你的轎子，你知道嗎？」李祖永說：「焉能不知，看他們怎樣抬我轎子，很好玩。」

一度，李祖永擬戒除痼癖，請了一位醫師給他打針。有一天，李祖永適逢有事，囑司機傳言「改期」。醫師不悅，發了脾氣，李祖永立刻開了一張一萬元的支票作爲酬金，請醫師走路，並命司機向醫師傳言：「李先生不戒了！」

李祖永五十歲生日之時，在片塲內搭上戲台，戲碼不少，戲提調王元龍，王四爺還自己登台演唱「盜御馬」。曾幾何時，壽星和戲提調都作了古人，現在他們地下相逢，要到陰曹地府去「合作」了！

明星演唱的有葉楓，那時尚未拍戲，正想投身「永華」，演的「鴻鸞禧」，據說是在北平學的。最忙的是蔣光超，又演老生，又唱小丑，帶拉胡琴，大過戲癮，那晚他還演了「甘露寺」的喬玄，後面「回荊州」是楊明的孫尚香。

關於李祖永的軼事，指不勝屈，影戲公司老板下令燒片子，他是頭一個。燒的那部片子叫「公子落難」，前文已經提過；此戲是鄭元和、李亞仙的故事，導演李萍倩，主演是劉瓊和王熙春，劉瓊爲了這部片子，還特地學會了唱蓮花落，因爲這齣戲裏有「教歌」一塲，兩個黑衣教鄭元和唱蓮花落，佈景也拍了三堂，爭氣不爭財，一怒之下，「燒片子」，等於燒銀紙！

李祖永賞識王植波，教王寫劇本，時時請王到他的寓所長談，這是王植波踏進影圈的開始。

最後一部片「飛虎將軍」

李祖永爲「永華」拍的最後一部片子，名爲「飛虎將軍」，這部片子似乎香港都沒有映過，主角有陳厚、王沖等，這部片子原編劇婁貽哲，是個年青小伙子，極爲李祖永所賞識，一套電影理論，講起來頭頭是道，李祖永大爲贊美，準備加以重用，擢爲「飛」片導演。不料這位小伙子生了肺病，一命嗚呼！於是導演一職，落到李應源身上。這部片子的外景是在台灣拍的，拍成之後，李祖永把看不順眼的部份加以剪輯，一剪再剪，最後剪得片子不夠長度了！同時香港九龍的戲院排期也成問題，因爲前一部「嫦娥」排在「皇后」獻映，已經費了九牛二虎之力，是包底拆賬性質，結果上映成績不佳，勉強做了幾天，要備錢去贖拷貝，於是這次的排片子就傷腦筋了！

在「飛虎將軍」之後，李祖永還籌備了一部古裝戲——「風塵三俠」，劇本印好了，內定的角色是馬金鈴、白雲、唐迪分飾紅拂、李靖、虬髯客，女主角的服裝都做好了，結果「胎死腹中」，成爲他一部「未完成的傑作」。

一九五九年十二月二十三日，李祖永在九龍樂道療養院病逝。永華同人輓他的聯語是「既非牟利，亦非沽名，爲爭國片光榮，不惜一意孤行，傾家以赴；只計事功，不計成敗，如此藝人風度，試看劇壇銀海，並世有幾？」該聯由周汝傑執筆，大家認爲聯中的「一意孤行」四字，是李祖永的定評。

九級浮圖倒下來了，「造塔記」也像電影一樣，到了映出「劇終」二字的階段。

（下）（全文完）

徵稿啓事

一、本刊除特約稿件外，徵求讀者賜寄　大作，請在「論天下大事、談古今人物」之範圍內着筆。

二、來稿以白話文爲限，普通稿件以不超過四千字最爲理想。珍貴圖片，亦所歡迎，用後璧還。

三、來稿請用稿紙書寫，並附眞實姓名及準確地址。發表時需用筆名者聽便，譯稿請附寄原文。

四、本刊稿酬每千字港幣二十五元，譯稿每千字港幣十五元，在刊物正式出版前，本埠送奉，外埠郵滙。

五、惠稿及來信請寄九龍西洋菜街三號A大人出版社收。

精工自動星曆秒表

精工表首創直接調整日曆　現在精工自動秒表更可直接調整星期。
在特種表中，裝配70公尺深度隔水之水晶表鏡，以此表爲首創。
一般自動表每小時擺輪轉動18000次，精工自動秒表，達到21600次，
提高準確性能。

GA738

本刊已向香港政府登記

論天下大事

談古今人物

第五期

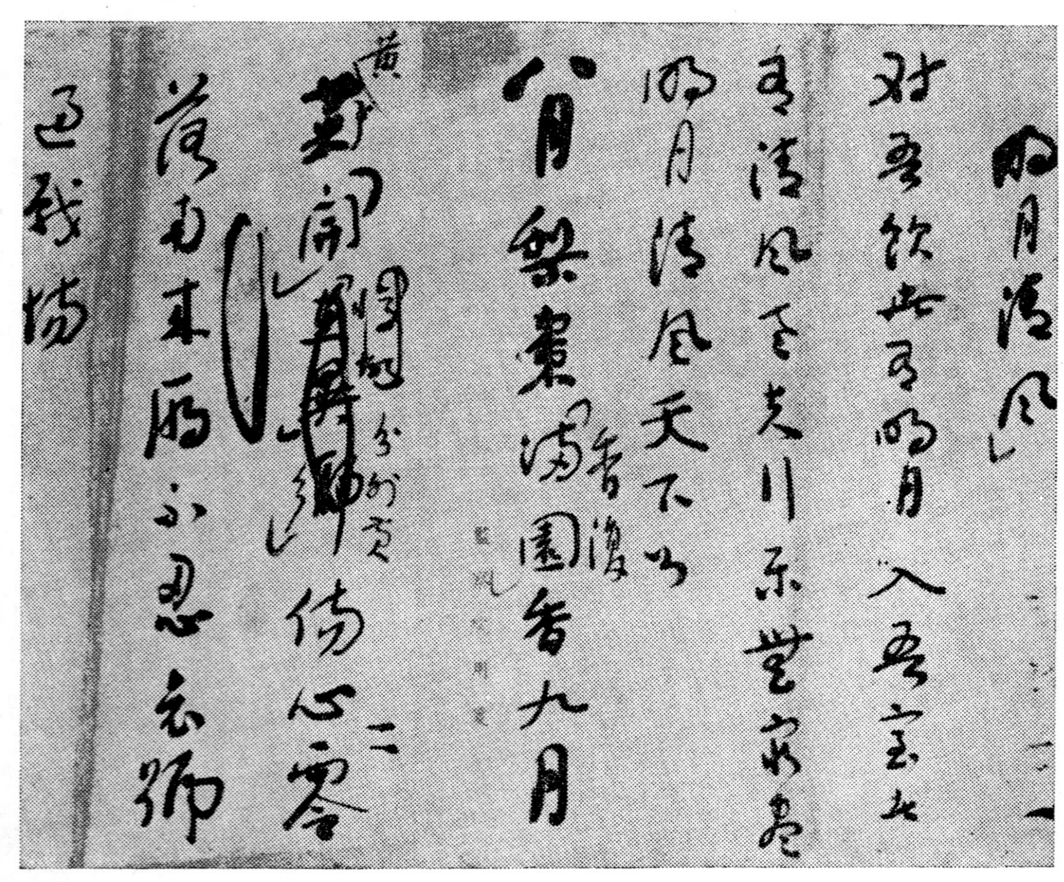

于右任詩稿
明月清風

「對吾飲者有明月，入吾室者有清風，老夫行樂無窮盡，明月清風天下公。」

「八月梨棗香復香，九月黃菊分外黃，傷心零落南來雁，不忍哀號過戰場。」

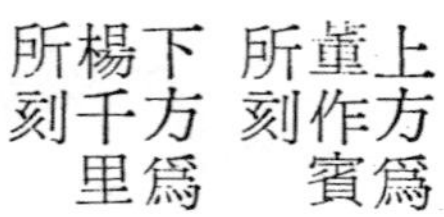

于右任印拓
右上下四方印均爲吳昌碩所刻

上下二方均爲金鐵芝所刻

上方爲韋作賓所刻
下方爲楊千里所刻

驢　明　沈石田畫　（現藏台灣故宮博物院）

大人

第五期目錄

一九七零年九月十五日出版

大人

每逢月之十五日出版

出版及發行者:大人出版社有限公司
督印人:王朝平
編輯者:大人雜誌編輯委員會
總編輯:沈葦窗
社址:九龍西洋菜街三號A 即彌敦道六一〇號後座
電話:K八五五七三〇
印刷者:立信印刷公司
九龍新蒲崗伍芳街緯綸大廈十一樓
總代理:吳興記書報社
香港租庇利街十一號二樓
電話:H四五〇五六一 H四五〇七六六
星馬代理:遠東文化事業有限公司
新加坡廈門街十九號
檳城峇田仔街一七一號
泰國代理:集成圖書公司
曼谷耀華力路二三三號
越南代理:聯興書報社
越南堤岸新行街二十二號
其他地區代理:
澳門:可大文具店 漢城:汎亞書籍社
亞庇:利文公司 寮國:永珍圖書公司
千里達:中華公司 斗湖:光明書店
倫敦:東寶公司 菲律賓:玲瓏書局
芝加哥:杏林春 紐約:友聯圖書公司
波士頓:中西公司 洛杉磯:永安堂
三藩市:新生圖書公司 檀香山:大元公司
加拿大:香港商店 三藩市:文化商店
加拿大:新國華公司

于右老的詩本事及標準草書

張目寒

張目寒先生自民國四十四年冬担任監察院秘書長，爲于右老最親密的僚屬之一。本文談右老詩本事及其晚年致力提倡之標準草書，情文並茂，特爲介紹。

于右老逝世已經數年，每過青田街，行館蕭然，眞有過車腹痛之感。猶憶昔年每屆生日，賓客祝壽者盈門，而右老總以「牧羊兒」小冊子贈送來賓。右老之爲「牧羊兒」，眞算得一段辛酸史。右老本是無母之兒，由伯母房太夫人撫養敎育以至成立，當時家境貧寒，曾隨羣兒牧一跛羊，一次幾爲兩狼所襲，房太夫人才設法使之入學。時右老尊翁經商在外，房太夫人以貧故，經常住在娘家。右老「先伯母房太夫人行述」，可以說是近代名文，一片眞情，直與「陳情表」永垂千古。右老的「歸省楊府村外家詩」五首，也極眞摯動人，近世所少見，玆錄兩首於后：

無母無家兩歲兒，十年留養報無期；
傷心諸舅墳前淚，風雨牛車送學時。
記得場南折杏花，西郊棗熟射林鴉；
天荒地變孤兒老，雪涕歸來省外家。

080

中華民國郵票

元老記者于右任

于右任先生八十四歲生日發行紀念郵票

右老二十多歲，即懷革命思想，時以文字詆斥時政，詩草刊行，更受清吏注目。陝甘總督升允以「逆豎昌言革命，大逆不道」，密奏淸廷。淸廷嚴旨拿辦。幸爲鄉前輩李氏探知，商諸右老尊翁，多方設法，使右老終得逃脫。右老當時由漢口東下，舟次南京，潛行登岸，遙拜孝陵，感憤成詩云：

虎口餘生亦自矜，天留鐵漢卜將興；
短衣散髮三千里，亡命南來哭孝陵。

慷慨激越，令人奮發。抗戰時，右老一度回三原，西關斗口巷猶在，當時有詩云：

堂後枯槐更着花，堂前風靜樹陰斜；
三間老屋今猶昔，愧對流亡說破家。

右老說：「古人說得好：樹欲靜而風不止，子欲養而親不待。當我回去的時候，我那破舊的宅子裏，留下幾間老屋，看去都像親人一般，這是何等可以感慨的事。」右老這一老屋，有一段極有情趣的故事，即右老尊翁經年在外謀生，某年回鄉從人學醫，同時又自修經籍，右老日間上學，晚則回家溫習，父子常讀至深夜，互相背誦。右老背書時，先向其尊翁一揖；其尊翁背書時，則向書一揖，如此情景，大有古趣。右老詩云：

發憤求師習賈餘，東關始賃一椽居；
嚴冬漏盡經難熟，父子高聲替背書。

右老爲詩，天機流露，氣辟萬夫，此世所共認，固不待言。而下筆成章，尤世所少見。二十五年，予在南京與紫虹成婚禮時，請右老與柏烈武先生爲證婚，右老題予之紀念冊云：

名賢名筆自生香，花好月圓劍有光；
一代風雲兒女氣，鍾山全攝入新妝。

右老開國元勳，一代偉人，詩詞文章，乃其餘事，然在當代文學史中，亦一大家。

于右老之整理草書，費去近三十年的功夫，從若干萬的草書中，纔找出足作標準的一千字來，而日常生活應用的字也就可以由這一千字推而廣之了。「標準草書」自序云：

隋唐以來，學書者例從千字文習起。因之草書名家多有千字文傳世，故草書社選擇標準之字，不能不求之於歷來草聖，更不能不選之於草聖千字文，一因名作聚會，人獻其長，選者利益，增多比較；二因習用之字，大半已具，章法既立，觸類易通。

序中所言之草書社，乃于右老所組合，糾集同志共作研究，是于右老從事標準草書之選擇，決不滲入個人之主見，完全實事求是，虛心以求。自序述其選擇之原則云：

斯旨既定，乃立原則：曰易識，曰易寫，曰準確，曰美麗。依此四則，爲取舍。字勿論其爲章爲今爲狂，人無論其爲隱爲顯，物無論其爲紙帛，爲磚石，爲竹木簡，唯期以衆人欣賞者，還供衆人之用。並期經此整理，習之者由苦而樂，用之者由分立而統一，此則作者唯一之希望也。

他這四個原則，含義最深！易識者，不求狂怪！易寫者，不浪費學者的時間與精力；準確者，不失古人草書的法度，美麗者，不失草書的藝術價值，這四原則，可說是四分之三爲了實用，足見于右老這部「標準草書」，完全以實用的精神推行草書運動。所希望收到的功效，是使人人認得，書寫得來，既非信筆塗抹的簡字，又有藝術性的美觀，於是建立符號，以便學習。

文字爲吾人表現思想之工具，理以實用爲主，藝事爲末，然耽其美而後樂其疲，故微美麗則其用不宏。論及書法，言人人異，雖殊途而同歸，究何去而可擇。古人論畫謂其無法，而有定理，吾謂書亦然。法與理異，法可因人之習慣秉質爲轉移，理則心同而皆同也。

根據以上論點，析爲八法。（一）意在筆先（二）萬毫齊力，（三）變化，（四）應接，（五）忌交，（六）忌觸，（七）忌眼多，（八）忌平行。世之從事草書藝術者，若能盡此八法，也就盡了草書之能事。于先生爲一代草法大師，故能深入淺出而示人以規矩。

人類生存固不能違背進化的原則，而人類文化工具的文字，也不能停滯某一階段而不變，我國近年來簡筆字的流行，以有所謂國語羅馬化的提倡，一方面表示當前文字的紛亂，一方面也反映了文字改革的要求。可是漫無標準的簡筆字若任其流行，則字體的奇形奇狀，將不可收拾；若推行國語羅馬字，則喪失固有文化，又豈立國之道？曾讀沈剛伯教授「書法的演變和文字的進化」一文，談到埃及人由不苟的聖書，改進而爲標準的草書，因而推進得廣而且久，傳至於今的直線字母也從此出。沈結論云：「將來若能從自己固有的文字演變一種字母出來，豈不大佳？要是這個大胆的想法值得加以考慮，則埃及演成字母的經過，未始不可畧供吾人之參考，而標準草書的研究或可爲文字革新運動開一新路矣」。這是歷史家的眼光，對於中國文化建設，多有供獻，而「標準草書」這一著作，先後經過三數十年的研究，始出以問世，足見老人治學的精神。

現在中央文物供應社印行標準的草書，已經是第八次修正本了。第一次是二十五年在上海漢文正楷印書局鋅版印的。第二次修正本，正值抗戰軍興，未及付印。第三次是二十八年上海中華書局印的。第四次是三十五年上海中華書局印的。這兩次皆只印幾百本，分贈友人及同好。第五次是三十二年重慶說文社印的。第六次是三十七年由中華書局正式發行。第七次是四十年中國公學校友會發行。每次修正，皆有換字，或改修釋例。因爲每次印本，右老都要親自臨寫，以爲實驗。而每次實驗後皆發現有須爲修正者。第七次修正本中，老人有「百字令」一篇題於是書之首，今錄之，以殿本文，讀者於此亦可見老人著作之苦心焉。

「草書文學，是中華民族自强工具。甲骨而還增篆隸，各有懸針垂露。漢簡流沙，唐經石窟，演進尤無數。章今狂在，沉埋久矣，誰願？試問世界人民，寸陰能惜，急急緣何故？同此時間同此手，效率誰臻高度？符號神奇，髯翁發現，秘訣思傳付。敬招同志，來爲學術開路。」

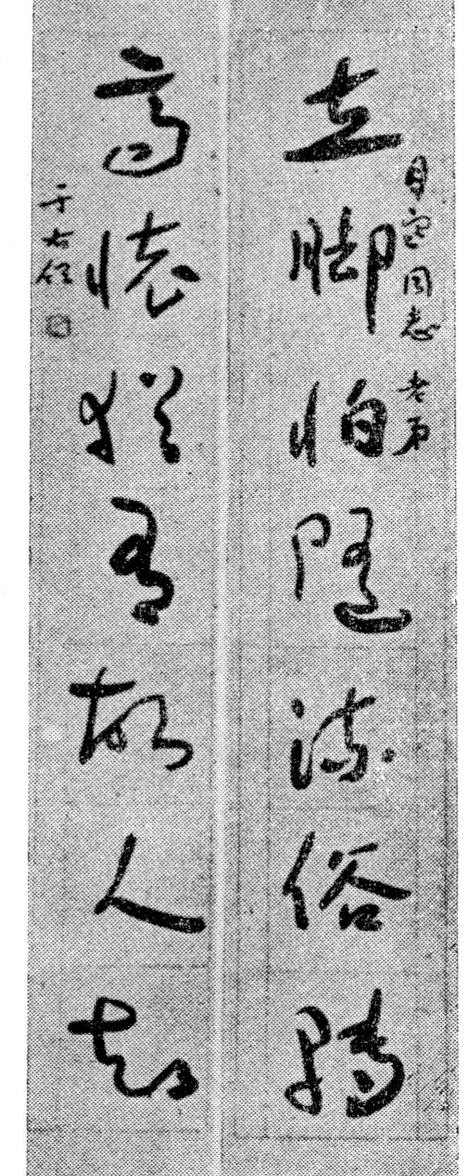

于右任老人書聯贈作者「立脚怕隨流俗轉，高懷猶有故人知。」

于右任一生不愛錢

陳存仁

『文官不要錢，武將不要命』這是國家强盛的先兆，我想到于右任先生，不愛錢不要錢的作風，是我身歷其境、親眼見到的，今縷述拜識的經過。

我在民國十八年，爲了反對汪精衛、褚民誼一派人物擬議廢止中醫藥，全國中醫藥界在上海開會，推我等五人晋京請願，到南京遍謁政要。其中我們見到于右任先生呈遞請願書，他親自欵接，對我們中醫界的抗爭精神極表同情，他說：『我一生都看中醫吃中藥，在我們陝西，全省祗有一間教會辦的西醫院，一共祗有三個西醫生，絕大多數老百姓有病都是靠中醫治理的。所以，中醫對國人的健康保障有很大的貢獻，現在西醫褚民誼等當政，想把中醫消滅，這等於洋教徒想消滅全國和尚、道士一樣，那怎麽可以呢？』我們聽了非常感動。

這次會見右老，有一種深刻的印象，覺得他充滿活力，浩然之氣，溢於言表，講話時聲若洪鐘，一言一動，沉着而有威力，一望而知是一個公正無私的偉人。

告別時，于右老誠誠懇懇的送到前門，一些也沒有架子，我們很感到榮幸，這一回我認識了右老，但是右老對我們五個代表的名字，可能是不會記得的。

貴婦引見　結識髯翁

民國二十二年春季，我在上海行醫。有次金神父路花園坊二十六號沈宅邀我出診，替一個八歲的小孩看病。來邀我的是一位沈姓中年婦人，豐容盛鬋，光彩耀人，我們在談話之時，我稱她：『沈太太』，她立即更正說：『我不是沈太太，以後你叫我爲沈小姐好了，那個孩子是姓王的孩子』。

過了十多天，沈小姐帶了那個孩子和四色禮物到我診所來酬謝我，我說：『診費早已收訖，看病是我的責任，這是非份的禮物，我斷不敢收的。』沈小姐笑容可掬，口齒伶俐，說得我不能不接受。

沈小姐又說：『這個孩子年輕多病，照我們家鄉的習俗，應該過繼給醫生作爲義子，才能長命百歲，我以爲你最合。』我期期以爲不可，結果她又問了我的年紀和生肖，我告訴她我是屬猴的，她更開心說是：『再好沒有了！這個孩子屬羊，猴子可以護羊，你就答應我這個要求吧！』我依然未加應允。

我何以不肯答應這件事呢？因爲我對這位濶小姐，身世不明，不敢貿然接受。因爲在那年之前，有一位半紳半商的病家徐亞柏，由看病而成爲老友，要和我結爲金蘭之交，正要定期舉行結拜儀式，忽見報載太湖幫匪首領太保阿書被捕，報紙上連篇登載說太保阿書在上海有一位代表，此人就是徐亞柏，而徐亞柏在那時節也逃之夭夭。所以我和病家的往還，力持謹愼。

是年十月，一天晚上八點鐘，我正在家中宴客，沈小姐翩然而來，艷驚四座，我太太也出而招待，她告訴我說，有一個緊要的病人，要我即刻出診，我說：『晚上不出診，何况嘉賓滿座，怎能離開？』她不慌不忙的向四座說了幾句抱歉的話，自作主張拉着我就走，我好像覺得她有一種不可言狀的力量，令到我和我的太太滿座賓客，都奈何她不得。

我跟着她又到金神父路花園坊，直達她的閨房，進入二樓，看看床上的病人，恰巧已睡着了，她要我略爲等一下，我乘機環顧四週，看她房裏的陳設，正合『繡房』二字。全部傢俬，都是蔭木嵌上紅木做成的，一桌一椅都配上綉花的套子，牆上掛着一幅顧綉的孔雀開屛圖，綉工精細，牆角邊還掛上很小的鏡框，裏面配上林森主席親筆寫的『南無阿彌陀佛』六個字，下面供着一個翠玉彫刻的觀音大士，又有一個極精緻的琴桌，上面陳設着一棵很大的珊瑚，看來是名貴的東西，而那棵珊瑚的姿態之美，更爲我向所未見，我心裏正在納罕，想不出她究竟是何方神聖，又不稱太太，她的身世眞是難以測知。不過家中的一切陳設，决非普通人家。

我再從花格中探望內室，見到床上睡着一個人，沈小姐很安詳的坐在旁邊，等待睡者醒來，我再一看這個花格是紫檀木的彫刻品，中間鑲着一幅透明的綉畫，綉的是兩隻極美麗的貓，色彩調和，奕奕如生，在貓的旁邊，綉着兩對鞋子，一對是男人鞋子，一對是女人鞋子，我就想到這幅綉畫的構圖，彷彿是脫胎於仇十洲的一幅名畫，因爲色彩好，綉工好，看上去比仇氏的手筆更爲生動。

我正在等得無聊時，從綉畫中透視到那位沈小姐的綉榻，長度不過五尺半，而床上睡的人，又壯又長，兩隻脚另外擱在一張春櫈上，估計睡的那人大約有六尺長，我想何以一個纖纖弱質的小姐床上，會睡着這樣一個巨人，我就覺得有點詫異。

再看那睡者伸出的雙足，並未穿襪子，足趾比尋常人的足趾有些異樣，一般人總是大趾最高，漸成斜形，而小趾一定很小，惟有這位睡在床上的人，大趾並不高，幾乎和其他四趾平齊，這種足趾，祇有常穿芒鞋的和尚，或者常着草鞋的農人，才有這般形態，我就想到太虛法師和我說過，佛足都是五趾相齊的，所謂圓顱方趾，因此，我想到這位睡在床上的人，决非常人。

正在出神推想時，這時睡者已醒，且有微咳，沈小姐輕輕的把我引進內室，我一看那人，起初覺得似曾相識，畧一思索，恍然認出這人就是于右任老先生。

沈小姐即刻向右老介紹說：『這位是陳醫生，春間某人的毛病，就是陳醫生看好的』，于右老接着就問：『是中醫？還是西醫？』沈小姐同答說：『是中醫』，右老點頭說：『對，我的病非看中醫不可』，一面說一面就伸出手來給我診脉。

我診脉之後，覺得他的熱度極高，病態屬於『濕溫傷寒』的一型。我告訴右老說：『這個症候，我懷疑是某一種病，要想驗一驗血，可以更準確的把握病情』，右老接着說：『你是不是疑心我生了傷寒症』？我唯唯點頭，他說：『你的診斷是對的，因為前三天在南京中央醫院，他們替我驗過血，說我的白血球比數不對，是傷寒症的開始，我一聽到傷寒兩字，就想到這種病非中醫看不可，所以不顧一切，私自由南京坐火車到上海，情願睡在「沈七妹」家裏，請中醫來診治』。接着補充一句話，說七妹是我師沈淇泉太史的女公子。

他說完這些話，我再詳細的追問病歷，所說都相吻合，他就對沈小姐說：『這位陳醫生，很有道理』。我在處方之後，就離開沈小姐的香閨回家，家中早已席終人散了。

次晨六時，電話鈴聲大响，接聽之下，原來是沈小姐的電話，她說：『昨晚右老上半夜睡得不好，還有些囈語，下半夜睡得很熟，現在剛醒，量熱度退了一度多，能請你上午來出診嗎？』我接着就說：『這個病宜在上午服藥，那末下午熱度不會高揚，我立刻就來』。沈小姐說：『好極，好極』，片刻之間，又見到了右老。

我診察他的病情，果然覺得是輕鬆了好多，如是者連續診治，才把熱度退淸，每天都是早晚去兩次，他的病勢也就一天一天的平靜下來，直到十五天之後，才病退身安，右老病愈之年五十五歲，是民國廿二年十一月間的事情。

煑茶論字　博古証今

于右老病愈之後，他對我的印象很好，一天早晨我去探望他，他在書房中等我，他說：『今天大概可以不吃藥了吧』，我說：『藥是不要吃了，該用一些西洋參、金石斛之類的營養品煑水代茶』。

于右老喜歡親自操作，自己煑茶，我們一面飲茶，一面傾談，他問我的學歷，我一一相告，他就在書桌上拿出一張我寫的藥方來說：『你的字寫得不差，證明你智慧有餘』，他說罷這句話後，並不再說下去，我接着說：『我自己知道功力不足』，他笑着說：『對了對了』，他就問我臨的是什麽碑帖，我說：『眞是淺薄得很，初時臨張猛龍碑，因為不適於日常應用，後來就專習趙孟頫帖，所以祇能說是粗知寫字，談不上什麽功力。』

我再告訴他，學校中練習書法的時間太少了，後來為了抱定宗旨以行醫為業，便於處方起見，就改習趙字。在學醫時代，隨從名師六七人，一味研究方藥，所以習字的時間也得不到了。他說：『這也是事實，不過將來你要尋消遣的話，寫字是最快樂的事』。

我觀察于右老寫字時的神態，全神貫注，不論寫的是大件或是小件，總是筆飛墨舞，一氣呵成，寫罷了一件，又和我談話，我問他：『在民國二十年以前見到右老寫的字，都有魏碑的氣息，而兼有顏字柳字的風韻，我最是欽佩，我買過有正書局出版的珂羅版印的于右任墨寶，內容有吳昌碩墓誌，宋教仁墓誌，及詩、聯等，這種書體，應該稱什麽？』他說：『這叫作眞書，我寫得並不好，民國二十年後，我就改寫行書。』我心裏正在暗暗的想，行書遠不及他所謂『眞書』的大氣磅礴，但是尚未出諸于口，不料于右老又說：『我恨不得把以前寫的東西，都收回來重寫，而且還要變一個體，改寫草書，那末寫出來活潑飄逸，更能傳神了』。他又說：『還有一個計劃，中國字筆劃太多，浪費時間，正想創立一種標準草書，現在正在研究和創造之中，首先根據懷素的字來變體』。

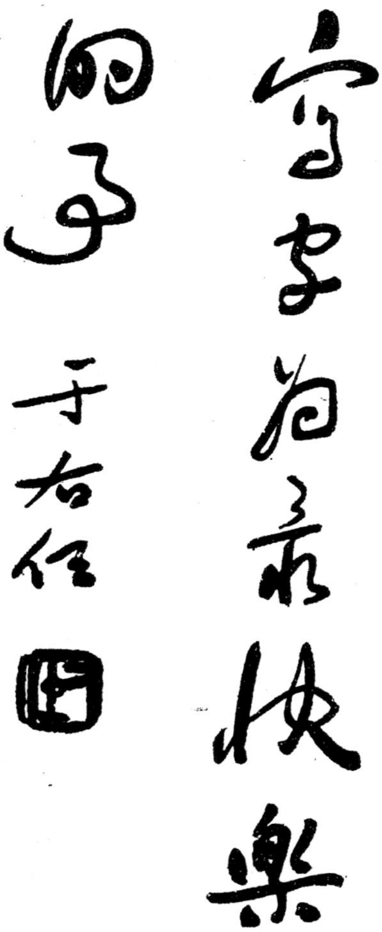

于右任行草：「寫字為最快樂的事」

講到這裏，他忽然想起一件事，他說：『呵！呵！這一回我的病，幸虧你為我治愈，我非常感激，但是我生平沒有錢，年輕時以教書為生，現在僅拿公務員的薪水，所有辦公費，機密費一概不受，所得薪水，祇夠很清苦的家用，到東到西，袋裏從不帶錢，身上祇

先妣王太夫人事略孤哀子蔣中正泣述
世愚侄于右任謹書先妣王太夫人諱采
玉嵊邑葛溪王有則先生之女也年二十
三來歸先考肅庵府君越一年而中正生
中正幼多疾病且常危篤及癒則又放嬉
跳躍凡水火刀棓之傷遭害非一以此倍

于右任真書墓碑

有一個「搭連袋」，別人是放銀子的，我的搭連袋祇放兩顆圖章，參加任何文酒之會，或者有人餽贈文物，我別無長物爲報，祇好當場揮毫蓋上兩個印就算了。這一次你爲我診視了很久，我預備寫一本懷素體的千字文答謝你。』我毫不謙遜的表示接受。我說：『右老是國家之寶，你能送我一本千字文，是一種殊榮，比送診費貴重得多』，他聽了就仰天大笑，極爲得意，我看他笑容和美髯的飄拂，眞像一幅『高士隱逸圖』。

他說：『寫字是他終身的嗜好，祇有在民國四年經濟情況最困難時，訂過一張鬻字的潤例，但當時來求書的人很少，第一個月朋友捧場賣了三十多件，第二個月賣了三五件，第三個月祇賣了一件，第四個月起乾脆把潤格取銷了，有人歡喜他的字，即索即寫，絕不受人一文錢』，所以要想求他墨寶的人，首先要找到他的踪跡，見到他正在寫字時，只要展開白紙，他就一揮而就，十年如一日，分文不取的。他每天寫字的時間，都在清晨，大概寫一小時至三小時。

但是寫件太多，擱置起來，那末交件就遙遙無期了，因爲積件實在太多，無法清理，他有兩個幫手，別人催件催得太急時，就由助手代筆，粗看起來是大致相彷，但是于右老的字，識者都能辨別得出的。

于右老對代筆的事，也有一個嚴厲的規定，就是不許受人一個錢。求書的人大都知道，這種習慣，最多帶一些土產送給他，他見到這種東西也笑而不謝，他有一種最喜歡的東西，就是要索書的人帶去一罐墨汁，但這種墨汁，規定要用人工磨成的，要是市上出售的墨汁，他一看就知道，決不接納。

上海富商周湘舲逝世之後，他的家人要求他寫一個墓誌銘，化的時間很多，後來送他一筆墨金，他堅決不受，事後改送一副文房四寶，硯台是很大的一個端州硯，墨是古墨，筆是精製的狼毫，紙是兩匹乾隆紙，他見了愛不釋手，笑而受之。

有無數人要問右老要一張相片，但是從前的照片價值不菲，相識的人有一個辦法，就是在南京向一家照相舘先買一張右老的相片，請他題上下欵，來者無論是什麼人，他都很樂意寫的，因此也有人送禮，就送他右老自己的照片一百張或是兩百張，唯有這種禮物，因爲他用途浩繁，所以他還肯收受。

他對錢財從不關心，有人送錢，反而引起他生氣，有次右老曾經問起我：『上海有一個小兒科徐小圃你認識否？』我說：『很熟，很熟，他是江灣名醫徐薪圃的兒子，在上海很紅。』他就告訴我說：『徐小圃是他唯一通財之友，他打從民國十年起，經濟上有何困難，祇要寫一張便條，二十、三十、五十一百，總歸是拿了就走，這是有一個淵源的。有一年他到陝西去，爲人家寫了一個墓誌銘，人家送他一個手卷，是文天祥的親筆「慈幼堂」三字，原是文氏送給一個兒科醫生的匾額，裱成一個長卷，元明清有名文人題跋有數十位之多，當時他糊裏糊塗的受了下來，帶到上海之後，打開一看，覺得還是轉送給老友兒科醫生徐小圃的好。徐小圃自己也寫得一手好字，收藏古董文物很多，他見了這幅字卷喜出望外，要送一千兩銀子作爲代價，我堅決不受，徐小圃無可奈何，所以我後來有什麼需要，他總是一口應允的』。

我觀察于右老的神情，知道他的梗直脾氣，一生不愛錢，不貪財，穿的是老布袍子，脚上穿一雙老布鞋，連襪都是土布製的，富有浩然正氣的君子之風。

右老病愈後，有一天晚上，他對我說：『今晚有要事上南京，晚車的車票已經送到，你要不要同去一游？』我婉言却之。後來才知時局不靖，十二月二十日，發生『閩變』。

感恩圖報　深入花叢

民國廿四年四月，右老五十七歲，我有許多朋友托我求右老的墨寶，有七八件之多，我都無法交卷。我有一位朋友錢化佛，他也是右老的老友，我就託他，如果右老到上海，趕快通知我，一天下午五時，我診務已畢，他忽然打一個電話來找我，說是：『于右老已經到了，今天要到城隍刻去小游，希望即來。』我擱了電話，就叫司機備車，趕到花園坊沈宅，錢化佛已等候了好久。

見面的時節，右老高興得了不得，他說：『今天我要去訪舊，先到城隍廟，你如有閒可以同去』，我說：『好』，轉瞬間已到了城隍廟，一進廟門他說：『

，于右老就要吃酒釀圓子，接着又到一個小舖子吃麵筋百頁，又到一攤檔上買了好多梨膏糖，他說：『他是多年老主顧』，興緻極高，還要到一家點心舖吃南翔饅頭，他的食量驚人，而且吃的時候眞如風捲殘雲一般，錢化佛向我作一個暗示，表示不要再叫東西，我已經會意，這樣的吃法是會吃壞的，我就對右老說：『今天之會，眞是難得，我希望能合攝一張照片，以留紀念』。右老點頭稱善，於是我們三人就請二吾軒照相館拍了一張照，接着我們又到裏園遊覽有名的大假山，右老說：『這個花園是當年上海第一次革命的會議之所』，接着我們就在這裏盤桓了好久，我與錢化佛兩人商量，晚上應該請他設法寫些字，正在研究那一家菜館最相宜。

突然間右老說：『時間已不早，你們快點送我到新北門萬溢昌旱烟店，我要找一個老朋友』，我們沒有辦法，祗好按址送他，原來新北門外近新開河一帶有十多家旱烟舖，都是他的陝西同鄉開的，店舖雖說賣旱烟，其時已經理各種香烟，生意做得很大，是陝西富商聚集之所，我們到了那裏，時間已七時許，舖子早已打烊，他要找的人一個也找不到。

于右老頹然若失，我就提議說：我們不如上『梁園』去吃河南菜，于右老凝神思索不出一言，錢化佛便問：『右老心裏想什麼？我們一定會設法替你辦到』，右老說：『民國初年我在上海辦報，敵人賄通了租界當局捉拿革命份子，我是他們的目標，曾經一度躲在一個妓女的家中，這個妓女叫作荷花，當時我祗交給她十二元房飯錢，說明祗住半個月，之後一住五個月一直都沒有再付一個錢，那個妓女爽直非常，供應不廢，從不追索，我留在那邊看書寫字，一些也不表露身份，適因有人常在對門憑窗窺看，我怕有殺身之禍，半夜間一走了之。房飯錢積欠了五個月有餘，現在想來韓信受漂母一飯之恩尚且圖報，我白吃白住一百多天，總想設法去報答她一下，所以要找萬溢昌老板弄一些錢帶我去找尋這位妓女，現在這位老板找不到，我覺得失望極了。』

于右任（中）陳存仁（右）錢化佛（左）在上海邑廟合影

錢化佛聽了他那一番話就說：『上海的妓院，都集中在四馬路羣玉坊一帶，我們不如就到羣玉坊去訪問。』于右老說：『不對的，我身無分文，又找不到萬溢昌老板，萬一找到荷花，我也無法酬報。』錢化佛說：『不要緊的，需要錢時，存仁弟自有辦法。』右老以爲不可，錢化佛說：『我經常有任何困難，都把存仁當作活動銀箱』。于右老說：『你這句話倒很新鮮，向來祗有兩脚書橱，沒有聽見過活動銀箱，現在我們姑且到羣玉坊去走一走，先找到了人再說』，於是三人直趨羣玉坊。

我在車中默想，事隔二十餘年，人事全非，那個荷花，恐怕早已變成老太婆了，錢化佛的想法，無非書生之見，況且我對羣玉坊中人並不熟悉，亂闖一陣，不會有什麼結果，但是既已登程，也免不了要去走一遭。

到了羣玉坊的附近四周，見百多家妓院的門燈，那裏有荷花字樣？我忽然想到我有一個病家是妓女惜春，不如到她那裏去坐一下，向她打聽較有把握，右老也認爲對的，於是三人就走到惜春那邊。

惜春老六一見到我就說：『陳醫生，是什麼風吹來的？』再一看後面跟着兩位老伯伯，她已經覺得『不是生意經』。一面說，一面叫我們坐下，茶烟欵接，還另外端出一個果盤，把我們當作『打茶圍』客人相待，我想妓院的行規很多，不知道如何應付，我就問惜春：『近來朱斗文先生是否常到羣玉坊』？惜春含笑說：『羣玉坊的整個房地產都是他的，所以他是我們的業主，也是我們衆姊妹的老主顧，現在祗要到弄堂口去看他的汽車，就找得到他的行踪』。接着我就寫一張請客條子，她說：『只要朱大少在附近，十分鐘之內他就會來的。』我說：『也好』。

果然不到十分鐘，這位衆家的朱大少來了，我就輕輕的爲右老介紹，朱斗文謙遜得不得了，連忙說：『久仰，久仰，得識于公三生有幸，今天就由我請客』。接着就對惜春說：『換一個大房間，客人就是我們四人，菜要特別好』。惜春心想朱大少這般殷勤，其中一定有貴客。

朱斗文想得很週到，他介紹時，指着右老說是『任老爺』，指着錢化佛說是『金老爺』，以免張揚開來，不大好聽。一時全院上下都忙了起來，惜春輕輕的問我，要叫那一家的菜，我就指定梁園，祇要幾道拿手菜就可以了。

這時朱斗文對于右老談起，兩三年前他招待過一次沈淇泉太史，又有一次招待過葉柏皋太史，右老說：『這兩位都是我的老師』，接着于右老就問朱斗文，有沒有一個老妓女叫作荷花的？朱斗文想了好久，想不出來，說：『要是一定要找的話，妓院中有一個老資格的人，叫作珍珠花，祇要問一聲她，什麽人都找得到』，等到入席之時，珍珠花應召而來，朱斗文就問她，在二十多年前，有沒有一位小姐叫荷花的？珍珠花立刻回說：『沒有這人』，後來她同惜春兩人竊竊私語了好久，才來答覆說：『這個荷花找是可以找得到的，不過要明天才有回音，請三位老爺明天再來。』

第二晚我們再去，朱斗文到得最早，並且帶了全副筆墨紙硯，還有一瓶磨成的墨汁，安放在桌子上，自己躺在榻上抽烟，右老一見到這套精緻的文房四寶，豪興大發，說：『那就對了，我本來要想寫些東西送給朱先生』，說罷，提起筆來就寫了一副對聯，寫好之後，就從搭連袋中掏出一個圖章，蓋上了印。接着于右老就說：『從前蘇曼殊在上海時，在妓院中遇到一個詩妓，唱和甚多；還有李叔同，遇到一個詩妓叫李蘋香，有好多名作傳下來，現在還有沒有這般風雅的妓女？』朱斗文回答說：『現在的妓院江河日下，妓女的品流遠不如上一代，已找不到這一流詩妓了』。右老爲之黯然！

于右老一面寫字，一面唸着他自己的幾首近作，意興更濃，把剩下的宣紙，不停的寫下去。又爲惜春寫了一副嵌字聯，下欵題的是『騷心』二字，作爲紀念。

惜春拿到這副對聯後，不久回來對我說：『我去後面小房間給一個客人看，那客人就是袁寒云的門生俞大少，他一看到這一副對聯，就告訴我：這位老先生來頭很大，就是當今監察院長，等於淸朝的巡按大人。』惜春嚇呆了對我說：『你何不早說？我們險險乎得罪了他老人家。』

惜春於是招待格外殷勤，端出四色水果，一盤是花旗橘子，一盤是暹邏文旦，一盤是牛奶葡萄，一盤是龍華水蜜桃，色澤鮮艷，芳香撲鼻，在當時花旗橘子在上海是極少見的，我和朱斗文都覺得情形有些不對，一定這副對聯暴露了于右老的身份，我拉着惜春就問：『這副對聯你是否給人看過』？她說：『就是俞大少看過，』我就對她說：『你不要再給別人看，于老爺來此是找舊人報恩，消息傳出去，人家會誤會的。』接着我又問：『俞大少是不是俞逸芬』？她說：『對的，他就在後房』。

俞逸芬我是相熟的，寫得一手好字，人稱倡門才子，我就拉着錢化佛到後房去，果然看見俞逸芬，我就切切實實的要他守秘密，因爲逸芬是當時上海最流行的晶報記者，專寫娼門消息，他當時答應絕對守秘，不過他說：『這的確是好材料，事過之後我還是要寫的。』化佛與我也奈何他不得。

這天晚上，于右老又吃到梁園的魚翅，烤鴨，和瓦塊魚，撚髯大樂，特別是他們陝西的蜜汁金棗，大有家鄉風味，他說：『少時做牧羊兒的時候就喜歡吃這種棗子』，接着他就問惜春：『荷花有沒有消息呀』？惜春說：『明天可以答覆你老人家了』。我和錢化佛已經明白他們有故意拖延之意。

第三天不得不再陪右老去走一次，那裏知道這天出版的『晶報』，俞逸芬已把消息刊出，說是：『于右老花叢訪恩人』，並且把右老寫贈惜春那副對聯也鑄版登了出來，當時的晶報銷數很大，右老聞之，起初頗覺不悅，後來一想，確來訪舊，亦不介意，而且說：『這消息傳開來，也許更容易找到荷花的下落。』

這一晚右老寫字更多，羣玉坊中人紛紛來求字，右老來者不拒，逐一問明名字，每人送一副嵌字聯，正在大家高興的時節，沈七妹翩然而至，打扮得珠光寶氣，雍容華貴，一進門首先見到錢化佛，就輕輕的對他說：『想不到你會帶于右老到這種地方來』，大家知道她的來意，恐怕會鬧出事來，錢化佛不出一聲，祇是指着我說：『一切你可以問存仁弟』，我便把前後經過告訴她，沈七小姐展顏微笑，這時右老正在寫字，見了沈七小姐，也擱筆問：『妳怎麽會來的？』沈七小姐很輕鬆的回答說：『我來助助你們興的，我在八歲時已經跟父親到北方窰子裏玩，所以今天我來並不出奇，而且等一下，我還要寫條子叫堂差呢！』

我觀察沈七小姐的風度，頗有紅樓夢中王熙鳳那般爽脆，而又兼有秦可卿的那般溫柔，這晚明明來意不善，但却面無慍色，令到一屋子的人都佩服她的度量。

我與化佛兩人，偷偷的走到後房去找俞逸芬，責問他何以食言把消息漏出去，逸芬說：『我是晶報記者，有聞必錄，本想過幾天才發表，但是因爲缺少好題材，所以也就顧不了許多，相信于右老也是記者出身，決不會見怪我的，』我們兩人此時已無話可說，不料逸芬又講出一篇道理來，他說：『長三堂子妓女的芳名，向來不用花字，用到花字的必然是么二堂子的妓女，如蘭花、荷花、菊花等，所以于右老要找尋的荷花一定也是么二堂子中的，現在惜春老六貪做你們生意，所以一天天的拖着，決不會有結果的』。我們聽了他這一番話，覺得頗合情理，待到席終人散，我們陪着右老和沈七小姐回家，在車中，錢化佛就把俞逸芬的話轉告右老，右老就說：『明天起再也不去了』。

　這段事情，我原本可以不寫的，不過後來幾年，許多報紙都登出了于右老贈予妓女的嵌字聯，讀者以爲右老經常出入花叢，所以我把這段舊事寫述出來，表明于右老的進入妓院，是爲了要找尋一個曾經庇護他的一個婦人，因爲這婦人是妓院中人，而他在妓院中並不像一般人的抽烟打牌，縱情聲色；祗是一味的當衆揮毫，對求字的人來者不拒，這就是娼門中發現于右老手寫嵌字聯的經過。

見義勇爲　一介不取

　抗戰八年，我與右老，聯絡中斷，接近勝利時，我和上海醫界若干愛好書畫文墨的友好，組織一個文酒之會，名稱叫作『經社』，取其經常集會之意，定每月一日舉行，大家把一個月中所搜集到的醫史文物携帶到會，以供大家玩賞。參加經社的人，有秦伯未、程門雪、章次公、盛心如、徐小圃、葉熙春、方愼盦等。不久抗戰勝利，氣象一新，一次集會，徐小圃到會展出『鐵券』八件，最古的一件是漢高祖頒贈功臣的，功臣受到這個鐵券，是永遠在『不殺之列』。『鐵券』上面刻有姓名官職，有一件是唐代皇帝頒贈給一個御醫的，他帶了這八件珍貴文物來參加，我們眼界爲之一開。我就提起從前于右老送給他那件文天祥長卷，是否可以在下次集會時帶來給大家欣賞一下，徐小圃皺着眉說：『我的老宅在虹口北四川路附近武昌路，在抗戰時期被日本人佔去了，現在勝利來臨，這所舊宅，又被軍人所接收，堅執不肯發還，我正爲了此事頭痛非常，因爲講定下個月份要我籌出金條三十條作爲酬勞，才可以發還，這三百兩黃金籌集不易，但是我祗是一個小兒科醫生，生意雖好，要我出三百兩黃金來贖取這屋，我是極不願意的』。我說：『于右老和你極有交誼，而且他是監察院院長，何不請他出來說句公道話』，他說：『我早已向行政院、監察院以及敵產管理處交涉至再，因爲事關軍隊覇佔，三令五申都說應該發還，但是沒有金條總是不得要領』，我說：『等下次于右老來上海，我陪你同去，看他怎樣講法』？

　隔了三個月，于右老果然到了上海，住在畢勛路監察使署，我就同徐小圃去拜訪他，右老正在進午膳，吃的是很簡單的兩菜一湯，徐小圃就把武昌路老宅被佔的事面告右老，右老說這件事早已命令發還，何以至今尚未辦妥？徐氏便告訴他覇佔的人，賴着不肯走，勒索三十條金條才肯遷出，右老聽見這話，怒火中燒，說：『明早八點鐘你到我這裏來，我陪你向最高當局去申訴』，徐說：『好，我決定明天上午停診，專門來辦這件事』。

　次晨，徐小圃單獨去見右老，右老拉了他就到賈爾業愛路見到某公，某公大爲震怒，立刻下了手諭，限定覇佔的軍人兩天內遷出。這一次的申訴，效力極速，當天晚上那班軍人全數退出，而且還有人很客氣的打電話請徐小圃來接收，當晚徐氏約了我同去武昌路，徐小圃一進門，別的都不看，祗到後邊去看那幅作爲裱畫用的木板是否存在？一看之下，原來這塊裱畫板已全部拆壞，小圃頓足長嘆，憤慨不已。

　我看那塊裱畫板的位置，長有四丈，高達八尺，他說這幅裱畫板，原是特別訂製用來裱三四丈的長卷的，是用大塊陰木化了很大的工夫製成的，有時著名的裱畫家劉定之裱長卷也常向他借用，因爲這幅裱畫板是用陰木製成的。（陰木俗稱『陰沉木』，逢濕不漲，逢燥不裂，厚的作壽板，價值極高，薄的作傢俬以及裱畫板，來源少得來不易。）所以這幅板不僅上海沒有，在江浙兩省也找不到。

　徐小圃收回了武昌路的老宅之後，曾經招待『經社』同人在宅內聚餐，又展出了許多書畫和醫藥文物，我輕輕的問小圃：『右老方面是否曾經送過禮？』小圃說：『不能的！不能的！于右老絕對不受一個錢，尤其是託他辦了事之後，任何東西送不得，一送之後會火冒八丈高，從此永遠絕交。他眞正做到了不愛錢，不要錢的地步，而且他除了喜歡珍藏幾份碑帖拓本之外，家中一無長物。從前他送我一件文天祥的長卷，也是別人送給他的，當時說明，以後有什麼貧困的陝西老鄉，革命同志，以及落魄的文人，經濟上有困難時，憑他的便條，要我加以援助；他又有一幅馬，送給南京的富翁蔣驢子，凡是有什麼人流落南京，他便寫便條要蔣驢子救濟他們，他對經濟的調度就是如此而已。』

　又過了兩個月，我碰到徐小圃，問他是否向于右老道謝過，他說：『親自登門道謝，右老明明在裏面，他拒而不見，我只好留下一張請柬，不料，他當天就打了一電話來，說是不必多此一舉』。

　這一件事情，是我所身與其事的，其他類似這種樂於助人而不望報的事，我知道得很多，因爲事屬間接聽來，恕不多述。總之，于右老公正廉明，經辦任何事情，是一個錢都不要的。

一枝筆桿　競選失敗

　民國三十七年，我當選國民大會全國中醫師代表，晋京之前，曾經由朱經農等宴請上海產生代表一百多人，席間徵詢大家的意見，副總統應該選什麽人？當時由程滄波等七八人先後起立發表意見，都主張選于右老爲副總統，因爲右老對上海歷史深，他辦過「民呼」、「民吁」、「民權」、「民主」等報紙，而且還主辦過復旦，上海等大學，對革命有功勳，對教育有貢獻，本人又生活淡泊，公正廉明，當選副座，最爲適合。

我心中也決定投他一票。

到了南京，傳聞蔣公不願担任總統，黨內以于右任為目標，黨外以胡適之為目標，但是選舉的事情，變化萬千，誰也抓不到主意，結果祇有聽憑大家自由競選。

我一到南京，首先就去拜謁右老，于右任的住所，簡陋之極，但是每小時總有一二百人來拜訪，于右老屋內，擺着一張寫字的桌子，來訪問的人，可能的話，就以一幅屏條相送，另外有一張長桌，放着他簽名的照片兩三千張，每張簽有各代表的名字，分省，分市，分縣以及分別職業的排列着，由代表們自己檢取。我看他這一種措置，就悟到右老只想憑一枝筆桿和聲望來作為競選的力量，而最受代表們感動的，就是他家中的陳設，簡陋得比普通百姓都不如，我和右老見面，不過相互點頭招呼而已。

于右老親筆題贈照片

但是其他競選副座的人，手法就完全不同，李宗仁對各代表各供給一輛汽車，有司機早晚服務，而且還包上幾個大旅舍，祇要是代表身份，不問識與不識，都可以住進去，每天午餐晚餐，席設各大酒樓，旨酒佳餚免費供應，孫科、程潛也是天天擺酒請客，各代表每天收到各式各樣的請帖，多到不知其數。

祇有于右老憑一枝筆，一張紙來選舉，形勢當然大大的不利，到將近開始投票時，于右老也有一張請柬發給各代表，他出席演講說：『他家中沒有一個錢，所以沒有辦法和各位歡叙一次，今天的東道，實際是老友馮自由等二十位籌集，我祇是借酒敬客而已』。

等到投票開始，採取淘汰制度，第一天投票，于右老僅得四百九十三票，即被淘汰，我和各代表為之吁噓不置。

選舉告終，我和若干代表，其中有今在香港的奚玉書、金振玉伉儷等，特地到于右老住所，想去撫慰他一番，這時門前冷落，屋內祇坐着馮自由一人，為他整理筆墨，見我們，他說：『右老身無分文，祇憑人格聲望和筆墨來競選，這怎會獲得成功呢？這一次右老的競選失敗，完全是我輩老友昧於世情所造成的。』

又據馮自由說：『在競選之初，右老曾經到中山陵國父墓前去默禱過，他立誓：他如當選副總統的話，一定要對國家有所建樹，今天他落選後，又到中山陵去默禱了』。

到了次日，是第二度副總統選舉，于右老準時出席，風度飄逸，全場起立鼓掌達十分鐘之久，這是對他落選後的風度，表示異常欽佩，足見于右老涵養功深，得失不介於心，其能獲致長壽是意料中的。

意志堅强　克服痕癢

這一次國大的開會，為期長到一個月左右，有一天陝西國大代表焦易堂先生（原任最高法院院長，後任中央國醫館館長）同我談話，他說：『右老這一次的競選，他的失敗是意料中事，因為紙彈無論如何是敵不過銀彈，我和右老是陝西同鄉，從小相識，我深知他為人常年囊無分文，除了本職之外，一切錢都不拿，他也不會想到競選是要用錢的，這幾天右老頗為空閒，我們不如去請他吃一頓飯，以代慰藉』。

我們兩人就去拜訪右老，說明了來意，右老說：『好極了，我們就去吃一頓飯吧』，於是同車到城外馬祥興菜館，右老親自點了四個菜：鳳尾蝦、西施舌、鹹水鴨，雞血湯，每人四両白乾酒，大家邊吃邊飲，絕口不談競選的事。

右老這晚興緻極高，他說：『本來為了皮膚病不飲酒，今天要破例一醉』，接着就談他自己的疾病，他說：『歷年以來不常生病，心頭有抑鬱時，就做幾首詩，或者塡幾首詞，或作運氣的功夫，朗誦詩詞，借此發洩，往往能把好多情感上的衝動都消化了。』我說：『這是養生的最佳辦法，也是心理衞生』，他聽到心理衞生四字，高興得不得了，他說：『這名詞我還是第一次聽到，可是我實行這種衞生方法已經有幾十年了，你是做醫生的，大可以把它發揚一下，是有益於大衆的。』

接着他說：『何以我平日不敢飲酒，因為全身生一種皮膚病，癢起來十分難受。』他就撩起褲子來，給我看他的腿上的皮膚病，我看過了之後就說：「這是一種最頑固的蛇皮癬，皮膚起斜形方格，實在是一種頑固性的皮膚病」。他說：「對的，癢的時候，癢到坐也不是，立也不是，睡也不是，幾十年來用遍中西藥物，沒有一樣是有效的，在最難受時，我就運用心理衛生方法，運用一個忍字，忍無可忍還要忍，抱定了這個宗旨，也就一忍癢全消，所以我覺得意志堅强，痕癢也能消除。我說：「右老你的辦法很對，因爲癢是由於神經敏感而來，能强制神經的激刺，痕癢也就停止了」。同時我還說：「世界上有許多疾病，本來是醫藥所不能完全治愈，類如這種皮膚病，也是無藥可治的一種。」

右老說：「你的意見很對，有幾種外國藥水，用來洗浴，有時能有些少功效，那知第二次發作癢得更加可怕，所以我也放棄了治療的意念，祇有提高自己的正氣，來克服皮膚受到的邪氣。」

接着我們又談了些笑話，我說這種乾癬，民間有一種傳說，患者是龍化身的，所以叫做龍皮癬，從前康熙皇帝也有過這種病患，但是我遍查古籍，考證不到這種傳說，祇有曾國藩也生過這種癬，在他的日記中有很多的記載。右老聽了作會心的微笑，我也意會到他的笑是很有意義的，我和焦易堂也心領神會不再說下去。（按曾國藩日記：「辛酉六月，癬癢異常，手不停爬，左腿已爬靡爛，皮熱作疹，夜用水晶界尺熨貼，取其寒而潤也。壬戌正月，日來癬癢異常，遍身若有芒刺着背，數夜不能成寐，尤不耐煩。」）

這一晚的小叙，料不到竟是我見于右老的最後一面。

噩耗傳來　右老仙逝

民國三十八年，時局急轉直下，于右老還居台灣，我移港開業，從此再無見到于右老的機會，祇在報紙上見到他的消息，說他身體很健，有時從照片上看到他還是精神奕奕。

民國五十三年九月，右老八十六歲，因拔牙引起高燒，旋入昏迷狀態，延至十一月十日在榮民醫院逝世，我從報上見到了這消息，心裏很是難過，覺得一位正直無私的長者老成凋謝，不勝哀悼。

接着一連幾天各報不斷登載右老治喪的消息，其中有一篇記載，說是右老身後，家無長物，祇有三五套布袍布衣，布鞋布襪，不過在銀行中還有一隻保險箱，治喪委員會推定了代表陪同他的家屬去打開來，箱中空空洞洞，一無財物，祇有一本碑帖和一紙遺囑而已。

我看了這篇記載，極爲感動，心想一位連任三十一年長時間的監察院院長，（從民國廿一年一月一日就任監察院院長，到民國五十三年十一月十日至仍任院長），身後竟然如此清白，公正廉明，清介卓絕，實在是史無前例的。

中秋敦煌即事

·于右任·

民國三十年中秋，巡視西疆，過敦煌，登莫高窟；大千時方在千佛洞臨摹壁畫，相見甚歡。是夕即在大千寓中作中秋之會，言及敦煌文物歷遭竊劫，不覺悲憤，吟詩八絕：

僕僕髯翁說此行，西陲重鎮一名城，更爲文物千年計，草聖家山石窟經。

立馬沙山一泫然，執戈能復似當年。月牙泉上今宵月，獨爲愁人分外明。

敦煌文物散全球，畫塑精奇美幷收，同拂殘龕同讚賞，莫高窟下作中秋。

月儀墨跡瞻殘字，西夏遺文見草書，踏破沙場君莫笑，白頭才到一躊躇。

畫壁三百八十洞，時代北朝唐宋元，醰醰民族文藝海，我欲携汝還中原。

斯氏伯氏去多時，東窟西窟亦可悲，敦煌學已名天下，中國學人知不知？

丹青多存右相法，脈絡爭看戰士拳，更有某朝某公主，殉國枯坐不知年。

瓜美梨香十月天，勝游能復續今年？岩堂壁殿無成毀，手撥寒灰撿斷篇。

敦煌之千佛洞，自苻秦建元二年（公元三六六年）開始啓鑿，歷經北魏、北周、隋、唐、五代、宋、西夏、以及至於元。洞窟延及一公里半，其初冒險鑿山，艱苦建造，全賴信仰宗教熱忱，其後歷朝善信弟子畫佛供養，祈求多福，乃留此輝煌之美術遺產。復以地處邊陲，中原變亂，無所影响，加之地勢高亢，氣候乾燥，易於保存。然國內學人，竟一無所悉，直至清末，始爲人注意。己亥、庚子之間（公元一八九九、一九〇〇年），湖北游方道士王元祿借住千佛洞一佛窟中，抄寫道教應用之經典，發現牆壁上有裂縫，向內發掘，得見一貯藏室，內藏經卷無數，此爲發現敦煌寫經之始。

一九〇七年三月，英國治下之印度政府派遣斯坦因爵士(Aurel Stein)至遠東考古，在千佛洞移走比較完整之經卷及一部份佛教畫；其後，法國漢學家伯希和（Paul Pelliot）又移走一部份，此類經卷中尙有若干與現存印本不同之古書，於是千佛洞之名大著，中外學家紛紛注意此一世界上之藝術奇蹟。詩中斯氏、伯氏，即指斯坦因及伯希和也。

記旅港人士公祭于右老

易君左

我在大陸淪陷前夕避難來香港，一住十八年，在旅港末期有一件可記之事，是公祭黨國元老詩學泰斗的于右任院長。關于這位老人在過去對我個人的愛護與支持，使我畢生難忘。右老在台北自民國五十二年患病後，迄未康復。至五十三年八月，脚腫轉劇，起立都需人扶持，喉部亦幾至不能發音，乃于八月十二日進榮民醫院。我親赴病房問候時，右老還能勉強和我談話，然而說話的聲音已很低微，聽不清楚，我心裏非常難過。到九月十八日，病况突然惡化，即入昏迷狀態。初為肺炎，後以肝硬化併發症，羣醫束手，延至十一月十日下午八時〇八分逝世，享高年八十六歲，那時我已回香港了。

民國五十四年（一九六五年）春天，旅港文化、新聞、教育、工商、各界同人，在香港舉行了一次盛大的追悼會，來紀念于右任院長的三不朽．立德、立功和立言。發起人五十三人，包括我在內。籌備委員近六百人，會場借用蘇浙公學大禮堂，公推蘇浙公學董事長徐季良先生任籌委會主席，尹致中，周遊，周異斌，王世昭，易君左，及蘇浙公學，分任財務、編輯、宣傳、招待、總務、佈置等組負責人。會後由我主編，出版了一本「于右任先生哀思集」。

三原于公右任先生像
曾后希敬寫

開追悼會的那一天，不期而從各方面來參加公祭的達二千數百人，禮堂外都站滿了人，可見于右老影响力之大，死後在海外還能這樣。旅港社會賢達如周埈年爵士、張發奎將軍、盧湘父老人、關麟徵將軍、夏威將軍、謝伯昌會長、左舜生先生、李璜先生、陳孝威將軍、翁照垣將軍、林子豐博士、何世禮將軍、胡鴻烈大律師、華則仁醫師、周鯨文先生、劉侯武先生、徐亨先生等。旅港新聞、文化、教育各界人士到的更多，如：錢穆、林翼中、黃麟書、岑維休、劉伯閔、羅香林、黃天石、邵鄗人、鄭棟材、王淑陶、朱夢曇、胡仙、鄺郁郎、唐碧川、賈訥夫、胡秩五、陳訓畬、雷嘯岑、黎晉偉、任畢明、何建章、岑才生、潘仁昌、黃齋名、黃毅芸、韋基舜、吳壽頤、周異斌、饒宗頤、羅錦堂、夏書枚、曾克耑、鄭水心、陳荊鴻、何敬羣、陳樹渠、陸海安、馬彬、熊式一、黃同仇、毛以亨、甘家馨、李任難、文叠山、衛聚賢、涂公遂、王啓樹、何紹瓊、劉光昇、冒季美、趙戒堂、曾后希、黃華表、胡家健、高嶺梅、馮鎬、張國興、鮑少游、沈亦珍、徐文鏡、莫儉溥、王韶生、陳風子、金達凱、林大庸、劉茂華、姚立夫、張六師、宋宣山、王道、王同榮、李建豐、卜少夫、朱志泰、于肇貽、岳騫諸先生。

籌委會公推我起草公祭文，舉行大會時即用這一篇、由王世昭先生朗誦，原文如下：「維中華民國五十四年二月廿一日，旅港文化、新聞、教育、工商各界同人，謹以香燭庶饈之儀，致祭三原于公右任之靈前曰：嗚呼！大星隕而天地震，梁木頹而聖賢悲。方噩耗之初傳，使溥海而淚垂。國喪元老，民失導師，朔風凛冽，零雨凄具。諸葛雙表，昌黎一碑，實難盡述我公之忠誠，亦盡難達士林之哀思。伏維我公：出身清寒，事親篤孝，少承關中之絕學，長投革命之懷抱。同心同力，奮勇興學；大聲疾呼，艱危辦報。總領文化宣傳，咸驚紙彈橫掃。前輔國父，奠邦國之新基；後弼元戎，助江山之再造。剛毅如孤松挺峙，仁慈如朝陽普照，勤勞如川流不息，淸廉如寶刀藏鞘。斯乃三不朽之立德，亘千古而長耀。至若獻身南溟，萬里鵬飛；聲援北伐，四野戈揮。辭三公之組綬，奮一成之戎衣。躍馬大漠，卒解西安之圍；揚鞭關隴，獨建五原之威。轉司風憲，示範京畿，明辨曲直，勤搜隱微。值抗戰之艱難，握巡察之樞機。政風軍紀，古罕今稀。讚全球之使節，仰大漢之旌旗。斯乃三不朽之立功，微公亦難與歸？公以書法知于時，以詩歌名于世。氣勢雄豪，千秋難匹；骨格嶙峋，萬人辟易。數行即等於寸金，片紙皆奉若拱璧。重訂標準草書，集歷代字法之大成；編印中華樂府，爲中興鼓吹而努力。其他雜著散文，宏論偉議，或分見于巾箱，或引證于典志。文彩浩瀚，擁國際桂冠之榮；寫作謹嚴，本春秋華衰之義。斯乃三不朽之立言，公實當之無愧。嗚呼！天之生才，領導羣倫。長髯如銀，美若天人。布袍短襪，死猶清貧。享高齡于碩德，集不朽于一身。願葬高山，痛屈子之天問；每懷大陸，恥揚雄之美新。同人等，素欽燕許，更仰孟荀。心香一瓣，遙祭海濱。伏維我公，成聖成神。佑我中國，保我黎民。龍蛇易歲，鸞鳳回春。願公再世，化爲祥麟。開萬世之太平，享四海之相親。尙饗！」

旅港各界人士追思于右老的輓聯輓詩甚多，不勝列舉。我自已覺得：我輓右老的一副長聯，如果搜集近代聯語的當不致忽視而被採錄。下面是我的長聯原辭：「敬老古賢同：猶記去夏離台，探病榮民醫院，更殷切關懷，微拂銀髯，執手相看淚眼。盼早日身心康泰，盼早日親友團圓，盼早日國運中興，盼早日寰宇寧靖。含悽成一別，聲細已如絲。何期返港未兼旬，浪湧雲騰，地坼天崩，曠代完人忽星隕；感恩知己重：回憶當年客蜀，躬臨黃桷新村，正艱難抗戰，愁邀明月，無言獨上西樓。曾幾度杖履追隨，曾幾度山川嘯傲，曾幾度詩詞唱和，曾幾度衣食解推。垂愛邁羣倫，情深眞似海。詎料還京才數載，霜凋雹碎，風毛雨血，萬里神州竟陸沉！」全聯一百八十四字，字無虛設，句不勉强，是我生平所製的第一副長聯，聊表我對于這位一代完人的崇高的敬意。

我所喜歡的其他港友對右老的輓聯，擇要記下幾副：鄭水心：「開國元老，革命詩人，曾驅十萬貔貅，爽颯英姿動河嶽；著論過秦，籌筆興漢，遠勝三千毛瑟，大剛浩氣塞乾坤」。黃天石：「把酒溯雄談，公眞能聖狂，亦仙亦佛；蓋棺成定論，共道允文允武，大孝大忠。」王世昭：「員嶠昔曾遊，猶憶客館三登，化雨春風隨杖履；海雲餘舊話，莫問高軒七過，人天終古哭先生。」葉伯年：「牧野鷹揚，一藝已堪千古；壯猷麟閣，三呼足抵千年。」王同榮：「國之元勛，書之草聖，詩之桂冠，美髯公名垂千古；學則受業，黨則同志，交則道義，門弟子心喪三年。」香港新界自由人士同人：「故國冰封，高崗淚遍；新都腸斷，薄海哀深。」

正當我們編印「于右任先生哀思集」特刊時，收到了台灣友人抄來的一部分輓聯，是在台北追悼于右老時各方所送的，其中頗有佳作，就我所喜的幾副選列如次：陳誠：「吁呼爲四海蒼生，志業竟能酬，開國精神昭正史；奇偉創一家書法，勛名長不朽，在天靈爽佑中興。」羅家倫：「筆騰天馬來西極，氣奪妖霓護紫金。」嚴家淦：「立志開萬世之太平，草聖詩仙猶末事；遺言望故鄉而痛哭，收京復國告先生。」俞大維：「伊呂爲開國元勛，亮節淸徽，式尊一老；韓歐負詩文重望，詩豪草聖，並足千秋。」黃杰：「平生兼元勛草聖詩人弼士之尊，三十年風憲柏台，難忘美髯傳神，峻德早爲天下重；此際有樓船陣馬鐵板銅琶之概，幾萬疊雲遮滄海，聽到高山埋骨，遺言參透老成心。」梁寒操：「義自仁來，爲國捨身眞志士；淚隨聲並，與民請命大詩豪。」薛岳：「齒德俱增，更卅載柏台，以風憲護天人綱紀；詩書兩絕，有百篇珠玉，並楮墨爲世代楷模。」劉太希：「美髯三尺筆千秋，歌詠並爲天下重；濁酒一杯家萬里，傷心不見九州同。」愷碩：「勛業足千秋，立身依孔孟程朱之間，夫子門牆，高山仰止；文章冠一代，書法追鍾王張蔡之後，畢生感遇，涕泣何從。」楊森：「四海知心公與我，千秋壽世總同文。」

我常常懷念：于右老的身世，以一無母孤兒，崛起于畎畝之間，因而力學興家，以從事革命爲改造國家的張本，以新聞、文章、詩歌、書法，喚醒民衆和振起國魂，以敎育陶鑄青年，作爲建設國家的基幹。因此，他的貢獻是多方面的，而他的成功也是多方面的。至于綜其生平，于國家所取絕少，于社會所予獨多。故論中國近代人物，像于先生這樣的人是不可多得的。即稽之往古，也爲數甚少。古人以立德、立功、立言爲三不朽，于先生的品學德藝以及革命精神，實可當之而無愧。以黨國元老、革命詩人、一身肩天下安危近六十年，溘逝之日、具福、祿、壽全的因緣，謂之「一代完人」，誠非過譽。

書蕉圖　李靈伽繪

obermain

西德製男裝"奧比馬"皮鞋

大方公司·大人公司·平價市場·來路鞋公司

我的回憶

新馬師曾

我在童伶時代，就灌過不少唱片，當然全由我師細杞主持其事，包銀也歸他收下，我只管照唱可也。其時，年齡幼小，話筒安放得高，還要把我脚下墳些台椅才能和人對唱，約畧記得所灌的唱片有與倩影儂合唱的「金盤洗祿兒」，乃是楊貴妃和安祿山的故事。與羅慕蘭對唱的「眞好命」，獨唱的「羊城九景」，還有和梁淑卿對唱的「慈母多敗兒」，則是一枝諧曲。那時只知師傳如何教，自己就如何唱，全不講求韻味，自己想來都覺得慚愧！

好戲之人

最近在報章上見到，有天皇巨星和影壇長春樹之稱的李麗華女士將宣告息影退休，我看了這段消息，甚爲感慨！因爲李女士伉儷和我，都是所謂「好戲之人」，我們都有很大的戲癮，總想演好戲，時時對於演過的劇本，和自己的演技，覺得不滿足！早年薛覺先先生曾和我說過，有時自己感到演得不好，在戲畢以後，眞想請觀衆同來，再演一次請他們看看，這就是藝術的魅力，不但鼓舞觀衆，還能鞭策演員。

李麗華（左）新馬師曾（右）合攝于南洋片場化裝室

我從粵劇舞台，漸漸走向粵劇銀幕，這也是一種自然趨勢，前前後後，大約拍了近三百部電影，其中以在南洋片塲拍得最多，有一百多部。在此必需聲明，這些影片，製造的速度眞快，我們粵語片界有過一句講出來很失禮的話——「七日鮮」！七天就可以拍成一部電影，我也曾屢次參加這些電影演出，若說製成的這些影片並不粗製濫造，那就是「違心之論」了！

我在南洋片塲拍片時，李麗華女士尚未下嫁嚴俊先生，由於南洋片塲是由邵邨人先生主持的，廠中有幾個攝影棚，她拍她的國語片，我拍我的粵語片，我們時常在化粧室中聚首，有時在一起宵夜，我教她粵語，她教我國語，總覺得她聰明過人，無論拍什麼戲，導演稍一解釋，她便心領神會，而且爲人謙和，那怕片塲裏的工友同她講話，總是和顏悅色，從來沒有「大明星」的架子，這自然也是她成功之處。若說是她從此「收山」，我未能深信，爲什麼？因爲她還沒有拍過一部經她自己認爲十全十美的電影；雖然，我在半年前，看過她主演的一部「一寸山河一寸血」，其中有一段描寫北方女子惱人的那幾句，自然、生動，但她一定還要求拍得再好，那就不宜退休，而宜於儘量減少拍戲，精選劇本，劇本選定之後，再加以發揮，這是我的一絲愚見，就是我自己也在作此想，決不輕言退休，而要節省精力，多演好戲。

戲行聖人

戲班中有句話：「有劇本則生，無劇本則死！」可見劇本的重要性。我們粵劇班中有位丑生前輩廖俠懷先生，人稱戲行聖人，爲的是他不烟不酒，不嫖不賭，更其好的是稍有餘暇，便手不釋卷。他本是在南洋從事鑛工的，後來識的一位有才情的師爺，教廖讀書，囑廖改行，果然一舉成名。廖後來將這位師爺，接到香港，事以父兄之禮，養老送死。廖俠懷娶的妻室是陳寶珠的尊人名旦陳非儂作伐，女方是陳家的戚女。我加入勝利年班，在高陞戲院演出，廖俠懷應行丑生兼任參訂劇本，他的拿手好戲有「花王之女」、「甘地會西施」、「本地狀元」等，全是他自己編訂的。他和我合作的戲，有一齣是「紮脚穆桂英」，我反串花旦，武狀元陳錦棠一哥演楊宗保，廖聖人木瓜，木瓜歸彩旦演出，廖聖人也反串彩旦，和我比美，有一場木瓜洗馬，極爲叫座。當時，我反串花旦，還帶踩蹻，所以稱爲「紮脚」，此舉無非表

戲行聖人廖俠懷

電影「光緒皇夜祭珍妃」中之新馬師曾

示我是薛覺先之後的一人而已，因爲直到現在，還沒有第三位文武生能反串穆桂英紮脚的，除了薛覺先和我之外。

另一齣就是李少芸先生編的「光緒皇夜祭珍妃」，角色分配是我的光緒皇，羅麗娟的珍妃，此角後易余麗珍，廖俠懷的西太后等。廖的扮相雖然不好看，但神情極佳，對答之間，處處流露出他的西太后身份，算得是我們粵劇界一寶。

「光緒皇夜祭珍妃」那支主題曲「怨恨母后……」眞可說是家絃戶誦之作，唱到大行其道，因此引起版權的爭執。編劇人李少芸先生說，這齣戲他是劇作者，這支曲也出自他的手筆，所有舞台演出，電影改編的版權，都應歸他所有，認爲我們若是要將它拍成電影是「撈過界」。我則認爲此戲的劇本橋段，全是根據姚克先生所編的話劇「清宮怨」而來，這齣戲全仗羣策羣力，方獲成功，好似廖俠懷的太后，余麗珍、羅麗娟二位的珍妃等；若論唱工，其中有一兩段是經過我一再修改後，方見精彩，李先生則堅持主張，不惜涉訟，甚至聯合全體編劇家，對我杯葛，引起軒然大波！

後來此戲拍攝電影時，廖俠懷先生婉言辭謝劇中的太后一角，他說：「在舞台上我是薑桂之性，老而彌辣，若拍電影，則我的老醜瘦弱，形像上太難看，望之不似；並非我作難推却，眼前有一位演員，必能勝任愉快，她就是名旦譚蘭卿，我來代你請她好了。」果然後來譚蘭卿女士演得有聲有色，適如廖俠懷所言。從這些地方，可見得這位老前輩，既自知，復知人，正是名符其實的聖人。

自己編劇

李少芸先生氣憤之餘，聯合幾位有地位的編劇家，這編劇家三字是後來的名稱，原本我們粵劇班中，稱爲開戲師爺，一齊「抵制」新馬，不替我編劇。原因是他們知道我已組成新班，人材濟濟，旦角紅線女、鳳凰女，文武生我與陳錦棠、關海山，老生靚次伯，丑生則用梁醒波；波叔本應文武生行，是加入我班第一次改丑生的。組新班，開新戲是必要條件，現在編劇家全體不和我合作，我祗有殫精竭慮，自己構思，就想出了這齣「萬惡淫爲首」的橋段，度好介口，請幾位外界朋友，幫我編撰，這戲的故事大畧如後：

「陳尚書生有二子，長子子年，早年喪母，次子子良，爲繼母所出。尚書府中聘有敎頭深，爲子良授武，陳尚書奉召進京，臨行諄諄囑咐夫人，善待兩子。

尚書行後未久，繼室竟與敎頭深有染，事爲

「萬惡淫爲首」新馬師曾在台上乞錢撥充善舉，已故殷商劉衛仲慷慨解囊。

紅線女在「萬惡淫為首」中演曾楚雲劇照

次子子良窺見，竊告其兄，子年以事關家聲，囑其弟萬勿以此事洩諸外間，以免爲人恥笑。

一日，兄弟二人在書齋吟詩作畫，談吐之間，無意中透露其事，爲夫人所聞，急與敎頭深謀對策，務必拔去眼中釘子年。是晚，子年中敎頭深毒計，雙目盡盲，子年告知乃弟，已即晚出走，以免再遭暗算。

子年出走後，居於關帝廟內，因目盲無法覓食，淪爲乞丐，除子良暗中幫助外，一籌莫展，惟有日夕禱告蒼天，望乃父早日歸家。

敎頭深探知子年匿居關帝廟，帶同爪牙往廟毆之，可憐子年眼盲，復遭羣兇痛毆，遍體鱗傷，暈倒在地，敎頭深以爲子年不支身亡，一聲呼嘯，從容逸去。

次晨，適有少女曾楚雲與乳娘路過，見子年暈倒在地上，尚有氣息，又見子年身上佩有玉環，與自己所佩玉環相同，急救之。子年醒來，追述經過，原來楚雲之父曾仁窮生有二女，楚雲在腹中時，其母與子年生母指腹爲婚，二女楚羣出生未久，其母亡故，又因陳尚書闔家在京，十餘年來，雙方來往已疏，幸楚雲與子年各執一玉環爲記，此次楚雲出走，蓋因其父貪圖官職，迫其改嫁本邑縣宰，希冀得官，楚雲以一女不嫁二夫，遂定計敎其妹楚羣代之出嫁，己則不甘屈服，憤而與乳娘出走。

敎頭深探知子年未死，捕臟加害，報官捕之。楚雲隨同作證，縣宰獲知實情，留子年在衙休養，候尚書回來，再行處理。子年與楚雲幸得一時喘息，經數月醫理後，雙目復明。子良來報，尚書返抵家門，斯時子年方重返家園，與敎頭深一算舊賬。在爭鬥中，敎頭深誤殺夫人，其後敎頭深亦爲子年手刃，縣宰將經過一切告之尚書，廉悉實情，不勝浩歎！子年與楚雲，一雙未婚夫婦，遂得永結絲蘿。」

故事雖然不脫舊套，但極戲劇化，特別是紅線女演曾楚雲，鳳凰女演後母，陳錦棠演縣宰張大川，梁醒波演曾仁窮，靚次伯演陳尚書，我演陳子年等，每個角色，適合大家的身份，演出精彩，可以說是塲塲緊湊。大家同塲之時，互不相讓，這樣才能成爲一齣好戲。

新馬師曾在後台扮演「萬惡淫為首」之陳子年乞食圖。

我時常作此想，我則身戲劇界多年，總想對社會做些有益的事情，才不虛此生。在此戲中，我身穿底衫，又被雨淋，假扮盲人。從前戲班中人在其他戲中，也常有如此做法的，乞下來的錢，乞的人佔大份，其餘前後台同人，都可均沾。我覺得如此做法，未免自私，乃和東華三院總理諸公商定，由他們製成密封銀箱，乞得之錢，涓滴歸公，果然成績美滿。說也奇怪，我每天被人造雨水，淋得遍體浸濕，從香港演到九龍，客滿兩月有餘，始終演出此戲，我絲毫未有損傷，連傷風都未有過。一念爲善，無災無難，眞是奇跡！

電影之中，人造雨見得多了，但在粵劇舞台上，却是創舉。頭頂定做長方形的花灑，用自來水喉灌入，要它雨急，喉開大些，要它雨小，則喉亦可開細，最爲難的是脚下，完全浸在水中。大約觀衆見我如此，多發不忍之心，於是慷慨解囊，踴躍輸將，三院病人，固然受惠不少，而在我自己，也是衷心感激的。

「萬惡淫爲首」，在港九演得如此轟動，移師澳門，假座清平戲院演出，同樣受到熱烈歡迎。此戲還拍了電影，可惜人物星散，乃請吳君麗女士代紅線女演曾楚雲，也能勝任愉快！（四）

歷盡滄桑一美人

——北平李麗的故事——

陳定山

我寫『春水江南』，很多讀者問我是否寫北平李麗？我對他說：「不是的。」那位書中人確實現在台灣，但她本人不願透露姓名，我只好替她保密。提到李麗，她自己寫過一部「風月誤我三十年」。她十四歲就做新娘，鬧過婚變，上過火山，演過平劇、話劇、粵劇，當過名女人、交際花、電影名星、文藝作家、舞國皇后，被人目為「一代尤物」。三十八年到台灣，風頭還是十足，和美豔親王焦鴻英、軍中芳草戴綺霞、穎若館主盛岫雲，成了四塊頭牌，盛大的交際場合，獻花呀，義演呀，猜謎晚會呀，都少不了她們。

自從焦大姐遠嫁，戴小姐出國，盛小姐息影，她們的景況還過得不錯。惟有北平李麗，美人遲暮，種種遭遇，坎坷拂逆。由於她一生的多采多姿，不知道的都把她當做一個浪漫的女人，其實她的本性是最忠厚的，只是人都有點愛慕虛榮的心，而社會又逼着她，支配她，使她走上三十年風月之路，到頭來一塲春夢，凡是知道她的，都會替她洒一掬同情之淚。

凴欄・驚艷

我和李麗認識的第一次，是在上海。抗戰時期，我到她家去，不過我不是去看她，而是去訪她樓上的房客，那是一位以文人為掩護，屬於「中統局」的秘密工作者××先生。他偷偷的告訴我，樓下的女房東，是一位以影劇雙棲作掩護的名女人，她叫「北平李麗」。我驚異的問：「這樣你們的情況不會太衝突麼？太危險了」。他笑着說：「這樣纔會安全」。

其時，樓下响起一陣緊鑼密鼓之聲，他說：「瞧吧，下面在排戲了。」

我們靠窗下望，一座相當寬大的四面廳，舖着猩紅大地毡，二三十個全武行，正在排練一齣熱鬧好戲「搖錢樹」。北平李麗穿着一身粉紅緊身的睡衣，領子沒有扣，露出雪也似的半胸。烏黑的長頭髮，一直披到肩，額上束了一支大紅絲絛，圓圓的粉臉，大大的眼睛，那股妖豔叫人不敢凝視。她手裏掄兩桿白蠟槍，正在打出手，四面應敵，我幾乎喊出「好」來。我的朋友忙把我的嘴掩住，「別嚷，她不許陌生人偷看的。」

這是北平李麗第一次給我的印象，後來去過幾次，才知道這二三十個武行，連全副塲面都吃她的俸祿。還請有一位老師教文戲；拾玉鐲，貴妃醉酒，花田八錯，她的老師是北平有名的名伶朱雯心。

和北平李麗同住一起的，還有一個李宗英，她是吳啓鼎小太太菊第的妹妹，唱余派鬚生，和張文涓同拜陳秀華為師學藝。我纔知道，×君為甚麽會找到這樣一位女房東，原來他是一位戲迷。對譚余下過相當功夫，只是一口廣東話，鄉音未除。他做房客，是陳秀華介紹來的。不久×君被日本憲兵隊抓走了，我就沒有再去過。

銀海・浮沉

李麗初到上海，正值東北事變，她已經歷遍滄桑，瀋陽、哈爾濱非常有名氣，上海知道她的却很少，她抱着一個銀色的夢，她也响往上海的名女人、交際花的頭銜。那時交際花，多屬名門的閨秀，唐瑛、陸小曼出盡風頭，李麗是挨不上的。她只好轉到電影圈子裏去，報名投考。這時候未有訓練班，也沒有明星登龍術，製片商只有明星(張石川)天一(邵醉翁)大中華(朱瘦菊)比較有魄力。女明星方面胡蝶、徐來，尚未嶄露頭角，最吃香的是宜景琳、韓雲珍、周文珠、楊耐梅，而王元龍已經被譽為影壇霸王，是紅得發紫的小生。

李麗要打開這門，可說不容易。她銀色的夢又不能不完成。她是具備電影明星一切應有的條件的，她有當時流行的圓圓的臉蛋，大大的眼珠子，鮮紅而厚厚的嘴唇，眉毛細成兩條線，能歌善舞，開快車，騎馬，游泳，溜冰都是北方帶來的時髦生活，南方女兒無法與她匹敵，加上一口北平人的流利國語。那時候，雖然不講三圍，可是她已經捨得暴露，大胆的服裝，顯出她酥胸、纖腰、臀部。上海人看到了不敢看而又要看。但是，她要想在電影圈找到一個機會，還是不容易。去應過考試，榜上無名，她幾乎急得哭出來。

她的女朋友告訴她：「傻瓜，這是你自找麻煩，電影界招考演員，那是一個黑幕，沒有門路，先通關節，妳一輩子也上不了銀幕，最好妳去結交結交那批導演和攝影師，譬如鄭正秋、程步高、吳文超那些人，混得很熟了，也許會讓妳在新片裏當一個不要緊的演員，然後妳跟着樹爬，爬上去，不過鄭正秋那個老傢伙雖然出身土行小開，倒是個道學先生，找他的門路實在困難，還是李萍倩、朱瘦菊比較好辦，不過朱瘦菊已經被楊耐梅獨佔，你聽說他們在寫字台上打沙蟹的故事嗎？」

李麗笑了，「這個我可做不到。」

「做不到，你就不用想做明星。」

但李麗並不死心，約莫等了幾個月，機會終於來了，有一家新中國製片廠，要拍一部「綠林叛徒」，男主角是大力士查瑞龍，他在張園表演過汽車過身，長得很棒，他的第二代是彭飛，第三代纔是到過台灣的王邦夫。女主角是舞國大總統梁賽珍，李麗只當了一名配角。導演吳文超倒是一個好好先生，簽約時問她要多少片酬，她說：「我只要做明星，片酬不在乎多少，都送給你好了。」她以爲說得很落檻，吳文超鄙夷地笑了笑「沒有拍片不拿錢的，給你寫上三百元罷。」三百元當時等於五兩黃金。合到現在台幣至少也值一萬元，約值港幣一千四五百元上下。

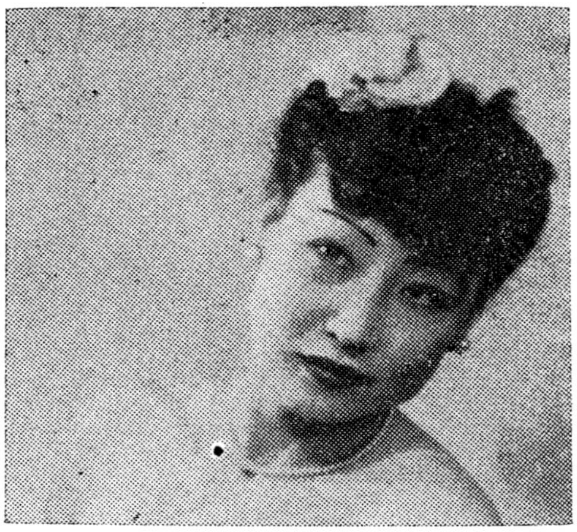

歷盡滄桑的北平李麗

李麗接到劇本，十天就開拍，和梁賽珍第一次見面，她感覺，這位舞國大總統是楚楚可憐的袖珍美人，面孔好像已經過時了。她沒有她那樣的胴體，但是，她是舞國大總統。她拿着大包銀，而自己只是一個小配角——女護士。

從開鏡到完結，梁賽珍一直沒有理過她，她也沒有理過梁，她心裏想：「那一天我也做個舞國大總統玩玩？」

春潮・秋怨

這座攝影棚小得可憐，攏總不過四五十坪面積，上面沒有廠棚，四面沒有牆壁，佈景搭在空地上，搖呀搖的，風吹欲倒。有一天，突然颳起一陣大風，還帶來了一陣豪雨，全體人員變成落湯鷄。慌得導演，攝影師連帶一班演員，一個個躲的躲，逃的逃。大導演拿起擴聲筒大喊：「不要跑呀！快點搬東西要緊呀！」原來一套沙發全從張慧冲家裏借來的，張慧冲是一個變魔術的，而當了二牌小生。好容易天又晴了，戲才重新開拍。那是一幕緊張打鬥，張慧冲仗智力把大力士查瑞龍用繩子細起來的精采表演。誰知搬東西搬急了，把繩子不知扔到那裏去了，用甚麼細呢？急得吳文超直跳脚。幸虧李麗家住得近，她自告奮勇回家拉了一條床上被單，撕做一條條的布條，才把查瑞龍細住，因此得到吳文超的賞識，接到第二部片子「春潮」，但是這中間的時間距離，却耗了三個年頭。

中國第一部有聲影片，大家都知道是胡蝶的「歌女紅牡丹」，其實那有聲是假的，是百代公司灌的片，放在幕後擴音，眞正的有聲電影却是李麗主演的「春潮」。片中有不少肉感鏡頭，電檢處一再剪掉，存留下來的還是很多，她演得很賣力。當時以「騷在骨子裏」出名的騷大姐韓雲珍，也自歎弗如。但是人家捧的却是有一張標準美人面孔，而絕對不會做戲的徐來。她喪氣了！

火山・奇遇

於是她只好轉移陣地，爬上火山去當舞女。「春潮」時期還沒有把北平二字成爲李麗的頭銜，但是在上海，單憑李麗二字，這個牌子可響不起來，加上北平兩個字，就有點苗頭了。她還沒有進大舞場的資格，只好在虹口一帶老大華、維納斯、月宮那些地方打轉。虹口是越界築路，前門公共租界，後門華界行政區，實在是三不管。城開不夜，通宵達旦，暢所欲爲，每晚要到十二點後，舞客才從別的舞場携着舞女或相好，源源而來，跳到東方發白才散。老大華是最熱鬧的一家小舞場，擁有許多韓國美人。這裏倒有歐美舞場的風氣，場子越小，舞客越多，後來的沒有了座位，就靠牆站着，手裏拿着舞票，就是帶舞伴的，也喜歡再找舞女跳，帶來的女伴照例不吃醋。這時候舞場裏有玻璃轉燈的，老大華還是第一家，奏着柔靡的音樂、霓虹燈全黑，只有一盞玻璃球四面轉動，放出無億數五色的小星星，圍繞着一對對的痴男怨女，沉浸在音樂海中。

舞票非常便宜，一塊錢可以跳三曲，五元一本舞票可以跳二十隻。有些濶客，就不把舞票撕下來，跳了幾隻，就把一本舞票連根塞在舞女手裏，而且還帶夾心餅干，甚麼叫夾心餅干呢？原來舞客要表示濶綽，就在舞票本子裏夾進現鈔，普通是一張黃魚頭（五元），有的夾上二三十元不等。北平李麗果然紅起來了。她每夜吃到夾心餅干不少，當場也懶得點數，天亮了拖着睏慵步子回到小房子裏，用手一抖，突然在舞票裏掉出一張三百元的支票來，「三百元」這是一個不平常的數目，誰有這樣濶手面呢？想了半天想不出來。第二天，又到老大華伴舞，一個四十開外矮胖胖的大男人，一口嵊縣官話，嘻皮笑臉的附着她的耳朵說：「李麗，三百元收到了嗎？」

這實在出乎意料，李麗知道這矮胖是現任上海市商會會長王曉籟。他的名氣很大，可是並不有錢，很多舞女，伶人做他的乾女兒，那是要他的名氣做她們的靠山，因此王曉籟跟乾女兒跳舞，乾女兒決不收費，怎麼他會花三百元呢？她連忙說：「會長，你太破費了，謝謝。」

「慢一點，你不要吃了對門謝隔壁，那是黃

大少送你的，我只是轉手的中間人。我們在商言商，中間人就得先抽佣金，怎麽樣？」

「我回頭請你喝香檳。」

「香檳，太小兒科了。這樣吧，我們出去開個房間好嗎？」

甚麽？他想開房間？這太便宜了，李麗故意皺一皺眉，摸着肚子：「呵！我肚子不舒服。」

「怎樣？這樣巧，你放心吧！我說的開房是到Welcome，（「惠爾康」餐廳）不是到Hotel。」原來這Hotel是一個舞廳的笑話：有一個舞客對舞女生了野心，用火柴在枱上擺一個英文字Hotel。那舞女很機智，便把起頭的H和末字L兩字改變了一下，變成了Kotex（月經帶）。那舞客碰了一鼻子的灰，所以王曉籟就用這個典故調笑她。

王曉籟噱頭

李麗聽王曉籟說請她到惠爾康吃宵夜，而不是開房間。舞女最愛吃，尤其是在天不亮的時候，她和王會長一道上了汽車，那部汽車很漂亮，前面坐着一個更漂亮的中年男子。王用手在他的肩上拍了一拍「嘉佑，我們到惠爾康去。」

原來那不是王曉籟的汽車，而是中興煤礦大老板黃嘉佑自開的跑車，他是王曉籟經濟的後台，足有二三千萬的家產。王曉籟給她拉了這麽大的一個皮條，她不由向王阿二送了一個秋波，作爲道謝。

王曉籟在車上揑了她一把大腿，「李麗，這個媒做的不錯吧。老黃吃得你死脫，只要你肯，他有的是煤礦，他會掘，用不完的烏金，我可担保你一輩子受用不了。」

汽車開得飛快，黃嘉佑駕駛純熟，他倒是很大方，並不回頭，就在擋風鏡子對着李麗說：「李小姐，你不要聽信王會長的話，我們只是隨便玩玩，吃個宵夜，別的沒有甚麽。」

從此她和黃嘉佑從普通的舞客，成爲膩友，又漸漸談到婚嫁。他在李麗身上花去的金錢，佔到她總收入百分之四十以上，另外還有相等的數字，送進舞塲老板的口袋。聲色塲中女子、十九都是拜金主義者，但李麗是一個有良心的，她很願意嫁給嘉佑，但黃嘉佑和他的太太感情很好，她不願把自己的幸福建立在別人的痛苦上，因此成了難解難分的僵局。

夏連良煞手

李麗在老大華的時間並不多，她從虹口小舞塲而升到靜安寺路的聖愛娜，再轉到新開的維也納舞廳，這中間她停停歇歇並不經常伴舞，時間足有兩年多。那已是民國二十三四年的光景，作爲第一流紅星的舞女，絕不會長年死守在一家舞廳裏候敎，而是忽隱忽現，時東時西，和舞客施展着捉迷藏的技巧，也是北平李麗的第一個發明。現在台港各大舞廳的紅牌舞星，還是奉行這個傳統。

做一個舞女無論三敎九流，都要敷衍，尤其是上海的白相人更不能得罪。這時候李麗却被一個叫夏連良的盯住了。提起夏連良知道的人還不多，提起他的前人小阿榮（芮慶榮）却誰人不知那個不曉，他是杜月笙手下八個黨之一，綽號火老鴉。夏連良仗着小阿榮的勢力在英法兩界殺風打架無所不爲。也許他對李麗有甚麽要求，李麗沒有答應，懷恨在心，生出毒計。這是一個週末的晚上，她坐在維也納九龍口。（這時舞女還沒有轉枱風氣，紅舞女都坐九龍口，湯糰舞女坐天門頭。）夏連良忽然拿了一個蒲包塞到李麗的椅子底下，「李麗，送你一樣東西。」正當秋高蟹肥的時候，李麗以爲送她的大閘蟹，還沒有來得及謝，便被大班帶到客人枱上坐枱子去了。樂隊吹起華爾滋，燈光特別暗，上百對男女翩翩起舞，正沉醉在音樂的旋律當中，忽然一聲銳叫「哇！嚇煞哉！」一個十三點的舞女雙脚亂跳，大家低頭看着，只見有二三十條小青蛇在舞池裏蜿蜒亂轉，二百多位男女舞伴，大驚失措，舞女們更是一齊怪叫，面無人色。大夥兒奔的奔，跑的跑，頃刻之間秩序大亂，把維也納一夜的生意完全搞光。

過房爺擺酒

還是舞廳老板陳占熊有點主意，叫僕歐們大家拿了竹棒，打的打，挑的挑，才把這些小青蛇掃乾淨。李麗還不知道禍從她起，那夏連良更若無其事的早已溜之大吉了。這件事可不就此完結，因爲蛇是從李麗坐的椅子底下出來的，報紙上也載了花邊新聞，有的說李麗的舞客吃醋，下的毒手，有的說李麗本來在大都會做的，因爲維也納營業太好了，舞廳老板聯合起來唆使他來放籠，而沒有一個人疑心夏連良，

北平李麗「貴妃醉酒」啣杯下腰之時

這件事害得李麗百口莫辯，她要說夏連良，開舞廳的是白相人，等於官官相護，沒有讓她開口的機會，而把這火全燒到李麗身上，加以維也納自從放蛇之後，營業一落千丈，老板對她當然不會原諒，夏連良偏又出來找她。說「只要請我吃飯，我就會替你解掉這個結，陳占熊憑我閒話一句。」

陳占熊雖然吃的白相飯，爲人倒是不錯，眼看維也納生意一蹶不振，倒沒有把李麗怎麼樣，夏連良却似怨鬼上身，每天附着陳占熊的耳朶說：「是阿二頭吃醋，才放的小青蛇」。阿二頭有兩個說法，男的王曉籟人家當面稱他王二哥，背後叫他阿二頭。一個是維也納舞女尤素珍，也叫阿二頭，正在和李麗爭奪一個舞客。

「天啊！」李麗逼得沒法子，幾乎想到自殺，幸虧王二哥聽到這種謠言，他也光了火，於是指點李麗，叫她來一個以毒攻毒之計：「既然夏連良是小阿榮的徒弟，那我們就找他的前人。」由王阿二介紹索性把李麗拜在小阿榮的第三位太太華慧麟名下做爲乾女兒。在芮宅擺了二三十桌酒席，黃金榮、杜月笙、張嘯林、顧嘉棠、陸連奎一班英法兩界大亨都請到。小阿榮夫婦受了三個頭，斟了兩杯酒叫夏連良和李麗對飲乾杯，才算把事情叫開。

「頭本虹霓關」李麗（東方氏）俞振飛（王伯黨）

孤軍・舞后

事情叫開了，上海的市面，李麗也感覺太不容易應付，她想離開上海回到北平去。因爲有一家製片廠邀請她到華北去拍片，片名叫「孤軍」，正好藉此離開。在她動身之前還放一個起身炮，原來她第一次和梁賽珍一起拍片時感覺舞國大總統的氣燄不可一世，現在自己要輪到頭牌的明星了，應該要帶一個頭銜到北方去，才出風頭。有志事竟成，她利用了杜月笙、王曉籟、小阿榮一班人發動了上海新聞夜報四個團體舉辦「舞國皇后」選舉。她居然登上了民國二十四年，上海舞國皇后的寶座，和梁氏三姊妹的梁賽珍大家姐一樣，成爲有自備汽車的舞國要人，而輝煌地離開了上海。

李麗再到上海，那已在抗戰的中期。她在外面經過了數不完的多采多姿的事業，最膾炙人口的要算跟着世界運動會出席柏林，而又環遊世界在郵輪上，不斷地鬧出桃色新聞了。

她回到上海已經是一二八事變之後，日寇佔據華中，政府轉進西南，而北平李麗恰在這個時候到了漢口。中外報紙登出驚人消息說，「舞后李麗最近在漢口被捕，解往重慶槍決，她是日本人從北方派來的間諜。」

但是不到半個月，李麗又在香港出現了。據李麗的自傳「誤我風月三十年」說她是被重慶錄用，而担任了兩面的間諜工作。不過在那個時候，她却沒有顯著的表露她的身份，只知道她和矢崎機關長，烟俊六大將都有很深關係。和八個聯軍時代的賽金花一樣，用她的身份救過香港不少的難民，那是二次世界大戰開始，日本人偸襲珍珠港，也陷落了香港的時候。她更幫助流寓港九的名伶梅蘭芳，讓他得到日本人的保護，用飛機送回上海。也就在這個時候，她拜了梅蘭芳做老師，學習更多的平劇，不久，李麗也回到上海，她以日本人的關係而做着重慶地下工作。

在影劇方面，她拍了「一代尤物」，平劇方面她以「貴妃醉酒」和「搖錢樹」兩齣好戲，紅遍了京（南京）滬（上海）。提起北平李麗四個字來，眞是婦孺皆知。

這時偏偏有個不識相的小漢奸，到她頭上去動土，那是七十六號僞特工總部的副頭目吳世寶，他們原是動梅蘭芳的腦筋，要他剃鬚子應堂會。這吳世寶是個有名的殺人魔王，比李士羣還要利害，誰反抗他，誰的頭顱就會搬家。他警告梅蘭芳說：「我們請你唱戲是給你面子，你要不唱，除非送你回老家，閻王殿上和譚鑫培去唱一齣四郎探母，倒是蠻好白相的。」梅蘭芳聽得索索發抖，只好去求李麗。

李麗一個電話打給柴山，柴山馬上通知上海憲兵隊杉原，叫吳世寶不得橫行不法，壓迫藝人。嚇得吳世寶連屁也不敢放。蘭芳沒有送上閻王殿也沒有出來唱堂會，倒是吳世寶不到三個月自己已唱了一齣「探陰山」，進了陰朝地府，永不回陽。原來他惡貫滿盈，日本人不要他了，給他吃了一粒藥，他馬上像狗爬一樣，在自己院子裏頭脚着地，腰似彎弓，足足爬了七八個鐘頭，口吐綠水而亡。吳世寶死去不久，那七十六號的正頭目僞江蘇省主席李士羣也被日本人請去吃飯，吃了一塊牛排，回家絞腸腹痛，慘叫了三天三夜而死。這個時候，日本人在南洋羣島已被盟軍用地氈轟炸，敗的走頭無路，而上海的漢奸們，還是在燈紅酒綠，笙歌達旦，李麗用她唱戲的資本而迷惑了這班釜底游魂。我在上海第一次看到她在家裏練把式，也就是這天晚上要唱堂會「搖錢樹」。

提起北平李麗唱戲的資格可說是了不起的，在她的自傳裏有這樣一個提示：

——我教過王瑤卿。

——正式拜過梅蘭芳，和馬連良打過對台。

——三百兩黃金，兩幢洋房搞一個戲班子。

——老郎神使我傾家蕩產……

「標準戲迷」四字李麗可說是當之無愧。民國二十九年，她第二次遨遊新大陸回到上海，爲了和黑貓王吉爭一口氣，爲了一句話她就下了這個決心。王吉本是黑貓舞廳的舞女，她們二人在上海做舞女時候，也曾經打過對台，後來王吉是大漢奸潘三省的太太，她的戲唱得好，她唱「春香鬧學」，梅蘭芳在她的戲後接演「游園驚夢」，程繼仙、俞振飛師生二人都陪她唱「販馬記」。現在她巨潑來斯路的公舘裏不時都有堂會，絃歌徹夜，鑼鼓喧天。李麗是畑俊六大將的乾女兒，她不能比黑貓王吉相影見絀，因此她自己花錢組成了個劇團，可比票戲更過癮了！

絢爛·平淡

她說教過王瑤卿是眞的，不過那是在北平的時候，她教過王瑤卿跳舞，同時王瑤卿也教過她戲台上怎樣走路。說實在的，李麗唱戲的悟性不太聰明，雖經過王瑤卿、梅蘭芳兩位名師，她却沒有多大的成就，她只是好勝愛強。什麼事都喜歡來一個大場面。她的家裏永遠供養着三四位教師爺，文的，武的，打的，拉的，連唱帶住，外加包銀，每月在唱戲上耗費的錢，足夠中產人家三四年的開支。這樣她在上海從二十九年一直維持到抗戲勝利。這個所耗的天文數字，連李麗自己也算不清楚。到了台灣，她雖未一貧如洗，却已前塵如夢，往日的一切繁華俱已化爲烏有，但是她的戲衣箱，還是全部帶出來的。

李麗和馬連良打對台是在民國三十八、九年間，地點就在香港，當時跟李麗同來香港的人，有趙仲安、祁彩芬、華傳浩、張和錚等。

這些衣箱，在當年所花掉的金錢，以新台幣來折算，決不少於兩百萬。當時她是一個十足的「羊毛」，學會什麼戲，就做什麼行頭，甚至每一齣戲的配角，還有每一齣戲所應用的道具，不論料子，綉工都得選擇上品，發一個傻勁，她把貴妃醉酒上了十二名宮女，十個太監，連應用的提爐，宮扇，鑾儀，法駕都是特地定製的。到如今台灣，票友要唱「貴妃醉酒」都得向她商借道具行頭，只要她答應拿出來四分之一，就夠你在台上瞧半天的了。

李麗的回憶錄，由她自己來寫是寫不完的，也許有人看了她的自傳會不相信，可是她爲國家兩面工作，也建立了很多的功績，這是事實，最可惜，是支持她的某將軍在抗戰勝利之後回到上海的時候，他的飛機中途失事，乘客十七人，機員五人全部罹難。李麗半生的工作成績都在某將軍記錄檔案中，因而也全部毀滅了。

李麗現在已是五十開外的人了。飄蕩台港兩地，二十年來又經過多少的風塵，人情冷暖，再也無人提起她了。有些謠傳說她已不在人間，其實她還在台北，安貧息影，近時又到過香港，票過一齣「貴妃醉酒」，有時她還托人帶手信來，「問定公好」。

SPRINGMAID Bedspreads Bed-Sheets Pillow-Cases & Towels

SPRINGMAID

床單・床冚
枕袋・毛巾

大人公司有售

回憶辜鴻銘先生

羅家倫

在清末民初一位以外國文字名滿海內外，而又以怪誕見稱的，那便是辜鴻銘先生了。辜先生號湯生，福建人，因爲家屬僑居海外，所以他很小就到英國去讀書，在一個著名的中學畢業，受過很嚴格的英國文學訓練。這種學校對於拉丁文、希臘文，以及英國古典文學，都很認眞而澈底地敎授，這乃是英國當時的傳統。畢業以後，他考進「伯明罕大學」學工程；有人誤以爲他在大學學的是文學，那是錯的。

（1857—1928）

回國以後，他的工程知識竟然沒有發揮的餘地。當時張之洞做兩湖總督，請他做英文文案。張之洞當年提倡工業建設，辦理漢冶萍煤鐵等項工程，以「中學爲體，西學爲用」相號召，爲好談時務之人。他幕府裏也有外國顧問，大概不是高明的外國人士，辜先生不會把他們放在眼裏。有一天，一個外國顧問爲起草文件，來向辜先生請問一個英文字用法。辜默默然不語，走到書架上抱了一本又大又重的英文字典，碰然一聲丟在那外國顧問的桌上說：「你自己去查去！」這件小故事是蔡孑民先生告訴我的，這可以看出辜先生牢騷抑鬱和看不起庸俗外國顧問的情形。

民國四年，我在上海「愚園」遊玩，看見「愚園」走廊的壁上嵌幾塊石頭，刻着拉丁文的詩，說是辜鴻銘先生做的。我雖然看不懂，可是心裏有種佩服的情緒，認爲中國人會做拉丁文的詩，大概是一件了不得的事。後來我到北京大學讀書，蔡先生站在學術的立場上網羅了許多奇怪的人物。辜先生雖然是老復辟派的人物，因爲他外國文學的特長，也被聘在北大講授英國文學。因此我接連上了三年辜先生主講的「英國詩」這門課程。我記得第一天他老先生拖了條大辮子，是用紅絲線夾在頭髮裏辮起來的，戴了一頂紅帽結黑緞子平頂的瓜皮帽，大搖大擺地上漢花園北大文學院的紅樓，頗是一景。到了敎室之後，他首先對學生宣告：「我有三章約法，你們受得了的就來上我的課，受不了的就趁早退出：第一章，我進來的時候你們要站起來，上完課要我先出去；第二章我問你們話和你們問我話都得站起來；第三章，我指定你們要背的書，你們都要背，背不出不能坐下。」我們全班的同學都認爲第一第二章都容易辦到，第三章却有點困難，可是大家都懾於辜先生的大名，也就不敢提出異議。

三年之間，我們課堂裏有趣的故事多極了。我曾開玩笑地告訴同學們說：「有沒有人想要立刻出名，若要出名，只要在辜先生上樓梯時，把他那條大辮子剪掉，明天中外報紙一定都會競相刊載。」當然，這個名並沒有人敢出的。辜先生對我講英國詩的時候，有時候對我們說：「我今天敎你們外國大雅」，有時候說：「我今天敎你們外國小雅」，有時候說：「我今天敎你們外國國風」。有一天他異想天開地說：「我今天敎你們洋離騷」。這「洋離騷」是什麼呢？原來是密爾頓（John Milton）的一首長詩「Lycidas」。爲什麼「Lycidas」會變「洋離騷」呢？這大概因爲此詩是密爾頓弔他一位在愛爾蘭海附近淹死的亡友而寫成的。

在辜先生的班上，我前後背熟過幾十首英文長短的詩篇。在那時候叫我背書倒不是難事，最難的是翻譯。他要我們譯什麼呢？要我們譯千字文，把「天地玄黃，宇宙洪荒」譯成英文，這個眞比孫悟空帶金箍咒還要痛苦。我們譯過以後，他自己再譯，他譯的文字我早已記不淸了，我現在想來，一定也是很牽强的。還有一天把他自己一首英文詩要我們譯成中文，當然我們班上有幾種的譯文，最後他把自己的譯文寫出來了，這個譯文是：「上馬復上馬，同我伙伴兒，男兒重意氣，從此赴戎機，劍柄執在手，別淚不沾衣，寄語越溪女，喁喁復何爲！」英文可能是很好，但譯文並不很高明，因爲辜先生的中國文學是他回國以後再用功研究的，雖然也有相當的造詣，却不自然。這也同他在黑板上寫中國字一樣，他寫中國字常常會缺一筆多一筆而他自己毫不覺得。

我們在敎室裏對辜先生是很尊重的，可是有一次，我把他氣壞了。這是正當「五四運動」的時候，辜先生在一個日本人辦的華北正報 "North China Standard" 裏寫了一篇文章，大罵學生運動，說我們這般學生是暴徒，是野蠻。我看報之後，受不住了，把這張報紙帶進敎室，質問辜先生道：「辜先生，你從前著的『春秋大義』我們讀了都很佩服，你既然講春秋大義，你就應該知道春秋的主張是『內中國而外夷狄』的，你現在在夷狄的報紙上發表文章罵我們中國學生，是何道理？」這一下把辜先生氣得臉色發青，他很大的眼睛突出來了，一兩分鐘說不出話，最後站起來拿手敲着講台說道：「我當年連袁世凱都不怕，我還怕你？」這件故事，現在想起來還覺得很有趣味。辜先生有一次談到袁世凱時代他不得已担任了袁世凱爲準備帝制而設立的參政院的議員：辜先生雖是帝制派，但他主張的帝制是滿清的帝制，不是袁世凱的帝制。有一天他從會塲上出來，收到三百銀元的出席費，他立刻拿了這大包現欵到八大胡同去逛窰子。北平當時妓院的規矩，是唱名使妓女魚貫而過，任挾妓者挑選其所看上的。辜先生到每個妓院點一次名，每個妓女給一塊大洋，到三百塊大洋花完了，乃哈哈大笑，揚長而去。

當時在他們舊式社會裏，逛妓院與娶姨太太並不認爲是不正當的事，所以辜先生還有一個日本籍的姨太太。他是公開主張多妻主義的，他一個最出名的笑話就是：「人家家裏只有一個茶壺配上幾個茶杯，哪有一個茶杯配上幾個茶壺的道理？」這個譬喻，早已傳誦一時，但其本質確是一種詭辯。不料以後還有因此而連帶發生一個引伸的譬喻。陸小曼同徐志摩結婚以後，她怕徐志摩再同別個人談戀愛，所以對志摩說：「志摩！不能拿辜先生茶壺的譬喻來作藉口，你要知道，你不是我的茶壺，乃是我的牙刷，茶壺可以公開用的，牙刷不能公開用的！」作文和說理用譬喻在邏輯上是犯大忌的，因爲譬喻常常用性質不同的事物作比，並在這裏面隱藏着許多遁詞。

辜先生英文寫作的特長，就是他深刻的諷刺。我在國外時，看見一本英文雜誌裏有他的一篇文章，所採的體裁是歐洲中世紀基督教常用的問答體。其中有幾條我至今還記得很清楚，如：「什麽是天堂？天堂是在上海靜安寺路最舒適的洋房裏！誰是傻瓜？傻瓜是任何外國人在上海不能發財的！什麽是侮辱上帝？侮辱上帝是說赫德總稅務司爲中國定下的海關制度並非至美至善。」諸如此類的問題有二三十個，用字和造句的深刻和巧妙，眞是可以令人拍案叫絕。大約是在一九二〇年美國「紐約時報」的星期雜誌上有一篇辜先生的論文，佔滿第一頁全面。中間插入一個辜先生的漫畫像，穿着前清的頂戴朝服，後面拖了一根大辮子。這篇文章的題目是「沒有文化的美國」。他批評美國文學的時候說美國除了 Edgar Allan Poe 所著的「Annabelle Lee」之外，沒有一首好詩。諸如此類的議論很多，可是美國這個權威的大報，却有這種幽默感把他全文登出。美國人倒是有種雅量，歡喜人家駡他，愈駡得痛快，他愈覺得舒服，只要你駡的技術夠巧妙。像英國的王爾德、蕭伯納都是用這一套方法得到美國人的崇拜。在庚子八國聯軍的時候，辜先生曾用拉丁文在歐洲發表一篇替中國說話的文章，使歐洲人士大爲驚奇。善於運用中國的觀點來批評西洋的社會和文化，能夠搔着人家的癢處，這是辜先生能得到西洋文藝界一致讚美佩服的一個理由。

無疑義的，辜先生是一個有天才的文學家，常常自己覺得懷才不遇，所以攪到恃才傲物。他因爲生長在華僑社會之中，而華僑常飽受着外國人的歧視，所以他對外國人自不免取嬉笑怒駡的態度以發洩此種不平之氣。他又生在中國混亂的社會裏，更不免憤世嫉俗。他走到舊復辟派這條路上去，亦是不免故意好奇立異，表示與衆不同。他曾經在教室裏對我們說過：「現在中國只有二個好人，一個是蔡元培，一個是我，因爲蔡先生點了翰林之後不肯做官就去革命，到現在還是革命。我呢？自從跟張文襄（之洞）做了前清的官以後，到現在還是保皇。」這可能亦是他自己的「解嘲」和「答客難」吧！

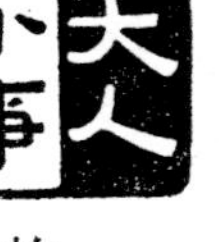

美髯公趣話

于右老是出了名的美髯公，已故羅家倫先生曾有一詩壽于右老：「一枝大筆振東南，一根手杖定西北，青鞋布襪美髯翁，神州有你才生色。」頗能畫出于右老長髯飄拂，尤如神仙中人的感覺。右老爲了保護鬍子，每晚臨睡，必將鬍子用一錦囊裝好，掛在胸前，以免睡覺時把鬍子壓壞了。有一次有人問他晚上睡覺時，鬍子放在被裏，或是被外？右老竟答不出來，第二天他告訴人說：昨晚一夜都未睡好，平時已是髯我相忘，給別人一問，竟不知如何是好，以致轉輾失眠。

鄉下佬吃麵

平日，于右老喜歡吃麵條，尤喜歡吃硬麵。某年，草書社同仁請他吃拉麵，主人一再叮嚀廚司做好一點，因爲請的是于院長，廚司當然竭盡所能。及進麵，麵細如線，右老口讚好好，但問：「有無較粗的？」少頃進麵如燈草，右老又讚好好，但仍問：「有無較粗的？」乃易如韮菜葉者，右老更問：「能否再粗一些？」廚司乃以如箸者進，右老大喜，連吃兩大碗，廚司見狀喃喃自語說：「這是鄉下佬吃麵，講什麽手藝？」

爲女兒題名

羅家倫先生說：「牧羊兒作院長，爲元老，俱不足奇，惟其成爲大書家與大詩人，乃最足奇。」右老詩文，工力深厚，固然爲別人所難及；即使一件尋常小事，由他拈出，亦有畫龍點睛之妙。他的女公子想想出生之後，他的夫人要右老起一個名字，右老說讓我想想，夫人說：「想什麽想，快一點啊！」右老緊接着說：「就叫想想好了！」別人便問右老起這個名字是何意義？右老說：「李白的詩句，不是有『雲想衣裳花想容』麽？想想二字豈不甚好？」由此可知他智慧超人和學養豐富了。

文雷

辜鴻銘游戲人間

·震齋·

在每一部英文的名言類編上，都列着下面一段名言：

——銀行家是這樣的人，天氣晴朗時，硬把傘借給你；陰天下雨時，他又兇狠地要把傘收回了！—— 辜鴻銘

在具名的地方，用了 Amoy-ku 的名字。

辜鴻銘原名湯生（一八五七——一九二八），別號漢濱讀易，此人在清末民初，人以狂士目之，但他的淵博，是無人不尊敬的。他晚年住在北平椿樹胡同十八號，除了他頭上的辮子以外，他家裏還有一條辮子，那就是他家的老僕劉二。

辜鴻銘的大夫人淑姑，脚下是纏過足的，辜每作文時，必呼「淑姑，請到書房裏來！」據劉二說：「辜老爺寫文章時，右手握管，左手揑佛手觸鼻，頻頻聞嗅；你可別以爲我們老爺子手裏揑的是眞的佛手，而是我們大太太解了裹脚帶的三寸金蓮呀！」

辜鴻銘的二夫人吝子，是日本籍，辜一夜都不能離開她。有一天，不知怎樣，忽然夫妾失和，吝子不許辜進房，一連三天，辜的雙目都泛紅了，這位二夫人還是不理他。辜急了，拿了一根釣竿，在二夫人香閨窗下的大金魚缸裏垂釣，這位日本太太生平最愛養金魚，在窗內一見這情形，着急地說：「寃家，你在我這金魚缸釣魚？」「好人兒，我怎麼敢釣你的魚呢？我無非引你說話罷了！」辜笑着告訴人說：他的大夫人是他的興奮劑，二夫人是他的安眠劑。

辜鴻銘在英國讀書時，每屆冬至，必在他住的房間內備陳酒饌，遙祭祖先，表示不忘本。他的英國房東太太等他叩拜祖先完畢後，必定笑嘻嘻的問他：「你的祖先什麼時候來吃喝你爲他們備的這些酒饌？」

你猜，辜鴻銘怎樣回答？他隨機應變的說：「就是你們的祖先來聞你們所獻鮮花的時候」。

辜鴻銘歸國後，最賞識他的是張之洞。光緒年間，湖北新氣象奐然，辜鴻銘有很多貢獻。當時爲張之洞主持學政的是梁鼎芬，一切教育方針，由辜通盤設計。辜在湖北時訂閱外國報紙三十多份，英美雜誌百餘種，梁鼎芬原以爲辜訂這些報章、雜誌是充場面的，那知他全部過目，每能提綱絜領。有天下午，梁鼎芬去謁見張之洞，屢候張不出，梁就躡手躡脚走近書齋，從窗口一望，發現張之洞在傍侍立，正在聽辜鴻銘譯述有關軍、政、科學方面可資取法的材料，達二三小時，全無倦容。張之洞賞識辜鴻銘，是先看了辜的文章，再加以延聘的，這樣的賓主相當難得。

胡適之曾在「記辜鴻銘」的一篇文章中說：

「在民國八年八月間，我在「每週評論」第三十三期登出了一段隨感錄：

「辜鴻銘」現在的人看見辜鴻銘拖着辮子，談着『尊王大義』，一定以爲他是向來頑固的。却不知辜鴻銘當初是最先剪辮子的人；當他壯年時，衙門裏拜萬壽，他坐着不動。後來人家談革命了，他才把辮子留起來。辛亥革命時，他的辮子還沒有養全，他帶着假髮接的辮子，坐着馬車亂跑，很出風頭。這種心理很可硏究。當初他是『立異以爲高』，如今竟是『久假而不歸』了。」

這段話是高而謙先生告訴我的，我深信高而謙先生不說謊話，所以我登在報上。那一期出版的一天，是一個星期日，我在北京西車站同一個朋友吃晚飯。我忽然看見辜鴻銘先生同七八個人也在那裏吃飯。我身邊恰好帶了一張每週評論，我就走過去，把報送給辜先生看。他看了一遍，對我說：「這段記事不很確實。我告訴你我剪辮子的故事。我的父親送我出洋時，把我託給一位蘇格蘭教士，請他照管我。並對我說：『現在我完全託了某人，你什麼事都應該聽他的話。只有兩件事我要叮囑你：第一，你不可進耶穌教；第二，你不可剪辮子。』我到了蘇格蘭，跟着我的保護人，過了許多時。每天出門，街上小孩子總跟着我叫喊：『瞧呀支那人的猪尾巴！』我想着父親的教訓忍着侮辱，終不敢剪辮。那年冬天，我的保護人往倫敦去了，有一天晚上我去拜望一個女朋友。這個女朋友很頑皮，她拿起我的辮子來賞玩，說中國人的頭髮眞黑的可愛。我看她的頭髮也是淺黑的，我就說：『你要肯賞收，我就把辮子剪下來送給你。』她笑了；我就借了一把剪子，把我的辮子剪下來送給了他。這是我最初剪辮子的故事。可是拜萬壽，我是從來沒有不拜的。」他說時指着同坐的幾位老頭子：「這幾位都是我是老同事。你問他們，我可曾不拜萬壽牌位？」

我向他道歉，仍回到我們的桌上。我遠遠的望見他把我的報紙傳給同坐客人看。我們吃完了飯，我因爲身邊只帶了這一份報，就走過去向他討回那張報紙。大概那班客人說了一些挑撥的話，辜鴻銘站起來，把那張每週評論摺成幾疊，向衣袋一插，正色對我說：「密斯忒胡，你在報上毀謗了我，你要在報上向我正式道歉。你若不道歉，我要向法庭控告你。」

我忍不住笑了。我說：「辜先生，你說的話是開我玩笑，還是恐嚇我？你要是恐嚇我，請你先去告狀；我要等法庭判決了才向你正式道歉。」我說了，點點頭，就走了。

後來他並沒有實行他的恐嚇。大半年後，有一次他見着我，我說：「辜先生，你告我的狀子進去沒有？」他正色說：『胡先生，我向來看得起你；可是你那段文章實在寫的不好！』」

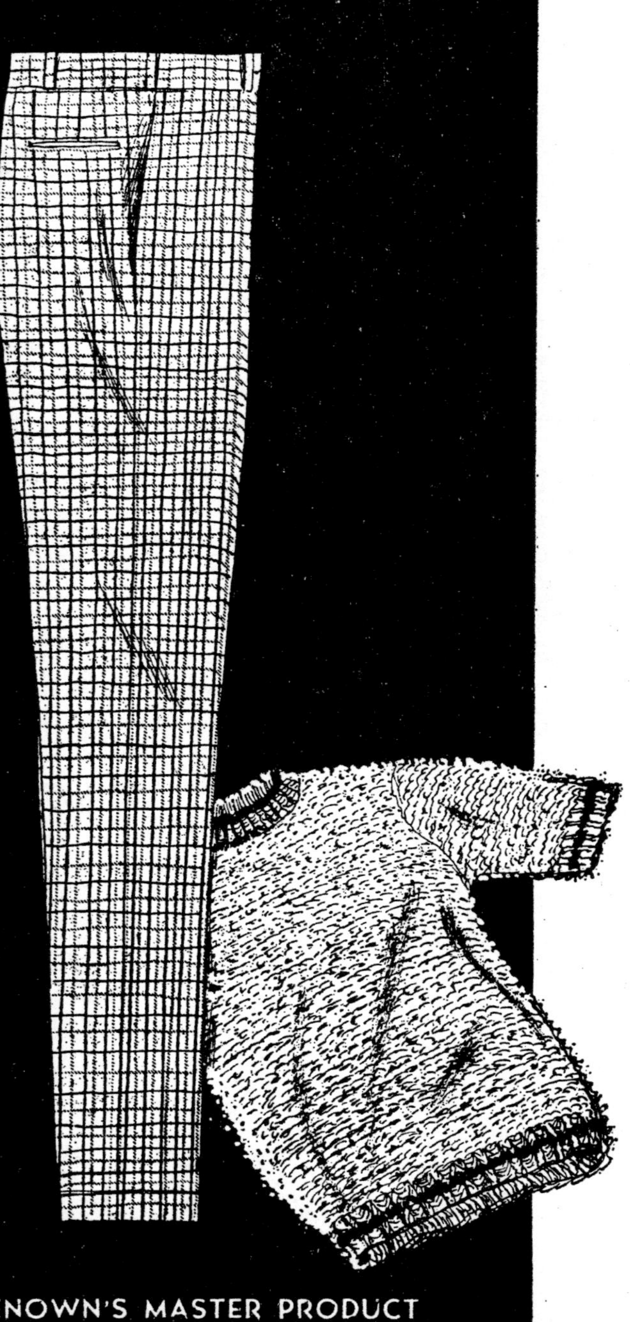

利南西衭

沈石田其人其畫

周士心

明朝嘉靖年間，吾吳王穉登著「國朝吳郡丹青志」中，共列蘇州名畫家二十五人，其中神品志祇得一人，即屬沈周（石田），附列三人是沈貞吉（石田伯父）、沈恒吉（石田父）及杜瓊（沈氏父子師）。妙品志四人，是宋克、唐寅、文徵明和文嘉，附列四人，爲文伯仁、張靈、朱生、周官。能品志四人，是夏昶、夏昺、周臣和仇英。逸品志三人，是劉珏、陳道復、陳栝。遺耆志三人，是黃公望、趙原、陳維允。棲旅志二人，是徐賁、張羽。還有閨秀志一人，即仇英之女杜陵內史。明代二百多年中，蘇州畫壇人才輩出，王氏只選了二十五人，而將沈周列爲神品，可以看到當時對這位石田先生的評價如何了。丹青志中又說：「沈周先生啓南，相城喬木，代禪吟寫，下逮僮隸，爲當代第一，山水、人物、花竹、禽魚，悉入神品。其畫自唐宋名流及勝國（元）諸賢，上下千載，縱橫百輩，先生兼總條貫，莫不攬其精微。每營一障，則長林巨壑，小市寒墟，高明委曲，風趣泠然，使夫覽者若雲霧生于屋中，山川集于几上，下視衆作，眞峼嶁耳！山輿入郭，多主慶云庵北寺水閣，掩扉掃榻，揮染不倦。公卿大夫，下逮緇徒賤隸，酬給無間。一時名士如唐寅、文壁之流，咸出龍門，往往致于風雲之表。信乎國朝畫苑，不知誰當并驅也！先生父恒，字恒吉。伯父貞，字貞吉。」

人謂眼差小，
又謂頤太窄，
我自不能知，
亦不知其失。
面目何足據，
但恐有失德，
苟且八十年，
今與死隔壁。
石田先生自贊

「贊曰：休矣煌煌乎沈先生之作，集厥大成，其諸金聲而玉振之者歟！二父庭聞，杜公私淑，其有以陶育之也夫，然青出于藍矣！允矣觀于海者難爲水也。處士淵孝，固一勺之多也。」

張丑「米庵鑒古百一詩」詠石田藝學云：

「石田蒼古狂仙迹，天繪樓頭入繭絲，絕勝荷香亭子樣，力能扛鼎足師資。」

傅維麟「明書」石田列傳中云：

「……至畫法蒼老，久而天下愈寶之，以爲北苑、巨然徐熙父子復出，元諸賢勿論也。」

沈石田生于蘇州府長洲縣相城，沈氏本來是長洲城裏的大族，到元朝末年，在沈石田的曾祖父沈良琛（蘭坡）手裏，遷居相城。相城在長洲縣北，距離蘇州城數十里，靠近陽城湖，離常熟虞山也不遠，是一個風景優美的水鄉。

現在將沈石田家的譜系列表如後：

- 沈良琛（蘭坡）—澄（孟淵）
  - 貞吉
  - 恒吉
    - 啓南（石田）
      - 雲鴻（先卒）—履
      - 復
    - 翊南
    - 維南

沈石田生于明宣德二年（公元一四二七年），書香一脈，在家除了受到祖父、伯父、父親的教育以外，又拜陳寬（孟賢）爲師。陳寬的父親陳繼，是石田的伯父和父親的老師，他們陳、沈兩家成爲兩代師生。也是一時佳話。陳、沈兩家都富于收藏，使石田耳濡目染的，都是名畫法書。石田後來又拜趙同魯爲師，趙字與哲，也是長洲人，山水涉筆高古，並精鑒賞。相傳石田學元四家，初仿倪云林不得要領，董其昌畫禪室隨筆有云：「沈石田每作迂翁畫，其師趙同魯輒呼之曰：又過矣，又過矣！蓋迂翁妙處，實不可學，啓南力勝於韻，故相去猶隔一塵也。」

沈石田晚年的畫，用墨神似吳鎮，沉鬱蒼茫。初學雲林，因爲他用筆較密，所以不似，但後來的得意之作，每介乎用力與不用力之間，若淡若疏，又和雲林的畫若相吻合了。

沈石田八十時，碧頤飄鬚，儼如神仙，精神矍鑠，作畫如常，直到正德四年（公元一五〇九年）八月二日病卒，享年八十三歲。那時他的長子雲鴻已先卒數年，由其次子復和長孫履，爲之營葬於相城附近，弟子文徵明撰行狀，老友王鏊爲書墓誌，有句云：「近自京師，遠至閩楚川廣，無不購求其蹟，以爲珍玩。風流文翰，照映一時，其亦盛矣！」

自從南宋以來，江浙一帶，生產繁盛，人口衆多，逐漸形成全國文化中心。元代末年，有許多文人，不願爲官，專門研究詩文書畫，以寄托身世發抒感慨，所謂元四家黃公望是常熟人，吳鎮是嘉興人，倪雲林是無錫人，王蒙是湖州人，他們的時代和石田相距極近，如黃公望，吳鎮同在元至正十四年（公元一三五四年）卒，距石田的生年只有七十餘年。倪雲林卒于明洪武七年（公元一三七四年），王蒙卒于洪武十八年（公元一三八五年）距石田的生年只有四五十年，而常熟、嘉興、無錫、湖州等地，和蘇州相距不及百里。所以四家的遺蹟，石田是看到很多的。沈石田家裏便曾收藏有黃公望的「富春山居圖卷」，王蒙曾爲石田之祖蘭坡畫山水。石田的至友吳寬收藏極富，石田的親家史鑑，都是在歷史上有名的鑑賞家，這些豐富的藏品，都是沈石田時常欣賞和臨摹的資料。所以沈石田見聞廣博，取資高深，對于歷代繪畫的優良技法，能加以繼承和發展。

根據文徵明題石田畫，說石田早年畫學王蒙及黃公望，既而無所不學，皆逼眞蹟。少時所作「率盈尺小景，至四十外，始拓爲大幅，粗枝大葉，草草而成。雖天眞爛發，而規度點染，不復向時精工矣。」

董其昌說：「石田先生于勝國諸賢名蹟，無不摹寫，亦絕相似，或出其上。」

李日華「六硯齋筆記」中也說：「石田繪事，中年以子久（黃公望）爲宗，晚乃醉心梅道人（吳鎮），酣肆融洽，雜梅老眞蹟中有不復能辨者。」石田畫之得力于黃公望，最顯明的是筆力堅實，條如鐵線，茂密雄健。他仿黃大痴筆意的畫很多，有一幅自題云：「畫在大痴境中，詩在大痴境外，恰好百二十年。翻身出世作怪。」這便儼然以黃大痴第二自居了。清惲南田說：「黃翁畫爲勝國之賢之冠，後惟沈啓南得其雄渾，董

山水冊頁　沈周七十五歲時作

文敏得其秀逸。」

沈石田在四十歲以後，由於求畫者衆多，應接不暇，所以漸畫大幅，常有粗枝大葉之作，但也有精致的作品，因此傳世的沈畫，就有粗筆、細筆兩種，名爲「粗沈」、「細沈」，因爲細筆流傳較少，更顯名貴。

沈石田在明成化二十年自號白石翁，金琮爲製「白石翁」印，那年沈石田是五十八歲。他雖從元四家獲得技法，但他別有本色，形成獨特的風格。所謂詩書畫本是綜合藝術，畫上題詩，猶之花草得水潤澤，更增生動。石田題畫詩詩意清新，書法奇崛，可稱三絕。這些畫在在表示了作者的學問深邃，性情敦厚，胸襟坦率，後人望塵莫及。

石田的畫藝精博，是畫苑中的全才，當時他的好友吳寬說：「近時畫家可以及此者惟錢塘戴文進一人，然文進之能，止于畫耳！若夫吮墨之餘，綴以短句，隨物賦形，各極其趣，則石翁當獨步于今日也。」戴進號靜庵，明初徵入畫院，稱「國初畫院第一手」，王世貞也說：「錢塘戴文進，生前作畫不能買一飽是小厄，後百年吳中聲價漸不敵相城翁是大厄。」這說明了自沈石田得名後，戴進就黯然失色了。

蘇州是明代絲織業的中心，松江是棉織業的中心，常熟、太倉則密邇蘇州。浙江省的嘉興、湖州一帶，靠近蘇州，生活風土相同，所以當時的蘇州，可以說是明朝文化的中心。當時的蘇州人，對于古玩書畫，都極愛好，悉心研究，有的成爲收藏家，有的成爲鑑賞家，有的築園圃，好賓客，隱居不事王侯，有的便以書畫名家，明末的陳眉公，曾稱這種生活爲「吳趣」。石田累世習儒業，遂以詩畫擅名，成爲吳郡文壇的領袖。他又喜獎掖後進，門生衆多，流風所趨，形成了「吳門畫派」，畫風普及全國，所以在明代中期和末期，完全成爲吳派的天下，而明代四大畫家中，允以沈石田爲首，也是爲後世所公認的。

沈石田文徵明雙松圖卷

道載文

世人皆知黃大痴、王叔明、倪雲林、吳仲圭為元、明以來畫壇四大領袖，而在明初時期，梅道人（仲圭別號）的畫法，是要突過黃、王、倪三家的。其故在吳仲圭將他的衣鉢傳給九龍山人王紱、王再傳夏仲昭、劉庭美、杜瓊、沈石田等這一系列的畫家。從洪武、永樂開始，直到成化、弘治年間，都是梅道人畫派的天下。沈石田、文徵明師生都宗法梅道人，奉為圭臬，近見沈、文雙松圖卷，更足為此說確切的證明。

沈石田畫松橫幅，紙本，縱二七公分，橫一〇四公分，作於成化庚子（公元一四八〇年）冬月，是年沈石田五十四歲。文徵明畫松橫幅，紙本，縱二七·五公分，橫八十九公分，較沈畫稍短，作於嘉靖庚子（一五四〇年）秋日，是年文徵明七十一歲。卷後共有題詠跋文十二則，對於此兩幅畫如何合成一起，有極詳盡的記載和贊美之詞。

梅曾亮題畫記

首先應介紹擁有此圖卷的黃氏父子，父黃輔辰，清貴筑人，字琴塢，道光進士，官吏部郎中。咸豐間，發山西以道員用，尋依川督駱秉章，為陝撫劉蓉畫屯田之策，凡朞年，墾田十八萬畝。會回捻交訌，地方不靖，輔辰編查保甲，嚴辦省防，奸宄斂跡，民得安堵，以積勞卒。有小酉山房文集。子黃彭年，字子壽，道光進士，官至湖北布政使，生平邃於學，嘗執教保定蓮池書院，著有陶樓詩文集等。黃輔辰還在圖卷後作一跋，說明獲得此卷經過：「沈文皆長洲人，石田詩集有與文宗儒唱酬諸什。文畫初學石田，兩家世好淵源如此。文自題臨梅道人本，沈未詳所仿，玩詩中像作一語，其為臨本無疑。又沈題梅花道人臨東坡風篠詩云：『梅菴載翻新墨香，捕風捉影老手健。』又云：『今人古人不相見，遺跡宛然人未亡。』足以知瓣香所自矣。沈文皆享高年，豈真所謂松千丈，歲須千耶？沈卷成于前明成化庚子，文卷成于嘉靖庚子，禪鐙相證，殆有奇緣！越五庚子，余適得文卷，近劉寬夫御史復為覓得沈卷；計自成化庚子，迄今三百六十九年，兩卷合歸于余，但未識仲圭原本，是否尚存人間，不勝大輅椎輪之想。道光戊申（一八四八）仲冬，貴筑黃輔辰記，命猶子禩年書。」黃輔辰得了沈文合卷，還想得仲圭原本，其望何其奢也！

黃文中所說為黃覓得沈卷的劉寬夫御史，清大興人，名位坦，藏書極富，名其居曰君子館，又曰館祖齋，題長詩曰：「梅詩畫竹兼畫松，畫松衣鉢幾塵封，遙承法乳得文沈，溈山仰止同一宗。沈畫松年文尚稚，文畫松年沈先逝（註畧），天幹地枝適周輪，璧合珠聯尤㤝事。琴翁愛畫吾同心，平生喜駿輕黃金，先奇復偶數前定，珍藏秘閣香雲深。快哉一遇眞千載，晚歲相看兩不改，壽骨君如黃一峯，巧合吾憐孫北海。（孫北海有庚子消夏記，今孫公園即雙籐書屋舊址，吾

劉位坦題畫詩

來卜居適亦歲在庚子。）庚子何多書畫緣，後生豈必讓前賢，乃郎志學汝灝許，神溯永元困頓年。（子壽治鄦氏學，因及之，用說文後叙中庚子事。）快壻如斯吾願足，松緣佳話眞堪錄，欲化嘉名三友奇，請仿梅師補石竹。（謂吳喬二壻初識子壽在報國寺松下顧祠，後由喬壻執柯爲婚，眞松緣也。）原來劉寬夫和黃輔辰還是兒女親家，黃的兒子子壽，是劉御史的東床快壻。

梅曾亮，上元人，字伯言，道光進士，官戶部郎中。少喜駢文，晚治古文，學挑惜抱，得桐城神韻。他題此畫時在道光已酉（一八四九）七月，所作的就是桐城派文字，文曰：「此橫卷二軸，沈文兩先生合摹之，奇雄古蒼，潤之各勝，作畫與得畫年，甲子之適符，子貞、寬夫、作甫之詩文具詳之矣。余獨念兩先生生明代熙平之時，而同爲東吳高臥之士，丹青閱世，優游於老，福其胸中，頹然魄然，直深山中一木石焉。而與爲寄也，故肖物而盡得其神理也如是。梓慶之爲鐵也無，公朝其巧專而外滑消，兩先生之謂歟？道光已酉七月，琴塢尊兄出此見示因識。」

沈文碕長洲人石田詩集有與文宗儒唱酬諸什文畫初學石田兩家淵源如此﹅兩卷文自題臨梅道人本沈未詳所仿玩詩中傑作一語其爲臨本無疑又沈題梅花道人瑞東坡風藻詩云梅菴載翻新墨香補風投影老手健又云今人古人不相見遺跡宛然人未已足以知辭意所自矣沈文皆享高年豈真所謂松千丈歲須千年耶沈卷成于前明成化庚子文卷成于嘉靖庚子禪鐙相證殆有奇緣越五庚子余適得文卷近劉寬夫御史復爲覓得沈卷計自成化庚子迄今三百六十九年兩卷合歸于余但未識仲圭原本是否尚存人間不勝大輅椎輪之想道光戊申仲冬貴筑黃輔辰記命猶子棋年書

黃輔辰題畫記

莫友芝，清獨山人，字子偲，道光舉人，性淡泊，是晚清一位金石目錄專家，治詩尤精，工眞行篆隸各書體，客曾國藩幕最久，特爲作古松雙卷歌云：「展君衡山之古松，如對石翁老匏送行卷，（石田翁贈吳匏庵行長卷，曾見之滇生許先生所）松根石氣橫入天，幻出林巖眼中見，長洲師友神骨同，不信乃自梅花翁，翻身作怪大奇事，題者居然沈周字，（石田有仿大痴畫題偈云：恰好二百年來，翻身出世作怪。）一代中間兩庚子，雙龍盤拏飛欲起，當時落筆兩不謀，爪鬣之間竟相似。誰言白石翁，非效吳仲圭，何不自題句，但寫子美詩。　琴老天機今沈文，畫祖况與吳興親，成嘉恰更五庚子，雙圖劍合如有神。安知祖本不在世，會與鼎足成芳隣。天風怒濤裂蒼石，恍坐泰封岱雲之絕壁，雲中拍手東方生，指我蓬壺好將息。滄波傾洞乏羽翼，安得此松擲作雙白虹，提爾陸剸水斷尋僊蹤。咸豐庚申（一八六〇）春二月屬草，八月趙州試院重錄似教。」莫友芝的字從章草變化，大有碑意。歌作古風，別具氣勢。

趙烈文也是曾國藩的幕中人，著有能

莫友芝題畫長歌

靜居日記。等他爲此圖卷作長歌時，黃輔辰已歸道山，畫主屬於黃子壽了。歌曰：「幽人胸有千

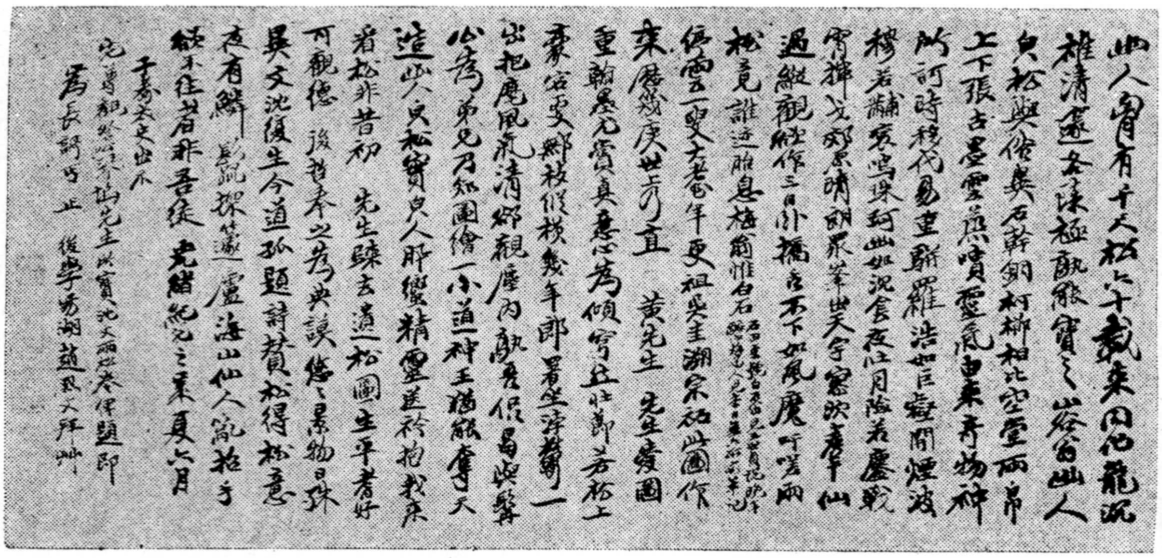

趙烈文題畫長歌

尺松，六十載來同化龍，沉雄淸邃各臻極，孰能寶之山谷翁。幽人貞松與俗異，石幹銅柯榆相比，空堂兩帛上下張，古墨雲蒸噴靈氣。由來奇物神所訶，時移代易重駢羅，浩如巨壑開烟波，穆若黼衮鳴珠珂。幽如沉陰夜吐月，險若鏖戰宵揮戈，郊原晴朗衆峯出，天宇寥須羣仙過。縱觀欲作三日臥，撟舌不下如風魔，吁嗟兩松竟誰迹，胎息梅翁惟白石。（石田更號白石翁，見王世貞說。晚年醉心梅道人見李日華六研齋筆記。）停雲一叟大耋年，更祖吳圭溯宗祀，此圖作來歷幾庚，世上乃直黃先生。先生愛圖重翰墨，尤賞眞意心爲傾，穹然壯節若松上，豪宕更無枝縱橫。幾年郎署坐涔鬱，一出把麈風氣淸，却觀塵內孰吾侶，曷與髯公爲弟兄。乃知圖繪一小道，神王猶能奪天造，幽人貞松實貞人，晬蠻精靈送衿抱。我來看松非昔初，先生歸去遺松圖，生平嗜好可觀德，後哲奉之爲典謨。悠悠景物日殊異，文沈復生今道孤，題詩贊松得松意，夜有鱗鬣探篷廬；海山仙人亂招手，欲不往者非吾徒。」趙烈文不以詩名，但這首長歌形容得很貼切。

但此圖卷亦未能爲黃氏父子永寶，後乃落入陳夔龍之手。陳歷任湖廣總督、北洋大臣，號庸庵，也是貴州人。陳早年在京師獲交黃氏後人，得見此卷。後任京兆尹時，値拳匪之亂，此圖落入廠甸，無力購買。三十六年後，陳隱居上海，始購入此卷，作五古跋卷後，成爲一首故事詩。曰：「昔作上京游，獲交黃叔度（謂再同太史），本是同年生，云中望鄉樹。且蘭數人物，文采重淸門，示我雙松卷，祖硯治謀孫。石田一著手，濤聲鳴謖謖，衡山復繼之，蒼翠溢尺幅。後先六十年，成嘉兩庚子，異代霜雪姿，歲寒皆不死。庚子我尹京，此圖落廠甸，拳禍困危城，無力資藻鑒。忽忽卅六載，棲隱滬江潯，有客抱松至，濯濯老龍鱗。淸風與明月，安得一錢買，典我金貂裘，不恤添舊債。卷內諸詩伯，咳唾珠玉霏，鄭莫筆兩枝，是我鄉先輩。楚弓仍楚得，此事非偶然，黃家三世守，陳氏一壑專。弆我花近樓，萬壑聲震瓦，何當北窗臥，夢不離松下。乙亥（一九三五）六月，貴陽陳夔龍庸庵時年七十有九。」詩中所指的鄭莫筆兩枝是鄭子尹，名珍，遵義人，與獨山莫友芝齊名，時稱鄭莫。

陳夔龍逝世後，其嗣子名子康，無法維持，乃盡出老父所藏書畫，陸續出售，此卷即在其中，題詠殆遍，海外喜見此稀世圖品，因並誌之。

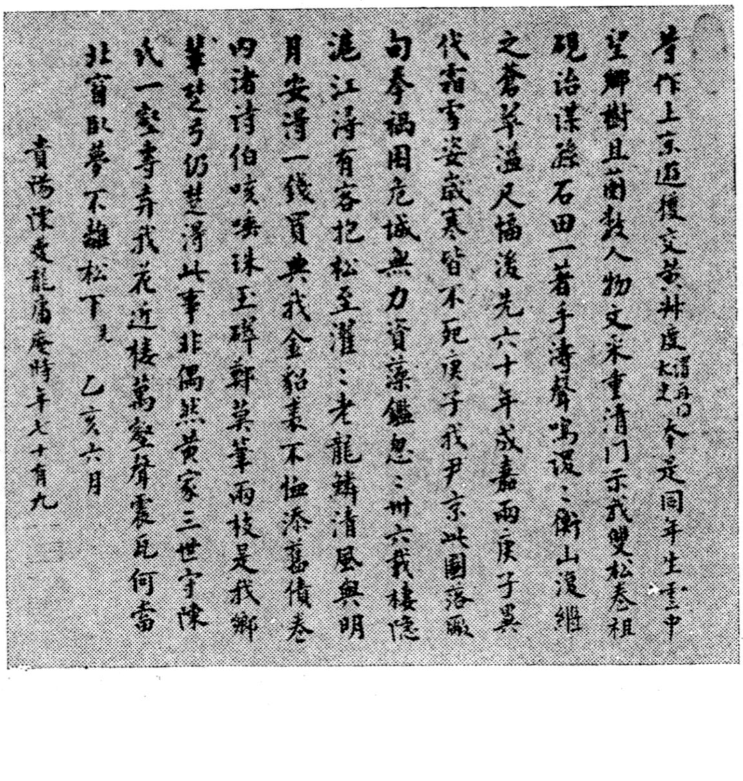

陳夔龍題畫五古

仿大癡道人山水　沈　周畫

（現藏上海市博物館）

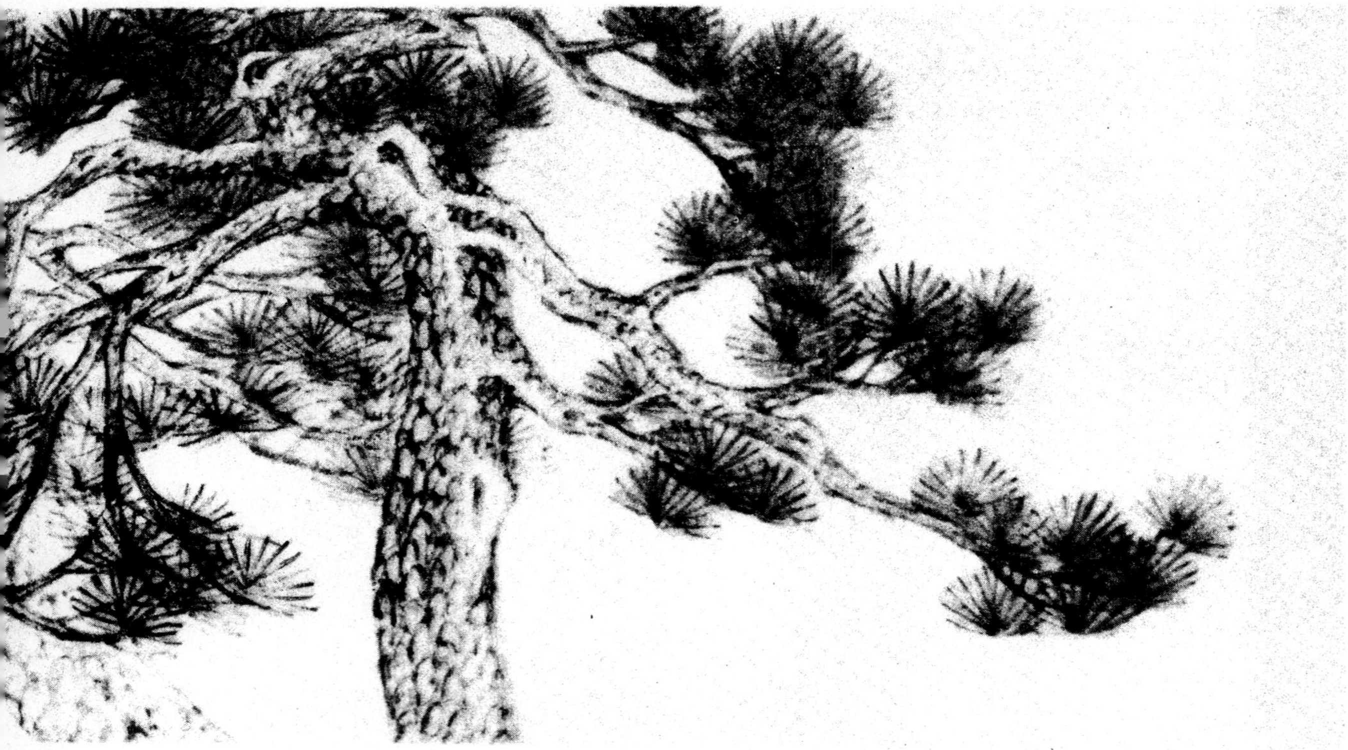

雙松圖卷

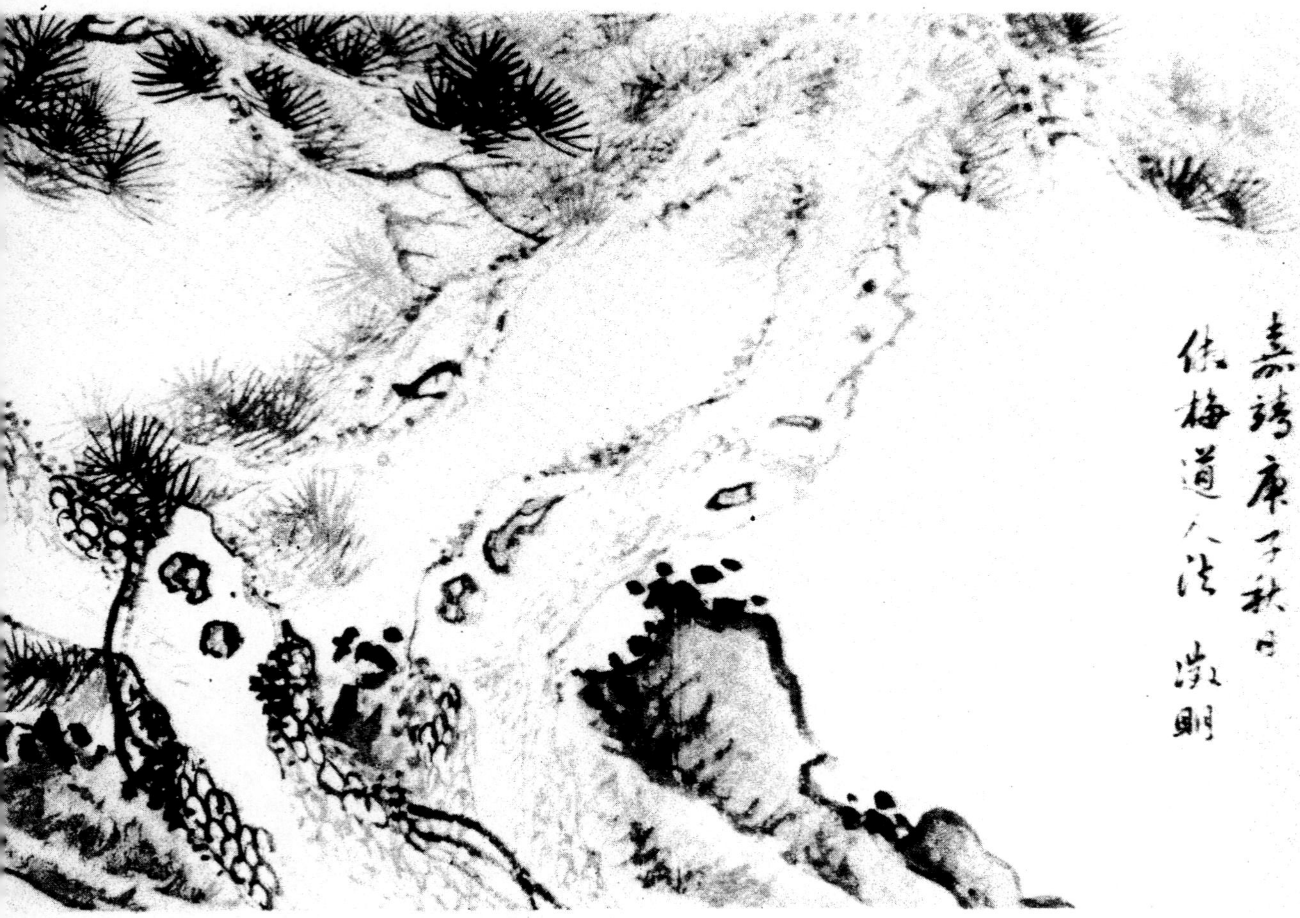

此雙松圖卷，沈卷作於成化庚子，文
後得沈畫，大喜過望，奉為雙璧。蓋沈

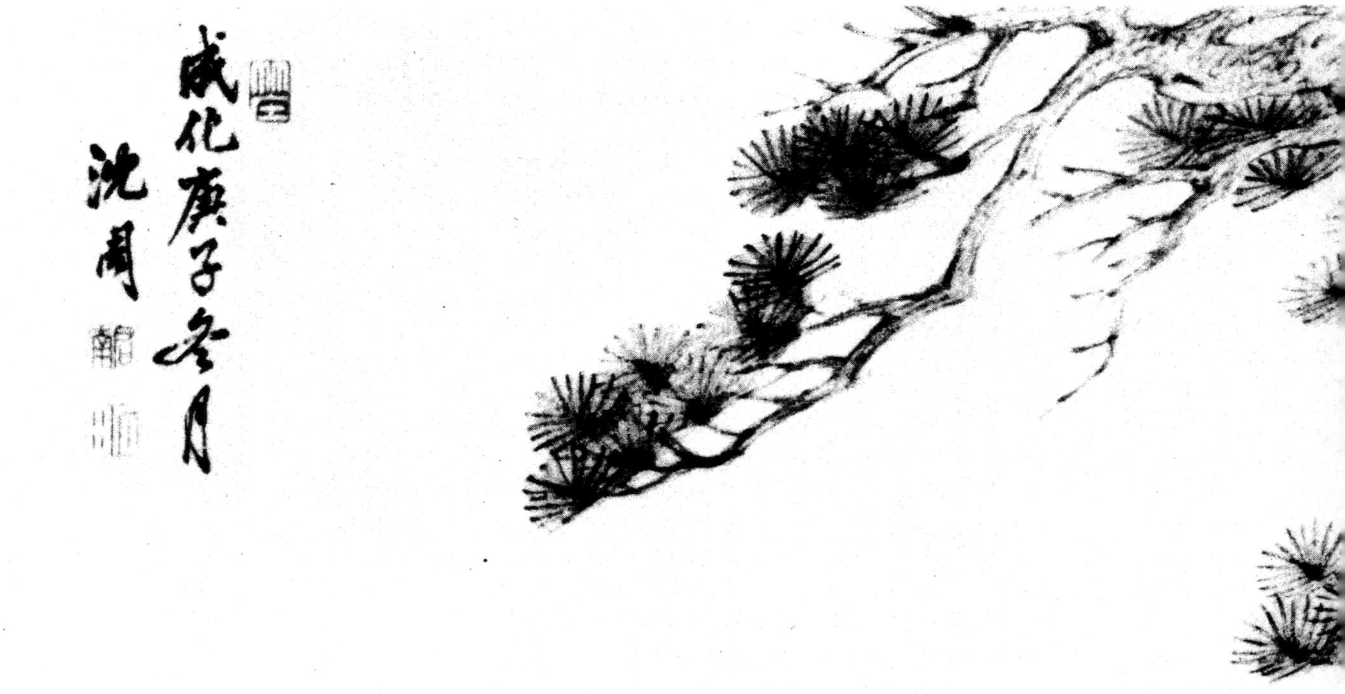

定齋藏

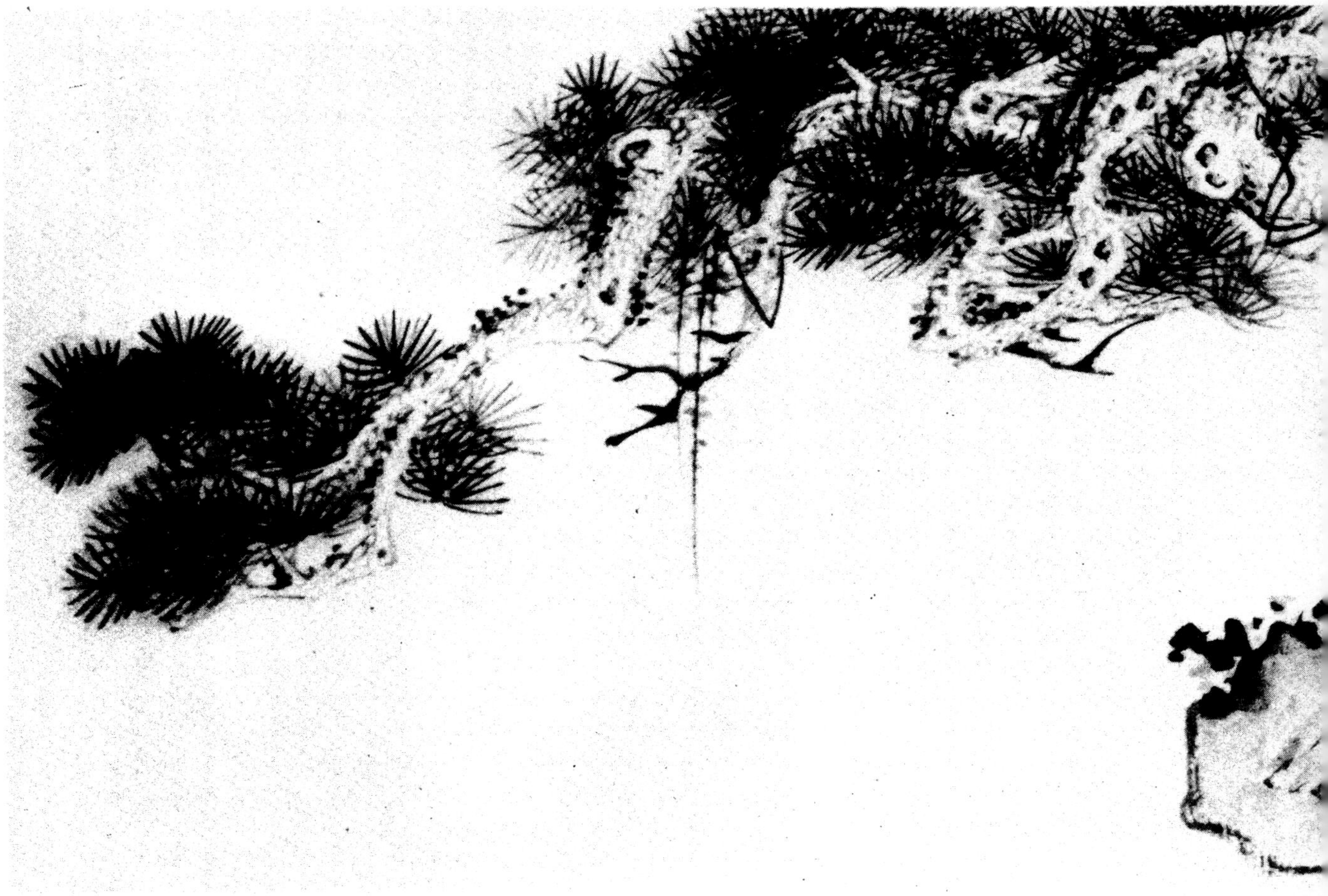

子，無獨有偶。貴筑黃氏，先得文畫，
章道德，冠絕人群，可稱畫中兩瑞也。

連夕對月圖　文徵明畫　定齋藏

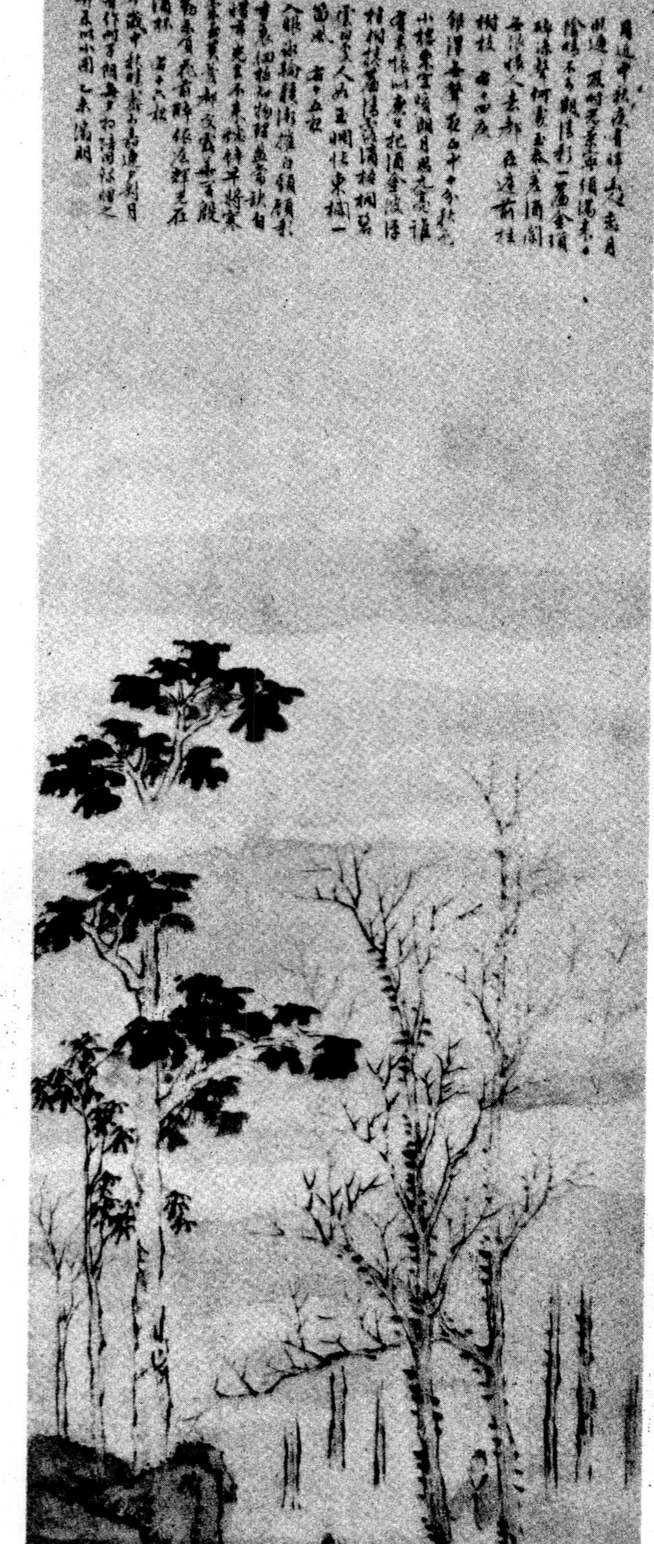

文徵明題畫詩

月近中秋夜有暉，山人戀月臥遲遲，及時光景寧須滿，來日陰晴不可期。清影一簾金瑣碎，涼聲何處玉參差。酒闌無限懷人意，都在庭前桂樹枝。（右十四夜）

銀漢無聲夜正中，十分秋色小樓東。空瞻朗月思元亮，誰有高懷似庾公。把酒金波浮桂樹，捲簾清露滴梧桐。碧雲何處人似玉，惆悵東來一笛風。（右十五夜）

入眼冰輪積漸摧，白頭顧影重裴徊；極知物理盈當缺，自惜年光去不來！蟋蟀早將寒氣至，芙蓉都受露華開。殷勤未負花前醉，依舊輝光在酒杯。（右十六夜）

沈石田故事

范烟橋

中國的畫，到了明朝正德年間，才有「吳派」的名稱，論到吳派畫藝，應推沈石田爲領袖。石田名周，家在蘇州齊門外相城，他素性好靜，在閶門城外置了一個小小的庭園，種植花木，名爲「有竹居」。他難得到城裏去，可是他家裏還是門庭若市，問學求畫的絡繹不絕。

他家是世代畫家，從曾祖起，代代都能繪畫。他的父親恒吉，山水學當時大畫家杜瓊，輕靈瀟洒，不在宋元諸家下。他的伯父貞吉是學董源的，兄弟倆吟詩作畫，深相契合。石田從小就受到淵源的家學，又從陳孟賢讀書。十一歲，隨他父親到南京，做了一百韻的長詩，獻給戶部侍郎崔恭。崔看了詩後。不信爲十一齡童子所作，堅要面試，石田毫不胆怯，到崔恭面前，請崔出題。崔恭命他作一篇南京古蹟的「鳳凰台歌」，他略加思索，只費了半天工夫就寫成了，崔恭大爲激賞。

沈石田幷不因此自滿，相反更努力了。到了中年，學問已經很廣博，但是他把功名却看得很淡，中了秀才，只考了一次鄉試，沒有中式，就絕意科舉，專心學畫。在他二十七歲那年，蘇州知府汪滸，佩服他的道德、文章，要荐他應「賢良」科，他堅謝不去，並說：「先君棄養甚早，老母與我相依爲命，恕我不能遠離膝下。」這樣更使人崇敬他的品格。

沈石田比祝枝山大三十三歲，比唐伯虎大四十四歲，却非常謙虛，和他們結爲忘年交，常把詩、書、畫互相觀摩。石田年輕時，只作盈尺小幅，有人問他，爲什麽這樣拘謹？他說：「初學時還是篇幅小一些易於掌握，要修改，也不難。畫了大幅，覺得不好，修改就費事了！」因此他的小品，一經分辨，都是以大手筆出之。到他四十歲以後，自己覺得蓄積已富，胸襟舒展，才拓爲大幅，隨意揮灑，粗看好像很潦草，細看却章法井然，筆墨渾厚雄健。當唐伯虎、文徵明從游之時，他的畫已經達到爐火純青的境界，因此唐、文都得到他很多的好處。

沈石田的詩師法白居易、蘇東坡、陸放翁；他的字學黃山谷，都有相當的造詣。他出門的範圍不廣，足迹所至，但在江浙之間，但是他看了許多唐、宋、元歷代大家的眞跡，讀書又多，筆下自然開朗。數江、浙山水，他以爲常熟的虞山最好，四時之景，各有妙處。他和吳匏庵游虞山，畫了一幅「虞山劍門圖」，題詩有「虞山我鄰壤，欲往路非遙」之句。他最愛重梁昭明太子在虞山手植的七株檜樹，其中三株是舊物，四株是後人補植的，他共有「虞山古檜圖」、「虞山七星檜圖」、「三檜圖」、「雙檜圖」等圖記。那幅「雙檜圖」有兩丈多長，一尺多高，水墨繪成，瑰奇蒼勁，筆力直透紙背。題詩有「老去登臨誇健在，舊游山水喜重來。」虞山地方，他是一到再到，眞正達到心領神會之境，所以才有此傑作。後來吳派傳人，如四王、吳、惲，都把虞山作爲範本；虞山雖不高大，但丘壑林木，深邃淵穆，有看不盡的妙處。

有一天，祝枝山和唐伯虎到有竹居去拜訪沈石田，沈家人回說：「蘇州知府要他去，他進城去了。」兩人以爲是尋常應酬，不以爲意，就回去了。途中，忽然看見石田迎面走來，兩人上前行禮，石田請他們重入室內，告訴他們：「剛才蘇州知府曹鳳喚我去，要我給他畫官舍的牆壁，所以失迎了。」祝枝山聽了還以爲請石田去指點、策劃的，就說：「這些小事，隨便請人打個稿子就行了，何必勞動老先生；就是老先生打了稿子，那些畫匠也畫不好啊！」石田笑說：「他不僅是要我給他打稿子，還要我親自動筆繪畫呢。」唐伯虎聽了發怒說：「豈有此理！難道他沒有

三檜圖　沈周畫

聽見過先生的大名嗎？」石田說：「這也難怪，他初到蘇州，人地生疏，他要畫壁，就問屬吏，蘇州畫工誰人最好？屬吏把我的名字提了出去，他就一聲傳喚，差吏唯命是聽，就把我傳喚得去了。」唐伯虎說：「老先生你就這樣去見他嗎？」石田說：「他是我們老百姓的父母官，又要畫官舍，理應去當這個差啊。」祝枝山說：「他這樣屈辱老先生，我們也不依的。」唐伯虎說：「我們去找鄉紳父老，給你去說明，老先生可以算得是開國以來第一位詩畫大家，以前汪知府要荐老先生應賢良科，老先生堅執不去，汪知府都不敢勉强，何物曹知府，竟敢叫老先生去畫壁？」石田說：「你們二位過於抬舉我了，我生平沒有向人請求什麽，爲了這一點小事，去看人顏色、仰人鼻息，那又何必呢？不是更添恥辱嗎？」唐伯虎說：「畫壁是要攀高俯下的，老先生上了年紀，如何受得住呢？」石田說：「今天我已經應了卯，畫了一個輪廓，還不覺得辛苦，大約不到十天，就可以完工交差了。」祝、唐二人見沈石田對此事處之泰然，便不再言語。一回城裏，就和人說起，引得茶坊酒肆，人人談論，說這位曹知府，有眼不識泰山，竟把一位名畫家找去幹畫匠漆工的事，眞正委屈煞老先生了。

後來，曹知府到京裏去，吏部堂官屠太宰見了曹知府就問：「蘇州的沈石田先生起居如何？」曹鳳回答不出，只能含糊說：「還好，還好！」再去見相國李東陽，也問：沈先生有沒有教你帶信給我？」曹鳳吃驚地回說：「沒有」，可是心上已經有些惴惴不安了，心想這沈石田是怎樣了不起的人物？上司們都要問他，于是去見侍郎吳寬。吳寬字匏庵，也是蘇州人，曹鳳想他一定知道沈石田，就向吳寬問訊：「屠太宰和李相國異口同聲都問沈石田，這沈石田到底是怎樣的一個人物？卑職在蘇州都沒有見過此人！」吳寬冷笑說：「父母官眼高于頂，莫怪不認識這位老先生了，此公在蘇州是婦孺皆知，詩書畫三絕，乃是當今數一數二的人物，還是位孝子，地方官哪一個不尊敬他，便是下官回到蘇州去，也一定要登門拜訪他的。」羞得那知府曹鳳面紅耳赤，還不敢把召喚沈石田畫壁的事說出來，只好連聲稱是，借別的事岔了開去。過了幾天，曹鳳回到蘇州任上，急忙到石田家裏，負荆請罪，請沈石田寬恕他，此事在蘇州一時傳爲笑談。後來吳修「論畫絕句」有詠石田往役畫壁詩曰：「藝兼三絕重高名，一代南宗集大成，不信畫牆猶往役，至今人說沈先生。」

沈石田對待一切的人都是很謙和的，尤其是清貧的，更肯濟人之急。有一個賣畫爲生的貧士，平時的畫件潤筆很低，除非不講究名望的人，才來向他請教，潤資所得，勉可度日而已。忽然他的母親生了病，而他還無力娶妻，只好由自己來服侍老母，因之不能作畫，生活陷入窘境。此人忽然異想天開，模仿石田的筆法，畫了一幅山水，去求石田給他題上幾個字，以抬高這幅畫的身價，因爲想多賣些錢。他拿了畫去見石田，吞吞吐吐地說明了來意，石田把畫看了一看就說：「你的畫很有工夫，樹石的筆法和我很近，要是見我的畫不多的人，很可以充得過去，不如索性題了我的欵，或許能夠當作眞的賣去。」當下署署修飾幾處，題上「沈周」兩字，蓋上圖章，還給此人。此人道謝而去，過了幾天，此人又再登門說：「那幅畫果然賣了二十兩銀子，老母有了營養之費，心境寬裕，病也好了。」叩首致意，石田笑辭之。

還有一次，一個書畫商人賣掉了一張沈石田的假畫，後來買主請人鑒別，看出來是假的，便和書畫商人理論，要索還畫價。書畫商人急了，來見石田，求他從中調解，並說：「實在我也認不準，當它眞的買下來的，請老先生勸勸買主，不要認眞，我已把錢用掉了，如何賠得起呢？」石田答應了，叮囑他去找買主，帶這幅畫來。石田打開畫來，仔細端詳一番後說：「這畫確是我自己畫的，不過當時畫得草率了些！」買主聽說沈石田承認這畫是他畫的，已經很滿意了，就此片言解圍。

沈石田性情和易近人，胸襟廓落，歡喜施與，濟人之難，親戚朋友有求無不應，所以他家無餘財。相傳隣家失了東西，誤認石田家的東西爲己有，石田便把東西送過去。後來隣家發現失物，又把石田家的東西送還，石田只笑說「這不是你家的東西嗎？」絕不追問事情的究竟。又有一次，石田重價買了一部古書，放在書房裏，有個朋友見了，認出是他家遺失的舊書，並說出此書某一卷中所談某事，打開一看，果有此事，石田便將此書還給這個朋友，而始終不提賣書給他的人姓甚名誰。

沈石田曾經寫成三十首落花詩，當時唱和的人，只是挑幾首韵脚容易押的和幾首，獨有唐伯虎却完全和三十首詩，沈石田很佩服唐伯虎的才思敏捷，但是唐伯虎的詩和沈石田的詩不同，沈石田的詩和他的畫一樣，也是既細且密的，而唐伯虎却是不怎麽經心推敲的。後人說：沈石田享上壽而唐伯虎祇活了五十四歲的分別即在此。

沈石田從小受到優越的教養，性情敦厚。孝于父母，篤于友誼。因父親好客，往往留朋友飲酒至醉，石田不能飲，但爲了陪侍親友盡禮，博堂上一笑，也常勉强飲酒至醉。他每天侍奉母親張氏寢膳，備極恭敬，母親若外出，他必陪侍左右。當他母親的女友家被焚時，他便請客人住到自己家裏，和母親在一起，直養到她老死。他的母親活到九十九歲才去世，那時，石田也已八十一歲了，還是哀痛萬分，許多朋友來吊唁、勸慰。他說：「母親雖享此大年，可是我心未盡，總感到哀痛的。」孺慕之思，雖老未已！其幼弟繼南，少年時得瘵疾不內宿，他和兄弟住在一起年餘，他的孝友，也爲人稱道不止。他活到八十三歲去世，領導吳派畫藝的以他爲最久，影響後學也最大。

申報與史量才

望平街憶舊

胡憨珠

申報的股東陣容堂堂，有張季直、應季中、趙竹君、熊希齡、程德全、沈信卿等，史量才總攬大權，一切報館業務，經濟調度都歸他執掌。後來席子佩以背信罪，控訴史量才於公共租界會審公堂，大打官司。史量才曾被覊押，最後再補償席子佩二十四萬五千兩銀子了結此案，這是史量才一生中的奇恥大辱。

要知中國近代有關新聞事業方面的「報學史」著述專書，當以戈公振所著的一本「中國報學史」為代表作。戈氏撰著此書的動機，那是他當年應江亢虎之聘，任担南方大學新增設的一項新聞學系教席應用所編的講義。一時造成黃天鵬、湯德民、朱雨軒、許心一等一班新聞記者的專門人才，也使望平街上平添一班為新聞作戰的新鬥士。及南方大學停辦，戈氏即將該新聞史學的全部講義予以補充，重新改編。同時，他又作考察新聞事業的歐洲之遊，遍訪歐洲各國的報業現狀，摭拾見聞，雜入其間，遂完成這本「中國報學史」一書。猶記該書出版之日，戈君曾惠贈一冊，讀後覺得他對於望平街的現存各報，調查雖周，博訪亦密，惜乎記述欠詳。不久的某次我們相逢樽前，曾率直地以此意告之。戈氏低聲笑對我說：「難言也，難言也，兄知我是個拘拘謹謹的小心人，平生最怕多言有失，不如少說為妙。與其招來無名的怨尤，還是在書上缺少點的較好，所以有關申報之事，便不多記述了。」

申報

SHUN PAO

南通張狀元為申報親題報眉

當時深深感覺戈氏的言之成理，倘使他秉筆直書當年申報糾紛事件的眞實情由，這對他而言，實在下筆不易。因為他對雙方都是相識的朋友，席子佩此時所經營的新申報，雖已告易手，但是人却健在。至於史量才所主持的申報，不管廣告收入和報紙銷數趨勢越發旺盛。尤其是戈遊歐歸國，史氏即延之進入申報主編附刊的畫報，則又多增一層賓主之情，更難於說公道話了。平心而論，席、史兩人，各有不是之處。席子佩的存心不良，手段毒辣，史量才的盛氣淩人，樹怨太多。因此，演變成這一場爭奪申報主權的糾紛事件，以致對簿公庭，終於法律解决。若論結果，席子佩打擊史量才那是損人固重，利己不大。史量才的抵抗席子佩棋差一着，處處吃虧，幾至於瀕臨毀家的地步。對他的這一場官司所費和一筆賠償所負，據說總共損失的數字約有八十萬兩銀子之多。不過他藉此因欠債關係，幾個股東老板被嚇得放棄股東權利，他却謀取得申報的整個主權，為他一人所獨有。更於此一年中，申報所獲盈利，收回全部損失而有餘。是亦古諺所謂「塞翁失馬，焉知非福」了。

要說史量才接盤申報，該從時在北京的一班中國共和黨的中堅人物，促成史出面受盤申報話起。原來史量才自熊希齡從北京南來上海，經張謇、應季中、趙竹君等介紹，由相識而成相知。實因熊氏對史量才的幹練有為，非常賞識。極想留為己用，為他們所組織的共和黨效勞，所以他對史量才竭力籠絡。竟至把他介紹給共和黨幾個黨中央人物梁啓超、湯化龍、林長民三大巨頭，發生聯繫關係。雖然，當時的梁任公還是以亡命之身，遠處日本。但終因熊希齡常於通函中的時說項斯，早把史量才的辦事能幹深印腦海了。

清廷政府，自從甲午風雲以後，喪師辱國，割地求和。造成在有清一代，列强對中國的國恥史上，又增加巨大的一頁。繼之而來的乃有康有為、梁啓超師生等「公車上書」之事。於是清廷政府還有力圖維新，勵行新政的諸般措施，付諸實現。但是終因清廷統治者的西太后、光緒帝的母子間，發生新舊政見上的矛盾，從而朝中的新舊官僚間，發生權力和利益上的衝突。最後結果，演變而成為「戊戌政變」的一幕悲劇。當時被認為康梁黨羽的康廣仁、林旭等六人被刑戮首於菜市口外，康梁師生亡命海外。雖然他們師生所謀未遂，但是所倡導的君主立憲之論，大為新派人士所激賞。於是由湯化龍、林長民等效法君主立憲國家有政黨的設置。遂亦私下有共和黨的秘密組織之舉，原擬奉黎元洪為黨魁。黎氏時以陸軍協統軍職，駐紮武昌，因胆小畏禍，固辭不就。結果共和黨把奉黨魁制改成為梁啓超、湯化龍、林長民、熊希齡等數人為中心的委員制。

及辛亥革命民國成立之後。湯化龍即以中國共和黨黨中央的名義，發出一紙命令式的電報，通知史量才必須在上海創辦一家報館，作為本黨的宣傳機關。新創辦的報館固好，舊開設的報館亦無妨，最緊要的一點，即為在最短期間，促其實現。但是，對於這報館新的開辦經費如何，舊的盤價之費怎樣，則電文上邊不着一字。好像湯化龍知道史量才已經發了大財一般，大有着令他為黨報効之概。他們實不知道史量才的為人，對於錢財一物，非常重視，一向抱定撲滿政策。所謂「撲滿」那是小孩子們所玩的一種儲蓄零錢的瓦罐，只能把零錢投入罐裏，却不可能傾倒出來使用。如果想要把撲滿裏的銀錢傾倒出來，則非要把撲滿打破不可。這次湯化龍要史量才出錢辦報，實是他對史量才有些勒逼壓搾的意念。認為你史量才是共和黨的同路人，理應為黨報効，有錢出錢，有力出力，要知這些年來史量才對共和黨方面根本沒有銀錢投入他的撲滿裏過，在理他可以相應不理，但當時的史量才却定出另一套的計劃，那是「以子之矛，攻子之盾」的辦法。換句話說，就是你們共和黨要辦報，應由你們共和黨裏人來撲錢，這是順理成章，若辦了報終歸少不了我史某人，這是個大好機會，不能輕予放棄。所以他對共和黨黨魁湯化龍辦報之命，非但毫不推諉，反而熱忱接受。便與熊希齡、張謇、程德全、應季中、趙竹君等人去商量，因為他們都是在南方共和黨的中堅份子，也是上海社會間的場面上人物。

他們既然都是共和黨的同志，自然也知道辦黨必須辦報的一種原理和原則。如要創辦政黨有聲有色，首先必需辦報要辦得像模像樣，這是一種顛撲不破的定例。蓋以報紙實為辦政黨的第一重要工具，那是為政黨作鼓吹倡導的利器，也是為政黨做宣傳工作的喉舌。不過最緊要的辦黨報政策，不能把黨的形態神情，太於暴露無遺。如果辦黨報辦得使人一見便知這為某政黨的機關報，便會爭不到廣大的讀者，而且顯現出這個辦報人的低能。所以這次史量才辦理共和黨的黨報主張，他與他們共和黨人商討會議時，所提供的意見，便是着眼於席子佩手中的申報。認為申報是最最適當最最理想的一份完美報紙，其好處優點的理由有五點：（一）是申報從有清同治十一年三月廿三日（即公元一八七二年四月三十日）創刊出版以來，一直開設至今，為上海第一張的華文報紙，它有久遠深長的歷史。（二）是申報在它四十年的歷史時日過程裏，由歷來主持人的殫精竭慮，作不斷的改良進步而努力，以迄今對申報的編排版樣、內容實質等，已經達到了初步成功的盡善盡美之境。（三）是申報因有久長歷史和完美內容的兩種關係。對於報紙的銷數、廣告的收入，都有穩定而廣大的深厚基礎。而銷數和廣告支持，為辦報的兩條生命線，且這兩條生命線又多相互作用的連鎖關係。（四）是申報如所衆知的一份由英商出面的民營報紙；要知國人閱讀報紙的喜愛程度對有黨性的遠不及無黨性的為高為多。如今透過民營報紙的關係，而滲入黨的宣傳文字，這誘惑性的無形力量，相當巨大。（五）是申報為現成局面，全部工作設備的條件，無不齊全俱備，最難得的是它盤價所定，祇有兩萬兩銀子，這是席子佩兩度去向黃公續兜售，所定盤價，便是這個數字。

因史量才提供申報的五項優點以後，使在座的人一致認為申報確為最適合於最理想的報紙。於是即席就公推史量才為出面人，負責經辦接洽受盤申報之事，並且予以全權辦理，志在必得。誰知史量才一經與席子佩接觸，商量盤價，席子佩的索價却獅子大開口，要二十萬兩銀子。當時史量才還認為席子佩和他開玩笑，仍以往昔的兩萬兩定價，作為談判基礎。席子佩只是含笑搖頭，表示拒絕。史量才因請他解釋何以漲價若是之快且鉅的理由？席子佩便很輕快的說：「量才先生，世諺不是有『一登龍門，身價十倍』的那兩句話麼？現在對於我的申報，却可以改為『一經革命，身價十倍』。因為自經武昌起義，全國響應，眼看中國革命已告成功。而革命的臨時政府設於南京，孫中山先生早已回國出任臨時大總統，此為如所周知的事情。」

席子佩接着更強調的說：「眼前正在進行南北議和，只因國際列強對於清廷政府決不予支持，極希望中國成為共和政治體制的國家。所以一般人的展望前途，和議必告成功，民國自然成立。頃聞南京臨時政府正在起草臨時約法，中有一條約法那是『人民有言論、著作、刊行及集會之自由。』以我國的全國國民，久處於帝制的淫威壓迫，飽受着專制的政治束縛，一旦獲得國家賦予此種自由。此後社會團體的組織，報章刊物的出版，必將如雨後春筍，蓬勃滋長。尤其在南北和議告成後的中央政府組織，必然集合各政黨的優秀份子聯合組成，所以眼前頗多人來和我接洽，都想接盤申報。有的是革命黨，有的是進步黨』，更有不出名的政黨。不過我要『待善價而沽之』，今日索價二十萬兩銀子，說不定過些時日，可能不祇此數呢。這是做生意人的行話，所謂朝晚市價不同呀」。

史量才覺得席子佩的說話頗為近理，而事實

也是如此，最狠的一點，就是他沒有願意急於出盤的表示。可是相反的，史量才對申報的欲得之心，非常急切，却見之於言辭形色。實因申報所具條件太於完美，恐怕被捷足者先得。不過總覺盤價高到離譜，心又不甘。好在他的口才便給，只是纏住席子佩不放，橫讓價，豎講情，經過幾天纏繞論價。最後講定申報的盤價爲十一萬兩銀子，並且付欵的辦法，也預先講定淸楚。在雙方訂立出盤和受盤的契約之日，先付盤價半數計五萬五千兩銀子，其餘半數，則分作十個月分期付淸。不過在契約上特別添上一項極兇毒而厲害的聲明，那是分期付欵，到期不能履行時。即作爲受盤人的乙方以違背契約論處，當由出盤人的甲方，得以半價贖回申報。就因推受盤據上有這一條的附加約文，所以後來造成席子佩與史量才以背信罪，控訴於公共租界會審公廨，大打官司。史量才曾被羈押，最後再補償席子佩二十四萬五千兩銀了結此案，這是史量才一生中的奇恥大辱。

不知是席子佩爲人的居心叵測，使用欲擒故縱手法有意圖藉此索詐呢？還是史量才對申報的急切需要，志在必得的弱點，已被席子佩洞察無隱，因而認爲奇貨可居。於是，當他們在雙方約定舉行訂立申報讓盤和受盤的契約簽字時候，席子佩突然向史量才提出一項要求。那是說他經查歷年賬冊，申報尚有欠「百福堂」名號的一家債戶，計共有五萬兩銀子的借欵，本利未曾償還分文。這筆欠欵，理應要由受盤人的乙方負責償還，讓盤人的甲方勢難代爲負責淸償。席子佩說時，接着就吩咐同來的司賬員把携帶來一包歷年舊日銀錢賬簿取出，攤在枱子上邊。從日記流水簿和滾存簿到總淸簿，一筆筆的記載淸楚，可以作連環性的核對。賬簿是陳年的舊簿子，而式樣又是老式會計的裝訂，不是新式會計的活頁，若要僞造賬冊，是決不可能之事。這足以証明申報歷年間來，積欠百福堂借欵五萬兩銀子，乃是千眞萬確的事實。只不過在此時提出來這是一個奇峰突出的難題，也是一件節外生枝的要求。

當然，史量才不是個好相與之人，對席子佩所提出的要求問題予以斷然拒絕。他所持的理由不外是雙方盤價，已經講定爲十一萬兩銀子。此外申報的人欠欠人，概歸讓盤人負責料理，與受盤人絲毫無涉。這話說來，似乎史量才所持的理由是十分正確的，所講的理由也十分正當。誰知席子佩並不因史量才的拒絕，神情形態發生異樣，仍然言笑如常。他却極悠閒自然從容不迫的對史量才含笑說道：「量才先生，我且問你，這十一萬兩銀子的盤價。是我席某人在契約上邊，簽過字了沒有？如果簽過了字便無話說，有關於申報以前的所有人欠欠人，概歸我讓盤人自行料楚，與你受盤人絲毫無涉。倘使沒有簽過字的話，這十一萬兩銀子的盤價，是我暫不出盤。且等待我把百福堂五萬兩銀子的借欵，任由申報掙賺出來，償還淸楚以後，再來出盤申報罷。」

史量才萬萬想不到席子佩，竟會耍出這記絕命招式來，他是申報主權的現有人，出盤與否有他自由的權力。因爲今天史量才如不能把受盤申報的事情，辦就成功，實有像楚項羽的垓下之戰一樣。項羽戰敗下來難見江東父老之概，他則事敗下來難見接盤申報的一班股東。原來史量才自從第一次與席子佩接觸，商量接盤申報，不料盤價高漲到十倍。但是張謇等這班人都對申報有特殊好感，叮囑史量才必要爭取到手，即使盤價昂貴一些，亦不妨事。所以史量才每天和席子佩商談盤價，不惜使用水磨工夫，糾纏不放，終以十一萬兩銀子敲定。這筆申報的盤價費，就由共和黨人分頭認股，計爲張謇一萬元，應季中和趙竹君各三萬元，熊希齡和程德全各二萬元。史量才暫時毋需出錢，不過他有言聲明在前，股東所出股本，只是接盤申報的盤價固定資本。至於將來現金的流動資本，多多少少全歸他一人負責調度，不再向各股東要錢。

除了他們六個股東之外，尚有沈信卿一人，也投資三千兩銀子，成爲一位尾巴股東。所以當時訂立的合夥「議單」，就有七位合夥股東的名字，該議單上寫明股東以後不再出錢，公推以史量才個人作爲出面老板，承担完全責任。所有大小股東一概退居幕後，亦不過問申報之事。每年歲終由責任老板向幕後各股東報告一年的營業概況，和盈虧損益。至於沈信卿的投資，亦可說是旁生蔗枝，未滿蚌胎。原來史量才爲要爭取申報總經理一職，關於他的部份股欵，本欲認定一個比較大的數額，再把此大數額分散給別人，成爲是他名下的附股。這樣自己可以不命一文而做出面大股東。所以他對沈信卿、黃伯惠等等一班朋友，都要他們參加認股幫忙。沈信卿立即認了三千兩銀子，開了一張即期莊票交給史量才。他於收下後，因所經營的商業有急需，就自己先行挪用去了。

史量才對黃伯惠是要他認股一萬兩銀子，黃伯惠回以於三天後給他決定正確數字的答覆。經兩天計算所餘，只有五千兩銀子可以參加申報認股。所以於第三天的上午，黃伯惠備好莊票，便興冲冲的趕到近斜橋的陸家浜西園茶樓去看望史量才，告訴他認股的數字。誰知史量才却回說，「股欵已經舒齊，所以不要再籌集了，」這個答覆却出於黃伯惠的意想之外。原來席子佩的申報盤價已經有了確定，張謇等這班人便開會商議。席間趙竹君和應季中兩人的主張，不願共和黨的黨外人參加投資，以免日後事權上發生牽肘。情願他們兩人各多掏摸一萬兩銀子，以底於成。同時，也決定由史量才任担出面老板，全權負責辦理。要知史量才的募集零星股欵，充實財力，無非欲爭取申報總經理的高位置和實際權力。如今目的已達，不再他求，所以打銷了他集收附股的計劃，拒絕收受黃伯惠的資金。

不過對於沈信卿的三千兩銀子，史量才却不好意思退還給他。一因是沈信卿對申報有特殊的愛好感情。二因是沈信卿在上海教育界負有崇高的聲望地位。三因是沈信卿一向以來對史量才非常的熱忱擁護。有此三因，所以史量才必要使沈信卿與申報發生一點主權關係，藉爲投報，並引爲助。自從共和黨有發動要想接盤申報之事，史量才即以沈信卿和黃炎培作爲他的兩大智囊，凡屬一切行動，必與他們兩人作商議密謀。當時上海社會間有所謂「老西門的破靴黨」一詞，而他們兩人正是老西門破靴黨的領袖人物。這陸家浜的西園茶樓，便是一班老西門的破靴黨聚會之地，所以史量才那日到西園來與會。終於遵照兩個智囊的授計行事。這天天纏住席子佩商量盤價，由二十萬減至十一萬，就是採用了黃炎培所授的錦囊妙計。結果，其計獲售，席子佩答應出盤同時也同意先付盤價一半，其餘作十個月分期付欵。如此情形誰都認爲初步大功，已告完成，所欠的只有雙方在盤據契約上邊簽字一項手續而已。

萬想不到席子佩在履行簽字手續的時候，突然提出百福堂五萬兩銀子的欠欵問題。並且他擅自作了硬性規定，堅決要史量才負責償還，否則出盤申報作爲罷論。這一個對策，眞使史量才對席子佩莫奈之何，可以說是席子佩比史量才的棋高一着了。其實申報對於百福堂的這筆欠欵，理應可以說有，但也可以說無。而百福堂名義的代表，固無其人，但掏摸腰包，支出欵銀的則實有其人。因爲在賬冊上收入百福堂的欵銀是眞實的，若沒有上邊這筆收入，便不可能支付下邊各項應付的支出了。其次賬冊上記載的，只見有收入百福堂的暫借欵銀數字，永不見有支出百福堂的償還數字，這也是眞眞實實的事實。可是究竟借給申報銀欵的是誰呢？而百福堂名義代表的是何人呢？若經明白地話說出來，大家都會知曉，此人非別，就是在遜清光緒末葉時代，出任兩江總督的旗人端方。

要知當年上海所有掛洋商牌子的中國民營報紙，與清廷政府發生政治秘密關係的，祇有「新聞報」一家。在當時的新聞報，不但牌子掛的是洋商，出面人是洋人，更其出資本的也是眞正美商福開森，傳說中的福開森，就是與兩江總督端方發生政治秘密關係，他是端方駐滬的政治密探。及蘇報事件發生，章太炎、鄒容被捕，首先揭載此件案事的却是申報獨家。在當年有關於英租界巡捕房的大小刑事案件，供給各報所刊載的新聞報導，全靠老槍訪員的訪稿。惟有這次蘇報案件，申報特別派遣本館的英文翻譯何桂笙親赴四馬路總巡捕房的審事間，採訪新聞，作詳細報導。並且章太炎、鄒容兩人解送會審公廨，開庭審詢之日，申報亦派員列席旁聽，紀錄發表。因此該蘇報案事，引起全世界人士注意，並受中外輿論制裁。以致上海道奉兩江總督令文要求章、鄒兩人引渡不准，同時，端方還受到國人唾罵，與清廷政府的申斥。

端方遂於蘇報案件的事後，竭力要收買申報，遂由趙竹君爲之奔走拉攏直接與席子佩發生諒解關係。端方月出五千兩銀子作爲扶植申報新聞事業的發展經費，該欵由趙竹君代爲致送親手交給席子佩。此事雙方保守得非常秘密，即在申報有「太上編輯」之號的席子佩姪兒席仰高，亦不使知。不過席子佩對當時的申報作不斷的努力改進，用費甚多，確要月負虧蝕。是以席子佩即將此欵移事挹注，故意在賬冊上特設「百福堂」的戶名，作爲收支登記。以他的名字爲「席裕福」，拈取其中一福字，但猶恐被人識破。故於福字之上加一百字，福字之下添一堂字，合之成「百福堂」的戶名。因爲當時商業習慣，凡存放欵項不願以眞實姓名示人的，往往採用某某堂或某某爲房作名號。所以此百福堂究竟是誰，只有席子佩本人自知，實無第二人共曉。因此，申報對於百福堂的欠債問題，原是端方的貼費，還與不還，實爲不成問題的問題。

大約席子佩見財起意，發生後悔。認爲十一萬兩銀子的申報盤價，被史量才佔去便宜太多，爲之心有不甘，但事已親口答應出盤，又不願毀約食言，被社會人士說不是。便左思右想，遂給他思想出百福堂的一筆欠欵來，有意定要套在史量才的頭上。如果他答應負責償還，總算便宜未被佔去，否則假此作爲毀約出盤的藉口。不知史量才實在對申報非要盤得不可，當時對席子佩總是橫懇交情，暨說好話。不料席子佩沒有商減盤價時的慷慨爽直，對於五萬兩銀子的百福堂欠欵，絲毫不肯減少。史量才知道除掉不受盤申報則已，如要受盤申報，這杯酸酒非喝不可的了。於是他就對席子佩說：「子佩先生，百福堂的欠欵，准定由我這受盤人方面負責償還。不過有兩個要求，要請你答應幫忙，一是把這筆欠欵要寫明在盤據契約上邊，另一是這筆欠欵要付淸盤價以後，再行拔還。

這兩個要求，提得非常合情合理，席子佩立即答應。於是雙方很順利而愉快的簽了字，一邊繳付五萬五千兩銀半數盤價，和十張分期付欵的憑票。一邊交出一本申報全部生財機器的盤點簿子，雙方總算交易而成，各得其所。凡記述申報主權由席子佩轉售給史量才，所書主權移交之日，多爲民國元年十月二十日。其實在民國紀元前的二十天，史量才已經把申報接收過來經營其業了。這十月二十日，只是分期付欵，如數付淸的日子而已。不過史量才還債的心念，相當慳吝鄙嗇，不肯到期即付。從第一月的付第一期盤價，就是打兩個月的遠期支票，直到十個月還滿爲止，成爲定例。這是他珍惜金錢、重視財鈔，所抱撲滿政策的關係吧。但是席子佩對史量才每月所付的遠期支票，毫不在乎，不出一言。不過每次收下，即攝照片，十張支票，張張不缺。等盤價收淸以後，就向他追索百福堂的欠債，當然史量才一味敷衍搪塞。至此，席子佩便延請律師，對史量才以背信罪控訴法院，按照契約所訂，背信得以半價贖回申報。於是席子佩和史量才大打其官司，百福堂的欠債成了史量才的禍殃根。

（五）（下期續刊）

德國公爵嘜袖扣鈕

大人公司 有售

「入地獄」的陳彬龢

朱子家

（日本時事通訊社東京四日電）新加坡「星洲日報」駐日特派員陳彬龢，於八月三十日下午五時零五分因心臟病，在茨城縣水海道市水海道厚生醫院去世，享年七十四歲，陳彬龢戰時担任上海申報社長，甚爲活躍，戰後遷居香港，一九六七年五月來日。

在香港的朋好中，最後和彬龢見面的該是我了。前月，我因公旅日，臨別之際，他忽以近影爲贈，這是我們交往數十年中從未有過的事，我爲之愕然，帶了囘來，現在想想，該說是「不祥之兆」了吧？

關於陳彬龢的以往，知者甚多，這裏祗舉幾件事來追憶一下。陳彬龢進申報，是由黃炎培介紹的，此前，他做過澄衷中小學的校長，也是黃炎培的關係。陳自己說他平生最能夠吸引人的就是說話，史量才就是被他一本誠懇的態度，富於感情的語調所打動而延用他的。陳彬龢進申報是一九三一年的事，他進編輯部時，完全是「養媳婦」的身份，連寫字枱也沒有一張，辦公時間，只能傍住總編輯張蘊和的寫字枱，加把椅子，側身坐下，聽聽張的言論。九一八事變爆發，由於時局陡形嚴重，才把他這「養媳婦」身份予以改變。黃炎培主張向政府開砲，陳彬龢則表示應以一致對外爲先，張蘊和贊成陳的見解，這是陳彬龢進申報發表長篇社論和用白話文寫社論的第一次，此後，張蘊和便把寫社論的工作讓陳担承，而他這「養媳婦」也算是熬出頭了！

陳彬龢遺影（1897—1970）

陳彬龢並不諱言，他寫文章請人代筆，譬如在滬時的陶行知、章乃器、楊引之，以及來港後的胡叙五、唐卜年諸君，都是他的代筆人；但他的文章並不是由皮到骨全由代筆人一手包辦，文章的中心，多是他自己抓的，文字的修正，亦都是他自己增删的。

陳彬龢在申報，曾經發表過以「剿匪與造匪」作題目的社論，連續刊了三天，使申報招致了嚴重的壓迫，陳被指名要離開申報，史量才先把陳彬龢調任申報所辦社會教育事業的外圍機構工作，但過些時候，終於將陳解職，其時在一九三三年冬天，距陳參加申報，恰近三年。

拙著「汪政權開場與收場」中也曾提到他：「在抗戰期中，幾於無人不知陳彬龢爲親日最力的一人，戰前，他担任申報社評，由於言論偏激，頗爲當道所忌，因而去職。此後香港於太平洋戰爭初起時就爲日軍所佔領，而他又立刻與日人方面搭上了線，不久重回上海，竟出任了申報社長。」

「在他負責申報的時期，他的表現分爲三項：（一）親日——申報以大字套紅爲日軍宣傳戰區大捷，立場甚至超過日人自辦的新申報。（二）反蔣——他曾寫過一篇「蔣介石論」，把蔣二十年來的言論作一對照，在淪陷區內對蔣先生作如此攻擊，也是稀有的例子。（三）諷汪——申報對汪政權的若干措施，加以率直的攻擊與譏刺，當陳羣出任江蘇省長，引用謝葆生當高級警務人員時，被詈爲流氓政治；那時的申報處於軍管理狀態之下，它代表日軍的發言，連汪政權也奈何他不得。」

「我因工作關係，與他過從較密，以後更和他發生了一些眞實的友誼，有三件事使我受到感動。本於『是者是之，非者非之』之義，我願意在這裏順便追叙一下當時的事實。」

「一次，日本人發起捐獻飛機運動，上海的許多名流受到了邀請，許多資本家被內定爲捐獻的對象。那天在虹口公園開民衆大會。淸晨，彬龢匆匆趕來看我，他悄悄地對我說：『請你暗中分別通知別的朋友，不要去參加今天的大會，也不要捐獻飛機。我單獨去，以申報名義捐獻兩架。有事，我來担當。』說完他匆匆走了，我望着他的背影，心裏有說不出的一種驚異的感想。」

「又一次，上海民食發生恐慌，配給將告中斷。而米糧又掌握在日軍的手裏，他們把淪陷區最好的產米區，如蘇、錫、松、青一帶，劃爲日本軍米區，所有出產，都歸日軍收購爲軍糧。那時上海市政府的市政諮詢委員會開會籌謀對策，當塲推定我與彬龢負責這一個問題。海運既告中斷，唯一的辦法只有向日人手中去索取。在蘇滬一帶，日軍中具有勢力的人，是蘇州的特務機關長金子。他剛來滬住在江西路的都城飯店。我與彬龢去看他，說明來意之後，希望於日本軍米中撥出若干噸爲民食配給之需。金子考慮了一陣，他說：『米倒有的是，但必須有交換條件：（一）米價須以現欵交易；（二）負責疏散上海部份工廠，遷往內地；（三）供給民伕兩萬人爲日軍建築防禦工事。』我正預備與他辯論，而彬龢並不曾徵求我的同意，竟爽快地答應了。金子用白紙潦草地寫了一個備忘錄，要我與彬龢簽字，負責履行他所提出的條件。彬龢又迅速地簽了字，簽完，把筆送到了我手裏。對外辦交涉，又不能顯出內部的分裂，我於十分勉强中也只有照簽。接着把交欵與交米的日期也都商定了，我們告辭出來。一上電梯，我等不及的就埋怨彬龢說：『如此條件，我們如何可以答應？我們沒有理由强迫工廠遷往不適宜於生產的地點，我們沒有力量徵集那麽多民伕，去幫助日人建築工事！』彬龢只是笑，拍拍我的肩頭說：『難道我們眞會這樣做嗎？一還價最少時期要拖長了，民食的供應，已到了迫不及待的階段，讓老百姓吃飽了再說，只要米能騙到手，一切責任由我與你共同負担，你怕被日人殺頭？……』我聽了他的解釋，覺得他和日本人打交道，自有他一套！以後米運到了，而且也向全市配給了，但什麽條件也沒有履行，雖然日人曾幾次來糾纏，我們總是飾辭推却，如此一直至和平爲止。」

「在勝利前夕，一天，彬龢約我對未來局勢好好的談一次。那天，他一反以往的常態，承認太平洋戰爭日本的失敗，已迫於眉睫。他提出了許多意見，要我向佛海進言，總之一切作最壞的打算，與必要的準備。他的意見，倒不失爲朋友的善意。我忍不住問他：『既然你知道日本已處於必敗之地，何以看見你反而做得格外的積極了？』他說：『你們以爲聰明，表面與日本週旋，暗中却替重慶工作，日本人也並不笨，間諜密佈，耳目甚週，你們的一切，知道得一淸二楚。假如有一天日軍眞要被迫撤退的時候，一定焚殺以洩憤，你們非但起不了絲毫阻止的作用，而且你們將被首先開刀。而那時就用得到我了，可以向他們說：中國人並非都是抗日的，如我，中國人都在背後罵我，因爲我是你們眞正的朋友。因此你們不能不分青紅皂白的亂燒亂殺。我不敢說我的話會發生多大作用，至少，日本人是願意聽我的，而不願意聽你們的，也可能我的話會有些影響。在這最後關頭，我要做得更積極，更使日本人相信我。』這一席話，使我對他有了不同的看法。所以如其說抗戰時期與日本人合作的人，都已忘記了國家民族，這是不公允的。」

「這一次談話以後的不久，日本就宣佈接受波茨坦宣言而投降，那天是八月十六日，他又到亞爾培路二號來看我，他告訴我，一旦重慶政府回來後，一定不會放過他，他是最後來向我辭行，從此他將有一個時期的隱藏。而他來看我的最大目的，是勸告我與他一起走，他有最安全的地方，可以完全放心。我告訴他我的打算，他嘆了一口氣說：『政治只有成敗與利害，你竟談起功過是非來了，你會後悔的！』我謝謝他對我的關切。他握住了我的手，眼淚從面頰流下來了。我送他出門，看他已放棄了原有的汽車，坐上三輪車，向北而去。以後我一直沒有得到他的一些消息，直至在香港的重逢。」

今年夏天，彬龢曾和香港友人通信，他正在籌備重印弘一法師手寫的金剛經。使人聯想起當年他勸聞蘭亭担任商統會主任委員，聞要考慮，陳彬龢激動地說：「我不入地獄，誰入地獄！」結果，聞蘭亭就讓他這兩句話打動了！彬龢晚年，信佛學書，是不是他也眞的入地獄了呢！

彬龢曾有今年十月在東京開書展的計劃，連發起人都請好了。他還寫了好幾幅字寄來此間，有篆書，有行書，我們還是喜歡他隨隨便便寫的行書，大有弘一書體的意味。（見圖）

本月二十日（星期日），旅港陳氏友好將爲他舉行一個佛教追薦儀式，假座香港跑馬地正覺蓮社舉行，時間是上午十時至中午一時。

茫茫九派流中國，沉沉一线穿南北，煙雨莽蒼蒼，龜蛇鎖大江，黃鶴知何去，剩有遊人處，把酒酹滔滔，心潮逐浪高

菩薩蠻 黃鶴樓　一九七零年元旦試筆

陳彬龢 時客東京

陳彬龢遺墨

佛國獵奇

出家做和尚

・素攀・

泰國人的風俗，所有的男人，一生中必需經過「出家做和尚」的階段，不論貧富貴賤，甚至皇帝本人，也要經歷這「做和尚」的滋味，他的含義並非是「看破紅塵，四大皆空」的消極想法，却是「報答父母養育劬勞之恩，捨身獻佛以祈求父母康樂」的意思，因此，泰國人對於「出家做和尚」的看法，認為是人生中的一宗大喜事。「出家」之日，大宴親朋，親友們聽到這喜訊，也都歡欣起舞，爭相慶祝，所以，一次「出家」儀式的舉行，富有者，動輒化費幾萬銖（泰國幣名，每百銖相等港幣卅元），當然貧苦者也不必花費什麽大錢，正是豐儉隨意，有時遇着同日有多人出家，貧苦者還可以叨有錢佬的光，一齊享受「風光大典」，也不必平均負担使費的。

「剃度」那一天，可以到寺院裏（泰人稱寺院為「越」，這是潮州音譯，英文等於WAT音）找和尚剃光頭，可以免費或者所費甚微，如果嫌和尚的手藝不到家，會剃痛了頭皮，也可以到理髮店裏，找理髮師傅剃的，可是不管到寺院裏剃也好，到理髮店剃也好，第一刀一定要由自已的父母落手，這倒符合中國古語「身體髮膚，受之父母，不可毀傷」的說法，要犧牲頭髮，也該由父母動手。

剃光了頭髮之後，披上白袍，先到「越」裏「立洗」，發誓遵守五大戒條；（一）不說謊，（二）戒酒，（三）不許觸及女人身體任何部份，（四）不可盜竊，（五）不殺生，連蚊虫蛇蟻在內，遇到牠們侵襲，祗可以驅走牠，不可以殺死牠，宣誓完畢，便由家人擁護，乘車回家。

回家後，開始慶祝的程序，因為這是有關於終身的大喜事，所有親戚朋友，都踴到他的房裏來，相互慶祝之後，那天晚上，主人家還得設讌招待親友，有酒有肉，大快朶頤，祗是客人們可以飲酒，那個要出家做和尚的則涓滴不飲，碰都碰不得。

晚宴之前，有一個「懺悔」與「灑水」的禮節要舉行，出家者先要跪向父母長輩的面前，自行懺悔他個人以前做過的壞事，然後向父母行「注水禮」，祝福父母身體健康，然後脫去白衣裸露上身，由父母叔伯兄弟姊妹依着輩份排隊為其沐浴，便是把清水或混和了香水淋向他的背上。

晚宴過後，夜間在大廳上高懸燈燭，家人親友們圍着坐在地上，邀請一位專家唱「勸世文」，這些專家大都是做過多年的和尚，後來則以此為生，有唱木魚南音一般的本事，襯托了單調的音樂，好像唸木魚書的樣子，從母親的「十月懷胎」唱起，以及孩提時期扶持提挾、眠乾睡濕、哺乳飼食，一直唱到撫養成人、親情如海的故事，全部唱誦的過程達三小時，其間唱誦的人分成若干段落，每唱完一段休息一下，當休息的時候，主人家奉烟奉茶，同時投下一些錢幣放入預先安好的「砵」裏，然後唱者繼續唱誦下去，經過了若干段後，全詞唱畢，主人家再送三四百銖的厚禮，恭恭敬敬的送走他。

第二天一早，出家者便披上白袍，給親友們前呼後擁的從屋裏步行（較遠的也可以坐車）到「越」去，到了「越」的門口，先要整隊人繞行「越」外三週，然後入了「越」的大門，在大門口各人排列了陣容，拍照留念。

入「越」時要跨過門檻，不可踏着門檻，否則不吉，出家者手持銅鉢，裏面放着一些硬幣，一面行一面抓些擲地上，隨行的親友們都俯身拾回保存起來，這些硬幣表示「好意頭」，拾到的保留起來便是吉祥的象徵。

到了「越」的內庭時，兄弟姊妹們要執着他的衣領，因為那件袍便是未來「成佛」的象徵，執着他的人，將來死後的靈魂會跟隨着這象徵物一同昇登天界。

跪向父母前懺悔，行「注水禮」。

在內庭裏，母親親手送上一幅黃布，這黃布是用四幅小黃布縫綴而成，作爲披肩之用，出家者接過了母親的黃布後，轉交給老和尚，由老和尚向他解釋這四段黃布的名稱與其個別的意義用途，然後爲他起了一個「法號」，這個法號的來原是根據他的出生時日和出生時有甚麽特徵，作爲取名的方法，領受法號後便換上黃色的袈裟，這套袈裟是由父親送出的，離開寺院還俗時要留在寺院裏，遇上貧窮的出家人便轉贈與他，然後經過高僧的考試、訓話、教導如何遵行做和尚的法則，最主要的便是要能夠吃苦、耐勞、任怨、施主們所佈施的食物，不管是什麽東西，都要接受吃下去，不能虛耗，做和尚是爲吃苦而來，並非貪圖安逸。

嚴格說來，和尚身上是不能帶有金錢的，因爲一切都有施主佈施，坐公共交通公具也不必買票，可是普通和尚，身上不免還有一些零用錢，祇是不能太多，祇可夠日常的花用而已。

這些儀式行過後，出家者再由高僧領入更進深入的內庭，那內庭祇許出家者進入，其他親友祇得在外等候佳音，在內庭裏，除了帶領的高僧外，列席的有廿五個本「越」的高級和尚，另外有一個最高層的主持，由高僧向他報告考試的經過，詢問他能否批准他入「越」爲僧，得到他的首肯後，還要列席的廿五位僧人一致通過，然後正式宣佈他有資格做和尚。

做了和尚之後，第一次上課，主持授經，在出家者坐的面前，放有一個砵，一個水壺，壺裏盛滿了水，聽經時全神貫注，同時伸出左手的食指擱在砵上，右手提起水壺，慢慢的把水注在食指上，任它流入砵裏。這種做法是要把精神集中，心無旁騖專心聽解經文的意思，授經完畢，然後自己把砵裏的水倒去。

經過這一連串繁文瑣節後，出家人正式做了和尚，父母帶備了廿八份禮物，由出家者親手奉送與參加批准儀式的僧人，三份大份的分別送與主持和兩個考試僧，其他廿五份較爲細份的，則送與廿五位有權通過的前輩。

然後親友們圍攏這位新任和尚，個別餽贈日常應用的物品，諸如牙刷，牙膏，拖鞋，毛巾，嗽口盅，面盆，內衣這一類的東西，男的可以從他的手上接去，女的便要把東西擱在和尚預先披在地上的披肩，然後由和尚拖到身邊，才能用手接觸，這樣才不致觸到女性的身體。

出家者捧上袈裟，接受主持賜贈封號。

和尚們每日晨早便得站立街頭，合什爲禮，不聲不響，俗人們一早煑好了飯菜，先要把面上的一份，考敬了和尚才敢自行享用，和尚們帶了這些佈施品回到「越」裏共同享用，照理是應該全部食完的，不能拋棄，但是泰國有好些窮家孩子，也跑到寺院裏幫忙收拾地方，打掃清潔，也就可以飽餐和尚們的餕餘，還有一些遠處來此求學的窮苦學生們，中午時分，也可以跑到寺院來分一杯羹的。

照規矩，僧人們是「過午不食」的，所以不論多飽多餓，也要在中午以前進食，過了中午十二時，便不能進食，祇可以飲水，抽烟，嚼檳榔。泰國的和尚並不吃素的，因爲奉行「佈施者不管他佈施什麽食物都要接受」這條法則，就是等於葷素都有，所以泰國的和尚不論魚蝦豬牛都食，祇要他本身不犯殺戒便可以了。

泰國人尊重和尚，無微不至，因此遇上家有喜慶事，都以「添汶」（佈施的意思）爲第一前提，不論生日，結婚，佛誕，都要親自煑備食物送到寺院裏去，認爲敬僧便是敬佛，間接便是爲自己種福，添福添壽。

做了壞事的人，自身懺悔後入寺爲僧，警察也放過他不予拘捕，不過如果是殺人犯，也有被迫還俗，重行受審的！

披上了袈裟之後，他已經不算是原來的那一個人，而是「佛」的代表，所以，做了和尚的兒子，父親遇見了他，一樣要向他合什行禮，他所敬的並不是兒子本人，而是身上穿着那襲袈裟，他便是佛身的象徵。

做和尚的期間，沒有規定，可以做一年，三年，也可以做一個月，三個月，甚至少到三日，七日，如果你要今天做和尚，明天便還俗，也未嘗不可。

多數的泰國人在服過兵役後，結婚之前做了和尚才去小登科，等於完成了人生必經的三種義務階段——服兵役、做和尚、娶老婆、——這種風俗，你覺的奇怪嗎？

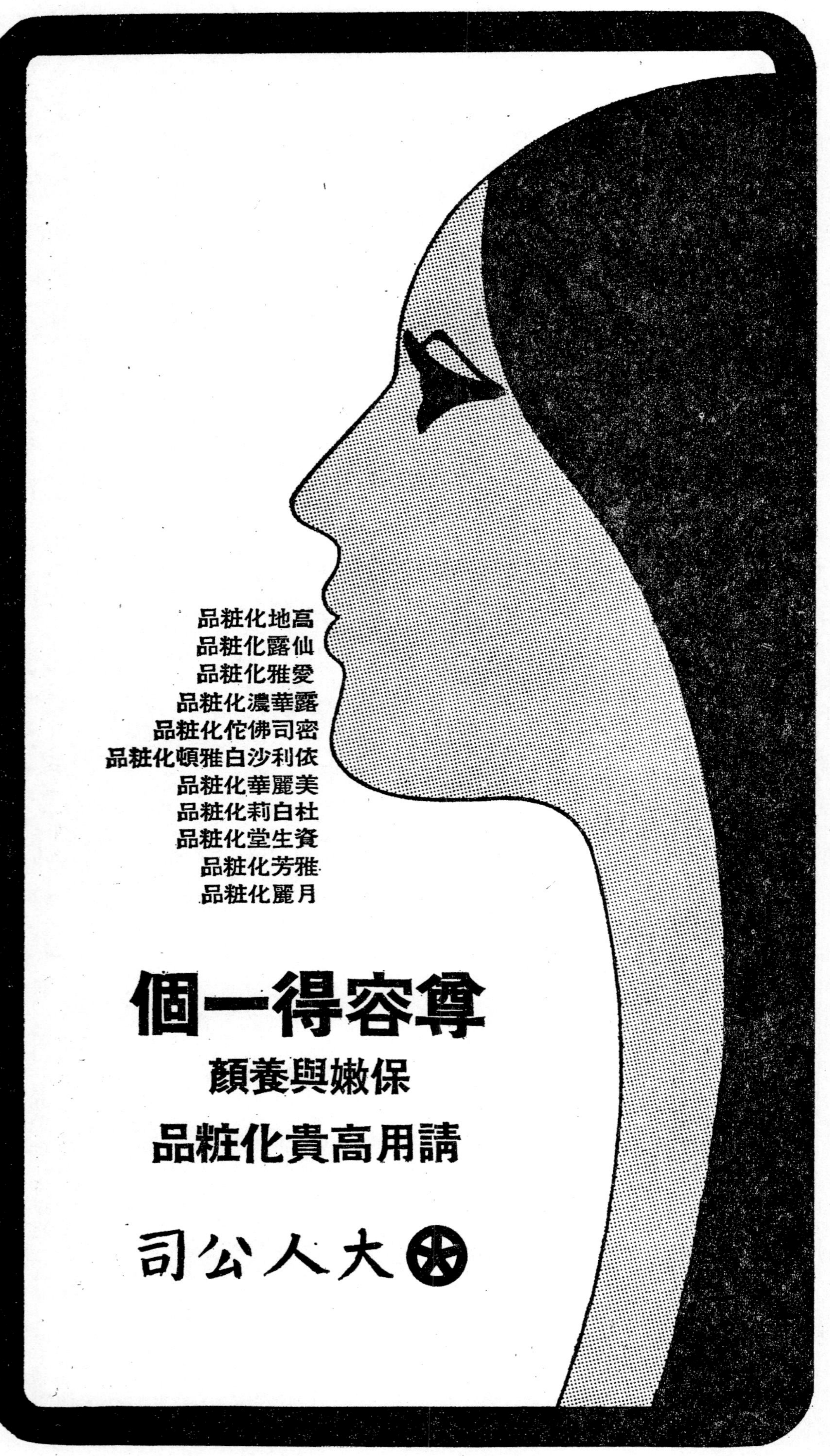

高地化粧品
仙露化粧品
愛雅化粧品
露華濃化粧品
密司佛佗化粧品
依利沙白雅頓化粧品
美麗華化粧品
杜白莉化粧品
資生堂化粧品
雅芳化粧品
月麗化粧品
尊容得一個
保嫩與養顏
請用高貴化粧品
大人公司

美國「撲殺警察」事件

·夏維譯·

「撲殺警察」是今年美國所謂激進革命份子的新行動方針。這些革命份子用伏擊、狙擊、爆破、餌彈或甚至乾脆一彈一命來撲殺警察。半年來，已經有十二名警察因此喪生，一百名以上受傷。執法當局認爲這些近似游擊戰的行爲，絕非偶然發生的行動，一定是有組織大規模行動的先聲：換句話說，從此以後，警察受害的案件只會多不會少。

美國國會已經組織了一個調查委員會，來詳細調查警民關係惡化；游擊行動撲殺警察的情況。委員會主席是阿肯薩斯州的民主黨參議員麥克萊連。他認爲革命份子意圖以混亂和恐怖來摧毀一切「既成的體制」，而警方正首當其衝。

在華盛頓特區，一張名叫「乘時報」（取其無孔不入之意）的地下報紙，轉載「黑豹黨」報紙的一則指示。這指示很清楚的告訴讀者如何自製致命的「土菠蘿」和「莫洛托夫雞尾酒」。（一種土製的汽油燃燒彈。）並附有一張地圖，上面標明所有的警察局、執法機構、私家偵探所和民防軍的總部。這則標以「組織自衛集團」的指示，用這麼幾句話做結束：

「……所有自衛集團必須痛擊奴役者，直到我們能保障自己像一個人那麼活下去，要是因此必須殺掉每條猪，炸掉每個猪欄，我們就幹吧！以下是幾個「配方」可以幫你們開始行動。」

當然，這些「配方」就是圖解炸彈製法。「猪」是「黑豹黨」對警察的代名詞。地圖上「哥倫比亞特區」代以「猪欄特區」的名稱。

有如此這般的「指示」，難怪洛杉磯督察占斯要說：「越來越糟了。幾年前，從來沒聽說過有人狙擊警察的事，現在可是成了司空見慣的例行公事了。」

在這幾年來；尤其今年；警察怎麼會由執法者一變成爲過街老鼠？冰凍三尺，非一日之寒，司法當局和執法者某些行動實在大失民心。我們拿「芝加哥造反」和「紐約的行者湯米」兩案來看，就可知道許多不適當的處置不但震驚百姓，而且給予革命份子造反的藉口。

先說「芝加哥造反」。去年秋天，芝加哥市長達利不批准一項遊行。結果抗議者依然游行。於是警察四出捕人形成暴動。其中有八人依一九六八年民權法案第一條第二一〇一項起訴。這第二一〇一項又稱「雷布朗法案」。起於有個叫雷布朗的越州鼓動暴動，逃過法律制裁，於是加添這一項，補這個法律漏洞。此項法條內容是「凡越州境或帶訊越州境意圖引起或鼓動暴亂者，公訴」。這八個人就因爲他們不是伊利諾州人而在伊利諾州內參加非法遊行而被起訴。他們的名字就是傑利羅賓、湯姆海頓、雷尼戴維斯、戴夫得靈傑、阿貝霍夫曼、勃貝西爾、約翰法郎尼斯、李維納。其中傑利羅賓和阿貝霍夫曼是稀皮士；湯姆海頓和雷尼戴維斯是惠特曼（聯邦調查局通緝十大在逃要犯之一）主使的社會民主學生會員；戴夫得靈傑是個五十四歲的基督教和平主義者；約翰法郎尼斯是化學系助理教授，李維納是社會學研究生。勃貝西爾是個黑人，他只坐飛機到芝加哥去，停留兩天，演說數場，然後就離開了，不過那時候好像凡事不扯上一個黑人不行，於是他也被起訴。他們的辯護律師是李納謁格理斯和威廉肯斯特勒。主審法官是裘利霍夫曼法官。霍夫曼法官是個他要律師坐下律師不坐下，就會判律師蔑視法庭的法官。

全案到今年二月結束，過程有如鬧劇。先是勃貝西爾要求庭上依人權法案准他用自己的律師，否則他自己爲自己辯護。那時他的律師正巧臥病在牀，但是雷夫曼法官不予理會。加州一位年輕的法律教授麥克泰格因爲証明勃貝西爾夠自我辯護的條件，而被霍夫曼法官連夜下條拘捕打指模落案下獄。後來因爲引起律師公會公憤才放人。威廉肯斯特勒律師也因在庭上表示勃

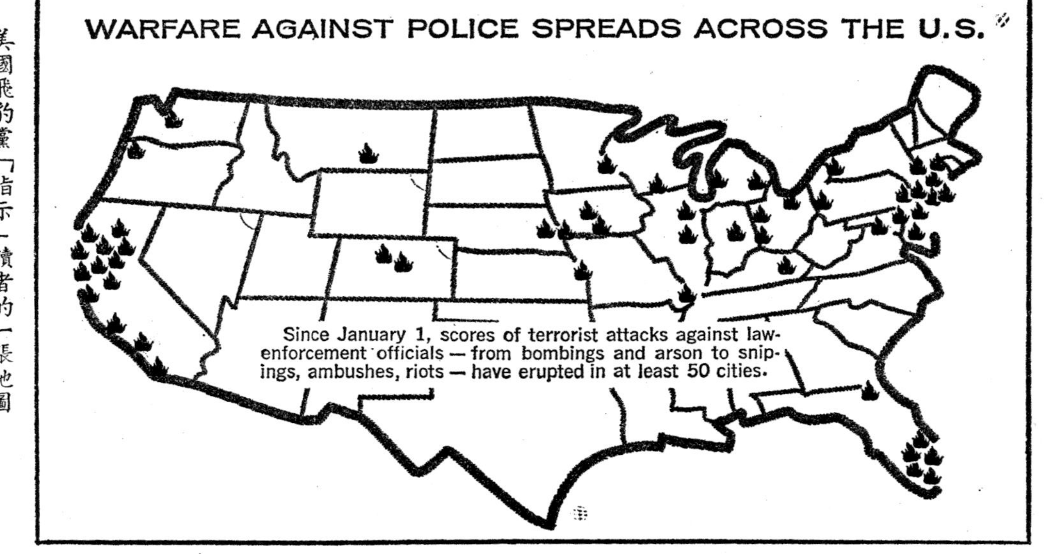

美國飛豹黨「指示」讀者的一張地圖

貝西爾有權爲自己辯護，而數度被判蔑視法庭，刑期加起來共是四年又十三天。結果勃貝西爾不與其他七人一同宣判，後來才判他四年。律師刑期比當事人還長。

另一律師李納謌格理斯的姓名被霍夫曼法官當繞口令唸，還常唸錯。他也因蔑視法庭之罪入獄。律師要求傳訊達利市長。結果市長到庭，但是律師問的八十三個問題都被霍夫曼法官否决；市長不必回答。

宣判的時候，霍夫曼法官居然忘了判約翰法郎尼斯和李維納，經人提醒，才判了前者服刑六月又十五日，後者服刑二月又十八日。可見這兩人的起訴，完全是殺雞儆猴，意圖嚇阻青年。

當時，國家防暴委員會曾委托芝加哥一名律師丹尼華克召集一個調查團，查証暴動責任。在華克報告中，很淸楚指出警方過度的使用暴力以致一發不可收拾。

但這八人依然以「鼓動暴動」的罪名起訴，其中七人判刑，九人入獄（包括兩名律師），司法當局怎麼能不失人心。

WANTED BY THE FBI
INTERSTATE FLIGHT - MURDER, KIDNAPING
ANGELA YVONNE DAVIS
FBI No. 867,615 G
Photograph taken 1969　Photograph taken 1970
Alias: "Tamu"

警方通緝安琪拉戴維斯的街招

關於「紐約的行者湯米」，過程有如間諜戰。一年前，有個叫湯米的年輕人在紐約胡拔學院出現。他是個高瘦個子，英俊的男孩子，人家只知道他叫「行者湯米」。他向每一個肯聽他講話的人游說，灌輸激進革命思想，並且教人製炸彈和使用卡賓槍。他自稱爲民主社會學生會的發起人之一，吸收的對象多是大一的學生。

今年五月，有兩個學生炸毀一間在宿舍裏的辦公室。幸好一百二十名住宿生無人受傷，因爲湯米眞正的身份是警察。但是他的上司却要他「做出成績來」。於是在今年六月五日，他用大麻烟在校園開狂歡會。成績有了，身份也暴露了。

學生大嘩，原來革命份子竟是警察。於是學生投訴，揭發他曾毆打敎務處長和威脅一個學生的生命。但是投訴有如石沉大海。郡警長解釋湯米的一切行爲都是必需的，但是仍難息衆怒，只好以恐嚇罪名起訴，以二十五元交保。

湯米的事越傳越廣。紐約州每個大學似乎都有過這麽一個人來宣揚革命；自從一九六七年以來一連串的動亂，似乎都有點關連。要是湯米眞是這麽一個神通廣大的行者，他的上司必不只是區區一個郡警長而已。那是誰呢？聯邦調查局？或是其他針對激進份子的執法機構？從「時代週刊」記者與該郡警長的談話可見湯米來頭不小。

記者：「湯米爲你工作有多久了？」

警長：「二個半月。」

記者：「那一部派他來的？」

警長：「我不能說，他是人家力荐的。」

記者：「誰大力保荐他？」

警長：「我不能說。」

記者：「是不是另一個執法機構？他在過去兩三年是否服務警界？」

警長：「我答應過送他來的人，什麽都不說的。」

這件事揭發出來，警方的解釋是：湯米是引出激進份子的餌。但羣衆却認爲警方在「作成績」；沒有湯米，可能根本沒有所謂激進份子。

上個月在加州山拉斐爾的刧法庭案，大家一定記憶猶新。一個叫傑克生的黑人青年，用一把短槍、一把卡賓槍和一把散彈槍刧去三個犯人，並扣住法官哈萊、助理檢察官湯瑪士和三個女性陪審員爲人質。當車子衝過封鎖線時，警察掃射該車。結果主刧者和兩個犯人都死了，法官哈萊也被散彈槍打死。兩個女性陪審員只是受驚，其他的都受了傷。

「芝加哥謀反」案七人之一湯姆海頓在聖保羅全學聯上說山拉斐爾刧法院是二十年來最重要的反叛，改變了壓迫者和被壓迫者的關係。他還認爲像南美洲刧外交官的行動，在美國也會風行起來，說不定會臨到總統副總統頭上，除非他們拿出辦法來收拾局面。

他說的正是加州首席檢查官奧布蘭担心的事。奧布蘭認爲過去三個月來，加州境內每週發生二十起炸彈案是恐怖份子模仿力的最好的証明，他怕激進份子馬上就要學會綁票了。

警方雖一再要求政府管制槍械，但事實証明革命份子的槍械來源都是黑市。軍械庫失竊槍械、炸藥案子越來越多。（前加州大學哲學導師安琪拉戴維絲就因供給山拉斐爾刧法院的槍械而被聯邦調查局列爲十大在逃要犯之一。）這些軍火就供給革命份子發展新戰畧之用。

警察兄弟會的主席哈靈頓警官針對八月初路易斯安娜州激進份子向警方宣戰的事說；除非民衆支持警察，否則警察不用「先斬後奏」之策，無以自保。

現在全美國至少有五十個以上大城市裏有稀落槍聲，有如西貢街頭。洛杉磯重要地點的警察局都戒備得好像越共恐怖份子活躍時期的西貢美軍基地，緊張氣氛可見一斑。

而黑、白游擊隊的領袖都已宣佈，流血革命在美國已開始了，衝鋒的口號是「撲殺警察！」

取材自「時代週刊」、新聞週刊、美國新聞及世界報導。」

一位癌症患者愈後的話：

癌症的警號！

陳淦旋

麗的呼聲中文電視台「衛生與健康」節目主持人陳淦旋先生，因為患上了鼻喉癌（N.P.C），在醫院進行電療醫治，經過良好，現已痊愈，工作如常。本文為陳先生為「大人」所寫的一篇文章，特為刊出，並祝陳先生「衛生與健康」。

我們的身體，最先是由母親身體中的一粒卵子和父親的精子受精後，逐漸分裂成很多細胞，這些細胞，後來又演變分化成為身體中的各種體素和器官。

細胞不斷的增加，身體的體積也就不斷的加大，但是，如果在這種生長過程中，有一羣生長不正常，不受約束的細胞，任意向各部體素竄移，使被侵襲的部份，形成腫瘍的症狀，這些腫瘍的細胞，又藉着淋巴系統和循環系統，向身體的其他部份伸展入侵，產生毒素，蔓延全身，這就是癌症。

癌有很多種類，發生於身體各不同部份。生長速度並無一定，有些癌在幾個星期的進展，就比另外一些癌在幾年的進展還多。

到目前為止，根據醫學界的資料證明，癌並不是由病原菌侵入而引致上述細胞的不正常發育，其基本原因，現在還不知道，但很多科學家已相信，某一些情形可能導致癌症。例如過度日光浴，過度曝露於輻射線下，以及化學藥品的接觸，或長期慢性的刺激等，都可能造成癌症。至於年前本港盛傳用鋁或合金金屬製成的器皿烹飪，或吃過熱的食物是患癌的原因，則是毫無根據。

癌症是否會傳染？這是一個很多人都想知道的問題，上面已經講過，癌不是由病原菌所造成，所以，不會因接吻，或其他身體的接觸，而從別人身上獲得癌症，就算吃了長癌的動物的肉，也不會因此染上癌症。那麽，癌又會遺傳嗎？一般而言，是不會遺傳的，但有一些癌症，似乎有這一個趨勢，為安全着想，假如雙親，或雙親之一患有癌者，應該使他們的子女特別注意保持一年一次的身體檢查，對於可能是癌症病徵的一些跡象，提高警覺。

經常看醫生，檢查身體，當然是最安全的辦法，但是如果不看醫生，我們應該注意癌症的七大警號，使我們可以自己及早發覺，是否患上癌症，以便及早進行治療。

癌症的七大警號就是：

（一）身體有不平常的流血或分泌物。

（二）一個硬塊或一團厚肉在乳房或身體各部份出現。

（三）身體上的傷口，長久不能愈合。

（四）大便和小便習慣的改變。

（五）長久咳嗽和聲音逐漸變成嘶啞。

（六）嚥下食物發生困難，或長久的消化不良。

（七）身上原有的痣，突然重新活動或變質。

上面的七大警號，任何一項出現時，雖然並不是代表着患癌，但是這表示你必須『立即去看醫生』。越快越好，任何的延遲都是危險的。

根據聯合國衛生組的統計，男子死於癌症的，較女子為多。其原因大部分是由於因肺癌而死的男子增加，同時，也由於現在較多的婦女患者，已能因早期的發現，與有效的治療而獲救，這種情形可能由於婦女的癌症，多生於較容易達到的位置，如子宮，乳房等。這些地方是較易於診斷和治療的。

唇癌，咽喉癌，食道癌，胃癌，直腸癌，喉頭（包括聲帶）癌，肺癌，腎癌，膀胱癌，皮膚癌和腦癌，都是較易生在男子身上的癌。生殖器器官及乳癌幾乎佔婦女所患各種癌症總數的一半，其他習見者，依次應為內臟癌，胃癌，直腸癌及皮膚癌等。未婚女子患癌的比例，是較已婚婦女略高，尤其是乳癌，但是，已婚婦女患子宮癌的却比較多。

任何一種年齡的男女，都會受癌症威脅。在一歲至十四歲之間，除了意外的死亡之外，兒童患白血球過多症（血癌）的死亡率，較其他各種兒童疾病為高。

全世界的各種疾病的死亡率統計中，癌佔第二位，而心臟病則仍居第一位。一九六九年香港防癌協會發表的紀錄，顯示本港因癌疾死亡者，較之因交通意外而死亡的數字，更多出九倍。十年前，因癌症而死亡者，只佔因病而死亡之總數百分之九，但今時已超越百分之十七，而成為本港最普通之死因。主要是因病者雖已發覺早期病徵，但常常因為他們不知道癌症如能及早治療，將會是各種嚴重的疾病中，最有希望治愈的一種疾病。另外又有一些人，也許對着癌症有着太多的恐懼，以致情願停留在疑慮的階段，這真是可憐又可悲，因為他們可能因此失去治愈的機會。所以，對於癌症應該不要懼怕，而要面對現實，這才是對癌症唯一的態度。

澳洲「金牌」純羊毛氈

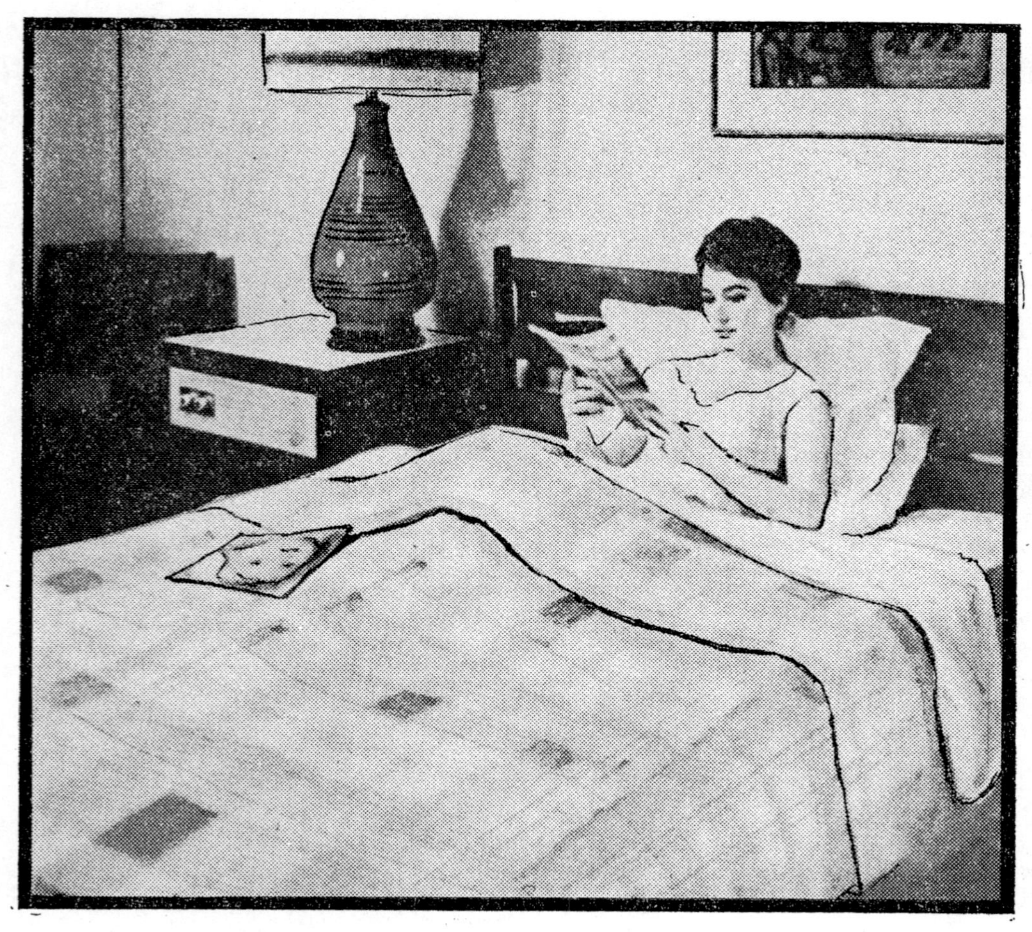

大人公司 有售

勝利初期在南京

·大風·

勝利之際，我正於役南京，躬逢其盛，且曾粉墨登場，扮演過跑龍套的脚色，對於當時台前幕後，秘聞軼事，頗有接觸，雖已明日黃花，尙多未爲外間所知的，重話當年，無非作爲讀者茶餘飯後的談話資料而已！

第一個崛起者——周鎬

民國卅四年（一九四五年）八月十日，日本接受波茨坦宣言，無條件投降的消息傳播後，首先崛起地下的，該數南京的周鎬了！

周鎬在當時說來是相當陌生的一個名字，而他所打的「軍事委員會，京滬行動總隊南京指揮部」的旗號，又好似游擊隊名稱，對於當時已告勝利的局面，似乎不大相稱，事實上也不夠份量，於是引起種種猜測，紛紛議論，由名稱懷疑到機構以至周鎬。其實，京滬行動總隊這個名稱，確是軍委會發表的，不過原來預備在總反攻時敵後打游擊的番號，由於勝利來得太快了，就用了這預擬的名稱。至於周鎬的正式名義，是軍統局南京站站長，京滬行動總隊南京指揮部指揮官，是兼職。

行動總隊南京指揮部一成立，接着就發生兩件事，一是陳人鶴（羣）的自殺，一是蕭叔宣的被殺，於是市上轟傳：「周鎬逼死陳羣，打殺蕭叔宣」。把周鎬形容得像殺人魔王似的；按之實際，周鎬是軍人——軍校八期步兵科畢業，可是除了光頭，以外就很少有軍人的象徵和習氣，出言吐語，待人接物，都很温文和善，不類武夫，而且腹笥甚寬，雅擅詞令，娓娓清談，莊諧並陳，可說是相當風趣的人物。他在南京再度結婚，就因他的風趣贏得的結果！

周鎬卅二年才來南京接任站長，他的任務該說偏重於軍事方面，主要是爭取汪府軍人，策劃敵後軍事部署和準備總反攻時的游擊活動。

周鎬到南京不久，由周佛海的推荐，出任軍令部第二廳第一科（主管軍事情報）的少將科長，這是他在汪政府的第一個名義，稍後，他又兼了蘇北綏靖公署的高參，卅三年冬，始調任無錫區專員，以迄於勝利。

爲什麼提早成立指揮部？

京滬行動總隊南京指揮部，在編制上是隸屬上海的京滬行動總隊。但是南京指揮部的成立却先於上海，本末倒置，自非正常的情況。要解答這個原因，就得先瞭解當時南京的現象。

原來日本投降的消息傳出後，在南京最感焦急恐慌的，就是一班坐擁高職而無兵力的老軍人，特別是些與中央素無聯繫的，如總參謀長鮑文樾，軍令部長胡毓坤，陸軍部長蕭叔宣等，鮑、胡是東北軍，蕭是安福系，中央回來，自知難免於斧鉞，於是是想利用他們手上的權力，醞釀裝配中央軍官學校員生，改編爲教導總團，挾以自重，以便與來接收者有討價還價的餘地。

其次是公館派幾位，留在南京的，如林柏生、陳君慧、何炳賢等，過去完全依靠汪氏私人關係而爬上政治舞台的，汪死後依附陳公博。日本宣佈投降後，陳公博兩電渝方，均未獲覆電，於是羣情惶惑，不可終日，乃由林柏生向陳公博建議，調集部隊至安徽，淮海兩省，作負隅割據，萬不得已時，則向中共靠攏，與新四軍合流，此計劃實出自章克，章原爲宣傳部次長，此時已爲新四軍代表，於是由陳公博以軍事委員會委員長名義，急電郝鵬舉、吳化文、孫良誠、楊仲華、張嵐峯等在外將領，召開緊急軍事會議。

新四軍前委徐某，爲周鎬軍校同班同學，此時雖同窗對壘，日後却由他將周拉入新四軍，當非此時所能料及。其時，徐正和章克展開統戰，大搞「兵運」，向陸軍督練處長張海帆，（軍校二期）及警衛一師師長劉啓雄進行游說，同時派人至日本派遣軍司令部以優惠條件進行誘降。並在南京新街口散佈傳單，擾亂人心。離間分化，一時並舉。

日軍方面，雖經日皇廣播投降，仍有部份少壯派軍人不甘屈服，倡議繼續作戰，甚至有切腹以抗議投降的，也有採取消極的破壞行動，把槍支彈葯和重要軍用物資，沉入江底或加以毀滅，所以接收時和上海一樣，發生了人數和槍枝數目不符的情況。

上述這些情形，都是日本宣佈投降後的一二天內所發生的。此時京滬行動總隊南京指揮部還在籌備階段。

八月十二日深夜，周鎬邀我到他國府路寓所會議。

我們詳細檢討了這兩天所得各方活動的情報後，周鎬認爲「這些都是回光反照，絕望中的掙扎！」

「這些抗拒活動，雖說來自多方面，事實上只是少數人在那裏鬧事，何況大勢已去，人心渙散，我看鬧不出甚麼花樣來！」我表示了我的看法。

「不過，也不能不防，狗急會跳牆，人急會拚命，說不定會不顧利害，不擇手段的亂來一通，何況中共正向他們招手，拉部隊往那邊跑，不是沒有可能，特別是林柏生的計劃，幕後策劃者便是章克，如果這事醞釀成功，把部隊拉到徐蚌地區，那就成了嚴重問題，好的方面想，他們憑這本錢向中央討價還價，壞的方面說，也可能跟新四軍合流，壯大了共軍的力量，中央責成我們維持現狀，靜待接收，過渡時間內，萬一有什麼差錯，那就是你我的責任了。」

「說到責任，我們當得盡力而爲，不過目前這些抗拒逆流，是多方面的，制了這頭，制不了那頭，在南京，我們可以運用的兵力，楊叔丹的財政警衛大隊和張海帆的陸軍督練處，在人數比例上，可說微不足道……」

「此時非用武之際」！周鎬截住了我的話：「我們的力量雖不夠，但局勢不容坐視，這些活動任何一種成功，都會影响今後中央的接收工作……棋是有一着，你看怎樣？就是立即公開中央給我們的番號，使他們知道，中央在此已有軍事部署，知所戒懼，不敢隨便輕舉妄動！」

「道隆兄，（周鎬的字）這是最危險的險棋，萬一嚇不到而引致反擊，怎麽辦？再說，這裏是上海的支部，本部尚未成立，支部先行成立，上面會不會有意見？老子說『不敢爲天下先』，今『舍其後且先』，豈是明哲之舉？」

「你要是當兵的話，一定是個逃兵！」周鎬笑着說：「我們當軍人的，只知身先士卒，怎能學老莊？范仲淹說：『先天下之憂而憂，後天下之樂而樂，』我們今日面臨的，正是先天下之憂的局勢！」

我竟給他說得無話可答，於是訕訕地說「至少得先打個電話給程克祥，徵得他京滬區區長的同意呀！」

「不必了，要是他回電不同意，反而尷尬，何況中央的電令，只頒布名義，未定成立時間，早晚由我們自定，今日所面臨的，可說亘古以未來有的局面，祗要有利於局勢，不可拘泥於常規，應該因地制宜，爭取時間，所有責任我自負之。今晚先把準備工作做好，明天就宣告成立！」

周學昌「捉」—「放」—經過

八月十三日，京滬行動總隊南京指揮部宣告成立，指揮部的地址，借用新街口中央儲備銀行二樓的大部份。儲備銀行仍照常營業，既沒有舉行儀式，也沒有懸掛招牌或任何標語，我們只是在裏面默默地幹。

指揮部的人事：指揮官是周鎬，主任秘書是褚某，南京站書記，平時我們稱他老夫子而不名，下設總務、調查、宣傳、軍法四處。總務由褚秘書兼，宣傳楊日明，我當了調查、軍法兩處。此外就是警衛大隊，隊長是楊叔丹，他原是財政部警衛大隊隊長，是楊淑慧的本家堂兄弟。調查、軍法兩處，由一人兼領，可說是很特殊的情形，當安排人事的時候，周鎬要我兼理這兩處。

「這兩處由一人兼，不太妥當，我只能接受其中之一，如果一定要兼，我可以兼任何一處，但這兩處，決不能由一人兼領」，我當即表示異議。

「什麽不妥當？」

「你不怕我演捉放曹？即使你信得過我，我也不願站在瓜田李下，給人家做話題呀！」

「你怕負捉放嫌疑？這樣好了，抓人的事，由調查處會同行動隊辦好了，我實在想不出更適當的人選，老兄勉爲其難吧！」

事情就這麽勉强决定下來，事實上，以後所有抓人的事儘量讓行動組單獨去辦，除非由周鎬指定的，才是例外。

當天黃昏，我正在指揮官室——原爲中儲副總裁錢大櫆的辦公室——楊叔丹帶了南京市長周學昌跟跟蹌蹌地進來，周學昌愁眉苦臉地舉了手，原來他手上扣上了手銬，而且扣得很緊，手腕已有血絲滲出。

請周學昌來，是昨晚預定事項之一，原定責成他負責維持水、電、交通等公用事業，和安定糧食及生活必需品的市價。除周之外，還有市商會會長葛亮疇，市黨部主委胡志寧等，都很有禮貌的請來談話，要求他們維持現狀，安定民心。他們都表示願意全力合作。用這麽粗暴的方式請周學昌來，大大出我意外。於是一面吩咐楊叔丹開了手銬，一面向周鎬請示。周鎬縐了縐眉頭：

「請他到你那裏談談吧！照昨晚的原議，用商量態度。」

周學昌不知就裏，以爲大禍臨頭，不迭連聲地處長長處長短，同時表示他來南京，出於有人授意，家裏還存有某人的手諭。

「周先生你誤會了！」我說：「我們只是請你來，商量些事情，並非抓你來。」

「有這種請法？」周學昌苦笑了一聲，舉起了還在出血的雙腕。

「這是楊叔丹誤會了指揮官的意思，該向你表示歉意。」我一面說一面要了些紗布給他裹傷。「你跟叔丹之間，可有什麽誤會？」

「那是早經過去的小事。」

「那麽這事是你們兩位間的私人事件了。……我們這次請你來，是希望你們領導的市政府能跟我們充份合作！所有水、電、電話、公共汽車及其他公共事業，應該維持現狀，特別是糧米配給，絕對不能中斷，也不能脫期。鹽及其他生活必需品價格，也請設法平抑。……」

「這是市政府應該做的！請放心，我保證盡全力去做。」

「周先生回去時候，請轉告市府暨各局同人，安心工作，緊守崗位，靜候中央接收。」

「自然！自然！一切遵辦！」周學昌一聽可以回去，高興的了不得。

「不過，周指揮希望你有份書面的承諾！」

「可以！可以！應該！應該！」

周學昌寫好了承諾書。連聲費神！

「本來我現在就可以送你回去，不過你跟叔丹既有過誤會，免得今後閒話，我得請周指揮批幾個字，你放心，我儘快回來！」

這時周鎬不知去了那裏？而爲時已晚。於是我向周學昌表示歉意：「周指揮出去了，看來今晚要屈留你一晚，明晨一定給你回去。」

「×處長，住一夜沒有問題，可是我餓不起呀！」周學昌聽了我的話，立時烏雲滿面，十分尷尬。

「沒有問題，你歡喜吃什麽，儘管要好了，我請客。」

「不是的！……不是這個！……」

「噢！」我想了起來，周學昌是位癮君子，於是我做了個「六」數的手勢：「這個？可以！今晚值夜的正是張竹庵，他是你土地局的科長，我會關照他辦好了送進來，閣下委屈一宵吧！」

不要房子條子要扇子

第二天晚上回家的時候，周學昌已坐在我家客廳裏，特爲來道達謝意的。

我就向他說明，這是我責職上應該做的事，不必言謝。只要周先生能確切履行諾言，使公事上有圓滿交待，我就非常感激了。

彼此客氣了一番，他告辭而去。

他走後，我發現一個黑色公文包。顯然是他遺下來的。於是急急拿了趕出去。他的老爺車正在發動引擎。

「周先生，你忘記帶皮包了！」說着往汽車窗裏一扔。

「舊皮包，不值錢，留着用吧！」周學昌拿了皮包似想擲回來。

「周先生，你誤會了！」我揮了揮手說：「不送了！」

一個鐘頭以後，舊同事李吉人來訪，這時李正任市政府秘書，大概周學昌以爲跟我不太熟，不便接受他的「賄賂」，於是找李吉人做橋樑。

「周市長剛剛親自來找我，談到老兄，他眞是衷心感激！」

「他剛才來過了！」

「他也跟我說了，他來了之後，對你的爲人，更加欽仰！」

「原本沒有扣留他的意思，應該放他回去辦正經的，談不上感激！」

「不是那麽說，他說如果不遇上你，落在楊隊長手裏，這一宵的折磨，就要了他的老命！……他剛才看到你府上的情形，他以爲不太相稱了……周市長有三幢房子，過戶「賣」給你，土地局方面可以倒塡年月，即刻過戶。……」

「吉人兄。」我笑了笑說：「你是聰明人，我條子不要，還會稀罕房子？請你轉告周先生，他那麽做簡直侮辱人！」

「不要誤會！他的確一片眞誠，要不，怎會連夜要來找我？何況他出於自願的！你不受，反而使他不安……」

「好！既這樣說，我領他的情，煩他替我寫把扇面，周先生寫的字我到挺喜歡！別的不必再提了！」

「什麽？」簡直把他楞住了「扇面？……可以，可以！」

次日，由李吉人送來了一把灑金面，水磨竹細雕的扇子。

第二個客人——楊仲華

第二個被捕的是楊仲華，當時任第二集團軍司令。

原來周鎬自接孫良誠電告：陳公博召開緊急軍事會議後，即設法通知與中央有聯繫的將領如郝鵬舉、吳化文、張嵐峯、張恆等，拒不出席，一面又令行動隊，對這些將領，准來不准去，換言之，離京時即加逮捕。楊仲華就是在這種情形下被捕送來軍法處的。

楊仲華在八一三前是八十九師王敬久的參謀長，同時兼了江陰花山高級軍訓班的教育長，而我曾在那裏受訓，說起來有師生之誼，自然我認得他，他不認識我的。

楊仲華一走進來，我就很客氣地請他坐了。他首先請教了我的姓名，然後問我可否告訴他這是什麽機構？

「這是軍事委員會京滬行動總隊南京指揮部的軍法處」。他聽到說是軍法處微微一怔。

「楊先生，我們只是想瞭解一些情形，希望楊先生能夠合作。」

「×處長，你不要弄錯，我是重慶的人！」

「那你更應該合作！」

「……如果是審問，我拒絕一切答覆！」

「楊先生你看我在審問你？還是像接待老師一樣地接待你？」我笑笑反問他：「楊先生你不認識我，我還認識教育長呢？」

「嘩！你是花山訓練班的？」他顯得很高興，「老弟！究竟怎麽會事呀？」

「老師，放心好了，沒有你的事！我們只是要知道你跟陳公博會議的經過情形，因爲這對大局很有出入，希望老師幫忙。」

「老弟！會開不成呀！郝鵬舉、吳化文、孫良誠都沒來，怎麽開會？聽說陳公博很生氣，改由林柏生、劉啓雄跟我談話，問我是否繼續追隨陳主席？我告訴他們，第二集團軍是蘇北的子弟兵，要調防得做點工夫，讓我回去跟劉相圖等商量了再報告你。津浦南段現在是吳化文的防地，今天他不來，一定有古怪，你我的部隊通過他的防地會否有問題？問得林柏生答不上來，老弟！你放心往上報好了！陳公博、林柏生「割據中原」這齣戲玩不起來的！我就第一個不跟他們跑！」

楊仲華眞箇痛快！不說則已，一說就爽爽快快和盤托出。

「謝謝老師合作，我替老師洗塵！」

我任指揮部調查兼軍法，起自八月十三，迄於八月卅調任局本部南京直屬組長室。前後凡十八日，就我所知被拘捕的僅周學昌、楊仲華兩位，事實上前者該說是請來的，後者受客人般待遇，兩君現都還健在，周在大陸，楊在日本，將來還有機會做歷史見証的。至於吳頌皐、趙尊嶽兩位，傳說曾禁閉在「中央儲備銀行」，我竟一無所知，京滬行動總隊，二十日前尚設於中儲，後來才遷三元巷警官學校的，禁閉在中儲，必然是前期，除了是楊叔丹私自扣人外，我沒有不知之理！但吳、趙兩位均已作古，變成死無對証了！

至於傳說中周鎬親自持槍追殺蕭叔宣，亦非事實。我是在現場的一員，可以「淸心直說」，証明其事。

楊叔丹槍擊蕭叔宣

八月十七日的早晨，——也是周佛海由滬到京的第二天——周鎬從細流灣周公館來電，要我親自帶人去周公館門外佈置，截扣蕭叔宣，並叮囑採禮貌態度。

於是我帶了行動科的科長及三名行動員，飛車至細流灣，至則楊叔丹已在門外，周公館警衛工作，原是楊負責的，除門口兩名警衛站崗外，楊另外帶了四名武裝警衛站在靠牆那邊，周公館大門外，右邊是高牆，左手是河濱，中間就是唯一S形的馬路，我帶的人員，就在靠河沿的馬路旁。大概等了十餘分鐘，蕭叔宣的汽車從周公館的大門駛出，我們便喝令檢查，汽車裏答稱：「是蕭部長」，「什麼部長不部長！一律要檢查！」是楊叔丹的聲音。汽車慢慢停下，準備接受檢查。蕭的汽車裏一共四人，蕭坐在右手後座，左邊是保鑣，前面是司機保鑣各一人，那天很熱，蕭穿白夏布長衫，蕭下車的時候，可能長衫拌脚，就用右手去撩長衫，因爲我們這邊正用手槍指着！監視車內活動，因此各人舉動看得很清楚，兩個保鑣一個司機，都已舉起雙手，表示不抵抗。我看到蕭去撩長衫的時候，突然槍聲响起，於是我這一邊急急繳了保鑣的手槍，過去一看，蕭已倒在車邊呻吟不已。而楊叔丹也面孔靑白，怔在那裏。

「誰開的槍？」我高聲問，無人回答。又問「爲什麼開槍？」

「他反抗！」楊叔丹說：「不接受檢查！」

我便俯身下去，蕭的身邊並無武器，中彈的地方是左面的小腹大腿之間，心想不是致命的傷，便站起來對楊叔丹說：「馬上送醫院，醫了再說」，於是就用蕭的原車送陸軍醫院急救。

既然傷非要害，蕭叔宣怎會死的？

一半該說是死在他自己手裏，蕭是陸軍部部長，中央陸軍醫院正是他直轄下的機構，急救室裏，竟然缺乏急救工具和急救用的血漿，臨時東湊西調的，耽誤了些時間，原因是流血過多，送了性命。陸軍醫院怎會設備不全？原來平時的經費給陸軍部剋扣了。而部長就是蕭本人！

楊叔丹這一槍！犧牲了兩條性命。直接被他打死的，是蕭叔宣，間接被他打死的是周鎬！那是後話了。

周佛海蕭叔宣談判決裂

周鎬爲什麼要扣留蕭叔宣呢？

原來日本投降後，在南京最感恐慌的大約可分五類：一、是維新政府留下來的「前漢」人物；二、有血債的人——特務人員及憲佐之類；三、有政治責任而與中央無深厚關係者，如公館派一些人；四、名位高而無實力的老軍人，特別是與中央無淵源關係的軍閥時候留下來的軍人；五、一向反蔣的人物，如陳羣和最近在東京病逝的陳彬龢等是。總之，中央回來，這些人小則丟官下牢，大則槍斃有份。蕭叔宣便是第四類中人物。掙扎圖存，乃人類天性，蕭叔宣便想運用他唯一的本錢——陸軍軍械庫的存槍，建立部隊，則投國投共均有點實力，可以作他的後盾。

那時候的中央軍官學校，校長已由代主席陳公博兼了，實權則控制在東北系的鮑文樾、胡毓坤手裏。鮑、胡也是屬於第四類人物，於是在利害相同的情形下，三人計劃將軍校員生，改編爲教導總隊，而以陸軍部軍械庫的存槍，加以裝備。及寧府宣佈解散，改編計劃落空，蕭又想把這批存槍售與中共。

周鎬聽得這消息後，曾考慮强行接收軍械庫，但後來查悉該庫戒備甚嚴，强行接收，勢將引起衝突，於是運用胡毓坤關係，要蕭交出軍械庫，蕭的答覆，只要陳主席（公博）下條子，便可交出，此時陳已同意建立敎導總隊計劃，故蕭的態度甚爲强硬，於是周鎬再請胡毓坤通知蕭，所有軍械庫存槍存彈，不得擅自移動，靜待中央接收，蕭竟置之不理。

及周佛海由滬來京，周鎬乃將此事經過及中共新四軍前委徐某擬向蕭洽購軍械庫存械的最新消息，向周佛海詳細報告。周佛海是京滬行動總隊的總指揮，此時成爲周鎬的頂頭上司了！

周佛海也覺得這批軍火留在蕭手上，不大妥當，經兩周商量結果，決定與蕭談判解決，萬一不成，不惜扣蕭以迫令移交。

那天蕭叔宣去細流灣周宅，就爲此事應召而去的。

當周佛海提到軍械庫的問題，蕭表示要陳代主席下條子，方可移交。周說政府已宣布解散，代主席已不再執行職權了。蕭答：那就由我保管，移交給中央，於是周就勸他保管的責任重大，軍械庫又是各方爭奪的目標，混亂中萬一有失，何苦負這個責任，周鎬是中央的人，你放心交給他好了。不料蕭竟然說：責任我自甘負之，不勞周先生關心。至此，談判無從進行，周佛海一面虛與周旋，一面示意周鎬，採取扣人行動。

這是事後周鎬對我說的。

我當時曾向周鎬問：「何不當場扣他，豈不輕而易舉？也不會有誤殺事件發生了！」周鎬說：「傳出去不好聽，出了周公館，不是他的事了。又誰想得到楊叔丹會那麽魯莽呢！」

蕭叔宣是被楊叔丹鎗擊致死的，還有陳羣却是自殺身亡的。陳羣之死是服的一種化學毒品，極短時間就畢命了。陳羣生前，曾經搜集許多善本書，祇求版本，不計重價，在南京設澤存書庫，保管這些書籍，甚多善本，後來這些書不知下落如何了！

馬場三十年

老吉

上期本文，刊出大馬主陳殿臣先生在一九三一年拉頭馬圖片，這位陳先生是潮籍鉅商，爲名作家林熙先生的表兄，相信認識他的人很多。許多位俄籍練馬師，華籍練馬師，上文已經寫過，上文祇講及王阿四老先生，今回我要對其餘各位，一一寫出。還有，關於買辦一方面的文字，也需再補充一下，因爲是想到就寫，遺漏在所不免也。

幕後大功臣

馬會招商承辦，自一八九六年起，直到現在爲止；不知道請了幾多個承辦商。一九三一年採用收回自辦制度，但也是用買辦制度，也就是我上期所講的鍾三叔、張五叔和肥公周文鏡這幾位，鍾三叔的大公子汝江，（知道的朋友多叫他「亨利」，廣東話則叫「軒利」，是是英文 HENRY 一字的譯音），在唐山交通大學讀了兩年後，赴美留學，回港後就跟他父親辦事，後來三叔過世，亨利便繼任買辦，再後來，五叔與肥公也相繼棄世，五叔的後人，未能繼承父業，肥公的後人，迄今仍有幾位在馬會担任高級職員。

亨利還有一個異母的弟弟，大家叫他「亞波」，也在馬會辦房任事。

戰後，連亨利的外甥梁嘉榮（小名叫亞啤）也進了馬會辦房，亞啤悟性强，辦事井井有條，所以，最近幾年，爲亨利分担了不少重要事務。

亞啤哥有一位得力助手潘文港，爲人和藹可親，也有相當幹勁，這兩位是最近十年八年來亨利兄的最親信人物。

近十多年來，馬會業務，愈來愈發達，更兼得了英皇御准字樣，買辦制度不能存在，馬會財政管理機構畢馬域蔑曹會計師樓的高級主幹，便將買辦制度取消，亨利鍾（汝江）也由買辦變成了華經理。

亨利兄一生鞠躬盡瘁於香港馬會，已屆差不多古稀高齡，上屆起，他因病請辭退休，畢馬域公司便派了一位高級職員王君繼任其職，但「亞波」、「亞啤」、「亞潘」、「周仔」等幾位老臣子，仍任本職，一切熟手也。

亨利兄還有一位堂兄鍾柏祥兄，一九二〇年在唐山交通大學畢業之後回港，後來也在馬會辦事，管理的是會員會費，餐廳簽單等一切收入，鍾兄眞正忠誠，是三叔與亨利兄最得力的重要幫手，前兩年因患胃疾，兩度入院割治，加上年過古稀，今年上半年也向馬會告辭退休，他老人家是本港交通大學同學會的前輩老先生，他的兩位同學何文錦與鄭元秋兩君，在同學會中，被合稱爲「唐山三老」。

從鍾三叔到鍾汝江父子兩代，爲馬會執掌一切收入，足足有五十多年，三叔墓木早拱，汝江兄鬢眉皆白，可以說得也是香港馬會的大大功臣，如果我今天不在這裏詳細寫出來，恐怕有千千萬萬的馬迷，未必知道馬會裏尙有鍾氏父子這兩位幕後大功臣呢。

中國練馬師

中國練馬師，在香港馬會中，有不可磨滅的功勞，他們起初，多數是在上海和江灣、引翔鄉馬場中担任副手和助手的。一九三〇年左右，本港華人大馬主參馬的風氣大盛，可是，他們認爲講中國話比英文便利與省事，俄籍練馬師不會講中國話，而且他們多數以參養西籍馬主的馬匹爲主，大約第一位由上海請中國練馬師而得申請許可當是陳殿臣先生。

我在一九三四年進香港馬場，當年不大熟悉馬場的情形，但是已知道大馬主李氏兄弟——李冠春、少鵬、蘭生三位先生，還有一位姓李而與上面三位並非弟兄的李寶椿先生，也即是李寶椿大厦的主人，逝世已有幾年，屬他們旗下的馬匹，李冠春氏的馬匹英文名，第一個字是「金」（Gold），李少鵬氏的馬匹英文名，第末字是「兵」（Soldier），李蘭生氏的馬匹英文名，第末字是「景」（View）字，而李寶椿氏的馬匹英文名，第末字則是「時」（Time）。這其中，李蘭生五叔的「景」，更爲一般馬迷所習知。講起李五叔，一生中意養馬，而自己決不賭大錢，自己的馬匹上陣，有機會的，買五十元獨贏和位置，無機會的則買十元。他養馬，純粹是嗜好，可惜他老人家今年在五月九日看過他寶駒「優景」參加加「皮亞士杯」落第之後，以心臟病復發而在馬塲廂房中壽終。五叔一生，也可以說得一聲愛馬者而終於馬了。

回頭來再講戰前我所知道的中國練馬師，有彭二、陳義、王阿四、王筱紅、董阿林、陳義忠、馮鰲第、林雲亮、林雲福、趙阿毛、蕭寶義、黎來福、蔣名有、薛阿毛等十四位。到現在，其中退休的退休，逝世的逝世，在這幾位老練馬師中，依舊在馬會担任練馬師的，僅存王筱紅、趙阿毛、林雲亮三位而已。

至於現在的中國練馬師，除了上面三位老一

輩的之外，尙有吳志霖、區錦洪，是托麥考夫的得意弟子，張學文、李殿林、是蘭斯考夫的得意弟子，朱寶明則是王阿四的得意弟子，譚文居是羅達尼的得意弟子，而史秀和則是羅達尼的得力助手。

到現在，本港馬場中，有十位中國練馬師，四位俄籍練馬師，以馬匹而論，現在第一班的頂兒尖兒馬匹，像「堅橋」隸區錦洪馬房，「獲利山」與「福來」，隸張學文馬房，「蒙地卡羅」隸林雲亮馬房，「超羣」與「金像」，隸李殿林馬房，所有第一流馬匹，已完全操在中國練馬師之手了。

四十年前本港馬場終點處，評判員室古色古香。

幾位老馬師

已經退休或物故的練馬師中，我所知道的，陳義君是當年周錫年爵士的「日」DAY字頭馬的豢養者，爲人十分忠實客氣，可是在戰後有一年，周錫年爵士的「加拿大慶祝日」（好像是此馬），在賽後牽回馬廐時，忽然口吐白沫，倒地不起，後經獸醫羅拔遜君檢驗泡沫和「口水」，竟是服食了過度的興奮劑，（這一場賽事，此馬並未贏出），於是乎陳義練馬師有責任了，馬會競賽委員屢次開會詢問，事實俱在，陳義百喙莫辯，這位好好先生，祗得與馬會脫離關係，連退休金都拿不到分文。馬會練馬師，是有退休金的，日積月累，做多一年，多一年退休金，除非被馬會辭退，則退休金分文無着。還有，廐中馬匹始終無法增多的，馬會董事，可以請他自動辭職，但退休金一樣照發。譬如：多年前蔣名有、林雲福與蕭寶義（已於前日逝世）三位，便是自動辭退的。但三位的退休金，仍有五萬元至七萬元，這筆退休金，如果運用適當，下半世可以隨便無憂無愁，但看蔣名有君，現在每次在賽馬日馬會會員席中，一樣落吓小注，優遊自在，也可見蔣君善於運用當年所得的這筆退休金，即是一例。至於最近幾年中自動退休的羅達尼與托麥考夫兩位，退休金更多至二三十萬港元，因爲，退休金是以薪水作底價的。馬會例，廐中馬匹以最低限度多少匹爲標準，多一匹便增加一匹的薪水，羅、托兩位廐中的馬匹，時時多至三十匹以上，底薪可觀，退休金當然愈來愈多了。

陳義當年對我指天誓日，表示清白和被人陷害的，但証據俱全，還有什麽話可講，所以陳義之被陷，當年連周錫年君（當年他尙未晉封爵士）也無能爲力了。

董阿林君是山東人，爲人也正直無私，而且人緣極好，當年大馬主孫麟方兄（已因心臟病在去年突然逝世）的馬匹，大部份由阿林豢養，如果阿林不是因病逝世，至今當仍在馬會中，而也是練馬師元老之一。

馮鰲第君，是在董阿林君之前爲孫麟方兄豢馬的，後來因觸犯了馬會條例而被辭。麟方兄除了將馮廐馬匹轉入董廐之外，更憐馮君失業，乃在他的香港麵粉廠中，令馮君担任了「看更」一職，馮君至今仍任職於香港麵粉廠，每逢賽馬日，馬場中也時時見馮君的足跡。

陳義忠君係陳義的令弟，曾一度担任練馬師，因廐中馬匹不多，不到三年便自動請辭。

王阿四最老

王阿四君，這一位老練馬師，我在上期本文中已提過他了，他在上海以至香港的練馬師中，大名鼎鼎，林雲亮與林雲福昆仲，就要叫他老人家做「小娘舅」，他戰前受聘來港，日治時代賽馬，也是我的練馬師。他的得力助手王連熹，老早就有資格繼王阿四任練馬師，但他因自己英語差一些，不肯申請練馬師而仍舊我行我素做其副手，（在林雲亮廐中）三年前，他因年老自請退休，（也有退休金，但不及練馬師多了）王連熹現在在清水灣爲邵氏影城管理馬廐，他的兒子，便是現在馬場中數一數二的副手王登平王平仔。王阿四在日治時代的第二年，由我設法爲他一家購得船票回上海，勝利之後，大馬主李世華兄再以重金從上海將他請到香港重任練馬師，以他的人緣和資格，馬廐一組即成，近幾年李世華兄對豢馬的興趣減少，王阿四也因年老而向馬會辭職，得到了一筆不大不小的退休金，便在銅鑼灣區開設了一家小士多，他老人家年過八十，仍是精神抖擻，這也是王君一生忠實對人之報。

黎來福君，廣東人，生平豪爽待人，花名「

豆皮來福」，廐中馬匹比較少一些。在十多年前，他與當年的名騎師陶柏林君是好朋友，當時陶君與兩位朋友，合夥養了兩匹馬，一匹叫「赤兎」，另一匹叫「銀狐」，這兩匹低班馬，養在來福馬房中。有一次，灰馬「銀狐」狀態大勇，來福認爲有機會在某一場賽事中此馬可以贏出，陶柏林是主任騎師，來福當然先和陶君商議，但陶柏林却認爲此馬在此，並無好機會，來福不服，在賽前一天（星期五），約了兩位馬主和陶君在大三元茶叙，翻覆陳述，認爲「銀狐」可以贏馬，却始終得不到陶君的同意，結果這兩位馬主因騎師認爲無望而屆時並未下注，來福當年與我是「冇兩句」的老友記，星期六早上和我見面時問我對「銀狐」的機會如何，（因爲他看見我的「老吉馬經」預測中，這一場賽事貼的是「銀狐」「有希望跑頭馬），我的意見是「我行我素」，「我的目光或者會看錯，但「銀狐」的確在大勇狀態之下，跑一哩二五是有希望可以奪標的」，來福便將陶柏林君對此馬看「低」的說話講給我聽；並且將他自己也認爲「銀狐」可以贏馬的意見講給我聽，我當時就對來福話，騎師的意見未必一定對，除非他有胆拉馬，否則「銀狐」是買得過的，於是來福便決定和我合份，對這一場的「銀狐」，我們兩人合夥買獨贏票廿五元正，可是仍要在陶君上馬之後，聽取他的最後意見，方能作實。

這一場賽事，在陶君上馬時，來福再問他有機會否？而得到的答覆是一定跑不過李世華君的「沙漠英雄」。

來福等「銀狐」出沙圈之後，便對我話「跑唔過「沙漠英雄」喎，唔好買啦」，可是我對來福却答以「我一於照買，輸咗我嘅，贏咗一人一半」，講完，我便飛奔而去買了五張「銀狐」的獨贏票。

各位，你知道結果如何。

「銀狐」在最後一化郎，陶柏林鞭、踢、催、出盡三部曲；用盡吃奶力，「銀狐」竟然跑出了頭馬，而且贏得十分從容。

「銀狐」應該是大冷門，結果獨贏派彩每票却祗派七十餘元，何以忽然會變成不是大冷門，我買中了也莫名其妙。

陶柏林春風滿面贏了頭馬，兩位馬主連頭馬都你推我讓不肯拉，黎來福氣到面上的豆皮粒粒發光。

事後，我收了三百多元彩金，分一半給來福，他一定不要，推了半天，方纔拿進，但他對我說話却是「冚家富貴，連我都呃埋」。

兩位馬主一怒，將「赤兎」和「銀狐」賣給了孫麟方兄，當然兩駒也就牽出了來福馬房。

黎來福馬房的馬匹已經不夠，再拉去了「赤兎」和「銀狐」，變成養馬匹數越發不夠，來福祗得向馬會自動告退，領一筆退休金算數。

以後來福便對朋友講：「我嘅馬房被人拆爛咗，冇法子啦，唯有執包袱啦」。

我現在已有十年八年不見黎來福了，不知他近狀如何？寫到這裏，我不禁對這位豪爽的老友記長嘆一聲，怪只怪他太老實對人了。

還有一位薛阿毛，他原本是副手，因爲練馬工夫有一手，戰後便升任了練馬師，可是，他練馬雖好，却有了「白粉」的惡習，陋習愈來愈深，變成了晨操時間時時不見面，這一件事，後來爲馬會當局查到，當然握有証據，薛阿毛的飯碗便從此打破，而且連退休金都拿不到分文。

後來薛阿毛就祗能到各位馬主寫字樓去借貸，可是他的惡習一日不戒絕，馬主們無法次次應酬他，最後變成每逢賽馬日在會員席門口看見熟人就借，這樣，不到一年，他便貧病交迫而餓死街頭，練馬師中下場最慘的，當算薛阿毛了。

至於現在仍在馬會服務的三位老練馬師，年齡都已超過六十大慶，因爲各人都老當益壯，馴馬成績每屆都能過得去，所以得到一班老馬主擁護，看情形，王筱紅、趙阿毛、林雲亮三位老將，至少還有幾年可以躍武揚威，如果他們三位再要宣告退休，馬會當局又要付出幾十萬元的退休養老金了。

（四）

戰前中國馬王「自由灣」每次贏出皆極輕易

ALBUM

林黛，在海外的電影圈裏是一個響亮的名字；她曾獲得「四屆影后」的空前榮譽。私生活也多采多姿，有其無比燦爛的一面。銀海滄桑之錄，確是少不了她的一段記載。

我之認識林黛，是始於導演屠光啓的一次宴席上，地點是厚德福飯店，林黛與嚴俊兄偕來，那時候她已因主演「翠翠」一片成名。之後十餘年間，我曾先後寫了「亡魂谷」、「追」、「燕子盜」三個劇本，以及「歡樂年年」與「寶蓮燈」、「妲己」的歌詞，以上諸片，都是由林黛主演。此外還有「菊子姑娘」片中的一首插曲「雪山盟」，林黛灌有唱片，錄音時我也在場。在銀色事業方面，總算曾有多次和她幕後合作的機會。

祇是關於他的生平，筆下如作較詳盡的渲染，就難免要涉及隱私，是任何人所不願爲的。因此僅能從早經公開的各種資料中，擷取她獻身銀色事業以後的過程，作一簡括的叙述，聊盡些許纂輯的責任。其間關於她的戀愛史，關於她的婚姻之成敗，也只能撮其大要，畧而不詳。所以，這僅是一篇不完備的滄桑誌；但去「實錄」二字，則或許尚不甚遠。

初入銀色之門

一九四八年的年底，香港在寒流中披上了冬裝，商店櫥窗裏的聖誕老人還在向人們展露着微笑，一顆未來的銀幕紅星來到了這個海外島嶼，她的原姓名是程月如。

與程月如同來香港的，有她的母親蔣秀華，姨母，還有表妹林珮。

程月如的父親是「桂系」政要程思遠，但早已與蔣秀華分袂，女兒也就失去了父親的照顧，抵香港後住在九龍加連威老道的一角小樓，母女相依爲命，度着清苦的生活。

需要補充說明的是：她們之來到香港，是爲了避難。

一九五〇年間，白光、王豪借金巴利酒店排演「孔雀胆」話劇，林珮應邀飾演一個宮女的角色。程月如帶着一顆好奇心，陪着表妹到場看排戲，她的明慧開始被戲劇圈中人發現。

恰巧在這時候，她在沙龍攝影室所拍的一張照片，經由當時在「沙龍」任職的樓子春之手，轉到了「長城」副導演蘇誠壽那裏，終於被「長城」負責人袁仰安看中了，和她簽了一紙合約，月薪五百元。

她來港之後，曾進入萊頓書院讀過一個時期的書，英文名字叫Linda，袁仰安便就此給她取了個藝名——林黛。

其時，「長城」猶未變色，旗下擁有李麗華、孫景璐等許多大牌女明星，沒有一個導演想到起用新人。林黛閒來無事，常在「半島」茶座上出現，陪伴着她的多數是黃河。

獲得試鏡機會

老是拿乾薪，不拍戲，只做「照片明星」，林黛對此一現象自不能無苦悶之感。

經常陪伴林黛喝茶的黃河，護花有心而使之「登龍」則乏術，不久他便從林黛的身畔引退了！護花之責，轉移到了嚴俊的身上。

嚴俊是「長城」最吃香的紅小生，經由他的督促，林黛獲得了試鏡的機會，拍的是「日出」裏小東西的一段獨白。

試鏡的導演是岳楓，副導演是蘇誠壽，攝影師是莊國鈞。

那時候，還沒有像現在這樣「配對白」的便利，正式拍戲時演員口中的對白要直接錄上聲帶，不可稍有差池。事前，便由嚴俊負責教導她讀台詞，兩人之間因此種下了深厚的友誼。

試了鏡，「長城」還是不派新戲給林黛主演。後來，嚴俊脫離「長城」，進了新創立的「永華」，林黛也就隨同跳槽，成了寶塔旗幟之下的基本演員，月薪是港幣七百元，後來加到一千五百元。

首演服毒悲劇

一九五一年十二月八日下午，一位吞服了安眠藥企圖自殺的少女被送進了九龍醫院，報稱姓名是李月華，住柯士甸道。

後來眞相揭露，原來她就是林黛。

那次自殺的原因，一是爲了未償當主角的願望，二是另有一個曾作經濟援助的商人，對林黛不肯放手。「事業」與「愛情」一片迷惘，一個十八歲的少女抵受不住精神上的痛苦，怨恨之下無計可施，一口氣吞下了大量安眠藥，希望藉此而求得解脫，離開塵世。

僥倖的是發覺尚早，急救後終告無恙，最後由嚴俊簽字担保，把她接出了醫院。

此後，她便由秘密而公開，成了嚴俊的正式情侶。

彼此初入影圈，夏夢（右）林黛（左）

「翠翠」一片成名

林黛歸屬於嚴俊，嚴俊責無旁貸，向「永華」主人李祖永拍胸担保捧紅林黛，總算得到李祖永的准許，於是便有「翠翠」一片的開拍。

嚴俊特別賣力，除了親自執導此片之外，還在片中又演老，又演少，作林黛的綠葉之助。

林黛初上鏡頭，吃了不少NG。經過了大半年的時間，片子總算大功告成。

「翠翠」賣座不錯，林黛一片成名，銀空中亮起了一顆熠熠之星，她的照片在報章雜誌上出現的次數漸多，並且也擠入了「封面女郎」之列；朱旭華爲她在思豪酒店開過「林黛照片展覽」，收效很大。

林黛主演「吃耳光的人」的一幅造型照片

之後，林黛繼續爲「永華」主演了「春天不是讀書天」與「吃耳光的人」，都是黑白片。售座雖不壞，但「永華」的經濟情況已成强弩之末；不久，嚴俊與林黛無形中都脫離了「永華」，改在外面自由接片。

曾任「永華」宣傳主任、廠長等職的影壇元老朱旭華，於「永華」收場後自組「國風」公司，請嚴俊、林黛雙檔拍了一部「金鳳」。林黛的一對大眼睛，獲得了更多影迷的認識。

「國泰機構」在香港成立，總經理歐德爾支持嚴俊，到日本去拍了「菊子姑娘」、「亡魂谷」兩部黑白片，連帶又攝取了「歡樂年年」一片的彩色歌舞場面。

以上三片，都是由林黛主演。其中「歡樂年年」一片在香港拍內外景，嚴俊把導演之責交給了岳楓。

「紅娃」是林黛又一次爲「電懋」（「國泰改名」）主演的鉅片，全部外景是在日本拍攝，男主角是王引。

之後，林黛在銀壇上一天紅似一天，名成利亦就，初入銀色大門之時的生活問題已不存在，有的只是事業與感情方面的煩惱了。

轉爲「邵氏」効力

另一家擁有「南洋片場」的「邵氏」機構，在邵邨人領導之下，也在攝製國語電影。林黛既有號召力，「邵氏」自無不動腦筋之理。

於是，林黛又爲「邵氏」効力，主演了「亂世妖姬」上下集，由王引導演；「梅姑」與「追」由嚴俊導演。此外，「新華」也請林黛、嚴俊合演了一部「漁歌」，由卜萬蒼導演，此片是過去周璇主演過的「船家女」

的翻版。

李翰祥因導演「雪裏紅」一片，在電影圈裏露了頭角，不久即加盟「邵氏」，並開始與林黛合作，先後攝成了「黃花閨女」、「窈窕淑女」、「春光無限好」三片。

登上影后寶座

一九五七年「亞洲影展」在東京舉行，林黛爲「電懋」主演的「金蓮花」一片，在影展中獲得了最佳女主角獎，登上了「影后」的寶座。「金蓮花」是由岳楓執導，男主角爲雷震。

這時候，林黛已與嚴俊分手，素有「憂鬱小生」之號的雷震不再憂鬱，繼嚴俊之後成了林黛的密友。

「邵氏」開始攝製彩色片，第一砲開出「貂蟬」，黃梅調於此片作初次嘗試；趙雷飾演呂布一角，從此走紅於影壇，成了古裝小生獨一無二的人選。

林黛也在這一年的「亞洲影展」中，再度獲得了最佳女主角獎，成了「二屆影后」。

接着，「邵氏」又抓住林黛，繼續拍了一部「江山美人」，仍由李翰祥導演，趙雷担任男主角。此片中的「戲鳳」一段黃梅調，至今猶膾炙人口，常有歌星在歌廳中唱出。

「電懋」鑒於林黛已成爲「二屆影后」，聲譽已淩駕任何女明星之上，便不惜重價爭取她，使她單獨隸屬於「電懋」旗幟之下。

此一時期，她在「電懋」陸續主演了「三星伴月」、「雲裳豔后」、「温柔鄉」諸片，都是時裝戲。另有一部「樑上佳人」，則是徇新聞界友好鄺蔭泉之請而拍攝，由王天林執導，男主角是雷震。

赴美進修之謎

一九五九年，林黛在百忙中抽了個空，初度作美國之行，表面上是到哥倫比亞大學去進修，攻讀戲劇一科，一般揣測都認爲無此必要；但眞實原因也僅有種種傳說，未能獲得佐證。

有一件事却影响了她此後的終身命運，她在美國認識了龍某，於自然需要之下，龍某成了她的導遊者，兩人出入相偕，情感一日千里。林黛回到香港以後，據說也魚雁時通。而「憂鬱小生」雷震，則臉上又平添了幾分憂鬱。

由於「江山美人」在「亞洲影展」中獲得了最佳影片獎，使林黛的聲譽更盛於往昔。此時「邵氏影城」已經建立，組織日益龐大，陣容亟須加强，於是在林黛與「電懋」合約屆滿之前，又秘密與之接洽，請她重回「邵氏」陣營。

舊合約將滿，新合約待簽，林黛利用空隙，爲羅維拍了一部「猿女孟麗絲」，結果爲了酬勞問題，鬧得要對簿公庭。片子拍成後，不能上映

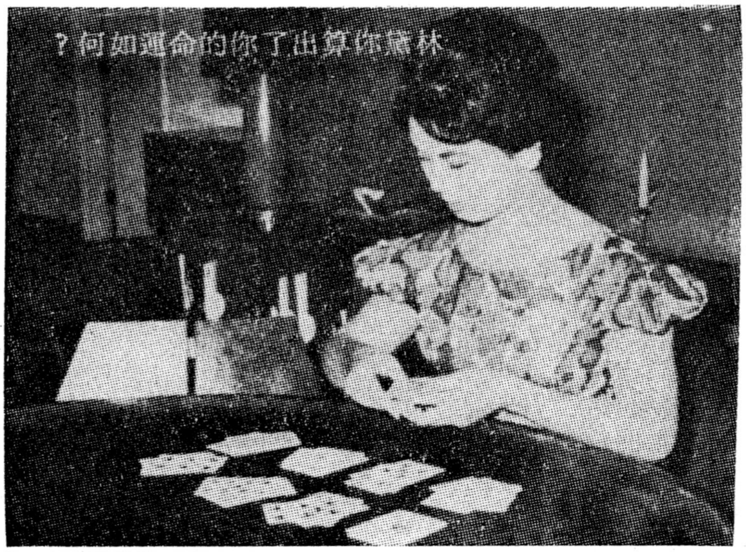

林黛你算出了你的命運如何？

後來經過調解，方告無事。

突然決定終身

重回「邵氏」以後，次第主演了岳楓執導的「嬉春圖」，陶秦執導的「慾網」，李翰祥執導的「王昭君」，岳楓執導的「燕子盜」與「白蛇傳」，陶秦執導的「千嬌百媚」，其中有時裝，有古裝，有打鬥片，也有歌舞片，充分顯露了林黛的多方面才能。

這時候，林黛的密友又換上了「大隻小生」張冲。

富於傳奇性的一幕喜劇，出現於龍某從美國來到香港之後。龍某有大陸之行，林黛親自到車站送別。傳說在車廂之中，龍某曾送了一枚戒指給林黛，林黛接受了他的饋贈，算是訂下了白首之約。

一九六一年，「亞洲影展」在馬尼拉舉行，林黛又以她所主演的「千嬌百媚」一片獲獎，成了「三屆影后」。

事業抵達巔峯，愛情也在母親同意之下，作了斷然的決定。龍某從大陸回到了香港，這一年的二月十二日，電影界爆出了轟動一時的大新聞——林黛結婚。

在九龍太子道的聖德肋撒教堂裏，林黛與龍某結爲夫婦，舉行天主教儀式的婚禮，女方主婚人是二老板邵邨人。

當天下午，新婚夫婦居停於預先租下的半島酒店之一室，作爲臨時新房；新郎新娘在這裏接受親友們的道賀，並相互挽手，同飲交杯酒，洋溢着一片喜氣，掀起了一片歡聲。

之後，是雙雙飛往日本渡蜜月，享受人生最寶貴的時刻。

懷孕飛美産子

婚後不廢事業，林黛繼續爲「邵氏」主演了另一部歌舞片「花團錦簇」，合演者是陳厚；一

是民初裝故事片「血痕鏡」，合演者是關山。

一九六二年，林黛復以黑白片「不了情」一片，榮登影后寶座。

一人連奪四屆最佳女主角獎，打破了國際間任何一位影后的連任紀錄，創造了香港影壇獲致榮譽的奇蹟。

「亞洲影展」雖不脫商業宣傳性質，但林黛的演技之精湛，也是足當榮譽之畀與而無愧的。

獲得「四屆影后」的喜訊傳出之後，另一喜訊也洩露了！林黛懷了孕，有了「喜」。

爲了要兒子取得美國的國籍，林黛懷着大肚子，於一九六三年的三月一日，飛往紐約去「產子」。崇美思想作祟，雖然不足爲訓，但世風如此，見怪不怪，旁人自然也毋勞非議。林黛在美國產下的麟兒，取名宗瀚。

有了愛情結晶品，閨房中的氣氛應該更臻和諧了吧？嘿！不然！不然！大大的不然！一次又一次的意見相左，小家庭裏時時傳出了詬誶之聲。

林黛出殯，途為之塞，可惜她自己不知道有此「盛況」！

自殺噩耗再傳

林黛與「邵氏」的合約，又續簽到一九六六年，她並無退出影壇的打算，依舊不斷的出現於水銀燈下。

一部「梁山伯與祝英台」，竄起了原名小娟（厦語片女演員）的凌波，成了「邵氏影城」中新的天之嬌女。使林黛的銀色生涯，無形中受到了威脅，於是她在主演了岳楓執導的「妲己」古裝片之後，同時兼任「藍與黑」及「寶蓮燈」兩片的女主角，儘量肩承重頭戲，藉以維護過去既得的地位。

「寶蓮燈」片中的沉香一角，原定計劃是由凌波反串。林黛深恐聲譽爲凌波所奪，向「邵氏」提出要求，寧願一人兼飾三聖母與沉香兩角。

林黛的好勝、逞强，從這一件事上可以畧窺一二。

一九六四年，第十一屆「亞洲影展」在台北舉行，凌波終以「熱門」而躍登影后寶座。

電影圈裏多了個競爭者，林黛却並不氣餒。

不幸的是有一位大導演，爲了一點小事銜恨林黛，竟然當了衆人面前，指着林黛的鼻子悻悻地說：「妳以爲妳還是從前的林黛嗎？妳已經走下坡啦！」

這一下意外的辱罵，爲林黛成名以後從未有過的遭受；她爲此而飲泣，掉下了銀幕以外的辛酸之淚。

是年七月十七日下午三時，幾家電台先後播出了林黛服毒自殺的噩耗。

「藍與黑」、「寶蓮燈」俱未完成，林黛已撒手塵寰。後來「邵氏」物色到了一位貌似林黛的杜蝶作爲替身，纔勉强補完了戲。

發表遺書兩封

林黛逝世後的第三天，她的夫婿發表了林黛的兩封遺書，原文如下：

（一）『Shing：把我火化了，骨灰丟到海裏去，我在胡博士處立了遺書，本來約好明日去Sign的，但我已無法等了。在我死後，我把我所有一切的財產給我的兒子龍宗瀚，並托龍某爲龍宗瀚的保護人，在宗瀚廿一歲以前，他父親有勸（權）爲他管理一切財產。宗瀚廿一歲成年後，請把財產交還他。

Linda Ching Yuet Yue　林黛　程月如』

（二）『Shing：萬一你眞的想救我的話，請千萬不要送我到公家醫院去，因爲那樣全香港的報紙都會當笑話一樣的登了！只能找一個私人醫生，謝謝你。

Linda

P·S·請每個月給母親$1500元，兒子你一定會對他很好的，我很放心。』

從後一封遺書中可以看出，林黛當時原無必死之心，她是還希望獲救的。但閨房之門一閉，便無人過問她的安危。於是一代紅顏，從此埋葬黃土。年年清明節屆，受着無數過往男女的憑弔，林黛死時，僅三十歲。

譚小培與譚富英

一九三六年青島海濱父子合影

· 葦窗 ·

梅蘭芳從不批評人，可是偶然也會說說笑話，他曾經談到同行中曾經編出一個故事來形容譚小培，相當有趣。梅蘭芳尊譚鑫培爲爺爺，因爲老譚是和梅蘭芳的祖父梅巧玲同輩的人物，稱譚小培爲譚五爺，他說：「你們別瞧譚五爺，他呀，在我們同行中福份最大！少年公子老封君，他在家裏可神氣極了，他對他爸爸說：『爸爸，我的兒子勝過你的兒子！』譚鑫培一想，自己七個兒子，就是譚小培唱戲，戲唱的不怎麽樣，富英勝過他，說得對，祇能不言語啦！譚富英在一傍聽了，哈哈大笑！爲什麽？他們不是在誇我唱得好嗎！那知道譚小培轉過身去，又教訓譚富英說：『孩子別高興，我的爸爸可比你的爸爸强多了！』譚富英一想，不錯，爺爺是伶界大王，我父親怎麽也比不上，也就不出聲了。所以，算來算去，他們譚家祇有譚五爺最得意！」這個笑話自然是編出來的，因爲譚鑫培去世的時候，譚富英才十二歲，不過譚小培有個好老子，又有個好兒子，那是誰都比不上他的。

我認識譚小培、譚富英父子，是由梅花館主鄭子褒兄介紹的，梅花館主和譚小培是把兄弟，那天見面是爲了調解一位同文張古愚在他所辦的「戲劇句刊」上登了三幅照片，第一幅是余叔岩，第二幅是王又宸，第三幅是譚小培，三幅都是「連營寨」的劇照，他們三位都是和老譚有密切關係的，余叔岩是老譚的徒弟，王又宸是是老譚的女婿，譚小培是老譚的兒子。張古愚在三幅圖片傍邊用大字加註說：「論嗓音，徒纖巧，婿蒼凉，子醇厚，」這幾句倒還沒有什麽，另一行則是說：「論藝術，徒最佳，婿遜之，子又遜之。」這幾句話可把譚小培罵苦了！於是譚小培向梅花館主申訴，梅花館主要我找張古愚，因爲張古愚本來天天上譚小培那兒去串門的，自從登了這三幅相片以後，已經三天沒有去譚家了，於是找到了張古愚，一同到「洪長興」去吃涮羊肉。那天在座的是譚家祖孫三代，小培、富英和富英的兒子——那時候還不叫譚元壽，小名小羊，祇有五六歲光景，梅花館主、張古愚和我，見面之後，大家不提這事，張古愚斟了一杯酒給譚小培，譚小培說：爺們，別客氣啦，吃完以後，張古愚有點不好意思推說有事先走了，我們才聽譚小培打開話匣子，大談特談起來。

科班時代的譚富英演「四郎探母」

提起當年細說從頭

譚小培說：「我也是科班出身，我進的科班叫小天仙科班，也是楊隆壽辦的。楊隆壽老先生先後辦過兩個科班，小榮椿是大家都知道的，您都知道楊小樓、程繼仙都是小榮椿出身；小天仙規模小一點，沒有小榮椿那麽認眞，所以出的人材比較少！」譚小培最怕人家笑他外行，所以他一定要表明，他也坐過科的。

「現在唱老生的扮相，都講究清秀，說什麽儒雅、飄逸，從前可不是這樣，那會兒唱老生的，都得講究方面大耳，同字臉，扮起王帽生來才有個樣子。我們老爺子（指譚鑫培）讓我拜許蔭棠先生爲師，許先生是有名的奎派老生，他唱「打金枝」中的「金鐘三响把王催」一句的「催」字，把鬍子都吹起來了，當時的口面可厚着吶，不像現在這麽稀鬆，可見得老先生的噴口勁頭多大！他（指張古愚）捧小余不要緊，可不能糟塌我，想當年，我們三小一白到上海，也轟動過，現在可老嘍，再說富英也出山啦，我還不早點收山，犯不上跟他生氣，你們說是不是？」他這麽一說，大家全笑了，譚小培愛提的「三小一白」

是民國七年，他和楊小樓、尙小云、白牡丹一起到上海天蟾舞台演出，號稱「三小一白」，譚小培自己認爲是他的得意之秋。

二次見面大談茶道

譚富英在上海是紅底子，常年南下到上海來，第二次再見面，那又是一次了。譚小培特地送了我一筒茶葉，他說這茶葉是我們北平某一家老字號出的雙薰，最好的香片，你得先把水煑滾了，可不能馬上就冲，得等幾分鐘，等滾水的火頭過了，再泡，千萬不能泡滿，祇能泡這麽六七成，以後再對水，我日常講究的就是喝這麽點茶，咱們富英別人給他砌的茶，他是不喝的，就是他媳婦兒給他砌的茶，都還不夠意思，你問富英。」說着他就轉過面來問譚富英，「富英，是不是？再喝一杯嗎？」譚富英對他父親永遠是那麽恭順的回答說：「是！我再喝一杯。」

譚富英對他父親永遠是這麽必恭必敬的，有時候他們父子間的一問一答，會讓人家誤會他們父子二人在做戲，譬如說戲館老板想請譚富英唱重頭一點的戲，譚小培一定要當着衆人問兒子：「富英，老板讓你後天唱「定軍山」，你來得了嗎？」富英多數會回答：「這幾天，不太精神，恐怕來不了！」譚小培說話時，喜歡盤膝坐在床上，他說這是在北方坑上坐慣了的緣故。

譚鑫培演「四郎採母」兄弟會

譚小培等於是譚富英的經理人，館子裏隨便什麽事都得通過他，好比戲院裏的座兒不太好，老板又接二連三的請譚五爺吃西菜，逛百貨公司，買東西，他就會不先徵求譚富英的同意說：「讓富英給你們唱天『探母』吧！」這是戲館老板最愛聽的話。

有一天，譚富英打電話給我說：「老爺子請你來，今兒我們出去吃飯，我請客，別老吃你的。」我去了以後，譚富英對我拍拍口袋，表示兜裏有錢了，他平時袋裏常常不名一文的，他而且不大知道市面，大有桃花源中人不知有漢，無論魏晉的意思。我問：「要唱『探母』啦？」他笑笑，接着說：「兩天」。每唱一次「四郎探母」，譚小培照例給譚富英零用十元。

嘎調不出驚天動地

譚富英最拿手的戲，當然是「定軍山」和「四郎探母」，「定軍山」是他頭一天的打泡戲，爲的是黃忠從下場門上場，取一個「紫氣東來」的兆頭。至於譚小培爲什麽重視「四郎探母」而輕易不讓譚富英唱「探母」呢？這裏頭也有一個原因，就是「坐宮」之中，有一句嘎調「叫小番」，著名評劇家陳彥衡曾經說過：這句叫小番的嘎調，使的是假嗓子眞氣！此說我聞自陳彥衡的得意弟子許姬傳。譚富英在家吊嗓子，「叫小番」十拿九穩，一到台上，到這個「番」字就翻不上去；爲他操琴的趙濟羹，別號喇嘛，他是左手拉弓，右手按絃，與衆不同，戲班裏稱他爲白虎琴，到此時必搖頭嘆息，口呼「有鬼」！譚富英在天津中國大戲院貼「四郎探母」，若「叫小番」叫上去了，觀衆就看到他完場，若叫不上去，觀衆即紛紛起堂，好像今天運氣不好，他叫不上去，連我們都倒霉了似的；還有天津拉洋車的，津人稱爲膠皮，最關心譚富英那句「叫小番」，等晚上十點一過，都圍集在戲院門口，若裏邊傳出了滿堂采聲，必然是「叫小番」叫上去了，於是奔走相告，引爲一樂，若觀衆紛紛走出戲院，便知道富英今兒又「砸」啦！一次，譚富英在上海大舞台貼「四郎探母」，張君秋配公主，「坐宮」時「叫小番」叫不上去，等「盜令」時唱「淚汪汪」又使嘎調，仍未上去，譚富英自己搖頭，譚小培則在後台跳脚，頻頻責怪老板：「我說別讓他唱『探母』，你們非要讓他唱，現在砸鍋了，你們開心！」但說也奇怪，儘管叫不上去，但「四郎探母」仍是譚富英最叫座的戲，因爲他後邊還有被擒的「吊毛」，又高又圓，「兄弟會」的原板，唱得石破天驚，都是非常精彩的。

譚小培（右）張春彥（左）合演「探母」兄弟會

譚小培眞能聊天，有次也是譚富英唱「四郎探母」，戲完之後，我們同去青梅居吃宵夜，譚小培忽然扳我的大拇指，我甚以爲異，後來他說：「你這個大拇指不能向後扳過去，這就證明你不能成爲角兒，你看連良、富英全扳得過去！」說着他就叫譚富英扳給我們看！還跟我說：「您還是做您的票友，下海可不行。」我就問他：「五爺，您怎麼樣？」他笑着說：「我跟您一樣，也扳不過去」我說：「老封君、老太爺，扳不過去還比扳得過去好！」聽得譚富英也笑了！

臨別紀念老子登場

譚富英唱滿一期了，照例要唱三天臨別紀念戲，譚小培往往自告奮勇，也要漏一漏，在這三天戲碼中，必定有一天的「羣英會」，爲什麼呢？因爲譚富英演魯肅，譚小培演孔明，到「草船借箭」那場，魯肅和孔明的對白中有「我早就與你預備下了！」「預備什麼？」「壽衣壽帽，大大的棺木……」說到此處，台下必然轟堂大笑，

譚富英的岳父姜妙香演「探母」楊宗保

譚富英（右）張君秋（左）合演「探母」盜令

因爲在舞台上他們是朋友談笑，而私底下却是兒子替老子準備後事，焉得不讓觀衆捧腹呢？一天必是「清風亭」，這也是譚小培很自負的一齣戲；還有一齣，那就隨便定了。

譚小培登台，表面上說是客串，私底下，戲館老板還要另外送份包銀，酬謝酬謝，譚小培一定說：「咱們富英唱了一期戲，就像一本書，我老頭子呢，就算這本書面子，書印好了，內容不錯，加上書面子，就算功德圓滿了！」

名小生姜妙香，是譚富英的岳父，他們翁婿同台，也有一個笑話，出在「四郎探母」這齣戲裏。當然是譚富英的楊四郎，姜妙香的楊宗保，台下翁婿，到了舞台上，却變成伯父姪兒了！譚富英先問：「多大年紀？」楊六郎回說：「一十四歲，」台下已經忍不住要笑了，等到姜妙香唸「參見四伯父」的時候，姜妙香做得非常認眞，一拱到地，台下於是大樂！爲的是台上的姪兒，其實是台下的老丈人，丈人拜姑爺，豈不可笑！

姜妙香搭譚富英的班子多年，有一年，譚富英因爲翁婿之情，打算爲姜六爺長點包銀，事先沒有徵求譚五爺的同意，惹得譚小培大怒，把賬本子都丟了出來說：「好，你大了，不用我給你操心了，什麼事你都能抓主意了，還用我老子幹什麼？」嚇得譚富英跪在他老子面前賠小心，認不是，譚小培方才收回成命。

大軸送客祇要一次

譚小培晚年，有次會在堂會中和程繼仙合唱「打姪上墳」，戲唱罷後很得意，他跟我說：「這戲富英都不行！幾時咱們聊聊。」其時我正醉心於馬派的做工、言派的唱腔，辜負了他一番好意，但事後程繼仙告訴我：「這戲譚五爺有一手！」

勝利後，我和盧一方、湯修梅諸兄在上海辦了一張「滬報」。某日，評劇家張肖傖在「滬報」上寫了一篇文章說：「譚富英爲奎派正宗」，譚小培看了大樂，他說這話從來沒有人提過，大家恭維我們譚門本派怎樣怎樣，把奎派——張二奎那一派全忘記了，事實上老爺子也有好些地方是學張二奎的，實大聲宏、講究氣度，他要請張肖傖吃飯，但張回常州去了，這頓飯沒有吃成。

譚富英自己挑班以後，又和程硯秋合作過一次，那是在勝利後的上海天蟾舞台，同台演員還有葉盛蘭、高盛麟、袁世海等，譚富英常唱倒第二。譚小培向戲院當局提出一個要求說：「富英現在已經自己挑班、掛頭牌啦，這一次因爲跟程四爺合作，沒有辦法，希望館子方面和程四爺也給富英一點面子，讓富英每星期唱一回大軸，圓圓面子。」戲院當局和程硯秋一商量，決定讓出星期六的晚上，由程硯秋和葉盛蘭唱倒第二的「玉堂春」，大軸由譚富英唱「戰太平」，等「玉堂春」唱完，台下有程黨一百餘人退席，譚小培大爲懊喪。從此以後，再也不提唱大軸的事，他跟我說：「面子祇能要一回，總算他們讓過一回就算了！」

譚小培時常約我去聊戲。有一天，我去的時

候，恰巧譚小培出門買點心，說明就回來的，叫我等他。富英在家，他說：「老爺子喜歡你來做他的聽衆，因爲你會搭他的『詞兒』，你說上文，他接下文。我衹能聽，他覺得我這個聽衆太臉熟了，所以你是最受歡迎的聽衆。」

譚富英最後一次登台，紀念梅蘭芳逝世一周年演「大登殿」（自右至左）梅葆玖、譚富英、梅葆玥（便裝）、李金泉。

老毛聽戲小培歸天

譚小培也灌過很多七十八轉的唱片，因爲誰要請譚富英灌唱片，他就自告奮勇的說：我來幫你們灌兩段，由於譚五爺是有「譽兒癖」的人，衹要捧富英，什麽脚色都唱，於是「捉放曹」的呂伯奢、「四郎探母」的楊六郎、「搜孤救孤」的公孫杵臼、「草船借箭」的孔明全歸他了。

譚小培之死，有如下的傳說：毛澤東聽戲，需要一位內行老前輩能「聊」的作陪，大夥兒一計議說：這差使遍數我們梨園，衹有譚五爺夠條件，於是乎譚小培便被公推爲伶界代表，出席看戲。譚小培晚年，有個時時要小便的毛病，那原是老年人多見的疾病，那天他大概太緊張了，平時「口若懸河」的，這天却期期艾艾的很少說話，又不便時時起立如厠，等到戲看完，他再去小便時，已經成癃閉症了！沒過幾天，就歸天了！從前北方戲劇界有兩句老話，名爲「歡迎陸榮廷、氣死譚鑫培」，至此大可改爲「奉陪毛澤東、逼死譚小培」了！但此說始終未獲証實。

紀念梅王最後登台

譚富英現在也六十開外了，他有心臟病，和梅蘭芳相似的症候，所以在八九年前，他已經停止登台！可是他自己並不知道病情嚴重，生活如常。一九六二年八月，北方舉行梅蘭芳逝世一周年紀念演出，演劇四天，譚富英堅要參加，並說：「當年我在上海，在堂會中梅先生捧我，和我合演「武家坡」，從此聲譽大起，我這次要和葆玖合演「武家坡」，來報答昔日梅先生提携之情。」大家研究下來，「武家坡」太累，但不讓他唱，他是不依的，還是請他唱齣歇工戲和梅葆玖、曲素英、李金泉、韋三奎等合演「大登殿」，作爲大軸戲吧。戲畢，梅蘭芳女公子葆玥登台致謝，合影如上。（本期出版，適逢庚戌中秋日，特選戲曲畫家關良所繪的「武家坡」速寫作爲封面，因爲劇中有「八月十五月光明」的唱詞，乃及時應景之作。）

唱戲世家世代唱戲

他們譚家學戲，有一套規矩，先學武戲「長坂坡」，由於譚鑫培是武生出身，故譚富英、元壽父子都能唱「長坂坡」。譚元壽後來又奉祖父之命，拜李少春爲師，因爲李少春的一齣「戰太平」，是余叔岩親授的。他們譚余兩家，互爲師生，譚鑫培向余三勝學戲，余叔岩拜老譚爲師，譚富英從余叔岩問藝，譚元壽又拜在余叔岩的弟子李少春門下，也算得是梨園佳話了。近年，譚元壽當了北京京劇團團長，他能適應潮流，演現代戲，那是譚富英絕對來不了的，至於他祖父譚小培更是「想都沒有想過」；這句話是譚小培的口頭禪，聽說譚元壽的兒子，也在學戲，可惜他學什麽，我們一點都不知道，因爲消息實在太隔膜了！

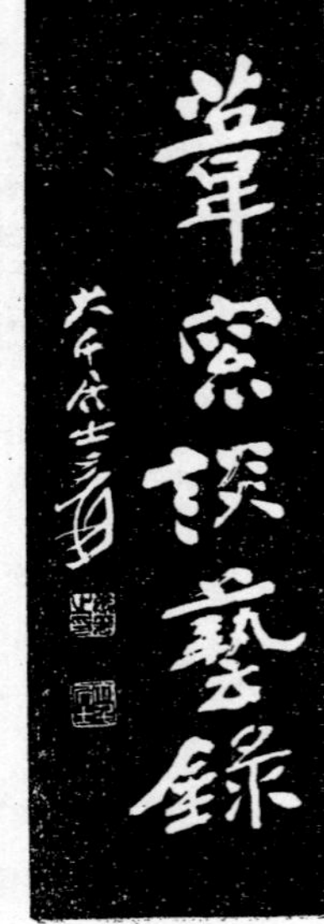

避磁，避震，絕對防水，永不磨損
水晶玻璃，自動星期日曆錶

瑞士第一流名廠
世界最暢銷名錶

英納格

貨眞價實　準確耐用

197-01-02

本刊已向香港政府登記

定價每冊港幣壹元

大人
論天下大事
談古今人物
第六期
白石老人

齊白石晚年作畫圖（一九五五年）

大人 第六期目錄

一九七零年十月十五日出版

大人

每逢月之十五日出版

出版及發行者：大人出版社有限公司
督印人：王朝平
編輯者：大人雜誌編輯委員會
總編輯：沈葦窗
社址：九龍西洋菜街三號A 即彌敦道六一〇號後座
電話：K八五五七三〇
印刷者：立信印刷公司
九龍新蒲崗伍芳街緯綸大厦十一樓
總代理：吳興記書報社
香港租庇利街十一號二樓
電話：H四五〇七六六 H四五六一
星馬代理：遠東文化事業有限公司
新加坡厦門街十九號
檳城香田仔街一七一號
泰國代理：集成圖書公司
曼谷耀華力路二三三號
越南代理：聯興書報社
越南堤岸新行街二十二號
其他地區代理：
漢城：汎亞書籍社
澳門：可大文具店
寮國：永珍圖書公司
亞庇：利文公司
斗湖：光明書店
千里達：中華公司
菲律賓：玲瓏書局
倫敦：東寶公司
紐約：友聯圖書公司
芝加哥：杏林春
洛杉磯：永安堂
波士頓：中西公司
檀香山：大元公司
三藩市：新生圖書公司
三藩市：文化商店
加拿大：香港商店
加拿大：新國華公司

香港二十四任總督

——從開埠至發展的歷史紀錄——

・范正儒・

最近，香港大會堂博物美術館舉辦了一個文物性質的「百年前之香港圖片展覽」，它運用了深入淺出的手法，把一百年前的香港，亦即一八七〇年之香港社會實況，作爲主題，分別爲郊野，城市，船舶，起居與工作，交通社交與閒情等項，技巧地把圖片放大，介紹給市民觀賞認識，前往參觀的絡繹不絕，盛況空前。

爲什麼選擇一八七〇年的香港，來作文物展覽主題呢？蓋其時當權派人物，在香港是麥當奴任總督（一八六六年至一八七二年），在廣東是兩廣總督瑞麟，字澄泉，滿州正藍旗人，於淸同治四年（一八六四）就任，至同治十三年死於任上，爲時十年之久。這兩人都曾致力溝通華洋關係，促進省港繁榮。那時香港擴建爲城市，發展貿易，是香港歷史上一個轉捩點。

與此同時，歐洲的蘇彝士運河首次通航，汽船代替了帆船，不特將歐洲到香港的旅程，從半年縮爲八個星期，由於有固定航期，航程亦比以前舒適得多。另一方面，那時候，正是電訊紀元開始，瞬息四息八達的電報，代替了長達六個月之久的書訊傳遞，加以海程快捷的運輸，歐洲人不斷來香港建立商業關係，而中國大陸人民也不斷來此謀生，造成繁榮的城市。

因爲這個緣故，一八七〇年距今恰滿一百年，香港博物美術館，遂以此爲主題，將該館珍藏的圖片一百餘幀，分門別類展出七大輯圖片，並有中文說明，極爲詳盡。教人看了，可以認識百年前香港的眞實面貌，與今日之熱鬧繁盛，相去眞是不可以道里計呢！

廣東海防彙覽所載之當時香港地圖

香港割讓與全部面積

卻說香港原是中國領土的一部份，舊屬廣東新安縣（今寶安縣）外洋的一個無名荒島，僅有少數漁民居住，它是怎樣割讓給英國呢？據英人摩斯氏所著「東印度公司對華貿易編年史」說：「公司從事鴉片貿易的船隻，在一八二九年（淸道光九年）爲了要避免西南季節風時期內有較安定的停泊處，曾四處找尋，結果選中了香港島附近汲水門青山灣西北角內港爲停泊處。」

「英國商人選中了這一座小島，認爲它與九龍之間的內港，是一個優良的停泊地點，對於避免季節風更爲相宜。因此，每逢遇到廣州方面對他們有所壓迫時，他們就退避到這裏。再加上由於島上南面（即香港仔與薄扶林之間）有一大瀑布，可以取得淡水供應。故而，英國商人在林則徐的壓力下勒令繳出鴉片時，他們所選擇的避難地點就是這個小島。」

「其後，停泊在九龍海面的東印度公司商船，船上人員無事可做，除了走私貿易外，便是酗酒和上岸到九龍尖沙咀一帶去向村民購物，因言語不通，往往鬧出了事端。有一水手毆死了尖沙咀村人林維喜，同時林則徐在虎門焚燬英商鴉片，終於觸發了鴉片戰爭，英艦安巽號砲擊廣東巡船進迫虎門，旋又進迫南京，淸廷失敗，簽訂南京條約，其第三條上說：

緣因英國商船，遠路涉洋，往往有損壞須修補者，自應給予沿海一處，以便修船及存貯所用物料。今大皇帝准將香港一島給予英國君主，嗣後世襲主位，永遠主掌，任便立法治理。」

這是「英國殖民地香港」誕生的根據，並設立總督治理。再經過一八六〇年（咸豐十年）北京條約，割讓九龍半島尖端土地面積四英方里，以及經過一八九八年（光緒二十四年）的九龍租借條約，租得九龍新界，名稱叫做「拓展香港界址」，東起大鵬灣，西迄深圳灣，包括大嶼山等島嶼在內，約三百九十英方里爲租借地，定期九十九年，迄今已有八十二年的歷史了。

現在人們所稱的「香港」，含有狹義的和廣義的兩種解釋，狹義是指香港本島而言，面積約三十二英方里，這是香港行政、商業、軍事中心的所在地；廣義的解釋，却要包括九龍新界以及香港本島前後約三十三個島嶼在內，面積共計三百九十英方里。

裙帶路及香港之命名

百年前的香港，究竟是怎樣的情形呢？最近，在香港仔至市區的一條原始軍路上，該路係百年前本港於一八四一年開埠後數年所開闢者，久已無人使用，却在一個山徑某處石屋外面，發現一塊紀念本港初期的里程碑，碑上刻有「裙帶路」的中文字樣，已模糊不清。裙帶路一詞，係形容環繞港島之路如裙帶，即指今日上環至中環一帶。

據各方面考證：裙帶路的意義有二，一說這條山徑自對岸九龍遙望過來，蜿蜒如帶，乃當年漁舟遇逆風賴以枝棲的小徑，頗似婦人的裙帶，故稱裙帶路。這個裙字是一個水上人裙姑的小名，當年曾屢次帶領英人從香港仔越山循徑至今日上環一帶，所以能熟悉全島形勢。為了感謝她嚮導之功，因以名其路。

另一說：相傳英人初到香港，從赤柱到山北來都是山徑，山徑有一個漁村名叫裙帶村。一八四一年香港政府公報，亦曾證明為裙帶村，且謂有居民五十名。道光二十一年（一八四一年）五月間將軍奕山述及當時香港情形，亦稱：「前所修裙帶路寮房石路，未始不作銷貨之想。」是裙帶路實為島上村名，其地點為當年英人登陸後在山北（太平山之北）經營的中心，亦即今日香港心臟地帶。

原來，當時「香港」這個名稱，在中國人嘴裏還未曾普遍，他們眼見英人經營中心是在太平山北的上環至中環一帶，所以也間有稱為「裙帶」的，後來為什麼又叫「香港」呢？莊士頓氏為本港開埠初期的英國駐港商務監督，他說：「香港村，島的名稱就是取自這裏的。這村落很美麗，為林木所包圍，並有很多已經墾殖的土地，它的居民似不超過二百人。」

新安縣志上有：「官富司所屬，有香港村。」依縣志的地圖看來，香港村的位置，是近薄扶林而當石排（即今香港仔），附近有湍急的水流，因其水味甘冽，土人名之為「香江」，這港口遂名為「香港」。後來英人將港口方向更易，把原來「香港」易名「香港仔」（一名小香港），而以「香港」名全島，即大香港。

早年香港太平山頂設升旗台，指示船隻出入，故又名扯旗山。

香港開埠第一年情景

香港開埠初期，外商在廣州出版的「廣州新聞」（The Canton Press）曾有報導：「一八四一年一月，香港被割據給不列顛帝國，並且即於二十六日將這座島加以接管。但是，起初對於改善當地情況的措施很少，直到五月，這才委任了一位裁判司，不久之後，開始島上的築路工作，從第一年的五月到八月，人口增加最速，一座廣大的購物商場繼之出現。」即今日中環街市的前身。

「當中國遠征軍在八月間離開本港前往廈門和舟山以後，在今日港內海濱被土人喚作裙帶路的地帶，永久性的公共建築物就開始了，從這座島的最西端部份開始，在目前，除了作為印度加利志願軍營舍的臨時軍營（按即昔年西環兵營）之外，許多大小建築物均已先後完成。在這商場內容及左近，也有二十多間商店。」

「目前最活動的中心就是在裙帶路，最早建築的一條幹道亦已完成（按即皇后大道），兩旁的建築物都有人住了。有一座作為政府首腦臨時住所的建築物，新近正落成（按即最早的督轅），在這附近又有衛兵房（按即今日美梨兵房）和郵政局及田土官住所的建築物。沿這條大路向東走，就是軍營山（按即日金鐘兵房）營房及械庫正開工建築中。」

「沿這條大路爬上一條峽道（按即今日跑馬地峽道），可以俯瞰黃泥涌的山谷和村落，穿過山谷的支路繼續向東走去，不久可以走到掃桿埔村。石排灣（今香港仔）的港口雖小，却是形勢環抱，南北皆有入口，非常便利船隻出入。港外的鴨脷洲，雖僅有二英里的小島，却是香港仔從西南至北面的屏障，這樣，環行香港島一周便已完成了。」

「自從英國統治權在島上建立以後，各式各樣做買賣的小商人都來了，同樣的還有各種算命占卜的，玩戲法的，走江湖郎中，戲人，那些在每個人口茂盛的中國城市中慣見的人們都來了。島上經常的人口，據估計約有一萬五千名。歐洲人為了躭心熱症和瘧疾，大都用石塊作基層來建築磚石房屋，也有一些木屋。島上馬匹不過十餘匹，馬車僅有一輛而已。」

黃恩彤筆下初期香港

以上就是「廣州新聞」在一八四二年報導的「香港開埠第一年情形」，當時爲了築路和開山塡海，曾向中國內地招集大批工人，於是香港最早期的居民二千名，在開埠後的第一年，就增加到一萬五千名。現在繁盛熱鬧的中環在開埠第一年也不過僅有少數建築物，那座圓堆形的太平山，一名硬頭山、紅爐峯、維多利亞峯，山上有一座升旗台指示船隻出入，故又名扯旗山。

香港開埠後的第三年，即一八四三年（道光二十三年），第一個官式到香港來訪問的清廷大員，是當時欽差大臣耆英，而香港總督則是砵甸乍

香港開埠初期第一條幹線皇后大道

（滿清官書譯名則作樸鼎查），他就是代表英方在南京條約簽字的人。在耆英未到以前，爲了磋商和修改稅則問題，廣東布政使黃恩彤和侍衛旗人咸齡却已先到香港接洽，黃恩彤在「撫遠紀畧」所記當時香港情形道：

「香港本海中荒島，在急水門，地屬新安，距縣城一百餘里，舊有蛋戶十餘家，傍岸寄居，捕魚糊口。近日英人據爲巳有，實非香港，乃全島偏海濱之裙帶路也，與九龍東西相連，隔一海港。英人利其港內可以泊船避風，岸上可以築樓居貨，故於乾隆中遣使朝貢，即以爲請，未能邀允，至是始受廛於此。其地初經開闢，房屋無多，洋樓尤少。」

「有二砲台，俱在平地，開一直路（按即最早皇后大道）約二十餘里，可以馳馬行車。間有內民潛往貿易，大抵貧而無賴，挺而走險者也。有天主堂一、書院一，規制狹隘，書院稱馬公書院，蓋馬禮遜之父老馬禮遜，頗通漢文，在粵最久，曾充副使，進貢入京，英人推爲文學之士，故書院乃假其名也。」這是關於香港開埠後最早的中文紀錄。

王韜描述百年前香港

到了一八六〇年（咸豐十一年庚申歲）太平天國狀元王韜，曾在香港住過一個時期，他在「漫遊隨錄」上紀載開埠後十九年的香港情況道：「香港本一荒島，山下平地距海口尋丈，西人擘劃經營，不遺餘力，尺地寸金，價昂無埒。沿海一帶多開行鋪，就山曲折之勢分爲三環，後又增爲四環，俗亦呼曰裙帶路。」

「粵人本以行賈居奇爲尙，錐刀之徒，逐利而至，故貿易殊廣。港民取給山泉，淸冽可飲。雞豚頗賤而味遜江浙，魚產鹹水者多腥，生魚多販自廣州，閱時稍久則味變。上中環市廛稠密，闤闠宏深，行道者趾錯肩摩，甚囂塵上。下環則樹林陰翳，綠蔭繽紛。遠近零落數家，有村落意。博胡林一帶多西人避暑屋，景物幽邃。」

「下環以往，漁家蛋戶，大半棲宿於此。中環有保羅書院，上中交界有英華書院，上環有大書院，皆有子弟肄業，教以西國語言、文字，造就人才以供國用。英華書院兼有機器活字版，排印書籍。上環高處爲太平山，兩旁屋宇參差如雁翅，碧窗紅檻，畫棟珠簾，皆妓女所居。間有若干洋樓亦頗華美，則爲英商官吏之所居也。」

「港中近日風氣一變，亦尙奢華。余初至時，爲經紀者多穿短衣袴，天寒外服亦僅大布。婦女不務妝飾，妓女多以布素應客，所謂金翠珠玉，借以作點綴者一二而已。嗣後日漸富侈，自創設東華醫院以來，董事於每年春首必行團拜禮，朝珠蟒服，競耀頭銜，冠裳蹌濟，一時稱盛，而往時樸素之風渺矣。」

王韜所述的一百年前的香港，已經是「寸地尺金，價昂無埒。」「日漸富侈，樸素之風渺矣。」但一百多年前後的香港，已有顯著的變遷，由漁村變爲城市，由寂寞荒涼變爲熱鬧繁盛。住宅方面，由茅舍變爲洋樓，由小屋變爲大厦。交通呢，由羊腸小道變爲寬濶馬路，由轎兜馬車，變爲汽車飛機，眞是五彩繽紛，蔚爲大觀。

九龍開闢後更加突出

提到九龍的割讓，迄今也不過七十二年的歷史，但其發展却比香港更

有突出表現，同樣地跟香港成為現代化大都市，它在未開闢以前也是一片草萊的。一八九九年三月一日「西報譯編」所載七十一年前的九龍情景：「九龍與香港對峙，中國之海濱地也。我英曩向中國增添租界，今有成議，該處土地肥沃，山谷可種植，又有海灣數處，形勢甚佳。」

「香港一島，海水深濬，固便於泊船，今增闢九龍，商輪可以移泊於此，有補於商利不鮮。且香港地小人稠，若分徙九龍，不至有人滿之患。又得此地與香港互為防衛，香港更形鞏固，計英所闢九龍地，戶口有四萬三千人。人分三種：一種流寓，一種客籍，一種蛋戶。流寓人操廣州話，客籍人所語，中原語也，蛋戶自成一族，多在港口寄居。」

讀此，可見七十一年前的九龍，也不過是普通的鄉村而已，現在香港和九龍已成世界大都市之一，且擁有人口四百萬以上了。

現將香港自開埠以來歷任總督就任年份及任內大事摘要列表如後：

香港歷任總督就任年份及任內大事摘要

總督台銜	就任年份	任內大事
① 砵甸乍	1841	率艦隊入長江，訂立南京條約，清廷割讓香港。
② 戴維斯	1844	統率海軍登陸廣州，租借沙面。
③ 般含	1848	剿滅海盜張保仔，與海盜鏖戰一月。
④ 寶寧	1854	英法聯軍攻陷北京，租借九龍半島。
⑤ 羅便臣	1859	本港人口增加至十二萬。建設水塘。發行郵票。
⑥ 麥當奴	1866	發行輔幣。開放賭禁。
⑦ 堅尼地	1872	開創滙豐銀行。東華醫院成立。廢除酷刑。
⑧ 軒尼詩	1877	設立食水街喉。任內大風災，遇難者五千人。
⑨ 寶雲	1883	本港日趨繁榮，航業發達。電話公司成立。
⑩ 德輔	1887	推動填海工程。電燈公司、纜車公司相繼成立。
⑪ 威廉羅便臣	1891	香港發生鼠疫，屍骸遍地，商業窒息癱瘓。
⑫ 卜力	1898	接收新界租借地。
⑬ 彌敦	1904	大風災，死傷逾萬。興建廣九路。電車通車。
⑭ 盧押	1907	設水塘與避風塘。創立香港大學。
⑮ 梅軒利	1912	1918年火燒馬棚，死傷數千人。
⑯ 史塔士	1919	發生大罷工，商業與交通停頓。
⑰ 金文泰	1925	成立消防局。東華東院成立。興建啓德機場。
⑱ 貝路	1930	本港人口增至一百萬。煤氣鼓爆炸。
⑲ 郝德傑	1935	港澳輪大倉減價，每客祇收二毫。
⑳ 羅富國	1937	本港成為國際大商港，社會安定，物價平靜。
㉑ 楊慕琦	1941	日軍攻陷香港，楊督被羈入集中營。
㉒ 葛量洪	1947	經濟繁榮，人口大增。
㉓ 柏立基	1958	建設徙置區。水荒至四日供水一次。
㉔ 戴麟趾	1964	銀行擠提風潮。天星小輪加價。戢平暴亂事件。

「飛星」來路童裝皮鞋

大人公司有售

褚民誼糊塗一世

陳存仁

民國十六年北伐成功，國民政府建都南京，氣象一新，當時的老百姓們對政府各首長都很仰望欽羨，但中央委員在上海與市民們接觸的人不多，第一個中央委員到上海來的，就是褚民誼。

初到上海 表演踢毽

我們最初知道褚民誼是一位留學法國的醫學博士，汪精衛當行政院長，他就做行政院秘書長，汪精衛當中央黨部主席，他做中央黨部秘書長。他第一次到上海，參加在公共體育場舉行的市立學校運動會，站在演說台上，個子很高，發音洪亮，講得頭頭是道，當時受到無數青年們的擁戴。在運動會節目中，他又參加了一個踢毽子的表演，他踢毽子的功夫不但手脚敏捷，而且花式繁多，令到全場學生爲之鼓掌不置。他和上海的一班新聞記者攪得很好，談笑風生，一些也沒有架子，所以在他表演踢毽子之後，各報一致熱烈捧場，還刊出他踢毽子的照片。

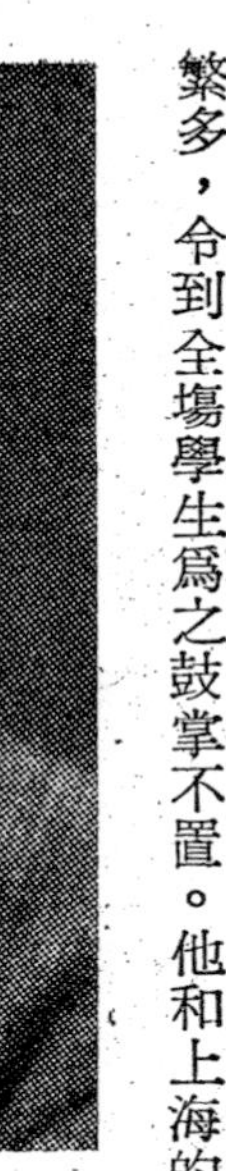

褚民誼（一九三八年）

不久，褚民誼又在民立中學演講了「打太極拳的益處」，跟着他又在報上發表了一種「太極操講義」，是將太極拳化爲團體操，於是各學校紛紛加上一課太極操，當時褚民誼有一句口號，叫做「救國不忘運動」！上海人對他的這種行徑着實擁護。

褚民誼平時常穿西裝，但有事時喜歡穿藍袍黑褂，和人談話極爲客氣，對一般人交往頻繁，一些沒有官架子，大家都稱他爲「好好先生」，他又寫得一手顏體而有柳骨的好字，好多報紙刊登他的墨跡。此外他還手寫過一部「孝經」，印刷很精美，流傳極廣，大家對他刮目相看，認爲他雖是法國留學生，但是還能保持着中國士大夫的風範。

再到上海 結交文人

那時節上海商務印書館，有一位專門聯絡各學校推銷教科書的職員，名叫黃警頑，人稱「交際博士」。他有一種特別的本領，祇要這人和他見過一面通達姓名之後，他就會永遠記在心頭，那怕隔十年八年不見面，見面時他仍能呼出其人姓名，所以人人對他都有一種親切感。褚民誼重來上海，得到這位交際博士幫助，更是活躍，認識了無數上海知名人物。

本來黃警頑所認識的人，以文教界及商界知名人士爲最多，他介紹給褚民誼認識的也不出這個範圍。有一天褚民誼突然向黃警頑說：「他想見上海的「聞人」張嘯林。」黃警頑期期以爲不可，並說：「此人聲名不佳，你是中央大員，以不接觸這種人物爲妙。」但褚民誼不以爲然，他說：「爲了要深入民間，這人我在法國已經聽到過他的「大名」，見見何妨」。黃警頑迫於無奈，祇得先和張嘯林通了一個電話，說明來意，張嘯林大喜過望，就說：「今晚我爲褚委員洗塵，立刻送請柬給你轉交」。

片刻之間，張嘯林的請帖已經送來，當晚，褚民誼就請黃警頑陪着同去，宴客的地方是在四馬路大西洋西餐館，陪座的都是法租界的名流，其中也有不少遊俠兒作了座上客。

張嘯林是所謂法租界「聞人」，人很粗魯，脾氣暴躁，但是他認爲一位南京中央委員到上海，首先要指名認識他自作無上光榮，所以那晚特別高興，對陪座的人一一介紹。

褚民誼在席上作了一個簡單的演說，他說：「他在法國的時候，有一個法國留學生，特別推崇上海有一位豪俠張嘯林，所以我到上海就要一識荆州，今天見到了張先生，果然覺得他豪爽非凡，十分幸會。」

主人敬酒上菜之後，張嘯林要黃警頑轉問褚民誼：「可不可以叫堂差？」（堂差即妓女），黃警頑很拘謹的不肯轉達，不料褚民誼早已聽到，很爽快的說：「大家隨便好了，我絕不介意。」於是大家紛紛寫局票，不上二十分鐘，果然全場鶯燕亂飛，到了妓女一百餘人。何以這般妓女來得如此之快呢？因爲這家大西洋西餐館，就開設在妓院區域的附近，所以一羣妓女能在片刻之間到達。

張嘯林也替褚民誼叫了兩個妓女，褚三杯酒落肚之後，見了這兩個似花如玉的美人兒，也放浪形骸，大樂特樂。

從前的規矩，妓女出局，必然有一位琴師跟着，坐定之後，照她們的規矩要唱一段京戲，或是小調。那晚因爲妓女人數太多，張嘯林就指定幾個唱得好的唱幾段京劇，褚民誼一面聽歌，一面用手輕輕拍板，張嘯林是唱『黑頭』的，不覺技癢起來，唱了一段。不料褚民誼聽了，逸興遄飛，戲癮大發，便叫琴師操琴，他也引吭高歌了一段『草橋關』，唱得響遏行雲，大家聽得都呆了。

這一晚的宴會，氣氛非常熱鬧，黃警頑雖是交際博士，但對這種生活極不習慣，那時他大約三十歲左右，已經抱了獨身主義，所以對這種聲色場合，極爲不習慣，不等席散，先自溜走。那晚直鬧到深宵二時，由張嘯林親自送褚民誼回寓所。

次日，張嘯林就在會樂里妓院請客，一連數天。褚民誼本來就很隨便，又經過張嘯林多次請他到妓院中玩樂，把中央委員的尊嚴，一掃而空，蕩然無存。

張嘯林在妓院中宴客，黃警頑並未參加，但是在他商務印書館的辦公桌上，却放着三張妓院請客的局票，同事之間引爲咄咄怪事。

游杭挾妓　求籤問卦

有一天，褚民誼親自到商務印書館去看黃警頑，輕輕的問他，爲什麼張嘯林屢次請客，他都不到？黃警頑愁眉苦臉的回說：『我在外間雖有交際博士之稱，但是從未踏進過妓院，而且在「商務」地位不高，僅是一名交際員而已，所以未便奉陪。』談話之間，總經理張菊生走到黃警頑面前，要他介紹褚民誼相識，於是延入總經理會客室談了好久。

張元濟（菊生）是一位前清翰林，學問很好，待人極誠懇，對褚民誼着實恭維了一番，希望他對文教事業多多貢獻，臨別之時，又親自和黃警頑兩人恭送到門口，褚民誼也鞠躬告退。

不料在握別之際，褚民誼從懷中取出一張火車票，向黃警頑手中一塞，祇說了一句話：『我要你陪我到杭州西湖玩一次。』

黃警頑迫不得已，祇得向商務印書館方面請了假，陪同褚民誼到杭州去，同行的還有張嘯林。張嘯林原是杭州人，這次有褚民誼陪着到杭州，他自己更顯得威風凜凜，一切行動出乎常規，報紙上雖然不敢揭露隻字，但是他倆的行踪已爲當地學術界所不齒，尤其是之江大學請褚民誼去演講，他竟然表示事情太忙，加以謝絕，反而陪了一個妓女到『月下老人祠』去求籤，那時黃警頑也在場，文教界人士爲之大譁。

黃警頑回到上海之後，張菊生早已接到杭州分館的報告，立刻着黃警頑到經理室問話。張氏開口第一句說：『褚民誼到上海結識張嘯林是不是你介紹的？』黃警頑點頭稱『是』。第二句問：『在上海召妓，你在塲不在塲？』黃氏又點頭稱『在』。第三句問：『你在杭州是否天天陪他遊玩？』黃警頑點頭稱『是』。最後張菊生問：『褚民誼偕同妓女往月下老人祠求籤，你有沒有同去？』黃警頑仍然點頭稱『有』。

張菊生很嚴肅的說：『商務印書館是中國最大的文化機構，褚民誼看來是一個糊塗虫，你同他一樣的糊塗，實在要不得。將來輿論的攻擊，當局的指責，會因你的陪伴導引，影响到本館的聲譽，所以不得不對你作停職處分。』黃警頑聽了張的一番話，祇有不作一聲而退。

黃警頑一生謹愼，向無越軌行爲，這一次竟被褚民誼所累。但爲了這種事情而被停職，是他自己夢想不到的，而且因這類不名譽的事情而被革退，要影响到他一生的前途。

那時節我與褚民誼並不相識，但是與黃警頑相交有年，黃警頑在停職之後，經常失眠，一天，他來向我訴苦，我就邀他同到老正興小叙，上面所記述的，都是他親口告訴我的。

我對褚民誼的接近民衆，提倡體育，印象本來不壞，可是聽了黃警頑的一番說話之後，對褚民誼的看法也有點改觀了。

黃警頑失業後，抑鬱潦倒，但是他對各學校推銷教科書很有辦法，結果仍由商務印書館總務科長張效良把他找回去恢復原職，但是這一次他受到精神上的打擊已是很大。

排除中醫　全國反對

民國十七年間，褚民誼奉汪精衛之命，召集中央衛生會議，汪精衛想做一個維新人物，模仿日本明治天皇的『明治維新運動』，以廢除中醫來作爲第一炮。

褚民誼到了上海，又想到黃警頑，要利用他來聯絡各方，黃警頑很堅決的拒絕了。並且說廢除中醫這件事不但全國偏僻省份行不通，連上海都會引起極大反對的。同時黃警頑告訴他爲了陪同他遊杭州，已經打破飯碗，這次恕不奉陪。褚民誼悵然若有所失，也不再勉強黃警頑。

黃警頑一方面告訴我，汪精衛有廢除中醫的主張，要我們當心，而且他還透露出來，這件事情是有外國大葯廠籌集好一大筆經費來推動這主張的。

到了民國十八年二月十一日，在南京舉行了大規模中央衛生委員會議，被邀的衛生委員，是中央醫院院長，各省市醫院、醫學院的院長，以及各省衛生署各市衛生局的首長，完全都是西醫，一共到了一百二十人。

汪精衛在會議席上演講說：『中國衛生行政最大的障礙就是中醫中藥，如果不把中醫中藥取消，不能算是革命。日本能强大，全靠明治維新，明治維新能夠一新民間的面目，就是廢除漢醫漢藥，所以要衛生會議負起全責擬訂議案，交由政府執行，才算完成革命大業。』褚民誼也有演說，而且一切連系和推動都由褚民誼安排，會期一共三天，通過了廢止中醫的議案。次日，全國各報都發表了這個驚人的大新聞。

那時言論很自由，首先提出嚴重反擊的是南京總商會，接着上海總商會以及各報的社論也大施攻擊，其時恰巧全國商聯會正在開會，發出一個嚴重通電，對政府此舉表示反對，這是國民政府建都南京後第一次受到民衆責難的第一炮，因爲除了西醫界贊同之外，民間人士全部反對。

我們上海的中醫界，立即通電全國中醫團體，在上海召開全國中醫藥團體會議，約一月後，全國各省各市各縣代表都到達上海，就在三月十七日舉行全國代表大會，結果推定謝利恒、張梅庵、隨翰英、蔣文芳、陳存仁五人爲請願代表，我們到了南京分別謁見各首長，才知道所有政府首長個人都不贊成這個議案，如林森、譚延闓、于右任、陳果夫、陳立夫、戴季陶等。接着代表們又晉謁蔣主席，主席祗說了兩句話：『中國人都靠中醫中藥長大的，你們的請願書就會得到批復。』到了這時，我們才明白汪精衛的處境是極端孤立，褚民誼更起不了作用。

這樣一來，汪精衛就大爲震怒，首先由中央社發出一個褚民誼發表談話的電報，題目叫做『土車與汽車』（原文節錄如後）

『…今舊醫既以國產爲號召，則吾有一適當之比喻，試以汽車與土車，電燈與油燈言之，土車油燈國產也，汽車電燈非國產也，豈有今人不用電燈而用油燈，不乘汽車而乘土車哉，則知物競天擇，適者生存，優勝劣敗，天演公例，斷非國產二字所能範圍人心，國粹一詞所能阻礙進化也。舊醫之國粹國產，曉曉於人前，直無異使用電燈者用油燈，乘汽車者乘土車，引人入退化之途，大開其倒車，自身開倒車，而强人亦隨之退化，豈可得哉，徒見心勞日拙耳。且人類之進化無已，疾病之複繁亦愈甚，疾病之所以繁複，雖由於水土之不適宜，飲食起居不調節，而最大之原因，則病菌之繁複，實有以致之，是故正本清源之方，應先致力於病理學與細菌學之研究，而研究病理學與細菌學，必先具有科學上之基礎學術，如數學理化地質博物解剖組織生理衛生等皆是。今舊醫乃數千年以前之產物，夫以數千年前人類生活之簡單，較之今日人類之繁複，相去豈啻霄壤哉，而謂適應於數千年前者，亦能適於今日耶？不寧惟是，今日吾國各種學術，百不如人，方引爲奇恥，而力圖精進，乃謂醫學獨可保守，不圖進取乎？今假令舊醫從茲得勢，新醫從此消滅，科學無事乎研求，病菌一任蔓延，而死亡日衆，人口日減，純任其自然，則若干年後，無需外人之任何侵畧，吾族必日趨於消滅矣。是故吾人於新舊醫學，非有所好惡於其間也，感於時代之進化，民族之存亡，不得不惟科學之眞理是求，而大聲疾呼，發聾振聵也。雖然，列强之醫學，今雖臻於科學化，初非一蹴而成者，其始之淺陋，亦奚異於我，蓋亦循序漸進，遞變而成者，特外人不甘保守，勇於進取而國人善於保守，憚於進取，不惟憚於進取，抑且阻撓他人之進取。……』

這段談話刊佈之後，中醫界覺得很不利，我就草擬了一篇駁復的文字，交申新通訊社發表。（原文節錄如後）

『……至言醫藥之新舊，謂中醫等於土車，西醫等於汽車，一若中醫天然必至淘汰之途，然醫藥實無分新舊，要以實驗爲依歸。近年來全世界咸知麻黃爲特效藥，「阿特拉靈」之銷數，遍於全國，人人認爲新藥，孰知此即先生所認爲應淘汰之舊藥也。如山道年烏路托，無一非中國年銷五千萬之中藥原料也，方今德國研究若狂之漢醫藥，被人目爲新知者，亦即先生所認爲應即淘汰之舊藥也。數千年來，中醫治病，成績具在，前者中國未嘗因無西醫而死亡率倍加，今者中國亦未嘗因有西醫而延壽率激增，西醫有長短，中醫亦有長短，此乃國人一致之斷語，毋謂中醫不合科學，應即廢止。孫中山先生建國大綱，首言西人昔日笑我飲猪血醬油，認爲違背科學，其後始知猪血含鐵質甚富，有補血之功，醬油含維他命成分，有牛肉汁之效，乃創行之非艱，知之惟艱之說。然則中醫之不盡合科學，蓋亦吾人行之而不知也，是以吾人治病，恒能愈西醫不愈之病，此行之而不知及知之而不行之故。否則科學萬能，西醫來華，即能使中醫無自存之可能，何勞西醫界西藥界奔走會議，以政治勢力消滅中醫藥哉？今日中醫界之勢力，單就上海一市而論，中醫達二千人以上，西醫不出五百，中藥貿易年達九千萬元之巨，中藥職工達萬人之多，中醫常識之報紙，銷達數萬份之多，如中醫消滅，則西藥銷數，自當十倍此數，然則中醫之取締，實乃造成西藥暢銷之機會，中國雖富，恐亦不勝此鉅額漏巵也。況乎當此西藥商百計推銷出品之際，經濟侵畧其實可慮，素仰先生以黨國爲重，掬誠上陳，或不以土壤細流而忽之也。（下畧）』

兩段原文都很長，各地報紙全文披露，接着中西醫在報紙上掀起了論戰，可是最後，還是衛生部部長薛篤弼公開表示：『這個議案已擱置不予執行。』這一場震撼全國的大風波，也就烟消雲散了，中醫界爲紀念三一七請願事件，定此日爲『國醫節』。

粉墨登場　引起非議

褚民誼愛好戲劇，對崑曲更感興趣，本來崑曲是戲劇中最古雅的一種戲，一般文人雅士都喜歡按譜尋聲，褚民誼曾經手寫影印過二本曲譜，分送同好。

有一位評劇家徐慕雲，江蘇徐州人，編著一本『中國戲劇史』，但沒有錢付印，原稿被褚民

褚民誼親筆為中國戲劇史題簽

中國戲劇史

褚民誼題

誼發現了，他問：『這樣一本好書，為何不印？』徐答說：『印這部書非六千元不行，我那裏有這麼多錢呢？』褚民誼聽了很慷慨的允許幫忙三千元，而且打電話給當時哈同花園的總管姬覺彌，要他也負責三千元，姬覺彌一向對中央大員怕得很，不能不答應下來，於是『中國戲劇史』得以由世界書局付印出版，時在民國二十七年，書的後頁列褚民誼為主編者。

初時褚民誼唱的是崑曲，曾向紅豆館主溥侗請益，但是功夫很淺，所以又花錢請了一位仙霓社的華傳浩練習身段和唱工，不久又因張嘯林的介紹，認識了金少山。

那時節的金少山，原本住在上海六馬路中央旅社，因為他在房間裏養猴子、養狗，等金少山不在家的時候，猴子忽然開放浴室的水喉，鬧得滿屋是水，中央旅社就下逐客令，請金少山遷地為良。金少山搬到鄭家木橋附近的大方飯店下榻，故態復萌，又積欠了不少房金，褚民誼為了要學戲，時時替金少山償付積欠。有年，褚民誼做了一襲質料極好的大氅，金少山見了愛不釋手，堅要褚民誼借給他穿幾天，金少山穿了大氅，到處拜客並向人說：這件大氅是褚委員所贈，弄得褚民誼毫無辦法，祇能把大氅送給金少山，自己另外再做一襲。

汪精衛重返政壇，在上海舉行改組派的全國會議，褚民誼當籌備主任，因為租界上向來不歡迎任何人作政治活動，公共租界對此加以拒絕，褚就和張嘯林、黃金榮等商量，黃說：『我祗有一個大世界遊樂場共和廳，可以借給你們，但是開會時間限上午，事前不宣佈，開罷了會，一走了事可也』，褚民誼也不加考慮，便答應了。汪精衛就在大世界共和廳舉行會議，選出了幾十位中央代表。

這一次會議，報紙上譏諷得很厲害，說大世界遊樂場共和廳是羣芳會唱的所在，所謂『羣芳會唱』，即會集全上海善唱的妓女會唱之所，現在竟然在此舉行政治會議，認為是大笑話太兒戲了！

民國二十五年夏天，張嘯林六十歲生日，在海格路大滬花園唱兩天堂會，那次最掃興的是金少山不來參加，褚民誼京戲唱不成，祇能以「樂天居士」別署，粉墨登場，演唱崑劇「訓子」演關公，由票友沈恒一配演關平，報章上雖未公開攻擊，可是挖苦他的人却說張嘯林做生日，害得褚民誼「老爺上身」，一時傳為笑談！

為美人魚　擦油拉馬

民國十九年，全國各省漸漸打成一片，由朱家驊籌備第一次全國運動大會，在杭州梅東高橋舉行，各省選派的運動員紛紛到達，會集在西子湖濱各旅館。

運動會舉行，一連幾天，其中最出風頭的，就是哈爾濱選派出來的短跑健將孫桂雲、吳梅仙、劉長春和上海籃球健將陸鍾恩等，還有華南來的足球隊，陣容甚為強大。

在運動會期中，褚民誼天天和男男女女運動員混在一起。有一天，上海各報突然刊出一段花邊新聞，說許多女性賽跑健將，在出賽之前，人人要在大腿上擦上一些松節油以舒筋絡。這項工作的負責人，竟然是堂堂委員褚民誼，他那擦油時的神態，都被收入鏡頭，一經刊出，觀者無不失笑。

第二次全國運動會在南京舉行，有一位華南選派出來的游泳代表楊秀瓊，此人體格非常健美，人又生得漂亮，游泳技術又高人一等，引起全國各報記者的矚目，稱她為『美人魚』，她的泳裝照片不斷在報紙上巨幅刊出，而且好多雜誌都把她作為封面，一時成為全國青年們崇拜的偶像，是當時的風頭人物。

在這一次運動會中，又爆出一件離奇的新聞，就是褚民誼親自為楊秀瓊坐的馬車執鞭拉韁，遊覽南京中山陵，本來這件事情也沒有什麼大問題，可是新聞記者，却把它當作好資料，着意渲染刻意描寫，連同照片一併刊在報上。從前的風氣到底比較保守，大家認為以中央大員的身份而做執鞭拉韁的事，未免有點「那個」了！

向來南京報紙發表新聞，非常謹慎，這一次却也把褚民誼執鞭拉車的照片巨幅刊出，雖然未加攻擊，但是也因此而引起大家的反感，這件事情後來為汪夫人陳璧君所知，大為震怒，褚民誼為此還被陳璧君拍案大罵。

至於上海報紙登載這一件事情，更沒有一張報紙予以好評，有些譏笑他風流成性，有些攻擊他有失官箴，總之都不是好話。

初度見面　自述身世

民國二十四年，丁福保的哲嗣丁惠康，是一位留學德國歸來的醫學博士，他在上海郊區虹橋路，自己置地建造了一座五層高的大樓，創辦了『虹橋療養院』，基地廣大，院屋寬敞，內部的設備都是最新的，可是地處偏僻，交通不便，住院的病人極少。

那時節李石曾已在蒲石路辦了一間『中西療養院』，西醫是西人諾爾博士，中醫是陸仲安，因爲是中西醫合作，竟然大受歡迎，院內病房常期客滿。丁福保是我的老友，他建議虹橋療養院也應該聘請一位中醫，因爲那時的富商巨賈，有病都是又看中醫又看西醫，他們父子兩人商議之下，一意要邀請我去負責中醫病人的住院之事。一天，丁惠康親自來拜訪我，說明來意，我說：『不妨試試看』，於是我就成了虹橋療養院的一員。

褚民誼在南京為楊秀瓊姊妹執鞭拉車

丁惠康托庇先人餘蔭，財力充沛，爲了聯絡友好，特地在上海最高貴的鬧市中區華安大厦上，設立一個俱樂部（其地即後來的金門飯店），專門招待醫藥界新聞界文化界人士。

丁惠康實際上是一位正宗的花花公子，每天晚上總有許多鶯鶯燕燕來吃飯，吃飯之後，有些打牌，有些跳舞，有些唱戲，眞是夜夜笙歌，熱鬧非凡。

有一天晚上，褚民誼翩然光臨，見到佳麗滿堂，怡然大樂，竟然也參加唱戲跳舞，那晚我在俱樂部中，經過丁惠康的介紹，我才識得褚民誼其人。

在介紹之時，褚民誼立刻想起我是三一七事件中和他開過筆戰的中醫生，但在他的言語之間看來，毫無芥蒂。而且他自己對我說：『他原籍是浙江湖州雙林人，正蒙小學出身（張靜江尊翁定甫先生主辦），在上海畢業於八仙橋中法學校，後到法國入里昂大學。他的父親也是中醫，而且還開設一間中國藥材店，他自己非但不反對中醫，而且有病還常服中藥，中西療養院他也是董事之一，希望我對中醫的改進，多多努力。』

我觀察褚民誼的態度，完全是一個胸無城府的人，一些沒有傲氣，和他做朋友，令人有一見如故之感。

那晚褚民誼一直玩到深夜才離去，而且說：『以後我有空就會來的，』丁惠康說：『此間來玩樂的人，不准帶太太，但女朋友則特別歡迎』，褚民誼大笑說：『好極了，好極了』。從此他就時時都到，而且每次都帶一位女性同來。

當然，俱樂部中的風氣，凡是帶女朋友來的，總是揀有名的交際花，或者是著名的女伶，電影明星，以及名妓或紅舞女，花枝招展，爭妍鬥艷。後來因爲到的人太多，開支太大，於是改爲會員制，每人要納會費，共同維持，我與姚君偉（即此間廣告業商會理事長姚玉棣之尊人）兩人不會賭博，時間空閒，乃由君偉任司理，我任司庫。褚民誼也是會員之一，於是我們便時時見面了。

愛好越劇 滋生事端

褚民誼有一天對丁惠康說：『現在電台上最流行的是越劇，我聽上了癮，可否想辦法請幾個越劇女演員來見見面』。丁惠康脫口而出說：『要請越劇女伶，祇要問陳存仁好了，因爲這些女伶，都是請他看病的。』我知道這事如果一開端，就會有麻煩，我立刻說：『越劇女伶不但知識有限，而且十居其九是不識字的，邀她們來參加，實在是毫無趣味的，即使請她們，她們也不會來，所以我想還是不請她們爲妙。』

褚民誼聽我如此說，大不以爲然，他說既然她們不肯出來，有什麽辦法能見一見她們的廬山眞面目呢』。我說：『你要見她們，不妨到華東電台去看她們好了。』

那時上海有一家『三友實業社』，在華東電台有一個特約的播音節目，播的是越劇，由袁雪芬馬樟花等演唱。三友實業社是一家規模很大的棉織廠，附設各種部門，其中有一部份是國藥部，專門製造成藥，我是該社的醫藥顧問，兼任國藥部主任，出品的成藥如『方便丸』『三友補丸』等，都由我處方，該社的總經理是陳萬運，每逢星期一，召集各部主任在功德林素菜館舉行業務會議。

一天，我循例參加三友實業社的業務會議，袁雪芬和馬樟花也出席，吵着要求陳萬運加請一個守門員，負責守衛華東電台廣播室的門口，拒絕一切越劇迷及外客的滋擾，因爲每天都有不少越劇迷和一位褚民誼天天來滋擾，但是請一個守衛員的薪水要十二元，陳萬運不肯加多這一筆支出，爭執得很厲害，我心中明白褚民誼找到華東電台去，是我一時失言闖的禍。

我就說：『褚民誼到電台來看你們，你們稍爲敷衍一下，送他出門也就算了』。袁雪芬說：『這個褚民誼實在麻煩極了，他每天按時按刻到場，坐着不肯走，而且嘮嘮叨叨的講個不停，播音室地方很小，我們因時間關係，都在播音室隨便吃一些東西，有陌生人在旁，使得我們連飯都不能吃了，而且褚民誼天天吵着要請我們出去吃飯，更是討厭。』

那時節，袁雪芬馬樟花年紀都很輕，知識很淺，根本沒有什麼政治思想，又一些不會應付男人。我就說：『褚民誼是我的朋友，我可以勸他下次不要來』。

隔了幾天，我見到褚民誼，就勸他以後最好不要去華東電台，不料褚民誼非但不接受我的勸告，還說：『我們湖州人，在北京路有一個「湖社」，內有舞台，規模很大，如果她們肯到那裏去演出，保證還要受歡迎。』

到了第二個星期一，我又參加三友實業社業務會議，我把這件事告訴陳萬運。袁雪芬和馬樟花說：『要是湖社肯借地方給越劇團作爲營業性的演出，我們是贊成的。』因爲那時越劇團的劇場都簡陋不堪，她們當時演出的場子，在北京路宋家弄浙東戲院，地方極狹窄，座位更劣，場場客滿，還是不夠發展。

被褚民誼纏繞不清的越劇名旦袁雪芬

後來我把袁雪芬等人的意見轉告褚民誼，褚氏大悅就說：『由我負責去辦。』其實湖社是陳英士紀念堂，設備莊嚴，禮堂中那裏可以長期出租演唱越劇？主任陳靄士（其釆）力表反對，許多理監事也都不贊同，大約爭執了半個月之後，礙於褚民誼的面子，結果才將地下的會議廳，改爲劇場，借給袁雪芬等，定名爲大來劇場，第一次演出的戲是『恒娘』，取材於聊齋誌異。向來越劇沒有什麼佈景燈光及華麗服飾，這次演出才開了越劇的一個新天地。

大來劇場演出天天滿座，成績美滿，不料祗有一個半月時間，褚民誼竟和班中一位女伶張桂蓮攪得火一般熱，發生不尋常的關係，張桂蓮原是有未婚夫的，天天鬧得不成話，那位未婚夫曾經和褚民誼打過一場架，褚氏有的是太極功夫，張桂蓮的未婚夫受傷跌倒，於是報警呈案，事情鬧得很大。湖社當局認爲這事影響到該社的聲譽，打算取消越劇團租約，但是租約有法律保障，不能隨意中止，因此糾紛越鬧越大了。

褚民誼要我陪去見陳萬運，因爲三友實業社可以影响她們整個的越劇團，我說：『我對這種事向不過問，我以爲調解人，祗有王曉籟最相宜，他是紹興人的領袖，由他出面最好。』後來這場風波，果然是由王曉籟出面把它平定下來，不過褚民誼拿出一筆很大數字的錢，津貼張桂蓮的未婚夫，才算了事。

身陷孤島　放浪形骸

七七事變開始，上海成爲孤島，因爲有英法兩租界，起初日軍還沒有侵入，所以住在租界上的人，還是照常生活，但是黨政軍有關人士已全部離去，唯有褚民誼留着不走，大家覺得詫異。

丁惠康的虹橋療養院，因爲地處郊區，已被日軍佔領，祗得在霞飛路葉家花園另起爐灶，我那時仍在這個療養院每日駐診兩小時，華安公寓的俱樂部，這時也宣告結束了，另外在麥特赫司脫路大厦中組織一個小規模的俱樂部，參加的祗限十個人，但是褚民誼還是硬要參加。每次參加，他都邀約一位女性前來，大約每隔兩三個月，又換一個新人，爲了掩飾他的行徑，迎送之事，總是託一個姓『金』的朋友代勞。

丁惠康是愛好攝影的，尤其是喜歡攝裸體照，於是在那公寓的樓上，闢了一間很精緻的攝影室，褚民誼對此大感興趣，祗是當時女性的模特兒不易找到，可是褚民誼所識的女伶，知識程度很低，反而不加拒絕，大家暗想，這班女伶對褚氏總有相當關係。

我們起初以爲褚民誼留在孤島上，一味縱情聲色，大約是借此作爲一種掩護。有幾次褚民誼設席在他所主持的中法工業學校，邀我們去赴宴，每次宴罷，他總是放映他收藏的『小電影』，這些小電影，以法國、德國的爲最多，日本的也不少。從前這種小電影在上海很少見，大家見了不免驚訝！這時我對褚民誼起了很大的反感，認爲一位堂堂校長身份，而竟在學校會客室中鎖上了門放映這種東西，實在太不成體統了。

後來戰事擴大，租界淪陷，市况相反的繁榮起來，歌塲舞廳，妓院劇院，天天滿坑滿谷，生意好到了不得，褚民誼的行徑越發放縱，竟然常和仙樂斯舞廳的老闆謝葆生、大舞台老闆范恒德等混在一起，於是他的一些女伴越發日新月異，而褚民誼的行徑也越來越糊塗。

我和范恒德等人，向少往返，這時范恒德在我家隔鄰建了一座大住宅，新屋落成的那天，因爲鄰居關係，他給了我一張請柬，我祗得按時往賀。那晚褚民誼也在座，我適巧與他同席，有位演戲的女角坐在他身旁，酒醉之後，褚民誼樂不可支，在談話之間，范恒德透露了一句話，說：

『褚先生雖是英雄本色（指好色），可惜本錮不夠，我介紹他許多女朋友，他都是咬死了老鼠，不會入口的。』這幾句話大家聽來都不很明瞭，後來細細的一想，才知道這話中的含意。

我認識褚民誼很久，他雖是醫學博士，在任何場合從未聽到過他談過一句醫藥方面的話，有一次在俱樂部中，他忽然問起我關於中藥中的鹿尾羓、鹿茸、肉蓯蓉、老虎鞭等藥，怎樣的吃法，我一一告之，他聽得眉飛色舞，娓娓不休的談上了半個小時，當時同座有「藝術叛徒」劉海粟就插口說了一句：『斯人也而有斯疾也。』

兎陰博士　由來有因

每次代褚民誼接送交際花或女伶的『金』姓朋友，爲人沉默寡言，輕易不說一句話。有一天，他忽然告訴我，他最近担任一家報紙的副刋編輯，需要一些參考書，他知道我搜集的小品書籍很多，要我借一部份給他。我要他給我一張名刺，一看之下，才知道他原來就是大名鼎鼎的金滿成。（即張競生編性史中的小江平，最著名的一篇董二嫂，就是他寫的）他既然向我借書，我不能不應付一下，我說：『好的，我準備把若干本的語絲彙訂本，送給你。』他聽了很歡喜。

送書之後的一天，金滿成堅決邀我上一家天津館子小叙一番，我也不推辭，到了這家館子，金滿成酒話連篇，大發牢騷，他一連串說了許多關於褚民誼的私事。

一件是褚民誼怎樣會得到醫學博士學位，他說：「他和褚民誼是留法同學，而且還同住在一個宿舍中，他並不是『勤工儉學』半工半讀的留學生，而是他父親賣掉一間藥材舖供給他留學的。到了法國，他的父親就死了，經濟來源斷絕，後來由同鄉張靜江資助的，他在法國一邊搞革命運動，一邊攪風流事情，對讀書，有時很用功，有時胡作胡爲，他有許多研究動物交尾的照片，最多的就是狗類猪類，馬類牛類，他對這件事有特別的興趣，經常到動物院中去耐心等候拍攝各種動物的交配狀態。法國的醫學院，讀書採取自由制，他對醫學方面實在並不用功，專門研究動物試驗中的兎子，是如何的交配方式？給他發現了若干兎子的性生理是有陰陽兩性的組織，所以雄兎與雄兎也能相交，簡直雌雄難辨，他就用解剖的工具，從兎子的性器官上發現很大的秘密，在畢業時他作了兎子陰部構造的論文，竟然獲得博士學位，所以人家稱他爲『兎陰博士』，」我聽了不禁哈哈大笑。

又一件事：他對於診病，自知淺薄，所以他雖是醫學博士，從來沒有診過病人，他在法國如此，回國之後，亦復如此。

又一件事，褚民誼認爲人類的性器官，也有很大的區別，所以他對這方面興趣特別的濃厚，他之所以留在上海胡天胡帝的不肯走，也就是這個原因。他自從遇到了謝葆生、范恒德等之後，研究女性的資料也就更豐富了。

褚民誼起解往高等法院

最後他告訴我，褚民誼的太太，本性石，小名阿珍，本來是陳璧君家的丫頭，相貌很醜，儀態又庸俗，褚民誼由於常在汪公館出出入入的關係，竟然和這個丫頭攪上有了孩子，陳璧君生性兇惡，逼着他一定要結婚，褚民誼生平最怕她，迫於無奈，祗好從命，於是這個丫頭就改名爲陳舜貞，算是陳璧君的堂妹，因此褚民誼也就算是汪精衛的連襟。但是褚民誼對這位夫人是不喜歡的，任何場合從不讓她出面。（按褚民誼這位太太，奚玉書夫人金振玉女士曾經見過她一面，說這位太太的儀態實在不行。）

末了，他講到褚民誼留在上海的經濟來源，是有一筆很大數目的法國庚子賠欵，退還給中國政府辦文化事業，組織一個中法文化協會管理其事，該會董事本來很多，但中日戰爭開始皆已離開上海，簽字付欵的權就落在褚民誼身上，所以他可以任意揮霍，沒有人能管他。淪陷之後，他的荒唐生活是無憂無慮的，用錢也糊塗得很，往往爲了一個女人鬧翻，花上二萬三萬不算什麽回事。眞正辦文化事業却徒具其名，好多事辦得一塌糊塗，毫無成績可言。

這些話雖然都是金滿成醉後之言，但是我相信離事實是不遠的。其餘有許多話，不便形諸筆墨，我也不寫了。

生也糊塗　死也糊塗

在抗戰的緊張階段，突然間汪精衛逃到河內，發出『艷電』主張和平，實際上是在日本卵翼之下組織一個僞政府，這是對全國軍民上下抗戰的心理上起了一個絕大的分化作用。

褚民誼最初聽到這個消息時，還躲在上海，不久，突然的不露面了，他本來有三個公館，絕跡不見人影。我們一班友人也得不到他的消息。

可是不久，報紙上就發表出來，汪政

權在醞釀時期，褚民誼担任中央黨部秘書長，汪政權在南京將成立時，他又担任了還都委員會主任委員，自後出任外交部長，做過駐日大使，就這樣糊裏糊塗的跟着汪精衛攪了幾年，明眼人觀察他的情狀，實在一無實權，汪精衛原來就是日本人的傀儡，而褚民誼更是傀儡中的傀儡。

汪政權創建初期，汪精衛本決定以褚民誼爲行政院秘書長兼海軍部長，爲陳公博、周佛海兩人一力反對，因爲褚民誼過去唱大花臉、打太極拳、拉馬車、踢毽子、放風箏，以中央大員而有此行徑，已顯得滑稽，如再由他出任海軍部長，更將騰笑中外。陳、周向汪言之再三，始改任褚爲行政院秘書長兼外交部長，但那時的外交部長，也是一個滑稽角色，因爲外交對象祗有一個日本，褚祗做畫諾簽字工作，眞正做到了尸位素餐的地步。原來褚民誼想做海軍部長，到輪船上去威風威風，結果兩個次長凌霄和姜西園都想升部長，汪精衛難爲左右袒，祗能以代理主席兼行政院院長再兼海軍部長了。

民國三十二年一月，日本發表了交還專管租界及撤廢治外法權宣言，二月九日，汪政權派褚民誼、李聖五、吳頌皋、周隆庠爲接收租界委員會委員，並以褚民誼爲委員長。褚民誼搭足架子，一直等到三月二十九日方才收回蘇州、杭州、天津、漢口等地的日租界。又等到七月三十日，才收回上海法租界。八月一日收回公共租界。褚民誼原意想辭掉外交部長做上海市長，過過癮，想不到都被陳公博一個人包了去。當時陳公博的官銜是立法院院長兼軍事委員會副委員長，兼上海市長，兼上海特別市第一區（即公共租界）區公署署長，再兼上海特別市第八區（即法租界）區公署署長，又兼上海特別市第一警察局（公共租界）局長，又兼上海特別市第三警察局（法租界）局長。褚民誼大賣氣力，結果接收完成，他的委員長也卸任了，絲毫分不到些利益，把他氣得個半死。

汪政權的最後階段，汪精衛病死日本，陳璧君堅要褚民誼陪她同到廣州，担任廣東省的省長，到了廣州沒有多時，日本宣佈投降，陳公博、陳璧君、褚民誼等都以漢奸罪被捕，先解到南京，後來又轉解蘇州，蘇州高等法院對褚民誼起訴，指出他有五大罪狀，（一）附和汪精衛反抗中央，（二）簽訂喪權辱國條約，（三）對英美宣戰，（四）成立公司套購物資供給日方，（五）在廣州省長任內擅加關稅。褚在庭上親自答辯得很妙，褚說：他和汪精衛的關係既是親戚，又是同學、同志，更是僚屬，所以他沒有辦法不跟汪走。他雖然有外交部長之名，但他不精通日本話，一切都讓人牽着走，叫他講話就講話，要他簽字就簽字。講到廣東省長，一共祗做了一月有餘，二月不足，什麼擅加關稅，根本不知道有這麼一回事，最可以表白的是他在敵僞時期，從未殺過一個人。說了長長一大篇，但他這些話毫不發生作用，法官仍舊要將他判處死刑，定期執行。

虎牢探監記

易君左

我在抗戰勝利後還都，奉軍事委員會令：派往西北的蘭州主辦「和平日報」兩年，在這期間，曾兩度返京。在第一次返南京時，有一件事似乎還可以記述一下。原來那個時候，周佛海已關在南京老虎橋的監獄裏，我去探望過他。我還想起在抗戰前江蘇教育廳同事六年之久，我和周佛海常在一起，常常開小玩笑。我曾戲出一個燈謎給他猜，謎面爲「環遊印度洋」，謎底射：現代人名一。他一笑，說：「這還用猜嗎？不是我是誰？」一天，佛海指着他的太太楊淑慧說：「妳們二位太太如果聯合在一起，我和君左就會弄得雞犬不寧了。」這是因爲他屬雞，我屬狗，他比我大一歲，前塵瑣事，恍如一夢。萬想不到以一個有爲的人，一念之差，鑄成大錯。然而在此以前，畢竟是幾十年的老朋友，人類是情感的動物，我既回南京，又聽到周佛海被囚的消息，忍不住去找楊淑慧。我說：「我要看看佛海去。」淑慧很驚奇，淌出眼淚來。這是因爲當時在南京的周佛海的親友和部屬，都諱莫如深的怕提起「周佛海」三個字，自然更沒有人敢到監獄去探視他。我却不管這些，我在抗戰的陪都重慶煎熬了八九年，眞金不怕烈火，加以那時佛海已蒙國家的特赦，改死刑爲無期徒刑，國家可以原諒他一點，我們做過朋友的也應該原諒他一點。

一天，我隨着楊淑慧到老虎橋。楊淑慧是一位既淑且慧的女子，她和她的丈夫是生死患難的糟糠夫妻。她費了多少心思，打通了多少關子，才通過獄吏，每週可以出入監獄兩三次，送些衣服及牢飯，還得經過嚴厲的檢查。

我被引導進入一處，一派高牆裏面，有一棟小房子，周佛海等便幽禁在那裏。牆中間開了一個小小的圓洞，用粗鐵絲網着。佛海從小鐵窗那邊出現了，穿一件長衫，光着頭，看臉上氣色還好。他一見是我來，也甚驚奇，笑着說：「君左，隔着這鐵窗，我們今天無法握手了。」這次是他從重慶押回來後，我們第一次見面，百感茫茫，而他還幽默如常。我站在窗口和他談了約半小時。在他的談話裏，自然不免發許多牢騷，但痛悔之情與求生之望也隨着流露出來，他只希望我送些畫報給他消遣，因爲獄裏太寂寞，報紙雜誌圖書等都不許看，畫報則許看。

和佛海談話將完，發現窗內小院裏一個正打着拳的停下了手脚，走來窗口看我，原來是羅君强。羅君强是我往年在長沙嶽雲中學敎書時的高材生，和雷嗣尙、胡雲翼、丁玲同班。君强還是那樣神氣十足，比以前還胖些，笑容可掬。他本來也要定死刑的，聽說當時最高法院的判決書說羅君强在任僞安徽省長任內尙能愛民，赦了他一死，判以無期徒刑。他見我來了，也趕到窗口和我談了一陣。接着又出現兩個面孔：一是丁默村，一是楊惺華。楊惺華是周佛海的小舅子，他的太太周伏貞也是以前江蘇敎育廳的同事，這時也正送囚飯來。丁默村罩着一個布口罩，對我說是傷風，那知在我看見他後的第二天，便被拖出槍決了。周佛海蒙國家特赦改判死刑爲無期徒刑，據說是因爲他在抗戰勝利時有相當大的功績，將功贖罪，所以得免一死。楊惺華判刑則比較輕些，他們都是從重慶用飛機一起押解來京的。我和他們談話後便告辭出來，佛海忽然喊我回去，笑問：「還有什麼事情要交帶我的？」佛海又笑道：「你回去最好寫一篇文章，題目是『虎牢探奸記』。注意！是漢奸的奸字，不是監獄的監字呀。」我只好苦笑，對佛海說：「你還是這樣開玩笑的。」現在想起來，他實在是一種笑中之淚，就像太陽將西沉時還留點淡淡的廻光而已。

不久我再同楊淑慧看過周佛海一次，佛海已口不能言，病倒在草蓆上，獄中連木板床也沒有，草蓆鋪在潮濕的地上，黑黝黝一片。我看見這情形，心裏覺得很難過，我帶來的幾本新畫報，佛海也不能看了，于是只好黯然的出來，這是我最後一次見周佛海。可憐楊淑慧爲着丈夫的生命，典盡賣絕，求神問卜，四出奔走，磕頭作揖，瘦得不成人形。她曾邀我到一處「圓光」的所在，在一盆清水裏，由術者施法，口中唸唸有詞，經過相當時間，看見水盆裏依約有些影子，像是人影，一會兒又出現兩隻眼睛似的，一會兒又出現一條腸子似的，術者說是病人的眼睛和腸子都有病，很難醫治。說也奇怪，周佛海本是患胃潰瘍，死時瞳孔放大。我因急於要回蘭州，只得和楊淑慧告別，我安慰她，希望她好好侍候丈夫的病。但是等我回到西北不久，就聽到周佛海已病死於獄中的噩耗了。

還有一事似乎可以一提：楊淑慧曾經把她的丈夫在獄中所寫的全部詩稿給我看，那是用粗毛邊紙一條一條寫的，一見而知爲獄中所作，共四十四首，並附自序一段，說他十八九歲在中學學作詩，二十歲留學日本，以後三十年不彈此調，自看守所移居監獄後，將「感想所及，抒寫吟咏」，最後記着：「民國三十五年五月廿一日生前廿七日記。」所謂「生前廿七日」，我搞不清楚，或者是在被判死刑而尙未蒙特赦時所記，預計刑期不遠吧？

讀周佛海的遺詩，有「鳥之將死，其鳴也哀」的感歎。如「生日口占」一首：「前年淞滬去年渝，今日都門一罪徒，居地三遷人兩世，乾坤俯仰舊頭顱。」又「哭丁默村」一首：「東南板蕩憑同保，巴蜀幽羈感互憐，贏得千秋無限恨，孤魂應是化啼鵑。」詩中感傷於世事的滄桑，與人心的炎涼，而戀生畏死之常情，亦有流露。假使他在抗戰期間，發揮才力智能，擁護國策到底，竭智盡忠，圖報國家民族，則前途燦爛，可以預卜；可惜一子走錯，全局皆非，忠奸之辨，千古已定，雖自掩飾，畢竟無補，大錯鑄成，挽救無術，臨危抒感，徒喚奈何！所以讀書人最要注重的是人格和氣節，詩人更必須志潔行芳如屈原杜甫。

他的留法同學老友李石曾等認爲褚民誼雖然附逆有據，但是此人愚忠有餘，爲惡不足，因此爲他奔走各方，最後得到最高當局的手令，關於褚民誼執行鎗決的日期暫行展緩，李石曾等認爲如此一展緩，有可能改爲無期徒刑，可以免褚民誼一死了！

褚民誼一生糊塗，而他的家屬更糊塗，他的女兒拿到了這個手令之後，從南京出發趕到蘇州，在途中竟然把這個手令遺失了。

褚民誼於民國三十五年八月某日在蘇州執行死刑。行刑那天，他正領導着許多同囚的難友在作太極操，他在此前，早有褚太極之號，在監獄中仍在敎人打太極拳。此時他知道要執行了，還去和陳璧君訣別。臨死以前，忽然很鎭定，跟攝影記者們笑着說：這次是最後一次照相了，希望照得好一點。他的一鎗，是從背後打進去的，褚民誼原有打太極拳的功夫，中鎗之後，忽然作一個鷂子翻身，仰天而逝，結束了他糊塗的一生。

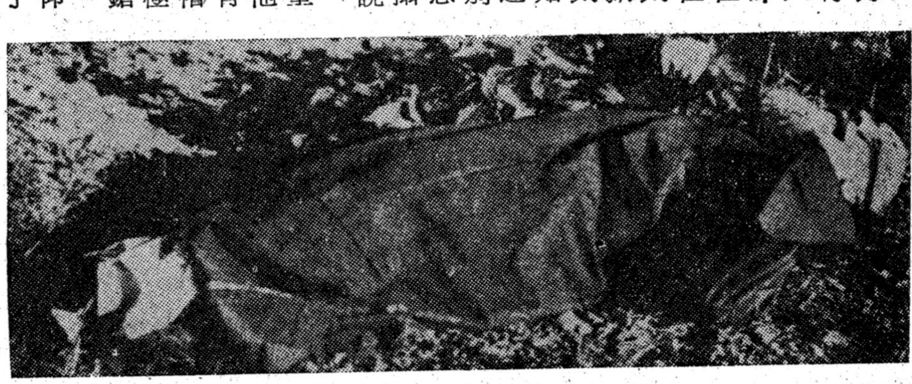

——褚民誼歸正首邱

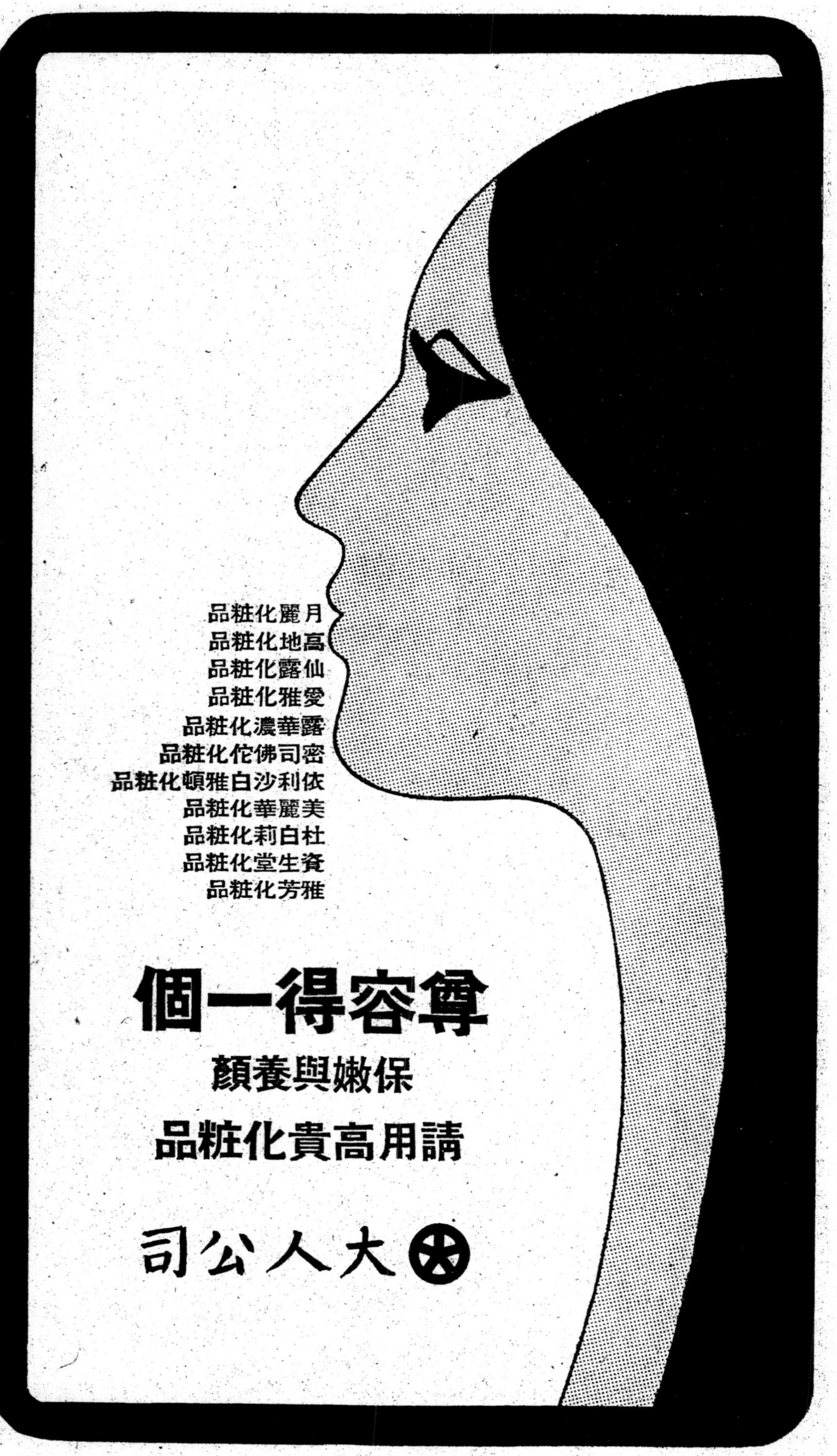
月麗化粧品
高地化粧品
仙露化粧品
愛雅化粧品
露華濃化粧品
密司佛佗化粧品
依利沙白雅頓化粧品
美麗華化粧品
杜白莉化粧品
資生堂化粧品
雅芳化粧品
尊容得一個
保嫩與養顏
請用高貴化粧品
大人公司

大人小語

下不爲例

各界上書英首相，爭取中文成爲法定語文。——無論如何，這封信，非用英文書寫不可。

政治風度

市政局會議中，以十八票「贊成」，五票「棄權」，通過今後開會發言，可以中英語並用。贊成表示贊成，反對表示反對，棄權所表示的是政治風度。

語語中的

對於中國語文「法定」問題，有人想知道林語堂有何高見。他平時講「國語」，編過「論語」，却以「英語」起家。

電車我見

香港電車公司，徵求改革意見。不設二等無妨，但請將頭等三等，上下對掉。

寸土必爭

床位住客，爲了爭執兩塊階磚面積，對簿公庭。一旦國家有事，這兩人都可以負起邊防重任。

小賬之用

日本全國，沒有小帳。香港如果沒有小帳，也就沒有笑臉。

丈夫須知

報刊家政欄「每日菜單」中，五元可做四菜一湯。先生剪了這段報紙給太太看，必受白眼無疑。

小大之間

伊利莎白醫院規模之大，遠東第一。醫院的規模越大越好，對於病人的架子，越小越好。

對象何在

華埠小姐李金燕回國觀光，答記者訪問曰：「尚無對象」。正因爲她自己尚無對象，於是她便成了許多人的對象。

馬迷常識

秋季賽馬，雙十開鑼。「旗開得勝，馬到成功」，這句話是對馬會說的。凡我馬迷，幸弗自作多情。

三光道上

港澳水翼船將有夜航，聞者稱便。最大的方便是，在澳門輸光了的人，不必光着口袋，坐等天光。

難唸的經

報紙標題曰：「家家有本難唸的經」。先生的經是「狗經」「馬經」，太太的經是「麻雀經」。

馬迷福音

眼鏡式原子粒收音機，本港已有出售。今後在星期六下午尚需辦公的人，戴了眼鏡，可聽馬場消息。

懼內之故

日本醫學家透露，脚部較大的人，腦力體力較强健。故自婦女停纏小脚以來，怕老婆的丈夫，越來越多。

制服問題

抹車小童，傳將全體改穿制服。必須與交通警察之制服顯著不同，以免駕車人士見而受驚。

盜亦有道

脫衣舞后屋中衣服，被竊一空。盜亦有道——他知道脫衣舞后根本可以不穿衣服。

健康與錢

名流演說：一個沒有健康的人，有了金錢也沒有用處。一個只有健康而沒有金錢的人，只覺得他的肚子比別人容易餓。

戒烟之外

芝加哥設診療所，專助市民戒除香烟。香港有些市民，希望政府能協助他們的太太戒打麻將。

看法不同

月入三百元入息，養活一家九口，報紙以特寫體裁刊出。文章兩面看，可以見香港生活之苦，亦可見香港物價之廉。

•上官大夫•

左舜生師周年祭

·陳鳳翔·

左舜生老師逝世一年了，他和靄而慈祥、畧帶威嚴的神態，無時無刻都在我腦海中浮現，老師生前對我的關懷、教誨與影响，使我們永遠都會懷念他。

左老師是湖南長沙人，一八九三年十月十三日生長在一個中國典型舊式的家庭中，幼時穎悟，四歲時開始識字，五六歲便能讀詩，八歲入私塾，讀「三字經」、「千字文」、「四書」、「左傳」及「詩經」，空暇時便瀏覽流行木刻唱本，如歌謠、彈詞、戲曲之類。從小養成多方面興趣，老師的愛好文藝，一方面是出於天性，另一方面是受了良好的母教。十二歲入「長沙官立小學」，隨後進了半年「長沙縣立師範」，又轉入一間幾個日本留學生和上海南洋公學學生所創辦的「外國語專門學校」，學習英文和幾何代數，並且在課餘博覽各種小說劇本至三百種之多，對於演戲、說書，尤其愛好，並於此時結交田漢，兩人常在長沙宋王台圖書館一齊閱讀，討論各種學問。老師除潛心學問外，還開始注意時事，凡當時新出的書報，如「清議報」、「時報」、「新民叢報」、「民立報」、「飲冰室自由書」及有關鼓吹革命之小冊，無不細心留意，對於當時「維新」「革命」兩派思想，均有所體會，養成一種讀書不忘救國的高尚情操。

左老師大學教育完成於上海震旦大學，與曾慕韓（琦）李幼椿（璜）為同學，畢業後曾在中華書局編譯所任編輯主任達十年之久，在此時期，對於歷史研究甚勤。並曾一度留學法國。離開中華書局後，曾執教於上海復旦大學、大夏大學及南京中央政治學校，講授史學。

老師是中國青年黨元老之一，民國七年，曾慕韓、王光祈、周太玄、陳愚生、李守常、張夢九等在北京組織「少年中國學會」，先生得王光祈推介，加入為會員，並為曾慕韓所賞識，派往南京負起發展會務工作。民國十一年十二月二日曾慕韓在法國巴黎發起「中國青年黨」，老師便加入為黨員，並經常為「青年黨」機關報「醒獅週報」撰稿，倡導「國家主義」。

抗日戰爭爆發，左老師與另一青年黨黨員陳啓天等創辦「民聲週報」，主張對日作戰，並發起「抗日急進會」，以利抗日行動之推進，其時老師奔走國事，不遺餘力。二十三年七月，老師代表青年黨赴廬山晉謁蔣委員長，行前並表明自己立場，嘗謂同志曰：「余代表青年黨與蔣先生見面，但求團體不失立場，個人不失身份。」於此可見先生光風霽月的襟懷，實開國、青兩黨聯合抗日救國之先聲。

民國二十七年七月，左老師經遴選為國民參政會參政員，並推為駐會委員會委員，又曾一度為主席團主席。三十六年春，老師出任農林部部長，以書生身份正式從政，對農墾事業，改進增產等多方籌劃推動，貢獻良多。

大陸變色後，左老師移居香港，籌辦「自由陣線」週刊，並經常為「自由人」撰論。並先後受聘於香港新亞書院、珠海書院、清華書院等大專院校，主講「中國近代史」、「史記」、「漢書」等課目。餘暇則從事著述，出版書籍有「萬竹樓隨筆」、「中國近代史四講」、「中國近代史話初集、二集」、「文藝史話及批評」、「黃興評傳」、「遊記六篇」等多種。

老師晚年因生活清苦，身體日漸不支，去年五月忽小便出血，且發高熱，經送九龍法國醫院檢查，證明其左腎已壞，肝亦有病。七月十六日帶病赴台，於促成青年黨團結後返港。八月十一日舊病再發，於法國醫院醫治一短時期後轉飛台灣榮民總醫院就診，但以年高體弱，病入膏肓，終於十月十六日上午八時廿五分溘然長逝，享壽七十六歲。

左老師逝世的噩耗傳出後，其親人朋友門生

等莫不痛惜悼念。本港各界曾於同年十一月十六日下午三時假座新亞書院舉行追悼會，藉此紀念先生，參加追悼會之人士很多，可見先生生前對朋友間的友情是不錯的。

我第一次認識左老師是在六年前。在我還沒有見到他的本人時，我已畧畧知道他的一點往事，他的爲人與成就先給予我一種崇拜的心理。那時我開始就讀於一所大專院校，老師是那所大專的教授，他開的課有「中國近代史」和「史記」。其時老師已進入七十高齡，兩鬢已白，但精神健旺，上課時口若懸河，滔滔不絕，接連兩堂的講授並無顯出一點倦態。尤其是講授中國近代史，更爲精彩百出，他每說一件事或談一個人，皆能談得仔細入微，無論他的本源、演變、結果都說得十分清楚，並於談完某一事後，加以自已的一番評論。老師對歷史上的事或人，都能中肯的給予論定，尤其是近幾十年間政海上升沉的人物，大多數跟他都有點關係，所以說起來加倍親切，論點也比較準確了。老師講授歷史，特別注重時間觀念，歷史上某一件大事發生的年份都能準確無誤的記憶着，很少錯誤。老師上課不單是完全講授，他還注重討論，時常啓發學生提出疑問，由他解答，或者先由同學互相辯論，最後由老師發言，得出結論。老師這種教學方法使同班同學得益不少，培養了同學的獨立思考能力，對於我們日後做人做事或治學，都起了一定的幫助。

老師所交朋友遍天下，問及他生平選擇師友的標準如何時，他直截了當地回答，他有他的一定尺度：「第一，一定要其人坦率眞誠，不能看出他半點的做作或虛僞。第二，無論對於治學、治事、或爲人羣服務，他能夠始終不懈，數十年如一日，即令不能完全無私，但爲公者往往居十之八九。第三，其人具有豐富的感情，多方面的興趣，在性格上不流於涼薄，在知識上不流於淺薄。第四，必其人能有一種『望之儼然，即之也温，聽其言也厲』的神態，使得像我這樣一個不甘心歸於下流，而又隨時能跑出軌道的人，一念其人，即能保持着幾分的忌憚。」上面所論，與其說是老師擇友的準則，毋寧說是老師一生做人、治學、治事的自定標準！

說到近世成名人物時，左老師常稱許孫中山先生、黃克强先生、蔡元培先生、章太炎先生、梁啓超先生，他說上述諸位是現代中國一切改革運動的代表人。孫中山是「興中會」的首腦，黃克强是「華興會」的代表，蔡、章兩位是「光復會」的創始人，他們最後的傾力合作，是成立統一的「中國革命同盟會」，導致革命成功，他們的功勞是不可沒的。在治學方面來說，老師曾說受梁啓超、章太炎兩位先生的影响最大。對兩位前輩生平的學問，也具有相當的了解，他們的驟然死去，曾給予老師莫大的遺憾。老師說梁啓超是現代中國做啓蒙運動最努力的一人。民國九年春，老師曾偕同王光祈在上海中國公學與梁任公見過一面，梁任公對他期許甚至，勉勵有加。同時聽梁作一次長達兩小時內容關於「歐遊心影」的講演。老師雖然不是梁任公的學生，但梁任公治學重點關於史學方面的，左老師自認是私淑任公的。

民國二十年，「九一八」事變爆發，老師得友人介紹，拜識章太炎先生，從此每週必一次或兩次到太炎寓廬，就國事向章先生有所請益，歷時凡兩年有餘。老師說此實爲其生平親受前輩教益最多之一時期，其時章先生年事已高，晚年那種爐火純青的姿態，曾令老師欽佩不絕。老師說當時以聽到明末遺民軼事與清末革命故事最多，因爲前者是太炎思想所自出，而後者却是其親身躬與其役者。在治史方面，章太炎先生曾予老師很大裨益，其中有關研讀「三國志」一書，章太炎曾提出了「細讀裴注」的研究方法，這對於日後老師治史的功夫，大有裨益。

老師在教我們研讀「中國近代史時」，特別提出注重「廣東」與「湖南」兩地的風土人物。他說湖南與廣東，確實是比較奇怪的省份，近百年來不斷出現左右國家命脈的人物，「革命派」領袖孫中山，胡漢民；「維新派」主腦康有爲，梁啓超等等全是廣東人。廣東人具有一種創新與冒險的性格，在地理上來說，這大抵是沿海之故吧！至於湖南人那種敢作敢爲的幹勁，激烈的性格，亦曾使湖南人楊度說過：「若道中華國果亡，除是湖南人盡死！」這類過度誇張的豪語！不過，在革命過程中，黃克强、宋教仁、陳天華、譚嗣同、楊篤生、劉道一、唐才常、譚人鳳、焦達峯等所表現的勇敢革命行爲，正是一般湖南人所具的典型性格！

左老師晚年，曾發願爲譚嗣同、黃興、宋教仁、蔡鍔四先生各寫一篇評傳。問及他的原因時，他作了如下的答覆：「一、他們四位都出生於湖南，他們在治學、治事和做人方面所表現的個性，不無相似之點，實際他們都是湖南近代學風一脈相承的人物。二、他們殉國的年齡，最高的不過四十有餘，年輕的剛過三十，假定他們各能延長二十年以上的壽命，他們對國家的貢獻可能更多，所以最可痛惜。三、他們同在短短的二十年左右，直接或間接，先後一一爲袁世凱所摧毀，而影响了中國近八十年間的政治、軍事和學術思想的全面。四、他們幾位都是文人出身，又都富有文采，但實際譚嗣同與宋教仁兩位幹政治政治便是他們的戰場；黃克强在革命過程中，蔡松坡在護國一役，又都表現了最高的軍人本色，足資後起者的模範，是以難能可貴。」

談到左老師中年從政的觀感，老師嘗說：他對政治祗是玩票性質，並無野心做政客，或爭權奪利。他從政祗想對國家眞正有所貢獻，他常說：「政治者，俗人之事也，君子不得已而爲之，小人因緣而爲利。」

左老師少年時喜歡研究戲劇、小說、講唱、說書等，到晚年時興趣並無改變，他尤其喜歡談論「紅樓夢」，時常爲我們談關於「紅學」問題。如果同學間沒有看過這部書的，他一定鼓勵他或她去看，看後還詳細的詢問，諸如書中小問題如「金陵十二釵」人名等，必詳細縷述，翻覆譬解，務必引起我們的興趣為止。談到研究「中國近代史」有關記憶年份的問題時，他說我們往往把民國以來的年份和西元年份弄不清楚，於是指出一條捷徑，他說祇要將西元年份的最後兩個單位減去十一，便是民國的年份了。例如一九六九年，六九減去十一，便是民國五十八年了，如此逐年推算，問題便清楚了。老師提出的方法，使我們日後讀史感到很大的便利。

左老師時常鼓勵我們有機會必須多學習幾種外國文字，對於研究學問，認識當前國際形勢，是有很大的幫助。老師晚年，以七十五高齡，還繼續每週學習四小時日文，他的學不厭、教不倦的向上精神，曾給予我莫大的鼓勵。

左老師到過的地方很多，但他對日本似乎特別有興趣，他說戰前到過日本三次，戰後有六次，前後共達九次之多，問及他為什麼常常跑去日本？難道以他七十多歲的老頭子猶有童心，迷戀着日本那種形形色色的玩意？老師却笑着答道：「不為甚麼，僅僅只是為滿足我某一方面的興趣。我平常住在某一地方太久了，感到索然寡味，便要走動走動，以求得一種新的刺激。日本算是一個最能給我新刺激的地方，所以我隔不到幾時，便要到那裏去小住一段時間。此外，我也另有一種感想，我覺得研究中國現代史，必須把世界與我國有密切關係的若干國家這一期的歷史同時研究，才能明白一件重要事實的眞象，否則僅僅根據我們一方面的紀載，便難免不流於主觀，不僅歷史的眞象不明，如果把它寫成一篇敘述文字，也不能夠生動有力。」看了上述一段談話，我們不難明白老師的不時東渡扶桑，實在並不是完全貪圖新奇或逸樂，而是藉遊覽之便，採訪日本國史資料，以備回國後與我國歷史資料互相印證，補偏救弊，以求歷史眞象為原則。他研究中國現代史的方法，可算是十分認眞的！老師更說日本是一個奇怪的民族，是壓不死而驃悍的民族，日本的國民具有刻苦耐勞的精神，他們雖然嘗到二次世界大戰的慘痛教訓，但他們是永遠不會忘記的。大戰後的二十年，他們在美國的國防與經濟援助下，迅速便恢復起來了。日本的國防力量、社會繁榮、經濟市場及日用產品，無論在質或量上都比戰前大了好幾倍和好了幾倍。反觀我國這幾十年的國運，甚為可嘆，雖然近年的台灣有了非常的發展，但往往只限於一端，和日本比起來，便有很大距離了。所以老師說他到日本後，取得各種資料，回港整理後寫成文章報道，以作國人一種警惕和借鏡。老師這種苦心，亦可算是他老人家晚年報國的一種表現吧！

左老師晚年是很多感慨的，他對時局的演變是很關懷的，而他對國家所響往的不外是希望總有一天能做到自由和民主，他說只有自由和民主才能使國家走上軌道，使社會繁榮，使人民安居樂業，他強調自由民主的重要，談美國在這方面，是比較任何國家進步的，無怪乎美國立國不到二百年，便領導各國，科學與經濟都達到一定的水平，所以他希望我國能向美國學習，在自由與民主的前提下，去建設一個新的進取的國家！左老師認為不僅在政治上應該要表現民主和自由，就是在學術研究、教育工作上更應發揮民主與自由的精神。老師除有一段短時期從政外，便是執教於大學，以他幾十年的大學生涯，所看到和接受到的有關學術的事和人當然很多。但在學術教育上能做到自由與民主這一原則的，老師說實在沒有幾人，他說祇有蔡元培先生能在這原則下做出了一點成績。老師說：「蔡先生處理北大的行政，是最能表現一種民主作風的。他實行了教授治校的辦法，教務分任，事務合議。聘教員只問學歷，不講資歷，也不問思想和派別，保持了講學的絕對自由。在他所聘的教授中，有劉師培、黃侃、辜鴻銘、章士釗這類的舊人，也有陳獨秀、胡適、錢玄同、周樹人、周作人、李大釗這類的新人。只問是非，不問新舊，合文理一爐而冶，一以研究的旨趣出之。假如我們說，一直到了蔡先生，中國才開始有了像樣子的大學出現，這決不是過譽的。」

談到香港的大學教育與大學生，左老師時常表現出可嘆與可惜的神情。他認為大學教育的失敗主要是受社會的趨勢所影响，學生只是被壓迫的強記讀書，學位競爭成了自由研究學問的致命傷，畢業後的出路問題成了學生讀書取巧的壞現象。而眞正向學的往往受了時勢的影响最後亦逼得隨波逐流，這和以前國內大學或外國各著名大學顯得很大的不同。大學生畢業後，知識祇是局限於一隅，他們很少有崇高的理想，有的只是以「文憑」與「學位」為目標，目標達到了便什麼也忘記了。更有甚者，便放言高論，無病呻吟，自相矛盾。這些都是不健全制度下所造成的怪現象。老師分析這問題時，曾很客觀的說：學校、家庭與社會都應負有一點責任。亦唯有此三者改善，這種壞現象才能掃盡。老師更說本港學生知識水平不很高，尤其是中國近代現代史，更模糊不清，對於學生的基本常識方面，灌輸得還嫌不夠，他很希望本港的教育事業能有所改善！

左老師在學校教書，除在課堂上授課外，特別喜歡在課餘約幾位同學在外閒談，我和幾位同學差不多每隔一短時期即到老師府上向他請益。老師教導我們不祇是課本的知識，還教導我們做人的藝術。並且還關心地詳細詢問同學間的家庭環境，日常生活，遇到經濟困難的，他必量予幫助，但同學却不便接受，於是老師想了一個兩全的辦法，他平常寫的文章由我們為他謄清，然後報以可觀的稿費。我曾無數次接受老師這種體貼的幫助。我做了老師四年的學生，老師教我以知識，誘導我怎樣做人，鼓勵我向上，我是永遠也不會遺忘的，如今他老人家已逝去，我又從何處再覓得一個如他這樣的良師呢！

回憶我父

周士心

一九四九年二月，農曆大除夕晚上，我在上海一時興起，自告奮勇的護送一位朋友的子女到北火車站，與他們從南京經過上海的母親會合，然後原車南去衡陽。雖然事情辦好了，像這樣混亂的時代，眼見人家母子團圓，內心有說不出的安慰；但是喧嚷一陣之後，早已過了午夜十二時，已是戒嚴時間，錯過了趕回蘇州與父母妻子度歲的約會，又不能覓個休息處所。那天晚上，就在車站的牆角坐下，眞是飢寒交迫，有生以來，第一次挨過如此凄凉的一夜。

當時車站內外，滿地躺臥着從南京撤退來的旅客，空氣汚濁難聞，中人欲嘔，站外四週的軍隊，不時放出冷槍，劈拍之聲代替了新年的爆仗，此時我也無計可施，祇得蜷縮一隅，坐待天光。到清晨，總算搭到第一班早車，趕返蘇州家中，這種景象，令人畢生難忘。

家中的團年晚飯，還是整齊地排列在餐桌上，年邁的父母，年輕的妻子，他們憂慮、焦急與不安，不知道我究竟發生了甚麼事，滿桌佳肴，陪伴着垂淚的紅燭，他們不飲不食，坐以待旦。

這一個晚上，也許象徵了我們的家庭，就來急激變遷，事實上這個城市也是站在突變的邊緣，看來蘇州一切平靜、冲和與悠閑的特色，即將隨風而逝，一去不復回了。

一個星期之後的拂曉，家園內外已經滿堆上白皚皚的積雪，朔風怒號，天氣嚴寒，我的母親正把睡得甜濃的宏兒，親手在被窩中抱出來，包紮妥當，不斷飲泣，眼淚滴在襁包上，雙手顫動得厲害，將他心愛的孫子，默默地交給我妻。門外停了幾輛人力車，坐人之外，兼裝衣箱雜物。父母站在大門口，呼呼北風吹動了母親的鬢髮，父親的表情木然，在他們的眼中顯出寂寞的哀傷，彼此揮動雙手，無限離情，無限離愁……從此，我僅留下這最後一瞥的印象，以後，再也無法見到我的父母了。

吳門周赤鹿先生六十自畫像

那時，所有的人都抱着改朝換代的變天思想，對於未來的日子抱有希望。很多親友認爲我的離鄉去國，事屬多餘，因爲我家世代淸白，既非豪門巨賈，又素與政治絕緣，但是後來事實證明，可以說此行不虛的。

此刻，那些熟悉的地方，熟悉的事與人，顯然隨着時間，覺得十分渺遠、糢糊、似鏡花水月那樣空洞，難以捉摸，但是我對於父母的遺愛、事蹟，却清淅地歷歷在目，未能稍忘。

我現在就談談我的父親，以作爲對他老人家一點點紀念吧！

吾父並不是一個顯赫的人物，不是良相，也不是良醫，而是一位很有功力的畫家；也因此當別人談到我的時候，時常不由分說，被安上「家學淵源」的字樣。由於感情的關係，在我的心目中，他是一位值得尊敬，了不起的好父親。

他飽經憂患，始終能本着一貫嚴正的做人道理，孝親、尙友、守本份、肯吃虧、心地慈祥、勤勉自持而又樂於助人。平心而論，他是一個極其平凡而頗爲難得的一位老百姓。——我想，直到現在，我的性格、觀念，直接間接都受有影响，尤其是那一份「富貴不能淫，貧賤不能屈」的書生本色，自認頗有父風。

我父親稱得上是一位人物畫專家，因爲他學有師承，又確具藝術氣質。一生中適逢幾場戰爭，使他看破了這個人生，將他的感受思想，通過他的畫筆寫出無數的仙佛神道，也可以說是游心象外，在煩憂、苦惱的現實世界之外，另創一個完美無懈的世界，他之所以彩墨齊施，揮灑不休，應是即興寄托，作一種精神上的宣洩罷了。

我家本是安徽人，前代原屬官宦之家。洪楊之亂，祖父由一位乳母背負從後園越牆逃出，轉輾流徙江南，從此落籍蘇州。後來祖父從事竹行生意，積有資財，生涯不惡。祖母系出洞庭東山葉氏，生有三子一女。吾父最幼，曾爲他母親割股療疾，在舊時代中被推崇爲一位孝子；據說因此祖母的重病得以痊癒，延長了十年壽命，在父親的雙臂上，留下兩個疤痕，我是親眼見到的。

時屆淸末，先父與大伯念祚公，二伯念椿公，他們三兄弟一般熱心，抱着救國不甘後人的宗旨，同時參加國民革命，在陳其美先生領導之下，曾荷槍攻打上海製造局，因此對於民國締造，亦嘗盡其汗馬之勞。

吾父從事繪畫是在革命成功之後，聽說他的

老師是高曉山先生，高的老師是沙山春（馥），沙的人物畫有錢慧安（詰）筆意，花鳥畫有浙江三任（渭長，阜長，伯年）遺風。小時候我見過高曉山先生的一冊石印畫譜，或是因為並非大家，又屬初學參考用書，故傳留不廣。

我父身材偉岸，完全不象孱弱的蘇州人，方面大耳，蓄有疏朗長髯，加之面容慈祥，看來敦厚而儒雅。每日早起早眠，喜歡步行，身健力壯；平素節儉勤勞，常備藥物，施予貧苦大衆。友輩困難時有傾囊相助之舉。每日向晚，必至酒肆，與書畫文友聚飲，風雨不阻，興緻甚佳。大約他的生活情趣，除了栽植花木、參禪唸經、寄情繪事之外，嗜飲是一生中始終不變的習慣。就是在一九五三年以後物質短缺的大陸，他以僑眷的身份，仍有些劣酒供應充數，只是來信表示這種酒實在不是味道，酒量因此亦相應減少了。

父親的朋友大都是些慷慨不羈之士，憑我記憶所得，有當時留寓蘇滬一帶的名士如鄭洪年、張天方、沈獨盦、王西神、薛佛影、徐穆如、趙雲壑、蕭退盦、劉定之、諶則高、丁雲先、樊少雲、吳純白、吳湖帆、馮超然、吳子深、陳迦盦、朱疇禹、柳君然、張星楷、吳似蘭……還有一些沙門，道士等人物。其中有教育家、書法家、雕刻家、畫家、古琴家，和在往昔參加革命時的老伙伴。他們臭味相投，時有過從，而各有互不遷就的個性，沒有一些世俗的牽絆，也沒有什麼利害關係，十分心安自在。

蘇州盤門內瑞光塔畔，我家住宅名留餘廬，附近鄰人稱之為周家花園，佔地頗廣。左鄰住一位鄧鏡寰將軍，右舍住的是中國航空公司副總經理查阜西先生，他是一位著名的古琴家，查先生晚年曾整理已佚古典琴曲，有很重要的貢獻。我們與這兩家芳鄰，彼此相離甚遠，雜樹竹籬為界，清曠幽深，唯有鷄犬之聲可聞，一片閒適之情，至今思之神往。

由於我父親對於花卉樹木的觀賞與培養，與趣不淺，因此園中植有桃李杏梅果樹及其他雜樹數百枝，四時花開不絕。沿城河鑿地引水為池，家父於此買魚放生。在這個池的四週，種滿了芭蕉，沿岸水源充足，故蕉葉特別肥大，濃蔭蔽天，就算是大暑天，在這裏也是極為清涼，像遮上了綠色的天幕。其餘花花草草，秀竹喬木，自然散佈四處。這個園算不上蘇州的名園，但是却有異趣，雖經人工整理，和出於家父的意象和心裁，可喜沒有刻意堆砌的痕迹，稱得上清新絕俗，疏落有致。眼簾所到，處處流露自然生意，如果將之略為剪裁，不失為繪畫的天然範本。不論任何季節，物換星移，景隨時遷，自有一番佳趣，我父親在這裏設有畫室，令我得有早夕觀摩的機會。我在這樣一個環境中成長，接近自然，熱愛生命，人與物之間，常覺可通聲氣，造物奧秘，時有發現，對我日後繪畫的創作生涯，確有甚大的影响。

周赤鹿先生五十歲所作羅漢持經圖

父親就將「留餘廬」作為書齋之名，至今我仍沿用它。吾父作畫殊勤，畫得也很工緻，大都是屬於人物畫，如羅漢、佛像、神道、古人、仕女、兒童和肖像畫，又因為畫襯景需要，旁及界劃、山水、畜獸及常見的花鳥虫魚，幾乎無所不能。畫時我見他用朽木暗暗打稿，落筆嚴謹，甚少錯失，也不見要參考資料，極為熟練，現在我藏有一幅墨龍，一佚十二生肖羅漢，二軸無量壽佛，十二幅絹本人物故實冊頁，一幅百子圖，一幅牛角掛書圖，一幅寫李淸照望鏡的仕女圖作為傳家之寶了。因此我自小耳染目濡，無非是些書畫文藝之事，特別是對於繪畫有濃厚的興趣，到處東塗西抹，有時在父親未完成的作品上，竟然一時技癢，搞得不可收拾，討人厭煩而私心竊喜也。

民國初年，中日兩國舉辦過一次聯合畫展，在日本東京展出，父親應邀展出的是一幅十八應眞圖，我曾見過展覽目錄，藏青色夾宣封面，線裝，間行仿宋字體，列有作者姓名、別號、籍貫、品名、備攷等欄，可說是中國有史以來第一次參加國際性書畫展覽。此後從未見過他參加其他畫展。他曾為年輕時的梅蘭芳畫過肖像，梅身穿便裝，曲襟銅鈕馬甲，頭髮中分，面貌豐潤清秀，是我有生以來所見到的最年輕時的梅博士；也曾為吳湖帆先生整理家藏銅器圖錄，與吳先生交往頗深，嘗數見所贈書畫，其中有其公子孟歐的的山水作品，後來聽說孟歐在蘇州吳家舊宅創設無線電專科學校，被誤認為間諜絞死，使湖帆先生老懷愴痛，悲哀不已。

家父諱念慈，藝名赤鹿，連名帶姓的諧音，恰好成為蘇州人的俗諺，意思是「壞脾氣的人」，蘇州人沒有人肯用此作為名字的，但是我父親也許是出於玩世不恭的態度，竟然用來作為名字，常常受到友儕的笑談，也因此蘇滬藝壇，無不知有其人。吾父別字芷，號林木居士，中年曾到普渡受戒，是一位虔誠的佛教徒。父親曾為我取一個名字叫「文佛」，佛經上有云：「文佛所云，皆大歡喜。」祗是我不歡喜這個名字，很少使用，以後也就沒有人知道了。

我父與上海馬霍路劉定之裝池主人爲莫逆交，戰前上海諸名家書畫及收藏家委托重裝的舊字畫，大都由此裝池精裱，本刋上期陳存仁先生所著關於于右老一文中曾提到過他，劉氏確爲裝裱古畫高手，可以整舊如新。曾經裝裱故宮博物院所藏的名畫，如孫位高逸圖，文會圖等唐宋眞跡，都由他悉心整理，回復舊觀。十餘年前已達七十高齡，吾父特命我繪松壽圖以爲遙祝，頗得劉氏讚賞。此後他們一輩詩文書畫老友，在上海常有定期敘餐，如謝稚柳、江寒汀、唐雲等人……日子過得不算差，直到文革期間爲止，就不再有此種消息，隨着時潮變動，韻事雅集，也就風流雲散了。

戰前我常隨父親往訪劉先生，此裝池將一般的畫便裱貼在廳堂之中，將比較好的字畫裱貼在內進，將珍貴之古代字畫反貼在樓上的一間內室，那是物主特別囑咐不想給人看見的。但是由於父親與該裝池上下人等都很有交情，所以常有欣賞的機會。這使我的眼界逐漸提高，不僅評隲今代作品有了能力，就是自己創作的時候，往往也因此時常不能滿意。

我由父親的計劃和指導，經大伯父念祚公（號木天）學習詩文書法，大伯於革命之後，轉而研究文藝、音律。書宗漢魏，又擅古籀文字，能以此等古文字信筆書聯，饒有金石氣息；與吳純白、查阜西、吳蘭生、釋大休、徐元白諸前輩俱爲琴友。暇時亦能效吳缶廬作大寫意畫，如葫蘆、藤花之類，亦有意趣。大伯於民國廿九年秋逝世，歿時授一宋琴遺余，可惜留在家鄉，不知現在命運如何？

除外我由父親引領投門拜師，自吳子深先生處學山水蘭竹，自吳似蘭先生處學花卉樹石，自抑君然先生處學蔬菜果實，自張星楷先生處學翎毛虫魚，胞兄玉菁又從收賣舊物的竹籮中，買到一批爲數達二百餘幅的工筆畫稿遺余，中間有些題字，知道自任阜長舊居散出，彌足珍貴，這對於我後來的工筆畫幫助至大。南來後，我父將之絡續由郵寄來，所幸至今尙在手邊，有機會可予印行，以供同好。

父親對我在藝事上期望甚殷，深切培養，故此我在進入蘇州美專之前，對於國畫自覺已有很好的基礎。蘇州美專是吳子深先生創設，戰前以三十萬銀元籌建，自任董事會主席，毗連滄浪亭，羅馬式建築，面山背園，風景之勝，師資之佳設備之全，此校馳譽東南，名不虛傳，我在此修讀，使我的知識與日俱增，對我的一生，自屬重要。

我父親認爲我是三兄妹中，在繪畫上將來會有成績的一個，他的苦心與期許，加上我自已的興趣與鍛練，或許稍可告慰於他。不過，大哥玉菁雖不善於繪畫，但對於竹刻治印很有成就，我現在畫幅上使用的圖章，大部份是大哥刻治的。大哥就業於嘉定竹刻專家黃山泉門下，似蘭先生的如夫人錢藕姑女史則是大哥的學生。一九六二年似蘭先生在蘇州被鬥爭爲右派份子，其中一條罪名是：爲何取名「綠野」？似蘭先生是吳子深先生之弟，排行第六，說是暗諧了蘇州話語音，要別人稱呼他爲「六爺」，有資產階級封建意識。不堪疲勞折磨，是年重陽節深夜割腕自殺，用鮮血在地板上寫了四個大字：「偉大創作」，用生命作了最後的抗議。

似蘭先生是我的義父，他死後親友迴避，不敢出頭爲他料理喪事，最後由我父親協助藕姑，葬吳氏於靈岩山麓之繡谷公墓。

我對似蘭先生之死，至今感到難受，行文至此，不禁潸然淚下。他是蘇州美專的教授，可眞說得上風流倜儻，忠於藝術，天份很高，戰後易名重生，看他拍手歡呼迎接勝利的情景，宛在目前。他的書齋名「娑羅花館」，因自西越得娑羅花一枝，即以此爲齋名。這一個書齋佈置得清雅絕俗，旅美畫人王季遷氏至今還對其匠心獨運的裝飾設計，譽爲天才。此館不時有詩酒畫會，父兄與我，俱爲常客。他四十歲生日的時候，命我代筆畫了不少扇頁，分贈戚友，回想舊事，不勝唏噓。似蘭先生與藕姑之情愛，猶如浮生六記中之沈三白與芸娘，與滄浪亭同有憩居之緣，是一個眞正的名士。後來藕姑因是畏罪自殺反革命份子眷屬，孤苦無依，亦無人敢與之交往，幸得蘇州美專老校長顏文樑先生介紹，再嫁老畫家賀天健，白髮紅顏，彼此有個照顧，終於成了眷屬。

我對父親有着深摯的感情，原因是他正直、誠篤，從無疾言厲色，就我記憶中，我從未被父親呵責過，有之則是呵護備至，彼此的眞情和愛心。可惜我未能在他晚年的時候，親自照顧他，雖然不斷供應生活所需資料，但是他的寂寞，我完全能夠體驗，至今仍深以爲憾。所幸他的行事

周赤鹿先生六十歲所作劉海戲金蟾

作風，鄉裏沒有一個人不尊敬他，也沒有人難爲他，甚至在那邊不斷互相殘殺的狂潮中，還得到意外的照顧。

我素來不相信算命相面之類，但在一九六六年一月初，一個晚上，夜夢父親生了重病，忙着滙欵購藥，諸事栗碌，惶急不安而醒。早晨說給妻聽，大家都不相信。誰知到了午後四時，來了一個電報，這時我不待譯述電碼，已經知道父親有事發生了。竟然昨晚上的夢境，尤如翻版重現一般，連滙錢數目亦相符合，眞是怪事！現在我才信有第六感覺這會事，也可說是雲山千重，心通一脈了。

周赤鹿先生七十四歲所作墨龍

父親患的是肝硬化，也許與他畢生嗜酒有關，雖得大哥玉菁、三妹梅華兩家悉心照顧，請了蘇州最好的中西醫生來醫理，可惜因爲藥物難覓，西藥在香港買了寄去，信函郵包來囘至少二週以上，中藥呢，往往一帖藥方要好幾家有規模的大藥材店，才湊得齊全。大哥三妹就近全力侍奉，我則在外供應錢銀藥物，然而終不能挽囘父親的生命。歿時距示夢之日，恰爲四十五天，那是一九六六年二月廿四日，享壽七十八歲。幸好在文化大革命之前，吾父的喪事，因屬僑眷的身份，仍得依照舊俗行事，和尚道士舉行殯殮儀式，一切油米魚肉，按照優待辦法另有增額配給，是以遠近親友聞風而來，甚爲熱鬧。吾父所殮，可說是蘇州最後一具上等棺木，當地物料管理機構，根據外滙數目，予於徵用，不知是誰家的壽材？吾父是已丑（一八八九）同庚會十二位蘇州宿儒中，最先去世的一位，其餘十一位前輩父老是：錢葭青、金書坤、陳卓如、沈初鳴、盛炳生、陶冰衡、蔣犀林、劉駿聲、王季勉、許揖橋、祝曜卿等，大殮之日均來弔唁，大家不約而同地對於這副棺木，現出稱羨的眼色。以後時勢又有變化，盛行火葬，也就無此「盛舉」了。

中國人舊俗，兒女在外，聞父母噩耗，必須匍匐奔喪，親視含殮。我亦曾作此想，但格於時勢，祇能用「心喪」二字，吾父達人，必能諒我！文化大革命，革去了一切習俗，吾父適巧避免了一場天翻地覆的大災禍，生而有幸呢？還是死而有幸呢？願吾父在天之靈得到安息吧。

一九七〇年九月廿八日在留餘廬燈下

徵稿啓事

一、本刊除特約稿件外，徵求讀者賜寄　大作，請在「論天下大事、談古今人物」之範圍內着筆。

二、來稿以白話文爲限，普通稿件以不超過四千字最爲理想。珍貴圖片，亦所歡迎，用後璧還。

三、來稿請用稿紙書寫，並附眞實姓名及準確地址。發表時需用筆名者聽便，譯稿請附寄原文。

四、本刊稿酬每千字港幣二十五元，譯稿每千字港幣十五元，在刊物正式出版前，本埠送奉，外埠郵滙。

五、惠稿及來信請寄九龍西洋菜街三號A大人出版社收。

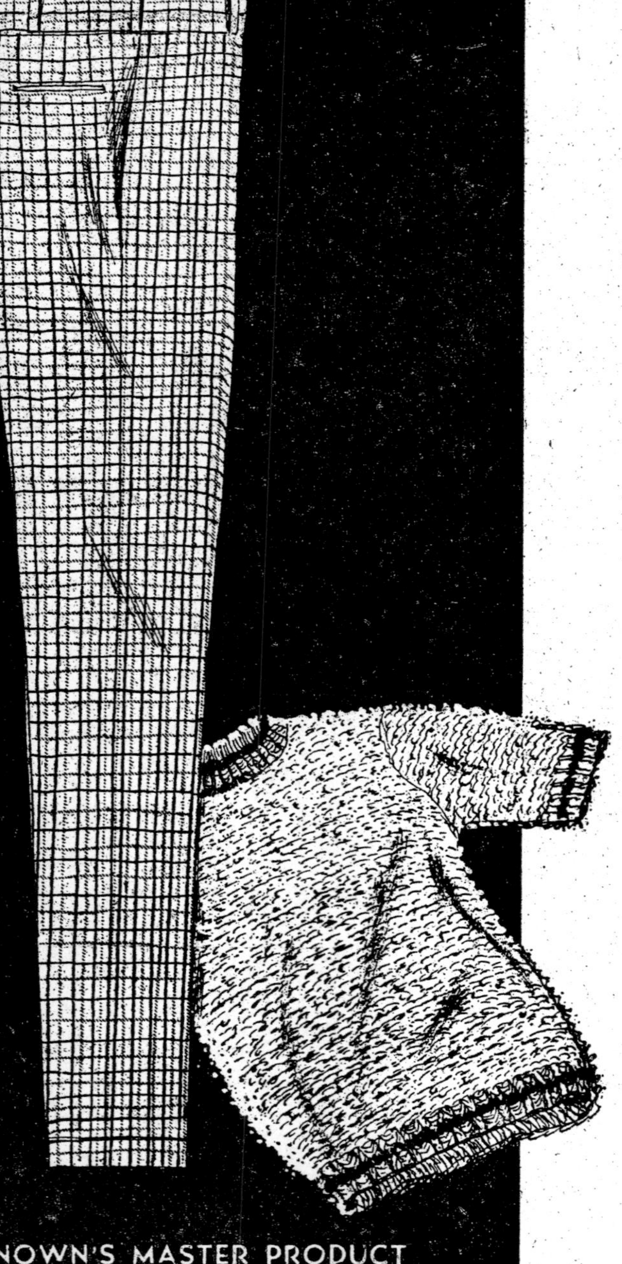
A RENOWN'S MASTER PRODUCT

利南西袂

望平街憶舊

申報與史量才

胡憨珠

史量才在接辦申報以後，先將牌子改爲德商。其後官運亨通，又接任了松江鹽務管理局局長，更出任了滬軍都督府清理處處長。就在出任滬軍都督府清理處處長任上，結了不少寃家，成爲對敵，其中有廣東人馮炳南、寧波人虞洽卿，都對席子佩加以援手。英德宣戰，德商歸國，於是一場熱鬧的官司，因此掀起，史量才輸得一敗塗地。

席子佩與史量才爲了申報的債務問題而涉訟，原被告雙方對簿公庭於公共租界的會審公堂。但審判的結果經主審法官的裁判定讞，勝訴屬於原告訴人席子佩，敗訴的爲被告訴人史量才。此次史量才訟事之敗，情況極慘，幾乎像沒頭沒腦地挨上一記悶棍，上下中外或明或暗的有關人等協以相謀，安排佈置成一個陷阱式的圈套，任由史量才前去鑽入，以致深落陷阱無法自拔。是以一經交手，別說全無招架之功，更乏還手之力，一敗塗地慘不忍言。細考史量才之所以敗於席子佩之手，却有三點極大因素所演變造成。計爲：（一）是他所懸掛洋商牌子的國籍更易問題。（二）是他所訂立約據法律的文字錯誤問題。（三）是他所結上怨家敵人的仇恨太多問題。筆者爲供讀我拙文的讀者先生們明瞭史量才打輸官司的眞實內幕，覺得對上述的三個問題，實有畧予叙述之必要。

三位一體合力辦申報

上海的申報，自從遜淸同治十一年英國僑滬商人美查集資創辦，出版以來，一直懸掛英商牌子。在此四十年的歲月過程裏，雖經由席子眉、子佩兄弟兩人先後從買辦，轉爲純華商的主有人，對英商牌子從未改易，出面董事還仍用英籍葡萄牙人阿波諾脫的名義註冊。及民國元年，席子佩以十一萬兩銀子，把它轉售給史量才之初，英商牌子仍舊未更動。名義上還是阿波諾脫，事實上於簽定讓盤的合約之日起，早已接收過來，完全由總經理史量才全權主持。史氏延聘陳景韓（冷血）爲總主筆，張竹平爲經理，三位一體慘淡經營。而總編輯一職則仍任用席子佩時代的舊人張蘊和，（按：張蘊和係松江人，留日回國，其才德清茂，極見賞於當時申報總主筆青浦金劍花，即名作家朱子家之令伯父，由金氏汲引入申報任總編輯，及至民國十七年秋，陳冷血辭職，始由張氏繼任總主筆，是爲申報館中服務最久，資格最老之高級職員，）以收駕輕就熟之效。

當史量才一經接辦申報，其所採取對經（理）編（輯）兩部改進和革新的步驟。即首先着重報紙版樣編排的外觀，務求其淸朗引目，與新聞文字的內容，務求其報導翔實。是時改革版樣後的申報，每張分四版，每版高約二十二吋，寬約十五吋半，一如現在對開報紙的版樣形式，這在編排工作上較爲方便。而標題字粒，採用了頭、二、三、四等號字體，並分成長短行作間隔，不使全版的報紙中有統長腰線的出現。因此，在史量才接辦申報第一天出版的報紙，頗爲以前申報的一般讀者注目，從而發生面目淸新之感。尤以報頭的「申報」兩字爲申報股東老闆之一的張謇親筆所書，具見其墨飽筆酣，氣雄勢壯，確爲上海各報的報頭字樣難得有見的好字。當時申報之所以另易報頭題字，一則表示今日申報已成我們所經營有意義的一種事業，其次也是在南方共和黨人所主辦的一份有力黨報，報頭題字的更換，正所顯示黨報與非黨報的分野。至於使舊日申報讀者們發生淸新的觀感，僅屬餘事而已。

在望平街上，對於經辦報業的人才，若論有才能和精神，有胆量和魄力，史量才不失爲第一人選。他有知人善任之明，亦有羈縻駕馭之方，當他受盤申報於接收之初，即引用陳景韓與張竹平兩人作爲左右輔弼的股肱之士。例如以編輯部全權交於陳景韓，再留用席子佩手中的舊人張蘊和爲輔作臂助。而事實亦果然，經陳張兩氏把申報的外觀與內容，改革得生氣勃勃，聲勢虎虎。使受盤下來一張日銷七千份的申報，於半年之中，銷數增至一萬數千份，這是史量才對編輯部方面的知人善任之一端。同時他把經理部交於張竹平，而再撥他最親信，最忠實，亦最年久同事的王堯卿爲助手。蓋王氏爲史量才主辦蠶桑女學時代該校中的庶務員，對史氏的耿耿忠心勤於職守，仿之古人著名的忠臣義僕，並不多讓，而他又知慳識儉，錙銖必計。可是史量才並不升予王堯卿以申報經理之職，將他作爲張竹平助手；不過給王堯卿的名義，則爲會計與廣告兩部主任的職位，好在這兩部原屬於經理職權之下的。

張竹平的確是報業經理人才中的高手，於接任申報經理之後，把申報經營得月有盈餘。就是申報的報紙銷數額，日日在增加，和廣告收入額也日有起色。如衆所周知經營報紙一行業務，其生命線所維繫的厥爲報紙的銷售收入與廣告的刊費收入。而此兩者則有相互爲用的連鎖性，蓋以報紙的銷數增加，商業廣告客戶的廣告也樂於刊登。現在申報的外觀與內容，都編得完善美好，等於商業貨品的足以引得起顧客們的喜愛。因此，申報的銷售和廣告可說是一雙兩好，據當時張竹平對人說每月約有六千元以上盈餘純益可收獲。尤其是當年外商的商業廣告向不刊登華人報紙，只刊登在西文報紙上。只因張竹平出身於滬西梵皇渡聖約翰大學，對於英國的語言文字，有精深的造詣。這便給他一個賺大錢的發財啓示，在西文報上發見洋商新廣告，就親自追踪，向洋商客戶兜攬華文報紙的廣告。起初所兜攬的只是申報一家，後來兜攬生意越做越大，有要登華文報紙廣告的一家外商洋行，全包下來代爲送登，這筆廣告佣金收入，大有可觀，張竹平也以此而發了點財。

申報既月有六千元以上的盈餘收入，怎爲史量才對於席子佩所讓盤申報的一筆分期付欵的盤價銀子欠欵，不能到期即付。總要打兩個月的遠期莊票，有時到期莊票還要落後數天才可兌付呢？實在史氏命中的財運之門，運行雖已開啓，同時他命中所注的劫財之重，遠遠超勝於他已臨的財運。所以陰錯陽差，已經盈掬在握的財香，亦自有劫財命運之神，於冥冥中誘惑他爲之脫手投資，經營錢莊，金號，米行等數種穩可賺錢的商業，竟自會搞得大蝕其本。傳說中史量才不但把自已所賺得蘇路借欵的十五萬兩銀子，蝕得蕩然無存。連之他秋水夫人從陶晉葆那裏携帶來的八十萬元現金，亦已連帶虧蝕到瀕臨於傾覆消亡的邊緣。只因爲面子問題，史量才猶作垂死掙扎，日事移東挪西牽籮補屋，不使他所經營的數種商業，宣告破產閉歇，所以把申報的營業收入欵項，亦都挪借來暫塡應急使用了。但總算史量才的調度有方，應付有法，終於把席子佩的盤價銀子勉勉强强地分期還淸。

盤價拔清牌子掛德商

史量才對申報盤價銀子，分期付淸以後，完完全全成爲申報館主權的所有人了。既有主權在握，不能不行施主權的威力，於是，他要變更洋商牌子，而要炒現任出面註冊董事阿波諾脫的魷魚了。原來席子佩把申報主權讓盤給史量才爲業，於雙方簽訂盤據契約以後，阿波諾脫就絕跡不來申報館坐寫字枱。但是三百兩銀子一月的董事車馬費，却要申報館方面按月按日送到「美查洋行」他的寫字間裏去的。因爲他是入英籍的葡萄牙人，若論氣質襟懷，比較差點。在早歲年代他就跟隨英國商人美查到上海來闖打天下，專責和華人打交道的職務，所以精通華語。當美查集資創辦申報時，他已參與其事，不但與申報有數十年的長久歷史關係，而且與席子眉、子佩兄弟也有同事多年的友誼關係。及此次申報主權又有更動，他却與後繼受盤人的史量才，毫無關係，不過在英領事公館的申報註冊人，還是他的名義，因此，人固不上申報館之門，可是車馬費却要領受如數。

就因爲阿波諾脫的吃糧不管事，史量才對他三百兩銀子一月的車馬費，感覺相當肉痛，認爲化得太不値得，但是在上海租界裏辦報，對於洋商牌子却有不能不掛的苦衷，掛了可以欺人，不掛便被人欺。所以他有天把這個爲難問題，特地去找他朋友管趾卿作商談，史氏找管氏作商談的目的却有三個：（一）是決定要更換洋商牌子，但國家不要英美法日四國，因爲上海已經有了用四國牌子的華文報館。（二）是理想中的牌子最好是德國，上海用德商牌子的報館尙未有過，這是令人有新異之感，同時德國的國勢正當强盛，則該國的領事發言說話自然會有力量的作用發生。（三）管趾卿那時正是一家德商洋行的買辦，所接觸的德國商人必多，請他物色一個信實可靠的德國人，請來担任申報的出面董事，由他向德國領事館申請註冊，變成德商牌子。不過對董事的車馬費能減少得越少越好，能做到不名一錢，純盡義務，那正是「不敢請耳，固所願也」的大好事，這就是史量才特去找管趾卿商談的三大目的。

原來這位管趾卿那時是德商西門子洋行的買辦，其爲人頗爲熱心，極重友道。他們兩人相識交友，還是在狄楚青時報館的息樓裏開始的，數年來，雙方友誼感情已經培養增進到無話不談的程度。所以兩人坐下接談，史量才自然大談其辦報的一本苦經，如何開支浩繁，如何賺錢不易。最後，便談到報館改換洋商牌子問題，他的設辭却是說：「申報自創辦出版以來，就用的是英商牌子，數十年來，一成不變，牌子太老，並非好事。因爲經營新聞事業，不像經營別的商業情形，要講求牌子越老越好，新聞事業却要力求其新，最好站在時代前端。現今我們的申報從席子佩手上接盤過來，早已與美查有限公司斷絕關係，何必再掛英商牌子呢。因此，趁新近接收過來的機會，決定更變牌子，以示一切從新更始。在我的意念，最好是掛德商牌子，所以要老哥幫兄弟一次大忙，就是要尋找一位出面註冊董事的德國人。」

管趾卿聽到史量才這一番說話，便道：「你的申報更換洋商牌子，欲要改掛德商，想尋找一個出面註冊董事的德國人，此事並不大難。在我想不用他求，便請我們行裏的大班愛爾赫德任做你申報的出面註冊董事就是。待明天我上寫字間的時候，順便與他做一次接洽，保証他立即就會答應此事。因爲我知道愛爾赫德這個人的脾氣行爲，非常爽直豪邁，樂於助人。尤其對於中國人的事情，要他幫忙時，無不允諾。現在像你要請他任做申報館的出面董事，這對他個人的歷史上可以增加一個榮譽的頭銜，事業史上也可添加一段光輝的紀錄。那他這種對人不費之惠，反而對己有利之事，何樂而不爲呢？量才兄，你可以放心，此事保在小弟身上，必定成功無疑，明天請等我電話，報告你好消息就是。」管趾卿作了極有把握的這一番答話，以慰史量才的願望，使他聽得大爲高興，這是他意想不到所收獲的一個美滿結果。因爲西門子洋行爲德商在上海的一家大洋行，而愛爾赫德正是當時西商總會的首席董事，現在受任申報館的出面註冊董事，自然他就覺得面上有光了。

史量才是個雄心萬丈、好高騖遠之人，他就是要幹有意思、有面子的事情。對於阿波諾脫是個英籍的葡萄牙人，壓根兒就瞧他不起，認爲沒有任做申報館的出面董事資格，月致三百兩銀子的車馬費感覺肉痛萬分。現在對於西門子大班愛爾赫德的身份地位，大爲改觀，覺得這樣的德國人，才有任做申報出面董事的資格。所以他當即就向管趾卿作試探，探問對愛爾赫德担任申報的出面註冊董事，按月該致送伕馬費多少？管趾卿立即搖頭說：「毋需毋需，一錢都用不着送，此刻你的申報接辦過來爲日無多。這同在初創時期一樣，經濟基礎，尚未建立穩固，只有虧蝕下去，難望賺錢收利。那你老哥何必平白無故使報館增加這筆董事伕馬費的開支加重負担，要知我們這一位大班先生，他在本國的社會間，着實有他身份和地位，否則這裏西門子洋行大班這把椅子，輪不到他來坐了，所以他眼界長得高遠廣濶，個性生得豪爽率直，可是他脾氣却又隨和之極，但也特殊之極。至今已屬近五十來歲的人了，還是個孑然一身的鰥夫，你想他這個思想行爲多奇怪啊！」

管趾卿一時話得興起，把愛爾赫德的品性情形，解釋給史量才聽。還要繼續說明愛爾赫德的生活情形，所以接着他說：「我們的這一位大班先生極喜歡交朋友，既不有國籍畛域之分，也沒有男女老少之別，大有良朋益友都來歸我的那種氣慨。便亦因此，他以鰥夫之身，却居在靜安寺路近小沙渡路的一所整幢大花園洋房裏，把上下層的室內，佈置得豪華富麗，似同皇宮一般。並僱傭三個華籍大菜司務，十來個男女僕人，這多爲侍候來賓所設置。對招待朋友的茶叙酒會，在他家裏，視爲尋常，最使我對他好感的是他對中國人有特別的尊視和禮遇，爲任何歐洲國家人所無，就是他們德國人中也少見。所以你的申報對於這位董事的伕馬費，毋需送得，但若有事，他衛護申報的心力，決不會減少一些些的。」

史量才聽得不用月送這筆董事的伕馬費，內心固然感到高興快樂，因爲這樣一改德商牌子，每年可以省三千六百兩銀子，並非小數，但不過覺得佔便宜佔得過了份，於心亦感不安。所以他對管趾卿說：「趾卿兄，你對我熱心幫忙，到無微不至，這種高情厚誼，眞正令我感激萬分，好在我們是好朋友，往後的白子正長，此刻也不便說出怎麽話來。但對於愛爾赫德先生的幫忙，雖然一切有你趾卿兄從中撮合，但不過在小弟方面，却不能不有一點意思表示。況且愛爾赫德先生若受任申報的董事之後，要請他幫忙的事情却多着呢，怎可一點沒有表示意思？」管趾卿道：「既然你量才哥有這心意，這樣罷，今年外國冬至的聖誕節，就在眼前，等我明天上寫字間去就和他接洽一下，只要他答應，便可由他到領事公舘去和領事出面商量辦理申報的註冊手續。想來一切手續辦好到註冊證書出來，不會超過半個月的時日。到時正在聖誕節的前幾天，你就備辦一副聖誕禮品送到他家裏去，這樣聖誕節禮也送過了，一點意思也表示了。」

史量才當然知道這是一種合情合理的辦法，並不固執己見，定要致送馬伕費；所以趁此接受管趾卿的一番好意好言，一切遵照他吩咐行事。僅僅只有一個星期的時日，由德國駐滬領事公舘所發德商的申請註冊證書，已經簽出送到申報舘裏來了。於是申請的牌子由英商變成了德商，註冊董事的名字由英人阿波諾脫換易了德人愛爾赫德，這爲中華民國元年（即公元一九一二年））十二月間的事。在當時的申報的確威勢之至，所以狡猾善謀如席子佩，對於史量才一筆百福堂五萬元的欠債，不敢公然向他討取。只有兩人偶爾相逢時，席子佩對他作個善意式的探問，幾時償還？史量才也作個善意式的推諉，報館虧蝕，請爲延期。誰知到了民國三年，第一次世界大戰爆發，德國向英法等協約國作戰，而中國則參加協約國家陣線，對德國宣戰，成爲敵國。於是德國在華的所有人民，概行回歸本國，不及走的則被遣送集中營，此時的西門子洋行停止了業務，該洋行大班愛爾赫德也已走了。尤其是駐上海的的德國領事公舘裏全部人員，亦已下旗回國，這遂使史量才和席子佩之訟事，吃着一場大輸特輸的全面慘敗官司。要是申報不改掛德商牌子，也許史量才對這場官司，不會敗到若是之慘。

盤約上文句有欠周密

涉訟法庭，全憑法理曲直以定勝負，最要緊的却是證據確實，條例分明。此次史量才與席子佩之訟，事因所起，雙方爲爭奪申報的所有權。若按之眞正事實，史量才方面已經付淸盤價銀子，席子佩方面也已收淸盤價銀子，銀物兩訖，本無異言。並且訂有讓盤和受盤的盤據合約，仲裁人祇要說最公正而輕便的一句話，就是把盤據合約取出來攤展在枱上，按據講話，憑約評理，是非曲直，一目了然。但是史量才吃着輸官司，輸就輸在他的盤據契約，說句實在話，就因攤展不得到枱上來。怎爲在枱上攤展不得呢？一經展覽，理曲在此不在彼，敗蹟彰然，輸象立現。原來雙方所執在手的那份盤據約，上邊文句，對史量才方面，措辭造句，寫得有欠縝密思考，含含糊糊，如果用之於規矩誠篤的端人君子，根本亦無涉訟之可言。偏偏落入於奸猾狡詐的席子佩之手，便給予以可乘之機，啓發以貪婪之念。不過話也得要說回來，不是席子佩的奸猾狡詐，心狠手辣，而是個規矩誠篤，言信行果的正人君子反而會受史量才的虧負；不但佔不得一點好處，可能適得其反的損處呢。現在他們兩人好比兩雄角力，雙手鬥勁，便强弱之分立現，勝負之局即成了。原來那份盤據合約上寫有兩點漏洞之處，史量才無異倒持太阿，授給席子佩以柄。一爲受盤人在分期付欵時如中途發生有違背信約行爲，讓盤人得以已付之欵，半價向受盤人贖回申報。二爲申報欠百福堂貸欵五萬元，概歸受盤人如數負責償還。而償還之期，於盤價分期付清以後，即當履行。但未曾記明如何履行還欵辦法，爲蠹注償還和分期償還，以含糊其詞出之。偏偏史量才對於第一項的分期付欵，必須交付即期莊票；而他期期所交付的皆爲時隔兩個月的遠期莊票，甚至到期還要展延數日方始兌現。對於第二項百福堂的欠欵，於撥清盤價銀以後，始終分文未付，這就坐實了史量才違背信約的行爲，所以這份盤據合約，難於在枱上攤開展閱的。

席子佩把百福堂戶名貸欵償還責任，套在史量才頭上。所施不僅是條「倒拔蛇」的計劃，簡直是種挾制脅逼的行爲。他知道史量才欲得申報之心殊爲急切，就以不願出盤爲要挾。不過當時史量才的慨然答應，實非出諸心願，爲了以先到手爲强，除承認這筆債務外，實無他策應付。只是對於償還問題，決定壓後再談，縱非準備圖賴，亦當予以延宕。不料史量才於付湕盤價，正式接收申報主權過來之後，就立即改懸德商牌子。這一個突然之舉，却使席子佩倒爲之吃驚起來，錯認史量才爲圖謀賴債對付他的一種安排之計，所以不敢向他急亟追討，只取緩進慢理的對策作籌察。因他知道史量才是個不易與的能力强之人，况且他背後還有江蘇省的一班政治集團中人爲之支持，最最强有力的一點，申報還有一塊德商牌子爲之護翼，一旦眞正涉訟於公共租界的會審公堂，那陪審的德國領事爲保護德商商民的利益之時，勢必要强行出頭，站在保護商民立場。這場錢債官司打下來，實無必勝的把握，說不定吃輸官司倒有厚望；所以席子佩對於「莫須有」的百福堂錢債官司，不敢輕舉妄動，便也採取延宕政策。

出任清理處長的樹敵

席子佩所採取的延宕政策，恰巧投中了史量才所好。原來史氏對於錢財一物的觀念，相當重視，非常珍惜，對於這筆非心所甘願負担的百福堂欠債，自然不肯償還，懶於少理。所以從民國元年十月分期付欵，拔湕盤價之日起，直到民國三年第一次世界大戰爆發之日止，在此時日的過程期間，相信他的腦海中，關於清還百福堂欠欵一事，決不會波及思潮，產生憶念。在申報接辦初期時代，爲史量才的經濟最逆差期間，原因所在，當然，對於接收過來的申報內部，多少有除舊更新的佈置，應興待革的安排，在在都要錢花，而所化的數字當不爲少，但皆屬於流動資本項中，而他對各股東會有流動資金無論多寡，全歸他個人負責的聲明，偏在此時，他所經營的幾行商業，竟至行行要虧蝕，試想穩可賺錢的米行都會蝕本，那風險較重變幻莫測的錢莊與金舖，自然更沒法掌握得不虧蝕了。在當時高層社會間對史氏有百萬資本全被蝕光的流言發生，此項流言是否準確，不去說他，但是把申報所入的欵項，挪移應急之用，却係事實。

及至來歲史量才不如意事的霉運，已經交出，經濟環境，日趨好轉，而且還帶來大好官運，說來該是他辦理得法，才能畢露，同時，他們的共和黨恰巧當令，而申報對共和黨已起了作用力量，於是史量才便也於叨有光了。原來辛亥革命成功，民國成立之初，在南京設臨時政府，孫中山先生出任臨時大總統，孫大總統於民國元年的二月中旬辭職，由袁世凱繼任，臨時政府於四月一日遷往北京，民國國會成立，共和黨在國會中成爲有力量的一個政黨，袁氏經國會選舉獲選爲正式大總統。一班在北京的共和黨人在此次選舉大總統的一役中，以抬轎子有功，獲膺懋賞，封官食祿，殆意中事。袁世凱於登台之後，所頒發施行各種政令，其中較重要的一項，其事由大意，即爲命令全國各地在辛亥革命時期，所有自封都督，一律廢止取消。凡一切地方官員，機關首長，概由上層委任。層次隸屬，各有職守，以期政令統一，事權分負云云。當該項令文發佈之日起，各地的大小都督紛紛自動離職，都督府的衙門各各隨之掩閉。松江的都督鈕永建也不例外，只因松江所屬松南地區的奉賢、南滙、川沙等三縣的濱海所在，那是盛產鹽斤之地；鈕都督於松江開府之日，設立了一個「松江鹽務管理所」，管理鹽運稽征之事，所長一職委了沈維賢担任。鈕永建都督一走，沈維賢當然隨之而去，這鹽務管理所長一職，就落在史量才頭上。不要小覷了這個「所長」是個末秩下吏，其實就是「鹽運副使」，從古歷今，那是一個肥缺。前朝鹽管制度不知如何的編法與遣派，鹽運正使衙門設在杭州，副使衙門則在松江。若在遜清朝代的品級而言，松江鹽運副使却是四品銜呢。史量才一經爲官，就是四品，亦該稱是異數了！而且從史量才接任之後，管理所改爲管理局，史量才亦一躍而爲史局長了。

同時，袁世凱力欲籠絡革命黨中心人物的陳其美，於他離開滬軍都督職位之後，即內定發表他任爲中華民國新政府的工商部次長。並爲結好於革命黨方面，特撥出不大不小數額的欵項，作爲代滬軍都督府清理善後的費用，並設立一個「滬軍都督府清理處」的機構，作爲清理滬軍都督府與民間商業有所欠欵未了事宜。換句話說，即代陳氏償還滬軍都督任期中的所有未了欠償，似乎這確是袁世凱的一番好意。不料這處長一職又落在史量才的頭上，他於任做松江鹽務管理長之外，再兼任滬軍都督府清理處長，身兼兩職官星雙耀。不知的誰都認爲史量才的鴻運高照，又誰知却是史量才的晦氣星進門。可見古人那句「塞翁失馬安知非福」之言，實含有很微妙的哲學道理在內呀。

如果史量才對金錢財物，稍爲看輕一些，應該想到眼前自己的富貴榮華，都從經辦申報而來，對申報百福堂的一筆欠欵，理該償還一清，以了手續，說不定打點折扣作一次付欵了結，席子佩也許有接受可能。可是他不此之圖，置諸腦後，不理不睬，總認爲，席子佩莫奈我何，不知他這一自誤，却誤出一場輸官司來，幾至毀家。大概他忘却了自己簽字的盤據合約在對方手上，最失策的一事，就是他在「滬軍都督府清理處」任期中又得罪了不少人，樹立起許多敵。因爲在那期間中不知是他情緒不好呢，還是他肝火太旺，動不動就大拍桌子，史量才素向對人的態度是傲慢矜持，昂頭天外，極少有溫和易與的氣色。自任處長以後，越發自視甚高，那副面貌氣虎虎地顯得更難看了，所以爲了滬軍都督府的債務事情，和他接觸過的人們說，這位「史處長」在處長辦公室裏，好像不是在理債，而是在賴債。這債務理不理，還不還，不妨再說，何必狠巴巴兇來兮的拍桌子呢！

史量才因對人不分青紅皂白，任意使氣，萬萬想不到會造成兩個寃家對頭出來。而這兩個寃家對頭後來都成爲席子佩的幫手，一位是馮炳南，一位是虞洽卿。第一位受到史量才這種拍桌子的不禮貌受辱者周金箴，當時周金箴是現任上海商會會長，他因會員中有一家眼鏡公司，曾接受滬軍都督府定製六百打藍色晶片眼鏡的一注生意，貨早交清，欵未收到，只因滬軍都督府已經撤銷，索討無所。曾迭次上書，要請商會幫忙，討這筆貨欵，周會長也熱心腸不過，認爲會員之事。於是隨帶文件單據，親到清理處來造訪史量才請求清理支付這筆欠欵。在清末民初前後的這段年間，這種藍色晶片眼鏡爲上海最時髦婦女所必備的粧飾物，彷彿今日乜間海隅的婦女們盛載黑色的太陽眼鏡一樣，時髦女性非載不可。所以史量才看見這紙眼鏡公司的欠欵單據，非但不予清理付欵，還大拍其寫字桌，高聲大罵其滬軍都督府主管人的行爲狂妄，此等賬欵如何付得，是以分文不給，且把周金箴的多管閒事申斥一場。

其實這六百打的藍色晶片眼鏡，的的確確是正經用場，原來辛亥革命、光復上海以後，滬軍都督陳其美即派遣一支滬軍部隊，會合了浙江和江蘇兩支革命軍隊攻下南京的天寶城，驅走張勛的辮子兵。而後亦要組軍北伐，完成革命任務。當招兵的文告一經張貼，青年男女愛國學生紛紛投効，非常踴躍。男的固衆多，女的數亦不少，陳都督决定組織一支娘子軍，共同參加北伐作戰。他極了解女子許多本身的抗衛力量，難與男子作比，是以對於女兵抗衛的軍備物品，必需要設備周盡，方克有濟。他也知道此去北伐進軍，不管行軍於途，也不管作戰於野，那北方任何地區的塵土飛揚，沙礫撲面，最容易損傷女兵們的一雙的盈盈美目，所以對每個女兵配給藍色晶片眼鏡一副備用。試問這個眼鏡公司欠欵的單據，是正當的呢？還是荒唐的呢？試問滬軍都督府清理處該不該照付如數，理清滬軍都督府的這筆欠人債務。

周金箴既然代收不到眼鏡公司的貨欵，但還受了史量才拍桌子的不禮貌，又聽了一番搶白話，心中好不氣惱，便回到商會會所，與會中幾個高級職員談話此事，恰巧他的朋友廣東人馮炳南來探望他。這位馮炳南是一家英籍老律師愛立斯寫字間的總翻譯，爲社會間的極活躍份子，尤其他對英租界巡捕房與會審公堂等各法治機構，人頭熟悉，路道精通，所以他非常的吃得開，兜得轉，聞悉周金箴被史量才欺侮，頗爲不平，言語慰周，謂必予史薄懲作報復，事可歸我承担辦理，祗請稍待時日與機會，等着瞧就是。所以後來史量才和席子佩打官司，沒頭沒腦的吃着下風官司，損失鉅資，毫無還價，並且受到拘押臨時羈留處的奇耻大辱，這都是馮炳南的巧妙安排，精采佈置，使史量才身墮陷阱而不自覺。更自不知如何會與馮炳南結成寃家對頭，追溯原因，按尋災由却是他自己對周金箴拍桌子拍出來的結果。

其次對虞洽卿的討債，史量才也對他大拍桌子。要知滬軍都督府所欠虞洽卿的錢，那是在辛亥革命期中三北輪船公司受僱以輪船，來往上海與南京之間的一筆運輸費；滬甯鐵路主權時操在英國財團之手，不允許運兵裝兵載糧。這筆欠欵，正大光明，不知如何，史量才也對虞洽卿大拍桌子，結下深仇。起初虞洽卿對史量才無對策可施，隨後自然而然與馮炳南一起，倒向於席子佩方面，無形之中，結成聯盟，大家要對史量才的拍桌子賴債報其「一箭之仇」。萬想不到第一次世界大戰會突然爆發，英德雙方成爲交戰國家，英租界當然難容德國人民居留，於是德國領事下旗歸國，德商也隨之同時撤退。申報係掛德商牌子，頓時成了無父無母保護的孤兒，事實環境，演變至此，席子佩便延聘意大利籍律師穆安素，具狀會審公堂控告史量才以背信違約罪，根據約言以半價收囘申報的全部主權。在席子佩、穆安素、馮炳南、虞洽卿聯合一起，各出智慧力量，試想網羅四張，陷阱深掘，縱史量才靈同狡兎，雄若猛虎，亦難逃脫網羅和陷阱了！（六）

齊白石與釋瑞光

·省齋·

一九六二年夏天，我在一個朋友處看見齊白石畫的一幅「無量壽佛圖」。圖係設色，畫無量壽佛朱衣端坐於巖樹之下，狀甚莊嚴。左上角題欵曰：

雪盦老和尚供奉，癸亥秋九月心出家僧齊璜。

右上角後復加題曰：

此幅畫於癸亥年，至今日二十四年矣；紙墨猶新，老翁之髮白且禿也。丙戌四月，八十六歲白石加題幾字，記其感慨；時客京華城西鐵柵屋。

軸首籤條爲雪盦所自題，書法亦頗可觀。圖之四周，邊題幾滿。題者有周肇祥、邵章、張海若、陳雲誥、邢端、黃賓虹等，皆一時名士，文不具錄；惟賓虹題中有「白石老人皈依雪盦禪師爲作此圖」等語，可見此圖之不比尋常。

我的朋友問我雪盦和尚是什麼人？筆者孤陋寡聞，當時竟無以答之。一九六三年我兩次東遊，第一次在東京購得一幅瑞光畫的「觀海圖」，筆意極似大滌子，軸首籤條爲齊白石所書，所以特別引起我的注意。後來再看圖中瑞光欵題簽署之下，有一個「雪盦」兩字的圖章，於是我恍然大悟。雪盦和尚者，即瑞光和尚是也。

第二次在東京又購得釋瑞光畫的「山水花卉人物冊」一，計共十頁，其中尤其是人物——「思蓴圖」和「無絃琴圖」兩頁，筆意與風格，與大滌子確相髣髴。

然則瑞光和尚究竟是什麼人呢？

據齊璜口述張次溪筆錄的「白石老人自傳」一書中所載，在「定居北京」一節裏有曰：

民國六年（丁巳·一九一七）陰曆五月十二日到京，這是我第二次來到北京。我這次到京，除了易實甫、陳師曾二人以外，又認識了江蘇泰州凌植支（文淵），廣東順德羅癭公（惇曧）、敷庵（惇㬊）兄弟，江蘇丹徒汪藹士（吉麟），江西豐城王夢白（雲），四川三臺蕭龍友（方駿），浙江紹興陳半丁，貴州息烽姚茫父（華）等人。凌、汪、王、陳、姚都是畫家，羅氏兄弟是詩人兼書法家，蕭爲名醫，也是詩人。此外還認識了兩位和尚，一是法源寺的道階，一是阜城門外衍法寺的瑞光。瑞光是會畫的，後來拜我爲師。

又一則曰：

民國二十一年（壬申·一九三二年）我七十歲。正月五日，驚悉我的得意門人瑞光和尚死了！他是光緒四年戊寅正月初八日生的，享年五十五歲。他的畫，一生專摹大滌子，拜我爲師後，常來和我談畫，自稱學我的筆法，才能畫出大滌子的精意。我題他的畫，有句說：「畫水鈎山用意同，老僧自道學萍翁。」我對於大滌子，本也生平最所欽服的，曾有詩說：「下筆誰教泣鬼神，二千餘載祗斯僧，焚香願下師生拜，昨夜揮毫夢見君。」我們兩人的見解，原是並不相背的。他死了，我覺得可惜得很，到蓮花寺裏去哭了他一塲，回來仍是鬱鬱不樂。我想，人是早晚要死的，我已是七十歲的人了，還有多少日子可活！這幾年賣書教書，刻印寫字，進欵却也不少，風燭殘年，很可以不必再爲衣食累了，就自己畫了幅「息肩圖」，題詩說：「眼看朋儕歸去拳，那曾把去一文錢，先生自笑年七十，挑盡銅山應息肩。」可是畫了此圖，始終沒曾息肩，我勞累了一生，靠着雙手，糊上了嘴，看來，我是要勞累到死的啦！

於此我們可以畧知瑞光和尚的生平和他與白石老人之交誼之深切了。尤其是白石老人一生門徒遍天下，而他自稱爲「得意門人」的却未之前見，還要以瑞光和尚爲第一人呢。

又一則曰：

我早年跟胡沁園師學的是工筆畫，從西安歸來，因工筆畫不能暢機，改畫大寫意。所畫的東西，以日常能見到的爲多，不常見的，我覺得虛無縹緲，畫得雖好，總是不切實際。我題畫葫蘆詩說：「幾欲變更終縮手，捨眞作怪此生難。」不畫常見的而去畫不常見的，那就是捨眞作怪了。我畫實物，並不一味的刻意求似，能在不求似中得似，方得顯出神韻。我有句說：「寫生我懶求形似，不厭聲名到老低。」所以我的畫，不爲俗人所喜，我亦不願强合人意。有詩說「我亦人間雙妙手，搔人癢處最爲難。」我向來反對宗派拘束，曾云：「逢人恥聽說荆關，宗派誇能却汗顏。」也反對死臨摹，又曾說過：「山外樓臺雲外峯，匠家千古此雷同。」「一笑前朝諸巨手，平鋪細抹死工夫。」因之，我就常說：「胸中山氣奇天下，刪去臨摹手一雙。」贊同我這見解的人，陳師曾是頭一個，其餘就算瑞光和尚和徐悲鴻了。

世人皆知陳師曾和徐悲鴻是名畫家，也都是白石老人的好朋友；可是知道瑞光和尚的名字的人們却不很多，尤其不知道他也是一位名畫家——不但是齊白石的「得意門人」，並且還是他的知己呢！

——一九七〇年十月重寫——

大滌子作畫圖　齊白石畫　定齋藏　（原圖水墨著色）

漁翁　齊白石畫　定齋藏　（原圖水墨著色）

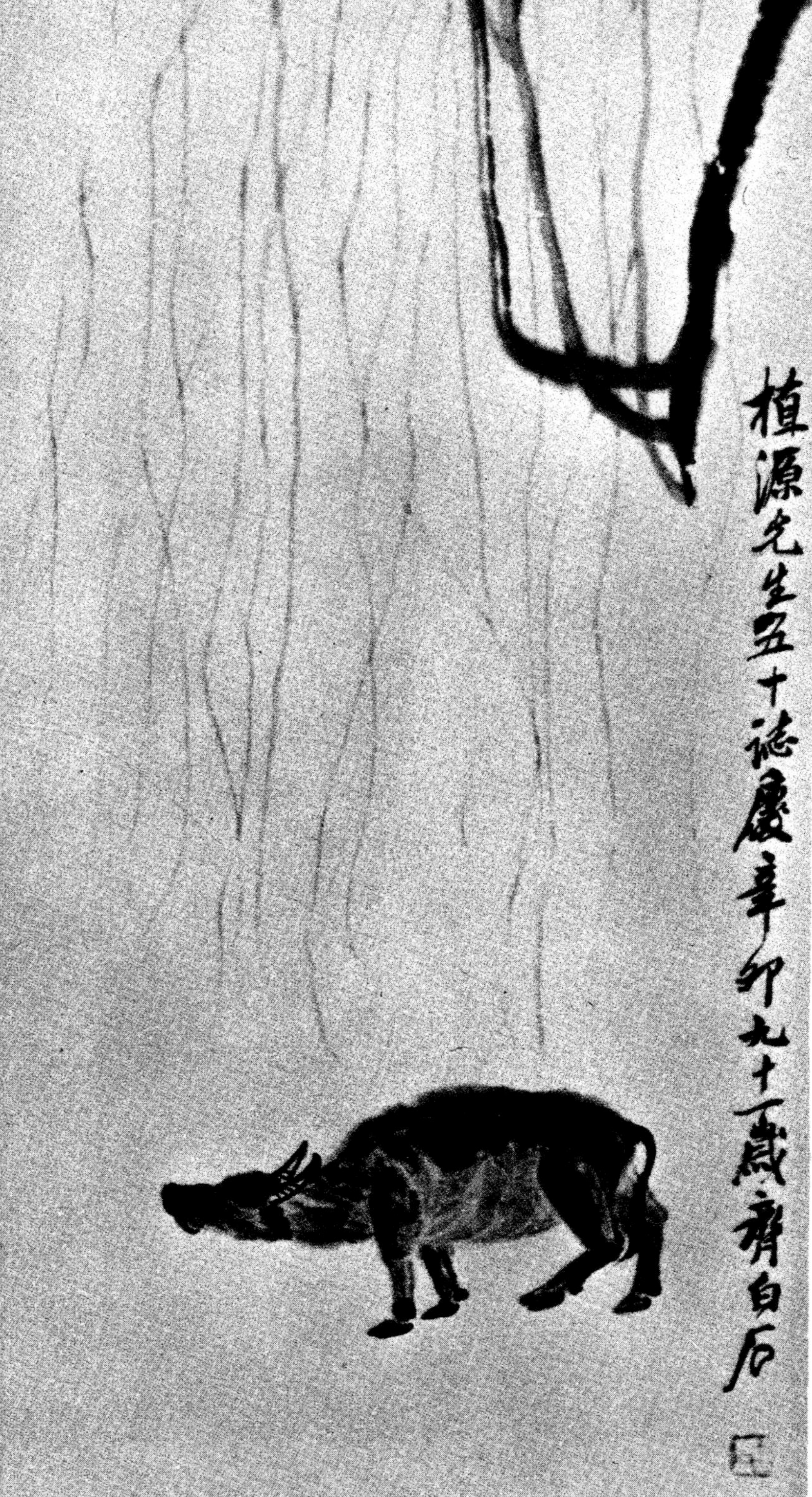

柳與牛　齊白石畫　定齋藏

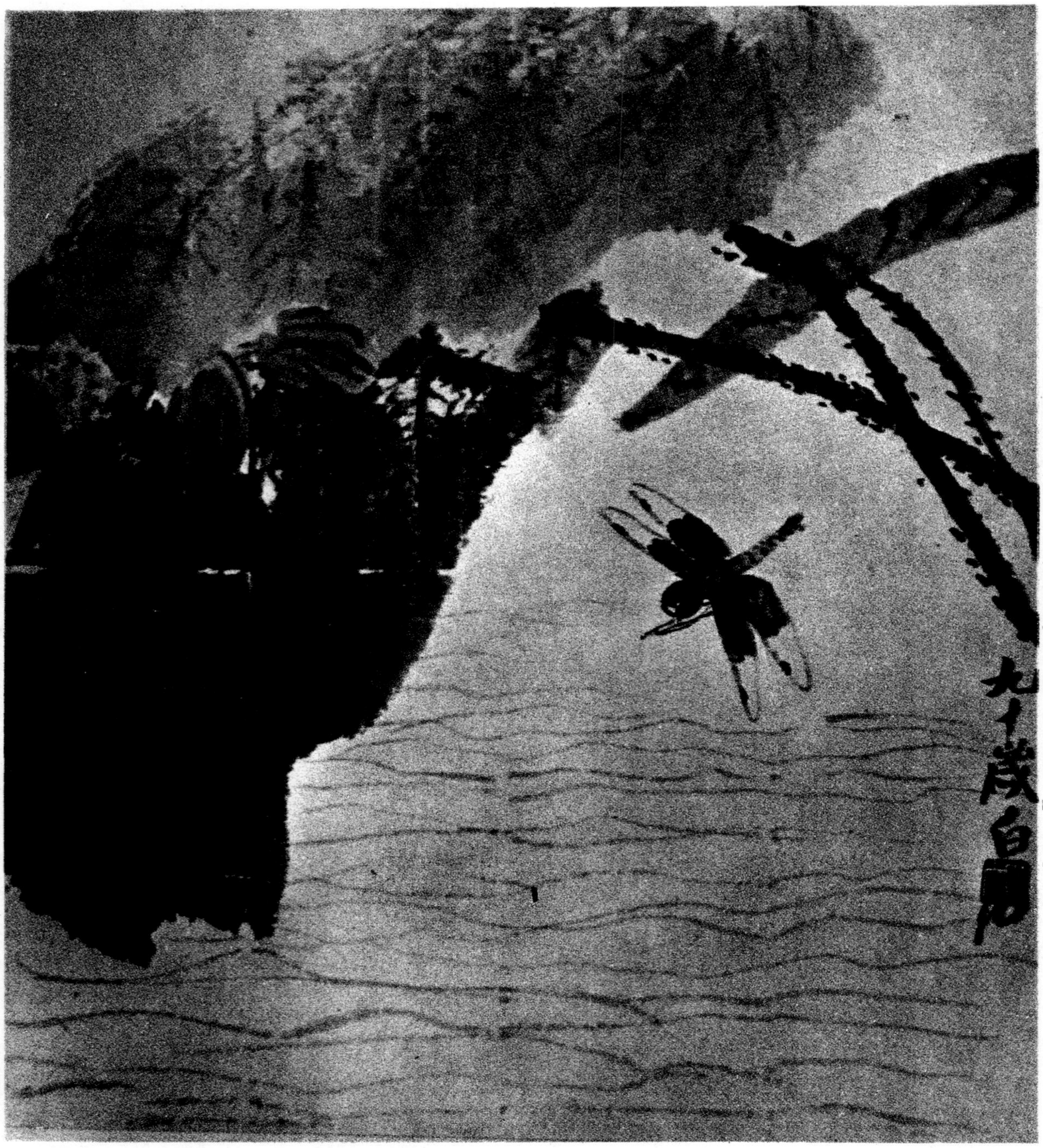

荷花蜻蜓圖　齊白石畫　（現藏上海市博物館）

白石老人軼事

張次溪

白石老人有一天在朋友那裏，遇到一位和尙，自稱姓張，名中正，人都稱他爲張和尙。老人看他行動不甚正常，說話也多可疑，問他從那裏來？往何處去？他都閃爍其辭，不會說出一個準地方，只是吞吞吐吐的「唔」了幾聲，老人不便多問了。他還託老人畫過四條屏，送了老人二十塊銀元。老人打算離開桂林回家鄉的時候，他知道了，特地跑去對老人說：「你那天走？我預備騎着馬，送你出城去！」這位和尙，待朋友倒是很熱誠的。到了民國初年，報紙上常有黃克强的名字，是人人知道的。朋友問老人：「你認識黃克强先生嗎？」老人說：「不認識。」又問老人：「你總見過他？」老人說：「素昧平生。」朋友笑着說：「你在桂林遇到的張和尙，既不姓張，又不是和尙，他就是黃克强。」老人才恍然大悟，但是老人和黃克强從此沒有再見過。

簡筆山水

齊白石畫（定齋藏）

一九〇三年即光緒二十九年，白石老人初遊北京。四月十八日，老人和朋友到正陽門大街購物，漫步游至大清門，即後來的前門，看見車馬擁塞，灰塵萬丈，回去後，他記此日所見：「洋人來往，各持以鞭，坐車上，淸國人車馬及買賣小商讓以車路，稍慢，洋人以鞭亂施之；官員車馬見洋人來，早則快讓，庶不受打。大淸門側立淸國人凡數人，手持馬棒，余問之雨濤，知爲保護洋人者，馬棒亦打淸國人者也！余倦欲返寓，未刻始歸，尙疑是夢？」老人記中的淸國人是指滿州人。

白石老人在一九〇九年，即宣統元年二月二十六日到過香港，他的手稿「寄園日記」有這樣一段記載：「廿六日午刻抵香港寓中環泰安棧，夜來至太平戲院觀劇，片刻而返。余自由京師歸，觀劇之眼界，所謂五嶽歸來不看山矣！」老人在太平戲院觀劇，看的是粵劇無疑。日記云：「到日本電影院觀電影，演西洋人情風俗如活現，惜哉惟不能言！」那時候有聲電影還未發明，所以老人看了無聲電影，乃有惟不能言之嘆！老人還記下菜場見到土瓜，茄子，辣椒，扁豆等蔬菜。湖南人最愛吃辣椒，他想要買一兩斤辣椒到船上吃。日記又云：「問其價，每斤四百文。」六十一年前的香港物價，一斤辣椒値四毛錢。

一九二一年，白石老人五十九歲，從北京到長沙，遇到一位老朋友來求畫，未送筆金，老人即作畫報之。次年，老人再到長沙，這位朋友又來索畫，並指定要畫鯉魚，老人把畫畫好送去，系以一詩：

去年相見因求畫，今日相求又畫魚，
致意敬人李居士，題詩便是絕交書。

白石老人六十歲在鄉，有位做趙的眼科醫生死了，趙曾爲老人治目疾，自以爲做得好詩，可惜無人賞識。老人輓以一聯曰：

我老眼昏隔霧，君豈無靈，快可暗中來洗刮；
生平自命能詩，世猶未識，好從泉下再推敲。

一九二一年，白石老人與梅蘭芳識面，那是在九月初的一天，齊如山約老人同去的。梅蘭芳性情溫和，禮貌周到，可以說是恂恂儒雅。那時梅住在前門外北蘆草園，他的書齋名爲綴玉軒，佈置得很講究。梅蘭芳的家裏種了不少花木，有許多是外間不經見的，光是牽牛花就有百來種樣式，有的開着碗般大的花朶，眞是見所未見，從此老人也畫上牽牛花了。當天梅蘭芳請老人畫草虫給他看，親爲老人磨墨理紙，畫完了，梅唱了一段「貴妃醉酒」，非常動聽。同時在座的，還有兩人：一是教梅畫梅花的汪藹士，跟老人也是熟人。一是福建人李釋堪，是教梅做詩詞的，李釋堪從此也做了老人的朋友。有一次，老人到一個大官家去應酬，滿座都是濶人，他們看老人穿的衣服平常，又沒有熟朋友來周旋，誰都不加理睬。老人窘了一會，自悔不該貿然前來，討這一場沒趣。想不到梅蘭芳來了，對老人很恭敬的寒暄了一陣，座客大爲驚訝，才有人來和老人敷衍，老人的面子總算圓了回來。事後，老人很經意的畫了一幅「雪中送炭圖」送給梅蘭芳，題了一首詩，有二句云：

而今淪落長安市，幸有梅郎識姓名。

我的父親齊白石

——本文作者為齊白石翁之女公子，適同鄉易恕孜君，現居台灣。

齊良憐

1863—1957

記得兒時，常在父親的畫案前替他拉紙，看他揮毫作畫，父親告訴我他童年的生活：「我八歲的那年，母親將她預備買銀釵的四斗稻穀，買了紙筆書本，送我跟外祖父周雨若讀書於白石鋪楓林亭。不滿一年，害了一場病就停止了。後來，因家貧需人助力，故不再入學，即在家牧牛砍柴。」我時常聽他這樣說，心裏總覺得他老人家該不是祇讀過半年村塾的。

有一次，父親送我四哥良遲、五哥良已、以及二妹良歡，一同去香山慈幼院讀書，二妹良歡哭着不肯上學。父親說：「我小的時候，沒有錢從師讀書，十二歲便去學做木工，早出晚歸，點起松柴火光，讀書習字，你們知道我是多麽想讀書啊！」從這時候起，我才知道父親完全是自己發憤苦讀成功的人。

父親每天從早到晚，總是在作畫、刻印，還應付不了求畫的來客。在我的記憶中，他早期的筆潤，是每尺宣紙銀洋兩元，後來加到五元，畫紅色較多的花卉，以及山水人物，工筆草蟲等特別增收一成，後來通用法幣和金元券、銀元券，也還是按銀洋的潤例折算的。照父親每天的收入，很是可觀，可是他總是和我們說他沒有錢，但是我們都知道他一有整數的銀洋和鈔票，便默默地藏起來的秘密。有時候我們向他要點零錢花，他便會說：「常將有日思無日，莫把無時作有時。」父親一生節儉所恪守的正是這兩句格言。

不僅如此，父親對家裏任何吃的、用的，都一概愛惜備至，諸如米、麵、油、鹽、茶，也都是由他親自經管，連同他最心愛的畫和印章，都鎖起來。有時候，父親起身迎送來訪的客人或出門上街，便有叮噹的響聲，不知者還以為他是佩了鈴噹，又怎知他會經常把一大串大小不同的銅鑰匙繫在身邊呢？

父親是如此的節儉，我知道他忘不了幼年的窮困，更想到我們一家二十多口人，都依靠着他一人養活，尤其是像他那樣大的年歲，所以後來我不太隨便向他伸手要錢，即使我急想添置什麽東西，也得看他老人家在高興的時候才開口。

最痛心的是我母親死得太早，她在生產時逝世。父親因需人照顧，不久就請來了一個叫夏文珠的，介紹人曾經勸過我父親續弦和夏正式結婚，我們看得出夏的為人不善，便堅決反對，結果就以看護的名義留在父親身邊。不出我們所料，她看出父親喜歡她，慢慢的竟左右了父親的意見，父親從此對我們子女、兒媳的印象，漸漸憑她的觀感而轉變；來客買畫的否諾，也都由她作了主張，還須按每尺畫的潤例加收一成歸她所有。我父親對她眞可以說是言聽計從，我們都因為看在父親的份上，不好說什麽；祇是一家人的生活，受了這個影響而渙散了。這時候我四哥、五哥他們都從父親手裏拿了錢，各人分爨另爨，過着小家庭的日子，我最小的弟弟良末，還一直跟在父親的身邊，祇有我和二妹良歡、三妹良止在一起。父親雖然每天還是把一家人吃的米、麵、油、鹽撥出來，給傭人們做飯，可是我們既已失去了母愛，又失去了家庭的溫暖，都不願再在一起吃這種大鍋飯菜，傭人們便一盆盆倒給檢垃圾的，像這樣的浪費糟塌，父親是一直被蒙在鼓裏的。

父親除了具有持身勤儉的美德之外，再就是他那高傲的風骨，令人敬佩。他一生從不奢求，不苟取也不苟予。

父親早年為其友人夏午詒的姬人姚無雙教畫，夏曾想在江西給他捐個縣丞，囑他到南昌候補；稍後樊樊山也要推荐他給慈禧太后教畫，弄個六七品的官銜，都為父親婉拒了。父親曾說：「我是沒有見過世面的人，叫我去當內廷供奉，怎麽能行呢；我沒有別的打算，只想賣賣畫，刻刻印章，憑着這一雙勞苦的手，積蓄得三二千兩銀子，帶回家去，夠我一生吃喝，也就心滿意足了。」

後來父親定居北平賣畫，有同鄉賓愷南說父親的畫很受日本人歡迎，勸他遊日本賣畫，足可致富，父親又說：「我居京華五年矣，可以過活，餓則有米，寒則有煤，無須多金，反而憂慮也。」這兩回事，都是父親告訴我們的，他這樣淡薄名利，眞不是一般窮苦出身的人所易做到的。

父親賣畫和治印，從不重視來客的貴賤，我記得曾有某貴夫人來我家買了一幅畫，問父親多少錢？父親說：「這是二尺畫，十塊銀洋，我不會因為妳是某夫人而多要錢，也不能因為妳是某夫人而不收錢。」這樣的誠實坦率，完全是自然的，可以說是他老人家獨有的性格。

又有一次，我丈夫陪同一位李將軍來我家，他也是湖南同鄉，說久慕

父親的名氣，只想瞻仰、瞻仰。我丈夫爲他介紹時，說他是個很有操守的將軍。父親聽了，便默默地畫了一幅畫，問李將軍有別號沒有？李將軍連忙說沒有帶錢，不好意思，父親說：「你是個淸官，我欽佩你，這幅畫是送給你的。」父親的畫，從不輕易送人的，像李將軍所得到的，眞是百難見一。

父親對於送禮給他的也不喜歡，他在大門口是這麽貼着一張告白：「我畫畫賣錢，送禮者決不受，門房謹知。」他心想「禮尙往來」，人家送他的禮，他必須還人家的畫，如此就不勝其煩了。再說，送禮對他也是一種浪費。父親把人家送給他的禮物，都捨不得食用，諸如水果之類，一收藏久了，便要腐爛，等他發現時，再分給我們也不能吃了，他祇有自嘆可惜而已！

父親待人很有分寸，凡是客人來訪，經過門房通報後，就傳知接見。一般客人，都以茶點招待。比較親熱一點的戚友，就餉以餅乾、瓜子、落花生等食品；他自己很喜歡吃一種「半空」的落花生，這種「半空」，在北平買起來很便宜，吃起來特別有一種香味。再密切一層的朋友，他便會請到館子裏去吃便飯，北平西長安街一家四川館慶林春，是他常去的地方。這家館子知道我父親節儉的性格，飯前飯後吃的瓜子和水果，都由我父親自備，吃不了的菜，也會自動送到我們家裏去。

父親不但對於戚友的親疏，分得如此淸楚，對於敵我更加有辨別認識。「七七」抗戰之後，日本人進了北平，他便拒絕將畫賣與日本人和漢奸們，他在家門口張貼這樣兩張告白：

「畫不賣與官家，竊恐不祥。」

「中外官長要買白石之畫者，用代表人可矣，不可親駕到門。從來官不入民家，官入民家，主人不利。謹此告知，恕不接見。」

那年父親的生日，有很多人要來給他拜壽，當然都是一時的權貴，父親一概擋駕，不許開門，還責怪是我四哥走漏他生日的消息，招惹是非。他對藝術專科學校聘他擔任教授，他也拒絕了。有一次日本控制北平的僞機關，派人將我父親接了去，迫他宣導什麽「中日共榮」，父親堅不答應，被扣留三天，他便寫下了「余子孫永不得做日本官」的遺言，表示抗拒到底的決心。後來，還是王揖唐從中做好做歹，保釋他回家。他又在大門口貼上了停止賣畫的告白。從此他的心緒意境，往往用詩與畫寄託。我記得他畫的蟹有一首這樣的題詩：「袖手看君，橫行到幾時。」三十三年又有題詩：「處處草泥鄉，行到何方好，去歲見君多，今年見君少。」第二年秋日本人就投降了，可見我父親他雖閉門不出，他眞還能事先知道日本人已到了日暮途窮的末路。

民國三十八年父親曾經打算聽從我丈夫的勸告，準備離開北平，起初他很動了一點心，收拾這個，收拾那個，忙着準備離平的樣子，可是事過幾日，他突然變了，雖然沒有直截了當說不走了，但他表示這也捨不得，那也捨不得，我知他一定又中了那個夏文珠看護的讒言，打消和我們一起南飛的心意了。不過他老人家這時候已是八十九歲的高齡，長途旅行，難保不發生意外，所以我丈夫也就不好勉强了。稍後，我父親便替我們置備了衣服行裝，拿出五百塊銀洋給我丈夫做旅費，又私下給我二百美金零用。以我父親平時是那樣的節儉，一下子拿出這麽多的錢給我們，那眞是萬不得已了。所以在我們離開他老人家的那天早晨，他就親自送我們到胡同口，從此一別，永訣千秋。民國四十六年冬天，我轉輾接到四哥的來信，告訴我父親於是年十月十六日逝世於北京醫院的消息，還附着父親給我寫的一幅「餘年安得享淸平」中堂，使我這海外遊子，無限的傷心。

我悲傷他幼年備受艱難困苦，悲傷他晚年又受人包圍，更悲傷我自己未能稍盡爲人子女之道。曾和我丈夫計劃，要在他老人家百歲冥壽的那天，展出我們收藏他的作品來紀念他，誰知天不從人願，民國五十年九月十二日，波密拉颱風帶來一場水災，把我們住在永和鎭的家，冲洗得一乾二淨，片物無存，那還有我父親的畫可以展出呢？

我愛父親，愛他穿着藍袍大掛，銀髯飄拂。揮毫作畫，大有橫掃千軍，氣吞河嶽之勢！我默默的想念他在貧苦的環境裏，堅苦奮鬥；他在混濁的社會裏，淡泊明志；他在風雨的亂世裏，高傲不折。像他這樣，我們究竟學到了多少呢？

納塞之死震動世界

·夏維·

在阿拉伯世界裏，一直有個無主的角色，飄泊四方尋找一個英雄。這個角色，呼喚我們，要我們隨它前進，穿上它的服飾，使它再生。

——加瑪·阿德·納塞於埃及解放宣言——

「納塞！納塞！納塞！」百萬羣衆隨着喪鼓的節拍像海嘯一樣呼喚納塞的名字，從全埃及和阿拉伯區各地湧到開羅來瞻仰納塞的民衆，一看到用砲車載着的納塞靈柩都衝動起來了。他們湧向靈車，衝散了各國使節的送殯隊伍，扯壞了蓋在木棺上的四色國旗。出殯全程六哩路，走不到一百碼，儀仗隊就亂了。路旁的樹全支持不住爬在它上面的人而枝折葉落。最後，到了離他家不遠的墓園，軍隊和裝甲車驅退民衆，納塞包着白布的屍身，才能從棺木中取出，抬進尙未建好的墓園，走下十二層台階，到他的墳墓。祭師含淚誦着可蘭經，兵士把他的墓用大理石封住。

由這個萬人空巷，同聲一哭的送殯情況，我們可以確定納塞有一種特殊的力量，掌握了民衆的情緒。他在三千二百萬埃及人和七千萬阿拉伯人的眼裏，無異是沙拉丁重生。沙拉丁是十二世紀打敗十字軍的大君，他的符幟——鷹，化爲今日埃及的軍徽。客觀看來，納塞是個劃時代的人物；他創建埃及。在他全盛時期，他從殘餘的殖民勢力中解放埃及；把蘇彝士運河收歸國有；激勵泛阿拉伯運動；把不結盟國家聯合成爲政治地圖上的第三勢力，這是他的功勞。他兩次慘敗在以色列手下；把埃及的自主權賣給蘇俄，但俄援也沒法解決埃及的貧窮問題，這是他的過失。現在埃及人並不計較他的功過，他們只是沉溺在喪失一位總統、一位先知的悲痛裏。他逝世不久，代總統安華沙達和首相阿里沙伯等先後也發了輕度的心臟病，幸而無恙。

納塞逝世有什麼遠大影响，我們只能猜測。但目前至少中東和平談判是暫時凍結了；約旦內戰雖已達成協議，自然也涼了；各國都會利用這段時間重新考慮他們對中東問題的計劃；美國與蘇俄也不例外。由於目前的僵局，中東問題可能更趨複雜化，停火，邊界各種協議，由於夜長夢多，更難達成。

當安華沙達用咽哽的聲音在電台向全埃及人民宣佈納塞的死訊時，埃及的人幾乎瘋了。有個計程車司機跳出車子，在人行道上磕着頭說：「他沒死，他沒死！」有個工人絕望的自投於公共汽車輪下。一周之內，自殺事件層出不窮。一個政府官員說：「我們迷失了！納塞是埃及的朋友、父親、總統、君王，甚至神，現在我們被撇下了。甚至在以色列佔領的耶路撒冷舊城，年輕的阿拉伯人在街上奔走呼喊：「納塞活着，納塞活着！」「新聞週刋」記者大惑不解，詢問其中一個青年：「報上說納塞已經死了，你這是什麼意思？」那青年說：「我就是納塞，他也是納塞，每個阿拉伯人都是納塞。」

千萬人湧進開羅，火車汽車都超載過重。在開羅機場沙達和國防部長慕罕默德法茲和一隊幾乎全天候着的代表團迎接前來送殯的外國使節。第一個到的是蘇俄總理柯錫金，他的臉本來已經老是板着的，現在更加木然，全無表情。

雖然柯錫金來意好像只是送殯，他的表情只因蘇俄失去了中東一位戰友；但是他除了慰問寡婦，與阿拉伯各首長代表見面以外，還和埃及政客、幾個阿拉伯首長長談。跟他來的三個高級將領也和埃及高級將領開門見山的會談。司馬昭之心，路人皆知，阿拉伯外交人員認爲蘇俄要操縱繼任總統人選。蘇俄却想選個人把中東問題來個了斷，在蘇俄特使的唁詞裏有這麼一句：「吾國將全力支持謀求中東問題政治解決，與前總統納塞一致的路線。」

美國對納塞之死反應比較淡，尼克遜本來在地中海一帶訪問，聽到納塞噩耗，要親自趕去，但美國與埃及無正式交往，恐生意外，改派衛生教育福利秘書李察遜前往。李察遜與其他官員前往埃及，曾和沙達會談。後來李察遜在招待記者時說：「雙方並未談起恢復交往的事，他們只是要求埃及延長停火的日子，對達成協議有助。」其他官員都認爲埃及對他們欵以上賓之禮，大有拉攏的意味。

納塞葬禮共有六十餘國代表參加，包括依索匹亞王海里西拉塞，法國總理夏彬戴馬斯等等稀客；但即使納塞在第三勢力中有左右的力量，可是南斯拉夫總統狄托和印度總理甘地夫人都沒有來參加。歐洲主要國家中只有幾國派了代表。坦桑尼亞和肯亞總理從前和納塞是密友，現在也「因事不克參加」。甚至阿拉伯保守國家如沙地阿拉伯的費沙國王和摩洛哥的哈山國王都沒去，只派了低級官員代表出席。

一位歐洲外交人員在開羅說：「現在我們看出納塞在世界舞台上眞正的地位。他曾是第三勢力首腦，但是他在捲入中東問題，精力移轉，到死的時候，不過是阿拉伯國家中一個比較重要的人物而已。」這說法大致不錯，不過這位外交人員不了解他時時不忘埃及，甚至在他鼓吹泛阿拉伯運動和第三勢力時，也凡事以埃及爲先。

納塞自小憎恨英國殖民主義，二十歲從埃及皇家軍官學校畢業以前就加入軍中革命團體。不等第二次世界大戰爆發，他們就計劃推翻英國支持的法魯王。一九四八年，法魯王大敗於以色列，他們就先選好一個有威望的臨時元首——那及伯少將。但是一九五二年七月的革命却是納塞策劃的。革命成功以後，納塞登位，把法魯王在二十一响禮砲中送到義大利去。第二年，他撤掉了那及伯少將的兵權，從此大權在握，獨霸一方。

他上台以後，先改革內政，打破貴族封建，實行土地分配，計劃建阿斯旺水壩於尼羅河上游。經過長期爭辯，美國國務卿杜勒斯認爲埃及太親共，於是推翻借欵案。納塞一不做二不休，便向俄國借欵，從此受俄國控制。

第二件震驚世界的事是把英國控制的大段蘇彜士運河收歸埃及國有。數月以後，英國、法國和以色列合攻埃及，雖然埃及慘敗，但納塞能在聯合國裏說動美、蘇兩國出力使英、法、以三國撤兵。在埃及人的眼光裏，這次外交上的勝利足可彌補軍事上的失敗。

——納薩在開羅大學演講時的三個神態——

那時，納塞威風不可一世，和敘利亞合組阿拉伯聯合王國。數月之內，納塞儼然躍昇爲阿拉伯世界的領導人。伊拉克跟着消除皇室，黎巴嫩鬧革命。美國總統艾森豪怕納塞因此坐大，忙派五千陸戰隊開入黎巴嫩平亂，把黎巴嫩拉入西方陣營。納塞恨得牙癢癢地，但無可奈何，從此聲譽日降。一九六一年，敘利亞退出。次年，埃及捲入葉門亂事，大量金錢、人力消耗在戰爭上，外加埃及兵用毒瓦斯，更使納塞大失面子。

一九六七年是他最倒霉的一年。其實，他先派兵進駐西奈半島，關閉阿卡灣不讓以色列使用。以色列一開戰，七日之內蓆捲西奈半島，証實埃及兵自一九五六年被以色列打敗以後，絲毫沒有進步。這次失敗，主要是阿慕元帥調度不當。阿慕元帥在前線崩潰後曾想兵變，但終於失敗自殺。納塞則戲劇性的引咎辭職，經全國人民挽留，方才打消辭意。

這次大敗以後，納塞口口聲聲要收復失地，但拿什麼來拼呢？於是他和蘇俄走得更勤了。等到他有了武器，有了人手，阿拉伯世界又出了一個新的奪權派，那就是聞名世界的「巴勒斯坦人民解放陣線」。這個解放陣線是第一個向納塞霸權挑戰的阿拉伯軍事力量。不料他們先解放安曼時，被約旦國王胡笙在九天之內平定亂事，才有請納塞出來做魯仲連的事。

納塞才到地中海一個島上休養不久，就趕回調停戰事。九天不眠不休緊張的會議，美國又揚言要干涉，經過種種困難，大家終於達成協議。其間有人重提他去年心臟病發作的事；對外說是感冒。他置之一笑說：「有許多男人、女人、小孩都在死亡邊緣，我們是和死亡在賽跑。」終於他在送走最後一位與會代表後心臟病發作而死。

他死後最大問題就是繼承人屬誰？這個人可先由高級軍事首長、內閣與阿拉伯社會黨提名，由三百五十名議員表決，再由全國人民複決。繼承人主要分爲兩派：一派是有意恢復舊日與西方社會的交誼，另一派是保持目前與蘇俄關係的。前者呼聲最高的是慕罕默德、哈山尼、黑格，後者則是阿里、沙伯等。一般觀察家都認爲埃及可能最後成爲聯合政府，因爲目前任何一個候選人都沒有納塞的個人吸引力，無法把百姓和國會操縱自如，而且聯合政府有制衡作用，不致於像納塞那麼獨斷獨行，以至於難以自拔。

代總統的任期是六十日，換句話說，在這個月，我們就可以知道鹿死誰手了。

Fiesta by Crown

Made in England

英國皇冠牌旅行喼

大人公司有售

陳公博周佛海南京交惡

——勝利初期在南京又一幕——

大風

軍校學生包圍指揮部

楊叔丹槍擊蕭叔宣之後，便是中央軍官學校學生包圍指揮部了。

這天下午四時左右，我回指揮部之時，只見新街口一帶，綠影幢幢，原來都是軍校學生，在那裏示威遊行，不時高呼着：「擁護陳主席！擁護陳校長！反對接收軍校！打倒行動總隊指揮部！打倒周鎬」等等口號！

這時中央儲備銀行已經打烊，邊門仍然敞開，不過在旁邊已疊起沙包，架起機關槍，對準着列隊遊行中的軍校學生，形勢劍拔弩張，大有一觸即發之概，但是軍校學生的活動，只在對面的路邊，因此指揮部的出入，並未受到干擾，實在說不上包圍，只是隔着條馬路遙相對峙而已！

這幕對峙，大概雙方都能自制，未曾釀成衝突，入黑後，軍校隊伍便悄悄地自動撤走了！

軍校學生的示威，由於口號中一再喊叫「反對接收軍校」！因此頗有人誤會是周鎬要接收軍校而激發的，事實上，並非如此。

指揮部的任務，是維持現狀，安定人心，以及制止抗拒、破壞等陰謀活動。「接收」原非指揮部份內的工作，周鎬之要接收軍械庫，因爲有落入抗拒活動和被盜賣的危險，至於是否要接收軍校呢？只要將指揮部的實力公開出來，便知道此事絕不可能了。

京滬行動隊南京指揮部雖有一室四處和一個行動隊，而所有幹部，包括交通在內，一共是二十四個人，軍人只有三個半，三個是：周鎬、楊叔丹、楊日明（軍校十二期），這半個呢？就是我，因爲我曾受過短期軍訓，勉強算得半個軍人，其餘二十人全部是文職人員，試想以這點人數這樣的「陣容」，怎能接收軍校那樣龐大的軍事機構？別說他們反對，即使請求指揮部去接管，也無能爲力呀！

周陳交惡由誤會失和

周鎬既無接收軍校的打算，怎會有軍校學生反對接收的示威？

這裏該先說說當時幕後的鬥法情形。

周佛海一回到上海，便說：「我很難過！我很難過！與公博數十年交誼，最後竟然險至兵戎相見，他以爲我主使的，我有什麽話可說？」（見朱子家著「汪政權的開塲與收塲」）周佛海所說雖係感慨之言，然亦反映了當時陳、周對立的實情。

這兩位老友之間，由誤會而失和，由失和險至兵戎相見，說句公道話，乃是陳公博片面誤會，周佛海在這期間所表現的，可說處處容忍步步退讓，周佛海獲悉軍校學生包圍儲備銀行後，曾兩度與周鎬通電話，嚴令不准開槍，即使對方開火，亦不得還擊，必要時寧可撤出儲備銀行，一定要避免衝突！同時怕楊叔丹脾氣衝動，又電令警衛大隊絕對不得開火！當時情形，如非周佛海一再電令，以楊叔丹的性格，怎容得軍校學生如此囂張？可惜周佛海一番苦心，並未爲陳公博所諒解。

陳周他們間的誤會，不自指揮部始。周佛海由上海一到南京，就走訪陳公博，交換收拾殘局的意見，周的意見，所有機關、軍隊、仍維持現狀，靜待中央出來接收，並說明是中央的意思。陳誤會周抬中央出來壓他，於是很不高興地說：現在只研究如何結束殘局，抗戰勝利了，國家應該統一，不能有兩個政府同時並存，南京政府應該宣告解散，所有人員亦應給資遣散。周則以爲解散組織，資遣工作人員，可能會造成脫節，將來中央接收時，無人辦理移交。同時青黃不接之時，治安維持無人，此時此際，無理由再請日軍出來維持秩序。說得陳公博無話可答，祇推說會議上再作討論。

但在最後的「國府」會議中，周佛海未再發言，顯然不欲以此與老友發生爭執，於是順利通過了解散國民政府，資遣公務員的議案，另外成立了治安委員會的組織，由任援道、胡毓坤分任正副主委，作爲青黃不接時的地方治安機構。

解除凍結發放遣散費

原來指揮部成立之時，周鎬曾下令國庫局及中儲業務處：凍結各級機關的撥欵及存欵，其有特殊情形者，須經指揮部核定，方准支付。

及資遣公務員案通過，即需撥付大量遣散費。周佛海即召周鎬至細流灣周宅商量，要周鎬撤銷凍結命令，周鎬以爲不妥，於是周佛海吐露了陳公博對他誤會的經過，希望勿再加深誤會，給資遣散算了。周鎬當時推說須向中央請示，回來即找我商量。

周鎬凍結各機關撥欵，原有其充分理由，第一是維持儲備券幣值，保障持券人利益，同時減少中央今後整理幣制上的困難。當時存儲於南京中儲的準備金，計金條十六噸半，外幣合美金四百六十餘萬元。連同滬行庫存，比照當時發行額，中儲券的價值約當法幣二十分之一，換言之，法幣與中儲券的比價，應該是二十對一。及發放了各機關的巨額解散費和中央先頭部隊機關的借支欵項，據南京市商會向財經特派員提的意見書所說，對法幣仍應維持六十對一的比值。至於後來陳行（健庵）所訂的二百對一的兌換率，那是脫出準備金的折算而作的決定。

其次是恐怕巨額欵項流入抗拒活動方面，助長了反對勢力。

因此，周鎬對於撤銷凍結命令，仍有不少顧慮，於是把經過告訴了我，並徵詢我的意見。

「停付各機關撥欵是中央意思？」我問。

「我的意思。」周鎬答。

「呈報了中央沒有？」

「尚未。」

「那麼作爲沒有這件事好了！」

「爲什麼？」

「第一，不要再增加周佛海的困難，加深他們之間的矛盾，陳公博、周佛海間的矛盾對於指揮部來說，有害無益，第二，資遣案經已公佈，衆所週知，如不撤銷禁令，自然無資可遣，勢必羣情洶湧，遷怒指揮部，倘被陰謀者利用，藉此挑撥，可能激起變端，不能無所顧慮，此事既非中央命令，又未經呈報中央，撤銷了無損中央威信，作爲沒有這件事好了！」

衝毀指揮部活捉周鎬

楊叔丹槍殺蕭叔宣事件發生後，陳公博大爲光火，認爲是周佛海所主使，故意向他主張成立的治安委員會挑釁！於是連電周佛海，要他交出周鎬，解散指揮部，周佛海至此，簡直啞子吃黃連，有苦難言，周鎬是他的關係，已爲衆所週知的事，楊叔丹又是財政部的警衛大隊長，而槍殺的地點，又在他家門口，要解釋都無從解釋起，至於陳要求：解散指揮部，交出周鎬，事實上周佛海亦無可能辦到，於是只好推說：『找不到周鎬』，也不與陳公博見面了。

周佛海所說：「……與公博十年交誼，最後竟然險至兵戎相見……」已極爲明顯的暗示：軍校學生包圍指揮部，出自數十年老友的授意。那時期，除了軍校學生與指揮部對陣外，別無兵戎相見情事。

事實上，亦復如是，周佛海不加解釋、無可奈何的態度，使陳公博更肯定殺蕭叔宣出自周佛海的主使，一面連電催促要人外，一面召集任援道、胡毓坤，要治安委員會採取行動，解散指揮部。此時的任援道早經中央任命爲先遣軍司令，駐在蘇州，對於大勢已去的陳公博，自然只是敷衍推托，胡毓坤這位光桿軍令部長，本身原無力量對付指揮部，却建議策動軍校員生，來打擊指揮部！於是不惜揑造謠言，說周鎬要接收軍校！煽動員生示威遊行！據說原來計劃是衝毀指揮部，活捉周鎬，後來看到指揮部戒備森嚴，裝配精良，終於消失了「衝」勁，不敢輕舉妄動，就叫囂了一陣，悄悄地撤兵了。

利用日軍打擊指揮部

利用軍校學生衝毀指揮部的計劃，未曾實現，於是一計不成，又生二計，竟然利用日軍出面干涉，要求解散指揮部。

指揮部成立之後，日軍方面一向取旁觀態度，迄未加入，因爲日本和國府簽訂「和約」後，法理上，「佔領區」的統治權力屬於南京政府，日軍是無法干預的。

但這天下午二時，日派遣軍司令的小笠原參謀和梅機關的大久保中佐，連袂來訪周鎬，這兩個日本人，原是周鎬在軍令部期間的熟人。見面就說明來意：是受治安委員會的委托，要求解散京滬行動總隊南京指揮部組織！理由是：指揮部槍殺蕭叔宣，要接收軍校，已危及地方治安和社會秩序！指揮部的存在，將會召致更多糾紛！軍部考慮了治安委員會的請求，和根據治安委員會的授權，要求解散指揮部的組織！

「貴國政府經已正式宣布投降！根據國際法，所有在我國境內的日軍，已成爲俘虜身份！」周鎬嚴肅地說：「治安委員會是僞之又僞的非法組織，法理上絕無權力可以授權與貴方！而各位已是俘虜地位，怎麽能接受外間委托，隨便接收指揮部，我告訴你！指揮部是國民政府軍事委員會明令設立的機構！是正式的南京治安機構！除了國民政府，任何人無權解散指揮部！」

周鎬這幾句義正詞嚴的答覆，說得小笠原、大久保，連聲「嗨！」「嗨！」鞠躬而退。

但是陰謀並不就此而止，十九日下午，小笠原和大久保，又來到指揮部。

「報告周指揮官！梅機關得到情報，有人要暗殺指揮官！」大久保很恭敬的說：「在貴國政府未到達之前，軍部認爲有保護指揮官安全的責任！希望指揮官能接受我們的保護！」

「你既稱我爲指揮官，中國機構的指揮官，那有要外國軍隊保護之理？」

「軍部爲對貴國政府負責，決定要强行保護指揮官的安全，這是善意的！」小笠原補充說。

「我謝絕你們的善意！」周鎬斷然說。

「先遣軍是貴國的機構？可否請先遣軍的副司令來大家商量、商量？」大久保的提議。

經周鎬領首後，便把胡毓坤找了來。

胡毓坤一到，首先聲明以同僚的資格拜訪指揮官。接着就很誠懇地說：「我也接到消息，蕭叔宣手下一班人，爲了要替蕭叔宣報仇，已組織了一個暗殺集團，想對付指揮官！……消息來源很可靠！」

「我是軍人，只知執行任務，不懂得貪生怕死！」

「對！對！周指揮官說得對！軍人以完成任務爲先，爲了完成任務，捨死忘生在所不計！但是足以妨礙完成任務的事，也得儘量避免，你說是不是？……這樣吧！我提個變通辦法，你看行不行？先遣軍是中央的部隊，指揮官是淸楚的，你不妨到我們那裏去辦公，一方面避免不必要的麻煩，一方面仍可照常指揮工作。指揮部是中央的機構，絕對不能解散，這樣可說是三全其美！指揮部仍然存在，你仍照常指揮工作，而軍部也卸了保護之職，這是最好不過的辦法！」

周鎬大概爲了維持指揮部組織的存在，終於同意了胡毓坤的提議。此後就入居於先遣軍司令部，也即是舊的綏靖軍司令部。

這些情形，是次日我去先遣軍司令部看周鎬時方才獲悉的。

周鎬又說：「指揮部的事，已引起陳公博對周佛海很大誤會，這誤會不能再加深了！你看看有無適合地方，把指揮部撤離中央儲備銀行，免得人家再說閒話，你看可好？」

這就是指揮部遷至三元巷中央警官學校辦公的來由。

宣傳處提議接收中報

遷至警校後的指揮部，事實上僅剩一室四處，周鎬在先遣軍司令部遙遙指揮，楊叔丹已不見影踪，他的警衛大隊，已無復再有初時的威風煞氣，無形中我在指揮部挑了大樑。

中報，是南京數一數二的大報，銷數廣，設備新，而存儲白報紙亦極多。指揮部成立之時，宣傳處有人提議：接收中報，以爲指揮部的喉舌，在當時說，接收一家報館，太輕易了，祇要周鎬一點頭，立刻就可把中報接收過來，可是周鎬並沒那麽做，他對提議的楊曰明說，「接收不是指揮部的任務，留待該接收的機構來接收吧！」

「那麽，可否暫且先接收了，將來再移交給接收機構？宣傳處如果沒有報紙是無從宣傳起的！」楊曰明婉轉陳辭，正當周鎬猶豫之際，我說：「宣傳可以運用報紙，不一定要接收報紙。與其將來要移交，不如現在不沾手。宣傳處在宣傳上如需要報章宣傳，可參照市商會方案，請他們負責人來談話，提出我們所希望的要求，相信他們一定樂於合作的。」

於是備了一份通知書，同時附了兩份宣傳稿，一份是周鎬的談話，另一份是指揮部名單。第二天中報的總經理沈巨塵沒有來，新聞稿見報的，祇有豆腐干那麽一小方塊，而且並不刊在顯著的地位。

這回，宣傳處的人振振有詞了，指斥中報藐視指揮部，非要接收不可！自然在周鎬面前說了不少閒話。

周鎬問我的意見，我仍然堅持不接收的原則，至於中報不大合作的態度，並非無可改變的，我要求一天時間，如果中報一仍故態，到時由宣傳處接收好了。

當時我就請我的助手張竹庵君代我訪問中報，表達了兩項意見：一、要求解釋沈巨塵拒來指揮部理由；二、要求中報充份合作，否則，我們只有被逼接過來自辦。

事情很順利解決了，據中報同人的解釋：沈巨塵去了上海，社中負責無人，指揮部發的稿子，自然不便不登，但又不知沈巨塵意向如何，故而未便大字刊登，因此採取了折衷辦法，現在沈巨塵有電報來了，保證今後統力合作。中報事件，於焉告一段落。

截扣市黨部盜賣汽油

指揮部未曾接收過任何機構，而且恪遵中央政令，儘力防止非法接收和非法盜賣。不過這方面工作是失敗的！

指揮部搬到中央警官學校後不久，我接獲一個盜賣軍用汽油的情報，並說即晚尚有一批待運，那時汽油的黑市非常昂貴，中央對於敵僞物資，特別是軍用品，一再通令，不准移動，靜待中央接收。

情報詳列了時、地、人、和運轉路線，可靠性是沒有問題，而對方敢公然盜賣，當非等閒之輩！干涉的話，勢必引起爭端，在職責上說，却不能不理，何況中央一再電令，更無坐視盜賣國家財產之理，於是決予截扣，以待中央處理。

當晚就在丁家橋截獲了運油車隊，而對方竟敢公然宣稱是市黨部的。

「有沒有市黨部的證件？」我問。

「有！」其中一人從身上掏出了一張市黨部的職員證。

「職員證與運油無關，請問你有沒有運油的公事呀？」

「……」

「既然沒有運油公事，請跟我們回去！」

於是十四輛滿載汽油的卡車，列隊癱瘓在警官學校的操場上。

我把經過的情形，立即電告周鎬，並以周鎬名義，電報重慶局本部。

第二天，市黨部居然派了位科長來要汽油。

「這批汽油是市黨部的？」我問。

「是市黨部的」。

「市黨部要那麽多汽油做什麽？」

「公事車用的」。

「市黨部有幾輛汽車？」

「二三輛。」

「二三輛？用這麽多汽油？……你可知道這是軍用汽油？」

「是黨部奉令接收的！」

「請問奉誰的命令？」

「……」

「我們接到的命令，可跟你們不同。」我拿出中央通令唸給他聽：「『所有敵僞物資，一律不准私自移動，靜候中央接收！』市黨部既非物資接收機構，怎麽能私自接收軍用汽油？」

「……我不太清楚，可否請與×主委談談，一切可以商量解決。」對方囁嚅地說。

「不必了！此事周指揮已報了中央，等中央處理吧！」

中央怎樣處理？

兩天後，電令：全部汽油發還市黨部。

大約一週後，我被免去調查處、軍法處兩職，改調爲指揮部的機要秘書。

周鎬的指揮官和南京站長改由趙茂高接任。

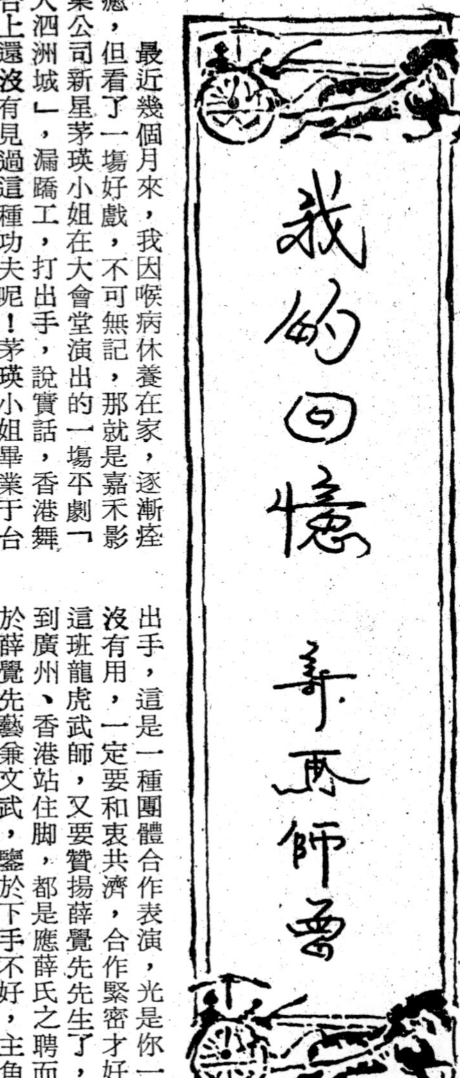

最近幾個月來，我因喉病休養在家，逐漸痊癒，但看了一場好戲，不可無記，那就是嘉禾影業公司新星茅瑛小姐在大會堂演出的一場平劇「大泗洲城」，漏蹻工，打出手，說實話，香港舞台上還沒有見過這種功夫呢！茅瑛小姐畢業于台灣復興戲劇學校，原名茅復靜，被稱爲寶島十大武旦榜首。武旦而有十位，可見得台灣劇壇人才之盛！那邊有位武行蘇盛軾，久隨閻世善，可算得是武旦戲專家，名師出高徒，無怪其然。

龍虎武師

那天舞台上的龍虎武師，都是熟人，他們也都和我在舞台上合作過。實不相瞞，我曾在粵劇中反串武旦，也學過打出手，合作的就是他們幾位，可惜我學得的僅是三兩下手勢而已。談起打出手，這是一種團體合作表演，光是你一個人好沒有用，一定要和衷共濟，合作緊密才好。提起這班龍虎武師，又要讚揚薛覺先先生了，他們的到廣州、香港站住脚，都是應薛氏之聘而來。由於薛覺先藝兼文武，鑒於下手不好，主角要受很大的影响，不如把他們請來朝夕研究，於是在他去上海那次，通過紅生林樹森、武生劉漢臣兩位的介紹，請來四位武行。此後他們子弟成長，桃李茂盛，人數增多，陣容强大，成爲龍虎武師，至今電影界拍武俠片，都需要他們助演，或作替身，回想當年薛覺先從上海請他們南來還在抗戰以前，距今且三十餘年了！

新馬師曾娓娓談往事

我們粵劇界有八和會館，所謂八和，是八個堂名。這個「和」字用得眞好，可見得當年老前輩們創業艱難，立意顯明，唯恐後人不團結，所以特別提出一個「和」字來作爲堂名，曉喻後起，重視這個「和」字。現在我將這八個堂名摘錄如後：

一、兆和堂——公脚、小生、總生、正生、大花面團體。
二、慶和堂——二花面、六分團體。
三、福和堂——花旦、武旦、艷旦團體。
四、新和堂——男丑、女丑團體。
五、永和堂——小武、武生團體。
六、德和堂——武生團體（五軍虎、打武家）。
七、愼和堂——專責與定戲者接洽，訂立合同收受定洋等（俗稱接戲、賣戲）。
八、普和堂——音樂人員團體（統稱棚面），一稱音韻組。

上列之五軍虎，即是武行同志，所謂「龍虎武師」這四個字，是薛覺先先生定名的。

粵劇的同業公會，最初名爲瓊花會館，有清同治中葉，成立吉慶公所，接着由藝人自己置地在廣州黃沙，才建立八和會館，館址極大，會址於抗戰期間被炸毁，勝利後重建會館，又改名爲廣東省八和粵劇業職工會。

嘉禾新星茅瑛演平劇「大泗洲城」亮相

薛覺先先生歷任香港八和會館主席，任內多所建樹，最大一件工作，就是開辦平民義學十所，因爲他自己幼年失學，所以發下宏願，救濟失學兒童，嘉惠後學，功德無量！一九五六年十月三十一日，薛覺先先生不幸在廣州病逝，享年五十有三，他的旅港男女弟子陳錦棠、白雪仙、梁素琴、林家聲等爲薛氏設奠遙祭，那年我正在八和會館主席任內，有聯輓之曰：「敦德敦仁良師良友，覺先覺後立己立人。」

芳腔艷韻

一九五七年，香港利舞台總經理袁耀鴻先生向我建議，他要在該戲院組織一台大戲，定我的文武生，芳艷芬的旦角。袁伯是我一向尊崇的戲院業老行尊，他要復興粵劇，並囑我把學過的「老戲十八本」挑一、兩本出來向觀衆貢獻。幾經研究，就選了一齣小武、花旦的首本戲「平貴別窰」，擴充成爲整本的「王寶川」。芳艷芬女士一再謙虛，恐怕她演不好，我說：「你是老叔父肖蘭芳先生的女弟子，有良好的底子，如有不熟悉的地方，我可以和你研究一下。」袁伯特地爲芳姐請了一位平劇教師趙仲安，這位趙老師，曾經在北平李麗拜梅蘭芳先生爲師之時，附磕了一個頭，也算是梅門弟子。他的眉毛長得極濃，每逢登台，就要把眉毛剃得干干淨淨，再畫假眉毛上去，所以視登台爲苦事，因此改業教戲。芳姐跟他學了幾個月平劇，居然在「投軍別窰」一場，能和我對唱平劇流水板，趙老師與有功焉。劇中分別一場，芳姐耍水髮，作膝行，表演了不少古老排場，備受觀衆歡迎。芳姐自此次演出後，即行收山，做了醫生夫人，給觀衆留下一個極深刻的好印象。

我們粵劇班中，文武生都不愛掛鬚，爲的是妨礙美觀，要扮靚仔，甚至不顧劇情，事實上，薛平貴離家十八年，焉得不由武生進爲鬚生呢？我還記得那次上演的陣容除我和芳姐外，還有靚次伯演的老生王允，半日安演的王老夫人，譚倩紅演的代戰公主，陳錦棠演的蘇龍。我演的後部薛平貴當然掛鬚，陳錦棠一哥演蘇龍也掛鬚，打破粵劇界文武生不愛掛鬚的慣例。

芳艷芬女士並不姓芳，她姓梁，原名燕芳，芳艷芬三字是她的藝名，也和紅線女一樣，紅線女原名鄺健廉，以藝名著譽劇壇。當年女腔芳韻，各有千秋，現在芳姐息影，女姐近況不詳，再欲求昔年風光，不可得矣！

芳姐曾創辦植利影業公司，拍片不少，她在告別劇壇之時，還做了一件造福同業的好事，由她個人斥資港幣三萬餘元，買了一層樓，送給八和會館作爲會所之用，附筆記之，以彰美德。

所謂「老戲十八本」，曾聽我師細杞說過，我還錄下一紙如下：

①「寒宮取笑」——公脚、正旦首本。
②「三娘教子」——公脚、正旦首本。
③「三下南唐」——花旦、花面首本。
④「沙陀借兵」——總生首本。
⑤「六郎罪子」——武生首本。
⑥「五郎救弟」——二花面首本。
⑦「四郎探母」——武生首本。
⑧「酒樓戲鳳」——小生、花旦首本。
⑨「打洞結拜」——花面、花旦首本。
⑩「打雁尋父」——公脚、正旦首本。
⑪「平貴別窰」——小武、花旦首本。
⑫「仁貴回窰」——小武、花旦首本。
⑬「李忠賣武」——二花面首本。
⑭「高平關取級」——小武首本。
⑮「高望進表」——二花面首本。

芳艷芬在電台播音引吭高歌

新馬師曾（右）芳艷芬（左）合演電影「春宵一刻值千金」劇照之一

⑯「斬二王」——二花面首本。
⑰「辨才釋妖」——公脚、花旦首本。
⑱「金蓮戲叔」——小武、花旦首本。

在「老戲十八本」中，我所會的也不過「酒樓戲鳳」、「平貴別窰」、「仁貴回窰」、「高平關」、「金蓮戲叔」等幾齣，還有一齣「三下南唐」、即花旦戲「劉金定殺四門」、我也反串過。一說：這些戲又名江湖十八本，數目自一至十八，由「一捧雪」、「二度梅」、「三官堂」、「四進士」數起，數到十一，就數不下去了！

近年的粵劇，大吹淡風，上月方有麥炳榮、鳳凰女二位起班在「皇都」、「太平」演出兩台戲，我聽他們在電視台接受訪問時說：「這還是粵劇班今年第一次正式在舞台上演。」不禁感慨系之！

難忘添添

新馬師曾演唱粵劇「周瑜歸天」舞台照

我的元配妻室梁添添，逝去已二十五年，我一生中，她給我的影響極大。她識我於未遇之時，那時我甫離師門，初出茅廬，她是中華舞廳一位舞孃，竟然委身下嫁，從此洗盡鉛華，作良家婦。那時我尚未成名，她爲我經理諸事，艱苦備嘗，等我漸有成就，她却棄我而去，當時患難相共，現在不能和她一同過比較安樂的日子，使我耿耿于心，終身難忘！

新馬師曾與已故元配妻室梁添添合影

我初搭班時期，曾有小武桂名揚，在深圳又生公司組班，班名「冠南華」，這家又生公司，實在是一家賭館，館方授權桂名揚，盡量羅致名角，務求陣容堂皇，使省港觀衆都認爲此班有一看的價值，起招徠顧客作用。桂名揚也知道又生公司資金雄厚，每請一個角色，都自動加薪，特別出重金聘請我，每日薪金一百元，這數目相當高昂，非普通任何戲班所能負担；雖然我在童伶時期也賺過一百元的日薪，但那時我的包銀是歸師父收的，且是神童班，主角非我不可，現在情形不同，桂名揚請我也出日薪一百元，就算特別高價。恰巧其時薛覺先先生的「覺先聲」也來定我，由添添接洽，每天日薪六十元，我面臨兩處相邀，大費躊躇，添添一言決定，一百不要要六十，接「覺先聲」，同行中認爲咄咄怪事，她却爲的是在「覺先聲」我可向前輩薛覺先偷師請益，同時，深圳既是賭埸附設戲院，我少年時好賭，難保不玩幾手，唯恐得不償失，所以添添作此明智決定。

日本人佔領香港時期，我曾被憲兵隊借端捕去，一宵未歸，添添焦急萬狀，次日晨間，往訪報道部藝能班班長和久田幸助，求他同到憲兵隊把我保釋出去，該日添添好像變了一個人，蓬頭散髮，顯見她整晚未眠，宛似老了十年，愛我之情，非拙筆所能形容於萬一。

添添生的是肺結核，此病是富貴病，其時我不常有班搭，收入不固定，醫藥支出，羅掘俱窮。當時曾聽說北平協和醫院有鐵肺設備，我極想找一班主，把自己賣身一兩年，得來的欵，可以送她去醫病，無奈社會不景氣，這樣的班主，找來找去都找不到；也曾對天祝告，把我的壽限借給她幾年，無奈病勢沉重，沉痾難挽，添添終於在一九四五年七月十一日病逝，存年二十九歲。上圖是我和她在一九三九年八月去馬尼拉時所攝。回首前塵，恍如一夢，幸我有此宗教信仰，使我心靈有所寄託，但添添之離我而去，終使我對她永懷歉意！情誼難忘，嗚呼添添，魂兮歸來！

（五）

法國名廠 **奧林匹克**

18K 包金袖口鈕

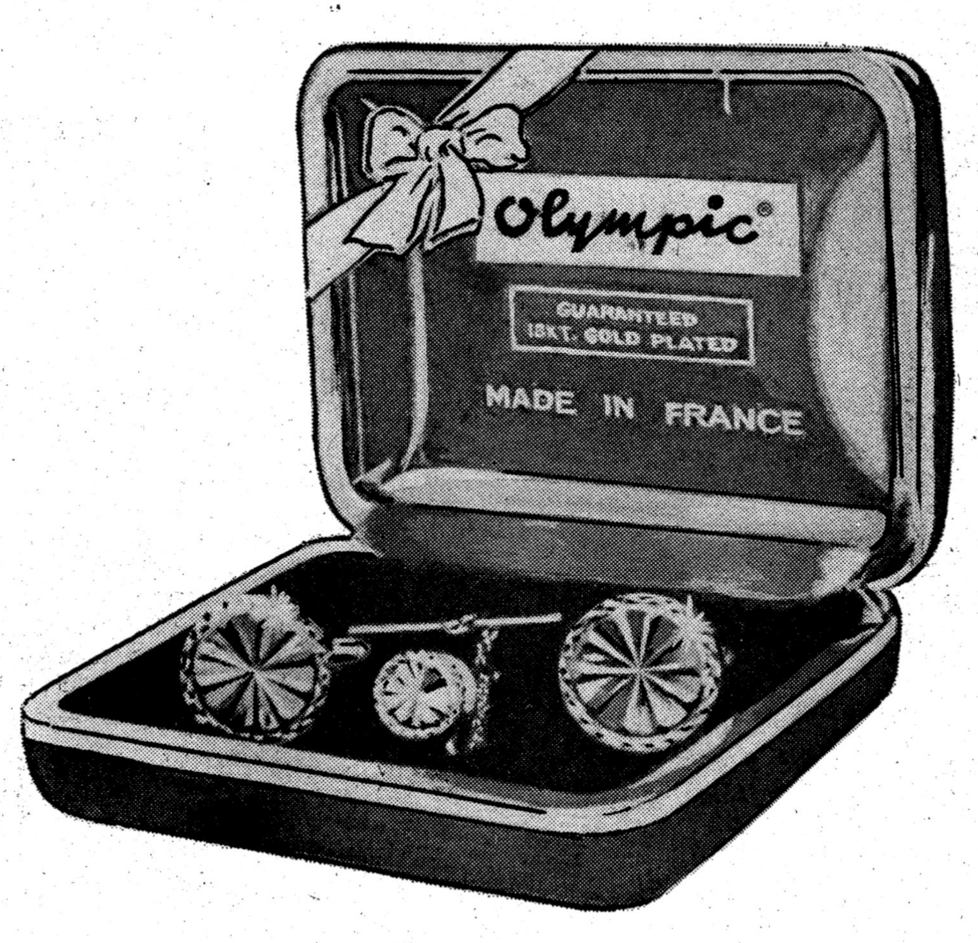

大人公司有售

大世界 新世界 小世界

……上海游藝場滄桑史……

・大方・

五十餘年前，上海唯一娛樂場所是京戲館，其後，可能有人覺得看京戲代價太高，時間又不經濟，遂有游戲場的發現，采的是綜合娛樂性，你祇要付一次門票，便可看到幾種節目，時間方面的久暫，也可由遊客自行決定。

筆者記得上海第一個遊戲場，是在南京路五龍日昇樓對面，名稱是樓外樓，佔地不大，也不很高，大概在五層左右，節目當然很少，筆者所記得的有鄭少賡的文明宣卷，周杏泉的魔術；當時稱為戲法，和馬金生、馬媛媛、孫是娥的申曲，還沒有電影和小京班等設備，其足以號召大量遊客的，要算底層的哈哈鏡，鄉下佬到達上海市區，無不去參觀一番，在那些凹凸玻璃鏡前，看到自己的怪模怪樣，笑得前仰後合，每天吸引了大批遊人，今日想來，眞是可發一笑。

筆者也曾聽過鄭少賡的文明宣卷，性質有些同於蘇灘，先是演唱一則故事，彷彿蘇灘中的前灘，最後由鄭本人唱一些含有時事而帶滑稽性的宣卷腔調，則又同於後灘。筆者至今還能記得他的部份唱詞，每曲十句，由一唱至十數為止，如鄭少賡自己歎苦經：「一位鄭少賡眞可憐，兩脚跑得生老繭，三餐常拿大餅替，四季衣衫勿連牽，五龍日昇樓拿白茶吃，六親無靠苦黃連，七日一個禮拜日子眞難過，八字生來顛倒顛，九九歸原無辦法，祇好到十字街頭去討銅鈿。」這些唱詞，可謂淺薄無聊，但鄉下佬聽了莫不哈哈大笑，佩服鄭少賡出口成章，不愧江湖才子，擁有好多聽衆。除了鄭少賡外，馬金生的本灘也富號召力，其間的孫是娥是個美人胎子，常唱「庵堂相會」、「陸雅臣賣妹成親」等曲，筆者之聽申曲，係從那時開始，事實上申曲唱詞粗俗，初非所喜，不過去看看孫是娥而已。

樓外樓原址，其後成為某一百貨公司的一部份，且在七樓設一餐廳兼夜總會，名曰七重天，這一個原始性的遊戲場，遂成歷史上的陳迹。

繼樓外樓發現的游戲場，有二馬路的「天外天」，後改東方旅館，四馬路大新街的「綉雲天」，後改「神仙世界」，以及法租界聖母院路的「大千世界」等，但均曇花一現，未能持久，故如能稱為上海正統遊戲場，當推大新小三個世界，本篇所記，亦即此三個世界的一些歷史故事，至於其後，南京路四大公司，紛紛增設屋頂花園，成為一種附屬性的遊戲場，搶去了三個世界的好多生意，則因其事不在本文範圍以內，恕不贅述。

美人不壽的琴雪芳芳容

小世界原名勸業場

小世界的創設，在新世界和大世界之前，地點在南市的城隍廟內，本名勸業場，志在振興城內市面，比起樓外樓自然更具規模，有影戲場，也有髦兒戲班，那時仙霓社的崑曲班，已經結業，因無適當場子去唱，便假勸業場二樓一角經常演出，祇有一般吸旱烟的老先生常到那裏聽曲捧場，由於曲高和寡，觀衆很少，迫得宣告結束，仙霓社子弟也從此風流雲散。

筆者那時還在學齡時代，年紀很輕，對於勸業場並無特殊印象，唯一值得記憶的是：早年四大坤旦之一的琴雪芳，即出身於勸業場的髦兒戲班中，她的名字叫馬金鳳。

那時的髦兒戲班，範圍很小，戲台更是小得可憐，筆者去看戲，老是坐第一排，兩足可以擱在台的邊上，聽了好久，大家都成為熟識，不過彼此無機會交談而已。這一班子中，唱鬚生的也叫王鳳卿，唱青衣的叫梅蘭卿，另有一老旦叫汪處，馬金鳳祇是一個唱梆子的小花旦，常唱「春秋配」、「梵王宮」那一類玩笑戲，也無任何特出之處，不過覺得她扮相很美而已。

一年後，髦兒戲班搬到樓下另一劇場開演，筆者依然常去聽戲，觀衆比前為擠，筆者無法坐到第一排，祇能坐在七八排。一次，夜戲還未開演，演員猶在休息，忽然發現馬金鳳和另一女孩，在台上摔角為戲，馬的一只鞋子掉下來，那女孩很刁鑽，順手拾起鞋子拋向台下，恰巧拋在筆者身邊，馬金鳳沒有鞋子，非常尷尬，央求台下人替她找尋鞋子，筆者認為義不容辭，為了安全起見，便拿了鞋子，走到台前，親自交在馬的手中，博得了美人一笑和「謝謝」二字。筆者那時雖很年輕，已覺得此舉頗有羅曼諦克氣氛，如果馬金鳳是王寶釧，而那只鞋子是綵球的話，則筆者竟然是戲劇中的薛平貴了。

數年之後，筆者離開學校，開始步入社會，常到大世界的乾坤大劇場聽歌，忽又發現馬金鳳也在那裏演出，但已不唱梆子，改唱皮簧，常演「寶蟾送酒」、「晴雯撕扇」等類古裝戲，上了裝以後，明艷照人，絕非當時黃毛丫頭模樣。她突然看到我，大概還未忘遜鞋子的故事，仍然報我以嫣然一笑，這一笑又使我每天做了大劇場座客。

十分遺憾的是，筆者那時年輕臉嫩，和馬金鳳雖屬相識，絕未交談過一語，不久她北上深造，受知於黎元洪。又不久，易名琴雪芳，從此大紫大紅，成爲四大坤旦之一。但美人不壽，很早即歸黃土，筆者和她也從此人天永隔，永無再見的機會，想起遜鞋子的故事，始終做了一場啞劇，眞是不勝惘然。

新世界有地道跑驢場

新世界的創設，較早於大世界，地點在南京路西藏路口的南部，佔地不大，其後在馬路對面加以擴充，稱爲新世界北部，爲便利遊人，加强號召起見，便在南京路下面築了一條地道，使兩部構通，遊人概可由地道往來南北兩部，事實上這條地道工程，比了今日九龍城的隧道還要簡單，不過當時因是創舉，也曾哄動許多遊客。新世界的遊藝，並無如何特出節目，北部地方寬大，較爲遊客歡迎，中心地段有一自由廳，著名女子大鼓小黑姑娘，在那裏獻唱很久，廳的四週設有迴廊，供遊客飲茶之用。自由廳的西邊曠地，設一跑驢場，讓遊客作練習騎驢之用，江南蘇錫各地，人們有騎驢子代步的習慣，上海人則從未嘗試過，因是發現之始，騎驢的人相當踴躍，但騎驢子，畢竟沒有什麼情趣，不久遊客興趣減少，跑驢場也宣告結束。

跑驢場的西北角，是大京班，歷年來參加過的著名藝員，鬚生有號稱老雙處的雙潤亭，俞派武生韓長寶，勇猛武生蓋玉庭等，大部份時間，則以普通角兒充數，因也缺乏號召力量。

新世界南部的最精彩節目，當推吳玉蓀的彈詞，那時正是吳的全盛時代，「玉蜻蜓」、「白蛇傳」二書，風靡海上聽衆，尤其是一般富商巨室的太太們，捧場無虛夕。在吳上場之際，書場擠得水洩不通，演唱完畢，聽客便一哄而散，鋒頭之健，推全滬彈詞界中第一人。又誰想到他投老飄零，晚年曾南來逮月園奏技，環境非常淒苦，筆者見過他的全盛時代，也曾目覩他在此潦倒以死，撫今追昔，眞可說感慨萬千。

大世界游藝壓倒一切

大世界的發現，雖晷後於新世界，但佔地寬大，設備齊全，主持人黃楚九，頗有魄力，所羅致的遊藝，應有盡有，自大世界問世，遊戲場始進入完善階段。他的底層，有導社新劇，那時還叫文明戲，演員有顧無爲、林如心、林雍容、朱雙雲、夏赤鳳諸人。四明文戲，又稱寧波灘簧，台柱名爲小阿友。小京班，有白叔安的武生、馮素蓮的花旦等。說書場，有王效松說「水滸」、也是娥女子評話「金台傳」等節目。最受人歡迎的是共和廳，羅致許多北里名花，舉行羣芳會唱，著名鬚生有訪漁、高彩雲老九、林筱雲等，青衣有高第老七、顧彩鸞、小翠紅等，都可算是花間翹楚。那時，訪漁和高第合作的「投軍別窰」，以及高第和高彩雲合作的「三娘教子」二劇，着實風靡一般聽衆，帶來了好多遊客；更有花國前輩方瑞珍，是位琵琶高手，和她的女弟子方寶寶、方媛媛自彈琵琶，奏唱小調，更屬一種精彩節目，因之，那時雖是大世界的初創時代，論業務也可以說是全盛時代。

北方雜耍均出色當行

大世界在起初，祗有三層樓，但三樓很小，並無遊戲節目，二樓的主要節目是北方雜耍，大家都叫他大鼓場，設在入場口的左面，右面則是蘇灘場子。那時大鼓場所延聘的北方雜耍，眞可謂多采多姿，關於京韻大鼓名家，男性有鼓王白雲鵬，及名家張筱軒、白鳳鳴等多人，女性則有女鼓王老黑姑娘，劉翠仙，鍾姑娘和鍾三姑娘等，梨花大鼓有晚香玉、晚香蓮姊妹，謝大玉、劉小玉姑嫂，更佐以常澍田的八角鼓書，吉評三的相聲，木板張的鼓兒詞，吳玉魁、蓮姑娘的女子雙簧等，上述那些藝員，都是北方一時之選，均陸續在那裏獻藝很久，筆者逛大世界有十載歷史，可謂遊客中的老資格，對大鼓場部份藝員，都成爲朋友，對他們的唱詞腔調，也都耳熟能詳，至今追憶，仍有如在目前之概。

當時的大世界，附設有大世界報，遊客人手一紙，銷數不惡，用以作爲宣傳工具，同時也廣結文字之緣，其報社辦事處，即設在入門的三層樓上，右面爲蘇灘場子，聘有范家班獻技，藝員是范少山、范醉春夫婦，和他們的女兒范珍珍、范盈盈。在此之前，蘇灘還沒有男女合演，范少山提倡男女合演，可謂得風氣之先。二樓除靠北的一部份外，靠南一部份，本是商場，其後范少山逝世，范家班解體，王美玉的王家班即代之而興，地點即改在商場演出。談到王美玉，她本是先施樂園新劇社的一個演員，綺年玉貌，光艷照人，後來與王君達結合，才改唱蘇灘。王君達是蘇灘名家林步青的弟子，拜師後，藝名林繼青，但藝事欠好，不足以挑大樑，在班中祗是個拉胡琴的角色，他有兩個妹妹，大的叫愛玉，小的叫寶玉，都曾學習蘇灘，他和王美玉結合後，便連同妻妹，組織了一個王家班，在大世界演出。王家班中，人材鼎盛，一唱而紅，加以王美玉和易近人，獲得黃楚九的賞識，從此扶搖直上，王美玉三字也紅遍春江，成爲上海女蘇灘家中四大金剛的首席，在大世界獻技，幾達十年。

大世界報造成捧角潮

大世界報的主編人孫玉聲，是個世家子弟，文筆不俗，著有海上繁華夢小說，別署海上漱石生，他和黃楚九淵源，極爲深厚。他是留日學生，在日本看到游戲場的熱鬧，返國後，便勸黃氏從事嘗試，黃從其言，因之，第一家的樓外樓，即由黃楚九創辦，接着便與一經汪國貞女士，合

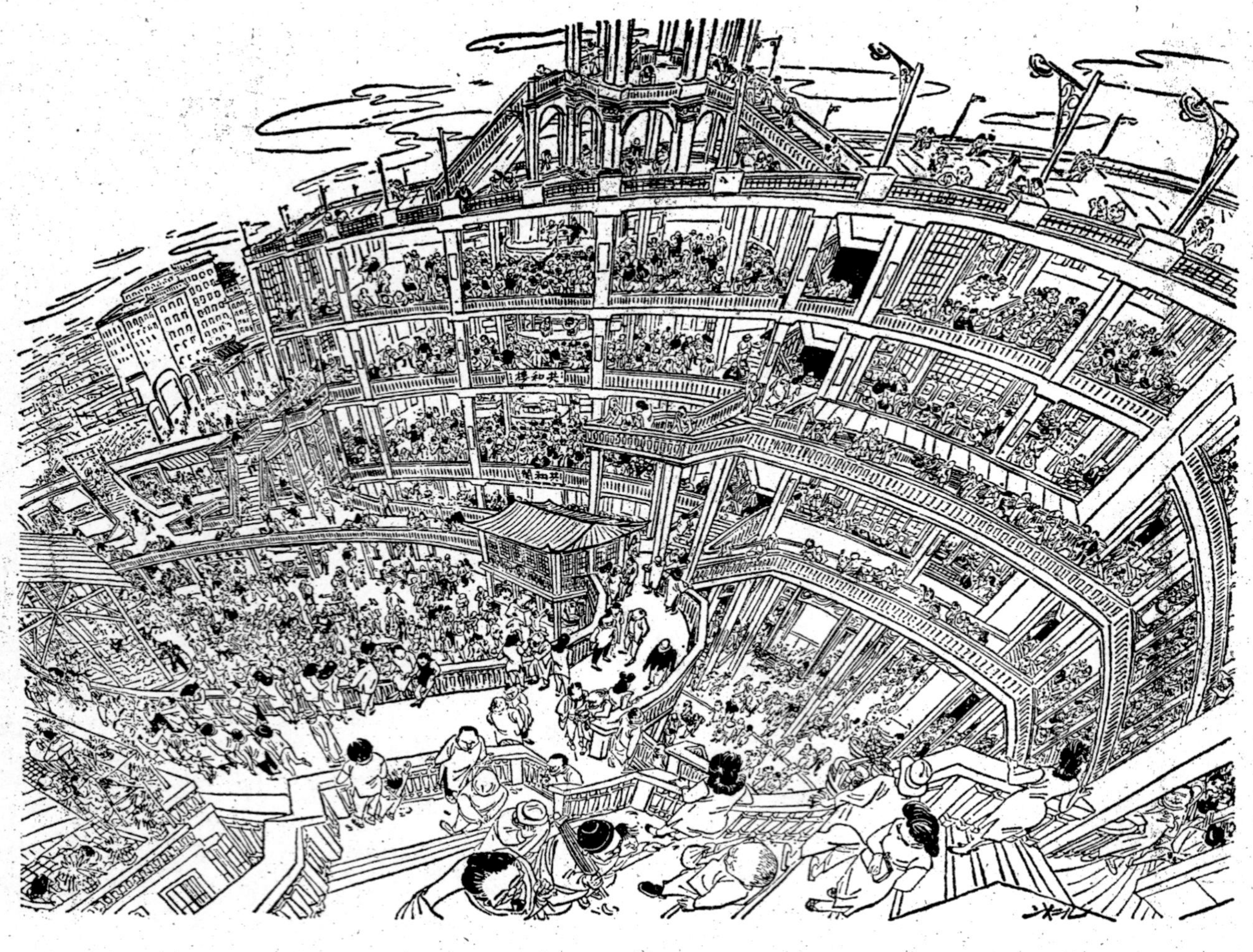

大世界人頭蜂擁　張文元作

辦新世界，後以意見不合，宣告退出，另行創設大世界。以黃氏的才能和魄力，其成就自在新世界之上，因和孫氏友誼甚篤，便將大世界報委他負責辦理，孫氏是個文人，吸收了一般文友，在報館內附設了一個萍社，那是一個猜文虎的集團，每晚約人值社，自撰謎條，並備贈品，任人猜射，居然引動了文壇若干知名之士，也為大世界報增添了許多熱鬧。因之，那時新世界雖也有報紙，但聲勢遠不如大世界報之盛，那時萍社特約值社人士，有鴛蝴派名宿徐枕亞、商報印書館編輯王均卿、書家天台山農、詩人朱大可、小說家陸澹盦，報人劉煜生等，不下數十人之多，連老尚書陳夔龍，也經常在萍社出現。

適於此時，黃氏認為那裏大京班的陣容，不足以號召，另在一角設乾坤大劇場，自立門戶。開幕第一期，延聘北方名坤伶金少梅莅滬演出，少梅色藝雙絕，除舊有的青衣花旦戲外，並有自編的私房小本戲，如「荷花三娘子」、「嬰寧一笑緣」等，開演後，哄動一時。文友梅花館主鄭子褒，對她尤為傾倒，為她組織了一個梅社，除訂座觀劇外，更天天自己寫了揄揚的文字，刊在大世界報，並恐一人力量不足，再拉攏了老名士林屋山人為之協助，詩文連載，開啟了上海方面捧角的一種潮流。惜乎金少梅在上海祇唱了一個短時期，即行北返，不久且得病身死，據傳，少梅在上海時，感於子褒之誠意，曾有嫁娶之議，不幸少梅早逝，好事成空，梅花館主所願難消，徒留綺恨！但乾坤大劇場自少梅去後，繼起有人，她們的觀眾，也紛紛結社，為自己心目中所喜愛的藝員捧場，在大世界報，天天有揄揚文字發現，造成了一種專捧坤伶的狂潮。

乾坤大劇場，是繼共舞台之後的一所男女合演的劇場，金少梅北返後，其間仍有好幾個坤角兒，色藝均不惡，著名的為後來晉為「冬皇」的孟小冬，武旦粉菊花，鬚生陳善甫，老生兼老旦張少泉，（即李麗華之母），文武老生李秀英，刀馬旦喜彩鳳，青衣汪碧雲，花旦瀟湘雲等，她們旗下的信徒，常在報上發表文字，漸漸成為派系，而有個別社團發現，統計下，約為粉菊花的粉社，汪碧雲的碧社、瀟湘雲的瀟社，喜彩鳳的喜社，李秀英的英社等，其間以粉社碧社瀟社三家，聲勢較為浩大，餘社則社員很少，祇是聊備一格而已。

筆者那時，初離學校，因常到大劇場觀劇，也常寫一些捧角式的劇評文字，認識了幾位老名士，步林屋、陳飛公、陳亦陶等，亦陶是浙江的一位孝廉公，捧汪碧雲最力，他拉我加入了碧社，經常和他一起寫捧汪的詩文，也因此而認識了好多文士，這一件事，當時雖祇是屬於游戲性質，但也因這一關係，不特使筆者生平歷史上，留着一幕捧角的印象，也使筆者其後成爲一個職業文人，該是當時始料所不及的。

打詩謎小鰍生大浪

黃楚九不僅爲遊藝場的巨擘，其他的事業機構也很多，曾因辦日夜銀行，及夜市交易所等，虧蝕了好多錢，他的事業幾乎崩潰，後來雖勉強維持局面，但他的經濟基礎仍很薄弱，隨時有不穩的可能。不想在偶然的機會中，上海忽然發現了一種小小游戲，大部附設在大世界內，風行以後，成爲潮流，居然使他賺了不少錢，讓他還了好多欠欵，他的事業，隨着也能維持得較久，這個游戲，便是所謂打詩謎。

考詩謎之戲，發源於宋代，據稱：蘇東坡、蘇小妹、秦少遊、佛印四人，同遊佛寺，見壁上有人寫着杜工部的詩，其間一句爲「林花着雨胭脂×」，下句爲水荇牽風翠帶長，上句末一字牆泥剝落，看不清楚，四人便提議，由各人憑自己的意思，塡一個字進去，以觀何人所塡與原作適合，於是四人分拈了老、落、潤、碎四字，回到家裏，一查原作，四人都沒有猜對，老杜原作竟老老實實是個濕字，四人都鑽了牛角尖，爲之大笑，從此民間便傳出了一種文藝化的游戲。辦法是拿一句舊詩，挖去中間一字，配上四字，連原句共爲五字，以誰能猜中原句中之一字者爲勝，名曰五韻遊戲，這項遊戲，一直傳流不絕，也即是其後的打詩謎。科舉時代，據說考場外設五韻攤的人很多，供人徵射以現金下注，已帶有賭博性質，參加者便稱這種遊戲爲詩謎攤。

筆者學齡時代，街頭巷尾，常有詩謎攤發現，用幾塊木板連在一起，展開來成爲一只長枱，擺上詩條，可以下注，結束後摺起來便走，可說是一種流動性的賭博，下注者都是些角子和銅元，雖少巨注，但生意很好，便成爲無業文人的一種歛財工具。

詩謎攤以固定姿態出現，第一家是在上海南市的半淞園，第二家纔在北市法租界的大世界，這時祇以糖菓貨物爲贈品，其後，鑒於糖菓不適用，改爲香烟，在大世界內的詩謎攤，一部份以大世界門券爲贈品，由於生意太好，從一攤增爲數攤，從數攤增爲數十攤。全盛時代，光大世界一處，共達四十餘攤，而其性質，表面上雖屬贈品，但香烟門券，都可換錢，已成爲一種變相的賭博，利之所在，引起一般人的注意。於是除大世界外，其他遊戲場如新世界，小世界，以及其他游藝塲的屋頂花園，傍及茶樓彈子房等處，五步一樓，十步一閣，祇要是遊人麕集的所在，即有詩謎攤的發現，接着甚至有人靈機一動，捨棄遊戲塲，而別闢蹊徑，布置精舍，以迎顧客，號稱詩謎俱樂部，造成了一段時期的所謂詩謎潮。

別小看了這樣面積祇有幾方尺大的詩謎攤，當日在大世界的租金是每日銀洋二十元，每月共計六百元，大世界全部詩謎攤有四十餘個，總收入是兩萬餘元，一年幾達三十萬元，以五十年前的這個數字，實在是相當可觀的。一般傳說，黃氏事業做得太多，虧空也很大，他欠了別人好多錢，感到壓迫很重，忽然在詩謎攤上收到一筆巨欵，挽救了他事業上危機，也可說是意外收獲。

從大世界談到黃楚九

雖然黃氏在詩謎攤上賺到一筆錢，終因事業太大，造成尾大不掉之局，在某年全世界一個不景氣潮流中，連得哈同的產業，都收不到房租，黃的事業，纔全部崩潰。嘗聽一個相識朋友談起，黃楚九因名字中有個九字，相士說他該做八十一樁事業，因是別人找他投資，來者不拒，蘿春閣茶樓、九福堂箋扇莊、恒豐南貨號、黃九芝堂國藥號、温泉浴室等，他都是大股東。

黃氏的事業，結果是失敗的，但我們不能以成敗論英雄，要談到他的才能和品性，都有其可取之道，堪推商業中的唯一覇才。他對於職員，完全採取人材主義，某次他進入大世界，一個新來的收票員不認識他，見他沒有買票，一把將他扭了出來，別人以爲他得罪老板，將受炒魷魚的處分，不想過了幾日，黃氏反將他升爲稽查，稱贊他辦事公正。又黃氏雖事業巨大，生活並不奢侈，他的寓所號曰知足廬，寓着警惕自己之意。有些大老板，往往仗着財勢玩弄女人，他絕無這種習慣，他的旗下，擁有不少女藝人，但好多年來，從無人談起黃氏和任何一女，有着桃色過程；祇有一個善彈琵琶的前輩名花方瑞珍，是他的老相好，那是衆所共知的事。黃的寓所，常有九流三教的客人光顧，方瑞珍也常去走動，外間人士或有求助於黃氏，轉託方瑞珍說項，黃氏無不推情盡力。王美玉全盛時代，也是知足廬常客，她得黃氏提挈之力很多，外間甚至傳王爲黃氏的外室，及後王美玉事業失敗，淪入屠門，有人問起她關於外傳和黃氏的戀愛事件，王美玉指天誓日，說黃老板眞是一個好人，外邊都是瞎三話四，過去他連我的手都沒有摸過一摸，不要說什麼關係了，我現下淪落風塵，多一個有關係的男子無所謂，但做人要憑事實，不可人云亦云，有損黃老板的名譽。王美玉的一席話，是筆者親耳所聞，相信她出自肺腑，我們因此也頗欽佩黃氏有着不好女色的美德。

關於黃氏的選婿，也採取人才主義，並都由他自己決定，他的女婿臧伯庸是留日醫學碩士，曾煥堂係上海大戲院院主，許曉初則是中法藥房主持人，現任國大代表；陳星五則是正德藥廠主持人，幾位坦腹東床，莫不有所建樹，足證他掄選人材，有着獨到的眼力。

本篇所記上海遊戲場滄桑史，雖然未能詳盡，因黃楚九氏是遊戲場的巨擘，順便記述一些他的生平事迹，至於黃氏早作古人，而大陸易幟以後，遊戲塲一律停業，大世界、新世界等名詞，也便成爲歷史上的陳迹了。

馬場三十年

老吉

馬會功臣之一鍾汝江兄，畢生精力，盡瘁馬會。去年，體健衰弱，已在半退休狀態，今年更辭職休養。上月忽患血栓塞症，幾頻於危，幸搶救及時，吉人天相。今後這位一連數十年服務馬會的軒利兄，將不復再見於馬場大堂，因遵醫囑，非在家療養不可也。關於香港、澳門、新界粉嶺三個馬場情形，前文已曾提及，畧而不詳，今將回憶所得，再寫上一些，因爲澳門馬場、粉嶺馬場，戰後未能恢復，從此成爲陳跡，作爲古戰場憑弔，亦無不可。

澳門與粉嶺馬場

澳門的馬場，關在黑沙灣，圈子比香港大。可是設備之簡陋，令人難以想像，看台是木建的，大約至多坐二三百人，售票處、辦事處、馬房、騎師過磅室等，都用木建，因爲一季跑不到五六次馬，而且完全是靠香港客。（和現在的賭場、狗場一樣，）當年香港人少，在香港看跑馬，尚且要懂英文馬名而每次賽馬到客不過三五千，對澳門，當然越法不用說了。

澳門的賽馬，是星期日而不是與香港一樣的星期六。每季賽馬日期，等香港馬會排定了期，然後澳門與粉嶺再排期。當年香港賽馬，一季也和現在一樣祗有八個月不到，四個多月歇暑，而且是除了週年大賽共有五天之外，所謂「特別賽馬」Extra Meeting 則是隔兩星期賽一天，逢星期一是公衆假期，則星期六與星期一賽兩天，剩下來香港不賽馬的星期六，跟着下來的星期日。便由澳門和粉嶺馬會分而食之，所以，澳門與粉嶺的賽馬日子，根本不多，而且還要仰承香港馬會的鼻息呢。

唯其這兩地一季賽馬期不多，如何能担負得起豢養許多馬匹呢，於是乎便要向香港馬會動腦筋，設法借兵源了。

老實講，澳門馬會與粉嶺馬會，每家所豢養的馬匹，不超過二十匹，粉嶺馬會的馬，還可以租給假期游新界的香港馬會會員或騎師之善於馭馬者，騎作游山越野之用，澳門則香港之善騎者不會特地過澳門去騎牠們的馬，所以，澳門馬會是三個馬會中最弱的一環。

因爲澳門與粉嶺賽馬，兵源不足，惟有向香港馬會借兵，可是該兩地的經費不足，無法保養草皮，馬圈當然是疏草硬泥，這種地皮，對馬匹的足部，非常危險。所以，香港馬會的中國馬A、B、C班馬，與澳洲馬A、B、C、D班馬，（當年香港馬匹編班，是以A、B、C、D編製，而不是第一、二、三以至九班編製的）。馬主與練馬師，都不願派牠們運往澳門與粉嶺出賽。退而求其次，於是乎中國馬C班與澳洲馬E班之無病無痛而在香港不夠競賽的馬匹，便揀出來運往粉嶺和澳門跑跑，至少，得回一些獎金，也可以貼補多少養馬費也。

至於運馬往粉嶺，用火車，而運往澳門則用船。（當時多數由「瑞泰」港澳輪運往）。而且是提早在賽前一天運去，運費由粉嶺與澳門馬會担負來回。馬匹的糧食，則由香港馬會自備同時運往，到賽後第二天，也即是星期一，馬匹再由粉嶺和澳門運回香港。小馬伕隨馬同往。當時香港人口不多，馬匹由香港馬會拉到渡海碼頭與港澳輪干諾道西的三角碼頭，一路在一清早便由小馬伕步行拉馬登程，這一段遙遠的路程，（尤其是三角碼頭在上環與西環交界處），也夠小馬伕受用的了。

至於前往澳門和粉嶺觀賽者，香港馬會會員，不必買票，掛了會員徽章，即可進場，非會員則當然要買票。也分會員席與非會員席，當時查得不嚴，加上觀賽男女也不多，所以，買了公衆席門券的人，走進了會員席觀賽，也就「無所謂」了。

關於運載觀賽仕女的辦法是：

澳門賽馬，是每逢香港星期六不賽馬的星期日舉行的，星期日那一天，香港有省、港、澳輪船公司特派公司中最大及最華貴的「泰山」輪走特別班，該公司原本行走港澳的輪船，祗有早晨八時開「瑞泰」，下午五時開「瑞安」。「泰山」、「龍山」與「佛山」（這艘「佛山」，不是現在的「佛山」，這是老「佛山」，早已拆卸了多年了）。則是行走省（廣州）港的，但是爲了澳門賽馬，所以便將「泰山」調走特別班。

澳門賽馬是從下午二時開始，跑至四時半爲

止，祗跑六場。「泰山」則在下午五時半再開回香港，當時，如果買來回票的，可以搭「泰山」原船返港，不買的，亦可以搭「瑞安」返港，因為「瑞安」是定期班，每晚在深夜三時開回，翌晨七時到港，在船上可以睡其幾個鐘頭。（十一、二時可以先下船睡覺的），等天亮到香港，然後有的回家，也有的在港嘆其早茶，等九時前到寫字樓「返」工，亦無不可也。

不過，到澳門去看賽馬的，多數是寫字樓高級人物，中西男女都有。買的都是西餐房或樓的票子，西餐樓的客房有限，買不到的，也可買西

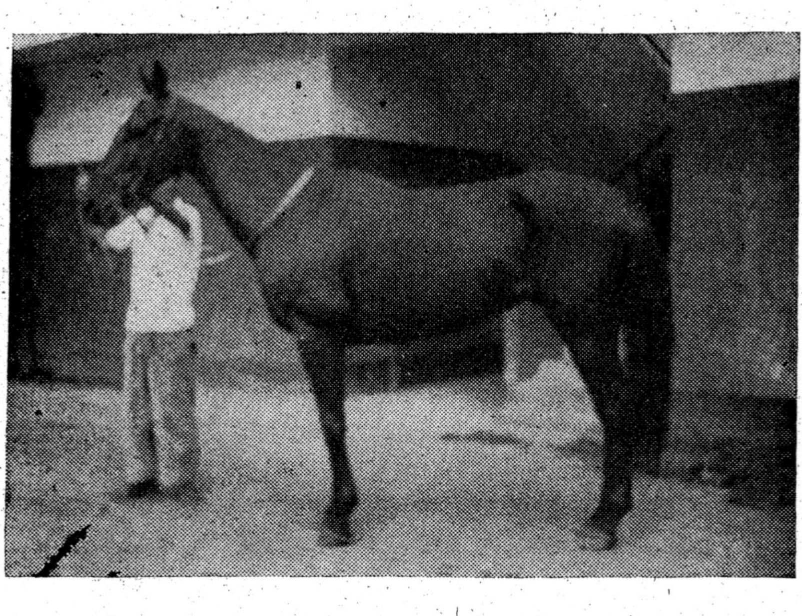

日本佔領香港時期的澳洲馬王「民望」雄姿馬主即本文作者

餐樓，所謂「西餐樓」，上海話就叫做「大餐間」，英文名字是 Saloon，所不同於「西餐房」者，也即是祗能坐，不能入房睡，好在「泰山」駛得快，當時三個鐘點已可以到澳門。十二時到，二時賽馬。上岸後還有兩個鐘頭，可以在佛笑樓食其著名的燒乳鴿，有的還在食完乳鴿之後，再到中央酒店二樓賭幾手番攤或大小，然後再叫汽車到黑沙灣看賽馬，到四點半鐘賽完之後，有的還可以再到賭場賭幾手，有的則隨便買這膏蟹、肉蟹，（一不小心會買到水蟹）或是蛋筒、蠔油、蝦醬之類，行吓馬路等等。好在新馬路與港澳碼頭近極，五點半以前上船，還有很充裕的時間也。

講起澳門馬場，雖是由澳門賽馬會管理，却一切都要仰承香港馬會的鼻息，因為澳門馬會本身的十幾匹中國馬，是無法跑三場賽事的，所靠者，香港馬會每次能派出二十匹或以上馬匹運到澳門，然後這賽事方能成功。所謂在人矮簷下，那敢不低頭呢。

所以，澳門每一季能賽幾次馬，是要先與香港馬會和粉嶺馬會商議之後，方能決定的。

前文講過澳門馬會因營業關係，樣樣都只能因陋就簡，關於發售獨贏、位置與搖彩票，數目當然不能與香港和粉嶺相比。（因為粉嶺的交通比澳門又近又便宜，所以粉嶺賽馬，去的人也比澳門多。）可是贏位票的派彩却是一樣的，祗有出大冷的時候派彩，沒有香港多耳。

澳門馬會的辦房，不是香港馬會的馬房，另有一位姓鄭的先生主持，（鄭老兄與我久違了多年。）

可是，雖然辦房不同，內部職員却有些相同，取其熟手的關係也。

大約澳門當時的獨贏票，每場總數不會超過一千票，有時甚至少至五六百票。售票額少也即是抽佣少，所以澳門賽馬，要不蝕本，祗有靠一場大搖彩票了。

講起澳門一年一度的大搖彩票，頭獎約有五六萬元，比起香港的二三十萬元，當然「冇得比。」但是澳門馬會所抽的佣金，便可以貼補一季的損失，却也不能多餘，所以，對馬場的保養，也當然無法加以改善了。

澳門大搖彩票的開票法，與香港大大不同，關係香港大搖彩與小搖彩的開票法，各位大約都知道的了。至於澳門的如何呢，有怎樣不同呢，請看下文，便知明白。

原來澳門馬會並非和香港馬會及其他機關向馬會借搖彩彩珠的辦法，祗用三個彩機，兩個大的搖號碼，一個小的搖出馬號或頭、二、三彩等數目，而是向香港南華體育會借用一式六個搖珠機的一種，這六個搖珠機，五個是搖彩票號碼的，每個機中有一至十一共十粒珠，第一個機代表一萬至十萬，第二個代表一千至一萬，第三個代表一百至一千，第四個代表十至一百，第五個代表一至十。每一具祗有十粒珠，搖過一個號碼後，擺進去再搖過，另一具機則是代表馬號，因為每一場澳門賽馬，不會超過十匹馬的數目，所以一至十的十粒珠，已經夠用了。

於是乎先搖出第一具的珠，依次搖至第五具的珠，湊成一個數目，而第六具的則最後搖出一匹馬號，兩相配合，然後到開賽時那一匹馬號跑第一，即作為頭獎，依此類推。

這個辦法，費時太多，但是如果和香港馬會的兩具搖彩機來講，則比較公平得多，不果香港馬會彩票售出與報名馬號碼太多，如果照這個六具搖彩珠機辦法來搖珠，那末一個上午用五六個鐘點來搖珠，恐怕還搖不完。所以這種落伍的辦法祗有用在澳門馬會當年才行得通。

講過了澳門賽馬會的一切，再講粉嶺賽馬會，又是一番景象。

粉嶺地處新界，與香港當然比澳門近得多，而且交通又利便得多，可是地處新界，馬場設備，不免簡陋，事關粉嶺馬場，第一點，是地勢凹

凸不平，看台對面，（好似香港馬場大石鼓那裏），可是粉嶺適得其反，是低一些，下去至少四五尺，馬匹跑到那裏，不見馬，祇見騎師的上半身，可說是滑稽之至。第二點，則是粉嶺馬場，根本是注意馬匹跳闌與越野賽跑，平時，中意騎越野踱步的可以駕馭者，經粉嶺馬會當局批准，可以在那裏交賞騎馬越野，作爲健身運動。因此兩點，所以一季中，公開賽馬的時候不多，至多五六次耳。

粉嶺賽馬時，馬匹除了馬會自己的之外，當然也要向香港馬會借馬，借的是和澳門一樣，也是C、E班馬，而且每次賽馬，必有兩場跳闌賽和一場越野賽，其餘三場則爲平賽，平賽馬多數是香港馬會的中國與澳洲馬，越野則用粉嶺馬會自己的馬，而跳闌則除了粉嶺馬之外，香港馬的E班澳洲馬也有加入，奇怪得很，香港的E班澳洲馬，在香港平賽完全無用，但是到了粉嶺試一試跳闌，却十分來得。會記得香港馬會戰前有一匹E班澳洲馬「約角」Cape York，它在香港跑平地賽一些都無用，不料在粉嶺跳闌却出盡風頭，雖負重磅，一樣贏馬，試過一次，獨贏派彩祇有五元五角，亦可謂異數了。

至於粉嶺的看台與售票處，完全是用蘆蓆棚蓋搭的，比澳門的木房子還要簡陋。原因是粉嶺地處空曠，颶風來時，全無阻擋，所以不能建築木屋，石屎屋造不起，祇得搭蘆蓆棚，即使颶風訊號掛起，拆卸比較容易，損失也不大也。

粉嶺賽馬，也是和澳門一樣，在香港星期六不賽馬的明天星期日，事前和澳門約定，「分而食之」。所以絕對不會有衝突的。

馬匹是隔日前用運貨火車運往粉嶺，當然，馬會馬匹牽到渡海碼頭過海上火車，比往澳門便利多了。

還有，如果賽馬日下雨，當然取消，又如果賽馬日前幾天下雨而當天不下雨，那麽，粉嶺馬會在售票處與觀賽台前後左右，都鋪上了乾稻草，因爲草地和泥地，（不是磚地或石屎地，成本太貴也。）一有雨下便濘爛不堪，所以祇有鋪稻草一法了。

賽馬日，除了有自備汽車自己直接往粉嶺之外，九廣鐵路在正午十二時至一時，有特別班「頭等」卡，由專用車頭直拖駛粉嶺，中間不停站，半個鐘頭中已到粉嶺。下午二時開賽，四時半賽畢，（也是六場賽事，）五時至六時，又有特班車由粉嶺直通九龍，尾班車到九龍，天尚未晚呢。

粉嶺馬會也有辦房，買辦是已過紳商郭顯宏先生，（郭先生自己當時開設一家顯發船務公司，）售票、派彩、計數等臨時職員，皆由郭先生僱用，當然，香港馬會的臨時職員，有很多也担任粉嶺職員，郭先生本人是養馬也對馬有極端的愛好，所以肯担任粉嶺馬會的買辦，根本是不計盈虧的。

至於馬匹越野賽跑，我在本刊先兩期，也曾提及過，路程是約爲兩哩，由馬場跑上粉嶺馬會看台右面的小山上，在山上灣灣曲曲然後再跑進馬場到終點爲止，大約十四馬跑出去，至多三四匹甚至一兩匹跑回來，因爲多數跑了一半會人落馬下，所以雖然祇跑一場，也會覺得有趣之至。

粉嶺馬會賽馬，如果天晴，人數比澳門多一些香港客，到底由香港九龍到粉嶺，比到澳門，便利得多也。

最最可惜的是戰後的粉嶺馬場，變成軍管理，後來又以地近大陸，所以始終不再跳馬闌，否則，照現在大家熱心於賽馬看來，星期六香港賽馬而星期日難得粉嶺跳馬闌，香港客一樣會乘火車或私家汽車往粉嶺觀賞的。

至於澳門賽馬，何以戰後不能恢復呢？原因在戰時及戰後初期，黑沙灣馬場，爲一班農民用來作耕種之地，澳門當局，初時本想收回仍用作馬場的，可是鑒於有一種特別情形，不能辦到，再說和農民爭地，亦非澳門當局所願爲，於是乎無法收回，到現在，澳門政府也不作此想了。

今次我檢了兩幅圖片出來刋載，巧得很，我在日本佔領香港賽馬時代，和友好等養了不少澳洲和中國馬，而更巧的是澳洲馬王與中國馬王都在我旗下，這裏的兩幅，一幅是澳洲馬王「民望」的雄姿，這是眞正的 Griffin 純種馬，與現在香港的所謂執籌馬不同，因爲有三代履歷出生紙，可以查考也。

還有一匹中國馬王「壽星」，騎師是香港有名的紳商李世華兄，這兩張照片，已收藏了二十七八年了。

至於戰前香港馬主分別由上海、漢口、青島、天津各地聘請名騎師，像現在的畢浩清，是從上海江灣跑馬廳來的。畢浩清在上海，人稱小畢，每逢香港大賽馬，請他來香港策騎的，就是業已作古的李蘭生五叔。晏加那生是上海中區跑馬廳的騎師，請他來香港策騎的，是已故殷商余東旋。韋耀章是漢口的名騎師，原籍廣東，來香港後就留在此地。當年請騎師來港，需要管吃管住，管接管送，非有相當的交誼不可。（五）

當年中國馬王「壽星」騎師李世華君此馬亦爲本文作者所有

雪山牌

男庄皮恤·皮大衣·皮背心

大人公司有售

麻將縱橫談

・司馬我・

麻將爲我國「文化」之一，獨步宇宙，歷史悠久，「凡有華人之處，必有麻將」，誠非虛語。作爲遊戲來說，麻將的玩法變化無窮，趣味濃郁；作爲賭博來說，它又是一切賭博中最溫和之一種，而又可長可短，可大可小，四個人碰在一起，極可能的結果是湊成一桌牌局，太太們互通電話，往往一半是在約邀牌脚，麻將之成爲我國國賭，實非無因。

打麻將這件事，有人把它當作消遣，有人把它當作賭博，有人把它當作工作，有人把它當作職業，有人把它當作交際一法，有人把它當作生財之道，有人則兼具上述多種作用，而又隨機應變，靈活運用，至於交際花抽頭錢，丈母娘看女婿，此種風氣雖非於今爲烈，實仍盛行弗衰。

今日香港，大概是全世界麻將風行最盛的一個地方。因爲在大陸，麻將早被禁絕，在台灣，只能偸偸摸摸，在泰國要繳捐領牌，在美國祇有夜場而無日場，在日本只能在俱樂部裏打而決不在家裏玩。可是在香港，則旅館酒樓，巨厦木屋，騎樓天台，甚至車房街邊，祇須搭子湊齊，均可開枱，至於因三缺一而先打爛北風者，亦每事實常有，不足爲奇。

麻將非但可以賭錢，亦可行善。香港天主教婦女福利會主辦之麻將比賽，爲每年一度之盛舉，中西男女，踴躍參加，興高彩烈，鳥龍百出，妙趣無窮，全部收入，悉充善欵。

五年前，澳門舉行之一場麻將義賽，在某巨商豪華住宅內展開，經廿四小時之酣戰，冠軍爲一建築商人所得，獲勝注碼一萬餘元送交港澳兩地慈善機關。當時有關該項比賽之消息，報紙競刊，哄傳一時，其後每年舉行，但不再公開宣傳，見諸報端。

祇有一次，本港某報澳門通訊載稱：當地二十名好手連續作了三個月的比賽，規模較歷次爲大，擬定秩序每週一場，每次打牌，時間相同，計分方法亦相同，採取淘汰制，以得分最多者爲冠軍，除實際贏錢外，並得赤金牌章獎，以示榮譽，而誌紀念。該賽結束後，其冠亞二軍，挾戰勝之餘威，即向蒙地卡羅發出挑戰書，邀請對方遣派麻將好手，以與澳方對壘，作友誼性質之埠際比賽，但爲對方所婉拒，他們的理由係以書面送達：「敝處不諳此道。」

本港最大張旗鼓的一次的麻將比賽，是某電氣用品公司爲宣傳推銷其出品而舉行的一次「業餘麻將公開賽」，該賽於去年十二月十七日開始，採取淘汰制，規定限廿一歲以上「業餘麻雀高手」參加，不收任何費用，勝負只以籌碼計分，不得以現金賭博，在最後決賽中獲分最多者，即爲本港麻雀冠軍，可得全象牙麻雀牌一副，及足金東南西北風雀牌各一枚，總值五千元。其他三名決賽者，可得家庭電器用品一具。所有獲選參加者，各贈精美塑膠麻雀牌一副，以爲紀念。賽前並訂立比賽規則十八項，該項規則可供一般麻將同志之參考，茲爲附錄如下：

（一）廣東式舊章，無花，出銃加倍。（按正統廣東式舊章向計莊而不計出銃。）

（二）兩兩制，對對和、混一色，均作兩番計算。

（三）自摸或搶槓，加一番，槓上花兩番（按廣東式舊章，自摸概不計番。）

（四）四番滿，無雙辣。

（五）下列各牌作四番計：大三元，大四喜，嵌嵌和，槓上槓，十三么（上家不能截和，可搶暗槓），全么九對對和。

（六）下列各牌作三番計：小三元、小四喜（此例不通，因小四喜必帶混一色，豈能祇三番？）花么九對對和。

（七）叫碰須碰。

（八）觸牌須摸。

（九）前邊打出之牌不和，必須摸牌一次，方可再和此牌。

（十）上家打出你所叫和之牌不和而伸手摸牌，下家和牌時，不能截和。

（十一）待打之牌出手爲人所見，必須打出，不能縮回。

（十二）淸一色九張落地，必須包牌。

（十三）十二張落地，須包自摸。

（十四）兩家九張落地，包先不包後。

（十五）打出中發白使人和出大三元，必須包牌，打中發白明碰大三元，包自摸。

（十六）五子包生張。

（十七）大小相公不能補減牌隻，更不能食和。

（十八）如有特殊問題或爭議，由裁判員決定。

竊以爲上述規則，缺點及欠通之處甚多，主要者如詐和應賠滿貫，兩頭或獨聽是否可算平和？海底是否仍須打牌等等均未註明，未免美中不足。這次決賽在希爾頓酒店四樓澳洲廳舉行，共四圈，決賽者三男一女，抽簽執位後，正式開場，兎起鶻落，變多頗化，結果黃常以贏九十七個籌碼，獲一九六九年全港業餘麻將公開比賽冠軍榮銜，黃君卅九歲，台山人，打麻將有二十年之經驗，事後發表談話曰：『打麻將，運氣與章法各佔一半，最要緊的是冷靜與避重就輕，即如見人將食滿和，儘可能速放鷄和。』

香港人的麻將熱，造成了它「麻將王國」的地位。而香港號稱禁賭，而對於麻將的寬恕優容，却使它無形中成爲「麻將天堂」。香港法律，對賭博有奇怪規定，一種被認爲「機會博彩」，一種被認爲「技巧博彩」。前者爲純粹賭博，因爲勝負全靠機會僥倖；後者不算賭博，因爲其中有技巧成份，優者勝劣者敗，性質近乎競技。致府對麻將之一直網開一面，不以其爲賭博論，便是因爲它有「技術」在內。

初來香港之人，對於香港酒樓之被公認爲可以打牌之所，無不覺其新鮮別致，對於公然懸掛「麻雀耍樂」之店舖稱爲「麻將學校」，則又不禁「嘖嘖稱奇」，因爲其並非學校而稱「學校」，名曰「學校」而教育司又不聞不問，此種情形實爲全球所無。

「麻將學校」之爲香港特產，人所共知，這個法律上的名稱，係自英文演譯而來，不稱「館」而美其名曰「學校」，目的乃在矇蔽英人統治當局，而使它合法存在，自爲當年專辦華民事務的師爺們的傑作。目前港九公開麻將學校共一百餘家，秘密者不可勝數，政府每年收牌照費有限，九龍有一家規模大的麻將館每天抽水萬元以上，市民金錢時間之消耗於此者，數字龐大，不問可知，因此而間接引起的盜竊、欺詐、械鬥等犯罪事項共有若干，不難想像得之。

港九麻將商會某屆主席曾在該會理監事就職典禮中發表演說詞云：『麻將學校並非藏垢納汚之地，亦非賭博場所，純係華人之一種傳統耍樂，其意義猶如歐亞人士的撲克或下棋遊戲，目的在排遣無聊時間，測驗智力。該行同業無時不遵從政府法令，潔身自愛，昔日爲社會人士詬病的麻將館所產生的不良影响，而今不復仍在。今日的麻將學校，已成爲正當市民消閒的好去處，希望各界人士對該行業有更深刻的認識，文化先進能負起糾正一般人對麻將學校的不良觀感。』

麻將學校的最大特色與方便是一天到晚，搭子現成，跑進門口，即可成局，如外客不足，則可由伙計湊脚，輸贏大小，時間長短，悉聽尊便，至於同桌三方，非親非友，無須敷衍，輸贏均可馬上起身，一走了之，因其如此，老千亦不敢在這種地方出術，它對一部份小市民與背城搏命之徒的吸引力乃無可比擬，同時因爲浸沉其間家破人亡者亦不足爲奇，上述該商會主席的演說，則確係盡了花言巧語、顚倒是非的能事。

公開之麻將耍樂始於何時，不可知，但據所得資料，則知一九一八年時，港府曾有禁打麻將之議。作此建議者，爲當時華民政務司夏理德，原因是當時麻將之風業已大盛，而且超出了「家庭娛樂」的範圍，男女混雜，造成不良風氣。但是此議爲「更練局」局紳所反對，理由是麻將爲華人正當消遣，相當於西人之橋牌與象棋，所以不宜禁止，但也提出了兩項折衷辦法，其一是禁止婦女外出打牌。其二是不准開設麻將耍樂。奇怪的是此後不久，忽又明令准予開設「麻將學校」，對成人之入內「上學」者，無分男女，概不禁止。

由於麻將學校之害人不淺，五六年前，也曾有人在立法局會中提議重加禁絕，但是反對者提出了一個不成其爲理由的理由，說麻將學校常有黑社會牛鬼蛇神以及一切不良份子混跡其間，因此也成爲了警方線人從事活動偵查的理想場所，所以它的存在，無形中有協助警方破案之功。此種謬論，有以毒攻毒之妙，而麻將學校因此得以倖存。

麻將吸引力甚強，故凡是華僑衆多之處，麻將必然流行，而且當地人民也往往因其趣味濃郁，愛之成癖。

日本有麻將俱樂部，並有專家設校，傳授技術，而且確係眞正教授技術與切磋研究爲主要功課，與麻將學校中人之一味濫賭完全不同。他們的麻雀牌，有紙製若撲克牌者，但碰時無聲無息，只能靜玩，有人認爲這樣一來，趣味方面便不免打了個折扣。他們的打牌也和我們不同，例如自己打過的牌不能再和等等。日本政府當局曾下令嚴禁下屬打牌，原來日本人家中向不打牌，一部份熱中於此的公務員，愛牌如命，他們於辦公完畢之後，不肯歸去，即以辦公廳爲雀戰之所，燈火輝煌，通宵達旦，以至引起了政府的注意。

越南於一九五九年底實行禁賭，麻將亦在其列。曾有四名華僑於陰曆新年時因打牌被控判罪，延請律師上訴，最後法庭裁定麻將爲一種「需要高度思考來進行的玩意，而非賭博。」結果被告獲勝，覆判無罪。在麻將史上，這該是極光榮的一頁。

菲律濱教育部長，有一次也曾公佈一命令，禁止教員作「浪費無益之遊戲」，該浪費無益之遊戲，即指「麻將」。但此種命令，內容十分空洞，蓋雀局多在私人寓所舉行，局外人根本無從知道有那些人打牌，那些人沒有打牌，而教育部長亦根本無法派人察訪也。

歐美國家中，以美國人對麻將最感興趣，他們且有「麻將協會」之組織，全國會員達五十萬人。現任美國麻將協會主席爲一女性，她說：麻將是一切遊戲中最富魔力的一種，一經上癮，便無法戒除，而且也無人願意戒除，外國人對於麻將的欣賞，可以說是我們中國人的光榮之一。事實上，在一切賭博性之遊戲中，麻將的組織性之強，娛樂性之濃，確乎祗有「橋牌」差堪比擬，而其獨立作戰，以一敵三，以及對於各人機智的考驗運用，亦比「橋牌」之必須兩人搭配，分組合作，更爲靈活多變，趣味濃郁。

麻將這項中國文化，大受美國人士之稱頌讚美是事實，但是美國人的玩法與心理，却與國人又不同。因爲必須湊足四人方能入局，他們把麻將當作一項「大遊戲」；所謂大遊戲，係與兩人對弈，一人獨自打五關等相對而言，同時也把它當作一種小賭博。麻將的賭博意義是重要的，如如果不用錢碼來計算勝負，便會趣味盡失；但美國人雖然也用錢來計算勝負，可是爲數極微，只藉此來表示輸贏以及體驗其趣味而已，一場麻將的上落，通常不會超過五元十元，不若一部份中

麻將牌的故事

·問津·

麻將牌是中國人所創造的娛樂品，這是誰也不會否認的，但究竟是什麽年代的產物？什麽人所創作？却因並無史籍可考，傳說紛紜，其由於宋朝名士楊大年曾作過一册「馬弔經」，其競技情況，與麻將娛樂頗爲近似，因此後人大都以爲「馬弔」是麻將牌的前身，「麻將牌」是由「馬弔牌」所蛻化的。其實，「馬弔」即是「麻將」，是一而二、二而一的玩意，根本沒有什麽前後身之分；最顯著的就是「馬弔」這個名稱照字義上看來，實在想不出有什麽意義，採用這二個全無關聯的字，作爲一種物品的名稱，簡直不可思議。「麻將」亦名「麻雀」，已爲人所共知，在江南一帶，對於天空中飛翔的鳥類，不論鶯燕鳩雀，甚至大如兀鷹，都一律總稱曰「刁」（上聲），「麻雀」亦稱「麻刁」，楊大年原籍是江蘇無錫，將「麻刁」讀作「馬弔」，應是順理成章的事。

至於說「馬弔」的牌面上所繪的全都是人像，與麻將截然不同，可是在全部人像中，却分有士農工商四類，正符合了麻將牌的字與長方圓四種，麻將牌的長方圓圖形，原本具有農工商的涵義，長條形是禾桿，四方形的「卍」字，代表工人的規距，圓活的當然是商人，這分明是楊大年著意隱諱，特地將它改頭換面，以作掩飾，這位名士如此煞費苦心，自必有其不得已之處，但由此可知麻將牌的創造年代久遠，而且麻將牌必然引起過一場鉅大的風波，因爲麻將競技中所涵有的反戰意識，非常濃厚，反對人類以互相斲殺來求取勝利，這就很容易觸犯稱王道霸者的怒燄，試觀歷代以來，不僅正史與文獻中找不到麻將牌的片言隻字，甚至在裨官野史中也很難發現它的踪跡，楊氏之忌諱，自亦不足爲怪了。

筆者祇在舊小說「紅樓夢」中，見到了麻將牌的影踪，那是描述賈老夫人與王熙鳳、薛寶釵、史湘雲，共同鬥牌作爲玩樂的一段，雖然書中只稱「鬥牌」，所鬥的是什麽牌，却並無提明牌名，可是北方人所稱爲「鬥牌」的牌，只有二種，就是「麻將」與「同棋」，其他的牌都稱「打」，而不稱「鬥」，而且書中還有如下幾句的描述──鳳姐明知老夫人等着「二餅」，便把「二餅」打了出來──「二餅」分明就是「二筒」，北方人一向把「筒子」稱爲「餅子」，至今仍然，並且接下還有──湘雲說「二餅」我倒並不歡喜，恐怕老太太倒是「滿」了──「二餅」是麻將牌中所獨具的名稱，「滿」與「等着」，也都是麻將娛樂中所特有的術語，因使讀者們淸淸楚楚知道是麻將牌，曹雪芹雖然也避諱了麻將的牌名，却又故意從牌面名稱與術語中透露，這在今日一般硏求麻將史者看來，也彌足珍貴了。

據傳說麻將牌的初期，只是流行於宮庭中，是宮娥太監們的恩物，後來才從內宮中傳至王公巨卿宅第，成爲公子哥兒與士大夫們的高尙娛樂，直至明末時期，方始流入民間，那是由公子哥兒們，將之携入了秦樓楚館，一般高等妓女們，除了琴棋書畫之外，又學會了這個新鮮玩意兒應酧嘉賓，從此便流傳民間。但爲時頗短，那是滿州人入主中原以後，在反淸復明的浪潮中，麻將牌遭受了厄運，當時那些滿州官員，查封所謂叛逆之家時，都查到了麻將牌。滿州人看不懂這些是什麽玩意兒，以之詢問漢官，也只知道這是一種玩樂品，名爲「麻雀」，但牌面上却並無雀形。當時那七個字，也並非是東南西北中發白，而是──公侯將相文武百──問到這些字的意義，却都結結巴巴說不出一個所以然，於是引起淸廷疑慮，疑與反淸有關，遂明令嚴禁，不論軍民人等，凡有收藏麻將牌者，必須立即呈繳官府，或自行銷毀，此後如有私藏，一經查出，將以叛逆

國人之藉此搏命，白領階級會在一場麻將裏輸掉兩個月的薪水，主婦會在廿四圈裏輸掉三十天的家用。至於香港豪富俱樂部裏打的鷄和五百一千，自摸一番可贏四萬八千，一個通宵可以輸贏一二十萬元者，更無論矣！

除了輸贏奇小之外，美國人打麻將的另一可取之處是時間不喜過長，往往是晚飯之後打那麽短短四圈，借此消磨時間，以娛身心。同時他們也打得慢，平均四圈時間，約需兩個半小時以上，蓋目的既在消遣，自然儘慢無妨，不像香港有些太太們，每一副牌都像趕三關，從飯後兩點鐘打起，一直打到半夜以後，以三十六圈爲起碼；甚至卜晝卜夜，通宵達旦，而於第二天吃藥打針。所以美國人的麻將，技術方面或者十分水皮，可是以衛生而言，實在比我們中國人衛生得多。

大陸不准打麻將，根本沒有麻將牌；台灣可以偷偷打牌，但無麻將牌出售，得天時地利人和之賜，世界麻將牌市場，乃爲香港一地之天下，香港有一百萬人打麻將，所有麻將牌，均係本港自製，數目佔製造總數百份之四十，其餘百分之六十係外銷，輸出以美國、日本、南洋各地與英國爲最多。

在外國人眼光中，香港出品的麻將牌，乃「東方手藝工業」之一，這種工藝已有一百年之久。世界各國之能製作麻將牌者，中國而外，唯有日本，但日本係用機製，遠不若手工雕製之精緻。此外日本又有撲克牌式之紙麻將牌，但因打時不能劈拍有聲，未能暢銷，蓋打牌有聲，爲麻將基本趣味之一。

以前麻將牌多以牛骨刻製，附以竹背。牌之價值，隨骨之厚薄而定，貴者每副千元以上，較象牙製者尤昂。因爲一隻牛身上的厚骨，祇能製成六七張厚的骨牌。麻將牌每副一百三十六張，加上花與備用，至少需一百四十四張，非從二十餘條牛身上無法取得，物稀爲貴，勢所必然。近年香港所製，原料多爲塑膠，售價自每副五十元

罪論處。」小小一種玩樂品，竟然要犯滿門抄斬之罪，那還有誰敢收藏呢？

至於現代所流行的麻將牌式樣，卻是清代道光年間，寧波秀士陳魚門所改繪的。據近人筆記所載：自從陳魚門改繪麻將牌式樣以後，曾有杭州之江日報記者，在民國三年親至舟山，訪問陳氏後人，獲得了準確的資料，証實了故事的眞實性，特爲轉載如後：

『陳魚門是寧波舟山縣人，在道光初年中了秀才以後，因屢試不第，鬱鬱寡歡，精神頹喪，經常自言自語，呈現半痴呆狀態，其家人深感憂慮。陳魚門有表兄業航海生涯，自置航船一艘，頗具規模，爲人運儎貨物，往來沿海各埠。陳魚門家人慫恿其在表兄船上，充任司賬，希望其借此遠遊各地，解除其胸中憂鬱，於是陳魚門乃棄學從商，每抵一埠，必登陸暢遊，果然性情開朗，精神恢復。

海員因生活枯燥，大都嗜賭，船中賭具，應有盡有，開航以後，便開始賭博。陳魚門雖不嗜賭，但在無聊時，亦作壁上觀，他見到麻將玩樂，發生興趣，雖然他尙屬初次見到麻雀牌，但卻早已聞名是清廷所嚴禁的，可是他看不出有什麼反清意義，如果一定要說有政治意味，那只有公侯將相等字樣，倘以之改換他字，便無絲毫政治氣息，於是他立意將之改繪。

風向與海員生活，有密切關係，東南風或西北風，對海員生活，影响重大，所以他很快就想到了東南西北四字，可是以下三字，極費躊躇，能連接在東南西北之下，只有一個中字，中字之下二字，卻把這位陳秀才困住了，一時之間，想不出適當的字。有天風和日麗，海面如鏡，陳魚門清晨起身，便獨自溜到甲板上，反着雙手踱步，口中不斷地唸着東南西北中，然而中啊！中啊！老是中不下去，他的表兄其時也走到甲板上來，站在他的背後，他卻惘然不覺，還在唸着「中啊，中啊」。表兄以爲他還懷念功名，因此向他勸慰說：「讀書人希望考中以後升官發達，但做生意也同樣可以發達，至於說光耀門楣，那在發達以後，用銀子捐一個功名，不也是一樣。」不料這幾句隔靴搔癢的勸慰說話，卻引起了陳魚門的靈感，立刻跳起身來說「對啦！白衣人考中了可以發達，發了達的白衣人，也可以考中，哈哈！白中發發白中，一點兒也不錯」。中發白三字，於焉誕生，這也是窮秀才的牢騷。』

那時的麻將牌上長方圓三個形式，方的已不是束字，而是三個四方形的口字，但一品二品，卻又是官級，又得避諱，於是又改爲萬字。筒形的一束，改爲雀形，以實麻雀之名。原本稱爲「餅子」「條子」的，則改稱「筒子」「束子」，這是寧波漁民與魚行交易的術語，百斤稱「一簾」，十簾稱爲「一束」，十束也就是一「萬」斤了。麻將牌經此一改，更爲廣泛流傳，祗是從士大夫的高尙娛樂，普及成爲大衆化的賭具，追本溯源，可不能忘記這位發明人陳魚門呀！

望眼欲穿　王澤畫

至一百元。不少英國人在香港學會了打麻將，回家帶一兩副回去，以爲紀念，但他們也更喜歡竹背的骨牌。

塑膠麻將牌的製作，計分鋸、切、磨、雕、裝五項工序，其中以雕工爲最難。因爲同一副牌裏面，每張的字和花紋，都要刻得一樣，而刻時並無畫稿，全憑空手刻出，這就要憑經驗和手的眞工夫了。

一副塑膠的麻將牌，平均壽命約三四年，每一製牌工人，月入約四百餘元，倶樂部每一副牌，在其使用期間，經過該牌的輸贏數字，可能超過五百萬元以上。

麻將是「賭博」「遊戲」兼而有之的一項玩意，我喜歡打打小牌，歷來輸得確乎不少，但是輸得甘心，因爲它是在自己的手指遊戲中輸去的，就算麻將是賭博，也是屬於溫和的一種，不是烈酒。此外，我又認爲，沒有一處場合，比諸幾個人圍坐於一張方桌之上手談更易了解，任何其他場合，由人介紹認識一個新朋友，要記得他底姓名不是件易事，下次重晤，相見可能有若未識，同桌打過八圈牌便不然，他不但不會忘記你姓張姓李，而且一定記得你曾放過他一副雙辣而全不在乎。一個好「搭子」，往往可以成爲好朋友，這所謂「好」，包括一個人的「個性」、「人格」、「學問」、「風度」、「生活哲學」以及對於金錢觀念等等。一位和太太舞了一曲爲她移座示敬的紳士，在家裏可能是一個獨裁的暴君；一個在鬢影釵光之間儀態萬千的小姐，可能是一個擅與鄰居相罵的潑婦，打牌卻使每一個人眞情流露，無法掩飾。曾經有這麽一個笑話：有位富翁要選女婿，他就是在麻將枱上物色了三位青年人，他告訴女兒說：一個「精明」，一個「緊張」，一個「隨和」，隨便你挑一個吧！

總之，我是始終擁護麻將的，麻將縱能產生罪惡，製造者不是麻將本身而是打麻將的人，這確是一種需要高度思考的遊戲。

1969

THE QUEEN'S AWARD
TO INDUSTRY

英國樂頓男仕皮鞋

榮獲英女皇一九六九年特別獎

款美價廉·舒適輕便

特別選用

法國野狼皮製造

NORTON

MADE IN ENGLAND

大人公司有售

銀海滄桑錄

「銀壇霸王」王元龍

蝶衣

有「銀壇霸王」之稱的王元龍先生，是我在藝苑交遊中，認識較晚，但却佔據着「平生風義兼師友」的重要地位之一人。他有幾句話對我影響很大，後面我將另加敘述。這裏，且先畧說他的生平。

出身於保定軍校

民國初年，王元龍曾肄業於保定軍校，可知他的初願本想在軍界謀出身，也許是當時軍閥割據局面的惡劣情況使他減少了興趣。後來竟然在電影界裏成了名重一時的「銀壇霸王」，可能是他始料所不及的事。

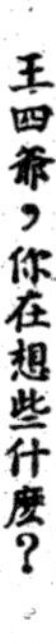
王四爺，你在想些什麼？

王元龍於民國十一年隻身從北京到上海，考入徐欣夫創辦的大中華電影公司，以主演「人心」，「戰功」兩片，奠定了他的男主角地位，銀色生涯是十分順利的。但在他投考之時，却相傳有着如下的一段佳話：

據說：他之被大中華電影公司錄取，主要是他在主考官之前表演了一手甩虎跳。關於這一段掌故，近人虎腰生曾在「銀幕外史」中取作開宗明義第一章的材料，小說中化名為侯春鴻，事實上就是影射王元龍。

當然，傳說是不可盡信的。以意度之，可能他在應考時表演了身手矯捷的一面，因而獲得了徐欣夫的賞識。觀乎後來他一直以豪爽俠義的性格在銀幕上露頭角，相信他在初入電影圈的青年時期就有「武打」的身手，甚至當眞來上幾個「虎跳」，也是不足為奇的。

男演員最高薪酬

記憶中，他初上銀幕的三部作品：「人心」，「戰功」與「小廠主」，前兩部是與張織雲合演，後一部是與「小妹妹」黎明暉合演。在他担任「小廠主」一片的男主角之時，他所得的月薪已提高到一百二十元，是全上海二十餘家影片公司中，男演員薪酬最高的一位。

繼「小廠主」之後，徐欣夫的大中華電影公司與朱瘦菊的百合影片公司合併，公司名稱就叫作「大中華百合」。王元龍與張織雲也同時轉入了這一面旗幟之下，緊接着又以「美人計」一片公映後轟動一時，而奠定了他在電影界更崇高的地位。

「美人計」取材於「三國演義」，是一部大堆頭的歷史故事片。那時候，上海電影裏拍攝古裝片的風氣還不怎麽盛；很可能，這一部「美人計」還是古裝電影的嚆矢。

「美人計」一片由張織雲飾孫尚香，王元龍飾趙雲，王乃東飾劉備，周文珠飾吳國太，此外還有王次龍、王徵信等許多性格演員參加演出，陣容相當浩大。中國之有大堆頭的影片，此片是開天闢地第一部。

繼「美人計」之後，出現於上海影壇的又一部大堆頭影片是「新人的家庭」。

「新人的家庭」是時裝片，導演是「六指翁」任矜蘋，攝影是卜萬蒼。

任矜蘋為人足智多謀，長於組織才能，當時他與留美專攻戲劇歸國未久的陳壽蔭，會同組織了一家新人影片公司，邀請了隸屬於公司的第一流男女演員，聯合主演創業作「新人的家庭」；王元龍也在被邀之列，他在片中又以突出的演技，造成了不平凡的成績，從而享有了「首席小生」的讚譽。

愛情事業受打擊

其後，王元龍又先後主演了「透明的上海」與「銀槍盗」「殖邊外史」「王氏四俠」諸片。在銀幕上，他改變了風流蘊藉的小生戲路，另行揉造着英雄典型，向寬濶的戲路方面發展。他晚期作品的風格，就是在此一時期奠定的。

自從他在銀壇上崛起，生命中就充滿了多采多姿的羅曼史，而以結識當時的海上名花雅秋老四，由熱戀進而賦同居之愛一事，最爲時人所豔稱。

惜乎好景不常，這一段姻緣，不上幾年就宣告結束了！起因是爲了王元龍天性好交朋友，視「仗義疏財」爲一己之職責，因此引起了雅秋老四的不滿，當然還夾雜了一些其它的因素，一雙情侶終於宣告分手。

禍不單行的是：這時候王元龍自己已在攬獨立製片，以元龍影片公司名義拍攝的「王氏四俠」續集，因營業不甚理想而虧損甚鉅。愛情事業受到了雙重打擊，一向性格朗爽的王元龍，意志突然消沉，終日與烟酒爲伍，他的銀色生涯，也由於電影圈中人材輩出而日趨黯淡。

在故都結了鴛盟

民國二十三年的初冬，王元龍黯然離開了上海，到故都北平去另行打天下。

他到了北平之後，糾合了幾位舊相識，創立了「影聯製片社」，先從招考演員設班訓練着手，預備循此途徑，再向攝製影片方面謀發展。

不想「影聯製片社」的另一負責人，忽因牽入了一樁不法事件中，被人告發，爲北平教育界所不容，呈請平市當局下令驅逐出境。王元龍雖未殃及，但「影聯」的組織的却因此而陷於停頓了！他的一番雄心，至此又成了泡影。

從民國二十四年到二十七年，王元龍一直逗留在北平，度着他清苦的生活。其時正值國難當前，河山破碎，上海的電影事業，已陷入凋敝之局，北平自然更難謀發展。不過，這時王元龍雖已失去他向日銀幕上的鋒芒，婚姻大事却在這時候決定了！一位女性進入了他的生活圈子，並且正式締結了鴛盟。

這一位女性，就是後來人稱「四奶奶」的陸依宸。

「楚霸王」重振聲威

抗日戰爭爆發後，政府西遷，上海成了「孤島」。由於有「租界」的庇護，十里洋場到了民國二十八年，已逐漸恢復了「樂土」的原有繁榮，「聞人」嚴春堂創辦的藝華影業公司計劃開拍一部古裝片，以平劇「霸王別姬」作爲藍本，已邀妥平劇女伶金素琴飾演虞姬一角，而楚霸王則一時難得適當人選。後來由導演王次龍提出了遠走北平的王元龍，這才一紙電報把他請了來；於是，他又獲得了重上銀幕的機會，恢復了水銀燈下的生活。

王元龍在「美人計」電影中演趙雲是國語明星在片中策馬上鏡第一人

在「楚霸王」一片中，王元龍憑着他優異的外型與凝重的演技，表現突出，神韻恰似，片成公映後稱譽之聲復起，「銀壇霸王」的地位也由此而奠定了！

「楚霸王」一片攝製於民國二十八年，此後王元龍即成爲「藝華」旗幟之下的一員，陸續主演了自任導演的「燕子盜」，以及由嚴幼祥導演，路明合演的「刺秦王」，嚴幼祥導演•張翠紅合演的「觀世音」，文逸民、陳煥文聯合導演，張翠紅合演的「秦香蓮」，自導自演的「太平天國」諸片。

此外，他又接受了張善琨的聘請，在袁美雲、梅熹主演的「西施」中飾演伍子胥一角。接着又在岳楓導演的「忠義千秋」中飾演關羽，兩片都有吃重的演出。這時候，他已由「小生」進而走上了「老生」的戲路。

演員導演一身兼

抗戰八年，勝利復員。王元龍繼續從事於水銀燈下的生活。根據紀錄，與他有關的有下列數片：

「天橋」，杜驪珠、言小朋（騙生名角言菊朋之幼子）主演，王元龍導演。（「中電」三廠出品）

「大俠復仇記」，王元龍、于素秋主演，王元龍兼任導演。

「鐵血男兒」，王豪、呂玉堃主演，王元龍導演。

「駝龍」，高占非、北平李麗主演，王元龍導演。

「兒女英雄」，李幼麗主演，王元龍導演。

「十三號凶宅」，白光、謝添、王元龍主演，徐昌霖導演。

這一個時期，王元龍不僅是演員，而是導、演一身兼了。

踏上了流亡之途

又一次的河山變色，輿圖換稿。電影圈中人紛紛南遷，踏上了流亡之途，在無數的避地衣冠之中，也有王元龍一家在內。

王元龍，已是電影界的前輩人物，到了香港以後，後一輩的人都尊之爲「王四爺」。

乍到香港，王四爺即被顧而已請了去，在他執導的「水上人家」一片中參加演出，那是大光明公司尚未遷往上海時期的出品。

此後，王四爺便一直流寓於九龍，度着他後期的演員生活，直到去世。

我於一九五二年流亡來港，才開始認識了這位鼎鼎大名的「銀壇霸王」。而過去在上海，我却僅是看過他的戲，初期的「小廠主」、「美人計」，中期的「銀槍盜」、「王氏四俠」，以及「西施」、「忠義千秋」等，我都看過；却並未識荊。

從一九四九年來香港，到一九五九年在台灣逝世，王四爺所參加演出的國語電影，十年間不下百餘部。

他成爲藥裏的甘草，任何國語電影都少不了他，戲中有他一個角色，便增加了戲的份量。

由於接片多，有時他往往一天要趕兩三組戲。好在有些戲是在同一片塲拍攝的，從這個棚轉到那個棚，簡直易過借火。甚至服裝也不須更換，因爲他在片中所飾的角色，不是父親便是經理，差不多都是那個樣。加之他一上塲，演技又是老路縱橫，很少吃「N·G」；所以他即使累累撞期，影片公司還是非請他不可。

楚霸王小插曲

藝華公司當年拍攝「楚霸王」，由於經濟周轉關係，嚴春堂延李祖萊任監製，特邀梅蘭芳爲演出顧問，隆重其事。梅蘭芳建議：項羽烏江自刎後，應有幾場戲。於是導演王次龍在劇本中加了幾場戲，其中有一場項羽四出覓食，農民將米飯傾於田陌中，並說：「寧可把米飯餵猪餵狗，也不能給姓項的人吃。」引起上海項姓人士的誤會，幾致涉訟，其後將此一段對白剪去，其事始寢。圖爲王元龍化裝的楚霸王與該片監製人李祖萊合影，攝于藝華片塲

作出了兩大貢獻

除了不辭勞瘁，把他的全部精力獻給第八藝術之外，又曾在百忙之中賈其餘勇，對香港電影界作出了兩大貢獻。

這兩大貢獻，在王元龍的從影史上，是值得大書特書的。

首先，是在他的領導發起之下，組織了港九電影戲劇自由公會。

過去，影劇從業員都是一盤散沙，並無集體性的聯繫。自有公會以後，才把所有的影劇從業員團結在一起，隸屬於同一自由旗幟之下。近年來會員日益衆多，公會的名稱也改了「總會」，目下已成爲香港組織堅強的法團之一。

在集體領導之下，一年一度舉行的慶祝雙十國慶同樂晚會，情況一年盛似一年，收到了團結友愛，以及鼓舞人心的極大效果。

王元龍先生，是港九電影戲劇自由總會的創始人，也是第一任主席。此後經過了歷屆主持人的努力，已擁有自置一層兩間打通的會所。回瞻過去，王元龍的艱難締造之功，是不可磨滅的。

電影學校之創設

另一貢獻，就是在王元龍的倡導之下，成立了一間「中國電影學校」。

有一件事必須補充追叙一下：

遠在民國十一年間，電影事業在上海，已開始進入蓬勃階段，影片公司相繼設立者，有如雨後春筍，而熟諳第八藝術的專門人才則寥若晨星。有志之士有鑒於此，便有以培養電影從業員爲目標的學校一所，在上海設立。

這一所學校附設於愛多亞路大世界游藝塲附近一家私立學校裏面，是借地上課的性質，掛出的招牌叫做「中華電影學校」。

根據老牌影星龔稼農所著的「從影回憶錄」記載，得悉這一所學校的創辦人是小說家顧肯夫，顧氏與鳳昔醉，潘毅華三位一體，亦爲初期上海電影界之風頭人物，筆者早年與三君俱曾識面，以及前面提到過的新人影片公司主持人之一的陳壽蔭，現亦在港。

在校担任講課的，除了顧、陳二位之外，還有留美戲劇家洪深，留法攝影師汪煦昌，以及明

星影片公司三巨頭之一的鄭正秋、

中華電影學校的第一屆畢業生中，有後來紅極一時，成爲中國有史以來第一屆「影后」的胡蝶；同時，「銀壇霸王」王元龍也是名列前茅的畢業生之一。

事實上，王元龍當時已是「大中華」旗幟下的首席小生。但是他的進取心甚强，中華電影學校公開招生時，他也去了報名，開學後每晚七時至十時趕到學校去上三小時的課，好學敏求的結果，終於獲得了期考完畢後的一紙畢業文憑。

我猜想：王元龍先生後來之發起創設「中國電影學校」，可能與他早年肄業於「中華電影學校」的一段歷程有關。在他的腦海裏，「樂育英才」的一幅構圖是早已有之的。

「中國電影學校」成立於一九五六年，王元龍自任校長，屠光啓、陶秦分任副校長，徐心波任教務主任。開學之日我不僅躬與其盛，並且由於王校長的聘請，我也担任了編劇課的教席，當時曾有詩二首記其事曰：

坐擁皐比未預期，躍登銀幕正當時，
聊師信口雌黄術，試共諸生一解頤。
講壇咫尺怯初登，悔不當年三折肱；
一語惟能嘲自解，生涯曾伴水銀燈。

電影學校所造就的人才，女演員有丁紅、梅月華（退出電影圈較早）、馮敏；男演員有孫添（後改名金石）、秋湖（後改名羅馬）、朱今、張煦；導演則有楊權、羅馬，以及最近爲姚蘇蓉導演「我要結婚」的金石。還有一位郁正春，曾先後任吳家驤、何夢華、午馬的副手，担任好多部電影的副導演。

在台北長謝人世

一九五九年，新華影業公司在童月娟率領之下，赴台灣拍攝「茶山情歌」、「青城十九俠」兩片，王元龍與我，都參與了外景隊行列。

外景隊分兩部份出發，一部份乘飛機。據說，同行者十三人，王四爺是最後上機的一位。又傳說：出發之前他在家裏不小心，打碎了他最心愛的一只小茶壺。

我是坐船去的，到了基隆才與先頭部隊會師。在台北住了不上幾天，便全體出發，去往台中日月潭，拍攝兩片的外景。

爲圖清靜，我一個人單獨住在涵碧樓，王四爺初時沒有戲，常來小坐。在這一短時期中，我與四爺較多談話機會。四爺的性格，很有些古代的朱家、郭解之風，朗爽、熱誠，是他的稟賦之特徵。

七月二十日上午九時，王四爺突然在台北逝世。其時我正有南部之行，聽到了他舊疾復發進了醫院的消息後匆匆趕返台北，他已與世長辭，從此失去了一位高年碩德的良師益友。

在台北樂園殯儀館治喪之日，我代表新華影業公司同人擬了一副輓聯，懸在靈前致哀悼之意，聯語曰：

銀海星沉，天幕光黯。
青城俠去，茶山歌殘。

語重心長一席話

當王元龍還健在，中國電影學校尚在開課之日，有一天我們共同參加一次座談，會散後我向王校長表示了倦勤之意。那時候，我在電影學校從初級班教到高級班，已盡了三個學期的義務；學校經費困難，雖有車馬費規定，我從未具領。

他聽了我的話之後一聲長歎，拍拍我的肩膀對我說：「我一天忙到晚，何嘗願意呢？可是沒法子，有些事，我們不能不做呀！老弟，勉爲其難吧！」

這短短的幾句話，語重心長，對我影响甚大。直到現在，我還把「不能不做」四字，作爲治事的座右銘呢！

王元龍先生，他不但是我的良師益友，也是電影界一位可敬的長者，了不起的偉人。

劉喜奎與捧角家

葦窗

劉喜奎（一九五〇年攝）

清末民初，坤伶劉喜奎紅極一時，使得號稱「伶界大王」的譚鑫培搖頭嘆息說：「男的唱不過梅蘭芳，女的唱不過劉喜奎！」可見得劉喜奎當時的聲勢，連老譚也要讓他幾分！

據看過劉喜奎演出的周志輔先生說：他先在青島看劉喜奎的戲，後來又在北方看劉喜奎的戲，唯一印象是其人嬌小玲瓏，演的是梆子戲，台下的觀衆起哄得利害，從此產生許多捧角家。

劉成禺著「洪憲紀事詩本事簿注」有詩云：「騾馬街南劉二家，白頭詩客戲生涯，入門脫帽狂呼母，天女嫣然一散花。」注曰：「劉喜奎色藝，當時實領王冠，名士如易哭庵、羅癭公、沈宗畸輩，日奔走喜奎之門，得一顧盼以爲榮。哭庵曰：『喜奎如願我尊呼爲母，亦所心許。』喜奎登台，哭庵必納首懷中，大呼曰：『我的娘，我的媽，我老早來伺候你了！』每日，哭庵必與諸名士過喜奎家一二次，入門脫帽，必狂呼『我的親娘，我又來了。』喜奎畧通文墨，後拜哭庵爲師父，日習藝文。喜奎曰：「易先生見面，呼我爲娘，我今見面，即呼彼爲父，豈不兩相作抵？』描寫坤伶與名士，躍然紙上。其時舊都名流，爲了捧角，甚至組黨結社以相持，某黨某社之成，皆以博喜奎一粲不免有競爭之舉，然非喜奎之所願，於是作了一篇自白書，公諸報端，此文堪作一代梨園文獻，轉錄如後·

「喜奎一弱女子，上有寡母，下鮮兄弟，孤苦伶仃，無所依恃，不幸而操業伶官，藉賣藝以爲奉養計，犧牲色相，淪落風塵，其遇亦可哀矣。入都以來，荷承都人士憐惜，揄揚貶責，各臻其極，雖毀譽殊途，然爲憐惜喜奎，俾喜奎日進於善之心則一也。喜奎得此，曷勝感激，乃不圖以此之故，竟興筆墨之爭，浹旬累月，愈演愈烈，此往彼來，疲神勞力，烟雲鬱以慘淡，楮墨黯然無光，爭雌雄競勝負之概，誠恐歐洲今日之血戰，亦無逾於此也。果何爲哉？果何爲哉？得毋與君等憐惜喜奎之初心相背乎？君等誠憐惜喜奎而無他心，則均不應出此，悠悠毀譽，在古昔君子大人，曾不以此動其心，易其行，而況喜奎一弱女子之微且賤乎！君等休矣。夫喜奎自喜奎，喜奎無可奈何而業伶，藉賣藝以博資，此喜奎之分也。喜奎唱戲，君等聽戲，是喜奎之不幸，而君等之幸。其他之事，固無係於喜奎，亦何與於君等。其或爲美，或爲惡，或爲喜與不喜，皆喜奎所自有之，君等胡不憚煩爲之嘔心血絞腦漿嘵嘵叫囂一至于此哉！喜奎誠不肖也，譽之者又安足以爲喜奎重，喜奎誠非不肖也，毀之者又安足以爲喜奎損，無當之譽，無當之毀，其失均也。智者弗爲，君子弗許，君等今日之爭論，果爲何哉？其或以春日方長，無事可作，聊假是以消磨歲月乎？其或以喜奎爲一弱女子爲可欺，視爲消遣之材料乎？信如是，則君等大誤而特誤矣！夫吠影吠聲，無禮之毀，固喜奎所不任受，即評姿評色，輕薄之譽，亦喜奎所不願聞，君等其可以休矣。喜奎生不逢辰，不幸爲女伶，君等遂得如是而譽之，如是而毀之，脫令生長名門世胄，君等試思能如是譽之毀之乎？即君等家中婦女，亦能任人如是譽之毀之乎？如曰能也，則君等更何譽於喜奎，更何毀於喜奎；如曰不能，則由前之說，君等爲勢利；由後之說，君等無恕心。喜奎亦人子也，不過遇蹇耳，本正當之人道主義，憐惜一孤苦伶仃之弱女子，天理也，良心也。若君等今日之所爲，直以喜奎爲君等之賭勝物，喜奎不足惜，其如君等之良心何？設猶長此不休，則君等直人道之罪人而已。顧或謂君等類皆嶔崎磊落之士，志不得遂，才不得展，抑鬱無聊，遂出此無聊之舉，奪他人之酒杯，澆自己之塊壘，藉一弱女子之喜奎，以洩胸臆中不平氣。是則喜奎可以爲君等諒，但喜奎又不禁深爲君等惜，更深爲君等羞也。夫志不得遂，才不得展，潦倒平生，徒呼負負，此宜爲君等惜。然志不得遂，緣無可遂，才不得展，緣無可展，此宜爲君等羞。嗟乎，風雲日惡，國步艱危，使君等果懷愛國大志，濟世高才，則值此存亡攸係，千鈞一髮之秋，奔命救死之不遑，寧有餘暇爲喜奎一弱女子嘔如許心血，耗如許精神，以事此無意識之爭論哉？君等非昂藏七尺之偉男子乎？急公義，賦同仇，今其時矣。大好頭顱，幸勿辜負，君等縱不自惜，喜奎爲君等惜之。君等縱不自羞，喜奎爲君等羞之。嗚呼，君等若再不猛省回頭，急起直追，盡心瘁力於國事，則君等又爲國家之罪人矣！喜奎久懷漆室之憂，未繼木蘭之志，悵古徽之已渺，念後起其何人！滿目瘡痍，望河山而隕涕；一城風雨，撫身世以興悲，是則喜奎又自惜自羞之不暇，復爲君等惜，復爲君等羞也。宇宙茫茫，我憂孔多，胡帝胡天，至於此極。嗚呼，噫嘻！喜奎尚有一言爲君等告，夫婚姻自由，國有明令，此神聖不可侵犯之主權，而竟有某某橫施以干涉之詞，破壞法律，蔑棄人道之罪，某某其能免乎？抑

圖京師最古老的戲園廣和樓，舊名查樓，座位直行排列。

主持輿論者，固應如是乎？其他汚蔑私德之事多端，喜奎自問無他，故亦在所弗計，然以爲若是之人，而亦厠身輿論界，喜奎雖不肖，亦爲我大中華民國之輿論界放聲一哭也。夫喜奎嫁與不嫁，果何與於人事；若以某某類推，漫京津間無一可嫁之人，即謂舉世無可嫁之人可也。喜奎謹矢言，非得上馬殺賊、下馬草露布、光明磊落、天眞爛漫之好男兒而夫之，寧終身不嫁，苟得其人，雖爲之婢妾，亦所願也。至若權豪紈袴之子弟，以及金玉其外，敗絮其中之小白臉，咬文嚼字，純盜虛名之假名士，喜奎固早塵土視之矣。知喜奎者，其惟此乎？罪喜奎者，其惟此乎？」

此文一說即出於哭庵老人手筆，劉喜奎何能寫得出這樣的文字，這是可以斷言的。據易君左先生回憶其尊人說：「我父親一生高風亮節，壯志奇行乃在甲午後援助台灣人民抗日一役，他極力主戰，在中日宣戰前一個月，他向清廷上了一個『擬陳治倭要義疏』，隨即看見大勢逆轉，又上了一個重要的奏摺：『敬陳管見疏』，列舉十大條欵，加强戰志。不幸我國在甲午戰敗後，割地賠欵，恥辱重重，愛國詩人如我父便發出慷慨悲歌的高吟……』又說：「光緒二十六年庚子，我父四十三歲，奉旨督辦江防，不久督辦江楚轉運，改駐陝西。過了兩年的壬寅冬天，簡任廣西右江道，調署太平思順道，駐節龍州，是一片邊荒之地，到任後不過三個月，解決了地方上許多糾紛，整頓關稅和修理炮台，邊民漸安而邊防漸固。不知怎樣？而總督岑春煊忽以『名士畫餅……』的罪名橫加我父，竟被彈劾罷職……」易哭庵老人晚年，以一種憤世嫉俗的心情，寄託於歌壇戲園之間，他所捧的對象不止一個劉喜奎，像當時和劉喜奎打對台的鮮靈芝、金玉蘭等，還有男的梅蘭芳等。易君左先生回憶幼年隨其尊翁聽戲，有如下的一段文章：「我父親聽戲的資格最老，文名最大，不但當時的名伶個個奉承他，即聽戲的顧客也個個認識他，每次進入戲園，顧客見是他老人家來了，不期而然的一齊起立，含笑歡迎。戲園的掌櫃也經常替我父親留上池子最前排的座位，以有諸名士在座捧場爲榮。我父親對於前後左右的顧客，無論識與不識，常常加以聯絡，有說有笑，甚至買點小餅子之類送給這些人，爲的是當他老人家賞識的角兒出場時，可以强化『叫好』的陣容。而在台上表演的角兒也很滑稽，有時在說白唸詞中還和我父親開開小玩笑，我父親有時也和他們或她們開開小玩笑。我還記得有一次：我父親晚年最賞識的一個坤伶鮮靈芝在廣德樓演新編的『一元錢』，有一場是和尚唸經，那些和尚唸的詞句中有兩句是：『台下有個易實甫，台上有個靈芝女』，幽默了我父親一下；等到鮮靈芝對一個配角說白：『你眞是裝龍像龍，裝虎像虎』，我父親一下站起來，接着大聲道：『我願你嫁犬隨犬，嫁鷄隨鷄！』一時引起了滿園的哄笑，台上美麗而肥肥的鮮靈芝也泯着小口笑了。

以我父的捷才，出口成章本不足怪，但是他老人家說出這兩句話『嫁犬隨犬，嫁鷄隨鷄』是有意思的。鮮靈芝當年紅得發紫，他嫁了一個男伶叫做丁靈芝，很不滿意，所以我父親乘機規勸規勸她。」

關於捧劉喜奎的文章，見於張聊止著「歌舞春秋」有曰：「亞細亞報主筆劉少少，對劉喜奎傾倒備至，嘗作『冊封劉王』一文，刊諸報端，於喜奎所演各劇，無不讚美，顧與喜奎實從未謀面。丙辰秋，少少獨居法源寺，余一日趨往訪談，四壁蕭然無長物，而牀頭一案，置喜奎放大倩影一幀，談及喜奎色藝，津津有味，曰：喜奎演『醉酒』，吾意當年玉環無此美姿，蓋玉環之肥，決不及喜奎之穠纖得中，且玉環無歌喉，而喜奎則珠圓玉潤，寧非此勝於彼耶！少少又在眞共和報作『擬招隱賦』一文，自註云：『爲吾家喜奎作也』。然喜奎除登台演劇而外，屛絕酬酢，與少少初不相識，其孤高自不可及。喜奎與鮮靈芝於民國三四年間，同在大柵欄登台，一在三慶園，一在廣德樓，望衡對宇，競爭甚烈，鮮之叫座力，終不及劉。某小報載鮮靈芝會令估衣局特製繡金袍一襲，預備戰勝喜奎後，爲祖師爺披掛，但鮮之色藝萬非劉敵，此舉終屬徒勞云，亦趣聞也。」可見得捧劉喜奎者之衆且多，初不祇易哭庵等三數人，惟哭庵老人名望大，於是被目作捧角家之偶像人物了！

葦窗談藝錄

大千居士題

總代理：昆成有限公司
香港德輔道中20號德成大厦1005——6室
電話：H—235775，H—224901，H—231272

本刊已向香港政府登記

上海・上海筵席

處理清潔・味道可口・地方舒適

大人飯店

九龍砵蘭街二五五號・電話三〇二二五一

定價每冊港幣壹元

大人總目錄

第一期（一九七〇年五月十五日）：

第二期（一九七〇年六月十五日）：

第三期（一九七〇年七月十五日）：

第四期（一九七〇年八月十五日）：

第五期（一九七〇年九月十五日）：

第六期（一九七〇年十月十五日）：

第七期（一九七〇年十一月十五日）：

第八期（一九七〇年十二月十五日）：

第九期（一九七一年一月十五日）：

第十期（一九七一年二月十五日）：

第十一期（一九七一年三月十五日）：

第十二期（一九七一年四月十五日）：

第十三期（一九七一年五月十五日）：

第十四期（一九七一年六月十五日）：

第十五期（一九七一年七月十五日）：

第十六期（一九七一年八月十五日）：

第十七期（一九七一年九月十五日）：

第十八期（一九七一年十月十五日）：

第十九期（一九七一年十一月十五日）：

第二十期（一九七一年十二月十五日）：

第二十一期（一九七二年一月十五日）：

第二十二期（一九七二年二月十五日）：

第二十三期（一九七二年三月十五日）：

第二十四期（一九七二年四月十五日）：

第二十五期（一九七二年五月十五日）：

第二十六期（一九七二年六月十五日）：

第二十七期（一九七二年七月十五日）：

第二十八期（一九七二年八月十五日）：

第二十九期（一九七二年九月十五日）：

第三十期（一九七二年十月十五日）：

第三十一期（一九七二年十一月十五日）：

第三十二期（一九七二年十二月十五日）：

第三十三期（一九七三年一月十五日）：

第三十四期（一九七三年二月十五日）：

第三十五期（一九七三年三月十五日）：

第三十六期（一九七三年四月十五日）：

第三十七期（一九七三年五月十五日）：

第三十八期（一九七三年六月十五日）：

第三十九期（一九七三年七月十五日）：

第四十期（一九七三年八月十五日）：

第四十一期（一九七三年九月十五日）：

第四十二期（一九七三年十月十五日）：

大人（一）

數位重製・印刷　秀威資訊科技股份有限公司
http://www.showwe.com.tw
114 台北市內湖區瑞光路 76 巷 65 號 1 樓
電話：+886-2-2796-3638
傳真：+886-2-2796-1377
劃　撥　帳　號　19563868　戶名：秀威資訊科技股份有限公司
讀者服務信箱：service@showwe.com.tw
網　路　訂　購　秀威網路書店：https://store.showwe.tw
網路訂購：order@showwe.com.tw

2017 年
全套精裝印製工本費：新台幣 30,000 元（不分售）

Printed in Taiwan　ISBN: 978-986-326-369-2　CIP: 078

本期刊僅收精裝印製工本費，僅供學術研究參考使用

讀者回函卡

感謝您購買本書，為提升服務品質，請填妥以下資料，將讀者回函卡直接寄回或傳真本公司，收到您的寶貴意見後，我們會收藏記錄及檢討，謝謝！

如您需要了解本公司最新出版書目、購書優惠或企劃活動，歡迎您上網查詢或下載相關資料：http:// www.showwe.com.tw

您購買的書名：____________________

出生日期：________年________月________日

學歷：□高中（含）以下　□大專　□研究所（含）以上

職業：□製造業　□金融業　□資訊業　□軍警　□傳播業　□自由業

　　　□服務業　□公務員　□教職　□學生　□家管　□其它_____

購書地點：□網路書店　□實體書店　□書展　□郵購　□贈閱　□其他

您從何得知本書的消息？

□網路書店　□實體書店　□網路搜尋　□電子報　□書訊　□雜誌

□傳播媒體　□親友推薦　□網站推薦　□部落格　□其他__________

您對本書的評價：（請填代號　1.非常滿意　2.滿意　3.尚可　4.再改進）

封面設計____　版面編排____　內容____　文／譯筆____　價格____

讀完書後您覺得：

□很有收穫　□有收穫　□收穫不多　□沒收穫

對我們的建議：____________________

____

____

____

請貼
郵票

11466
台北市內湖區瑞光路 76 巷 65 號 1 樓
秀威資訊科技股份有限公司 收
BOD 數位出版事業部

（請沿線對折寄回，謝謝！）

姓　　名：____________ 年齡：________ 性別：□女　□男

郵遞區號：□□□□□

地　　址：______________________________

聯絡電話：(日) ______________ (夜) ______________

E-mail：______________________________